中华传世藏书 【图文珍藏版】

资治通鉴

[北宋]司马光 ⊙ 原著
姜涛 ⊙ 主编

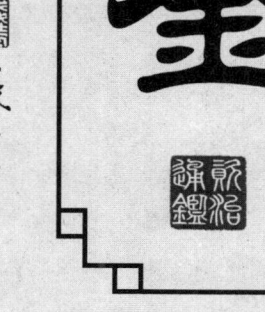

线装书局

晋纪四

【原文】

世祖武皇帝下太康十年（己酉，289年）

十一月，丙辰，尚书令济北成侯荀勖卒。勖有才思，善伺人主意，以是能固其宠。久在中书，专管机事。及迁尚书，甚罔怅。人有贺之者，勖曰："夺我凤皇池，诸君何贺邪！"

帝极意声色，遂至成疾。杨骏忌汝南王亮，排出之。甲申，以亮为侍中、大司马、假黄钺、大都督、督豫州诸军事，治许昌；徙南阳王柬为秦王，都督关中诸军事；始平王玮为楚王，都督荆州诸军事；濮阳王允为淮南王，都督扬、江二州诸军事；并假节之国。立皇子乂为长沙王，颖为成都王，晏为吴王，炽为豫章王，演为代王；皇孙遹为广陵王。又封淮南王子迪为汉王，楚王子仪为毗陵王，徙扶风王畅为顺阳王，畅弟歆为新野公。畅，骏之子也。琅邪王觐弟澹为东武公，繇为东安公。觐，伷之子也。

初，帝以才人谢玖赐太子，生皇孙遹。宫中尝夜失火，帝登楼望之，遹年五岁，牵帝裾入暗中曰："暮夜仓猝，宜备非常，不可令照见人主。"帝由是奇之。尝对群臣称遹似宣帝，故天下咸归仰之。帝知太子不才，然恃遹明慧，故无废立之心。复用王佑之谋，以太子母弟柬、玮、允分镇要害。又恐杨氏之逼，复以佑为北军中侯，典禁兵。帝为皇孙遹高选僚佐，以散骑常侍刘寔志行清素，命为广陵王傅。

诏以刘渊为匈奴北部都尉。渊轻财好施，倾心接物，五部豪桀，幽、冀名儒，多往归之。

【译文】

晋武帝太康十年（己酉，公元289年）

十一月，丙辰（疑误），尚书令、济北成侯荀勖去世。荀勖才思敏捷，善于观察人君的心思，因此能巩固皇帝对他的宠爱。他长期在中书省供职，专门掌管机密要事。后来他升迁为尚书令，心中非常惆怅。有人向他贺喜，他说："夺去我的凤凰池，诸君有什么可祝贺的呢！"

晋武帝沉湎于音乐和女色，以至于得了病。杨骏嫉妒汝南王司马亮，把他排挤得离开了朝廷。甲申（十一月二十三日），任命司马亮为侍中、大司马、假黄钺、大都督、督豫州诸军事，镇守许昌。迁南阳王司马柬为秦王，都督关中诸军事。任命始平王司马玮为楚王，都督荆州诸军事。任命濮阳王司马允为淮南王，都督扬、江二州诸军事。以上诸王，都持节去他们各自的封国。立皇子司马乂为长沙王，司马颖为成都王，司马晏为吴王，司马炽为豫章王，司马演为代王；皇孙司马遹为广陵王。又封淮南王的儿子司马迪为汉王，楚王的儿子司马仪为毗陵王。迁扶风王司马畅为顺阳王，司马畅的弟弟司马歆为新野公。司马畅是司马骏的儿子。封琅邪王司马觐的弟弟司马澹为东武公，司马繇为东安公。司马觐是司马伷的儿子。

当初，晋武帝把才人谢玖赐给太子，生下了皇孙司马遹。有一天夜里，皇宫中失火了，晋武帝登上楼观望。司马遹当时只有五岁，他牵着晋武帝的衣襟走进昏暗的地方，说："夜里突然出事，应当防备突如其来的变故，不可以站在亮处，让别人看到人君。"晋武帝从此认为司马遹很不一般。晋武帝曾经当着群臣称赞司马遹像晋宣帝，所以天下的人都归心敬慕司马遹。晋武帝知道太子没有才能，但是凭借司马遹的聪明才智，晋武帝才没有废黜太子的想法。晋武帝又用王佑的计谋，把太子的同母弟弟司马柬、司马玮、司马允都派出去镇守要害地区。晋武帝担心会受到杨氏的逼迫，又任王佑为北军中候，掌管皇帝的亲兵。晋武帝为了皇孙司马遹，以很高的标准挑选他身边的僚属与辅佐。散骑常侍刘寔志向与操守高洁清廉，因此被任命为广陵王司马遹的老师。

晋武帝下诏，任命刘渊为匈奴北部都尉。刘渊轻视钱财，喜好施舍，倾心与人交际，匈奴五部的豪杰之士以及幽州、冀州的名儒，多数去投奔、归附他。

【原文】

孝惠皇帝上之上永熙元年（庚戌，290年）

帝疾笃，未有顾命。勋旧之臣多已物故，侍中、车骑将军杨骏独侍疾禁中。大臣皆不得在左右，骏因辄以私意改易要近，树其心腹。会帝小间，见其新所用者，正色谓骏曰："何得便尔！"时汝南王亮尚未发，乃令中书作诏，以亮与骏同辅政，又欲择朝士有闻望者数人佐之。骏从中书借诏观之，得便藏去，中书监华廙恐惧，自往索之，终不与。会帝复迷乱，皇后奏以骏辅政，帝领之。夏，四月，辛丑，皇后召华廙及中书令何劭，口宣帝旨作诏，以骏为太尉、太子太傅、都督中外诸军事、侍中、录尚书事。诏成，后对廙、劭以呈帝，帝视而无言。廙，歆之孙；劭，曾之子也。遂趣汝南王亮赴镇。帝寻小间，问："汝南王来未？"左右言未至，帝遂困笃。己酉，崩于含章殿。帝宇量弘厚，明达好谋，容纳直言，未尝失色于人。

太子即皇帝位，大赦，改元，尊皇后曰皇太后，立妃贾氏为皇后。

诏以太尉骏为太傅、大都督、假黄钺，录朝政，百官总己以听。傅咸谓骏曰："谅暗不行久矣。今圣上谦冲，委政于公，而天下不以为善，惧明公未易当也。周公大圣，犹致流言，况圣上春秋非成王之年乎！窃谓山陵既毕，明公当审思进退之宜，苟有以察其忠款，言岂在多！"骏不从。咸数谏，骏渐不平，欲出咸为郡守。李斌曰："斥逐正人，将失人望。"乃止。杨济遗咸书曰："谚云：'生子痴，了官事。'官事未易了也。想虑破头，故具有白。"咸复书曰："卫公有言：'酒色杀人，甚于作直。'坐酒色死，人不为悔，而逆畏以直致祸，此由心不能正，欲以苟且为明哲耳。自古以直致祸者，当由矫枉过正，或不忠笃，欲以亢厉为声，故致忿耳，安有悾悾忠益而返见怨疾乎！"

杨骏以贾后险悍，多权略，忌之，故以其甥段广为散骑常侍，管机密；张劭为中护军，典禁兵。凡有诏命，帝省讫，入呈太后。然后行之。

骏为政，严碎专愎，中外多恶之。冯翊太守孙楚谓骏曰："公以外戚居伊、霍

之任，当以至公、诚信、谦顺处之。今宗室强盛，而公不与共参万机，内怀猜忌，外树私昵，祸至无日矣！"骏不从。楚，资之孙也。

以刘渊为建威将军、匈奴五部大都督。

兵阵图　西晋

【译文】

晋惠帝永熙元年（庚戌，公元290年）

晋武帝病势沉重，没有遗诏。有功绩的旧臣们大多已经死亡，侍中、车骑将军杨骏独自在宫中侍候晋武帝的病。杨骏不让大臣们守候在晋武帝身边，他趁着这个机会，擅自做主把晋武帝身边重要亲近的职位都换了人，培植他自己的心腹。这时，晋武帝的病情稍微有了好转，他看到身边的人都被更换了，就严肃地对杨骏说："你怎么能这么做呢？"这时汝南王司马亮还没有离开京都，晋武帝就命令中书作诏书，命令司马亮与杨骏一同辅佐政事，还打算选择中央的官吏中有名望的几个人协助司马亮和杨骏，杨骏从中书借来诏书观看，拿到手里就收藏起来走了。中书监华廙非常害怕，就到杨骏那里去索要诏书，杨骏最终也没有把诏书还给他。这时晋武帝又进入昏迷状态，皇后上奏任命杨骏辅政，晋武帝点头答应了她。夏季，四月，辛丑（十二日），皇后召来华廙以及中书令何劭，口头宣布晋武帝的旨意作为诏书，任命杨骏为太尉、太子太傅、都督中外诸军事、侍中、录尚书事。诏书写成之后，皇后当着华廙、何劭的面呈送给晋武帝，晋武帝看了诏书后什么也没有说。华廙是华歆的孙子。何劭是何曾的儿子。随后，催促汝南王司马亮奔赴镇所。过了不久，晋武帝的病又有了好转，他就问："汝南王来了没有？"身边的人说还没有到。这时，晋武帝病重垂危。己酉（二十日），晋武帝在含章殿去世。晋武帝器宇度量开阔宽厚，聪明通达，喜好谋划。能容纳直率的言辞，从来没有在别人面前有不庄重的仪表。

　　太子登极作了皇帝。大赦天下，改年号为永熙。尊杨皇后为皇太后，立太子妃贾氏为皇后。

　　晋惠帝下诏书，任命太尉杨骏为太傅、大都督、假黄钺，总领朝政，百官各自掌管自己的职责，听命于杨骏。傅咸对杨骏说："居丧三年的制度，已经有很久不实行了。如今皇帝谦虚，把政事委托给您，但是天下的人们并不认为这样做好，恐怕您还不容易抵挡。周公是大圣之人，尚且招来了流言蜚语，何况皇帝的年龄并不是当年成王的年龄呢！我私下认为，武帝丧事既已办完，您应当慎重考虑进退的事情了，如果可以证明您的真诚，岂在于言辞的多少呢？"杨骏不听傅咸的话，傅咸又多次劝谏，杨骏逐渐坐不住了，想把傅咸赶出朝廷让他去做郡守。李斌劝杨骏说："斥逐了正直的人，就要失去人们对你的敬仰。"杨骏才没有赶走傅咸。杨济给傅咸的信上说："俗语说：'生了一个傻儿子，是因为官场上的事儿他太明白。'对官场上的事情是不宜搞得太清楚的。我为你思考忧虑脑袋都要破了，所以写信提醒你。"傅咸回信说："卫公有言：'酒色杀人，比直言杀人还要厉害。'因酒色获罪而死，人们不觉得后悔，但是却害怕由于正直而招来的祸殃，这是由于心不能正，想把苟且偷生当作明智的处世方法以保全自己。自古以来由于正直而招来了灾祸的人，是由于矫正邪恶过了头，或者是因为不是真心实意，想以严酷来博取名声，所以会招来怨恨。哪里会有忠诚恳切做好事，却反而被人憎恨的道理呢！"

　　杨骏因为贾后阴险蛮横又富于权术谋略，而嫉恨她。所以他任命自己的外甥段广为散骑常侍掌管机密要事；张劭为中护军，统领皇帝的亲兵。凡是有诏命，皇帝看过之后，呈送给太后，然后实行。

　　杨骏当政，严厉琐碎而又专断固执，朝廷内外的人都恨他。冯翊太守孙楚对杨骏说："您以外戚身份担当着伊尹、霍光的重任，应当以公正无私、诚实不欺、谦虚和顺为人处事。当前皇族强盛，而您却不与他们一起参与日常政务，心里怀着猜疑妒忌，在外培植亲近宠爱的人，这样下去，灾祸临头的日子就没有几天了！"杨骏也不听。孙楚是孙资的孙子。

　　任命刘渊为建威将军、匈奴五部大都督。

【原文】

元康元年（辛亥，291年）

　　三月，辛卯，孟观、李肇启帝，夜作诏，诬骏谋反，中外戒严，遣使奉诏废骏，以侯就第。命东安公繇帅殿中四百人讨骏，楚王玮屯司马门，以淮南相刘颂为三公尚书，屯卫殿中。段广跪言于帝曰："杨骏孤公无子，岂有反理，愿陛下审之！"帝不答。

　　时骏居曹爽故府，在武库南，闻内有变，召众官议之。太傅主簿朱振说骏曰："今内有变，其趣可知，必是阉竖为贾后设谋，不利于公，宜烧云龙门以胁之，索造事者首，开万春门，引东宫及外营兵拥皇太子入宫，取奸人，殿内震惧，必斩送之。不然，无以免难。"骏素怯懦，不决，乃曰："云龙门，魏明帝所造，功费甚大，奈何烧之！"侍中傅祗白骏，请与尚书武茂入宫观察事势，因谓群僚曰："宫中不宜空。"遂揖而下阶。众皆走，茂犹坐。祗顾曰："君非天子臣邪？今内外隔绝，不知国家所在，何得安坐！"茂乃惊起。骏党左军将军刘豫陈兵在门，遇右军将军裴頠，问太傅所在，頠绐之曰："向于西掖门遇公乘素车，从二人西出矣。"豫曰："吾何之？"頠曰："宜至廷尉。"豫从頠言，遂委而去。寻诏頠代豫领左军将军，屯万春门。頠，季之子也。皇太后题帛为书，射之城外曰："救太傅者有赏。"贾后因宣言太后同反。寻而殿中兵出，烧骏府，又令弩手于阁上临骏府而射之，骏兵皆不得出。骏逃于马厩，就杀之。孟观等遂收骏弟珧、济，张劭、李斌、段广、刘豫、武茂及散骑常侍杨邈、中书令蒋俊、东夷校尉文鸯，皆夷三族，死者数千人。

壬寅，征汝南王亮为太宰，与太保卫瓘皆录尚书事，辅政。以秦王柬为大将军，东平王楙为抚军大将军，楚王玮为卫将军、领北军中候，下邳王晃为尚书令，东安公繇为尚书左仆射，进爵为王。楙，望之子也。封董猛为武安侯，三兄皆为亭侯。

贾后族兄车骑司马模、从舅右卫将军郭彰、女弟之子贾谧与楚王玮、东安王繇，并预国政。贾后暴戾日甚，繇密谋废后，贾氏惮之。繇兄东武公澹，素恶繇，屡谮之于太宰亮曰："繇专行诛赏，欲擅朝政。"庚戌，诏免繇官；又坐有悖言，废徙带方。

太宰亮、太保瓘以楚王玮刚愎好杀，恶之，欲夺其兵权，以临海侯裴楷代玮为北军中候，玮怒；楷闻之，不敢拜。亮复与瓘谋，遣玮与诸王之国，玮益忿怨。玮长史公孙宏、舍人岐盛，皆有宠于玮，劝玮自昵于贾后；后留玮领太子少傅。盛素善于杨骏，卫瓘恶其反覆，将收之。盛乃与宏谋，因积弩将军李肇矫称玮命，谮亮、瓘于贾后，云将谋废立。后素怨瓘，且患二公执政，己不得专恣，夏，六月，后使帝作手诏赐玮曰："太宰、太保欲为伊、霍之事，王宜宣诏，令淮南、长沙、成都王屯诸宫门，免亮及瓘官。"夜，使黄门赍以授玮。玮欲覆奏，黄门曰："事恐漏泄，非密诏本意也。"玮亦欲因此复私怨，遂勒本军，复矫诏召三十六军，告以"二公潜图不轨，吾今受诏都督中外诸军，诸在直卫者，皆严加警备；其在外营，便相帅径诣行府，助顺讨逆。"又矫诏"亮、瓘官属，一无所问，皆罢遣之；若不奉诏，便军法从事。"遣公孙宏、李肇以兵围亮府，侍中清河王遐收瓘。

亮帐下督李龙，白"外有变，请拒之"；亮不听。俄而兵登墙大呼，亮惊曰："吾无贰心，何故至此！诏书其可见乎？"宏等不许，趣兵攻之。长史刘准谓亮曰："观此必是奸谋。府中俊乂如林，犹可力战。"又不听，遂为肇所执，叹曰："我之赤心，可破示天下也。"与世子矩俱死。

【译文】

元康元年（辛亥，公元291年）

三月，辛卯（初八），孟观、李肇禀告晋惠帝，夜里撰写诏书，诬陷杨骏谋反，朝廷内外戒严，派遣使者遵诏命废除杨骏，以侯爵的身份回家。命令东安公司马繇率领殿中四百人讨伐杨骏，楚王司马玮驻守在司马门，任命淮南相刘颂为三公尚书，驻兵守卫毅中。段广跪着对晋惠帝说："杨骏孤单没有儿子，岂有谋反的道理，希望陛下慎重考虑。"晋惠帝不回答。

当时杨骏住在曹爽从前的宅第，位置在武器库南边，他听到皇宫内有变动，就召集各位官员商议。太傅主簿朱振劝说杨骏道："现在宫中发生了事变，它的趋向可以知道，一定是那些宦官给贾皇后出的主意，对您很不利。应当烧了云龙门逼迫他们，索要起事者的人头，打开万春门，带领东宫以及外营兵围护着皇太子进宫，捉拿恶人，宫殿之内震动恐惧，必定会斩肇事者送来，不这样的话，没有办法免于灾难。"杨骏素来怯懦，下不了决心，说道："云龙门是魏明帝所造，劳力、耗费非常大，为什么要把它烧了？"侍中傅祗禀告杨骏，请求和尚书武茂进宫观察事态的发展，他对官员们说："宫中不宜空虚。"然后拱手行礼下了台阶。官员们都跑了，武茂还坐在那里。傅祗回过头对他说："你难道不是天子的臣下吗？如今内外隔绝，不知道天子在哪里，你怎么还能坐得住呢？"武茂于是惊觉而起。杨骏的党羽、左军将军刘豫，领兵列阵守候在门外，遇到右军将军裴頠，他问裴頠杨骏在哪里，裴頠欺骗他说："我刚才在西掖门遇到杨骏，他乘着白色的车子，有两个人跟着他向西去了。"刘豫说："我应该去哪里？"裴頠说："应该去廷尉。"刘豫听从裴頠的话，就把士兵托付给裴頠，他就走了。不久，命令裴頠代替刘豫兼任左军将军，驻守万春门。裴頠是裴秀的儿子。皇太后把信写在绢帛上，用箭射出城外，上面写着"救太傅者有赏"。贾后就利用这件事宣称，太后与杨骏一起谋反。不久，宫中的士兵们出去了，放火烧杨骏的府第，弓弩手在楼阁上对着杨骏的府第放箭，杨骏的士兵们没有办法出来。杨骏逃到马房里，被人杀死在那里。孟观等人于是拘捕了杨骏的弟弟杨珧、杨济，张劭、李斌、段广、刘豫、武茂以及散骑常侍杨邈、中书令蒋俊、东夷校尉文鸯，他们都被夷灭三族，被处死的有几千人。

壬寅（三月十九日），征召汝南王司马亮任太宰，与太保卫瓘都任录尚书事，辅佐朝政。任命秦王司马柬为大将军，东平王司马楙为抚军大将军，楚王司马玮为卫将军、兼北军中候，下邳王司马晃为尚书令，东安公司马繇为尚书左仆射，晋升爵位为王。司马楙是司马望的儿子。封董猛为武安侯，他的三个哥哥都被封为亭侯。

贾皇后同族哥哥、车骑司马贾模，贾皇后母亲的堂兄弟、右卫将军郭彰，贾皇后妹妹的儿子贾谧，与楚王司马玮、东安王司马繇一起参与国政。贾皇后的凶恶乖张一天比一天厉害，司马繇秘密谋划要废掉贾皇后，贾氏很害怕。司马繇的哥哥、东武公司马澹，平时就憎恨司马繇，多次在太宰司马亮面前诬陷司马繇说："司马繇擅自决定惩罚与赏赐，他这是要独揽朝政。"庚戌（三月二十七日），皇帝下诏书免去司马繇的官职，又因为有忤逆言论而获罪，被废黜，迁徙到带方县。

太宰司马亮、太保卫瓘，由于楚王司马玮傲慢固执又喜好杀人，因而憎恨他，想夺了他的兵权，让临海侯裴楷代替司马玮担任北军中候的职务。司马玮大怒，裴楷听说以后，不敢接受北军中候的官职。司马亮又和卫瓘在一起密谋，派司马玮和各诸侯王去自己的封国，司马玮越发愤恨不满。司马玮的长史公孙宏、舍人岐盛，都受到司马玮的宠爱，他们劝说司马玮主动去亲近贾皇后，贾皇后就留下司马玮兼任太子少傅。岐盛从前与杨骏友好，卫瓘厌恶他变化无常，将要拘捕他。岐盛就和公孙宏谋划，依靠积弩将军李肇，诈称是司马玮的命令，在贾皇后面前诬陷司马亮和卫瓘，说他们将要谋划废立君王的事情。贾皇后平时就怨恨卫瓘，而且担心司马亮与卫瓘执掌朝政，她就不能专断放纵了。夏季，六月，贾皇后指使晋惠帝亲笔撰写诏书赐予司马玮，诏书说："太宰、太保想做伊尹、霍光做过的事情，你应当宣布诏命，命令淮南王、长沙王、成都王驻守各宫门，免去司马亮及卫瓘的官职。"夜里，派宦官黄门送诏书授予司马玮。司马玮想重新上奏，黄门说："事情害怕泄露出去，这可不是密诏的本意。"司马玮也想借这个机会报复私人的怨恨，于是统率自己的部队，又诈称皇帝的诏命召集三十六军，向他们宣告说："司马亮与卫瓘，暗中图谋不轨之事，我今天接受了皇帝的命令统领朝廷内外各军，各位正在值勤、担任卫护、防守之职的人，都要严加警备。在外的部队，就互相跟从直接去朝廷委派的机构，协助天道，讨伐叛逆。"还伪称皇帝命令说："司马亮、卫瓘的下属官吏，一概不问，全部罢免遣散。如果有不服从命令的，按照军法处置。"司马玮派遣公孙宏、李肇领兵包围了司马亮的住宅，让侍中、清河王司马遐去逮捕卫瓘。

司马亮的帐下督李龙，禀告司马亮说："外面发生了变乱，请求抵抗。"司马亮没有同意。过了一会儿，士兵爬上墙头大声喊叫，司马亮吃惊地说："我没有二心，为什么到了如此地步！我可以看一看诏书吗？"公孙宏等人不答应，催促士兵加紧进攻。长史刘准告诉司马亮说："我观察这肯定是邪恶的阴谋。府里有才能的人很多，还可以尽力作战。"司马亮还是不同意，于是被李肇抓住，他感叹说："我的真诚的心，可以剖开让天下的人看一看。"司马亮和他的长子司马矩一起被处死。

【原文】

六年（丙辰，296年）

夏，郝散弟度元与冯翊、北地马兰羌、卢水胡俱反，杀北地太守张损，败冯翊太守欧阳建。

征西大将军赵王伦信用嬖人琅邪孙秀，与雍州刺史济南解系争军事，更相表奏，欧阳建亦表伦罪恶。朝廷以伦挠乱关右，征伦为车骑将军，以梁王肜为征西大将军、都督雍、凉二州诸军事。系与其弟御史中丞结，皆表请诛秀以谢氐、羌；张华以告梁王肜，使诛之，肜许诺。秀友人辛冉为之说肜曰："氐、羌自反，非秀之罪。"秀由是得免。伦至洛阳，用秀计，深交贾、郭，贾后大爱信之，伦因求录尚书事，又求尚书令；张华、裴頠固执以为不可，伦、秀由是怨之。

秋，八月，解系为郝度元所败，秦、雍氐、羌悉反，立氐帅齐万年为帝，围泾阳。御史中丞周处，弹劾不避权戚，梁王肜尝违法，处按劾之。冬，十月，诏以处为建威将军，与振威将军卢播俱隶安西将军夏侯骏，以讨齐万年。中书令陈准言于朝曰："骏及梁王皆贵戚，非将帅之才，进不求名，退不畏罪。周处吴人，忠直勇果，有仇无援。宜诏积弩将军孟观，以精兵万人为处前锋，必能殄寇；不然，梁王当使处先驱，以不救而陷之，其败必也。"朝廷不众。齐万年闻处来，曰："周府君尝为新平太守，有文武才，若专断而来，不可当也；或受制于人，此成禽耳！"

【译文】

六年（丙辰，公元296年）

夏季，郝散的弟弟郝度元与冯翊、北地的马兰羌人、卢水胡人一起造反，杀了北地太守张损，打败了冯翊太守欧阳建。

征西大将军、赵王司马伦信任使用他所宠爱的琅邪人孙秀。司马伦和雍州刺史、济南人解系为军事方面的事情争斗起来，他们争相上表禀奏，欧阳建也上表陈述司马伦的罪恶。朝廷因为司马伦扰乱关右地区，征召司马伦任车骑将军，任命梁王司马肜为征西大将军、都督雍、凉二州诸军事。解系和他的弟弟、御史中丞解结，都上表请求杀孙秀以向氐、羌人谢罪，张华把这件事告诉了梁王司马肜，让司马肜杀孙秀，司马肜应允了。孙秀的朋友辛冉替孙秀向司马肜说情道："氐、羌自己起来造反，并不是孙秀的罪过。"孙秀因此免去一死。司马伦到了洛阳，采用孙秀的计谋，下功夫去结交贾、郭，贾皇后对他十分宠爱信任，司马伦趁机索求录尚书事的职务，还请求担任尚书令，张华、裴頠很坚决地不同意，司马伦、孙秀从此憎恨张华和裴頠。

秋季，八月，解系被郝度元打败了，秦、雍地区的氐、羌全都叛变了，立氐统帅齐万年为帝，包围了泾阳。御史中丞周处，检举官吏的过失、罪状，不回避有权势的皇亲国戚。梁王司马肜曾经违犯法律，周处审查揭发了他。冬季，十一月，皇帝下诏任命周处为建威将军，与振威将军卢播都隶属于安西将军夏侯骏，让他们去讨伐齐万年。中书令陈准向朝廷进言说："夏侯骏和梁王都是皇帝的亲族，并不是将帅之才，他们进也不求名誉，退又不怕犯罪。周处是吴人，忠诚正直，勇敢果断，有仇人却没有援助他的人。应当命令积弩将军孟观，率领一万精兵担任周处的前锋，一定能够消灭敌人。不然的话，梁王就会让周处担任前锋，不去救援他而陷害他，那么失败就是必然的了。"朝廷不按他的意见办。齐万年听说周处来了，说："周府君曾经任职新平太守，能文能武。他如果是有全权处置的权力而来，就会不可抵挡，如果他被别人所控制，那么我这次就能捉住他了！"

【原文】

七年（丁巳，297年）

春，正月，齐万年屯梁山，有众七万；梁王肜、夏侯骏使周处以五千兵击之。处曰："军无后继，必败，不徒亡身，为国取耻。"肜、骏不听，逼遣之。癸丑，处与卢播、解系攻万年于六陌。处军士未食，肜促令速进，自旦战至暮，斩获甚众，弦绝矢尽，救兵不至。左右劝处退，处按剑曰："是吾效节致命之日也！"遂力战而死。朝廷虽以尤肜，而亦不能罪也。

戎为三公，与时浮沈，无所匡救，委事僚寀，轻出游放。性复贪吝，园田遍天下，每自执牙筹，昼夜会计，常若不足。家有好李，卖之恐人得种，常钻其核。凡所赏拔，专事虚名。阮咸之子瞻尝见戎，戎问曰："圣人贵名教，老、庄明自然，其旨同异？"瞻曰："将无同！"戎咨嗟良久，遂辟之。时人谓之"三语掾"。

是时，王衍为尚书令，南阳乐广为河南尹，皆善清谈，宅心事外，名重当世，朝野之人，争慕效之。衍与弟澄，好题品人物，举世以为仪准。衍神情明秀，少时，山涛见之，嗟叹良久，曰："何物老妪，生宁馨儿！然误天下苍生者，未必非此人也！"乐广性冲约，与物无竞。每谈论，以约言析理，厌人之心，而其所不知，默如也。凡论人，必先称其所长，则所短不言自见。王澄及阮咸、咸从子脩、泰山胡毋辅之、陈国谢鲲、城阳王尼、新蔡毕卓，皆以任放为达，至于醉狂裸体，不以为非。胡毋辅之尝酣饮，其子谦之窥而厉声呼其父字曰："彦国！年老，不得为尔！"辅之欢笑，呼入共饮。毕卓尝为吏部郎，比舍郎酿熟，卓因醉，夜至瓮间盗饮之，为掌酒者所缚，明旦视之，乃毕吏部也。乐广闻而笑之曰："名教内自有乐地，何必乃尔！"

【译文】

七年（丁巳，公元297年）

春季，正月，齐万年驻守梁山，有部众七万人。梁王司马肜、夏侯骏派周处率领五千士兵攻打齐万年。周处说："军队没有后面的接续，必然要失败，这不只是个人丧命，还会给国家带来耻辱。"司马肜、夏侯骏不听他的劝告，逼着他出发。癸丑（初四），周处与卢播、解系在六陌攻打齐万年。周处军队的士兵们还没有吃饭，司马肜就催促命令他们马上进攻，从早上一直战斗到晚上，斩杀俘获了大批敌军。周处的军队弓弦断了，箭矢用尽了，救兵就是不来。周处身边的人劝他撤退，他抚摸长剑说道："这正是我效忠舍命的日子。"于是拼力作战，直到战死。朝廷虽然因此而责怪司马肜，但是也不能治他的罪。

王戎担任三公，随着当时的趋向升降、沉浮，对于国家的政事没有匡正与救助。他把事情委托给下属，轻身外出游玩。他生性贪婪、吝啬，园林、田地遍天下，时常独自手持筹码，昼夜计算，常常好像不满足的样子。他自己家里种的李子非常好，卖出去恐怕别人得到种子，就在李子核上钻了洞。他所赏识提拔的人也都只看虚名。阮咸的儿子阮瞻曾经与王戎会面。王戎问他说："圣人看重名分，老、庄明了自然，他们的宗旨是相同还是不同？"阮瞻说："将无同！"王戎赞叹不已，于是征召阮瞻。当时的人们称之为"三语掾"。

当时，王衍担任尚书令，南阳人乐广任河南尹，他们都喜好清谈，存心于事务之外，在当时很有名望，朝野上下倾慕他们并争相仿效。王衍和他的弟弟王澄，喜好评论人物并定其高下，当世之人都把他们的评价作为标准。王衍精神意态聪明秀美。他小的时候，山涛见到了他，赞叹了很久，说："什么样的老妇人，生下了这样的好孩子！但是妨害天下百姓的人，未必就不是这个人。"乐广性情淡泊谦和，简约，清明广远，与世无争。他谈论起来，总是以简略的语言辨析事理，使人感到心服、满足，对于他所不知道的事情，他就保持沉默。他谈论人，必定先称赞这个人的长处，那么这人的短处不用他说自然也就显现出来了。王澄以及阮咸、阮咸的侄子阮脩、泰山人胡毋辅之、陈国人谢鲲、城阳人王尼、新蔡人毕卓，都以放纵任性为通达，甚至喝醉了酒发狂、裸体，也不觉得有什么不好。胡毋辅之曾经畅饮，他的儿子胡毋谦之见到了，厉声叫着他的字说："彦国，你是上了年纪的人了，不应当这样做！"胡毋辅之欢喜地笑起来，叫他过来一起喝酒。毕卓曾经任职吏部郎，邻室的主人酿造的酒熟了，毕卓喝醉了酒。夜里，溜到放置酒瓮的房间里去偷酒喝，被看管酒的人捆绑起来，第二天早晨一看，原来是毕吏部。乐广听说以后笑他说："名分礼教之内自有欢乐之处，何必如此！"

【原文】

八年（戊午，298年）

初，张鲁在汉中，賨人李氏自巴西宕渠往依之。魏武帝克汉中，李氏将五百余家归之，拜为将军，迁于略阳北土，号曰巴氏。其孙特、库、流，皆有材武，善骑射，性任侠，州党多附之。

及齐万年反，关中荐饥，略阳、天水六郡民流移就谷入汉川者数万家，道路有疾病穷乏者，特兄弟常营护振救之，由是得众心。流民至汉中，上书求寄食巴、蜀，朝议不许，遣侍御史李苾持节慰劳，且监察之，不令入剑阁。苾至汉中，受流民赂，表言："流民十万余口，非汉中一郡所能振赡；蜀有仓储，人复丰稔，宜令就食。"朝廷从之。由是散在梁、益，不可禁止。李特至剑阁，太息曰："刘禅有如此地，面缚于人，岂非庸才邪！"闻者异之。

张华、陈准以赵王、梁王，相继在关中，皆雍容骄贵，师老无功，乃荐孟观沈毅有文武才用，使讨齐万年。观身当矢石，大战十数，皆破之。

【译文】

八年（戊午，公元298年）

当初，张鲁在汉中，賨人李氏从巴西宕渠去依附张鲁。魏武帝攻克了汉中，李氏带领五百多家归附魏武帝，被授予将军职，迁移到略阳以北地区，称号为巴氏。李氏的孙子李特、李库、李流，都有材力而又勇武，善于骑马射箭，性格仗义抱不平，州中与之志同道合的人都去归附他们。

到了齐万年造反的时候，关中连年庄稼不熟，略阳、天水六个郡的老百姓流亡、迁移，寻找粮谷进入汉川的有几万家。路上处处见到有了病和穷苦的人，李特兄弟经常救助赈济、保护这些人，从此得到了众人之心。流亡的百姓到了汉

张鲁

中，上书请求在巴、蜀寄食，朝廷议政时不允许，派遣侍御史李苾持符节尉劳，同时监督他们，不让他们进入剑阁。李苾到了汉中，接受了流民的贿赂，上表说："流民有十万多人，不是汉中一个郡所能够救济的，蜀地有粮食储备，人又丰足富

裕，可以让流民去那里解决吃饭问题。"朝廷听从了李苾的意见。从此，流民散布于梁州、益州，不能禁止。李特到了剑阁，不由得长叹说："刘禅拥有这样的地方，竟然投降了别人，难道不是才能平庸、低下的人吗？"听到他的话的人，都觉得他不一般。

赵王和梁王相继在关中，他们都悠闲自得，傲慢尊贵，不理军事，部队长久无事，没有机会建立功劳。张华和陈准基于这个原因，就推荐孟观，说他深沉刚毅，文武双全，派他去讨伐齐万年。孟观亲临战阵，以身体迎着敌人的石头箭矢，大战十几次，每一次都打败了敌人。

晋纪五

资治通鉴第八十三卷

【原文】

孝惠皇帝上之下元康九年（己未，299年）

春，正月，孟观大破氐众于中亭，获齐万年。

秋，八月，以裴頠为尚书仆射。頠虽贾后亲属，然雅望素隆，四海唯恐其不居权位。寻诏頠专任门下事，頠上表固辞，以"贾模适亡，复以臣代之，崇外戚之望，彰偏私之举，为圣朝累。"不听。或谓頠曰："君可以言，当尽言于中宫；言而不从，当远引而去。倪二者不立，虽有十表，难以免矣。"頠慨然久之，竟不能从。

帝为人戆骏，尝在华林园闻虾蟆，谓左右曰："此鸣者，为官乎，为私乎？"时天下荒馑，百姓饿死，帝闻之曰："何不食肉糜？"由是权在群下，政出多门，势位之家，更相荐托，有如互市。贾、郭恣横，货赂公行。南阳鲁褒作《钱神论》以讥之曰："钱之为体，有《乾》《坤》之象，亲之如兄，字曰孔方。无德而尊，无势而热，排金门，入紫闼，危可使安，死可使活，贵可使贱，生可使杀。是故忿争非钱不胜，幽滞非钱不拔，怨仇非钱不解，令闻非钱不发。洛中朱衣、当涂之士，爱我家兄，皆无已已，执我之手，抱我终始。凡今之人，惟钱而已！"

初，广城君郭槐，以贾后无子，常劝后使慈爱太子。贾谧骄纵，数无礼于太子，广城君恒切责之。广城君欲以韩寿女为太子妃，太子亦欲婚韩氏以自固；寿妻贾午及后皆不听，而为太子聘王衍少女。太子闻衍长女美，而后为贾谧聘之，心不能平，颇以为言。及广城君病，临终，执后手，令尽心于太子，言甚切至。又曰："赵粲、贾午，必乱汝家事；我死后，勿复听人。深记吾言！"后不从，更与粲、午谋害太子。

太子幼有令名，及长，不好学，惟与左右嬉戏，贾后复使黄门辈诱之为奢靡威虐。由是名誉浸减，骄慢益彰，或废朝侍而纵游逸，于宫中为市，使人屠酤，手揣斤两，轻重不差。其母，本屠家女也，故太子好之。东宫月俸钱五十万，太子常探取二月，用之犹不足。又令西园卖葵菜、篮子、鸡、面等物而收其利。又好阴阳小数，多所拘忌。洗马江统上书陈五事："一曰虽有微苦，宜力疾朝侍。二曰宜勤见保傅，咨询善道。三曰画室之功，可宜减省，后园刻镂杂作，一皆罢遣。四曰西园卖葵、蓝之属，亏败国体，贬损令闻。五曰缮墙正瓦，不必拘挛小忌。"太子皆不从。中舍人杜锡，恐太子不得安其位，每尽忠谏，劝太子修德业，保令名，言辞恳切。太子患之，置针著锡常所坐毡中，刺之流血。锡，预之子也。

太子性刚，知贾谧恃中宫骄贵，不能假借之。谧时为侍中，至东宫，或舍之，于后庭游戏。詹事裴权谏曰："谧，后所亲昵，一旦交构，则事危矣。"不从。谧潛太子于后曰："太子多畜私财以结小人者，为贾氏故也。若宫车晏驾，彼居大位，依杨氏故事，诛臣等，废后于金墉，如反手耳。不如早图之，再立慈顺者，可以自安。"后纳其言，乃宣扬太子之短，布于远近。又诈为有娠，内藁物、产具，取妹夫韩寿子慰祖养之，欲以代太子。

于时朝野咸知贾后有害太子之意，中护军赵俊请太子废后，太子不听。左卫率东平刘卞，以贾后之谋问张华，华曰："不闻。"卞曰："卞自须昌小吏，受公成拔以至今日。士感知己，是以尽言；而公更有疑于卞邪！"华曰："假令有此，君欲如何"卞曰："东宫俊乂如林，四率精兵万人；公居阿衡之任，若得公命，皇太子因朝入录尚书事，废贾后于金墉城，两黄门力耳。"华曰："今天子当阳，太子，人子也，吾又不受阿衡之命，忽相与行此，是无君父而以不孝示天下也。况权戚满朝，威柄不一，成可必乎！"贾后常使亲党微服听察于外，颇闻卞言，乃迁卞为雍州刺史。卞知言泄，饮药而死。

【译文】

晋惠帝元康九年（己未，公元299年）

春季，正月，孟观在中亭击溃氐人，抓获齐万年。

秋季，八月，任命裴頠为尚书仆射。裴頠虽然是皇后贾氏的亲属，但是美好的声名一直广为人知，各地都唯恐他不能担当重要的职务。不久，惠帝下诏书让裴頠独掌门下事要职。裴頠上书惠帝坚持推辞，说："贾模刚刚去世，又让我来取代他的职位，这样提高外戚的声望，显露出偏向和私情的安排，会给神圣的朝廷带来麻烦。"惠帝不同意。有人对裴頠说："您有说话的机会，还应该对皇后详细地说。说了仍然不同意，那就应远远地离去。假如这两条路都不走，即使上书十次，也难以逃脱灾祸。"裴頠感慨了好久，但终究也没有听从。

惠帝为人愚鲁痴呆，一次在华林园听到蛤蟆的叫声。就问左右随从说："这叫的东西，是为公事叫呢，还是为私事叫呢？"当时天下灾荒饥馑，有的百姓都饿死了，惠帝听到后说："他们为什么不吃肉粥呢？"因此权力都由手下的小人掌握，政令出自许多部门而不能统一发布，有权势地位的人家互相推举，如同市场交易。贾氏、郭氏肆意妄为，官场上贿赂公然进行。南阳人鲁褒作了一篇《钱神论》讥讽这种现象说："钱的形象，像天地一样有圆有方，人们亲它爱它如同兄弟，尊称它叫孔方。没有美德而备受尊崇，没有权势而炙手可热，出入宫廷高门，可以转危为安，起死复生，变尊贵为卑贱，置活人于死地。所以愤怒争执时没有钱就不能取胜，冤屈困厄时没有钱就不能得救，冤家仇敌没有钱就不能解怨释仇，美好的声誉没有钱就不能传播。当今都城的王公贵族，权势要人，个个爱我们孔方兄而没有休止，拿钱的手，紧抱着钱始终不放松。当今的人心中只有钱罢了！"

当初，广城君郭槐，因为皇后贾氏没有孩子，经常劝皇后，让她慈爱太子。贾谧骄横放肆，多次对太子无礼，广城君经常严厉地斥责他。广城君打算让韩寿的女儿去做太子妃，太子也想与韩氏联姻以稳固自己的地位。韩寿的妻子贾午及皇后都不同意，却为太子聘定王衍的小女儿。太子听说王衍的大女儿长得漂亮，而皇后却为贾谧聘定了她，太子心里愤愤不平，有一些不满的话。等到广城君病危，临终时拉住贾皇后的手，叫她对太子尽心，言辞非常恳切中肯。又说："赵粲、贾午，一定会把你家的事搅乱，我死后，不要再听任他们随便进宫，请用心记住我的话！"皇后没有听从广城君的告诫，又与赵粲、贾午图谋陷害太子。

太子年幼时有好的名声，长大后却不喜欢学习，只知道与周围的人嬉笑玩耍，贾皇后又让宦官之类的人引诱他，使他变得奢侈挥霍又骄横暴虐。因此太子的声誉与日俱下，而骄横傲慢却日益突出，有时沉溺于游乐之中，竟不顾每日清晨问候侍奉皇帝的规定。还在宫中做买卖让手下人买卖酒肉，太子亲手掂量分量，斤两竟不差分毫。太子的母亲，原来就是屠夫家的女儿，所以太子也爱好卖肉。太子每月有五十万钱的俸禄，却经常预支两个月，还不够花销。又让西园出售蔬菜、蓝草籽、鸡、面粉等物品，以此赚钱。太子还爱好阴阳家的小把戏，平常有很多禁戒忌讳。任太子洗马职的江统给他上书，陈述五件事："一、即使稍微有些小病痛，也应勉力支撑遵守每日清晨问候、侍奉皇帝的规定。二、应当经常面见师傅，向他们请教为善的道理。三、雕画宫室的事，应当减少或免去，在后园雕刻之类的劳作，也同时都取消。四、西园卖菜之类的行为，损害国家的形象，也贬低自己的声誉。五、对修缮墙壁房屋之类，没有必要拘泥于琐细的忌讳。"太子都没有接受。中舍人杜锡，担心太子的地位不稳定，经常尽心尽意地劝谏，规劝太子修习有关德行品性的功业，维护好的名声，言辞恳切。太子反倒怨恨杜锡，把针放在杜锡经常坐的毡子中，杜锡被针扎得流血。杜锡是杜预的儿子。

太子性格刚愎，知道贾谧倚仗皇后的势力而傲慢高贵，不能容忍和敷衍贾谧。贾谧当时担任侍中，到太子住处时，太子有时就把他撇在一边，自己到后边庭园游玩。太子的官员詹事裴权劝谏太子说："贾谧是皇后所亲近溺爱的人，一旦他进谗言，那情况就危险了。"太子不接受。果然贾谧向皇后进谗言陷害太子说："太子储备很多私财用来结交小人，就是因为图谋您的缘故。如果皇帝驾崩，他登上皇位，一定会按照您过去对杨骏、太后的做法来对待您，对他来说，诛杀我们，把您废黜并囚禁在金墉城，易如反掌。还不如早做打算，重新立一个心慈而顺从的人为太子，这样您就能够安全了。"皇后采纳了贾谧的计策，就宣扬太子的短处，并广为传播。还假称自己已怀孕，在宫内准备了禾草之类的接生工具，接来妹夫韩寿的儿子韩祖慰来抚养，计划让韩祖慰来取代太子。

这时朝廷内外都知道贾皇后有谋害太子的想法，中护军赵俊请太子废掉皇后，太子没有听从。左卫率东平人刘卞，向张华询问贾皇后的图谋，张华说："不知道。"刘卞说："我本来是须昌的小官吏，受您的成全提拔才有今天。为士的感念知遇之恩，所以言无不尽；可您却对我有重重疑虑！"张华说："如果贾皇后有这种图谋，您打算怎么办？"刘卞说："太子身边聚集着很多有才能的俊杰，护卫太子的左卫率、右卫率、前卫率、后卫率统辖着一万精兵。您身居辅导国君、主持国政的要职。如果能够得到您的命令，皇太子便入朝总领录尚书事，这样把贾皇后废黜在金墉城，只需两个小宦官的力量而已。"张华说："现在天子治理国家，太子是他的儿子，我又没有接受主持国政的使命，匆匆与太子干这样的事，这是无视君王、无视父亲而把自己的不孝向天下展示的举动。何况有权势的外戚充满朝廷，威权不出于一处，能有一定成功的把握吗？"当时，贾皇后常常派亲近党羽隐蔽身份在朝廷外探听察看，听到了一些有关刘卞要协助太子废黜皇后的言论，于是就将刘卞调任为雍州刺史。刘卞知道自己的话已泄露出去，就服毒自杀。

【原文】

永康元年（庚申，300年）

赵王伦、孙秀将讨贾后，告右卫佽飞督闾和，和从之，期以癸巳丙夜一筹，以鼓声为应。癸巳，秀使司马雅告张华曰："赵王欲与公共匡社稷，为天下除害，使雅以告。"华拒之。雅怒曰："刃将在颈，犹为是言邪！"不顾而出。

及期，伦矫诏敕三部司马曰："中宫与贾谧等杀吾太子，今使车骑入废中宫，汝等皆当从命，事毕，赐爵关中侯，不从者诛三族。"众皆从之。又矫诏开门，夜入，陈兵道南，遣翊军校尉齐王冏将百人排阁而入，华林令骆休为内应，迎帝幸东堂，以诏召贾谧于殿前，将诛之。谧走入西钟下，呼曰："阿后救我！"就斩之。贾后见齐王冏，惊曰："卿何为来？"冏曰："有诏收后。"后曰："诏当从我出，何诏也！"后至上阁，遥呼帝曰："陛下有妇，使人废之，亦行自废矣。"是时，梁王肜亦预其谋，后问冏曰："起事者谁？"冏曰："梁、赵。"后曰："系狗当系颈，反系其尾，何得不然！"遂废后为庶人，幽之于建始殿。收赵粲、贾午等付暴室考竟。诏尚书收捕贾氏亲党，召中书监、侍中、黄门侍郎、八座皆夜入殿。尚书始疑诏有诈，郎师景露版奏请手诏，伦等斩之以徇。

伦阴与秀谋篡位，欲先除朝望，且报宿怨，乃执张华、裴頠、解系、解结等于殿前。华谓张林曰："卿欲害忠臣邪？"林称诏诘之曰："卿为宰相，太子之废，不能死节，何也？"华曰："式乾之议，臣谏事具存，可覆按也。"林曰："谏而不从，何不去位？"华无以对。遂皆斩之，仍夷三族。

于是赵王伦称诏赦天下，自为使持节、都督中外诸军事、相国、侍中，一依宣、文辅魏故事，置府兵万人，以其世子散骑常侍荂领冗从仆射，子馥为前将军，封济阳王；虔为黄门郎，封汝阴王；诩为散骑侍郎，封霸城侯。孙秀等皆封大郡，并握兵权，文武官封侯者数千人，百官总己以听于伦。伦素庸愚，复受制于孙秀。秀为中书令，威权振朝廷，天下皆事秀而无求于伦。

孙秀议加相国伦九锡，百官莫敢异议。吏部尚书刘颂曰："昔汉之锡魏，魏之锡晋，皆一时之用，非可通行。周勃、霍光，其功至大，皆不闻有九锡之命也。"张林积忿不已，以颂为张华之党，将杀之。孙秀曰："杀张、裴已伤时望，不可复杀颂。"林乃止。以颂为光禄大夫。遂下诏加伦九锡，复加其子荂抚军将军，虔中军将军，诩为侍中。又加孙秀侍中、辅国将军，相国司马、右率如故。张林等并居显要。增相府兵为二万人，与宿卫同，并所隐匿之兵，数逾三万。

九月，改司徒为丞相，以梁王肜为之，肜固辞不受。

伦及诸子皆顽鄙无识，秀狡黠贪淫，所与共事者，皆邪佞之士，惟竞荣利，无远谋深略，志趣乖异，互相憎嫉。秀子会为射声校尉，形貌短陋，如奴仆之下者，秀使尚帝女河东公主。

【译文】

永康元年（庚申，公元300年）

赵王司马伦和孙秀打算征讨贾皇后，告诉了右卫佽飞督闾和，闾和同意，约定癸巳（四月初三）三更一点的时候，以鼓声为号。癸巳（初三），孙秀派司马雅告诉张华说："赵王司马伦打算与您一起共同扶助朝廷，为天下除害，派我来通知您。"张华拒绝。司马雅生气地说："刀都要架在脖子上了，还说这样的话吗！"头也不回地走了。

到了约定的时候，司马伦假称惠帝诏令，命令皇宫禁卫军三部司马说："皇后与贾谧等人杀害朕的太子，现在派车骑将军进宫废黜皇后，你们都应该服从，事情结束，赐予关中侯的爵位。不服从的人，诛杀三族。"大家都听从了司马伦。又假称惠帝诏令骗开宫门，趁夜晚进去，把兵卒安排在路的南侧。派翊军校尉齐王司马冏带领一百兵士推开小门进去，华林园令骆休为内应，接惠帝到东堂，用诏令宣召贾谧到殿前，将要诛杀他，贾谧跑到西钟下面，大呼："皇后救救我！"随即被斩首。贾皇后看到齐王司马冏，吃惊地问："你为什么来这儿？"司马冏说："有诏令要逮捕您。"皇后说："诏书应该从我这儿发出，哪来的什么诏书！"皇后到门口，远远地向惠帝呼喊："陛下有妻子，却让人废黜，也就等于自己将要被废黜。"这时，梁王司马肜也事先知道这个计划，贾皇后问司马冏说："图谋起事的是谁？"司马冏说："梁王和赵王。"皇后说："系狗应该系狗的脖颈，却反倒系在狗的尾巴上，怎么能不有这样的结果呢？"于是皇后被废黜为平民，囚禁在建始殿。又逮捕赵粲、贾午等人送往暴室狱考问罪行，下诏命令尚书逮捕贾氏亲信党羽，宣召中书监、侍中、黄门侍郎等八部门的高级官员连夜入殿。尚书起初怀疑诏书是假的，尚书郎师景用公文奏请惠帝的亲笔诏书，司马伦等人就将他杀了昭示大臣。

司马伦暗地与孙秀图谋篡夺皇位，打算先除掉朝廷中有名望的大臣，并且借机报复过去曾结怨的人，就把张华、裴頠、解系、解结等人押到宫殿前。张华对张林说："你想谋害忠臣吗？"张林声称惠帝在诏书中质问张华说："你身为宰相，太子被废黜，却不能为气节而死，这是为什么呢？"张华说："式乾殿前的争议，我劝谏皇帝的过程全部都记录留存下来，可以复查。"张林说："劝谏而不被采纳，为什么不辞职？"张华无言以对。于是把他们全部杀了，并诛杀三族。

于是赵王司马伦假称圣旨，赦免天下罪犯，自己担任持节都督、都督中外诸军事、相国、侍中等显要官职，完全模仿当年宣帝、文帝辅佐曹魏王朝时所为。设置一万府兵，让他的长子散骑常侍司马冏任冗从仆射。儿子司马馥为前将军，封为济阳王；司马虔为黄门郎，封为汝阴王；司马诩为散骑侍郎，封为霸城侯。文武官员有几千人封侯，百官都维持自己的职务以听命于司马伦。司马伦品性平庸而愚蠢，不久又受制于孙秀。孙秀任中书令，权力威势震慑朝廷，全国都奉承孙秀而不请示司马伦。

孙秀在朝廷中商议为相国司马伦加赐九锡，文武百官没有谁敢提出不同意见。只有吏部尚书刘颂说："过去东汉封曹魏九锡，曹魏封晋九锡，都是当时的特殊运用，不能认为是通例。周勃、霍光，他们的功勋卓著，都没有听说给他们加赐九锡。"张林听后特别愤怒，把刘颂当作伥华的党羽，要杀掉刘颂。孙秀说："杀张华、裴𫖮已经造成不良影响，不能再杀刘颂。"张林才没有动手。司马伦等让刘颂担任光禄大夫。于是下诏加赐司马伦九锡，又升任司马伦的儿子司马荂为抚军将军，司马虔为中军将军，司马翊为侍中。又升孙秀为侍中、辅国将军，相国司马、右卫率等职仍由他兼任。张林等人都高居显要官职。把相府兵增加为两万人，与皇宫禁卫的人数相同，加上司马伦所隐藏未让朝廷知道的兵，总数超过三万。

九月，改司徒之职为丞相，让梁王司马肜担任，司马肜坚持推辞而不接受。

司马伦和他的几个儿子都顽劣粗鄙没有见识，孙秀则狡黠贪婪过人，与他在一起共事的，都是奸邪投机的人，只知竞相追名逐利，没有深谋远虑，志向趣味也各不相同，并且互相厌恶嫉妒。孙秀的儿子孙会担任射声校尉，形体短小相貌丑陋，就像下层作奴仆杂役的人。孙秀却让他娶了惠帝的女儿河东公主。

晋纪六

【原文】

孝惠皇帝中之上永宁元年（辛酉，301 年）

相国伦与孙秀使牙门赵奉诈传宣帝神语云："伦宜早入西宫。"散骑常侍义阳王威，望之孙也，素谄事伦，伦以威兼侍中，使威逼夺帝玺绶，作禅诏，又使尚书令满奋持节、奉玺绶禅位于伦。左卫将军王舆、前军将军司马雅等帅甲士入殿，晓谕三部司马，示以威赏，无敢违者。张林等屯守诸门。乙丑，伦备法驾入宫，即帝位。赦天下，改元建始。帝自华林西门出居金墉城，伦使张衡将兵守之。

孙秀专执朝政，伦所出诏令，秀辄改更与夺，自书青纸为诏，或朝行夕改，百官转易如流。张林素与秀不相能，且怨不得开府，潜与太子荂笺，言："秀专权不合众心，而功臣皆小人，挠乱朝廷，可悉诛之。"荂以书白伦，伦以示秀。秀劝伦收林，杀之，夷其三族。秀以齐王冏、成都王颖、河间王颙，各拥强兵，据方面，恶之，乃尽用其亲党为三王参佐，加冏镇东大将军、颖征北大将军，皆开府仪同三司，以宠安之。

初，梁州刺史罗尚，闻赵廞廞反，表："廞非雄才，蜀人不附，败亡可计日而待。"诏拜尚平西将军、益州刺史，督牙门将王敦、蜀郡太守徐俭、广汉太守辛冉等七千余人入蜀。特等闻尚来，甚惧，使其弟骧于道奉迎，并献珍玩。尚悦，以骧为骑督。特、流复以牛酒劳尚于绵竹，王敦、辛冉说尚曰："特等专为盗贼，宜因会斩之；不然，必为后患。"尚不从。冉与特有旧，谓特曰："故人相逢，不吉当凶矣。"特深自猜惧。

三月，尚至成都。汶山羌反，尚遣王敦讨之，为羌所杀。

齐王同谋讨赵王伦，未发，会离狐王盛、颍川处穆聚众于浊泽，百姓从之，日以万数。伦以其将管袭为齐王军司，讨盛、穆，斩之。同因收袭，杀之，与豫州刺史何勗、龙骧将军董艾等起兵，遣使告成都王颖、河间王颙、常山王乂及南中郎将新野公歆，移檄征、镇、州、郡、县、国，称："逆臣孙秀，迷误赵王，当共诛讨。有不从命者，诛及三族。"

使者至邺，成都王颖召邺令卢志谋之。志曰："赵王篡逆，人神共愤，殿下收英俊以从人望，杖大顺以讨之，百姓必不召自至，攘臂争进，蔑不克矣。"颖从之，以志为咨议参军，仍补左长史。志，毓之孙也。颖以兖州刺史王彦、冀州刺史李毅、督护赵骧、石超等为前锋，远近响应；至朝歌，众二十余万。超，苞之孙也。

常山王乂在其国，与太原内史刘暾各帅众为颖后继。

伦、秀闻三王兵起，大惧，诈为罔表曰："不知何贼猝见攻围，臣懦弱不能自固，乞中军见救，庶得归死。"以其表宣示内外；遣上军将军孙辅、折冲将军李严帅兵七千自延寿关出，征虏将军张泓、左军将军蔡璜、前军将军闾和帅兵九千自堮阪关出，镇军将军司马雅、扬威将军莫原帅兵八千自成皋关出，以拒冏。遣孙秀子会督将军士猗、许超帅宿卫兵三万以拒颖。召东平王楙为卫将军，都督诸军；又遣京兆王馥、广平王虔帅兵八千为三军继援。伦、秀日夜祷祈、厌胜以求福；使巫觋选战日；又使人于嵩山著羽衣，诈称仙人王乔，作书述伦祚长久，欲以惑众。

自同等起兵，百官将士皆欲诛伦、秀，秀惧，不敢出中书省；及闻河北军败，忧懑不知所为。孙会、许超、士猗等至，与秀谋，或欲收余卒出战；或欲焚宫室，诛不附己者，挟伦南就孙旂、孟观；或欲乘船东走入海；计未决。辛酉，左卫将军王舆与尚书广陵公漼帅营兵七百余人自南掖门入宫，三部司马为应于内，攻孙秀、许超、士猗于中书省，皆斩之，遂杀孙奇、孙弼及前将军谢惔等。漼，仙之子也。王舆屯云龙门，召八坐皆入殿中，使伦为诏曰："吾为孙秀所误，以怒三王；今已诛秀。其迎太上皇复位，吾归老于农亩。"传诏以驺虞幡敕将士解兵。黄门将伦自华林东门出，及太子荂皆还汶阳里第，遣甲士数千迎帝于金墉城。百姓咸称万岁。帝自端门入，升殿，群臣顿首谢罪。诏送伦、荂等赴金墉城。广平王虔自河北还，至九曲，闻变，弃军，将数十人归里第。

记里鼓车模型　西晋

记里鼓车是晋代创制的一种机械车辆。它利用车轮在地面转动时带动齿轮的转动，变换为凸轮杠杆作用，拉动木人右臂击鼓。车前驾二马并行。

癸亥，赦天下，改元，大酺五日。分遣使者慰劳三王。梁王肜等表："赵王伦父子凶逆，宜伏诛。"丁卯，遣尚书袁敞持节赐伦死，收其子荂、馥、虔、诩，皆诛之。凡百官为伦所用者皆斥免，台、省、府、卫，仅有存者。

【译文】

晋惠帝永宁元年（辛酉，公元301年）

相国司马伦和孙秀让牙门赵奉假称宣帝有神语，散布说："司马伦应当尽快入西宫即帝位。"散骑常侍义阳王司马威，是司马望的孙子，一直对司马伦谄谀奉承，司马伦就让司马威兼任侍中，派他逼迫惠帝交出皇帝玺印与绶带，作禅让帝位的诏书，又派尚书令满奋持符节取来玺印与绶带，奉交给司马伦，表示惠帝已禅位给司马伦。左卫将军王舆、前军将军司马雅带领全副武装的兵士进入宫殿，通告三部司马，向他们宣示威势与封赏，没有谁胆敢违抗。张林等人在各宫门前驻扎防守。乙丑（正月初九），司马伦乘皇帝的专车进入皇宫，即帝位。大赦天下，改年号为建始，惠帝从华林园西门出宫到金墉城居住，司马伦派张衡带兵看守惠帝。

孙秀专擅把持朝政，司马伦所下的诏令，孙秀随意改动增删，甚至自己写在青纸上作诏书。有时朝令夕改，百官像流水一样换来换去。张林一直与孙秀不和，加之怨恨没得到开建府署的资格，暗地里给太子司马荂一封密信，说："孙秀专权不能服众，而功臣都是小人，扰乱了朝廷，应当把他们全部诛杀。"司马荂将这封信告诉了司马伦，司马伦又把信交给孙秀看。孙秀就劝说司马伦拘捕了张林，把他杀了，并夷灭三族。孙秀因为齐王司马冏、成都王司马颖，河间王司马颙，各自拥有强大的军队，独据一方，而认为他们很危险，便把这三个亲王的僚属全部任用自己的亲信党羽充当，又加封司马冏为镇东大将军，司马颖为征北大将军、开府仪同三司，来优宠安抚他们。

当初，梁州刺史罗尚，听说赵廞谋反，曾上表说："赵廞不是雄才大略的人，蜀地人们不会归附他，他的失败灭亡指日可待。"朝廷任命罗尚为平西将军，益州刺史，督牙门将王敦、蜀郡太守徐俭、广汉太守辛冉等率七千余人进入蜀地。李特等人听说罗尚到来，非常惧怕，派弟弟李骧在路上迎接，并献上珍宝古玩。罗尚非常高兴，任用李骧为骑督。李特、李流又在绵竹用牛、酒犒劳罗尚。王敦、辛冉劝罗尚说："李特等人专会做盗贼，应当趁机杀了，否则一定是后患。"罗尚没有听从。辛冉与李特以前有过交往，辛冉对李特说："故人相逢，不吉祥就会是凶险了。"李特深深猜疑害怕。

三月，罗尚到成都。汶山羌人造反，罗尚派王敦征讨他们，被羌人杀死。

齐王司马冏商议征讨赵王司马伦，还没有动兵，碰上离狐县人王盛、颍川人处穆在浊泽聚众，百姓响应跟随他们，一天就有万人。司马伦派他的属将管袭任齐王的军司，征讨王盛、处穆，杀死他们。司马冏则趁机拘捕并杀死了管袭，与豫州刺史何勖、龙骧将军董艾等人起兵，派遣使者通告成都王司马颖、河间王司马颙、常山王司马乂以及南中郎将新野公司马歆，向征、镇、州、郡、县、国等各地行政部门传布檄文，说："叛逆之臣孙秀，迷惑妨害赵王，应该共同讨伐。有不听从命令的，诛灭三族。"

使者到邺县，成都王司马颖召集邺县令卢志商议计划，卢志说："赵王篡权叛逆，神怒人怨，殿下召集英雄俊杰以顺从民意、扶持正义征讨他，百姓一定会不召而自至，举起胳臂争相前来，没有不成功的道理。"司马颖采纳了卢志的话，以卢志为咨议参军，仍补任左长史。卢志是卢毓的孙子。司马颖以兖州刺史王彦、冀州刺史李毅，督护赵骧、石超等人为前锋。远方近处纷纷响应。到达朝歌，人数已达二十多万人。石超是石苞的孙子。

　　常山王司马乂在他的封国，与太原内史刘暾各率人马作为司马颖的后续军队。

　　司马伦、孙秀听说司马冏等三亲王兴兵，非常恐惧，伪造司马冏给朝廷的奏表，说："不知是什么强盗突然包围了我，我懦弱无能无法自保，乞求朝廷派禁军救援，使我能够回到朝廷领罪。"司马伦等把这份伪造的奏表在朝廷内外传扬展示，又派遣上军将军孙辅、折冲将军李严带领七千兵卒出延寿关，派征虏将军张泓、左军将军蔡璜、前军将军闾和带领九千兵卒出堮阪关，派镇军将军司马雅、扬威将军莫原带领八千兵卒出成皋关，用以抵御司马冏。派遣孙秀的儿子孙会督率将军士猗、许超带领三万宿卫兵来抵御司马颖。宣召东平王司马楙为卫将军，监督各支兵马，又派遣京兆王司马馥、广平王司兵虔带领八千兵卒作为三支兵马的预备后援。司马伦、孙秀日夜祈祷，用诅咒制胜的法术祈求鬼神降福保佑。让男巫选择确定作战的日期，又派人穿上羽衣到嵩山，乔装打扮自称仙人王乔，写信说司马伦的帝位定会长久，想以此迷惑众人。

　　自从司马冏等人起兵，朝廷文武百官以及禁军将士都想诛杀司马伦和孙秀，孙秀非常胆怯，不敢离开中书省。等到听说河北的军队战败，忧郁烦懑不知所措。孙会、许超、士猗等人逃回来后，与孙秀商议，有的提出聚集剩余的兵力去交战。有的提出焚毁皇宫殿堂，诛杀不听从自己的人，挟制司马伦南逃，投奔孙旂、孟观。有的还提出乘船东行入海。但没有商议出结果。辛酉（闰三月初七），左卫将军王舆和尚书广陵公司马漼，带领七百多兵士从南掖门进入皇宫，三部司马在里面为内应，在中书省向孙秀、许超、士猗发起攻击，把他们全杀了。于是又杀了孙奇、孙弼及前将军谢惔等人。司马漼是司马伷的儿子。王舆在云龙门驻守，召集朝廷八个部门的高级官吏都进入宫殿，让司马伦下诏书说："我被孙秀等人所害，因此激怒三亲王。现在已诛杀孙秀。要迎接太上皇恢复皇位，我则归田养老。"传诏官用驺虞幡命令将士解除武装。宦官把司马伦从华林园东门带出，和太子司马荂一起都送回到汶阳里府第，派遣几千武装兵士到金墉城迎接惠帝。百姓都呼喊万岁。惠帝从端门进宫，登上宫殿，大臣们叩头请罪。诏令把司马伦、司马荂等人送到金墉城。广平王司马虔从河北回来，到达九曲，听说朝廷的变故，就离弃军队，带几十人回归自己居住的里和府第。

癸亥（闰三月初九），宣布赦免天下，改年号为永宁。诏赐臣民聚饮五天。分别派遣使者去慰劳司马同等三个亲王。梁王司马肜表奏："赵王司马伦父子凶暴叛逆，应当处死。"丁卯（十三日），派遣尚书袁敞持符节赐司马伦死，拘捕他的儿子司马荂、司马馥、司马虔、司马诩，全部处死。文武百官中凡为司马伦任用过的全部贬斥罢免，台、省、府、卫各部门留任的官员所剩无几。

【原文】

太安元年（壬戌，302年）

齐武闵王冏既得志，颇骄奢擅权，大起府第，坏公私庐舍以百数，制与西宫等，中外失望。侍中西宫等，中外失望。侍中嵇绍上疏曰："存不忘亡，《易》之善戒也。臣愿陛下无忘金墉，大司马无忘颍上，大将军无忘黄桥，则祸乱之萌无由而兆矣。"又与冏书，以为："唐、虞茅茨，夏禹卑宫。今大兴第舍及为三王立宅，岂今日之急邪！"冏逊辞谢之，然不能从。

张翰、顾荣皆虑及祸，翰因秋风起，思菰菜、莼羹、鲈鱼铨鲙，叹曰："人生贵适志耳，富贵何为！"即引去。荣故酣饮，不省府事，长史葛旟以其废职，白冏徙荣为中书侍郎。颍川处士庚衮闻同期年不朝，叹曰："晋室卑矣，祸乱将兴！"帅妻子逃于林虑山中。

冏以河间王颙本附赵王伦，心常恨之。梁州刺史安定皇甫商，与颙长史李含不平。含被征为翊军校尉，时商参冏军事，夏侯奭兄亦在冏府。含心不自安，又与冏右司马赵骧有隙，遂单马奔颙，诈称受密诏，使颙诛冏。因说颙曰："成都王至亲，有大功，推让还藩，甚得众心。齐王越亲而专政，朝廷侧目。今檄长沙王使讨齐，齐王必诛长沙，吾因以为齐罪而讨之，必可禽也。去齐立成都，除逼建亲，以安社稷，大勋也。"颙从之。是时，武帝族弟范阳王虓都督豫州诸军事。颙上表陈冏罪状,且言:"勒兵十万,欲与成都王颖、新野王歆、范阳王虓共会洛阳,请长沙王乂废冏还第,以颖代冏辅政。"颙遂举兵,以李含为都督,帅张方等趋洛阳;复遣使邀颖,颖将应之,卢志谏,不听。

十二月,丁卯,颙表至;冏大惧,会百官议之,曰:"孤首唱义兵,臣子之节,信著神明。今二王信谗作难,将若之何?"尚书令王戎曰:"公勋业诚大;然赏不及劳,故人怀贰心。今二王兵盛,不可当也。若以王就第,委权崇让,庶可求安。"同从事中郎葛旟怒曰:"三台纳言,不恤王事。赏报稽缓,责不在府。谗言逆乱,当共诛讨,奈何虚承伪书,遽令公就第乎!汉、魏以来,王侯就第,宁有得保妻子者邪!议者可斩!"百官震悚失色,戎伪药发堕厕,得免。

李含屯阴盘,张方帅兵二万军新安,檄长沙王乂使讨冏。同遣董艾袭乂,乂将左右百余人驰入宫,闭诸门,奉天子攻大司马府,董艾陈兵宫西,纵火烧千秋神武门。冏使人执驺虞幡唱云:"长沙王乂矫诏。"乂又称"大司马谋反"。是夕,城内大战,飞矢雨集,火光属天。帝幸上东门,矢集御前,群臣死者相枕。连战三日,同众大败,大司马长史赵渊杀何勖,因执冏以降。冏至殿前,帝恻然,欲活之。乂叱左右趣牵出,斩于阊阖门外,徇首六军,同党皆夷三族,死者二千余人。囚冏子超、冰、英于金墉城,废冏弟北海王寔。赦天下,改元。李含等闻冏死,引兵还长安。

长沙王乂虽在朝廷,事无巨细,皆就邺咨大将军颖。颖以孙惠为参军,陆云为右司马。

【译文】

太安元年(壬戌,公元302年)

齐王司马冏如愿以偿,颇有些骄纵奢侈而独揽大权,大规模地建造府第,拆毁公私房屋上百处,格局规模与西宫相当,在朝廷内外失去声望。侍中嵇绍给惠帝上奏章说:"存在而不忘失去,是《易经》很好的警戒。我希望陛下不要忘了在金墉城之囚,大司马不要忘却颍上之败,大将军不要忘了黄桥之败。那么祸乱的发端就无从开始了。"嵇绍又给司马冏写信,认为:"尧、舜茅屋不修剪,夏禹住低矮的宫室。现在大兴土木建造房舍和给三个亲王建造宅第，难道是今天所急于做的事吗？"司马冏用谦逊客气的话来认错，但不能采纳。

张翰、顾荣都忧虑灾祸即将来临，张翰因为秋风吹来，怀念起故乡的菰菜、莼菜汤、鲈鱼片，感叹道："人生在世最难得的是舒服自在，富有和显贵有什么用？"随即引退离去。顾荣则故意开怀畅饮，不去过问府中事务，长史葛旟因为他荒废职守，向司马冏汇报，把顾荣贬为中书侍郎。颍川隐士庾衮，听说司马冏整年没有上朝，慨叹道："晋朝衰微了，祸乱即将兴起！"带领妻儿逃到林虑山中避难。

司马冏因为河间王司马颙原来依附赵王司马伦，心里常常嫉恨他。梁州刺史安定人皇甫商，对司马颙的长吏李含不满。李含被征召担任翊军校尉，这时皇甫商任司马冏的参军事，夏侯奭的哥哥也在司马冏府做事。李含心里很不自在安稳，又和司马冏的右司马赵骧不和，于是一个人骑马逃奔回司马颙那里，假称接受了秘密诏令，让司马颙诛伐司马冏，于是告诉司马颙说："成都王是皇上的近亲，又有大功，但推辞谦让返回封地，很得人心。而齐王越过比他更近的皇帝而独揽朝政，朝廷对他都带着嫉恨的目光。现在给长沙王发出檄文让他征讨齐王，齐王一定会诛杀长沙王，我们就把这当作齐王的罪行而征讨他，一定能够把他擒获。去掉齐王而拥立成都王，除去逼宫的人而立近亲，使国家社稷安定，是一项大功勋。"司马颙采纳了这个意见。这时，晋武帝的族弟范阳王司马虓任都督豫州诸军事。司马颙上奏表陈说司马冏的罪状，并且说："带领十万军队，要同成都王司马颖、新野王司马歆、范阳王司马虓共同在洛阳会师，请长沙王司马乂废黜司马冏让他回到封地府第去，让司马颖取代司马冏辅佐朝政。"司马颙就发兵点将，让李含任都督，带领张方等急赴洛阳。又派使者邀集司马颖，司马颖打算答应邀请。卢志劝谏，司马颖不听。

十二月，丁卯（二十二日），司马颙的奏表到洛阳。司马冏非常惧怕，召集文武百官商议对策，说："我首先发起义兵，尽臣子的气节，信义显现于神明。现在两亲王听信谗言而发难，怎么对待呢？"尚书令王戎说："您的功勋业绩的确很大。但是赏赐没有都到达有功劳的人那里，所以使人怀有二心。现在两亲王兵力强盛，势不可挡。如果让您隐退回家，而崇敬谦虚地把权交出，大概可以求得平安。"司马冏的从事中郎葛旟生气地说："尚书所说，根本不顾惜齐王的事业。报功赏赐的停顿迟缓，责任不在齐王府。听信谗言发起叛乱，应当共同征讨，更何况怎能凭空根据伪造书信，就让齐王您回家呢？汉、魏以来，王侯隐退回家的，难道有能够保全妻儿的吗？提这个建议的人可以杀掉！"文武百官震骇惶恐脸色大变，王戎假装药力发作掉到厕坑，得以逃脱。

李含在阴盘屯兵，张方率二万军队在新安驻扎，给长沙王司马乂发檄文让他征讨司马冏。司马冏派董艾袭击司马乂，司马乂带领身边一百多人急驰进入皇宫，关闭所有宫门，尊奉天子攻打大司马府，董艾在皇宫西侧摆开兵阵，纵火烧千秋神武门。司马冏派人举着骑虞幡呼喊说："长沙王司马乂假称诏令。"司马乂又宣称："大司马谋反。"这一夜，洛阳城内展开激战，箭飞如雨，火光映天。惠帝来到上东门，箭射到惠帝面前，群臣尸横遍野。一连打了三天，司马冏的兵众惨败，大司马长史赵渊杀了何勖，就抓住司马冏投降。司马冏被押到宫殿前，惠帝面容忧伤，想救司马冏活下来。司马乂喝令左右随从把司马冏赶快牵出去，在阊阖门外杀掉，拿他的头到各军展示。司马冏的同党都被夷灭三族，死了二千多人。把司马冏的儿子司马超、司马冰、司马英囚禁在金墉城，废黜司马冏的弟弟北海王司马寔。大赦天下，改年号为太安。李含等人听说司马冏死了，带兵回长安。

长沙王司马乂虽然在朝廷，但事无巨细，都到邺都去请示大将军司马颖。司马颖让孙惠担任参军，陆云担任右司马。

晋纪七

【原文】

孝惠皇帝中之下太安二年（癸亥，303年）

春，正月，李特潜渡江击罗尚，水上军皆散走。蜀郡太守徐俭以少城降，特入据之，惟取马以供军，余无侵掠；赦其境内，改元建初。罗尚保太城，遣使求和于特。蜀民相聚为坞者，皆送款于特，特遣使就抚之；以军中粮少，乃分六郡流民于诸坞就食。

李流以李特、李荡继死，宗岱、孙阜将至，甚惧。李含劝流降，流从之；李骧、李雄迭谏，不纳。夏，五月，流遣其子世及含子胡为质于阜军；胡兄离为梓潼太守，闻之，自郡驰还，欲谏不及。退，与雄谋袭阜军，雄曰："为今计，当如是；而二翁不从，奈何？"离曰："当劫之耳！"雄大喜，乃共说流民曰："吾属前已残暴蜀民，今一旦束手，便为鱼肉，唯有同心袭阜以取富贵耳！"众皆从之。雄遂与离袭击阜军，大破之。会宗岱卒于垫江，荆州军遂退。流甚惭，由是奇雄才，军事悉以任之。

初，李含以长沙王乂微弱，必为齐王冏所杀，因欲以为冏罪而讨之，遂废帝，立大将军颖，以河间王颙为宰相，已得用事。既而冏为乂所杀，颖、颙犹守藩，不如所谋。颖恃功骄奢，百度驰废，甚于同时；犹嫌乂在内，不得逞其欲，欲去之。时皇甫商复为乂参军，商兄重为秦州刺史。含说颙曰："商为乂所任，重终不为人用，宜早除之。可表迁重为内职，因其过长安执之。"重知之，露檄上尚书，发陇上兵以讨含。乂以兵方少息，遣使诏重罢兵，征含为河南尹。含就征而重不奉诏，颙遣金城太守游楷、陇西太守韩稚等合四郡兵攻之。颙密使含与侍中冯荪、中书令卞粹谋杀乂；皇甫商以告乂，收含、荪、粹，杀之。骠骑从事琅邪诸葛玫、前司徒长史武邑牵秀皆出奔邺。

河间王颙闻李含等死，即起兵讨长沙王乂。大将军颖上表请讨张昌，许之；闻昌已平，因欲与颙共攻乂。卢志谏曰："公前有大功而委权辞宠，时望美矣。今若顿军关外，文服入朝，此霸主之事也。"参军魏郡邵续曰："人之有兄弟，如左右手。明公欲当天下之敌而先去其一手，可乎！"颖皆不从。八月，颙、颖共表："乂论功不平，与右仆射羊玄之、左将军皇甫商专擅朝政，杀害忠良，请诛玄之、商，遣乂还国。"诏曰："颙敢举大兵，内向京辇，吾当亲率六军以诛奸逆。其以乂为太尉、都督中外诸军事以御之。"

颙以张方为都督，将精兵七万，自函谷东趋洛阳。

乙丑，帝如十三里桥。太尉乂使皇甫商将万余人拒张方于宜阳。己巳，帝还军宣武场。庚午，舍于石楼。九月，丁丑，屯于河桥。壬子，张方袭皇甫商，败之。甲申，帝军于芒山。丁亥，帝幸偃师；辛卯，舍于豆田。大将军颖进屯河南，阻清水为垒。癸巳，羊玄之忧惧而卒，帝旋军城东；丙申，幸缑氏，击牵秀，走之。大赦。张方入京城，大掠，死者万计。

李流疾笃，谓诸将曰："骁骑仁明，固足以济大事；然前军英武，殆天所相，可共受事于前军。"流卒，众推李雄为大都督、大将军、益州牧，治郫城。雄使武都朴泰绐罗尚，使袭郫城，云己为内应。尚使隗伯将兵攻郫，泰约举火为应，李骧伏兵于道，泰出长梯于外。隗伯兵见火起，争缘梯上，骧纵兵击，大破之。追奔夜至城下，诈称万岁，曰："已得郫城矣！"入少城，尚乃觉之，退保太城。隗伯创甚，雄生获之，赦不杀。李骧攻犍为，断尚运道。获太守龚恢，杀之。

太尉乂奉帝攻张方，方兵望见乘舆，皆退走，方遂大败，死者五千余人。方退屯十三里桥，众惧，欲夜遁，方曰："胜负兵家之常，善用兵者能因败为成。今我更前作垒，出其不意，此奇策也。"乃夜潜逼洛城七里，筑垒数重，外引廪谷以足军食。乂即战胜，以为方不足忧。闻方垒成，十一月，引兵攻之，不利。朝议以为乂、颖兄弟，可辞说而释，乃使中书令王衍等往说颖，令与乂分陕而居，颖不从。乂因致书于颖，为陈利害，欲与之和解。颖复书，"请斩皇甫商等首，则引兵还邺，父不可。

闰月，李雄急攻罗尚。尚军无食，留牙门张罗守城，夜，由牛鞞水东走，罗开门降。雄人成都，军士饥甚，乃帅众就谷于郪，掘野芋而食之。许雄坐讨贼不进，征即罪。

【译文】

晋惠帝太安二年（癸亥，公元303年）

春季，正月，李特偷渡过江攻打罗尚，水上驻防的军队都溃散而逃。蜀郡太守徐俭献出少城投降，李特进城据守，只索取马匹以供军需，并不掠取其他财物。在境内赦免罪犯，改年号为建初。罗尚在太城据守，派使者向李特求和。修筑土堡以自保的各蜀民聚居点都向李特表示归顺，李特派使者抚慰他们，又因为军队中粮食不够，就把六郡流民分到各个土堡吃饭。

李流因为李特、李荡相继死去，而宗岱、孙阜即将攻来，非常恐惧。李含劝李流投降，李流采纳了这个建议。李骧、李雄接连劝谏，李流没有听取。夏季，五月，李流派他儿子李世和李含的儿子李胡到孙阜的军中作人质。李胡的哥哥李离为梓潼太守，听到这消息，急忙骑马从郡中赶回来，想劝阻却没有赶上。退回来，与李雄商议袭击孙阜的军队，李雄说："为眼前考虑，应当这样，但李流、李含二翁不听从，怎么办？"李离说："应该用武力强制住他们！"李雄非常高兴，于是一起到流民中说："我们过去残暴对待过蜀民，现在一旦束手投降，就成为任其宰割的鱼、肉，只有同心协力袭击孙阜，来夺取富贵！"大家都听从了他们。李雄于是与李离袭击孙阜的军队，把孙阜打得惨败。这时宗岱在垫江死去，荆州的军队于是退走了。李流非常羞惭，从此认为李雄的才能奇异，军中事务全部都交给李雄处理。

当初，李含以为长沙王司马乂力量微弱，一定会被齐王司马冏杀掉，所以想借讨伐司马冏罪行为名，废黜惠帝，拥立大将军司马颖，让河间王司马颙任宰相，这样自己便得以执掌大权。但不久司马冏却被司马乂杀掉，司马颖、司马颙仍然镇守藩地，不像自己所谋划的那样。此后，司马颖居功自傲，朝政各方面荒废松弛，比司马冏时还要严重，司马颖尤其不能忍受司马乂在禁城之内，使自己不能随心所欲，打算除掉司马乂。当时皇甫商又重新任司马乂的参军，皇甫商的哥哥皇甫重担任秦州刺史。李含对司马颙说："皇甫商被司马乂任用，皇甫重终究不会被别人所用，应该尽快除掉。可以表奏建议把皇甫重提升到朝廷中任职，趁他经过长安时把他抓住。"皇甫重知道了李含的阴谋，向尚书公布檄文，纠集陇上军队讨伐李含。司马乂因军队刚刚稍事休息，就派使者带诏书命令皇甫重取消这次军事行动，并征调李含去担任河南尹。李含接受征调而皇甫重却不服从诏令，司马颙派金城太守游楷、陇西太守韩稚等人联合四个郡的军队去攻打皇甫重。司马颙又秘密派遣李含与侍中冯荪、中书令卞粹谋杀司马乂，皇甫商得知后告诉司马乂，拘捕并杀掉了李含、冯荪、卞粹。骠骑从事琅邪人诸葛玫，前司徒长史武邑人牵秀都出城投奔邺城。

河间王司马颙听说李含等人已被杀死，当即起兵征讨长沙王司马乂。大将军司马颖上奏表请求讨伐张昌，得到允许。司马颖又听说张昌叛乱已经平定，因而想与司马颙共同攻打司马乂。卢志劝谏说："您以前立了大功勋却交出权力辞谢天子的恩宠，当时声望很好。现在如果把军队安顿在城关之外，身着文官服饰进京朝见，这是成为霸主的基础。"参军魏郡人邵续说："人有兄弟，如同左右手。您想抵挡天下的敌人而先砍掉一只手，能这样吗？"司马颖全都不听。八月，司马颙、司马颖共同上奏表："司马乂论评功劳不公平，与右仆射羊玄之、左将军皇甫商独揽朝政大权，杀害忠良之人。请诛杀羊玄之、皇甫商，遣送司马乂回他的封国。"惠帝下诏说："司马颙如果敢于兴兵，矛头指向京都帝辇，我将亲自率领六军诛讨为奸叛乱的人。任用司马乂为太尉、都督中外诸军事以抵御他们。"

司马颙让张方任都督，带领七万精锐军队，从函谷关向东，直指洛阳。

乙丑（疑误），惠帝到十三里桥。太尉司马乂派皇甫商带领一万多人在宜阳阻击张方。己巳（八月二十八日），惠帝把军队撤到宣武场。庚午（二十九日），在石楼住宿。九月，丁丑（初六），惠帝将兵驻扎在河桥。壬子（疑误），张方袭击皇甫商，并将皇甫商打败。甲申（十三日），惠帝在芒山驻军。丁亥（十六日），惠帝到偃师。辛卯（二十日），在豆田住宿。大将军司马颖进军于黄河以南驻扎，阻隔清水作为壁垒。癸巳（二十二日），羊玄之忧郁恐惧而死，惠帝回师城东。丙申（二十五日），惠帝到缑氏，攻击牵秀，并把他打跑，宣布大赦。张方进入京城，大肆抢掠，死者数以万计。

李流病危，对众部将说："骁骑将军李骧仁德精明，本来足以成就大事。但是前将军李雄英俊勇武，大概是上天的选择，可以一起接受前将军的命令。"李流去世，大家推举李雄为大都督、大将军、益州牧，治所设在郫城。李雄派武都人朴泰欺骗罗尚，让他袭击郫城，声称自己可当内应。罗尚派隗伯带兵攻打郫城，朴泰约定以举火为信号，李骧在路旁埋伏了军队，朴泰把长梯送出城外。隗伯的军队看到火起，争相攀缘长梯登城。李骧指挥军队出击，大败隗伯。追击奔驰，连夜到达成都城下，假装呼喊万岁，说："已经取得郫城！"于是进入了少城，罗尚发觉中计，连忙退到太城守卫。隗伯身负重伤，被李雄活捉，赦免而没有杀。李骧攻打犍为，截断罗尚运送物资的道路，抓住并杀死太守龚恢。

太尉司马乂侍奉惠帝攻打张方，张方的兵远远地看到惠帝的御车，都败退而逃，张方于是惨败，死了五千多人。张方撤退到十三里桥驻扎，大家惶恐不安，想趁夜逃走，张方说："胜负是兵家常事，善于用兵的人能够转败为胜。现在我反而再到前面修筑堡垒，出其不意，这是奇妙的计策。"于是趁夜色悄悄逼近距洛阳城七里处。修筑了几层堡垒，从外面运进仓库中的粮谷作为军粮。司马乂取胜后，认为张方不足以忧虑。听说张方建成了堡垒，十一月，率领军队去进攻，一无所获。朝廷讨论认为司马乂、司马颖是兄弟，可以用言辞来排解这一纠纷，于是派中书令王衍等人到司马颖那里劝说，让司马颖与司马乂平分秋色、共同辅助皇室。司马颖不答应。司马乂又给司马颖去信，为他陈说利害关系，想与司马颖和解。司马颖回信说："请斩掉皇甫商等人的首级，那么我就率兵回归邺城。"司马乂不同意。

闰月，李雄对罗尚发起猛攻。罗尚的军队没有粮食，就留下牙门张罗守城，自己夜里从牛鞞水向东逃跑，张罗打开城门投降。李雄进入成都，军队兵士非常饥饿，就率部众到郫县寻求给养，挖掘野山芋当粮吃。李雄被判定犯了讨伐盗贼时裹足不前的罪过，朝廷召他去接受判罚。

【原文】

永兴元年（甲子，304 年）

长沙厉王乂屡与大将军颖战，破之，前后斩获六、七万人。而乂未尝亏奉上之礼；城中粮食日窘，而士卒无离心。张方以为洛阳未可克，欲还长安。而东海王越虑事不济，癸亥，潜与殿中诸将夜收乂送别省。甲子，越启帝，下诏免乂官，置金墉城。大赦，改元。城既开，殿中将士见外兵不盛，悔之，更谋劫出乂以拒颖。越惧，欲杀乂以绝众心。黄门侍郎潘滔曰："不可，将自有静之者。"乃遣人密告张方。丙寅，方取乂于金墉城，至营，炙而杀之，方军士亦为之流涕。

公卿皆诣邺谢罪；大将军颖入京师，复还镇于邺。诏以颖为丞相；加东海王越守尚书令。颖遣奋武将军石超等率兵五万屯十二城门，殿中宿所忌者，颖皆杀之；悉代去宿卫兵。

河间王颙表请立丞相颖为太弟。戊申，诏以颖为皇太弟，都督中外诸军事，丞相如故。大赦。乘舆服御皆迁于邺，制度一如魏武帝故事。以颙为太宰、大都督、雍州牧；前太傅刘寔为太尉。寔以老，固让不拜。

太弟颖僭侈日甚，嬖幸用事，大失众望。司空东海王越，与右卫将军陈眕及长沙故将上官巳等谋讨之。秋，七月，丙申朔，陈眕勒兵入云龙门，以诏召三公百僚及殿中，戒严讨颖。石超奔邺。戊戌，大赦，复皇后羊氏及太子覃。己亥，越奉帝北征。以越为大都督。征前侍中绍诣行在。侍中秦准谓绍曰："今往，安危难测，卿有佳马乎？"绍正色曰："臣子扈卫乘舆，死生以之，佳马何为！"

越檄召四方兵，赴者云集，比至安阳，众十余万，邺中震恐。颖会群僚问计，东安王繇曰："天子亲征，宜释甲缟素出迎请罪。"颖不从，遣石超帅众五万拒战。折冲将军乔智明劝颖奉迎乘舆，颖怒曰："卿名晓事，投身事孤；今主上为群小所逼，卿奈何欲使孤束手就刑邪！"

陈眕二弟匡、规自邺赴行在，云邺中皆已离散，由是不甚设备。己未，石超军奄至，乘舆败绩于荡阴，帝伤颊，中三矢，百官侍御皆散。嵇绍朝服，下马登辇，以身卫帝，兵人引绍于辕中斫之。帝曰："忠臣也，勿杀！"对曰："奉太弟令，惟不犯陛下一人耳。"遂杀绍，血溅帝衣。帝堕于草中，亡六玺。石超奉帝幸其营，帝馁甚，超进水，左右奉秋桃。颖遣卢志迎帝；庚申，入邺。大赦，改元曰建武。左右欲浣帝衣，帝曰："嵇侍中血，勿浣也！"

【译文】

永兴元年（甲子，公元304年）

　　长沙厉王司马乂多次与大将军司马颖开战，打败司马颖，前后杀死或俘虏六七万人。战事紧张而司马乂对侍奉皇上的礼节却从不曾耽搁减少。城中粮食日益困窘，但士卒们却没有背离的想法。张方认为洛阳不能攻克，想返回长安。这时东海王司马越在朝中考虑事情不能成功，癸亥（正月二十五日），暗地与殿中各位将领趁夜把司马乂拘捕送到另外的官署。甲子（二十六日），司马越启奏惠帝，下诏书罢免司马乂的官职，把他关在金墉城。赦免罪犯，改年号为永安。城门打开后，殿中的官兵看到城外的军队并不强，因而感到后悔，又谋划劫出司马乂来抗拒司马颖。司马越惶惶不安，想杀掉司马乂使大家断绝这个想法。黄门侍郎潘滔说："不能这样，将自然有使大家静心的人。"就派人秘密告诉张方。丙寅（二十八日），张方在金墉城带走司马乂，到军营后，把司马乂用火烧烤后杀了，连张方军中的兵士也为司马乂流泪。

　　朝廷公卿大臣都到邺城向司马颖认错道歉。大将军司马颖进入京城，后又回到邺城镇守。惠帝诏令任司马颖为丞相；给东海王司马越加尚书令职。司马颖派奋武将军石超等人率军队五万人驻扎在洛阳的十二个城门，朝廷中有宿怨的官员，司马颖把他们全部杀了。皇宫禁卫军也全部用自己的军队代替。

　　河间大司马颙表奏请朝廷立丞相司马颖为皇太弟。戊申（三月十一日），惠帝下诏立司马颖为皇太弟，兼任都督中外诸军事，并保留丞相职。宣布大赦。皇太弟的车马及服饰用品都迁到邺城，制度就像魏武帝曹操那时一样。让司马颙担任太宰、大都督、雍州牧；前太傅刘寔担任太尉，刘寔声称年纪已老，坚决辞让不去就职。

　　皇太弟司马颖超越本分奢侈一天比一天严重，所宠幸溺爱的小人执掌权力，令大家十分失望。司空东海王司马越与卫右将军陈眕以及长沙王司马乂过去的部将上官巳等谋划讨伐司马颖。秋季，七月，丙申朔（初一），陈眕率兵攻入云龙门，用皇帝诏书召集三公及群臣与三部众将领，戒严征讨司马颖。石超奔向邺城。戊戌

（初三），宣布大赦，恢复皇后羊和皇太子司马覃的地位。己亥（初四），司马越侍奉惠帝向北征伐，司马越担任大都督。征调前侍中嵇绍到惠帝身边任职。侍中秦准对嵇绍说："现在随行，安危难以预料，你有好马吗？"嵇绍神色严肃地说："臣子护卫皇帝御车，死与生都要忠于职守，要好马干什么？"

　　司马越发布檄文召集各地军队，奉诏赶来的队伍云集，行军到安阳，人数有十多万，邺城震惊惶恐。司马颖召集幕僚参佐询问计策，东安王司马繇说："天子亲自征伐，应当放下武器身穿白色衣服出去迎接，并向天子请罪。"司马颖不同意，派石超率五万人抵御作战。折冲将军乔智明劝说司马颖尊奉迎接惠帝御驾，司马颖发怒说："你空有知晓事理的名声，投身到我身边做事。现在皇上被小人们逼迫，你为什么想让我捆绑住自己的手脚去接受刑罚呢！"

　　陈眕的两个弟弟陈匡、陈规从邺城赶到惠帝身边，说邺城里已经分崩离析，因此大家都不怎么安排防备。己未（七月二十四日），石超的军队忽然杀到，惠帝的兵马在荡阴失败，惠帝面颊负伤，中了三箭，百官和侍卫全部溃逃。嵇绍身穿上朝的礼服，下马登上御车，用身体护卫着惠帝，兵士把嵇绍拉到车辕上就砍。惠帝说："这是忠臣，不要杀！"兵士回答说："奉皇太弟的命令，只是不侵犯陛下一人而已。"于是杀了嵇绍，鲜血溅到惠帝的衣服上。惠帝从车上掉到草丛中，丢失了六枚御玺。石超侍奉惠帝到自己兵营中，惠帝非常饥饿，石超送上水，左右随从奉上秋桃。司马颖派卢志迎接惠帝。庚申（二十五日），惠帝进入邺城，宣布大赦，改年号为建武。随从想为惠帝洗衣服，惠帝说："有侍中嵇绍的血，不要洗了！"

资治通鉴卷八十六卷

晋纪八

【原文】

孝惠皇帝下永兴二年（乙丑，305年）

东海中尉刘洽以张方劫迁车驾，劝司空越起兵讨之。秋，七月，越传檄山东征、镇、州、郡云："欲纠帅义旅，奉迎天子，还复旧都。"东平王楙闻之，惧；长史王脩说楙曰："东海，宗室重望；今兴义兵，公宜举徐州以授之，则免于难，且有克让之美矣。"楙从之。越乃以司空领徐州都督，楙自为兖州刺史；诏即遣使者刘虔授之。是时，越兄弟并据方任，于是范阳王虓，及王浚等共推越为盟主，越辄选置刺史以下，朝士多赴之。

成都王颖既废，河北人多怜之。颖故将公师藩等自称将军，起兵于赵、魏，众至数万。初，上党武乡羯人石勒，有胆力，善骑射。并州大饥，建威将军阎粹说东嬴公腾执诸胡于山东，卖充军实。勒亦被掠，卖为茌平人师欢奴，欢奇其状貌而免之。欢家邻于马牧，勒乃与牧帅汲桑结壮士为群盗。及公师藩起，桑与勒帅数百骑赴之。桑始命勒以石为姓，勒为名。

司空越以琅邪王睿为平东将军，监徐州诸军事，留守下邳。睿请王导为司马，委以军事。

太宰颙闻山东兵起，甚惧。以公师落为成都王颖起兵，壬午，表颖为镇军大将军、都督河北诸军事，给兵千人；以卢志为魏郡太守，随颖镇邺，欲以抚安之。又遣建武将军吕朗屯洛阳。

颙发诏，令东海王越等各就国，越等不从。

时天下大乱，弘专督江、汉，威行南服。谋事有成者，则曰"某人之功"，如有负败，则曰"老子之罪"。每有兴发，手书守相，丁宁款密。所以人皆感悦，争赴之，咸曰："得刘公一纸书，贤于十部从事。"前广汉太宰辛冉说弘以从横之事，弘怒，斩之。

初，陈敏既克石冰，自谓勇略无敌，有割据江东之志。其父怒曰："灭我门者，必此儿也！"遂以忧卒。敏以丧去职。司空越起敏为右将军、前锋都督。越为刘祐所败，敏请东归收兵，遂据历阳叛。吴王常侍甘卓，弃官东归，至历阳，敏为子景娶卓女，使卓假称皇太弟令，拜敏扬州刺史。敏使弟恢及别将钱端等南略江州，弟斌东略诸郡，扬州刺史刘机、丹杨太守王旷皆弃城走。

敏遂据有江东，以顾荣为右将军，贺循为丹杨内史，周玘为安丰太守，凡江东豪杰、名士，咸加收礼，为将军、郡守者四十余人；或有老疾，就加秩命。敏命僚佐推己为都督江东诸军事、大司马、楚公，加九锡，列上尚书，称被中诏，自江入沔、汉，奉迎銮驾。

太宰颙以张光为顺阳太守，帅步骑五千诣荆州讨敏。刘弘遣江夏太守陶侃、武陵太守苗光屯夏口，又遣南平太守汝南应詹督水军以继之。

侃与敏同郡，又同岁举吏。随郡内史扈怀言于弘曰："侃居大郡，统强兵，脱有异志，则荆州无东门矣！"弘曰："侃之忠能，吾得之已久，必无是也。"侃闻之，遣子洪及兄子臻诣弘以自固，弘引为参军，资而遣之。曰："贤叔征行，君祖母年高，便可归也。匹夫之交，尚不负心，况大丈夫乎！"

【译文】

晋惠帝永兴二年（乙丑，公元 305 年）

东海中尉刘洽因为张方劫持并强行迁移皇帝车驾，劝司空司马越发兵征讨张方。秋季，七月，司马越在崤山以东的各征、镇、州、郡传布檄文说："将集结带领正义之师，奉迎天子返回原来的都城。"东平王司马楙听到后，惶恐不安。长史王脩对司马楙说："东海王是宗室中声望最高的，现在兴起正义的军队，您应当把徐州交给他，那就可避免灾难，还享有克己谦让的美德。"司马楙同意了。司马越

八王之乱

就以司空兼任徐州都督，司马楙自任兖州刺史，朝廷诏令立即派使者刘虔正式任命。这时，司马越兄弟都各占据一方重任，于是范阳王司马虓和王浚等人共同推举司马越做盟主，司马越则选择人才安排刺史以下的职务，朝廷的士人大多都投奔到司马越那里。

成都王司马颖被废黜后，河北人大多很怜悯他。司马颖过去的部将公师藩等人自称将军，在赵、魏地区起兵，人数达到几万。当初，上党武乡县羯人石勒，有胆识力量，善于骑马射箭。并州严重饥荒，建成将军阎粹向东嬴公司马腾献计，把各族胡人抓到崤山以东地区，卖了以后补充军粮。石勒也被抓住，卖给茌平人师欢做奴隶，师欢认为他的相貌奇特而放了他。师欢与放马场为邻，石勒就与放牧的首领汲桑聚集壮士成为强盗团伙。等公师藩起兵后，汲桑和石勒率领几百骑士投奔到公师藩那里。汲桑让石勒以石作为姓，用勒作为名。

司空司马越以琅邪王司马睿任平东将军。监徐州诸军事的职务，在下邳留守。司马睿请王导担任司马，将军队事务交给王导处理。

太宰司马颙听说崤山以东战事又起，非常恐惧。因为公师藩是为成都王司马颖而起兵，壬午（八月二十三日），司马颙表奏任司马颖为镇东大将军，都督河北诸军事，配给一千兵士；任卢志为魏郡太守，随从司马颖镇守邺城，想以此抚慰并安定公师藩。又派建武将军吕朗到洛阳驻扎。

司马颙发布诏令，命令东海王司马越等人各自回到自己的封国，司马越等人不服从。

这时天下大乱，刘弘专门督管江、汉地区，威势及于南方边远地区。谋划事情成功了，就说是某人的功劳。如果遇到失败，则称是自己的责任。每当兴师动众，亲笔写信给负责官员，详细叮咛嘱咐。所以大家都很感动和舒畅，争相到他那儿。大家都说："能够得到刘公一纸亲笔信，胜过做十个部从事。"前广汉太守辛冉向刘弘游说割据称霸的事，刘弘发怒，把他杀了。

当初，陈敏战胜石冰后，自以为勇猛谋略没有对手，产生在江东割据的想法。他父亲生气地说："使我们家族灭绝的，一定是这个儿子！"于是忧郁而死。陈敏因为丧事而离职。司空司马越起用陈敏为右将军、前锋都督。司马越被刘祐打败，陈敏请求收兵东归，于是占据历阳反叛。吴王常侍甘卓，抛弃官职东归，到历阳，陈敏为自己的儿子陈景娶甘卓的女儿，并让甘卓伪称皇太弟的命令，任命陈敏为扬州刺史。陈敏派弟弟陈恢以及部将钱端等人向南攻打江州，弟弟陈斌向东攻打各郡，扬州刺史刘机、丹阳太守王旷都弃城逃跑。

陈敏于是占据了江东地区，任命顾荣为右将军、贺循为丹阳内史、周玘为安丰太守，凡是江东地区的豪族英杰、名士，都加以收揽以礼相待，其中担任将军、郡守的有四十多人。如果有年老、有病的，也封给一定的级别。陈敏让下属推举自己为都督江东诸军事、大司马，封为楚公、加九锡重礼，列上尚书，声称直接接到皇帝的诏令，从长江进入沔水、汉水流域，迎接皇帝大驾。

太宰司马颙以张光任顺阳太守，率领步兵骑兵五千人到荆州讨伐陈敏。刘弘派江夏太守陶侃、武陵太守苗光在夏口驻扎，又派南平太守汝南人应詹督领水军来支援陶侃等人。

陶侃与陈敏是同郡人，又同年被荐举为官吏。随郡内史扈怀对刘弘说："陶侃在大郡任太守，统领强兵，倘若有异心，荆州就失去东大门了！"刘弘说："陶侃的忠心和才能，我了解他已很久了，一定不会这样。"陶侃听说后，派儿子陶洪和侄子陶臻到刘弘那儿，以使自己的地位稳固，刘弘任用陶洪等二人为参军，发给钱物让他们回去,说:"你们贤德的叔叔要征战出行,而祖母年事已高,你们应该回去。村野匹夫互相交往,尚且不负心,何况大丈夫呢!"

【原文】

光熙元年(丙寅,306年)

初,太弟中庶子兰陵缪播有宠于司空越;播从弟右卫率胤,太宰颙前妃之弟也。越之起兵,遣播、胤诣长安说颙,令奉帝还洛,约与颙分陕为伯。胤素信重播兄弟,即欲从之。张方自以罪重,恐为诛首,谓颙曰:"今据形胜之地,国富兵强,奉天子以号令,谁敢不从,奈何拱手受制于人!"颙乃止。及刘乔败,颙惧,欲罢兵,与山东和解,恐张方不从,犹豫未决。

方素与长安富人郅辅亲善,以为帐下督。颙参军河间毕垣,尝为方所侮,因说颙曰:"张方久屯霸上,闻山东兵盛,盘桓不进,宜防其未萌。其亲信郅辅具知其谋。"缪播、缪胤复说颙:"宜急斩方以谢,山东可不劳而定。"颙使人召辅,垣迎说辅曰:"张方欲反,人谓卿知之。王若问卿,何辞以对?"辅惊曰:"实不闻方反,为之奈何?"垣曰:"王若问卿,但言尔尔;不然,必不免祸。"辅入,颙问之曰:"张方反,卿知之乎?"辅曰:"尔。"颙曰:"遣卿取之,可乎?"又曰:"尔。"颙于是使辅送书于方,因杀之。辅既昵于方,持刀而入,守阁者不疑。方火下发函,辅斩其头。还报,颙以辅为安定太守。送方头于越以请和;越不许。

范长生诣成都,成都王雄门迎,执版,拜为丞相,尊之曰范贤。

夏,四月,己巳,司空越引兵屯温。初,太宰颙以为张方死,东方兵必可解。既而东方兵闻方死,争入关,颙悔之,乃斩郅辅,遣弘农太守彭随、北地太守刁默将兵拒祁弘等于湖。五月,壬辰,弘等击随、默,大破之,遂西入关,又败颙将马瞻、郭伟于霸水,颙单马逃入太白山。弘等入长安,所部鲜卑大掠,杀二万余人,百官奔散,入山中,拾橡实食之。己亥,弘等奉帝乘牛车东还。

成都王雄即皇帝位,大赦,改元曰晏平,国号大成。追尊父特曰景皇帝,庙号始祖;尊王太后曰皇太后。以范长生为天地太师;复其部曲,皆不豫征税。诸将恃恩,互争班位,尚书令阎式上疏,请考汉、晋故事,立百官制度;从之。

八月，以司空越为太傅，录尚书事；范阳王虓为司空，镇邺；平昌公模为镇东大将军，镇许昌；王浚为骠骑大将军、都督东夷、河北诸军事，领幽州刺史。

祁弘之入关也，成都王颖自武关奔新野。会新城元公刘弘卒，司马郭劢作乱，欲迎颖为主；郭舒奉弘子璠以讨劢，斩之。诏南中郎将刘陶收颖。颖北渡河，奔朝歌，收故将士，得数百人，欲赴公师藩，顿丘太守冯嵩执之，送邺；范阳王虓不忍杀而幽之。公师藩自白马南渡河，兖州刺史苟晞讨斩之。

冬，十月，范阳王虓薨。长史刘舆以颖素为邺人所附，秘不发丧，伪令人为台使称诏，夜，赐颖死，并杀其二子。颖官属先皆逃散，惟卢志随从，至死不怠，收而殡之。太傅越召志为军咨祭酒。

十一月，己巳，夜，帝食饼中毒，庚午，崩于显阳殿。羊后自以于太弟炽为嫂，恐不得为太后，将立清河王覃。侍中华混谏曰："太弟在东宫已久，民望素定，今日宁可易乎！"即露版驰召太傅越，召太弟入宫。后已召覃至尚书阁，疑变，托疾而返。癸酉，太弟即皇帝位，大赦，尊皇后曰惠皇后，居弘训宫；追尊母王才人曰皇太后；立妃梁氏为皇后。

怀帝始遵旧制，于东堂听政。每至宴会，辄与群官论众务，考经籍。黄门侍郎傅宣叹曰："今日复见武帝之世矣！"

太傅越以诏书征河间王颙为司徒，颙乃就征。南阳王模遣其将梁臣邀之于新安，车上扼杀之，并杀其三子。

【译文】

光熙元年（丙寅，公元306年）

当初，太弟中庶子兰陵人缪播受到司马越的宠信。缪播堂弟右卫率缪胤，是太宰司马颙的前妃的弟弟。司马越起兵，派缪播、缪胤到长安劝说司马颙，让他侍奉惠帝返归洛阳。并相约与司马颙分地而治，共同辅佐王室。司马颙一直信任看重缪播兄弟，当时就想听从他们的劝说。张方认为自己罪行很重，担心成为被诛杀的首犯，就对司马颙说："现在我们占据形势险要的地方，国富兵强，挟天子发布号令，谁敢不服从，怎么能拱手被别人控制？"司马颙听后打消了与司马越联合的念头。

等到刘乔兵败，司马颙畏惧，想停止军事行动，与崤山以东地区和解，但又担心张方不听从，而犹豫不决。

张方平素和长安豪富郅辅亲近要好，让他担任帐下督。司马颙的参军河间人毕垣，曾经受到张方的侮辱，于是劝司马颙说："张方在霸上驻兵很久了，听说崤山以东地区军队强盛，所以徘徊不前，应当在他萌生反心之前做好防备。张方的亲信郅辅对他的谋划全部了解。"缪播、缪胤又对司马颙进行劝说："应当迅速杀了张方向天下谢罪，崤山以东地区不用兴兵就可以平定。"司马颙派人召郅辅，毕垣迎上前对郅辅说："张方想谋反，大家都说你知道这事，亲王如果问你，你将如何回答？"郅辅吃惊地说："的确没有听说张方谋反，这怎么办？"毕垣说："亲王如果问你，你只能说是的，不然的话，一定免不了灾祸。"郅辅入府，司马颙问他说："张方谋反，你知道吗？"郅辅说："是的。"司马颙说："派你去抓他，行吗？"郅辅又说："行。"司马颙于是派郅辅给张方送信，然后趁机杀掉张方，郅辅与张方关系亲密，拿刀进去时，守门的兵士也不怀疑，张方在灯旁揭启信封，郅辅抽刀砍掉了他的头。回去报告，司马颙让郅辅任安定太守。把张方的头送给司马越请求和解。但司马越不答应。

范长生到成都，成都王李雄到城门口迎接，拿着表示礼节的手板，任范长生为丞相，尊称他为范贤。

夏季，四月，乙巳（十三日），司空司马越率兵到温县驻扎。起初，太宰司马颙以为张方一死，东方的战事一定能够停止。不久，东方的军队听说张方死了，争相进入关中，司马颙感到后悔，就杀了郅辅，派弘农太守彭随、北地太守刁默带兵在关东湖县阻击祁弘等人。五月，壬辰（初七），祁弘等人把彭随、刁默打得惨败，于是西进入关，又在霸水打败司马颙的部将马瞻、郭伟，司马颙单枪匹马逃入太白山。祁弘等人进入长安城，所部鲜卑人大肆抢掠，杀了二万多人，大臣官员们跑散，逃入山中，捡拾橡树籽当饭吃。己亥（十四日），祁弘等人侍奉惠帝乘坐牛车东返。

成都王李雄即皇帝位，宣布大赦，改年号为晏平，国号称为大成。追尊父亲李特为景皇帝，定庙号为始祖，把王太后尊奉为皇太后。以范长生为天地太师，让他部下的人免交赋税。各位将领都倚仗李雄的恩德，互相争抢职位。尚书令阎式上奏疏，请求按照汉朝、晋朝的旧制，建立百官制度。李雄采纳了。

八月，朝廷任司空司马越为太傅，录尚书事；任范阳王司马虓为司空，镇守邺城；任平昌公司马模为镇东大将军，镇守许昌；任王浚为骠骑大将军、都督东夷、河北诸军事，兼任幽州刺史。

祁弘进入关中，成都王司马颖从武关逃奔新野。正遇到新城元公刘弘去世，司马郭劢搞叛乱，想把司马颖迎接来做首领。郭舒拥戴刘弘的儿子刘璠讨伐郭劢，把他杀了。朝廷诏令南中郎将刘陶拘捕司马颖。司马颖北渡黄河，逃奔朝歌，收拢旧部将士，聚集了几百人，想去找公师藩，顿丘太守冯嵩将司马颖抓住，押送到邺城，范阳王司马虓不忍心杀司马颖，把他幽禁起来。公师藩从白马南渡黄河，兖州刺史苟晞讨伐并杀掉了公师藩。

冬季，十月，范阳王司马虓去世。长史刘舆因为过去邺城人一直归附司马颖，所以秘不发丧，派人假装成朝廷使者传宣假诏书，夜里赐司马颖死，并且杀了他的两个儿子。司马颖的部属起先已全部逃散，只有卢志一直跟随，直到他死了也不懈怠，为司马颖收尸并安葬了他。太傅司马越宣召卢志为军咨祭酒。

十一月，己巳（十七日），夜间，惠帝吃麦饼中毒，庚午（十八日），在显阳殿驾崩。羊皇后自以为是太弟司马炽的嫂子，担心当不成太后，打算拥立清河王司马覃。侍中华混劝谏说："太弟在东宫已经很久了，在百姓中的声望一直是确定的。今天难道还能改变吗？"随即用不封口的公文迅速宣召太傅司马越，宣召皇太弟入宫。皇后也已宣召司马覃到尚书阁，司马覃怀疑会有变故，就称病回去了。癸酉（二十一日），太弟司马炽即皇帝位，宣布大赦，尊奉皇后为惠皇后，安排在弘训宫。追尊母亲王才人为皇太后。册立妃梁氏为皇后。

怀帝司马炽开始遵奉旧制，在东堂听政。每到朝廷会集群臣宴会时，就与大臣官员们商讨各种政务，探讨经典的内容。黄门侍郎傅宣感叹道："今天又看到了武帝的时代了。"

太傅司马越用诏书征召河间王司马颙为司徒，司马颙就前去接受征召。南阳王司马模派部将梁臣，在新安拦住司马颙，在车上把他掐死，并杀了他的三个儿子。

【原文】

孝怀皇帝上永嘉元年（丁卯，307年）

陈敏行政无章，不为英俊所附；子弟凶暴，所在为患；顾荣、周玘等忧之。庐江内史华谭遗荣等书曰："陈敏盗据吴、会，命危朝露。诸君或剖符名郡，或列为近臣，而更辱身奸人之朝，降节叛逆之党，不亦羞乎！吴武烈父子皆以英杰之才，继承大业。今以陈敏凶狡，七弟顽冗，欲蹑桓王之高踪，蹈大皇之绝轨，远度诸贤，犹当未许也。皇舆东返，俊彦盈朝，将举六师以清建业，诸贤何颜复见中州之士邪！"荣等素有图敏之心，及得书，甚惭，密遣使报征东大将军刘准，使发兵临江，己为内应，剪发为信。准遣扬州刺史刘机等出历阳讨敏。

敏使其弟广武将军昶将兵数万屯乌江，历阳太守宏屯牛渚。敏弟处知顾荣等有贰心，劝敏杀之，敏不从。

昶司马钱广，周玘同郡人也，玘密使广杀昶，宣言州下已杀敏，敢动者诛三族。广勒兵朱雀桥南；敏遣甘卓讨广，坚甲精兵悉委之。顾荣虑敏之疑，故往就敏。敏曰："卿当四出镇卫，岂得就我邪！"荣乃出，与周玘共说甘卓曰："若江东之事可济，当共成之。然卿观兹事势，当有济理不？敏既常才，政令反覆，计无所定，其子弟各已骄矜，其败必矣。而吾等安然坐受其官禄，事败之日，使江西诸军函首送洛，题曰：'逆贼顾荣、甘卓之首'，此万世之辱也！"卓遂诈称疾，迎女，断桥，收船南岸，与玘、荣及前松滋侯相丹杨纪瞻共攻敏。

敏自帅万余人讨卓，军人隔水语敏众曰："本所以戮力陈公者，正以顾丹杨、周安丰耳；今皆异矣，汝等何为！"敏众狐疑未决，荣以白羽扇挥之，众皆溃去。敏单骑北走，追获之于江乘，叹曰："诸人误我，以至今日！"谓弟处曰："我负卿，卿不负我！"遂斩敏于建业，夷三族。于是会稽等郡尽杀敏诸弟。

帝观览大政，留心庶事；太傅越不悦，固求出藩。庚辰，越出镇许昌。

【译文】

晋怀帝永嘉元年（丁卯，公元307年）

陈敏处理刑罚政事都无章法，英杰们都不附从他。他的子弟凶恶残暴，当地把他们看作祸患。顾荣、周玘等人对此感到忧虑。庐江内史华谭给顾荣等人去信说："陈敏窃据吴郡、会稽地区，性命像早晨的露水一样危险。你们或者拿着朝廷的符节在外统领名郡，或者曾为朝廷的近侍之臣，却玷污自己转而投身于奸邪的伪朝，变节投降于叛逆的败类，不耻辱吗？吴武烈皇帝孙坚父子都是以英俊杰出的才能，继承大业。现在以陈敏的凶恶狡猾，七个弟弟的刁顽庸劣，想追随桓王孙策的高绝的足迹，踩着大皇帝孙权的非凡的轨道，各地群贤认真思量一下，都不会答应。现在皇帝车驾已东返洛阳，俊杰英才充满朝廷，将要动用六师来清理建业，你们还有什么脸重新见中州的人士呢？"顾荣等人一直有除掉陈敏的想法，等见到这封信后，非常羞惭，秘密派使者向征东大将军刘准报告，让他发兵到江边，自己作为内应，剪掉头发作为记号。刘准派遣扬州刺史刘机等人从历阳出发讨伐陈敏。

陈敏派他弟弟广武将军陈昶带领数万兵马在乌江县驻扎，历阳太守陈宏在牛渚驻扎。陈敏弟陈处得知顾荣等人有二心，劝陈敏杀掉他们，陈敏不同意。

陈昶的司马钱广是周玘的同郡人，周玘秘密地让钱广杀了陈昶，并宣称州城已杀掉陈敏，有敢乱动者诛杀三族。钱广带兵停在朱雀桥南，陈敏派甘卓讨伐钱广，把坚固的铠甲和精兵全都给了甘卓。顾荣考虑到陈敏的怀疑，所以就到陈敏那里。陈敏说："你应该四处走走镇定人心来保卫我。怎么能到我这儿来呢？"顾荣于是就出去，与周玘一起劝说甘卓道："如果江东地区的事情能够成功，我们就应该共同努力将事办成。但是你分析一下事情的趋势，能够成功吗？陈敏才能平平，政令反复无常，计略不确定，他的儿子兄弟个个骄纵自负，他一定要失败。而我们却安心地接受担任他的官职俸禄，等事情失败的时候，假如让长江以西地区各支军队把我们的首级装在盒子里送到洛阳，上边写着'叛逆贼寇顾荣、甘卓的首级'，这真是万世的耻辱啊！"甘卓于是假装称病，接回女儿，截断桥的交通，把船收回到南岸，与周玘、顾荣以及前松滋侯相丹扬人纪瞻一起攻打陈敏。

陈敏亲自带领一万多人征讨甘卓，甘卓手下的将士隔水对陈敏的兵卒说："原来所以为陈公效力，正是因为丹阳太守顾荣、安丰太守周玘而已，现在他们都改变了立场，你们这样是为什么？"陈敏的部众犹疑不定，顾荣挥动白羽扇，陈敏的部众都溃散离去。陈敏一个人骑马向北逃跑，在江乘被追上抓住，感叹道："这些人耽误了我，才到了今天这个地步！"又对弟弟陈处说："我辜负了你，你却没有辜负我！"陈敏在建业被杀，夷灭三族。这样会稽等郡把陈敏的几个弟弟也都杀了。

怀帝司马炽亲自审察大政，对朝廷事务也很留心。太傅司马越对此不高兴，坚决要求出去作藩镇。庚辰（三十日），司马越离开朝廷镇守许昌。

【原文】

二年（戊辰，308年）

汉王渊遣抚军将军聪等十将南据太行，辅汉将军石勒等十将东下赵、魏。

诏封张轨西平郡公，轨辞不受。时州郡之使，莫有至者，轨独遣使贡献，岁时不绝。

秋，七月，甲辰，汉王渊寇平阳，太守宋抽弃郡走，河东太守路述战死；渊徙都蒲子。上郡鲜卑陆逐延、氐酋单征并降于汉。

冬，十月，甲戌，汉王渊即皇帝位，大赦，改元永凤。十一月，以其子和为大将军，聪为车骑大将军，族子曜为龙骧大将军。

乙亥，汉主渊以大将军和为大司马，封梁王；尚书令欢乐为大司徒，封陈留王；后父御史大夫呼延翼为大司空，封雁门郡公；宗室以亲疏悉封郡县王，异姓以功伐悉封郡县公侯。

【译文】

二年（戊辰，公元308年）

汉王刘渊派遣抚军将军刘聪等十名将军向南占据太行，派辅汉将军石勒等十名将军向东到赵、魏地区。

诏令封张轨为西平郡公，张轨推辞而不接受。当时各州郡都没有到京城的使者，只有张轨独自派遣使者进贡，每年都不中断。

秋季，七月，甲辰（初二），汉王刘渊进犯平阳，太守宋抽丢下郡城逃跑，河东太守路述战死。刘渊迁都到蒲子县。上郡鲜卑人陆逐延、氐人酋长单征都向汉投降。

冬季，十月，甲戌（初三），汉王刘渊即皇帝位，宣布大赦，改年号为永凤。十一月，任命他儿子刘和为大将军，刘聪为车骑大将军，同族侄子刘曜为龙骧大将军。

乙亥（十二月初五），汉主刘渊任大将军刘和为大司马，封为梁王。任尚书令欢乐为大司徒，封为陈留王。任皇后的父亲御史大夫呼延翼为大司空，封雁门郡公。宗室当中根据亲疏都封给郡县王，异姓长官根据战功都封予郡县公侯。

晋纪九

【原文】

孝怀皇帝中永嘉三年（己巳，309年）

丁巳，太傅越自荥阳入京师。中书监王敦谓所亲曰："太傅专执威权，而选用表请，尚书犹以旧制裁之，今日之来，必有所诛。"

帝之为太弟也，与中庶子缪播亲善，及即位，以播为中书监，缪胤为太仆卿，委以心膂；帝舅散骑常侍王延、尚书何绥、太史令高堂冲，并参机密。越疑朝臣贰于己，刘舆、潘滔劝越悉诛播等。越乃诬播等欲为乱，乙丑，遣平东将军王秉，帅甲士三千人宫，执播等十余人于帝侧，付廷尉，杀之。帝叹息流涕而已。

太傅越以王敦为杨州刺史。

太傅越解兖州牧，领司徒。越以顷来兴事，多由殿省，乃奏宿卫有侯爵者皆罢之。时殿中武官并封侯，由是出者略尽，皆泣涕而去。更使右卫将军何伦、左卫将军王秉领东海国兵数百人宿卫。

汉安东大将军石勒寇钜鹿、常山，众至十余万，集衣冠人物，别为君子营。以赵郡张宾为谋主，刁膺为股肱，夔安、孔苌、支雄、桃豹、逯明为爪牙。并州诸胡羯多从之。

初，张宾好读书，阔达有大志，常自比张子房。及石勒徇山东，宾谓所亲曰："吾历观诸将，无如此胡将军者，可与共成大业！"乃提剑诣军门，大呼请见，勒亦未之奇也。宾数以策干勒，已而皆如所言；勒由是奇之，署为军功曹，动静咨之。

秋，八月，汉主渊命楚王聪等进攻洛阳；诏平北将军曹武等拒之，皆为聪所败。聪长驱至宜阳，自恃骤胜，怠不设备。九月，弘农太守垣延诈降，夜袭聪军，聪大败而还。

王浚遣祁弘与鲜卑段务勿尘击石勒于飞龙山，大破之，勒退屯黎阳。

冬，十月，汉主渊复遣楚王聪、王弥、始安王曜、汝阴王景帅精骑五万寇洛阳，大司空雁门刚穆公呼延翼帅步卒继之。丙辰，聪等至宜阳。朝廷以汉兵新败，不意其复至，大惧。辛酉，聪屯西明门。北宫纯等夜帅勇士千余人出攻汉壁，斩其征虏将军呼延颢。壬戌，聪南屯洛水。乙丑，呼延翼为其下所杀，其众自大阳溃归。渊敕聪等还师；聪表称晋兵微弱，不可以翼、颢死故还师，固请留攻洛阳，渊许之。太傅越婴城自守。戊寅，聪亲祈嵩山，留平晋将军安阳哀王厉、冠军将军呼延郎督摄留军；太傅参军孙询说越乘虚出击朗，斩之，厉赴水死。王弥谓聪曰："今军既失利，洛阳守备犹固，运车在陕，粮食不支数日。殿下不如与龙骧还平阳，裹粮发卒，更为后举；下官亦收兵谷，待命于兖、豫，不亦可乎！"聪自以请留，未敢还。宣于脩之言于渊曰："岁在辛未，乃得洛阳。今晋气犹盛，大军不归，必败。"渊乃召聪等还。

【译文】

晋怀帝永嘉三年（己巳，公元309年）

丁巳（正月十八日），太傅司马越从荥阳进入京城。中书监王敦对他所亲近的人说："太傅独揽威势权力，但选拔任用官员仍上表请示，而尚书仍然按照过去的制度来裁定，因此太傅现在到京城，一定会杀掉一些官员。"

怀帝当太弟时，与中庶子缪播关系亲密要好，即皇帝位后，任缪播为中书监，任缪胤为太仆卿，把他们当作心腹。怀帝舅父散骑常侍王延和尚书何绥、太史令高堂冲一起参与朝廷的机密事务。司马越怀疑朝廷大臣对自己有异心，刘舆、潘滔也劝说司马越把缪播等人全杀了。司马越于是诬陷缪播等人图谋叛乱。乙丑（正月二十六日），派平东将军王秉，率领三千兵士进入皇宫，在怀帝身边逮捕缪播等十余人，交付廷尉，把他们杀了。怀帝只能叹息流泪而已。

太傅司马越任王敦为扬州刺史。

太傅司马越辞去兖州牧的职务，而兼任司徒。司马越根据近年来朝廷发生变故，根由大多出在宫殿官署这一情况，于是上奏请将有侯爵身份的宫廷侍卫全都罢免。当时宫殿中的武官都封了侯，因此宫殿武官差不多都被解职。他们都流着泪离开了宫殿。然后改为让右卫将军何伦、左卫将军王秉带领几百名属于司马越的东海兵士担任皇宫禁卫。

汉安东大将军石勒进犯钜鹿、常山，有十多万人。聚集了一些有身份的人士，另外编成君子营。以赵郡人张宾作主要谋士，刁膺作为辅佐，以夔安、孔苌、支雄、桃豹、逯明作为助手。并州的胡人、羯人大多都跟随石勒。

当初，张宾喜欢读书，豁达而胸怀大志，常常把自己比作西汉张良。等到石勒攻取崤山以东地区，张宾对所亲近的人说："我一一观察那些战将，没有比得上这位胡人将军的，可以和他一起成就大业！"于是提起剑到军营门前，大声呼喊请求接见，但石勒并没有认为他有超群之处。张宾多次向石勒献上计策，事情结束后全都与张宾预料的一样。石勒因此才感到他不同寻常，安排他为军功曹，一举一动都要去问他。

秋季，八月，汉主刘渊命令楚王刘聪等人进兵攻打洛阳。朝廷诏令平北将军曹武等人抵御刘聪，都被刘聪打败。刘聪长驱直入到达宜阳，自己倚仗着已经多次取胜，懈怠而不进行防备。九月，弘农太守垣延假装投降，夜间突袭刘聪的军队，刘聪大败而归。

王浚派遣祁弘与鲜卑人段务勿尘在飞龙山攻打石勒，石勒大败，撤退到黎阳驻扎。

冬季，十月，汉主刘渊再次派遣楚王刘聪、王弥、始安王刘曜、汝阴王刘景率领五万精锐骑兵进犯洛阳，大司空雁门刚穆公呼延翼带领步兵作为后续军队。丙辰（二十一日），刘聪等人到达宜阳。朝廷因为汉军刚刚失败，没有料到他们这么快又来了，大为恐慌。辛酉（二十六日），刘聪屯兵西明门。北宫纯等人带领一千多勇士趁黑夜突袭汉军营垒，杀了他们的征虏将军呼延颢。壬戌（二十七日），刘聪向南到洛水驻扎。乙丑（疑误），呼延翼被自己的部下杀死，部众从大阳溃散逃回。刘渊下令让刘聪等人撤兵回来。刘聪上奏表说，晋朝军队微弱，不能因为呼延翼、呼延颢死了而撤兵，坚持要留下来进攻洛阳，刘渊同意了。太傅司马越加强环城防守。戊寅（疑误），刘聪自己到嵩山祈祷，留下平晋将军安阳哀王刘厉、冠军将军呼延朗代理指挥留守的军队。太傅参军孙询劝司马越乘虚出兵袭击呼延朗，杀死了呼延朗。刘厉跳入洛水而死。王弥对刘聪说："现在军队既然失利，洛阳的防守还很坚固，而我们的运粮车还在陕地，粮食支持不了几天，殿下不如与龙骧大将军刘曜退还平阳，筹备粮食发给兵士，再进行一下步行动。我也收兵筹谷，在兖、豫地区待命，不也是可以的吗？"刘聪因为是自己请求留下，没有敢撤兵。宣于脩之对刘渊说："到了辛未年，才能得到洛阳，现在晋朝气运还旺盛，大军不撤回来，一定失败。"刘渊于是召刘聪等人回来。

【原文】

四年（庚午，310年）

太傅越征建威将军吴兴钱璯及扬州刺史王敦。璯谋杀敦以反，敦奔建业，告琅邪王睿。璯遂反，进寇阳羡，睿遣将军郭逸等讨之；周玘纠合乡里，与逸等共讨璯，斩之。玘三定江南，睿以玘为吴兴太守，于其乡里置义兴郡以旌之。

成主雄谓其将张宝曰："汝能得梓潼，吾以李离之官赏汝。"宝乃先杀人而亡奔梓潼，訇琦等信之，委以心腹。会罗尚遣使至梓潼，琦等出送之；宝从后闭门，琦等奔巴西。雄以宝为太尉。

罗尚卒于巴郡，诏以长沙太守下邳皮素代之。

庚午，汉主渊寝疾；辛未，以陈留王欢乐为太宰，长乐王洋为太傅，江都王延年为太保，楚王聪为大司马、大单于，并录尚书事。丁丑，渊召太宰欢乐等入禁中，受遗诏辅政。己卯，渊卒；太子和即位。

和性猜忌无恩。宗正呼延攸，翼之子也，渊以其无才行，终身不迁官；侍中刘乘，素恶楚王聪；卫尉西昌王锐，耻不预顾命，乃相与谋，说和曰："先帝不惟轻重之势，使三王总强兵于内，大司马拥十万众屯于近郊，陛下便为寄坐耳。宜早为之计。"和，攸之甥也，深信之。辛巳夜，召安昌王盛、安邑王钦等告之。盛曰："先帝梓宫在殡，四王未有逆节，一旦自相鱼肉，天下谓陛下何！且大业甫尔，陛下勿信谗夫之言以疑兄弟；兄弟尚不可信，他人谁足信哉！"攸、锐怒之曰："今日之议，理无有二，领军是何言乎！"命左右刃之。盛既死，饮惧曰："唯陛下命。"壬午，锐帅马景攻楚王聪于单于台，攸帅永安王安国攻齐王裕于司徒府，乘帅安邑王钦攻鲁王隆，使尚节田密、武卫将军刘璿攻北海王乂。密、璿挟乂斩关归于聪，聪命贯甲以待之。锐知聪有备，驰还，与攸、乘共攻隆、裕。攸、乘疑安国、钦有异志，杀之；是日，斩裕，癸未，斩隆。甲申，聪攻西明门，克之；锐等走入南宫，前锋随之。乙酉，杀和于光极西室，收锐、攸、乘，枭首通衢。

群臣请聪即帝位；聪以北海王乂，单后之子也，以位让之。乂涕泣固请，聪久而许之，曰："乂及群公正以祸难尚殷，贪孤年长故耳。此家国之事，孤可敢辞！俟乂年长，当以大业归之。"遂即位。大赦，改元光兴。

冬，十月，汉河内王粲、始安王曜及王弥帅众四万寇洛阳，石勒帅骑二万会粲于大阳，败监军裴邈于渑池，遂长驱入洛川。粲出轘辕，掠梁、陈、汝、颍间。勒出成皋关，壬寅，围陈留太守王赞于仓垣，为赞所败，退屯文石津。

京师饥困日甚，太傅越遣使以羽檄征天下兵，使入授京师。帝谓使者曰："为我语诸征、镇，今日尚可救，后则无及矣！"既而卒无至者。征南将军山简遣督护王万将兵入援，军于涅阳，为王如所败。如遂大掠沔、汉，进逼襄阳，简婴城自守。荆州刺史王澄自将，欲援京师，至沶口，闻简败，众散而还。朝议多欲迁都以避难，王衍以为不可，卖车牛以安众心。山简为严嶷所逼，自襄阳徙屯夏口。

【译文】

四年（庚午，公元310年）

太傅司马越征召建威将军吴兴人钱璯和扬州刺史王敦。钱璯图谋杀死王敦后叛乱，王敦逃往建业，报告琅邪王司马睿。钱璯于是叛乱，进犯阳羡，司马睿派遣将军郭逸等人讨伐他。周玘组织联合乡里百姓，与郭逸等人一起讨伐钱璯，把他杀了。周玘三次平定江南，司马睿以周玘任吴兴太守，并在他家乡设置义兴郡以表彰周玘。

成汉主李雄告诉他的部将张宝说："你能攻下梓潼，我把李离的官职赏给你。"张宝于是杀人后逃亡投奔梓潼，訇琦等人都信任他，把他当作心腹。正遇到罗尚派使者到梓潼，荀琦等人出城送使者，张宝则在后边关闭了城门，荀琦等人只好投奔巴西。李雄让张宝担任太尉。

罗尚在巴郡去世，朝廷诏令以长沙太守下邳人皮素代替他的职务。

庚午（七月初九），汉主刘渊卧病不起，辛未（初十），以陈留王刘欢乐任太宰，长乐王刘洋为太傅，江都王刘延年为太保，楚王刘聪为大司马、大单于，都兼任录尚书事。丁丑（十六日），刘渊宣召太宰刘欢乐等人到皇宫里，接受遗诏辅佐朝政。己卯（十八日），刘渊去世。太子刘和继承皇位。

刘和性格多疑没有恩德。宗正呼延攸是呼延翼的儿子，刘渊因为他没有才能和德行，终身没有给他升官。侍中刘乘，一直怨恨楚王刘聪。卫尉西昌王刘锐，对没有受到刘渊临终任命也感到羞耻。这几个人于是一起密谋，对刘和说："先帝不考虑轻重的情势，使三王在皇城里统领强兵，大司马刘聪拥兵十万在近郊驻扎，这样陛下不过是在他人那里寄寓的皇帝罢了。应当尽早考虑对付这种情势。"刘和是呼延攸的外甥，所以对他深信不疑。辛巳（七月二十日）夜，宣召安昌王刘盛、安邑王刘钦通告他们。刘盛说："先帝的棺椁还没有安葬，四王刘聪也没有变节，一旦自相残杀，天下会怎么说陛下？再说大业还没有成功，陛下不要听信挑拨离间的小人的谗言来疑忌兄弟，兄弟尚且都不能相信，那别人谁还值得相信呢？"呼延攸、刘锐对他发怒道："今天商议，没有别的道理可讲，领军你这是什么话！"便命令左右随从把刘盛杀了。刘盛死后，刘钦害怕地说："只听从陛下的旨意。"壬午（二十一日），刘锐带领马景在单于台攻打楚王刘聪，呼延攸带领永安王刘安国到司徒府攻打齐王刘裕，刘乘带领安邑王刘饮攻打鲁王刘隆，派尚书田密、武卫将军刘璿攻打北海王刘乂。田密、刘璿带着刘乂冲过关卡归附刘聪，刘聪命令穿上铠甲等待刘锐。刘锐得知刘聪已有防备，迅速回师，与呼延攸、刘乘一起攻打刘隆、刘裕，呼延攸、刘乘怀疑刘安国、刘钦有异心，就杀了他们。当天，杀了刘裕，癸未（二十二日），杀了刘隆。甲申（二十三日），刘聪攻克西明门。刘锐等逃进南宫，前锋跟随着他。乙酉（二十四日），刘聪在光极殿西室杀了刘和，抓住刘锐、呼延攸、刘乘，在交通要道上斩首并悬挂起来。

大臣们请刘聪登上皇位，刘聪因为北海王刘乂是单太后的太子，就把皇位让给刘乂。刘乂流着泪坚持请刘聪即位，刘聪好久后才同意了，说："刘乂和诸公正是因为祸乱困扰还多，看重我年纪大几岁罢了。这是国家的事业。我怎么敢推辞！等刘乂长大，我将把大业交还于他。"于是即位。宣布大赦，改年号为光兴。

冬季，十月，汉河内王刘粲、始安王刘曜以及王弥率领四万人进犯洛阳，石勒率领二万骑兵在大阳与刘粲会合，在渑池打败监军裴邈，于是长驱直入进入洛川。刘粲从轘辕出兵，在梁、陈、汝、颍等地区攻掠。石勒从成皋关出兵，壬寅（十三日），在仓垣包围陈留太守王赞，被王赞打败，退到文石津驻扎。

京城洛阳饥饿困顿日益严重，太傅司马越派遣使者带着插羽毛的檄文征召全国军队，让他们来救援京城。怀帝对使者说："替我告诉各征、镇，今天还可以抢救，迟了就来不及了！"但后来终究没有军队到达。征南将军山简派遣督护王万带兵前去救援，在涅阳驻军，结果被王如打败。王如于是在沔水、汉水地区大肆抢掠，进逼襄阳，山简只能围绕城墙进行防守。荆州刺史王澄亲自带兵，想去救援京城，到达沶口，听到山简的军队失败的消息，部众溃散，也只好回师。朝廷商议，多数人想迁都逃难，王衍认为不行，应该卖掉车、牛来安定人心。山简被严嶷逼迫，从襄阳迁徙到夏口驻扎。

【原文】

五年（辛未，311年）

东海孝献王越既与苟晞有隙，河南尹潘滔、尚书刘望等复从而谮之。晞怒，表求滔等首，扬言："司马元超为宰相不平，使天下淆乱，苟道将岂可以不义使之！"乃移檄诸州，自称功伐，陈越罪状。帝亦恶越专权，多违诏命；所留将士何伦等，抄掠公卿，逼辱公主；密赐晞手诏，使讨之。晞数与帝文书往来，越疑之，使游骑于成皋间伺之，果获晞使及诏书。乃下檄罪状晞，以从事中朗杨瑁为兖州刺史，使与徐州刺史裴盾共讨晞。晞遣骑收潘滔，滔夜遁，得免；执尚书刘曾、侍中程延，斩之。越忧愤成疾，以后事付王衍；三月，丙子，薨于项，秘不发丧。众共推衍为元帅，衍不敢当；以让襄阳王范，范亦不受。范，玮之子也。于是衍等相与奉越丧还葬东海。何伦、李恽等闻越薨，奉裴妃及世子毗自洛阳东走，城中士民争随之。帝追贬越为县王，以苟晞为大将军、大都督，督青、徐、兖、豫、荆、扬六州诸军事。

　　夏，四月，石勒率轻骑追太傅越之丧，及于苦县宁平城，大败晋兵，纵骑围而射之，将士十余万人相践如山，无一人得免者。执太尉衍、襄阳王范、任城王济、武陵庄王澹、西河王喜、梁怀王禧、齐王超、吏部尚书刘望、廷尉诸葛铨、豫州刺史刘乔、太傅长史庾顗等，坐之幕下，问以晋故。衍具陈祸败之由，云计不在己；且自言少无宦情，不豫世事；因劝勒称尊号，冀以自免。勒曰："君少壮登朝，名盖四海，身居重任，何得言无宦情邪！破坏天下，非君而谁！"命左右扶出，众人畏死，多自陈述。独襄阳范神色俨然，顾呵之曰："今日之事，何复纷纭！"勒谓孔苌曰："吾行天下多矣，未尝见此辈人，当可存乎？"苌曰："彼皆晋之王公，终不为吾用。"勒曰："虽然，要不可加以锋刃。"夜，使人排墙杀之。济，宣帝弟子景王陵之子；禧，澹之子也。剖越柩，焚其尸，曰："乱天下者此人也，吾为天一报之，故焚其骨以告天地。"

　　荀晞表请迁都仓垣，使从事中郎刘会将船数十艘、宿卫五百人、谷千斛迎帝。帝将从之，公卿犹豫，左右恋资财，遂不果行。既而洛阳饥困，人相食，百官流亡者什八九。帝召公卿议，将行而卫从不备。帝抚手叹曰："如何曾无车舆！"乃使傅祗出诣河阴，治舟楫，朝士数十人导从。帝步出西掖门，至铜驼街，为盗所掠，不得进而还。度支校尉东郡魏浚率流民数百家保河阴之峡石，时劫掠得谷麦，献之，帝以为扬威将军、平阳太守，度支如故。

　　汉主聪使前军大将军呼延晏将兵二万七千寇洛阳，比及河南，晋兵前后十二败，死者三万余人。始安王曜、王弥、石勒皆引兵会之，未至，晏留辎重于张方故垒，癸未，先至洛阳，甲申，攻平昌门，丙戌，克之，遂焚东阳门及诸府寺。六月，丁亥朔，晏以外继不至，俘掠而去。帝具舟于洛水，将东走，晏尽焚之。庚寅，荀藩及弟光禄大夫组奔辕辕。辛卯，王弥至宣阳门；壬辰，始安王曜至西明门；丁酉，王弥、呼延晏克宣阳门，入南宫，升太极前殿，纵兵大掠，悉收宫人、珍宝。帝出华林园门，欲奔长安，汉兵追执之，幽于端门。曜自西明门入屯武库。戊戌，曜杀太子诠、吴孝王晏、竟陵王楙、左仆射曹馥、尚书闾丘冲、河南尹刘默等，士民死者三万余人。遂发掘诸陵，焚宫庙、官府皆尽。曜纳惠帝羊皇后，迁帝及六玺于平阳。石勒引兵出辕辕，屯许昌。光禄大夫刘蕃、尚书卢志奔并州。

初，始安王曜以王弥不待己至，先入洛阳，怨之。弥说曜曰："洛阳天下之中，山河四塞，城池、宫室不假修营，宜白主上自平阳徙都之。"曜以天下未定，洛阳四面受敌，不可守，不用弥策而焚之。弥骂曰："屠各子，岂有帝王之意邪！"遂与曜有隙，引兵东屯项关。前司隶校尉刘暾说弥曰："今九州糜沸，群雄竞逐，将军于汉建不世之功，又与始安王相失，将何以自容！不如东据本州，徐观天下之势，上可以混壹四海，下不失鼎峙之业，策之上者也。"弥心然之。

时海内大乱，独江东差安，中国士民避乱者多南渡江。镇东司马王导说琅邪王睿，收其贤俊，与之共事。睿从之，辟掾属百余人，时人谓之百六掾。以前颍川太守勃海刁协为军咨祭酒，前东海太守王承、广陵相卞壶为从事中郎，江宁令诸葛恢、历阳参军陈国陈頵为行参军，前太傅掾庾亮为西曹掾。承，浑之弟子；恢，靓之子；亮，兖之弟子也。

苟晞骄奢苛暴，前辽西太守阎亨，缵之子也，数谏晞，晞杀之。从事中郎明预有疾，自舆入谏。晞怒曰："我杀阎亨，何关人事，而舆病骂我！"预曰："明公以礼待预，故预以礼自尽。今明公怒预，其如远近怒明公何！桀为天子，犹以骄暴而亡，况人臣乎！愿明公且置是怒，思预之言。"晞不从。由是众心离怨，加以疾疫、饥馑。石勒攻王赞于阳夏，擒之；遂袭蒙城，执晞及豫章王端，锁晞颈，以为左司马。汉主聪拜勒幽州牧。

魏晋文人形象

【译文】

五年（辛未，公元311年）

东海孝献王司马越与苟晞产生怨恨后，河南尹潘滔、尚书刘望等人又附和他并挑拨他与苟晞的关系。苟晞发怒，表奏索求潘滔等人的头颅，扬言道："司马元超身为宰相而不公正，造成天下混乱，我难道能够不坚持正义而听任他？"司马越字元超。于是苟晞向各州传布檄文，称颂自己的功绩，列举司马越的罪状。怀帝对司马越专权，多次违抗诏书旨意，也感到厌恶，司马越留下来的部将兵士何伦等人，抢掠公卿大臣，逼迫污辱公主。怀帝秘密赐给苟晞亲笔诏书，让苟晞征讨司马越。苟晞多次与怀帝有文书往来，司马越对此也起疑心，派游动的骑兵在成皋地区监视，果然查获苟晞的使者以及诏书。于是司马越也下达檄文公布苟晞的罪状，以从事中郎杨瑁担任兖州刺史，让他与徐州刺史裴盾一同征讨苟晞。苟晞派骑兵拘捕潘滔，潘滔连夜逃跑，得以逃脱。苟晞抓住尚书刘曾、侍中程延，把他们都杀了。司马越忧愤成疾，把后事托付给王衍。三月，丙子（十九日），司马越在项县去世，但秘不发丧。大家共同推举王衍为元帅，王衍不敢接受，辞让给襄阳王司马范，司马范也不接受。司马范是司马玮的儿子。于是王衍等人一起侍奉司马越的灵柩送往东海郡安葬。何伦、李恽等人听说司马越去世，就侍奉着司马越的裴妃以及长子司马毗从洛阳向东行进。城中士人百姓争相跟随他们。怀帝追贬司马越为县王，以苟晞担任大将军、大都督及督青、徐、兖、豫、荆、扬六州诸军事。

夏季，四月，石勒率轻装骑兵追击太傅司马越的灵车，在苦县宁平城追上，把晋朝军队打得大败，又放开骑兵包围并用弓箭射击，十多万晋朝官兵互相践踏堆积如山，无一人幸免。抓住太尉王衍、襄阳王司马范、任城王司马济、武陵庄王司马澹、西河王司马喜、梁怀王司马禧、齐王司马超、吏部尚书刘望、廷尉诸葛铨、豫州刺史刘乔、太傅长史庾敳等人，让他们在帐幕中坐下，询问晋朝乱亡的原因。王衍具体陈说了祸患衰败的原因，声称计策不是自己所定，并且自称从小就没有当官从政的愿望，不参与朝廷事务，并由此劝石勒称帝，希望能够解脱自己。石勒说:"您年轻力壮时就登上朝廷高职,名扬四海,身居重任,怎么说没有当官从政的欲望呢?把天下的事情搞坏搞糟,不是您那又是谁呢?"命令随从将王衍架扶出去。大家都怕死,大多都自己陈述情况。只有襄阳王司马范表情严峻,环顾大家喝道:"今天的事情,为什么还要再说个不停?"石勒对孔苌说:"我在天下行走的地方多了,从未见过这类人,应当让他们留在世上吗?"孔苌说:"他们都是晋朝的王公大臣,终究不能为我们所用。"石勒说:"虽然这样,但也不要用刀杀了他们。"当夜,派人推倒墙把这些人压死了。司马济是宣帝司马懿弟弟的儿子景王司马陵的儿子。司马禧是司马澹的儿子。石勒又剖开司马越的灵柩,焚烧了司马越的尸体,说:"搞乱天下的就是这个人,我为天下报仇,所以梦烧他的遗骨来报告天地。"

苟晞上奏表请求迁都仓垣,派从事中郎刘会带领几十艘船、五百禁卫兵、一千斛谷子去接怀帝。怀帝打算听从这个安排,而公卿大臣们犹豫不决,左右随从贪恋家资财产,于是没有成行。不久后洛阳城中饥饿困乏,甚至出现人吃人的现象,文武百官十有八九都流亡了。怀帝召集公卿大臣商议,打算出行,但禁卫随从却不完备。怀帝抚手慨叹说:"为什么竟没有车子乘舆呢?"于是派傅祗出城到河阴县,整理置办船只,朝廷官员几十人充当前导和随从。怀帝步行出西掖门,到铜驼街,遭到强盗掠扰,不能前进,只好回宫。度支校尉东郡人魏浚率领几百家流民在河阴的峽石防卫,当时曾抢劫掠夺了一些谷麦,就献给怀帝,怀帝任用魏浚为扬威将军、平阳太守,仍兼度支校尉。

汉主刘聪派前军大将军呼延晏率领二万七千兵士进犯洛阳,到达河南时,晋朝军队先后十二次失败,死了三万多人。始安王刘曜、王弥、石勒都带兵与呼延晏会合,还没有到,呼延晏把辎重留在张方遗留下来的旧营垒中,癸未(五月二十七日),呼延晏先行到达洛阳。甲申(五月二十八日),攻打平昌门,丙戌(五月三十日),攻克平昌门,于是焚烧东阳门以及各府寺等房屋建筑。六月,丁亥朔(初一),呼延晏因为外面援兵还没有到,俘掠了一些人和财物而离去。怀帝在洛水安排准备了一些船只,准备向东逃难,呼延晏都给焚烧了。庚寅(初四),苟藩以及弟弟光禄大夫苟组逃奔轘辕。辛卯(初五),王弥到达宣阳门。壬辰(初六),始安王刘曜到达西明门。丁酉(十一日),王弥、呼延晏攻克宣阳门,进入南宫,登上太极前殿，放纵士兵大肆抢掠，把宫人、珍宝收罗干净。怀帝出华林园门，想逃奔长安，汉兵追上把他抓住，囚禁在端门。刘曜从西明门进城到武库驻扎。戊戌（十二日），刘曜杀死晋太子司马诠、吴孝王司马晏、竟陵王司马楙、右仆射曹馥、尚书闾丘冲、河南尹刘默等人，士人百姓死了三万多人。于是又挖掘各个陵墓，把宫庙、官府都焚烧光了。刘曜纳娶惠帝羊皇后，把怀帝以及皇帝专用的六方玉玺都送往平阳。石勒带兵从轘辕出击，到许昌驻扎。晋光禄大夫刘蕃、尚书卢志逃奔并州。

当初，始安王刘曜因为王弥不等到自己到达就抢先进入洛阳，对王弥产生了怨恨。王弥对刘曜说：“洛阳处于全国中心，山河四面有要塞，城池、宫室都用不着修葺营建，应当上告君主从平阳迁都到这里。”刘曜因为天下还未平定，洛阳四面受敌，不能守御，因此不听王弥的计策而放火焚烧了洛阳。王弥骂道："这个屠各人！难道有着帝王的心思吗？"于是与刘曜产生怨恨，就带兵向东到项关驻扎。前司隶校尉刘暾对王弥说："现在九州像沸腾的粥锅一样动乱纷扰，各路英豪逐鹿中原，将军您为汉建立了无与伦比的功劳，却又和始安王刘曜失和，那将把自己放到什么地方？不如在东边占据自己的青州，慢慢地观察天下的趋势，上计能够以此统一全国，下计也不失去占据一方与人鼎立抗衡的资本，这是上策。"王弥心里认为这很对。

当时全国一片混乱，只有江东稍微安定，中原的士人百姓大多南渡长江去避乱。镇东司马王导劝说琅邪王司马睿，招收贤能英俊的人才，与他们一同成就事业。司马睿采纳了王导的意见，任用了一百多人作为掾属，当时的人称之为百六掾。让前颍川太守勃海人刁协任军咨祭酒，以前东海太守王承、广陵相卞壶任从事中郎，以江宁令诸葛恢、历阳参军陈国人陈頵任行参军，以前太傅掾庾亮任西曹掾。王承是王浑的弟弟的儿子。诸葛恢是诸葛靓的儿子。庾亮是庾兖的弟弟的儿子。

苟晞骄纵奢侈苛刻暴虐，前辽西太守阎亨是阎缵的儿子，多次劝谏苟晞，结果苟晞把他杀了。从事中郎明预有病，自己乘车进去劝谏。苟晞生气地说："我杀阎亨，关别人什么事，你还病着乘车来骂我！"明预说："您以礼对待我，所以我也以礼尽言。现在您对我生气，那么周围远近的人生您的气您又怎么样呢？桀尊贵为天子，尚且因为骄纵暴躁而亡国，何况作臣下的呢？希望您暂且放下这个怒气，考虑考虑我的话！"苟晞听不进去。因此部众人心离散怨恨，又有瘟疫和饥荒。石勒在阳夏攻打王赞，抓获了王赞。于是又袭击蒙城，抓住苟晞和豫章王司马端，锁住苟晞的脖颈，让他作左司马。汉君主刘聪任命石勒为幽州牧。

晋纪十

【原文】

孝怀皇帝下永嘉六年（壬申，312 年）

石勒筑垒于葛陂，课农造舟，将攻建业。琅邪王睿大集江南之众于寿春，以镇东长史纪瞻为扬威将军，都督诸军以讨之。

会大雨，三月不止，勒军中饥疫，死者太半，闻晋军将至，集将佐议之。右长史刁膺请先送款于睿，求扫平河朔以自赎，俟其军退，徐更图之，勒愀然长啸。中坚将军夔安请就高避水，勒曰："将军何怯邪！"孔苌等三十余将请各将兵分道夜攻寿春，斩吴将头，据其城，食其粟，要以今年破丹阳，定江南。勒笑曰："是勇将之计也！"各赐铠马一疋。顾谓张宾曰："于君意何如？"宾曰："将军攻陷京师，囚执天子，杀害王公，妻略妃主，擢将军之发，不足以数将军之罪，奈何复相臣奉乎！去年既杀王弥，不当来此；今天降霖雨于数百里中，示将军不应留此也。邺有三台之固，西接平阳，山河四塞，宜北徙据之，以经营河北，河北既定，天下无处将军之右者矣。晋之保寿春，畏将军往攻之耳；彼闻吾去，喜于自全，何暇追袭吾后，为吾不利邪！将军宜使辎重从北道先发，将军引大兵向寿春。辎重既远，大兵徐还，何忧进退无地乎！"勒攘袂鼓髯曰："张君计是也！"责刁膺曰："君既相辅佐，当共成大功，奈何遽劝孤降！此策应斩！然素知君怯，特要相宥耳。"于是黜膺为将军，擢宾为右长史，号曰"右侯。"

汉主聪封帝为会稽郡公，加仪同三司。聪从容谓帝曰："卿昔为豫章王，朕与王武子造卿，武子称朕于卿，卿言闻其名久矣，赠朕柘弓银研；卿颇记否？"帝曰：

"臣安敢忘之！但恨尔日不早识龙颜！"聪曰："卿家骨肉何相残如此？"帝曰："大汉将应天受命，故为陛下自相驱除，此殆天意，非人事也！且臣家若能奉武皇帝之业，九族敦睦，陛下何由得之！"聪喜，以小刘贵人妻帝，曰："此名公之孙也，卿善遇之。"

石勒自葛陂北行，所过皆坚壁清野，虏掠无所获，军中饥甚，士卒相食。至东燕，闻汲郡向冰聚众数千壁枋头，勒将济河，恐冰邀之。张宾曰："闻冰船尽在渎中未上，宜遣轻兵间道袭取，以济大军，大军既济，冰必可擒也。"秋，七月，勒使支雄、孔苌自文石津缚筏潜渡，取其船。勒引兵自棘津济河，击冰，大破之，尽得其资储，军势复振，遂长驱至邺。刘演保三台以自固，临深、牟穆等复帅其众降于勒。

诸将欲攻三台，张宾曰："演虽弱，众犹数千，三台险固，攻之未易猝拔，舍而去之，彼将自溃。方今王彭祖、刘越石，公之大敌也，宜先取之，演不足顾也。且天下饥乱，明公虽拥大兵，游行羁旋，人无定志，非所以保万全，制四方也。不若择便地而据之，广聚粮储，西禀平阳以图幽、并，此霸王之业也。邯郸、襄国，形胜之地，请择一而都之。"勒曰："右侯之计是也！"遂进据襄国。

宾复言于勒曰："今吾居此，彭祖、越石所深忌也，恐城堑未固，资储未广，二寇交至。宜亟收野谷，且遣使至平阳，具陈镇此之意。"勒从之，分命诸将攻冀州，郡县壁垒多降，运其谷以输襄国；且表于汉主聪，聪以勒为都督冀、幽、并、营四州诸军事、冀州牧，进封上党公。

刘琨移檄州郡，期以十月会平阳，击汉。琨素奢豪，喜声色。河南徐润以音律得幸于琨，琨以为晋阳令。润骄恣，干预政事；护军令狐盛数以为言，且劝琨杀之，琨不从。润谮盛于琨，琨收盛，杀之。琨母曰："汝不能驾御豪杰以恢远略，而专除胜己，祸必及我。"

盛子泥奔汉，具言虚实。汉主聪大喜，遣河内王粲、中山王曜将兵寇并州，以令狐泥为乡导。琨闻之，东出，收兵于常山及中山，使其将郝诜、张乔将兵拒粲，且遣使求救于代公猗卢。诜、乔俱败死。粲、曜乘虚袭晋阳，太原太守高乔、并州别驾郝聿以晋阳降汉。八月，庚戌，琨还救晋阳，不及，帅左右数十骑奔常山。辛亥，粲、曜入晋阳。壬子，令狐泥杀琨父母。

王澄少与兄衍名冠海内，刘琨谓澄曰："卿形虽散朗，而内实劲侠，以此处世，难得其死。"及在荆州，悦成都内史王机，谓为己亚，使之内综心膂，外为爪牙。澄屡为杜弢所败，望实俱损，犹傲然自得，无忧惧之意，但与机日夜纵酒博弈，由是上下离心；南平太守应詹屡谏，不听。

　　王澄过诣敦，自以名声素出敦右，犹以旧意侮敦。敦怒，诬其与杜弢通信，遣壮士扼杀之。王机闻澄死，惧祸，以其父毅、兄矩皆尝为广州刺史，就敦求广州，敦不许。会广州将温邵等叛刺史郭讷，迎机为刺史，机遂将奴客门生千余人入广州。讷遣兵拒之，将士皆机父兄时部曲，不战迎降；讷乃避位，以州授之。

【译文】

晋怀帝永嘉六年（壬申，公元312年）

　　石勒在葛陂修筑营垒，向农民征税修造舟船，打算进攻建业。琅邪王司马睿大规模调集江南的部队到寿春，任镇东长史纪瞻为扬威将军，统领各军队来征讨石勒。

　　遇到大雨，三个月不停，石勒军队饥乏并流行疾病，死的人超过大半，又听到晋朝军队将要开来，就召集武将及参佐商议。右长史刁膺请石勒先向司马睿求和，请求扫平河朔来赎自己的罪，等到司马睿的军队退还江南，再慢慢谋取他。石勒听后忧伤地大声发出长叹。中坚将军夔安请石勒到地势高的地方避水，石勒说："将军你为什么胆怯呢？"孔苌等三十多个武将请求各自带兵分路夜袭寿春，斩掉吴地武将的头颅，占据他们的城邑，吃他们的粮食，想就在今年攻下丹阳、平定江南。石勒笑着说："这真是勇将的计策啊！"各赐他们铠甲一副、马一匹。石勒对张宾说："依您看怎么办呢？"张宾说："将军您攻陷京城，囚禁了晋朝天子，杀害亲王公卿大臣，侵占凌辱晋朝的嫔妃公主，拔下您的头发，也不够来数将军您的罪过。怎么能再以臣下的身份尊奉晋朝呢？去年杀了王弥，就不应该到这里来。现在，几百里内上天不断地降雨，这是告诉将军您不应该在这里逗留了。邺城有三个高台防守坚固，西临汉都城平阳，隔山阻河四面都有要塞，应当向北迁徙占据那里，经营黄河以北地区。黄河以北地区稳定后，全国就没有处在将军您上面的人了。晋朝保卫寿春，只是害怕您去攻打寿春罢了。他们听说我们离去了，对能够自己保全而感到高兴满足，还有什么功夫追击我军的后部，施行不利于我军的行动呢？您应当派辎重队伍从北面的道路先行出发，您带领大部军队开往寿春。辎重队伍走远后，大部军队再缓慢回撤，还忧虑什么进退无路的呢？"石勒将起衣袖抚动髯须说："张君的计策好啊！"又责备刁膺说："您既然做我的辅佐，就应当共同成就大功业，怎么能催促劝说我投降呢？出这个计策的应当杀头！但我平素了解您胆怯怕事，特地原谅您罢了。"于是把刁膺贬黜为将军，提拔张宾为右长史，号称"右侯"。

汉主刘聪封晋怀帝为会稽郡公，开府仪同三司。刘聪和颜悦色地对怀帝说："你过去当豫章王，我与王武子拜访你，王武子向你称赞我，你说久闻大名，送给我拓木良弓和银砚台，你还记得吗？"怀帝说："臣下我怎么敢忘掉呢？只遗憾当时没有及早地认识龙颜！"刘聪说："你家的亲骨肉为什么这样互相残杀？"怀帝说："大汉将要承接天意，所以自相驱赶杀戮替陛下扫清道路，这是天意，不是人所能决定的！再说我家如果能尊奉武皇帝的大业，九族和睦相处，陛下从哪里得到天下呢？"刘聪听得高兴，把小刘贵人给了怀帝做妻子，说："这是名公爵的孙女，你好好对待她。"

石勒从葛陂向北行进。所经过的地方百姓都坚壁清野，因而没有抢掠到什么东西，军中非常饥饿，出现士卒吃士卒充饥的现象。到达东燕，听说汲郡人向冰聚集了几千人在枋头修筑了营垒，石勒将要渡黄河，又担心遭到向冰的阻击。张宾说："听说向冰的船只全都放在水中没有抬上岸，应当派遣轻装兵士抄小道去偷袭夺取这些船，用来渡大部军队过黄河，大部军队渡河后，一定能擒获向冰。"秋季，七月，石勒派遣支雄、孔苌从文石津绑扎木筏偷渡，夺取了向冰的船只。石勒率兵从棘津渡黄河，攻打向冰，把向冰打得惨败，得到了向冰的全部物资储备，军队士气重新振作起来，于是长驱直入到达邺城。刘演防守三台以求自己稳固，临深、牟穆等人又率领自己的部众向石勒投降。

部将们想攻打三台，张宾对石勒说："刘演虽然兵力微弱，但还有几千军队，三台险峻坚固，攻打不容易很快把它拿下，放弃它而离开，那里将会自己崩溃。现在王浚、刘琨是您的主要敌人，应当先打他们，刘演不值得注意。再说天下饥饿动乱，您虽然拥有强大的军队，但来回行军长期在旅途中，人心不定，这不是控制四方的万全之计。不如选择一个便利的地方占据它，多多聚集储备粮食，尊奉平阳以谋取幽州、并州，这是霸王的功业。邯郸、襄国，都是好地方，请选一个作为都城。"石勒说："您的计策是对的！"于是进发占据了襄国。

张宾又对石勒说："现在我们驻扎在这里，是王浚、刘琨深深忌惮的。我担心城墙堑壕还不坚固，物资储备还不充分时，他们二人交相率兵来了。应当迅速收取野外的粮食，并且派使者到平阳，一一说明我们镇守此地的意图。"石勒听取了这个建议，分别命令诸将攻打冀州，那里的郡、县、营垒大多投降，就把这些地方的粮谷运往襄国。并且表奏汉主刘聪，刘聪让石勒担任都督冀、幽、并、营四州诸军事，冀州牧，晋封为上党公。

刘琨向各州郡发布檄文，约定十月在平阳会合，攻打汉。刘琨平素奢侈豪华，喜欢音乐女色。河南人徐润因为擅长音律而受到刘琨的宠信，刘琨让他担任晋阳令。徐润骄纵放肆，经常干预政事。护军令狐盛多次对此向刘琨发表看法，并且劝刘琨把他杀了。刘琨不听，结果徐润向刘琨说令狐盛的坏话，刘琨就拘捕了令狐盛，把他杀了。刘琨的母亲说："你不能组织驾驭英雄豪杰来完成宏大的谋略，而只知一心清除超过自己的人，这带来的灾祸一定会殃及我。"

令狐盛的儿子令狐泥投奔到汉，全部陈说刘琨的虚实情况。汉主刘聪大喜过望，派遣河内王刘粲、中山王刘曜率兵进犯并州，让令狐泥担任向导。刘琨听说后，向东在常山及中山聚集军队，派部将郝诜、张乔带兵阻击刘粲，并且派使者向代公拓跋猗卢请求救援。郝诜、张乔都兵败而死。刘粲、刘曜乘虚袭击晋阳，太原太守高乔、并州别驾郝聿献出晋阳向汉投降。八月，庚戌（初一），刘琨返回来救晋阳，没来得及，只好带领左右随从几十人骑马逃奔常山。辛亥（初二），刘粲、刘曜进入晋阳。壬子（初三），令狐泥把刘琨的父母都杀了。

王澄年轻时，名声就与哥哥王衍一起名扬海内，刘琨对王澄说："你外表虽然洒脱清朗，而内心实际易动而侠义，这样来处世，难得好死。"等王澄到荆州，喜欢成都内史王机，认为他仅次于自己，让他对内成为综理事务的心腹臂膀，对外成为得力帮手。王澄多次被杜弢打败，声望与实际都有所减损，但仍是傲然自得，心里没有一点忧虑惧怯，只是与王机日夜纵情喝酒对弈，因此上下都与他不一条心，南平太守应詹多次劝谏，而王澄不听。

王澄前去拜访王敦,自认为名声一直在王敦之上,还想按照以往的想法轻侮王敦。这次王敦大怒,诬陷他与杜弢有信使来往,派壮士把王澄掐死。王机听说王澄死了,害怕受牵连,因为自己的父亲王毅、哥哥王矩都曾经当过广州刺史,就到王敦那里请求到广州任职,王敦不允许。正遇到广州的武将温邵等人叛离刺史郭讷,迎接王机去当刺史,王机于是带着家奴、门客一千多人到了广州。郭讷派兵阻击王机,但部将兵士都是王机父亲、哥哥任职时的人马,因而不战却迎上投降,郭讷于是辞职,把职务交给王机。

【原文】

孝愍皇帝上建兴元年（癸酉,313年）

春,正月,丁丑朔,汉主聪宴群臣于光极殿,使怀帝著青衣行酒。庾珉、王隽等不胜悲愤,因号哭;聪恶之。有告珉等谋以平阳应刘琨者,二月,丁未,聪杀珉、隽等故晋臣十余人,怀帝亦遇害。

三月,汉主聪立贵嫔刘娥为皇后,为之起鸾仪殿。廷尉陈元达切谏,以为"天生民而树之君,使司牧之,非以兆民之命穷一人之欲也。晋氏失德,大汉受之,苍生引领,庶几息肩。是以光文皇帝身衣大布,居无重茵,后妃不衣锦绮,乘舆马不食粟,爱民故也。陛下践阼以来,已作殿观四十余所,加之军旅数兴,馈运不息,饥馑、疾疫,死亡相继,百姓思营缮,岂为民父母之意乎!今有晋遗类,西据关中,南擅江表;李雄奄有巴、蜀;王浚、刘琨窥窬肘腋;石勒、曹嶷贡禀渐疏;陛下释此不忧,乃更为中宫作殿,岂目前之所急乎!昔太宗居治安之世,粟帛流衍,犹爱百金之费,息露台之役。陛下承荒乱之余,所有之地,不过太宗之二郡,战守之备,非特匈奴、南越而已。而宫室之侈乃至于此,臣所以不敢不冒死而言也。"聪大怒曰:"朕为天子,营一殿,何问汝鼠子乎,乃敢妄言沮众!不杀此鼠子,朕殿不成!"命左右:"曳出斩之!并其妻子同枭首东市,使群鼠共穴!"时聪在逍遥园李中堂,元达先锁腰而入,即以锁锁堂下树,呼曰:"臣所言者,社稷之计,而陛下杀臣。朱云有言:'臣得与龙逢、比干游,足矣!'"左右曳之不能动。

大司徒任顗、光禄大夫朱纪、范隆、骠骑大将军河间王易等叩头出血曰:"元达为先帝所知，受命之初，即引置门下，尽忠竭虑，知无不言。臣等窃禄偷安，每见之未尝不发愧。今所言虽狂直，愿陛下容之。因谏诤而斩列卿，其如后世何！"聪默然。

刘后闻之，密敕左右停刑，手疏上言："今宫室已备，无烦更营，四海未壹，宜爱民力。廷尉之言，社稷之福也，陛下宜加封赏；而更诛之，四海谓陛下何如哉！夫忠臣进谏者固不顾其身也，而人主拒谏者亦不顾其身也。陛下为妾营殿而杀谏臣，使忠良结舌者由妾，远近怨怒者由妾，公私困弊者由妾，社稷阽危者由妾，天下之罪皆萃于妾，妾何以当之！妾观自古败国丧家，未始不由妇人，心常疾之，不意今日身自为之，使后世视妾由妾之视昔人也！妾诚无面目复奉巾栉，愿赐死此堂，以塞陛下之过！"聪览之变色。

【译文】

晋愍帝建兴元年（癸酉，公元313年）

春季，正月，丁丑朔（初一），汉主刘聪在光极殿宴请群臣，派晋怀帝身穿青衣巡行酌酒劝饮。庾珉、王儁等人不胜悲愤，因此而放声大哭。刘聪讨厌他们。正好有人告发庾珉等人商谋在平阳接应刘琨。二月，丁未（初一），刘聪杀庾珉、王儁等原晋朝的大臣十多人，晋怀帝也遇害。

三月，汉主刘聪把贵嫔刘娥立为皇后，为她建造鹍仪殿。廷尉陈元达恳切地劝谏，认为："天生百姓而为他们树立君主，是让君主管理他们，并不是用千万百姓的生命满足一个人的穷奢极欲。晋朝廷无道，大汉受命于天，百姓翘首以待，差不多可以稍加养息。所以光文皇帝刘渊身穿粗布，居住的地方也没有双层的坐垫，皇后妃嫔也不穿绫罗绸缎，拉车的马匹不喂粟谷，这是爱惜百姓的缘故。陛下即位以来，已经建造了四十多处宫殿，加上一再兴兵作战，军粮运输不停，饥馑、疾病流行，造成人们死的死、逃的逃，但您还想大兴土木，这难道是作百姓的父母的想法吗？现在晋朝的残余还在西边占据着关中地区，南边把持着江东地区；李雄占据着巴蜀地区；王浚、刘琨窥伺着我们的肘腋之处；石勒、曹嶷贡奉与禀告越来越少，陛下不为这一切担忧，却又在宫廷中建造殿堂，这难道是目前所急需的吗？过去汉文帝处于安定的社会，稻谷布帛十分丰盛，仍然珍惜百金的费用，停止修建露台的劳役。陛下接受的是兵荒马乱的时代，所占有的地方，不过汉文帝时的两个郡，需要征战和防御的，也并不仅仅是匈奴、南越。而皇宫的奢侈却到了这个地步，所以我不敢不冒死来说这几句话。"刘聪勃然大怒说："朕身为天子，建造一个殿堂，为什么要问你这样的鼠辈呢？你竟敢胡说八道扰乱大家的情绪，不杀掉这个鼠辈，朕的殿堂就建不成！"向左右随从发出命令："拖出去杀了！连他的妻、子一起在东市悬首示众，让这群老鼠进到一个墓穴里去！"当时刘聪在逍遥园的李中堂里，陈元达事先拿锁锁住腰进去，进去后便用锁把自己锁在堂下的树上，大声呼喊："我所说的，是为社稷大业考虑，而陛下却要杀掉我。汉朝朱云说：'我能够与龙逢、比干同游，这就满足了！'"随从们拉不动他。

大司徒任顗，光禄大夫朱纪、范隆，骠骑大将军河间王刘易等人一起叩头叩得出血，说："陈元达为先帝刘渊所赏识器重，受命立汉之初，就把他安排在门下，他也一直尽忠竭虑，知无不言。我们这些人都是在职位上苟且偷安，每次见到他时没有不感到惭愧地。今天他所说的话虽然有些狂妄直率，但希望陛下能够宽容他。因为直言劝谏而杀列卿，这让后世怎么看？"刘聪沉默不语。

刘皇后听说后，暗中命令随从们停止对陈元达的刑罚，亲笔写了奏疏给刘聪，说："现在宫室已经齐备，用不着再营建新的，四海还没有统一，应当珍惜百姓的财力。廷尉陈元达的直言是社稷的福气，陛下应该加以赏赐。现在反而要杀他，天下会怎么来评说陛下呢？直言进谏的忠臣固然不顾自己的性命，而拒绝进谏的君主也是不考虑自身的性命。陛下为了给我营建宫殿而杀劝谏的大臣，这样，使忠良之臣缄口不言是因为我，远近都产生怨恨愤怒是因为我，公私两方面的困窘弊害也是因为我，使国家社稷面临危险还是因为我，天下的大罪都集中到我的身上，我怎么能承担得起吗？我观察发现，自古以来造成国破家亡的，没有不从妇人开始的。我心里常常为之痛心，想不到今天自己也会这样，使得后世的人看我，就像我看古人一样！我实在没有脸面再伺候您，希望您允许我就死在这个殿堂里，来弥补陛下的过错！"刘聪看完后脸色都变了。

晋纪十一

【原文】

孝愍皇帝下建兴二年（甲戌，314年）

壬辰，王子春等及王浚使者至襄国，石勒匿其劲卒、精甲，羸师虚府以示之，北面拜使者而受书。浚遗勒麈尾，勒阳不敢执，悬之于壁，朝夕拜之，曰："我不得见王公，见其所赐，如见公也。"复遣董肇奉表于浚，期以三月中旬亲诣幽州奉上尊号；亦修笺于枣嵩，求并州牧、广平公。

勒问浚之政事于王子春，子春曰："幽州去岁大水，人不粒食，浚积粟百万，不能赈赡，刑政苛酷，赋役殷烦，忠贤内离，夷狄外叛。人皆知其将亡，而浚意气自若，曾无惧心，方更置立台阁，布列百官，自谓汉高、魏武不足比也。"勒抚几笑曰："王彭祖真可擒也。"浚使者还蓟，具言"石勒形势寡弱，款诚无二。"浚大悦，益骄怠，不复设备。

杨虎掠汉中吏民以奔成，梁州人张咸等起兵逐杨难敌。难敌去，咸以其地归成，于是汉嘉、涪陵、汉中之地皆为成有。成主雄以李凤为梁州刺史，任回为宁州刺史，李恭为荆州刺史。

雄虚己好贤，随才授任，命太傅骧养民于内，李凤等招怀于外，刑政宽简，狱无滞囚。兴学校，置史官。其赋，民男丁岁谷三斛，女丁半之，疾病又半之；户调绢不过数丈，绵数两。事少役希，民多富实，新附者皆给复除。是时天下大乱，而蜀独无事，年谷屡熟，乃至闾门不闭，路不拾遗。汉嘉夷王冲归、朱提审炤、建宁爨量皆归之。巴郡尝告急，云有晋兵。雄曰："吾常忧琅邪微弱，遂为石勒所灭，以为耿耿，不图乃能举兵，使人欣然。"然雄朝无仪品，爵位滥溢；吏无禄秩，取给于民；军无部伍，号令不肃；此其所短也。

石勒纂严，将袭王浚，而犹豫未发。张宾曰："夫袭人者，当出其不意。今军严经日而不行，岂非畏刘琨及鲜卑、乌桓为吾后患乎？"勒曰："然。为之奈何？"宾曰："彼三方智勇无及将军者，将军虽远出，彼必不敢动，且彼未谓将军便能悬军千里取幽州也。轻军往返，不出二旬，藉使彼虽有心，比其谋议出师，吾已还矣。且刘琨、王浚，虽同名晋臣，实为仇敌。若修笺于琨，送质请和，琨必喜我之服而快浚之亡，终不救浚而袭我也。用兵贵神速，勿后时也。"勒曰："吾所未了，右侯已了之，吾复何疑！"

三月，勒军达易水，王浚督护孙纬驰遣白浚，将勒兵拒之，游统禁之。浚将佐皆曰："胡贪而无信，必有诡计，请击之。"浚怒曰："石公来，正欲奉戴我耳；敢言击者斩！"众不敢复言。浚设飨以待之。壬申，勒晨至蓟，叱门者开门；犹疑有伏兵，先驱牛羊数千头，声言上礼，实欲塞诸街巷。浚始惧，或坐或起。勒既入城，纵兵大掠，浚左右请御之，浚犹不许。勒升其听事，浚乃走出堂皇，勒众执之。勒召浚妻，与之并坐，执浚立于前。浚骂曰："胡奴调乃公，何凶逆如此！"勒曰："公位冠元台，手握强兵，坐观本朝倾覆，曾不救援，乃欲自尊为天子，非凶逆乎！又委任奸贪，残虐百姓，贼害忠良，毒遍燕土，此谁之罪也！"使其将王洛生以五百骑送浚于襄国。浚自投于水，束而出之，斩于襄国市。

夏，五月，西平武穆公张轨寝疾，遗令："文武将佐，务安百姓，上思报国，下以宁家。"己丑，轨薨；长史张玺等表世子寔摄父位。

汉中山王曜、赵染寇长安。六月，曜屯渭汭，染屯新丰，索綝将兵出拒之。染有轻綝之色，长史鲁徽曰："晋之君臣，自知强弱不敌，将致死于我，不可轻也。"染曰："以司马模之强，吾取之如拉朽；索綝小竖，岂能污吾马蹄、刀刃邪！"晨，帅轻骑数百逆之，曰："要当获綝而后食。"綝与战于城西，染兵败而归。悔曰："吾不用鲁徽之言以至此，何面目见之！"先命斩徽，徽曰："将军愚愎以取败，乃复忌前害胜，诛忠良以逞忿，犹有天地，将军其得死于枕席乎！"诏加索綝骠骑大将军、尚书左仆射、录尚书，承制行事。

石勒始命州郡阅实户口，户出帛二匹，谷二斛。

冬，十月，以张寔为都督凉州诸军事、凉州刺史、西平公。

【译文】

晋愍帝建兴二年（甲戌，公元314年）

壬辰（正月二十二日），王子春和王浚的使者到达襄国，石勒把他强壮的兵士、精锐的兵器都藏起来，用老弱残兵空虚的府帐给使者看，郑重地向北拜会使者接受王浚的信。王浚送给石勒标志风雅的麈尾，石勒假装不敢拿在手上，而把麈尾悬挂在墙壁上，早晨晚上都恭敬地向它叩拜，说："我不能见到王公，见他所赐的物品，就像见到他一样。"又派遣董肇向王浚奉交奏表，约定三月中旬亲自到幽州尊奉王浚为帝。又给枣嵩去信，请求担任并州牧、广平公。

石勒向王子春询问王浚的政事情况，王子春说："幽州去年发大水，百姓无粮可吃，而王浚囤积了一百多万粟谷，却不赈济灾民，刑罚政令苛刻残酷，赋税劳役征发频繁，忠臣贤士从他身边离开，夷人、狄人也在外面叛离。人人都知道他将要灭亡，而王浚毫无察觉，若无其事，一点没有惧祸之意，刚刚又重新设置官署，安排文武百官，自以为汉高祖、魏武帝都无法与自己相比。"石勒接着几案笑着说："王浚确实能够抓到了。"王浚派的使者返回蓟地，都说："石勒目前兵力阵势孤独衰弱，忠诚而无二心。"王浚非常高兴，更加骄纵懈怠，不再安排防务。

杨虎掳掠汉中的官吏、百姓投奔成汉，梁州人张咸等起兵赶走了杨难敌。杨难敌离开，张咸把这坡地盘送给成汉，这样汉嘉、涪陵、汉中等地，都被成汉所占有。成汉主李雄任李凤为梁州刺史，任回为宁州刺史，李恭为荆州刺史。

李雄虚心而喜欢贤能，按照人的才能安排他们职任，让太傅李骧在内管理教化百姓，李凤在外招抚怀柔，刑法政令宽大简明，监狱中没有长期不定罪的囚犯。兴办学校，设置史官。成汉的赋税，百姓中成年男子每年每人交纳三斛谷，成年女子减半，病人再减半。每户的赋仅仅几丈绢，几两绵。事情少劳役很少征发，百姓大多很富裕，新归附的人都免除徭役。当时天下大乱，而只有蜀地无事，一年谷物几熟，以至于门户不闭、路不拾遗。汉嘉的夷人首领冲归、朱提的审熠、建宁爨量都去投靠成汉。巴郡曾经告急，说出现晋朝军队。李雄说："我常常忧虑晋琅邪王势力微弱，很快会被石勒消灭，对此深感忧虑，没有想到他们还能进行军事行动，这使人感到高兴。"但是，李雄朝廷中没有礼仪和品秩，爵位过于冗滥，官吏也没有俸禄的等级，向百姓索取给养。军队也没有队伍建制，号令不够严肃，这些是成汉所欠缺的。

石勒戒严，将要袭击王浚，但犹豫不决没有发兵。张宾说："袭击敌人，应该出其不意，现在军队戒严一整天还不出发，莫非是害怕刘琨以及鲜卑人、乌桓人成为我们的后患吗？"石勒说："是的，怎么办呢？"张宾说："他们三个方面才智和胆略没有比得上将军您的，将军即使远征，他们也一定不敢妄动，再说他们未必知道将军能够孤军深入一千里而夺取幽州。轻装的军队往返，超不过二十天，假如他们真的有这个想法，等他们商议后出师，我们已回来了。再说刘琨、王浚，虽然他们名义上同属晋朝的大臣，实际上却是仇敌。如果我们给刘琨去信，送去人质请求停战，刘琨一定为我们的顺服而高兴，对王浚的灭亡而称快，最终不会为救王浚而袭击我们。用兵贵在神速，不要拖延时间。"石勒说："我所没有了却的，右侯已决断，我还有什么可迟疑的呢？"

三月，石勒的军队到达易水，王浚的督护孙纬急速派人告诉王浚，将要指挥军队阻击石勒，游统制止这个行动。王浚的将领参佐都说："胡人贪婪不讲信用，一定有诡计，请攻打石勒。"王浚发怒说："石公来，正是要尊奉拥戴我，有敢说攻打的人，杀！"大家都不敢再说。王浚安排宴会准备接待石勒。壬申（初三），石勒早晨到蓟城，呵斥守门卫士开门。开门后石勒怀疑有埋伏的军队，就先驱赶几千头牛羊进城，声称是给王浚奉上礼物，实际上想用牛羊堵塞住街巷。王浚这才有些恐惧，坐立不安。石勒进入城里后，纵兵抢掠，王浚身边的官员请示防御石勒，王浚还不允许。石勒登上中庭，王浚于是走出殿堂，石勒的部众抓住了他。石勒召来王浚的妻子，与她并排坐着，押着王浚站在前面。王浚骂道："胡奴调戏你老子，为什么这样凶恶叛逆！"石勒说："您地位高于所有大臣，掌握着强大的军队，却坐视朝廷倾覆，竟不去救援，还想尊自己为天子，难道不是凶恶叛逆吗？又任用奸诈贪婪的小人，残酷虐待百姓，杀死迫害忠良，祸害遍及整个燕土，这是谁的罪呀！"石勒派他的将领王洛生用五百骑兵把王浚押送到襄国，王浚自己投水，兵士们把他捆绑住拉出，在襄国的街市上把他杀了。

夏季，五月，西平武穆公张轨病危，下达遗令："文武官员，一定要使百姓安定，一方面报国，一方面宁家。"己丑（二十日），张轨去世。长史张玺等人表奏张轨的长子张寔代理他父亲的职务。

汉中山王刘曜、赵染进犯长安。六月，刘曜在渭汭驻扎，赵染在新丰驻扎。索綝带兵出去阻击。赵染有轻视索綝的表现，长史鲁徽说："晋朝的君主大臣，自己知道力量悬殊不是对手，将与我们拼命，不能够轻视。"赵染说："司马模那么强大，我打败他如同摧枯拉朽。索綝这小子，难道还能弄脏我的马蹄、刀刃吗？"早晨，率领几百轻骑兵迎着索綝的军队而去，说："抓到索綝以后再吃饭。"索綝与赵染在新丰城西交战，赵染兵败而归。懊悔说："我不听鲁徽的话以致失败，有什么脸面见他！"先命令杀掉鲁徽，鲁徽说："将军您愚鲁刚愎所以失败，却又嫉恨残害在你前面胜过你的人，诛杀忠良以发泄愤恨，天地报应尚在，您难道能有善终吗？"朝廷诏令任命索綝为骠骑大将军、尚书左仆射、录尚书事，奉制书行事。

石勒开始命令所据各州郡核实户口，每户征收二匹帛、二斛谷。

冬季，十月，朝廷任张寔为都督凉州诸军事、凉州刺史、西平公。

【原文】

三年（乙亥，315年）

二月，丙子，以琅邪王睿为丞相、大都督、督中外诸军事，南阳王保为相国，荀组为太尉、领豫州牧，刘琨为司空、都督并、冀、幽三州诸军事。琨辞司空，不受。

诏进拓跋猗卢爵为代王，置官属，食代、常山二郡。猗卢请并州从事雁门莫含于刘琨，琨遣之。含不欲行，琨曰："以并州单弱，吾之不材而能自存于胡、羯之间者，代王之力也。吾倾身竭贽，以长子为质而奉之者，庶几为朝廷雪大耻也。卿欲为忠臣，奈何惜共事之小诚而忘徇国之大节乎！往事代王，为之腹心，乃一州之所赖也。"含遂行。猗卢甚重之，常与参大计。

猗卢用法严，国人犯法者，或举部就诛，老幼相携而行；人问："何之？"曰："往就死。"无一人敢逃匿者。

汉青州刺史曹嶷尽得齐、鲁间郡县，自镇临菑，有众十余万，临河置戍。石勒表称："嶷有专据东方之志，请讨之。"汉主聪恐勒灭嶷，不可复制，弗许。

聪纳中护军靳准二女月光、月华，立月光为上皇后，刘贵妃为左皇后，月华为右皇后。左司隶陈元达极谏，以为"并立三后，非礼也。"聪不悦，以元达为右光禄大夫，外示优崇，实夺其权。于是太尉范隆等皆请以位让元达，聪乃复以元达为御史大夫，仪同三司。月光有秽行，元达奏之，聪不得已废之，月光惭恚自杀，聪恨元达。

王敦嬖人吴兴钱凤，疾陶侃之功，屡毁之。侃将还江陵，欲诣敦自陈。朱伺及安定皇甫方回谏曰："公入必不出。"侃不从。既至，敦留侃不遣，左转广州刺史，以其从弟丞相军咨祭酒廙为荆州刺史。荆州将吏郑攀、马隽等诣敦，上书留侃，敦怒，不许。攀等以侃始灭大贼，而更被黜，众情愤惋；又以廙忌戾难事，遂帅其徒三千人屯滠口，西迎杜曾。廙为攀等所袭，奔于江安。杜曾与攀等北迎第五猗以拒廙。廙督诸军讨曾，复为曾所败。敦意攀承侃风旨，被甲持矛将杀侃，出而复还者数四。侃正色曰："使君雄断，当裁天下，何此不决乎！"因起如厕。咨议参军梅陶、长史陈颁言于敦曰："周访与侃亲姻，如左右手，安有断人左手而右手不应者乎！"敦意解，乃设盛馔以饯之，侃便夜发，敦引其子瞻为参军。

初，交州刺史顾秘卒，州人以秘子寿领州事。帐下督梁硕起兵攻寿，杀之，硕遂专制交州。王机自以盗据广州，恐王敦讨之，更求交州。会杜弘诣机降，敦欲因机以讨硕，乃以降杜弘为机功，转交州刺史。机至郁林，硕迎前刺史脩则子湛行州事以拒之。机不得进，乃更与杜弘及广州将温邵、义州秀才刘沈谋复还据广州。陶侃至始兴，州人皆言宜观察形势，不可轻进；侃不听，直至广州，诸郡县皆已迎机矣。杜弘遣使伪降，侃知其谋，进击弘，破之，遂执刘沈于小桂。遣督护许高讨王机，走之。机病死于道，高掘其尸，斩之。诸将皆请乘胜击温邵，侃笑曰："吾威名已著，何事遣兵！但一函纸自定耳。"乃下书谕之。邵惧而走，追获于始兴。杜弘诣王敦降，广州遂平。

【译文】

三年（乙亥，公元315年）

二月，丙子（十二日），朝廷任琅邪王司马睿为丞相、大都督、都督中外诸军事，任南阳王司马保为相国，荀组为太尉、兼豫州牧，任刘琨为司空、都督并、幽、冀三州诸军事。刘琨推辞司空的职务，不接受。

朝廷诏令进封拓跋猗卢的爵位为代王，设置安排属官，以代郡、常山郡作为封邑。拓跋猗卢向刘琨要并州从事雁门人莫含，刘琨派遣莫含前往。莫含不想走，刘琨说："以并州的势单力薄，我无能而仍能够在胡人、羯人之间生存，完全是靠代王的力量。我之所以一心竭尽财产，并拿长子作为人质而对待代王，就是希望也许能够为朝廷洗雪大耻。你想当忠臣，为什么顾惜能够在一起共事的小小忠诚而忘记为国献身的大节呢？去为代王做事，成为他的心腹，这是全州所依赖的呀。"莫含于是走了。拓跋猗卢非常重用莫含，常常让他参与制定大计。

拓跋猗卢用法严峻，国人中有犯法的，有的整个部落被处死，这个部落就老幼互相搀扶着前往。有人问："去哪儿？"回答说："去接受死刑。"没有一人敢逃跑躲藏。

汉青州刺史曹嶷夺取了齐、鲁地区的全部郡县，自己镇守临菑，有十多万军队，沿黄河安排戍守。石勒上奏表说："曹嶷有独据东方的想法，请去征讨他。"汉主刘聪担心石勒消灭了曹嶷，不能再控制石勒，因此不同意。

刘聪娶中护军靳准的两个女儿靳月光、靳月华，把靳月光立为上皇后，把刘贵妃立为左皇后，把靳月华立为右皇后。左司隶陈元达极力劝谏，认为"并立三个皇后，不符合礼"。刘聪很不高兴，让陈元达任右光禄大夫，表面上表示优待提高陈元达的地位，实际上是剥夺他的权力。这样，太尉范隆等人都请求以自己的职位让给陈元达，刘聪才又以陈元达任御史大夫，仪同三司。靳月光行为不端，陈元达奏报了这个情况，刘聪不得已废黜了她，靳月光羞惭愤恨而自杀，刘聪对陈元达怀恨在心。

王敦所宠信的吴兴人钱凤，嫉妒陶侃的功劳，多次诋毁陶侃。陶侃将要回江陵，想到王敦那儿去陈说解释。朱伺和安定人皇甫方回劝谏说："您进去以后就会出不来了。"陶侃不听。到了以后，王敦果然扣留住陶侃不放，后来王敦让他降职担任广州刺史，而派自己的堂弟丞相军咨祭酒王廙任荆州刺史。荆州的武将官吏郑攀、马㑺等拜访王敦，给王敦上书，挽留陶侃，王敦发怒，不同意。郑攀等人因为陶侃刚刚消灭了大贼寇，却反而被贬黜，大家群情激愤；又因为王廙猜忌暴戾难以共事，郑攀于是率领部众三千人到浈口驻扎，向西迎接杜曾。王廙遭到郑攀等人的袭击，投奔到江安县。杜曾与郑攀等人又向北迎接第五猗来抵御王廙。王廙督率各支军队讨伐杜曾，又被杜曾打败。王敦猜测郑攀是接受了陶侃暗中劝告的旨意，就身披铠甲手持长矛将要杀陶侃，把陶侃押出来又带进去，来回四次。陶侃表情严肃地说："您雄才大略善于决断，应该能够决断天下的大事，为什么这样犹豫不决呢？"说完就站起来向厕所走去。咨议参军梅陶、长史陈颁对王敦说："周访与陶侃是姻亲，就像左右手，哪里有截断人的左手而他的右手没有反应的呢？"王敦于是放弃了猜测，就安排丰盛的宴席为陶侃饯行，陶侃便连夜出发，王敦提拔他的儿子陶瞻担任参军。

当初，交州刺史顾秘去世，州里的人们让顾秘的儿子顾寿代理州政事务。帐下督梁硕起兵攻打顾寿，把他杀了，梁硕于是独自控制了交州。王机认为自己是窃据广州，担心王敦讨伐，就向王敦请求改到交州任职。正遇到杜弘到王机这里投降。王敦想用王机的力量来讨伐梁硕，就把收降杜弘当作王机的功劳，让他转任交州刺史。王机到郁林，梁硕迎来前刺史脩则的儿子脩湛担任交州刺史，以抗拒王机。王机不能进去，就又与杜弘以及广州武将温邵、交州秀才刘沈谋划再回去占据广州。陶侃到达始兴，州里的人都说应当观察形势，不能轻率前进。陶侃不听，直接到达广州，但广州所辖的各郡县都已经迎奉了王机。杜弘派使者假装投降，陶侃知道了他的阴谋，上前攻打杜弘，把他打败了，在小桂抓获刘沈，又派遣督护许高讨伐王机，赶跑了王机。王机在路上病死，许高挖出他的尸体砍下首级。部将们都请求乘胜攻打温邵，陶侃笑着说："我已经显示了威名，还用得着派兵吗？只需一纸信函自然就平定了。"就给温邵去信告谕。温邵因恐惧而逃跑，陶侃的军队在始兴追上并抓获了温邵。杜弘也向王敦投降，广州于是平定。

【原文】

四年（丙子，316年）

汉中常侍王沈、宣怀、中宫仆射郭猗等，皆宠幸用事。汉主聪游宴后宫，或三日不醒，或百日不出；自去冬不视朝，政事一委相国粲，唯杀生、除拜乃使沈等入白之。沈等多不白，而自以其私意决之，故勋旧或不叙，而奸佞小人有数日至二千石者。军旅岁起，将士无钱帛之赏，而后宫之家，赐及僮仆，动至数千万。沈等车服、第舍逾于诸王，子弟中表为守令者三十余人，皆贪残为民害。靳准阿宗谄事之。

少府陈休、左卫将军卜崇，为人清直，素恶沈等，虽在公座，未尝与语，沈等深疾之。侍中卜干谓休、崇曰："王沈等势力足以回天地，卿辈自料亲贤孰与窦武、陈蕃？"休、崇曰："吾辈年逾五十，职位已崇，唯欠一死耳！死于忠义，乃为得所；安能俯首伍眉以事阉竖乎！去矣卜公，勿复有言！"

二月，汉主聪出临上秋阁，命收陈休、卜崇及特进綦毋达、太中大夫公师彧、尚书王琰、田歆、大司农朱诞并诛之，皆宦官所恶也。卜干泣谏曰："陛下方侧席求贤，而一旦戮卿大夫七人，皆国之忠良，无乃不可乎！藉使休等有罪，陛下不下之有司，暴明其状，天下何从知之！诏尚在臣所，未敢宣露，愿陛下熟思之！"因叩头流血。王沈叱干曰："卜侍中欲拒诏乎！"聪拂衣而入，免干为庶人。

太宰河间王易、大将军勃海王敷、御史大夫陈元达、金紫光禄大夫西河王延等皆诣阙表谏曰："王沈等矫弄诏旨，欺诬日月，内谄陛下，外佞相国，威权之重，侔于人主，多树奸党，毒流海内。知休等忠臣，为国尽节，恐发其奸状，故巧为诬陷。陛下不察，遽加极刑，痛彻天地，贤愚伤惧。今遗晋未殄，巴、蜀不宾，石勒谋据赵、魏，曹嶷欲王全齐，陛下心腹四支，何处无患！乃复以沈等助乱，诛巫咸，戮扁鹊，臣恐遂成膏肓之疾，后虽救之，不可及已。请免沈等官，付有司治罪。"聪以表示沈等，笑曰："群儿为元达所引，遂成痴也。"沈等顿首泣曰："臣等小人，过蒙陛下识拔，得洒扫闱阁；而王公、朝士疾臣等如仇，又深恨陛下。愿以臣等膏鼎镬，则朝廷自然雍穆矣。"聪曰："此等狂言常然，卿何足恨乎！"聪问沈等于相国粲，粲盛称沈等忠清；聪悦，封沈等为列侯。

太宰易又诣阙上疏极谏，聪大怒，手坏其疏。三月，易忿恚而卒。易素忠直，陈元达倚之为援，得尽谏诤。及卒，元达哭之恸，曰："'人之云亡，邦国殄瘁。'吾既不复能言，安用默默苟生乎！"归而自杀。

张寔下令：所部吏民有能举其过者，赏以布帛羊米。贼曹佐高昌隗瑾曰："今明公为政，事无巨细，皆自决之，或兴师发令，府朝不知；万一违失，谤无所分。群下畏威，受成而已。如此，虽赏之千金，终不敢言也。谓宜少损聪明，凡百政事，皆延访群下，使各尽所怀，然后采而行之，则嘉言自至，何必赏也！"寔悦，从之；增瑾位三等。

秋，七月，汉大司马曜围北地太守麹昌，大都督麹允将步骑三万救之。曜绕城纵火，烟起蔽天，使反间绐允曰："郡城已陷，往无及也！"众惧而溃，曜追败允于磻石谷，允奔还灵武，曜遂取北地。

八月，汉大司马曜逼长安。

九月，汉主宴群臣于光极殿，引见太弟乂。乂容貌憔悴，鬓发苍然，涕泣陈谢，聪亦为之恸哭；乃纵酒极欢，待之如初。

焦嵩、竺恢、宋哲皆引兵救长安，散骑常侍华辑监京兆、冯翊、弘农、上洛四郡兵，屯霸上，皆畏汉兵强，不敢进。相国保遣胡崧将兵入援，击汉大司马曜于灵台，破之。崧恐国威复振则麹、索势盛，乃帅城西诸郡兵屯渭北不进，遂还槐里。曜攻陷长安外城，麹允、索綝退保小城以自固。内外断绝，城中饥甚，米斗直金二两，人相食，死者太半，亡逃不可制，唯凉州义众千人，守死不移。太仓有麹数十饼，麹允屑之为粥以供帝，既而亦尽。冬，十一月，帝泣谓允曰："今穷厄如此，外无救援，当忍耻出降，以活士民。"因叹曰："误我事者，麹、索二公也！"使侍中宗敞送降笺于曜。索綝潜留敞，使其子说曜曰："今城中食犹足支一年，未易克也，若许綝以仪同、万户郡公者，请以城降。"曜斩而送之，曰："帝王之师，以义行也。孤将兵十五年，未尝以诡计败人，必穷兵极势，然后取之。今索綝所言如此，天下之恶一也，辄相为戮之。若兵食审未尽者，便可勉强固定；如其粮竭兵微，亦宜早寤天命。"

甲午，宗敞至曜营；乙未，帝乘羊车，肉袒、衔璧、舆榇出东门降。

司空长史李弘以并州降石勒。刘琨进退失据，不知所为，段匹磾遣信邀之，己未，琨帅众从飞狐奔蓟。匹磾见琨，甚相亲重，与之结婚，约为兄弟。勒分徙阳曲、乐平民于襄国，置守宰而还。

丞相睿闻长安不守，出师露次，躬擐甲胄，移檄四方，刻日北征。以漕运稽期，斩督运令史淳于伯，刑者以刀拭柱，血逆流上，至柱末二丈余而下，观者咸以为冤。丞相司直刘隗上言："伯罪不至死，请免从事中郎周莛等官。"于是右将军王导等上疏引咎，请解职。睿曰："政刑失中，皆吾暗塞所致。"一无所问。

隗性刚讦，当时名士多被弹劾，睿率皆容贷，由是众怨皆归之。南中郎将王含，敦之兄也，以族强位显，骄傲自恣，一请参佐及守长至二十许人，多非其才；隗劾奏含，文致甚苦，事虽被寝，而王氏深忌疾之。

【译文】

四年（丙子，公元316年）

汉宫宦官中常侍王沈、宣怀，中宫仆射郭猗等人，都受到恩宠信任而掌权。汉主刘聪到后宫游玩宴乐，有时三天不醒，有时一百天都不出后宫。从去年冬天开始不察视朝政，政事全都委交给相国刘粲，只有需判定大臣的生死或升降时才让王沈等人进宫报告。而王沈等人多数情况都不报告，而是以自己的想法去决断，所以使得有些建立过功勋的旧臣不被任用，而有些奸诈、谄谀的小人却几天之内就提升到二千石俸禄的高官。连年兴兵征战，武将兵士没有一点钱、帛之类的奖赏；而后宫国戚，给仆人侍僮的赏赐，一赏便是几千几万。王沈等人的车乘服饰、府第的规格都超过了亲王们，王沈等人的子弟以及表亲担任郡守县令的有三十多人，而且都贪婪残忍成为百姓的祸害。靳准则以全宗族来阿谀奉承地对待王沈等人。

少府陈休、左卫将军卜崇，为人清高正直，平素就憎恶王沈等人，即使在公事场合，也未曾说过话。王沈等人深深地嫉恨他们。侍中卜干对陈休、卜崇说："王沈等人的势力完全可以翻天覆地，你们自己料想一下谁有东汉窦武那样与皇帝的亲近关系，谁有东汉陈蕃那样的贤能？"陈休、卜崇说："我们已年过五十，职任地位已经很高了，只缺一死罢了！为忠义而死，死得其所。怎么能俯首低眉为阉宦做事呢？走吧卜公，不要再说了！"

二月，汉主刘聪从后宫来到上秋阁，命令拘捕陈休、卜崇和特进綦毋达、太中大夫公师彧、尚书王琰、田歆、大司农朱诞，一起杀了，这些人都是宦官所嫉恨的。卜幹哭着劝谏刘聪说："陛下正恭敬地召求贤能之士，却一个早晨杀戮七个卿大夫，他们都是国家的忠良，岂不是不可以吗？即使陈休等人有罪。陛下不把他们下送到有关部门，让他们的罪状暴露清楚，天下从哪儿了解呢？诏令还在我那里，没有敢宣布让大家知道，希望陛下能够仔细想一想。"说完磕头磕得流了血。王沈呵斥卜幹说："卜侍中想抗拒诏令吗？"刘聪甩着衣袖走进去，罢免卜幹的官职贬为庶人。

太宰河间王刘易、大将军勃海王刘敷、御史大夫陈元达、金紫光禄大夫西河人王延等人都到皇宫上奏表劝谏说："王沈等人假做圣旨，欺天瞒日，在宫内谄媚陛下，在宫外讨好相国，威势之盛权力之大可以与君主相比。还培养了很多奸佞党羽，危害遍及海内。他们知道陈休等人是忠臣，始终不渝地为国家尽心尽力，因此害怕陈休等忠臣们揭露他们的奸恶罪行，所以才巧妙地对陈休等进行诬蔑陷害。而陛下不仅没有察觉，还仓促地对忠臣处以极刑，天地也要为之痛心，社会上下都为之悲痛心惊。现在残留的晋朝还没有消灭，巴、蜀也不来朝见，石勒图谋占据赵、魏地区，曹嶷想在齐地称王，陛下的心腹四肢，哪一处没有危险呢？却还宠信王沈等人再来增加麻烦，诛杀神巫巫咸，杀戮神医扁鹊，我们担心这样会病入膏肓，成为不治之症，以后即使想抢救，也来不及了。请求免除王沈等人的官职，交付有关部门治罪。"刘聪把这份奏表给王沈等人看，并笑道："这群小子被陈元达带着，也都成了痴呆的人了。"王沈等人磕头哭着说："我们都是小人，承蒙陛下错爱提拔，能够为陛下扫洒闺阁，而王公、朝臣嫉恨我们如同仇敌，又对陛下深感遗憾。愿陛下把我们放到鼎沸的油锅中，那么朝廷自然平和静穆了。"刘聪说："这样的狂言乱语是很平常的，你们哪里值得痛恨呢？"刘聪向相国刘粲问王沈等人怎么样，刘粲非常称赞王沈等人忠心清廉。刘聪高兴了，把王沈等人封为列侯。

太宰刘易又到皇宫上奏疏极力劝谏，刘聪大为愤怒，撕碎了这份奏疏。三月，刘易愤怒而死。刘易一向忠心率直，陈元达依靠他为后援，才得以尽心劝谏。刘易去世后，陈元达哭得非常悲痛，说："《诗经》云：'贤人死亡，国家必将窘困。'

我既然不能再尽言了,还用得着沉默不语苟且偷生吗?"回去后便自杀了。

张寔下达命令:所属的官吏、百姓有能指出自己过错的,奖赏给布帛羊米。贼曹佐高昌人隗瑾说:"现在您处理政事,事无巨细,都是自己来决断,有时兴师发布命令,州府的其他官员都不知道,万一有什么失误,无人代其受责。下级官吏们畏惧您的权威,都服从您的成命罢了。像这样,即使赏赐千金,终究也还是不敢说。我认为应当稍微减少一点儿您的聪明,凡是各种政事,都拿到下级官员们中去访求意见,使他们把心里所想的都说出来,然后选择采用,有益的建议自然会来,何必赏赐呢?"张寔高兴,采纳了这个建议。给隗瑾提升了三级。

秋季,七月,汉大司马刘曜围攻北地太守麴昌,大都督麴允率领三万步兵骑兵去救援。刘曜环绕着城墙纵火,浓烟滚滚遮蔽天日,派奸细造谣欺骗麴允说:"郡城已陷落,赶去也来不及了。"部众们听了后惊惧不已,四处溃散。刘曜追击,在磻石谷打败麴允,麴允逃回灵武,刘曜于是占取了北地。

八月,汉大司马刘曜进逼长安。

九月,汉主在光极殿宴请群臣,召太弟刘乂来相见。刘乂容貌憔悴,鬓须头发都白了,哭着道谢,刘聪也因此痛哭。于是开怀饮酒极尽欢畅,对待刘乂就像最初时一样。

焦嵩、竺恢、宋哲都带兵救援长安,散骑常侍华辑监督京兆、冯翊、弘农、上洛四个郡的军队,驻扎在霸上,但都畏惧汉兵的强大不敢前进。相国司马保派遣胡崧带兵去援救,在灵台攻打汉大司马刘曜,打败了他。胡崧担心国威重新振作,使得麴允、索綝的势力变强,就带领城西各郡军队驻扎在渭水以北地区不前进,随后回师槐里。

刘曜攻陷长安的外城,麴允、索綝退到小城自守。内外断绝了联系,城中非常饥饿,一斗米值二两金子,人吃人,城里人死了一大半,兵士逃亡不能控制禁止,只有凉州义兵几千人,誓死不动。京城粮食仓库有几十个麦饼,麴允把饼弄碎做成粥来供愍帝食用,不久也吃光了。冬季,十一月,愍帝哭着对麴允说:"现在这样穷困,外无救援,应该忍受耻辱出去投降,使士人、百姓能够生存下来。"说完又感叹说:"耽误我的事业的,是允麴、索綝二公!"派侍中宗敞给刘曜送交投降书。索綝暗自留住宗敞,又派他的儿子去对刘曜说:"现在城中的粮食还足够维持一年,是不容易攻克的，如果应允封锁綝为仪同、万户郡公，那就请求献城投降。"刘曜把他杀了送回尸首，说："帝王之师，按照道义行事。我带兵十五年，从来没有靠诡计去打败敌人，一定是竭尽全部兵力打到底，然后占取该地。现在按索綝所说的这样，天下的恶人都一样，总是互相攻杀。如果军队、粮食确实没有用完，就可以尽力坚守；但如果军粮用尽兵势微弱，你们也就应该早点明白上天的旨意。"

甲午（十一月初十），宗敞到刘曜的兵营。乙未（十一月十一日），愍帝谦恭地乘着羊车、袒露着臂膀、口含玉璧，用车拉着棺材从东门出去投降。

司空长史李弘率并州向石勒投降。这样刘琨失去据点进退两难，不知所措，段匹磾派使者邀请他，已未（十二月初五），刘琨率领部众从飞狐奔往蓟城。段匹磾见了刘琨，非常亲近敬重，与他联姻，并结拜为兄弟。石勒分别迁徙阳曲、乐平的百姓到襄国，安排了郡守县令等地方长官而回师。

丞相司马睿听说长安失守，带军队出去露宿野外，亲自穿上铠甲，向各地发布檄文，限定日期北伐。因为水道运粮耽误了日期，杀督运史淳于伯。行刑的人用刀擦柱子，血逆流而上，一直到二丈多的柱子末端才流下。观看的人都认为淳于伯冤枉。丞相司直刘隗上言道："淳于伯罪不至死，请免除从事中郎周莚等人的官职。"于是右将军王导等人上奏疏承认错误，请求免除职务。司马睿说："政令刑罚失当，都是我糊涂昏昧造成的。"他没有把一个人问罪。

刘隗性格刚烈不徇私情，当时的名士多被他弹劾，但司马睿总是加以宽容，因此大家都把怨恨集中到刘隗身上。南中郎将王含是王敦的哥哥，因为家族势强而地位显赫，骄傲放纵，一次请求安排参佐以及郡守县令等官职就达二十人左右，而且大多不称职。刘隗弹劾王含，罗织罪名，事情虽然被压了下来，而王氏家族对他深怀嫉恨。

晋纪十二

【原文】

中宗元皇帝上建武元年（丁丑，317年）

春，正月，汉兵东略弘农，太守宋哲奔江东。

辛巳，宋哲至建康，称受愍帝诏，令丞相琅邪王睿统摄万机。三月，琅邪王素服出次，举哀三日。于是西阳王羕及官属等共上尊号，王不许。羕等固请不已，王慨然流涕曰："孤，罪人也。诸贤见逼不已，当归琅邪耳！"呼私奴，命驾将归国。羕等乃请依魏、晋故事，称晋王；许之。辛卯，即晋王位，大赦，改元；始备百官，立宗庙，建社稷。

是时承丧乱之后，江东草创，刁协久宦中朝，谙练旧事，贺循为世儒宗，明习礼学，凡有疑议，皆取决焉。

刘琨、段匹磾相与歃血同盟，期以翼戴晋室。辛丑，琨檄告华、夷，遣兼左长史、右司马温峤，匹磾遣左长史荣邵，奉表及盟文诣建康劝进。峤，羡之弟子也，峤之从母为琨妻。琨谓峤曰："晋祚虽衰，天命未改，吾当立功河朔，使卿延誉江南。行矣，勉之！"

汉相国粲使其党王平谓太弟乂曰："适逢中诏，云京师将有变，宜衷甲以备非常。"乂信之，命宫臣皆衷甲以居。粲驰遣告靳准、王沈。准以白汉主聪曰："太弟将为乱，已衷甲矣！"聪大惊曰："宁有是邪！"王沈等皆曰："臣等闻之久矣，屡言之，而陛下不之信也。"聪使粲以兵围东宫。粲使准、沈收氐、羌酋长十余人，穷问之，皆悬首高格，烧铁灼目，酋长自诬与乂谋反。聪谓沈等曰："吾今而后知卿等之忠也！当念知无不言，勿恨往日言而不用也！"于是诛东宫官属及乂素所亲厚，准、沈等素所憎怨者大臣数十人，坑士卒万五千余人。夏，四月，废乂为北部王，粲寻使准贼杀之。乂形神秀爽，宽仁有器度，故士心多附之。聪闻其死，哭之恸，曰："吾兄弟止余二人而不相容，安得使天下知吾心邪！"氐、羌叛者甚众，以靳准行车骑大将军，讨平之。

汉主聪立晋王粲为皇太子，领相国、大单于，总摄朝政如故。大赦。

段匹磾推刘琨为大都督，檄其兄辽西公疾陆眷及叔父涉复辰、弟末杯等会于固安，共讨石勒。末杯说疾陆眷、涉复辰曰："以父兄而从子弟，耻也；且幸而有功，匹磾独收之，吾属何有哉！"各引兵还。琨、匹磾不能独留，亦还蓟。

征南军司戴邈上疏，以为："丧乱以来，庠序隳废。议者或谓平世尚文，遭乱尚武，此言似之，而实不然。夫儒道深奥，不可仓猝而成；比天下平泰，然后修之，则废坠已久矣。又，贵游之子，未必有斩将搴旗之才，从军征戍之役，不及盛年使之讲肄道义，良可惜也。世道久丧，礼俗日弊，犹火之消膏，莫之觉也。今王业肇建，万物权舆，谓宜笃道崇儒，以励风化。"王从之，始立太学。

是岁，王命课督农功，二千石、长吏以入谷多少为殿最，诸军各自佃作，即以为廪。

【译文】

晋元帝建武元年（丁丑，公元317年）

春季，正月，汉军向东进攻弘农郡，太守宋哲逃奔江东。

辛巳（二月二十八日），宋哲到达建康，称说奉晋愍帝诏书，令丞相、琅邪王司马睿总摄国家所有事宜。三月，琅邪王换上素色服装，避居于别室，举哀三天。此时西阳王司马羕和官员、部属等共同进上皇帝尊号，琅邪王不肯即位。司马羕等坚持请求，不肯罢休。琅邪王感慨地流着眼泪说："孤是有罪之人。诸位贤良如果逼我不止，我将返归琅邪封国。"并传呼私人奴仆，让他们驾车准备返回封国。司马羕等于是请求琅邪王依照魏、晋旧有成例，称晋王。琅邪王同意了。辛卯（初九），琅邪王即晋王位，大赦天下，改年号为建武，开始设置百官，建立宗庙和社稷。

此时承续西晋的丧乱之后不久，江南东晋政权刚刚草创，因刁协久在西晋时为官，熟悉旧制；贺循为当世儒学泰斗，精通礼学，所以凡遇疑碍难决的问题，都由他们定夺。

刘琨和段匹磾歃血盟誓，相约共同拥戴和辅佐晋王室。三月辛丑（疑误），刘琨发布檄文遍告汉族和其他民族，自己派遣兼左长史、右司马温峤，段匹磾派遣左长史荣邵，共同奉呈上表和盟约誓文前往建康进劝晋王即帝位。温峤是温羡兄弟的儿子，其姨母是刘琨的妻子，刘琨对温峤说："晋朝国运虽然中衰，但天命尚未变易，我将建立功名于河朔，让你的声誉流播江南。去吧，努力为之！"

汉丞相刘粲让党羽王平对太弟刘乂说："刚刚奉受国主密诏，说京师将有变乱发生，应当内穿甲衣以备不测。"太弟刘乂信从，令东宫臣属都在外衣内穿上甲衣。刘粲派人驰告靳准、王沈，靳准禀报汉主刘聪说："太弟刘乂准备作乱，手下已内着甲衣了。"刘聪大惊，说："怎么会有这种事情！"王沈等人都说："我们早已听说太弟刘乂有犯上作乱之心，多次上言，但陛下不信我们的话。"刘聪令刘粲率军包围东宫。刘粲让靳准、王沈拘捕了听命于东宫的氐、羌酋长十多人，严刑拷问，把他们的头颅都枷锢于高木格之上，烧红铁器炙灼双目，酋长们便诬陷自己和刘乂共同谋反。刘聪对王沈等人说："我现在才知道你们的忠心！你们应当追念知无不言的训诫，不要怨恨过去上言而不被信用！"于是诛杀东宫属官，又诛杀平素与刘乂亲近、交厚而被靳准、王沈等人憎恶怨恨的大臣数十人，坑杀士卒一万五千多人。夏季，四月，废黜刘乂太弟身份，改封北部王，不久刘粲让靳准谋杀了他。刘乂形神秀爽，为人宽仁而有雅量，所以士人大多心存景仰。刘聪听说刘乂死讯，悲恸痛哭说："我们兄弟仅剩二人却不能相容，怎么才能使天下人知晓我内心的情感呢！"氐族、羌族反叛的很多，刘聪让靳准代行车骑大将军职务，征讨平定了叛乱。

汉主刘聪立晋王刘粲为皇太子，领相国职务、大单于称号，总摄朝政一如往昔。实行大赦。

段匹磾推举刘琨为大都督，用檄书邀请其兄长辽西公疾陆眷、叔父涉复辰、弟段末柸等在固安聚会，共同征讨石勒。段末柸游说疾陆眷、涉复辰说："以父辈、兄长的身份追从子侄、兄弟，是一种耻辱；况且侥幸立功，段匹磾独收其利，我们能得到什么！"于是疾陆眷、涉复辰、段末柸各自领军退还。刘琨、段匹磾不能单独留守固安，也回师蓟州。

征南军司戴邈上疏，认为："自王室丧乱以来，学校废毁。议政者有的以为清平之世尚文，遭逢世乱尚武，此言似是而非。儒家道义渊深玄奥，不可能仓促学成，等到天下安宁然后修习，那就废毁已久了。再者，富贵人家的游闲子弟，未必有斩将拔旗的英才，却从军征伐戍守，不乘壮年让他们研讨道义，实在可惜。世道衰微日久，礼俗日渐凋敝，如同燃火消熔油脂一样，不知不觉。现在王业初建，万事方兴，我认为应当笃守道义、尊崇儒家，以勉励世风好转。"晋王听从了他的意见，开始设立太学。

这年，晋王下令考核、督促农业生产，俸禄两千石的官员、长官依据交纳谷物的数量多少考评政绩高下，各地驻军各自耕作，所获充当军队给养。

【原文】

太兴元年（戊寅，318年）

三月，癸丑，愍帝凶问至建康，王斩缞居庐。百官请上尊号，王不许。纪瞻曰："晋氏统绝，于今二年，陛下当承大业；顾望宗室，谁复与让！若光践大位，则神、民有所凭依；苟为逆天时，违人事，大势一去，不可复还。今两都燔荡，宗庙无主，刘聪窃号于西北，而陛下方高让于东南，此所谓揖让而救火也。"王犹不许，使殿中将军韩绩彻去御坐。瞻叱绩曰："帝坐上应列星，敢动者斩！"王为之改容。

丙辰，王即皇帝位，百官皆陪列。帝命王导升御床共坐，导固辞曰："若太阳下同万物，苍生何由仰照！"帝乃止。大赦，改元，文武增位二等。帝欲赐诸吏投刺劝进者加位一等，民投刺者皆除吏，凡二十余万人。散骑常侍熊远曰："陛下应天继统，率士归戴，岂独近者情重，远者情轻！不若依汉法遍赐天下爵，于恩为普，且可以息检核之烦，塞巧伪之端也。"帝不从。

加王敦江州牧，王导骠骑大将军、开府仪同三司。

导遣八部从事行扬州郡国，还，同时俱见。诸从事各言二千石官长得失，独顾和无言。导问之,和曰:"明公作辅,宁使网漏吞舟,何缘采听风闻,以察察为政邪!"导咨嗟称善。和,荣之族子也。

成丞相范长生卒;成主雄以长生子侍中贲为丞相。长生博学,多艺能,年近百岁,蜀人奉之如神。

汉中常侍王沈养女有美色,汉主聪立以为左皇后。尚书令王鉴、中书监崔懿之、中书令曹恂谏曰:"臣闻王者立后,比德乾坤,生承宗庙,没配后土,必择世德名宗,幽闲令淑,乃副四海之望,称神祇之心。孝成帝以赵飞燕为后,使继嗣绝灭,社稷为墟,以前鉴也。自麟嘉以来,中宫之位,不以德举。借使沈之弟女,刑余小丑,犹不可以尘污椒房,况其家婢邪!六宫妃嫔,皆公子公孙,奈何一旦以婢主之!臣恐非国家之福也。"聪大怒,使中常侍宣怀谓太子粲曰:"鉴等小子,狂言侮慢,无复君臣上下之礼,其速考实!"于是收鉴等送市,皆斩之。金紫光禄大夫王延驰,将入谏,门者弗通。

鉴等临刑,王沈以杖叩之曰:"庸奴,复能为恶乎?乃公何与汝事!"鉴瞋目叱之曰:"竖子!灭大汉者,正坐汝鼠辈与靳准耳!要当诉汝于先帝,取汝于地下治之。"准谓鉴曰:"吾受诏收君,有何不善,君言汉灭由吾也?"鉴曰:"汝杀皇太弟,使主上获不友之名。国家畜养汝辈,何得不灭!"懿之谓准曰:"汝心如枭镜,必为国患,汝既食人,人亦当食汝。"

段匹磾之奔疾陆眷丧也,刘琨使其世子群送之。匹磾败,群为段末柸所得。末柸厚礼之,许以琨为幽州刺史,欲与之袭匹磾,密遣使赍群书,请琨为内应,结为匹磾罗骑所得。时琨别屯征北小城,不知也,来见匹磾。匹磾以群书示琨曰:"意亦不疑公,是以白公耳。"琨曰:"与公同盟,庶雪国家之耻,若儿书密达,亦终不以一子之故负公而忘义也。"匹磾雅重琨,初无害琨意,将听还屯。其弟叔军谓匹磾曰:"我,胡夷耳;所以能服晋人者,畏吾众也。今我骨肉乖离,是其良图之日;若有奉琨以起,吾族尽矣。"匹磾遂留琨。琨之庶长子遵惧诛,与琨左长史杨桥等闭门自守,匹磾攻拔之。代郡太守辟间嵩、后将军韩据复潜谋袭匹磾,事泄,匹磾执嵩、据及其徒党,悉诛之。五月,癸丑,匹磾称诏收琨,缢杀之,并杀其子侄四人。琨从事中郎卢谌、崔悦等帅琨余众奔辽西,依段末柸,奉刘群为主;将佐多奔石勒。悦,林之曾孙也。朝廷以匹磾尚强,冀其能平河朔,乃不为琨举哀。温峤表

"琨尽忠帝室，家破身亡，宜在褒恤；"卢谌、崔悦因末杯使者，亦上表为琨讼冤。后数岁，乃赠琨太尉、侍中，谥曰愍。于是夷、晋以琨死，皆不附匹磾。

六月，甲申，以刁协为尚书令，荀崧为左仆射。协性刚悍，与物多忤，与侍中刘隗俱为帝所宠任；欲矫时弊，每崇上抑下，排沮豪强，故为王氏所疾，诸刻碎之政，皆云隗、协所建。协又使酒放肆，侵毁公卿，见者皆侧目惮之。

汉主聪寝疾，征大司马曜为相，石勒为大将军，皆录尚书事，受遗诏辅政。曜、勒固辞。乃以曜为丞相、领雍州牧，勒为大将军、领幽·冀二州牧，勒辞不受。以上洛王景为太宰，济南王骥为大司马，昌国公顗为太师，朱纪为太傅，呼延晏为太保，并录尚书事；范隆守尚书令、仪同三司，靳准为大司空、领司隶校尉，皆迭决尚书奏事。癸亥，聪卒。甲子，太子粲即位。

靳准阴有异志，私谓粲曰："如闻诸公欲行伊、霍之事，先诛太保及臣，以大司马统万机，陛下宜早图之！"粲不从。准惧，复使二靳氏言之，粲乃从之。收其太宰景、大司马骥、骥母弟车骑大将军吴王逞、太师顗、大司徒齐王劢，皆杀之。朱纪、范隆奔长安。八月，粲治兵于上林，谋讨石勒。以丞相曜为相国、都督中外诸军事，仍镇长安。靳准为大将军、录尚书事。粲常游宴后宫，军国之事，一决于准。准矫诏以从弟明为车骑将军，康为卫将军。

准将作乱，谋于王延。延弗从，驰，将告之；遇靳康，劫延以归。准遂勒兵升光极殿，使甲士执粲，数尔杀之，谥曰隐帝。刘氏男女，无少长皆斩东市。

相国曜闻乱，自长安赴之。石勒帅精锐五万以讨准，据襄陵北原。准数挑战，勒坚壁以挫之。

冬，十月，曜至赤壁。太保呼延晏等自平阳归之，与太傅朱纪等共上尊号。曜即皇帝位，大赦，惟靳准一门不在赦例。改元光初。

庚申，诏群公卿士各陈得失御史中丞熊远上疏，以为："胡贼猾夏，梓宫未返，而不能遣军进讨，一失也。群官不以仇贼未报为耻，务在调戏、酒食而已，二失也。选官用人，不料实德，惟在白望，不求才干，惟事请托；当官者以治事为俗吏，奉法为苛刻，尽礼为谄谀，从容为高妙，放荡为达士，骄蹇为简雅，三失也。世之所恶者，陆沈泥滓；时之所善者，翱翔云霄；是以万机未整，风俗伪薄。朝廷群司，以从顺为善，相违见贬，安得朝有辨争之臣，士无禄仕之志乎！古之取士，敷奏以言；今光禄不试，甚违古义。又举贤不出世族，用法不及权贵，是以才不济务，奸无所惩。若此道不改，求以救乱，难矣！"

靳准使侍中卜泰送乘舆、服御请和于石勒；勒囚泰，送于汉主曜。曜谓泰曰："先帝末年，实乱大伦。司空行伊、霍之权，使朕及此，其功大矣。若早迎大驾者，当悉以政事相委，况免死乎！卿为朕入城，具宣此意。"泰还平阳，准自以杀曜母兄，沈吟未从。十二月，左、右车骑将军乔泰、王腾、卫将军靳康等，相与杀准，推尚书令靳明为主，遣卜泰奉传国六玺降汉。石勒大怒，进军攻明，明出战，大败，乃婴城固守。

【译文】

太兴元年（戊寅，公元318年）

三月，癸丑（初七），愍帝死讯传至建康，晋王服斩衰丧服，别居倚庐。百官奏请晋王使用皇帝尊号，晋王不同意。纪瞻说："晋政权灭亡，至今已经两年，陛下应当继承大业。遍观皇室子弟，又有谁值得推让！陛下如果荣登皇位，那么祖先神灵和国民都能有所依凭；如果拂逆天命，违背人心，大势一旦失去，就无法挽回了。现在洛阳、长安两座京城被毁，国家无主，刘聪在西北自立国号，而陛下却在东南清高地推谢帝位，这就如同急于救火却恭礼谦让。"晋王还是不同意，让殿中将军韩绩撤去摆好的皇帝宝座。纪瞻呵斥韩绩说："皇帝之座与天上列星相应，敢搬动的斩首！"晋王脸色为之一变。

东晋书法家王羲之《快雪时晴贴》

丙辰（三月初十），晋王即帝位，文武百官陪列于两侧。元帝令王导登御床同坐，王导坚决拒绝，说："如果太阳与天下万物等同，怎么能俯照苍生！"元帝便不再坚持。大赦天下，改年号为太兴，文武官员都晋升二级爵位。元帝打算对所有曾经投贴建议自己接受皇位的人格外优宠，凡官吏都增加爵位一等，平民都提升为官吏，总计有二十多万人。散骑常侍熊远说："陛下顺应天命，继承皇位，普天之下莫不拥戴，岂止左近之人情深，偏远之人情浅！不如依照汉朝的做法，普遍赐封臣民官爵，这样皇恩浩荡，而且可以省去考察核实的烦劳，堵塞弄虚作假的渠道。"元帝不听。

元帝加任王敦为江州牧，王导为骠骑大将军、开府仪同三司。

王导分遣八部从事八人行察扬州所属八郡，回来后同时召见。各位从事纷纷禀告二千石官长的为政得失，唯独顾和默默无言。王导询问他，顾和说："贤君您辅佐国政，宁可使法网宽松以至可以漏过大鱼，为什么又要搜集、听信道听途说，以斤斤计较来治理政事呢！"王导感叹称赞。顾和是顾荣的同族子侄。

成汉丞相范长生故去，成汉主李雄任命其子侍中范贲为丞相。范长生博学多能，享年近百岁，蜀地人民遵奉他有如神灵。

汉国中常侍王沈的养女容颜美丽，汉主刘聪立她为左皇后。尚书令王鉴、中书监崔懿之、中书令曹恂进谏说："臣听说帝王册立王后，效法乾坤相配之理，在世时承嗣宗庙祭祀，去世后配祀土神，必须选择道德传家、名门显族的女子，本人也应悠闲贤淑，才能与四海之民的期望相称，使神祇满意。汉成帝立赵飞燕为皇后，结果使子嗣灭绝，社稷毁为废墟，这是前代的教训。本朝从麟嘉年间开始，选立皇后不以道德为准绳。即便是王沈的妹妹或亲女儿，也不过如同阉宦丑类，尚且不能让她们玷污后妃之位，更何况王沈的婢女呢！君王六宫的嫔妃，都是王公贵胄的子孙，怎能轻率地让婢女做她们的主人！臣恐怕这不是国家的福兆。"刘聪大为生气，让中常侍宣怀对太子刘粲说："王鉴这帮小子，口出狂言，侮慢尊上，不再有君臣上下的礼节，望从速定罪！"于是收捕王鉴等人送往刑场斩首。金紫光禄大夫王延骑马赶来，要进宫规谏，守门者不给通报。

王鉴等人临刑前，王沈用手杖叩击他们说："无用奴才，还能再作恶吗？老公关你们什么事！"王鉴瞋目叱骂说："小子！覆灭大汉的人，正是你这样的鼠辈和靳准之流！我一定要向先帝控告你，把你拘到地下治罪。"靳准对王鉴说："我接受诏命拘捕你，有什么不对，你却说汉国覆灭是因为我？"王鉴说："你杀死皇太弟，使主上蒙受不友爱的恶名。国家畜养你这样的人，怎能不灭亡！"崔懿之对靳准说："你的心像条和破镜之类凶恶禽兽一样残忍，必定是国家的祸害。你既然吃人，别人也会吃掉你。"

段匹磾为疾陆眷奔丧时，刘琨让自己的嫡长子刘群陪送。段匹磾兵败，刘群被段末柸俘获。段末柸对他非常有礼，并答应让刘琨当幽州刺史，想和刘琨共同攻击段匹磾。段末柸秘密派遣使者携带刘群写的信，请刘琨当内应，结果被段匹磾的巡逻骑兵抓获。当时刘琨单独屯兵于征北小城，不知内情，来见段匹磾。段匹磾把刘群的信给他看，并说："我心中也没有怀疑您，所以告诉您。"刘琨说："我和您共同结盟，但愿能洗雪国家的耻辱，即便儿子的信秘密地送到我手中，我最终也不会因为一个儿子的缘故辜负您而忘大义。"段匹磾素来看重刘琨，本来也没有加害刘琨的意思，准备听任他返回驻屯地。但段匹磾的弟弟段叔军对他说："我们是胡夷族，之所以能够让晋国人服从我们，是因为畏惧我们人数众多。现在我们骨肉不和，正是晋人图谋我们的良机，如果有人推奉刘琨为首而起兵，我们这一族就完了。"段匹磾于是羁留了刘琨，不让他返回。刘琨的庶长子刘遵惧怕因此被杀，和刘琨的左长史杨桥等人闭门自守，被段匹磾攻破。代郡太守辟闾嵩、后将军韩据又密谋偷袭段匹磾，事情泄露，段匹磾抓获辟闾嵩、韩据及其党徒，一并处决。五月，癸丑（初八），段匹磾假称奉诏拘捕刘琨，把他勒死，并杀掉他子、侄四人。刘琨的从事中郎卢谌、崔悦等率领刘琨余部逃奔辽西，依附段末柸，尊奉刘群为主，将佐们大多投奔石勒。崔悦是崔林的曾孙。朝廷因为段匹磾势力尚强，希望他能平定河朔，于是不为刘琨发丧。温峤上表称颂："刘琨尽忠于晋室，家破身亡，应当褒扬优恤。"卢谌、崔悦通过段末柸的使节，也上表为刘琨诉冤。过了几年，才追赠刘琨太尉、侍中，谥号为"愍"。此时夷人、晋人因为刘琨之死，都不再附从段匹磾。

六月，甲申（初九），元帝任刁协为尚书令，荀崧为左仆射。刁协性情刚烈，对事常有不同意见，和侍中刘隗都是元帝所宠爱、信任的人。他们想纠正时弊，总是抑制臣下的势力以崇奉君主的权威，排挤豪强，所以被王氏所恨，许多严酷、劳民的政策，都说刘隗、刁协的主意。刁协本人又酗酒任性，放浪不羁，攻讦公卿大臣，见到他的人都畏惧而不敢正视。

汉主刘聪病重，征召大司马刘曜任命为丞相，石勒任大将军，都领尚书事，禀受遗诏辅佐国政。刘曜、石勒固执地推辞，于是任刘曜为丞相，兼雍州牧，石勒为大将军，兼领幽州、冀州牧，石勒推辞不接受。任上洛王刘景为太宰，济南王刘骥为大司马，昌国公刘颛为太师，朱纪为太傅，呼延晏为太保，同领尚书事；范隆仍为尚书令、仪同三司，靳准任大司空、领司隶校尉，轮流决断尚书所奏事宜。癸亥（七日十九日），刘聪故去。甲子（二十日），太子刘粲即位。

靳准私下怀有异志，悄悄对刘粲说："好像听说诸位公卿准备像商代伊尹、汉代霍光那样代摄朝政，杀掉太保呼延晏和我，让大司马刘骥统领万机，陛下应当早做准备。"刘粲不听。靳准恐惧，又让皇太后靳氏和皇后靳氏二人劝说，刘粲于是听从。收捕太宰刘景、大司马刘骥、刘骥的同母弟车骑大将军吴王刘逞、太师刘颛和大司徒齐王刘劢，全部处死。朱纪和范隆逃奔长安。八月，刘粲在上林练兵，准备征讨石勒。任丞相刘曜为相国，总督内外军事事宜，仍然镇守长安。任靳准为大将军，领尚书事。刘粲经常在后宫游乐，军国大事，全由靳准决断。靳准假称诏令，让堂弟靳明任车骑将军，靳康为卫将军。

靳准将要作乱，与王延商议。王延不肯依从，驰马准备告发，路上遇见靳康，被劫持回来。靳准便领兵登上光极殿，派甲士抓住刘粲，数落他的罪名并杀了他，谥号隐帝。刘氏的男男女女，不分老幼都斩杀于东市。

相国刘曜听说国中有乱，由长安前来救难。石勒率五万精兵讨伐靳准，占据襄陵以北平原。靳准多次挑战，石勒坚壁不出，耗去敌人锐气。

冬季，十月，刘曜到达赤壁。太保呼延晏等从平阳来归附，与太傅朱纪等共同拟上皇帝尊号。刘曜便即帝位，大赦天下，只有靳准一族不在赦免之列。改年号为光初。

庚申（十一月十八日），元帝下诏让群臣公卿各陈国政得失。御史中丞熊远上疏认为："胡族寇贼作乱华夏，二帝梓宫未还，却不能派军征讨，这是第一个过失；官员们不以仇敌未报为耻，只顾饮宴调侃，这是第二个过失；选官用人，不考察实际的德行，只看虚名，不求有才干，只重关系，当官的人把治理政事看作是俗吏所为，把遵奉法律看作是苛刻，把尽守礼仪看作谄谀，把无所事事看作高妙，把放荡不羁之人看作通达之士，把骄傲怠慢看作简雅，这是第三个过失。时俗所憎恶的人，沉沦于尘埃，时俗所褒扬的人，得以翱翔云霄，所以万事未备，而风俗却虚伪、刻薄。朝廷众官，以顺从为善，意见不合便遭贬责，这怎能使朝廷有抗辩谏诤的大臣，怎能使士人没有为俸禄做官之心呢！古代选拔人才，根据他们陈述的言论，现在光禄大夫不举行考试，大大违背古制。再加上推举贤良不超出豪强世族，刑律实施不到权贵们头上，所以有才能的人不能成功立业，奸佞之人无从惩治。如果这种做法不改变，希望拯救乱政是太困难了！"

靳准派侍中卜泰赠送车驾、服御给石勒，向他请和。石勒囚禁卜泰，押送到汉主刘曜那里。刘曜对卜泰说："先帝刘粲末年，行为实在是违背人伦。大司空靳准行使伊尹、霍光那样的权利，使得朕能登上君位，功劳很大。如果能早日迎奉大驾，我会把政事全部委托他管辖，何况免除一死呢！你为我进城去向靳准原原本本地传达我的意思。"卜泰回到平阳转告靳准，靳准自己觉得杀害了刘曜的母亲、兄弟，犹豫不决。十二月，左、右车骑将军乔泰、王腾、卫将军靳康等，合谋杀了靳准，推举尚书令靳明为主，派遣卜泰奉送传国的六颗印信投降汉国。石勒大为恼怒，进军攻击靳明，靳明出兵迎战，大败，于是环城固守。

资治通鉴第九十一卷

晋纪十三

【原文】

中宗元皇帝中太兴二年（己卯，319年）

春，二月，刘遐、徐龛击周抚于寒山，破斩之。初，掖人苏峻帅乡里数千家结垒以自保，远近多附之。曹嶷恶其强，将攻之，峻率众浮海来奔。帝以峻为鹰扬将军，助刘遐讨周抚有功；诏以遐为临淮太守，峻为淮陵内史。

石勒遣左长史王脩献捷于汉，汉主曜遣兼司徒郭汜授勒太宰、领大将军，进爵赵王，加殊礼，出警入跸，如曹公辅汉故事；拜王脩及其副刘茂皆为将军，封列侯。脩舍人曹平乐从脩至粟邑，因留仕汉，言于曜曰："大司马遣脩等来，外表至诚，内觇大驾强弱，俟其复命，将袭乘舆。"时汉兵实疲弊，曜信之。乃追汜还，斩脩于市。三月，勒还至襄国。刘茂逃归，言脩死状。勒大怒曰："孤事刘氏，于人臣之职有加矣。彼之基业，皆孤所为，今既得志，还欲相图。赵王、赵帝，孤自为之，何待于彼邪！"乃诛曹平乐三族。

汉主曜还，都长安，立妃羊氏为皇后，子熙为皇太子；封子袭为长乐王，阐为太原王，冲为淮南王，敞为齐王，高为鲁王，徽为楚王；诸宗室皆进封郡王。羊氏，即故惠帝后也。曜尝问之曰："吾何如司马家儿？"羊氏曰："陛下，开基之圣主；彼，亡国之暗夫，何可并言！彼贵为帝王，有一妇、一子及身三耳，曾不能庇。妾于尔时，实不欲生，意谓世间男子皆然。自奉巾栉已来，始知天下自有丈夫耳。"曜甚宠之，颇干预国事。

江东大饥，诏百官各上封事。益州刺史应詹上疏曰："元康以来，贱《经》尚道，以玄虚弘放为夷达，以儒术清俭为鄙俗，宜崇奖儒官，以新俗化。"

汉主曜立宗庙、社稷、南北郊于长安，诏曰："吾之先，兴于北方。光文立汉宗庙以从民望。今宜改国号，以单于为祖。亟议以闻！"群臣奏："光文始封卢奴伯，陛下又王中山；中山，赵分也，请改国号为赵。"从之。以冒顿配天，光文配上帝。

冬，石勒左、右长史张敬、张宾，左、右司马张屈六、程遐等劝勒称尊号，勒不许。十一月，将佐等复请勒称大将军、大单于、领冀州牧、赵王，依汉昭烈在蜀、魏武在邺故事，以河内等二十四郡为赵国，太守皆为内史，准《禹贡》，复冀州之境，以大单于镇抚百蛮，罢并、朔、司三州，通置部司以监之；勒许之。戊寅，即赵王位，大赦；依春秋时列国称元年。

初，勒以世乱，律令烦多，命法曹令史贯志，采集其要，作《辛亥制》五千文；施行十余年，乃用律令。以理曹参军上党续咸为律学祭酒；咸用法详平，国人称之。以中垒将军支雄、游击将军王阳领门臣祭酒，专主胡人辞讼，重禁胡人，不得陵侮衣冠华族，号胡为国人。遣使循行州郡，劝课农桑。朝会始用天子礼乐，衣冠、仪物，从容可观矣。加张宾大执法，专总朝政；以石虎为单于元辅、都督禁卫诸军事，寻加骠骑将军、侍中、开府，赐爵中山公；自余群臣，授位进爵各有差。

张宾任遇优显，群臣莫及；而谦虚敬慎，开怀下士，屏绝阿私，以身帅物，入则尽规，出则归美。勒甚重之，每朝，常为之正容貌，简辞令，呼曰右侯而不敢名。

【译文】

晋元帝太兴二年（己卯，公元319年）

春季，二月，刘遐、徐龛在寒山攻击周抚，攻破并杀死周抚。当初，掖县人苏峻率领乡里数千家民众营造壁垒自保，远近民众大多附从。曹嶷恨苏峻势力强大，准备攻击他，苏峻率部众渡海投奔东晋。元帝任苏峻为鹰扬将军，因为帮助刘遐讨伐周抚有功，下诏任刘遐为临淮太守，苏峻为淮陵内史。

石勒派左长史王脩向汉主献俘告捷，汉主刘曜派兼司徒郭汜授石勒为太宰、领大将军，晋升爵位为赵王，给予特殊礼遇，出入宫禁，如同曹操辅佐汉室的旧制。拜王脩和他的副将刘茂为将军，封为列侯。王脩的舍人曹平乐随从王脩到粟邑，顺势留在汉国做官，他对刘曜说："大司马石勒派王脩等人前来，外表至为忠诚，实则是窥察您的强弱，等他回去报告后，将要袭击您。"当时汉军的确疲敝，刘曜相信了曹平乐所言，于是命人追回郭汜，在街市上杀了王脩。三月，石勒回到襄国。刘茂逃

石勒

回，告知王脩死的情况，石勒大怒，说："孤侍奉刘氏，已经超过了臣下该尽的本职。刘氏的基业，都是我所创下的。现在他志得意满，却反过来想算计我。赵王、赵帝，孤自己就能做，哪里还要等他呢！"于是诛杀曹平乐三族。

汉主刘曜回到长安，定都于此，立后妃羊氏为皇后，儿子刘熙为太子。封儿子刘袭为长乐王，刘阐为太原王，刘冲为淮南王，刘敞为齐王，刘高为鲁王，刘徽为楚王，各宗室子弟都进封郡王。羊氏就是过去晋惠帝的皇后。刘曜曾经问她说："我比起司马家的孩子怎么样？"羊氏说："陛下是开基的圣主，他是亡国的昏君，怎么能相提并论！他贵为帝王时，只有一个夫人、一个孩子和他自己三个人，竟然都不能庇护。我在那时实在是不想活了，以为世上的男人都是这样。自从做了您的妻子，才知道天下自有大丈夫。"刘曜非常宠爱她，羊氏常干预国事。

江南发生严重饥荒，元帝下诏让百官各自上书奏事。益州刺史应詹上疏说："自元康年间以来，轻视经典，崇尚道学，把玄虚弘放视作平达，把儒术、清俭看作鄙俗，应当尊崇和奖掖儒官，来革新风俗教化。"

汉主刘曜在长安建立宗庙、社稷和南郊、北郊，下诏说："我的祖先从北方开始兴盛，光文建立汉国宗庙是为了顺从民众愿望。现在应当改国号，奉单于为祖。尽快论议上报！"群臣上奏说："光文最早受封卢奴伯，陛下又曾在中山称王。中山本是赵国领土，请求改国号为赵。"刘曜听从，将冒顿配祀上天，光文配祀上帝。

冬季，石勒的左、右长史张敬、张宾，左、右司马张屈六、程遐等劝石勒称皇

帝尊号，石勒不同意。十一月，将佐们又请求石勒称大将军、大单于、领冀州牧、赵王，依照蜀汉昭烈帝刘备在蜀、魏武帝曹操在邺的旧例，以河内等二十四郡为赵国，太守都改为内史，根据《尚书·禹贡》，恢复冀州的行政区划，以大单于的身份镇抚众蛮族；撤销并州、朔州、司州的建置，合置部司监管，石勒同意了。戊寅（疑误），石勒即后赵王位，大赦天下，依照春秋时列国旧例称元年。

当初，石勒因为世事紊乱，律令繁多，命法曹令史贯志采撷纲要，作《辛亥制》五千字，施行十多年，才用律令。任理曹参军上党人续咸为律学祭酒，续咸运用法律细致、公平，受到国人的称赞。任用中垒将军支雄、游击将军王阳兼门臣祭酒，专管胡人的诉讼，严厉禁止胡人，不许他们欺凌污辱具有较高文化的汉人，把胡人称作国人。派遣使者巡行州郡，鼓励、督促农业生产。朝会时开始用天子的礼乐，衣冠、仪物都充足可观。升张宾为大执法，专门总理朝政，任石虎为单于元辅、都督禁卫各种军务，不久又担任骠骑将军、侍中、开府，赐爵为中山公。其余群臣，授官晋爵各有等次。

张宾得到的职位高、待遇优厚，群臣没有可比拟的；但他本人却谦虚、恭敬、小心，真诚地折节下士，杜绝私情，以身作则，入朝时直言规谏，出外却将美誉归功于主上，石勒非常看重他。每次上朝，经常因为张宾的缘故端正容貌，修饰辞令，以右侯称呼张宾，不叫他的名字。

【原文】

三年（庚辰，320年）

段末杯攻段匹磾，破之。匹磾谓邵续曰："吾本夷狄，以慕义破家。君不忘久要，请相与共击末杯。"续许之，遂相与追击末杯，大破之。匹磾与弟文鸯攻蓟。后赵王勒和续势孤，遣中山公虎将兵围厌次，孔苌攻续别营十一，皆下之。二月，续自出击虎，虎伏骑断其后，遂执续，使降其城。续呼兄子竺等谓曰："吾志欲报国，不幸至此。汝等努力奉匹磾为主，勿有贰心。"匹磾自蓟还，未至厌次，闻续已没，众惧而散，复为虎所邀；文鸯以亲兵数百力战，始得入城，与续子缉、兄子存、竺等婴城固守。虎送续于襄国，勒以为忠，释而礼之，以为从事中郎。因下令:"自今克敌,获士人,毋得擅杀,必生致之。"

三月,裴嶷至建康,盛称慕容廆之威德,贤隽皆为之用;朝廷始重之。帝谓嶷曰:"卿中朝名臣,当留江东,朕别诏龙骧送卿家属。"嶷曰:"臣少蒙国恩,出入省闼,若得复奉辇毂,臣之至荣。但以旧京沦没,山陵穿毁,虽名臣宿将,莫能雪耻,独慕容龙骧竭忠王室,志除凶逆,故使臣万里归诚。今臣来而不返,必谓朝廷以其僻陋而弃之,孤其向义之心,使懈体于讨贼,此臣之所甚惜,是以不敢徇私而忘公也。"帝曰:"卿言是也。"乃遣使随嶷拜嶷安北将军、平州刺史。

京兆人刘弘客居凉州天梯山,以妖术惑众,从受道者千余人,西平元公张寔左右皆事之。帐下阎涉、牙门赵印,皆弘乡人,弘谓之曰:"天与我神玺,应王凉州。"涉、印信之,密与寔左右十余人谋杀寔,奉弘为主。寔弟茂知其谋,请诛弘。寔令牙门将史初收之,未至,涉等怀刃而入,杀寔于外寝。弘见史初至,谓曰:"使君已死,杀我何为!"初怒,截其舌而囚之,輾于姑臧市,诛其党与数百人。左司马阴元等以寔子骏尚幼,推张茂为凉州刺史、西平公,赦其境内,以骏为抚军将军。

祖逖将韩潜与后赵将桃豹分据陈川故城,豹居西台,潜居东台,豹由南门,潜由东门,出入相守四旬。逖以布囊盛土如米状,使千余人运上台,又使数人担米,息于道。豹兵逐之,弃担而走。豹兵久饥,得米,以为逖士众丰饱,益惧。后赵将刘夜堂以驴千头运粮馈豹,逖使韩潜及别将冯铁邀击于汴水,尽获之。豹宵遁,屯东燕城,逖使潜进屯封丘以逼之。冯铁据二台,逖镇雍丘,数遣兵邀击后赵兵,后赵镇戍归逖者甚多,境土渐蹙。

先是,赵固、上官巳、李矩、郭默,互相攻击,逖驰使和解之,示以祸福,遂皆受逖节度。秋,七月,诏加逖镇西将军。逖在军,与将士同甘苦,约己务施,劝课农桑,抚纳新附,虽疏贱者皆结以恩礼。河上诸坞,先有任子在后赵者,皆听两属,时遣游军伪抄之,明其未附。坞主皆感恩,后赵有异谋,辄密以告,由是多所克获,自河以南,多叛后赵归于晋。

逖练兵积谷,为取河北之计。后赵王勒患之,乃下幽州为逖修祖、父墓,置守冢二家,因与逖书,求通使及互市。逖不报书,而听其互市,收利十倍。逖牙门童建杀新蔡内史周密,降于后赵,勒斩之,送首于逖曰:"叛臣逃吏,吾之深仇,将军之恶，犹吾恶也。"逖深德之，自是后赵人叛归逖者，逖皆不纳，禁诸将不使侵暴后赵之民，边境之间，稍得休息。

八月，辛未，梁州刺史周访卒。访善于抚士，众皆为致死。知王敦有不臣之心，私常切齿，敦由是终访之世，未敢为逆。敦遣从事中郎郭舒监襄阳军，帝以湘州刺史甘卓为梁州刺史，督沔北诸军事，镇襄阳。舒既还，帝征为左丞；敦留不遣。

后赵王勒用法甚严，讳"胡"尤峻，宫殿既成，初有门户之禁。有醉胡乘马，突入止车门。勒大怒，责宫门小执法冯翥。翥惶惧忘讳，对曰："向有醉胡，乘马驰入，甚呵御之，而不可与语。"勒笑曰："胡人正自难与言。"恕而不罪。

王敦杀武陵内史向硕。

帝之始镇江东也，敦与从弟导同心翼戴，帝亦推心任之，敦总征讨，导专机政，群从子弟布列显要，时人为之语曰："王与马，共天下。"后敦自恃有功，且宗族强盛，稍益骄恣，帝畏而恶之，乃引刘隗、刁协等以为腹心，稍抑损王氏之权，导亦渐见疏外。中书郎孔愉陈导忠贤，有佐命之勋，宜加委任；帝出愉为司徒左长史。导能任真推分，澹如也，有识皆称其善处兴废。而敦益怀不平，遂构嫌隙。

刘隗为帝谋，出心腹以镇方面。会敦表以宣城内史沈充代甘卓为湘州刺史，帝谓承曰："王敦奸逆已著，朕为惠皇，其势不远。湘州据上流之势，控三州之会，欲以叔父居之，何如？"承曰："臣奉承诏命，惟力是视，何敢有辞！然湘州经蜀寇之余，民物凋弊，若得之部，比及三年，乃可即戎；苟未及此，虽复灰身，亦无益也。"十二月，诏曰："晋室开基，方镇之任，亲贤并用，其以谯王承为湘州刺史。"长沙邓骞闻之，叹曰："湘州之祸，其在斯乎！"承行至武昌，敦与之宴，谓承曰："大王雅素佳士，恐非将帅才也。"承曰："公未见知耳，铅刀岂无一割之用！"敦谓钱凤曰："彼不知惧而学壮语，足知其不武，无能为也。"乃听之镇。时湘土荒残，公私困弊，承躬自俭约，倾心绥抚，甚有能名。

【译文】

三年（庚辰，公元 320 年）

段末柸进攻段匹䃅，打败了段匹䃅的军队。段匹䃅对邵续说："我本来是夷族，因为仰慕君臣大义，招致兵败家破。您如果不忘我们的旧约，便请和我共同抗击段末柸。"邵续答应了。于是和段匹磾共同追击段末柸，使段末柸的军队受到重创。段匹磾和兄弟段文鸯进攻蓟州，后赵王石勒知道邵续势单力薄，派遣中山公石虎率军围攻厌次，又让孔苌进攻邵续，攻下十一座别营。二月，邵续亲自率军出击石虎，石虎埋伏骑兵截断其退路，结果抓住了邵续，并让他向城中军民劝降。邵续呼唤兄长的儿子邵竺等人，对他们说："我的志向是想报效国家，不幸落到了这步田地，你们努力尊奉段匹磾为主帅，不要有异心。"段匹磾从蓟州归来，还没到厌次，听说邵续已被俘，部众惊恐逃散，又被石虎乘势攻击，段文鸯依仗数百亲兵的奋力死战，才得以进入厌次城中，和邵续的儿子邵缉、邵续兄长之子邵存、邵竺等人环城固守。石虎把邵续解送到襄国，石勒认为邵续是忠贞之士，释放了他，以礼相待，任为从事中郎。继而下令说："从今以后克敌制胜，俘获士人不许擅自杀害，一定要活着送来。"

三月，裴嶷到达建康，盛赞慕容廆有威德，贤隽之士都乐意为他效力，朝廷这才开始重视慕容廆。元帝对裴嶷说："您本是朝中名臣，应当留在江东，朕另外下诏让龙骧将军慕容廆把您的家属送来。"裴嶷说："我自小蒙受晋室的恩宠，出入宫禁，如果能重新侍奉皇上，是我无上的荣耀。只是因为旧日京都沦陷，山陵毁败，即使是名臣宿将，也没有能够报仇雪耻。只有龙骧将军慕容廆尽忠于王室，立志赶除凶逆，所以派我不远万里前来表示忠诚。现在如果我来而不返，他一定认为朝廷因为他偏远落后而抛弃他，辜负他崇尚大义之心，惰怠讨伐逆贼之事，而这正是我所珍视的，所以我不敢因为个人私利而忘却公义。"元帝说："您说得对。"于是派遣使者随同裴嶷前往，赐封慕容廆为安北将军、平州刺史。

京兆人刘弘客居凉州的天梯山，用妖术迷惑民众，随他受道的人有一千多，西平元公张寔身边的人也都崇奉他。张寔的帐下阎涉、牙门赵印，都是刘弘的同乡。刘弘对他们说："上天送给我神玺，应当统治凉州。"阎涉、赵印深信不疑，私下与张寔身边的十多人密谋杀害张寔，侍奉刘弘为主君。张寔的弟弟张茂得知他们的计划，请求诛杀刘弘。张寔命令牙门将史初拘捕刘弘。史初还未到刘弘处，阎涉等人怀藏凶器入内，把张寔杀死在外寝。刘弘见史初到来，对他说："张使君已经死了，为什么还要杀我！"史初发怒，把他割掉舌头后关了起来，在姑臧城的街市上处以车裂的酷刑,并诛杀刘弘党徒数百人。左司马阴元等人认为张寔的儿子张骏的年龄幼小,推举张茂为凉州刺史、西平公,在境内赦免罪犯,任张骏为抚军将军。

祖逖的部将韩潜和后赵的将军桃豹分别割据陈川老城,桃豹占据西台,出入经由南门,韩潜占据东台,出入经由东门,双方相持坚守达四十天。祖逖用许多布袋盛上,好像盛满粮米的样子,派一千多人输运到台上。又让一些人担挑真米,在路边休息。桃豹的士兵追来,祖逖的部下丢下担子挑走。桃豹的士卒挨饿已有很长时间,得到粮米,便以为祖逖的部众生活丰饱,心中更为恐惧。后赵将领刘夜堂用一千头驴子为桃豹运来军粮,祖逖派遣韩潜和别将冯铁在汴水截击,全数劫获。桃豹因此连夜遁逃,驻屯于东燕城。祖逖让韩潜进军驻扎在封丘,威逼桃豹。冯铁占据了陈川老城的东、西二台,祖逖则镇守雍丘,经常派遣士兵截击后赵军队,后赵国镇戍的士卒归降祖逖的很多,国土也日渐缩小。

以前,赵固、上官巳、李矩、郭默等人互相攻战,祖逖派遣使者前往调解,剖析利害,这些人便都接受祖逖的调度。秋季,七月,元帝下诏授予祖逖镇西将军。祖逖在军中,与将士们同甘共苦,严于律己,宽以待人,鼓励、督促农业生产,抚慰安置新近归附的兵民,即使是关系疏远、地位低贱的人也施恩礼遇去结交他们。黄河流域的许多坞堡,只要是此前有人质被扣留在后赵的,都听任他们同时听命后赵和晋,并且不时派遣流动作战的军队佯装抄掠,以表明他们并未归附自己。坞主们都感恩戴德,只要后赵有什么特殊举动,便秘密传告祖逖,因此战事常胜,俘获良多。黄河以南士民大多背叛后赵而归附东晋。

祖逖训练士兵,积蓄粮食,为收复黄河以北的失地做准备。后赵王石勒为此忧患,于是下令让幽州守吏为祖逖修葺祖父和父亲的陵墓,并安置两户人家看守坟冢。然后写信给祖逖,要求互通使节和开放贸易。祖逖不回复他的信,但是听任双方来往贸易,因而获取了十倍的利润。祖逖的牙门童建杀死新蔡内史周密,投降后赵。石勒将童建斩首,把首级送给祖逖说:"叛臣逃吏,是我深以为恨的。将军憎恶的人,也是我所憎恶的。"祖逖深为感动,从此凡后赵叛降归附的人,祖逖都不接纳,禁止众将侵犯、攻掠后赵民众,两国边境之间,逐渐得以休养生息。

八月,辛未(疑误),梁州刺史周访去世。周访善于抚慰军士,大家都愿为他效命。周访知道王敦有不甘为臣的心志,私下经常切齿为恨,王敦因此在周访活着的时候，一直不敢反叛。王敦派遣从事中郎郭舒到襄阳监察军队，元帝让湘州刺史甘卓为梁州刺史，总领沔水以北地区所有军事事务，镇守襄阳。郭舒回去后，元帝征召他任右丞，王敦却留住不放行。

后赵王石勒施用刑法非常峻刻，特别忌讳"胡"这个字眼。当时后赵的宫殿已经建成，开始有出入门户的限制。有一个胡人喝醉了酒，骑马闯入止车门。石勒大发雷霆，叱责宫门小执法冯翥。冯翥惊惶恐惧，忘了忌讳，对石勒说："刚才有个醉酒胡人骑马冲进来，我虽极力呵斥禁止他，但简直没法和他交谈。"石勒笑着说："胡人本来就难以和他们言谈。"饶恕了冯翥，不再追究。

王敦杀死武陵内史向硕。

元帝开始统治江东的时候，王敦和堂弟王导同心同德，共同拥戴和辅佐，元帝也推心置腹，重用他们。王敦总领征讨军事，王导把持机要政务，门生子弟各自占据显要的职位，当时人因此有这样的说法："王与马，共天下。"后来王敦自恃有功，而且宗族势力强盛，越来越骄恣跋扈，元帝因畏惧而憎恶，于是提拔刘隗、刁协等人作为自己的心腹，逐渐抑制和削弱王氏的职权，王导也逐渐被疏远。中书郎孔愉向元帝陈述王导的忠贤，认为有辅佐王室的功勋，应当加以任用，也被元帝贬黜为司徒左长史。王导能够听任自然，安守本分，性情淡泊，了解其为人的都称赞他能妥善对待职位的升降。但王敦却更加心怀不满，于是与元帝之间产生了裂痕和矛盾。

刘隗为元帝出主意，派自己的心腹去镇守各地。适逢王敦上表，要让宣城内史沈充代替甘卓任湘州刺史。元帝对司马承说："王敦叛逆的行为已经昭著，照这样的情势下去不会很久，朕就要遭受惠帝那样的命运了。"湘州占据长江上游的优势，控制着荆州、交州、广州的交会处，我想让叔父您镇守那里，不知如何？司马承说："我既奉承诏令，必定尽力而为，哪敢再说什么！不过湘州经历蜀人杜弢的寇乱之后，人民稀少，物产凋敝，如果我去治理，得等到三年之后，才有能力参加战事。如果不到三年，即使粉身碎骨，也不能有太大的帮助。"十二月，元帝下诏说："自从晋王室建立基业以来，任命方镇大员，都是宗亲和贤良并用，现任命谯王司马承为湘州刺史。"长沙人邓骞听说此事，叹息说："湘州的祸乱，恐怕由此而生了！"司马承行至武昌，王敦设宴招待他，对司马承说："大王平素是德才兼备的读书人，恐怕不是将帅之才。"司马承说："您不知道就是了，即使是铅刀又怎能连一割之用都没有呢！"王敦对钱凤说："他不知畏惧却要学豪言壮语，足以知晓他不通军事，不会有什么行为。"于是听任司马承到任。当时湘州土地荒芜，官府和私人均财用短缺，司马承带头节俭，尽心安绥和抚恤民众，很有能干的名声。

【原文】

四年（辛巳，321年）

后赵中山公虎攻幽州刺史段匹磾于厌次，孔苌攻其统内诸城，悉拔之。段文鸯言于匹磾曰："我以勇闻，故为民所倚望；今视民被掠而不救，是怯也。民失所望，谁复为我致死！"遂帅壮士数十骑出战，杀后赵兵甚众。马乏，伏不能起。虎呼之曰："兄与我俱夷狄，久欲与兄同为一家。今天不违愿，于此得相见，何为复战！请释仗。"文鸯骂曰："汝为寇贼，当死日久，吾兄不用吾策，故令汝得至此。我宁斗死，不为汝屈！"遂下马苦战，槊折，执刀战不已，自辰至申。后赵兵四面解马罗披自郭，前执文鸯；文鸯力竭被执，城内夺气。

匹磾欲单骑归朝，邵续之弟乐安内史洎勒兵不听；洎复欲执台使王英送于虎。匹磾正色责之曰："卿不能遵兄之志，逼吾不得归朝，亦已甚矣，复欲执天子使者；我虽夷狄，所未闻也！"洎与兄子缉、竺等舆榇出降。匹磾见虎曰："我受晋恩，志在灭汝，不幸至此，不能为汝敬也。"后赵王勒及虎素与匹磾结为兄弟，虎即起拜之。勒以匹磾为冠军将军，文鸯为左中郎将，散诸流民三万余户，复其本业，置守宰以抚之。于是幽、冀、并三州皆入于后赵。匹磾不为勒礼，常著朝服，持晋节。久之，与文鸯、邵续皆为后赵所杀。

五月，庚申，诏免中州良民遭难为扬州诸郡僮客者，以备征役。尚令刁协之谋也，由是众益怨之。

秋，七月，甲戌，以尚书仆射戴渊为征西将军、都督司·兖·豫·并·雍·冀六州诸军事、司州刺史，镇合肥；丹杨尹刘隗为镇北将军、都督青·徐·幽·平四州诸军事、青州刺史，镇淮阴；皆假节领兵，名为讨胡，实备王敦也。

隗虽在外，而朝廷机事，进退士大夫，帝皆与之密谋。敦遗隗书曰："顷承圣上顾眄足下，今大贼未灭，中原鼎沸，欲与足下及周生之徒戮力王室，共静海内。若其泰也，则帝祚于是乎隆；若其否也，则天下永无望矣。"隗答曰："'鱼相忘于江湖，人相忘于道术。''竭股肱之力，效之以忠贞，'吾之志也。"敦得书，甚怒。

豫州刺史祖逖，以戴渊吴士，虽有才望，无弘致远识；且已翦荆棘、收河南地，而渊雍容，一旦来统之，意甚怏怏；又闻王敦与刘、刁构隙，将有内难，知大功不遂，感激发病；九月，壬寅，卒于雍丘。豫州士女若丧父母，谯、梁间皆为立祠。王敦久怀异志，闻逖卒，益无所惮。

【译文】

四年（辛巳，公元321年）

后赵的中山公石虎，进攻驻守厌次城的东晋幽州刺史段匹䃅，孔苌攻克了幽州辖属的多座城池。段文鸯对段匹䃅说："我以勇悍闻名，所以受民众倚重，寄予期望。现在眼看百姓被劫掠而不去救助，这是怯弱的表现。民众失去期望，谁还会再为我效命呢？"于是率领壮士数十人驰马出战，杀掉的后赵士兵为数众多。段文鸯的坐骑疲乏过度，伏地无法站起，石虎对段文鸯大声呼叫说："兄长和我同是夷狄之人，我很久以来就想和兄长像一家人一样相处。如今上天成全了我的愿望，和兄长在这里相见，为什么还要打呢！请放下武器。"段文鸯骂道："你是寇贼，早就该死了，只因我的兄长不用我的计谋，才让你活到今天。我宁愿战死，决不向你屈服！"于是下马苦战。长矛折断后，又持刀苦斗不止，从辰时一直打到申时。后赵士兵四面包围，解下战马的罗披护住身体，向前抓住段文鸯。段文鸯力竭被俘，城内兵民因此斗志消沉。

段匹䃅打算单骑逃归朝廷，邵续的弟弟、乐安内史邵洎带领军队不听段匹䃅的号令。邵洎又想抓住朝廷使者王英送给石虎，段匹䃅正色斥责他说："你不能遵从你兄长遗志，逼得我不能回归朝廷，这已经很过分了，又想抓获天子的使者！虽然我是夷狄之人，这种事也是前所未闻！"邵洎和邵续之子邵缉、邵竺等人载着棺材出城投降。段匹䃅见到石虎说："我承受晋朝恩泽，立志灭除你们，现在不幸弄到这种地步，我不能对你表示敬意。"后赵王石勒以及石虎，旧时曾与段匹䃅结为兄弟，石虎马上站起向段匹磾行拜礼。石勒任段匹磾为冠军将军、段文鸯为左中郎将，分散流亡民众三万多户，让他们重操旧业，设置地方官员抚慰他们。于是幽州、冀州、并州都被并入后赵版图。段匹磾不行后赵的礼节，经常穿着东晋的朝服，手持晋朝的符节。久而久之，段匹磾和段文鸯、邵续等同被后赵所杀。

五月，庚申（初二），中州的良民因为战乱，有不少沦为扬州诸郡豪强士族的家僮、佃客，元帝下诏免除他们的奴仆身份，准备战争时征召服役。这是尚书令刁协的主意，因此豪门士族都更怨恨他。

秋季，七月，甲戌（十七日），东晋任命尚书仆射戴渊为征西将军，都督司、兖、豫、并、雍、冀六州诸军事，司州刺史，镇守合肥；任丹杨尹刘隗为镇北将军，都督青、徐、幽、平四州军务及青州刺史，镇守淮阴。此二人均持朝廷符节统领军队，名义上是征讨胡人，其实是防备王敦。

刘隗虽在外地，但朝廷的机密事宜、任免士大夫等，元帝都和他秘密商议。王敦送信给刘隗说："近来承蒙圣上垂青您，现在国家的大敌未能翦灭，中原鼎沸，我想和您以及周顗等人同心合力辅佐王室，共同平定海内。此事如能行得通，那么国运由此昌隆。否则国家便永远没有希望了。"刘隗回答说："'鱼得处于江湖就会彼此相忘，人为追求道义也会彼此相忘'，'竭尽自身的力量，以忠贞报效'，这是我的志向。王敦得到这封信，很是愤怒。

豫州刺史祖逖认为戴渊是吴地人，虽具有才能和名望，但没有远大的抱负和远见卓识；而且自己披荆斩棘，收复河南失地，而戴渊却从从容容，突然前来坐享其成，心中怏怏不乐。又听说王郭与刘隗、刁协之间相互结怨，国家将有内乱，知道统一北方的大业难以成功，受到很大刺激，引发了重病。九月，壬寅（疑误），死于雍丘。豫州的男女百姓都像失去了自己的亲生父母，谯国、梁国之间都为祖逖建立祠堂。王敦长久以来就心怀不轨，听说祖逖去世，更加肆无忌惮。

晋纪十四

资治通鉴第九十二卷

【原文】

中宗元皇帝下永昌元年（壬午，322年）

王敦以璞为记室参军。璞善卜筮，知敦必为乱，已预其祸，甚忧之。大将军掾颍川陈述卒，璞哭之极哀，曰："嗣祖，焉知非福也！"

戊辰，敦举兵于武昌，上疏罪状刘隗，称："隗佞邪谗贼，威福自由，妄兴事役，劳扰士民，赋役繁重，怨声盈路。臣备位宰辅，不可坐视成败，辄进军致讨，隗首朝悬，诸军夕退。昔太甲颠覆厥度，幸纳伊尹之忠，殷道复昌。愿陛下深垂三思，则四海乂安，社稷永固矣。"沈充亦起兵于吴兴以应敦，敦以充为大都督、督护东吴诸军事。敦至芜湖，又上表罪状刁协。帝大怒，乙亥，诏曰："王敦凭恃宠灵，敢肆狂逆，方朕太甲，欲见幽囚。是可忍也，孰不可忍！今亲率六军以诛大逆，有杀敦者，封五千户侯。"敦兄光禄勋含乘轻舟逃归于敦。

太子中庶子温峤谓仆射周𫖮曰："大将军此举似有所在，当无滥邪？"𫖮曰："不然，人主自非尧、舜，何能无失，人臣安可举兵以胁之！举动如此，岂得云非乱乎！处仲狼抗无上，其意宁有限邪！"

敦遣参军桓罴说谯王承，请承为军司。承叹曰："吾其死矣！地荒民寡，势孤援绝，将何以济！然得死忠义，夫复何求！"丞檄长沙虞悝为长史，会悝遭母丧，承往吊之，曰："吾欲讨王敦，而兵少粮乏；且新到，恩信未洽。卿兄弟，湘中之豪俊，王室方危，金革之事，古人所不辞，将何以教之？"悝曰："大王不以悝兄弟猥劣，亲屈临之，敢不致死！然鄙州荒弊，难以进讨；宜且收众固守，传檄四方，敦势必分，分而图之，庶几可捷也。"承乃囚桓罴，以恒为长史，以其弟望为司马，督护诸军，与零陵太守尹奉、建昌太守长沙王循、衡阳太守淮陵刘翼、舂陵令长沙易雄，同举兵讨敦。雄移檄远近，列敦罪恶，于是一州之内皆应承。惟湘东太守郑澹不从，承使虞望讨斩之，以徇四境。澹，敦姊夫也。

郭遣从母弟南蛮校尉魏乂、将军李恒帅甲卒二万攻长沙。长沙城池不完，资储又阙，人情震恐。或说谯王承，南投陶侃或退据零、桂。承曰："吾之起兵，志欲死于忠义，岂可贪生苟免，为奔败之将乎！事之不济，令百姓知吾心耳。"乃婴城固守。未几，虞望战死，甘卓欲留邓骞为参军，骞不可，乃遣参军虞冲与骞偕至长沙，遗谯王承书，劝之固守，当以兵出沔口，断敦归路，则湘围自解。承复书称："江左中兴，草创始尔，岂图恶逆萌自宠臣。吾以宗室受任，志在陨命；而至止尚浅，凡百茫然。足下能卷甲电赴，犹有所及；若其狐疑，则求我于枯鱼之肆矣。"卓不能从。

帝征戴渊、刘隗入卫建康。隗至，百官迎于道，隗岸帻大言，意气自若。及入见，与刁协劝帝尽诛王氏；帝不许，隗始有惧色。

司空导帅其从弟中领军邃、左卫将军廙、侍中侃、彬及诸宗族二十余人，每旦诣台待罪。周顗将入，导呼之曰："伯仁，以百口累卿！"顗直入不顾。既见帝，言导忠诚，申救甚至；帝纳其言。顗喜饮酒，至醉而出，导犹在门，又呼之。顗不与言，顾左右曰："今年杀诸贼奴，取金印如斗大，系肘后。"既出，又上表明导无罪，言甚切至。导不之知，甚恨之。

帝命还导朝服，召见之，导稽首曰："逆臣贼子，何代无之，不意今者近出臣族！"帝跣而执其手曰："茂弘，方寄卿以百里之命，是何言邪！"

三月，以导为前锋大都督，加戴渊骠骑将军。诏曰："导以大义灭亲，可以吾为安东时节假之。"以周顗为尚书左仆射，王邃为右仆射。帝遣王廙往谕止敦；敦不从而留之，廙更为敦用。征虏将军周札，素矜险好利，帝以为右将军、都督石头诸军事。敦将至，帝使刘隗军金城，札守石头，帝亲被甲徇师于郊外。以甘卓为镇南大将军、侍中、都督荆·梁二州诸军事，陶侃领江州刺史；使各帅所统以蹙敦后。

敦至石头，欲攻刘隗。杜弘言于敦曰："刘隗死士众多，未易可克；不如攻石头，周札少恩，兵不为用，攻之必败，札败则隗自走矣。"敦从之，以弘为前锋，攻石头，札果开门纳弘。敦据石头，叹曰："吾不复得为盛德事矣！"谢鲲曰："何为其然也！但使自今以往，日忘日去耳。"

帝命刁协、刘隗、戴渊帅众攻石头，王导、周顗郭逸、虞潭等三道出战，协等兵皆大败。太子绍闻之，欲自帅将士决战；升车将出，中庶子温峤执鞚谏曰："殿下国之储副，奈何以身轻天下！"抽剑斩鞅，乃止。

敦拥兵不朝，放士卒劫掠，宫省奔散，惟安东将军刘超按兵直卫，及侍中二人侍帝侧。帝脱戎衣，著朝服，顾而言曰："欲得我处，当早言！何至害民如此！"又遣使谓敦曰："公若不忘本朝，于此息兵，则天下尚可共安；如其不然，朕当归琅邪以避贤路。"

刁协、刘隗既败，俱入宫，见帝于太极东除。帝执协、隗手，流涕呜咽，劝令避祸。协曰："臣当守死，不敢有贰。"帝曰："今事逼矣，安可不行！"乃令给协、隗人马，使自为计。协老，不堪骑乘，素无恩纪，募从者，皆委之，行至江乘，为人所杀，送首于敦。隗奔后赵，官至太子太傅而卒。

帝令公卿百官诣石头见敦，敦谓戴渊曰："前日之战，有余力乎？"渊曰："岂敢有余，但力不足耳！"敦曰："吾今此举，天下以为何如？"渊曰："见形者谓之逆，体诚者谓之忠。"敦笑曰："卿可谓能言。"又谓周顗曰："伯仁，卿负我！"顗曰："公戎车犯顺，下官亲帅六军，不能其事，使王旅奔败，以此负公！"

辛未，大赦；以敦为丞相、都督中外诸军、录尚书事、江州牧，封武昌郡公，并让不受。

顗被收，路经太庙，大言曰："贼臣王敦，倾覆社稷，枉杀忠臣；神祇有灵，当速杀之！"收人以戟伤其口，血流至踵，容止自若，观者皆为流涕。并戴渊杀之于石头南门之外。

王导后料检中书故事，乃见顗救己之表，执之流涕曰："吾虽不杀伯仁，伯仁由我而死，幽冥之中，负此良友！"

王敦以西阳王羕为太宰，加王导尚书令，王廙为荆州刺史；改易百官及诸军镇，转徙黜免者以百数；或朝行暮改，惟意所欲。敦将还武昌，谢鲲言于敦曰："公至都以来，称疾不朝，是以虽建勋而人心实有未达。今若朝天子，使君臣释然，则物情皆悦服矣。"敦曰："君能保无变乎？"对曰："鲲近日入觐，主上侧席，迟得见公，宫省穆然，必无虞也。公若入朝，鲲请侍从。"敦勃然曰："正复杀君等数百人，亦复何损于时！"竟不朝而去。夏，四月，敦还武昌。

【译文】

晋元帝永昌元年（壬午，公元322年）

王敦任用郭璞为记室参军，郭璞擅长卜筮之术，知道王敦必定会作乱，自己将被牵连进灾祸中，为此深深忧虑。王敦大将军府的僚属、颍川人陈述去世，郭璞痛哭欲绝，说："陈述，你的辞世焉知非福呢！"

戊辰（正月十四日），王敦在武昌举兵，给元帝上疏罗列刘隗的罪状，内称："刘隗奸佞邪恶，谗言惑众，残害忠良，作威作福。随意发起事端，动用百姓服劳役，士民疲惫扰苦，赋税和劳役负担繁重，怨声载道。我担任宰辅的职位，不能对此无动于衷，于是进军声讨。倘若刘隗早上授首，众军傍晚即退。往昔商朝天子太甲败坏国家制度，幸好接纳了伊尹忠诚无私的处置，才使商朝国运重新昌盛。我希望陛下再三深思，那么将会四海安宁，国家长存。"沈充也在吴兴起兵与王敦相呼应，王敦任沈充为大都督、督护东吴地区军事事务。王敦到达芜湖，又上表罗列刁协的罪状。元帝勃然大怒，乙亥（二十一日），下诏说："王敦凭仗国家对他的恩宠，竟敢肆行狂妄、叛逆之事，把朕比作太甲，想把我幽禁起来。是可忍，孰不可忍！我现在亲自统帅六军前去诛戮这个大叛贼，有谁能杀掉王敦，封为五千户侯。"王敦的兄长、光禄勋王含乘坐轻便小舟逃回到王敦身边。

太子中庶子温峤对仆射周𫖮说："大将军王敦这么做似乎有一定原因，应当不算过分吧？"周𫖮说："不对。人主本来就不是尧、舜那样的圣人，怎么能没有过失呢？作为人臣，怎么可以举兵来胁迫君王！如此举动，哪能说不是叛乱呢！王敦傲慢暴戾，目无主上，他的欲望难道会有止境吗！"

王敦派遣参军桓罴向谯王司马承游说，请司马承出任军司。司马承叹息说："我怕是要死了。此地土地荒芜，人民稀少，势力孤单，后援断绝，怎能挺得过去呢！不过能为忠义而死，还能再有什么希求呢！"司马承以文书征召长沙人虞悝为长史，适逢虞悝母亲去世，司马承前往吊唁，说："我想讨伐王敦，但军力不够，粮食匮乏，而且我是新近到任的，恩德和信用还未能霑润民心。您家兄弟是湘州地区的豪俊之士，现在王室正遭受危难，古人在服丧期间，投身战事也在所不辞，您对我有什么教诲？"虞悝说："大王您不因为我们兄弟身份卑贱而见弃，亲自降节光临，我们岂敢不效命！不过鄙州荒凉凋敝，难于出兵讨伐。应当暂时聚众固守，把讨伐王敦的檄书传布四方，这样王敦必得分兵应付。待其兵力分散后再图谋攻击，大概可以取胜。"司马承于是囚禁桓熊，任虞悝为长史，任命他的兄弟虞望为司马，总领、监护诸军，和零陵太守尹奉、建昌太守、长沙人王循、衡阳太守、淮陵人刘翼、舂陵令、长沙人易雄，共同举兵征讨王敦。易雄四处传布檄书，罗列王敦罪状，于是一州之内的郡县，全都响应司马承。只有湘东太守郑澹不从命，司马承让虞望讨伐并把他处斩，用以晓示各地。郑澹是王敦的姐夫。

王敦派遣姨母的兄弟、南蛮校尉魏乂和将军李桓，率领甲士二万人进攻长沙。长沙的城墙、护城河不完善，物资储备也不充足，人心惊恐。有人劝说谯王司马承向南投靠陶侃，或者退守零陵、桂林。司马承说："我之所以起兵，是心存为忠义献身的志向，怎能贪生怕死、苟且活命，当一个败逃的将领呢！即使守卫长沙失败，也让百姓们知道我的心意。"于是环城固守。不久，虞望战死，甘卓想让邓骞留下任参军，邓骞不同意，甘卓便派参军虞冲和邓骞同赴长沙，并致信谯王司马承，劝他固守长沙，自己将遣军自沔口出击，截断王敦的退路，这样湘州之围便会不救自解。司马承信说："江东国朝中兴，一切刚刚草创，谁想到由得宠的大臣萌生叛乱。我以王朝宗室的身份禀受重任，志在以身殉职。不过到任时日尚短，一切尚未理出头绪，足下如果能轻装电赴来救，或许还来得及；如果犹豫迟滞，那么就只有求我干枯鱼之肆了。"甘卓未能听从。

元帝征召戴渊、刘隗来建康参与防卫。刘隗到达之时，百官们在道路上迎接，刘隗把头帻掀起露出前额，高谈阔论，意气昂扬。等到入见元帝，和刁协一起劝元帝将王氏宗族尽数诛杀，元帝不同意，刘隗才显露出畏惧的神色。

司空王导率领堂弟中领军王邃、左卫将军王廙、侍中王侃、王彬以及各宗族子弟二十多人，每天清晨到朝廷等候定罪。周𫖮将要入朝，王导呼唤他说："周𫖮，我把王氏宗族一百多人的性命托付给您！"周𫖮连头也不回，直入朝廷。等到见了元帝，周𫖮阐说王导忠诚不二，极力为他辩白，元帝听从了他的意见。周𫖮心中欢喜，以至喝醉了酒。周𫖮走出宫门，王导还在门外等候，又呼唤周𫖮，周𫖮不与他交谈，环顾左右说："今年杀掉一干乱臣贼子后，能得到斗大的金印，系挂在臂肘之后。"出来以后，又奉上表章，辩明王导无罪，言辞十分妥帖和有力。王导不知道这些事，对周𫖮深为怨恨。

元帝令人把朝服送还王导，召王导进见。王导跪拜叩首至地，说："叛臣贼子，哪一个朝代没有，想不到现在会出在臣下宗族之中！"元帝来不及穿鞋，赤脚拉着他的手说："王茂弘，我正要把朝廷政务交给你，你这是说的什么话！"

三月，任命王导为前锋大都督，授予戴渊骠骑将军。元帝下诏说："王导为大义灭亲，可以把我任安东将军时的符节交给他。"又任命周𫖮为尚书左仆射，王邃为尚书右仆射。元帝派王廙去告诉王敦，让他停止叛乱。王敦拒不从命，扣留了王廙，王廙又为王敦效力。征虏将军周札，素来为人阴险，贪图私利。元帝任他为右将军、都督石头地区军务。王敦军队日益临近，元帝让刘隗驻军金城，令周札驻守石头，自己亲自披上甲衣，巡视郊外的军队。又任命甘卓为镇南大将军、侍中、都督荆州、梁州军务，任命陶侃兼领江州刺史职，让他们各自率领所部跟随在王敦军队之后。

王敦到达石头，想攻击刘隗。杜弘向王敦建议说："刘隗手下不怕死的士兵众多，不容易战胜，不如进攻石头。周札对人缺少恩泽，士兵都不愿为他效力，一旦遭攻击必然败走，周札兵败则刘隗自己就会逃走。"王敦采纳了杜弘的意见，任命他为前锋，进攻石头。周札果然打开城门让杜弘入城。王敦占据石头后，感叹地说："我既为叛臣，再也不会做功德盛大的事情了。"谢鲲说："为什么这样呢！只要从今以后，这些事一天天淡忘，也就会一天天从心中消失了。"

元帝令刁协、刘隗、戴渊率领兵众进攻石头，王导和周𫖮、郭逸、虞潭等分三路出击，刁协等人的军队都大败。太子司马绍听说以后，打算自己率领将士与敌人决战，坐上军车正要出发，中庶子温峤抓住马勒头劝谏说："殿下是国家君位的继承人，怎么能逞一己之快，轻弃天下而不顾！"抽出剑斩断马的鞍带，司马绍这才罢休。

王敦聚集军队，不朝见元帝，放纵士卒劫掠财物，皇宫、朝廷里的人奔逃离散,只有安东将军刘超屯兵不动,当值护卫,以及侍中二人在元帝身边侍奉。元帝脱下军衣,穿上朝服,环顾四周说:"王敦想得到我这个地方,应当早说!何至于如此残害百姓!"又派遣使者告诉王敦说:"你如果还没有将朝廷置于脑后,那么就此罢兵,天下还可以安然相处。如果不是这样,那么朕将回到琅邪,为贤人让路。"

刁协、刘隗战败以后,都进入宫中,在太极殿东侧阶与元帝相见。元帝拉着刁协、刘隗的手,流泪哭泣,呜咽有声,劝说并命令二人出逃以避灾祸。刁协说:"我将守卫至死,不敢有二心。"元帝说:"现在事情紧迫了,怎么能不走呢!"于是下令为刁协、刘隗准备随行的人马,让他们自谋生路。刁协年老,难耐骑乘之苦,平素又缺少恩惠,招募随从人员时,大家都推诿不去。刁协出行至江乘,被人所杀,把首级送给王敦。刘隗投奔后赵,在任太子太傅时死去。

元帝命令百官公卿到石头拜见王敦。王敦对戴渊说:"前日的交战,还有剩余的力量吗?"戴渊说:"岂敢留有余力,只是力量不足罢了!"王敦说:"我现在这样的举动,天下人会怎么看?"戴渊说:"只看到表象的人说是叛逆,体会诚心的人说是忠贞。"王敦笑着说:"您可以称得上会说话了。"王敦又对周𫖮说:"周伯仁,您辜负了我!"周𫖮说:"您依仗武力违背顺上的道德,我亲自统率六军,不能胜任,致使君王的军队战败奔逃,这就是我辜负您的地方!"

辛未(十八日),元帝实行大赦,任命王敦为丞相、都督中外各军、录尚书事、江州牧,赐封武昌郡公,王敦都推辞不受。

周𫖮被捕,路经太庙,高声说:"贼臣王敦,颠覆国家社稷,胡乱杀害忠臣,神祇如果显灵,应当快快杀掉他!"捕卒用戟刺伤周𫖮的嘴,鲜血下流直至脚后跟,但他容颜举止泰然自若,观望的人都因此而落泪。周𫖮和戴渊都在石头城南门外被杀。

王导后来清理中书省的旧有档案,才见到周𫖮救护自己的上表,拿着流下了眼泪,说:"我虽没杀周伯仁,伯仁是因我而死,在冥冥之中我有负于这样的好友!"

王敦让西阳王司马羕为太宰,授予王导尚书令,王廙为荆州刺史,改换朝廷官员和各军镇守将,被降职、免官和迁徙的人数以百计。有时朝令夕改,随心所欲。王敦将要返回武昌,谢鲲对他说:"明公自到京都以来,一直以有病为由不朝见皇上,所以虽然建有功勋,民心其实并未平服。现在如果朝见天子,使得君上和臣民都心情舒畅，那么民心都会心悦诚服的。"王敦说："你能保证不发生变故吗？"谢鲲回答说："我近些天入宫觐见皇上，皇上侧席而坐，等待得见主公，宫省之内穆然整肃，必定不会有什么可担忧的。主公如果入朝，我请求充当您的侍从。"王敦发怒变色说："我正要再杀掉像你这样的数百人，对时局也不会有什么损害！"最终也没有朝见天子便离去。夏季，四月，王敦回到武昌。

【原文】

肃宗明皇帝上太宁元年（癸未，323年）

王敦谋篡位，讽朝廷征己；帝手诏征之。夏，四月，加敦黄钺、班剑，奏事不名，入朝不趋，剑履上殿。敦移镇姑孰，屯于湖，以司空导为司徒，敦自领扬州牧。敦欲为逆，王彬谏之甚苦。敦变色，目左右，将收之。彬正色曰："君昔岁杀兄，今又杀弟邪！"敦乃止，以彬为豫章太守。

帝畏王敦之逼，欲以郗鉴为外援，拜鉴兖州刺史，都督扬州江西诸军事，镇合肥。王敦忌之，表鉴为尚书令。八月，诏征鉴还，道经姑孰，孰与之论西朝人士，曰："乐彦辅，短才耳，考其实，岂胜满武秋邪！"鉴曰："彦辅道韵平淡，愍怀之废，柔而能正；武秋失节之士，安得拟之！"敦曰："当是时，危机交急。"鉴曰："丈夫当死生以之。"敦恶其言，不复相见，久留不遣。敦党皆劝敦杀之，敦不从，鉴还台，遂与帝谋讨敦。

后赵中山公虎帅步骑四万击安东将军曹嶷，青州郡县多降之，遂围广固。嶷出降，送襄国杀之，坑其众三万。虎欲尽杀嶷众，青州刺史刘征曰："今留征，使牧民也；无民焉牧，征将归耳！"虎乃留男女七百口配征，使镇广固。

初，赵主曜长子俭，次子胤。胤年十岁，长七尺五寸，汉主聪奇之，谓曜曰："此儿神气，非义真之比也，当以为嗣。"曜曰："藩国之嗣，能守祭祀足矣，不敢乱长幼之序。"聪曰："卿之勋德，当世受专征之任，非他臣之比也，吾当更以一国封义真。"乃封俭为临海王，立胤为世子。既长，多力善射，骁捷如风。靳准之乱，没于黑匿郁鞠部。陈安既败，胤自言于郁鞠，郁鞠大惊，礼而归之。曜悲喜，谓群臣曰："义光虽已为太子，然冲幼儒谨，恐不堪今之多难。义孙，故世子也，材器过人，且涉历艰难。吾欲法周文王、汉光武，以固社稷而安义光，何如？"太傅呼延晏等皆曰："陛下为国家无穷之计，岂惟臣等赖之，实宗庙四海之庆。"左光禄大夫卜泰、太子太保韩广进曰："陛下以废立为是，不应更问群臣；若以为疑，固乐闻异同之言。臣窃以为废太子，非也。昔文王定嗣于未立之前，则可也；光武以母失恩而废其子，岂足为圣朝之法！向以东海为嗣，未必不如明帝也。胤文武才略，诚高绝于世；然太子孝友仁慈，亦足为承平贤主。况东宫者，民、神所系，岂可轻动！陛下诚欲如是，臣等有死而已，不敢奉诏。"曜默然。胤进曰："父之于子，当爱之如一，今黜熙而立臣，臣何敢自安！陛下苟以臣为颇堪驱策，岂不能辅熙以承圣业乎！必若以臣代熙，臣请效死于此，不敢闻命。"因歔欷流涕。曜亦以熙羊后所生，不忍废也，乃追谥前妃卜氏为元悼皇后。

王敦从子允之，方总角，敦爱其聪警，常以自随。敦尝夜饮，允之辞醉先卧。敦与钱凤谋为逆，允之悉闻其言；即于卧处大吐，衣面并污。凤出，敦果照视，见允之卧于吐中，不复疑之。会其父舒拜廷尉，允之求归省父，悉以敦、凤之谋白舒。舒与王导俱启帝，阴为之备。

后赵王勒以参军樊坦为章武内史，勒见其衣冠弊坏，问之。坦率然对曰："顷为羯贼所掠，资财荡尽。"勒笑曰："羯贼乃尔无道邪！今当相偿。"坦大惧，叩头泣谢。勒赐车马、衣服、装钱三百万而遣之。

【译文】

晋明帝太宁元年（癸未，公元323年）

王敦阴谋篡夺皇位，暗示朝廷征召自己，明帝亲手书写诏书征召他。夏季，四月，授予王敦黄钺和班剑，允许他奏事不必通名，入朝不必趋行，佩剑着履上殿。王敦迁移驻镇姑孰，屯兵于湖。让司空王导任司徒，王敦自任扬州牧。王敦想叛逆篡位，王彬极力苦谏。王敦发怒变脸，用目光示意左右侍从，将要逮捕王彬。王彬容颜凛然地说："您过去杀害兄长，现在又要杀害兄弟吗！"王敦这才罢手，让王彬出任豫章太守。

明帝畏惧王敦的逼迫，想引郗鉴为外援，拜受郗鉴为兖州刺史，都督扬州及长江以西的军务,镇守合肥。王敦忌惮郗鉴,上表要求让郗鉴任尚书令。八月,明帝下诏征召郗鉴回京,中途经过姑孰,王敦与郗鉴议论西晋人物,王敦说:"乐广才能有限,考校他的实际作为,哪能胜过满奋呢!"郗鉴说:"乐广为人行事的风格是平淡,就连愍帝、怀帝的废弛之政,他都能慢慢纠正。满奋则是节操有损的人,怎能与乐广相比!"王敦说:"在满奋那个时候,潜伏的祸端十分急迫。"郗鉴说:"大丈夫应当将生死置之度外。"王敦厌恶郗鉴的言论,不再与他相见,并把他长期扣留,不让离开。王敦的党羽都劝王敦杀死郗鉴,王敦没有同意。郗鉴回到朝廷后,便和明帝共同商议讨伐王敦的办法。

后赵中山公石虎率领步兵、骑兵共四万人攻击安东将军曹嶷,青州的郡县有不少投降了他,石虎于是进围广固城。曹嶷出城投降,被送到襄国处死。石虎坑杀投降的士众三万人。石虎原想把曹嶷的部众尽数杀死,青州刺史刘征说:"现今让我留下,为的是统治百姓。没有人怎么统治?我准备回去了!"石虎于是留下男女人等七百多口,配属给刘征,让他镇守广固城。

当初,前赵主刘曜有长子刘俭,次子刘胤。刘胤年方十岁,身高七尺五寸,汉主刘聪因此惊奇,对刘曜说:"你这个儿子的神气,不是刘俭所能比拟的,应当让他当继承人。"刘曜说:"藩国臣民的继承人,能保守住祖先的祭祀就够了,我不敢破坏长幼的秩序。"刘聪说:"以你的功勋和德行,当会世世代代担任征伐的重任,不是别的臣子所可比拟的,我当会另外封给刘俭一个诸侯国封号。"于是封刘俭为临海王,立刘胤为世子。刘胤长大以后,力气很大,精于箭术,勇猛、迅捷如风。靳准作乱的时候,刘胤隐匿身世,藏身在匈奴族的黑匿郁鞠部。陈安败亡后,刘胤把自己的身世告诉郁鞠,郁鞠大吃一惊,按照相应的礼仪对待,并送他归国。刘曜悲喜交加,对群臣们说:"刘熙虽然成为太子,但年龄幼小,拘谨柔顺,恐怕难以承受现今诸多的艰难。刘胤本来是我的世子,才能气度出众,而且涉猎过许多艰难,我想效法周文王立武王和汉光武帝立明帝的做法,为巩固国家政权另外安排刘熙的地位,怎么样?"太傅呼延晏等人都说:"陛下为国家的长远命运考虑,岂止是我们这些臣子有所依仗,实在也是祖先和国民的幸运。"左光禄大夫卜泰、太子太保韩广则进谏说:"陛下如果认为自己在太子废立问题上的看法正确,就不应当再向臣下询问;如果觉得没有把握,当然乐于听到不同的意见。我们私下认为废除当今太子是不对的。往昔周文王选定继承人，是在未立太子之前，所以是可以的；汉光武帝因为太子的生母失去恩宠因而废除太子，哪里值得圣贤的朝廷效法！以往陛下立东海王刘熙为太子，这未必便不如汉光武帝立明帝为太子。刘胤的文才武略的确当世高绝，但太子的孝友仁慈，也足以成为承袭国家太平的贤惠君主。何况太子与百姓和神灵相关联，怎可轻易变动！陛下如果真的想改立太子，我们宁死也不敢遵奉诏令。"刘曜默默无语。刘胤进言说："父亲对儿子的爱，应当无所偏颇，现在如果废黜刘熙改立我，我怎能心安！陛下只要认为我还可以为国效力，我难道还不能帮助刘熙继承圣业吗？如果一定要让我替代刘熙，我请求立即死在这里，不敢听命。"随之抽泣流泪，哀叹出声。刘曜也因为刘熙是羊皇后所生，不忍心废黜，于是追谥刘胤的生母、前妃卜氏为元悼皇后。

王敦的侄子王允之，正当童年，王敦因他聪明机警，异常宠爱，经常让他跟随自己。王敦有次在夜晚饮酒，王允之以醉酒为由告辞先睡，王敦便和钱凤一起商讨叛乱之事，被王允之原原本本听到。王允之随即在睡卧的地方大吐，衣物、脸面都沾上了污秽。钱凤走后，王敦果然持灯前来察看，见王允之睡卧在呕吐的污物中，便不再有疑心。不久，适逢王允之的父亲王舒升任廷尉，王允之请求归省父亲，便将王敦、钱凤密谋的内容全部告诉了王舒。王舒与王导一块儿禀报皇帝，私下为应付突变做准备。

后赵王石勒让参军樊坦任章武内史，石勒见他衣帽破旧，询问原因。樊坦未加思索，回答说："不久前遭到羯族贼寇的抢劫，财物荡然无存。"石勒笑着说："羯族贼寇竟然这样蛮横无道吗！现在我会偿还给你。"樊坦大为恐惧，流着眼泪叩头赔罪。石勒赐给他车马、衣服及办装费三百万，派遣他上任。

资治通鉴第九十三卷

晋纪十五

【原文】

肃宗明皇帝下太宁二年（甲申，324年）

成主雄，后任氏无子，有妾子十余人，雄立其兄荡之子班为太子，使任后母之。群臣请立诸子，雄曰："吾兄，先帝之嫡统，有奇才大功，事垂克而早世，朕常悼之。且班仁孝好学，必能负荷先烈。"太傅骧、司徒王达谏曰："先王立嗣必子者，所以明定分而防篡夺也。宋宣公、吴余祭，足以观矣！"雄不听。骧退而流涕曰："乱自此始矣！"班为人谦恭下士，动遵礼法，雄每有大议，辄令豫之。

夏，五月，甲申，张茂疾病，执世子骏手泣曰："吾家世以孝友忠顺著称，今虽天下大乱，汝奉承之，不可失也。"且下令曰："吾官非王命，苟以集事，岂敢荣之！死之日，当以白帢入棺，勿以朝服敛。"是日，薨。愍帝使者史淑在姑臧，左长史氾祎、右长史马谟等，使淑拜骏大将军、凉州牧、西平公，赦其境内。前赵主曜遣使赠茂太宰，谥曰成烈王；拜骏上大将军、凉州牧、凉王。

王敦疾甚，矫诏拜王应为武卫将军以自副，以王含为骠骑大将军、开府仪同三司。钱凤谓敦曰："脱有不讳，便当以后事付应邪？"敦曰："非常之事，非常人所能为。且应年少，岂堪大事！我死之后，莫若释兵散众，归身朝廷，保全门户，上计也；退还武昌，收兵自守，贡献不废，中计也；及吾尚存，悉众而下，万一侥幸，下计也。"凤谓其党曰："公之下计，乃上策也。"遂与沈充定谋，俟敦死，即作乱。又以宿卫尚多，奏令三番休二。

帝将讨敦，以问光禄勋应詹，詹劝成之，帝意遂决。丁卯，加司徒导大都督、领扬州刺史，以温峤都督东安北部诸军事，与右将军卞敦守石头，应詹为护军将军、都督前锋及朱雀桥南诸军事，郗鉴行卫将军、都督从驾诸军事，庾亮领左卫将军，以吏部尚书卞壸行中军将军。郗鉴以为军号无益事实，固辞不受；请召临淮太守苏峻、兖州刺史刘遐同讨敦。诏征峻、遐及徐州刺史王邃、豫州刺史祖约、广陵太守陶瞻等人卫京师。帝屯于中堂。

司徒导闻敦疾笃，帅子弟为敦发哀，众以为敦信死，咸有奋志。于是尚书腾诏下敦府，列敦罪恶曰："敦辄立兄息以自承代，未有宰相继体而不由王命者也。顽凶相奖，无所顾忌；志骋凶丑，以窥神器。天不长奸，敦以陨毙；凤承凶宄，弥复煽逆。今遣司徒导等虎旅三万，十道并进，平西将军邃等精锐三万，水陆齐势；朕亲统诸军，讨凤之罪。有能杀凤送首，封五千户侯。诸文武为敦所授用者，一无所问，无或猜嫌，以取诛灭。敦之将士，从敦弥年，违离家室，朕甚愍之。其单丁在军，皆遣归家，终身不调；其余皆与假三年；休讫还台，当与宿卫同例三番。"

帝帅诸军出屯南皇堂。癸酉夜，募壮士，遣将军段秀、中军司马曹浑等帅甲卒千人渡水，掩其未备。平旦，战于越城，大破之，斩其前锋将何康。秀，匹磾之弟也。

敦闻含败，大怒曰："我兄，老婢耳；门户衰，世事去矣！"顾谓参军吕宝曰："我当力行。"因作势而起，困乏，复卧。乃谓其舅少府羊鉴及王应曰："我死，应便即位，先立朝廷百官，然后营葬事。"敦寻卒，应秘不发丧，裹尸以席，蜡涂其外，埋于厅事中，与诸葛瑶等日夜纵酒淫乐。

【译文】

晋明帝太宁二年（甲申，公元324年）

成汉主李雄的皇后任氏无子，妾妃所生的儿子有十多人。李雄册立自己兄长李荡的儿子李班为太子，让任后作他的养母。群臣请求在妾妃所生的子嗣中选立太子，李雄说："我的兄长是先帝的嫡亲后裔，具有奇才和大功，当帝业即将成功时英年早逝，朕时常悼念他。况且李班仁孝好学，一定会继承祖先的功业。"太傅李骧、司徒王达劝谏说："先王们之所以必定从自己的儿子中选立继承人，为的是彰明固定不变的分位，防止篡权夺位。看宋宣公和吴国余祭的先例，就足以让今人知晓。"李雄不听。李骧退下后流着眼泪说："祸乱由此发端了。"李班为人谦恭下士，行动遵循礼法，李雄只要有重大决策，总是让他参与。

夏季，五月，甲申（十四日），张茂病重，拉着王世子张骏的手哭泣说："我家世代以孝友忠顺著称于世，如今虽然天下大乱，但你必须继承家族遗风，不可或失。"并且下令说："我的官职本非朝廷任命，为顺应事变而苟且自任，怎能以此为荣！我死的时候，应当戴着白色便帽入棺，不要用朝服殡殓。"这天，张茂故去。愍帝时的使者史淑留居在姑臧，左长史氾祎、右长史马谟等让史淑授予张骏大将军、凉州牧、西平公，赦免境内罪犯。前赵主刘曜派遣使者赠给张茂太宰的名号，谥号为成烈王；授张骏为上大将军、凉州牧、凉王。

王敦病情加剧，矫称诏令任命王应为武卫将军，做自己的副职，任命王含为骠骑大将军、开府仪同三司。钱凤对王敦说："倘若您有不幸，是否将把身后之事托付王应？"王敦说："非常之事，不是平常的人所能够胜任的。何况王应年轻，哪能承担大事！我死以后，不如放下武器、遣散兵众，归顺朝廷，以保全宗族门户，这是上策；退回到武昌，集中军队谨慎自守，给朝廷贡献的物品无所缺废，这是中策；乘我还活着的时候，发遣所有的兵力攻打京城，寄希望于侥幸取胜，这是下策。"钱凤对其党羽说："王公所谓下策，其实正是上策。"于是与沈充谋议商定，等王敦一死便作乱。又认为宿卫士卒太多，奏令停值三分之二。

明帝将要征讨王敦，就此事征询光禄勋应詹的意见，应詹表示赞同，明帝于是坚定了决心。丁卯（六月二十七日），授予司徒王导大都督、兼领扬州刺史，任命温峤都督东安北部诸军事，和右将军卞敦同守石头；任应詹为护军将军、都督前锋及朱雀桥南诸军事；任郗鉴行卫将军都督虎从御驾诸军事。又让庾亮领左卫将军职，让吏部尚书卞壶任行中军将军职。郗鉴认为有军制上的名号于实际情况无益，坚持辞谢不受，请求征召临淮太守苏峻、兖州刺史刘遐共同讨伐王敦。明帝于是下诏征召苏峻、刘遐以及徐州刺史王邃、豫州刺史祖约、广陵太守陶瞻等入京师护卫。明帝屯军于中堂之地。

司徒王导听说王敦重病不治，便带领王氏子弟为王敦发丧，大家以为王敦确实死了，都有奋战的士气。于是尚书传送诏令到王敦的幕府，罗列王敦的罪恶说：

"王敦专断地扶立兄长的儿子继承自己,从来没有宰相的继承人却不由君王任命的。这真是凶顽之徒相互奖掖,无所顾忌;志向凶残丑恶,窥视国家政权。幸好上天不让奸恶之人长寿,王敦因而毙命;钱凤既已奉承奸凶之人,又再煽动作乱,现在派遣司徒王导等率领猛虎般的军队三万人,诸路并进;平西将军王邃等率精兵三万,水陆齐发;朕亲自统领各路大军,讨伐钱凤的罪恶。有谁能够杀死钱凤将首级送来,封为五千户侯。各文武官员即使是由王敦任用的,朕也一概不加过问,你们不要心存猜忌和隔阂,以至于自取诛灭。王敦的将士们跟随王敦多年,远离家室,朕非常怜悯。凡是独生子从军的,都遣返回家,终身不再征用。其余的人都给假三年。休假期满回到朝廷后,都将与宿卫的士卒一样,按三分之二的比例轮休。"

明帝统领各军出城屯驻南皇堂。癸酉(七月初二)夜间,招募勇士,派将军段秀、中军司马曹浑等率领甲士千人渡秦淮河,攻其不备。清晨,在越城与敌交战,大胜,斩杀其前锋将领何康。段秀即段匹磾的兄弟。

王敦听说王含战败,勃然大怒说:"我这个兄长只是个老奴婢,门户衰落,大事完了!"回头对参军吕宝说:"我要尽力起行。"随即用力起来,因气力困乏,只好又躺下。于是对自己的舅父、少府羊鉴和王应说:"我死后王应立即即帝位,先设立朝廷百官,然后再安排丧事。"王敦不久即死,王应隐瞒不公布死讯,用席子包裹尸身,外面涂蜡,埋在议事厅中,和诸葛瑶等人日夜纵酒淫乐。

【原文】

三年(乙酉,325年)

五月,以陶侃为征西大将军、都督荆·湘·雍·梁四州诸军事、荆州刺史,荆州士女相庆。侃性聪敏恭勤,终日敛膝危坐,军府众事,检摄无遗,未尝少闲。常语人曰:"大禹圣人,乃惜寸阴,至于众人,当惜分阴。岂可但逸游荒醉,生无益于时,死无闻于后,是自弃也!"诸参佐或以谈戏废事者,命取其酒器、蒲博之具,悉投之于江,将吏则加鞭扑,曰:"樗蒱者,牧猪奴戏耳!老、庄浮华,非先王之法言,不益实用。君子当正其威仪,何有蓬头、跣足,自谓宏达邪!"有奉馈者,必问其所由,若力作所致,虽微必喜,慰赐参倍;若非理得之,则切厉诃辱,还其所馈。尝出游，见人持一把未熟稻，侃问："用此何为？"人云："行道所见，聊取之耳。"侃大怒曰："汝既不佃，而戏贼人稻！"执而鞭之。是以百姓勤于农作，家给人足。尝造船，其木屑竹头，侃皆令籍而掌之，人咸不解所以。后正会，积雪始晴，厅事前余雪犹湿，乃以木屑布地。及桓温伐蜀，又以侃所贮竹头作丁装船。其综理微密，皆此类也。

右卫将军虞胤，元敬皇后之弟也，与左卫将军南顿王宗俱为帝所亲任，典禁兵，直殿内，多聚勇士以为羽翼；王导、庾亮皆忌之，颇以为言，帝待之愈厚，宫门管钥，皆以委之。帝寝疾，亮夜有所表，从宗求钥；宗不与，叱亮使曰："此汝家门户邪！"亮益忿之。及帝疾笃，不欲见人，群臣无得进者。亮疑宗、胤及宗兄西阳王羕有异谋，排闼入升御床，见帝流涕，言羕与宗等谋废大臣，自求辅政，请黜之；帝不纳。壬午，帝引太宰羕、司徒导、尚书令卞壸、车骑将军郗鉴、护军将军庾亮、领军将军陆晔、丹杨尹温峤，并受遗诏辅太子，更入殿将兵直宿；复拜壸右将军，亮中书令，晔录尚书事。丁亥，降遗诏；戊子，帝崩。帝明敏有机断，故能以弱制强，诛翦逆臣，克复大业。

己丑，太子即皇帝位，生五年矣。群臣进玺，司徒导以疾不至。卞壸正色于朝曰："王公岂社稷之臣邪！大行在殡，嗣皇未立，宁是人臣辞疾之时也！"导闻之，舆疾而至。大赦，增文武位二等，尊庾后为皇太后。

【译文】

三年（乙酉，公元325年）

五月，朝廷任命陶侃为征西大将军，都督荆、湘、雍、梁四州军事、荆州刺史，荆州的男女百姓交相庆贺。陶侃性情聪明敏锐、恭敬勤奋，整日盘膝正襟危坐，对军府中众多事务检视督察，无所遗漏，没有一刻闲暇。他常常对人说："大禹这样的圣人，尚且珍惜每寸光阴，至于一般人，应当珍惜每分光阴。怎能只求逸游沉醉，活着对时世毫无贡献，死后默默无闻，这是自暴自弃！"众多参佐幕僚中有的因谈笑博戏荒废正务，陶侃命人收取他们的酒具和蒲博用器，全都投弃江中，将吏们则加以鞭责，说："樗蒲这种游戏不过是放猪的奴仆们玩的！老子、庄子崇尚浮华，并非是先王可以做典则的言论，不利于实用。君子应当威仪整肃，怎能蓬头、赤足，却自以为宏达呢！"有人奉献馈赠，陶侃一定要询问来路，如果是靠自己的劳作所得，即使价值微薄也一定喜欢，慰勉还赐的物品超出三倍。如果不是正道所得，则严词厉色呵斥羞辱，拒绝不受。有一次陶侃出游，看见有人手持一把未成熟的稻子，陶侃问："你拿来干什么？"那人说："走路时看到的，随便摘下来而已。"陶侃大怒，说："你既然不亲自劳作，却随便毁坏他人的稻子拿来玩！"随即抓住此人鞭打。因此百姓辛勤耕作，家资不缺，人人丰足。陶

陶侃

侃曾经造船，剩下的木屑和竹头，都令人登录并且掌管，大家都不明白为什么。后来元旦时官员集会，正逢积雪后开始放晴，厅堂前面残留的雪仍然潮湿，于是用木屑铺洒在地上。等到桓温攻伐蜀地时，又用陶侃所贮存的竹头作榫钉装配船只。陶侃治理事务的仔细和缜密，全都是这样的

右卫将军虞胤，是元帝元敬皇后的兄弟，与左卫将军、南顿王司马宗都是明帝宠信的人，执掌禁兵，在宫殿内当值，招纳许多勇士为自己的羽翼。王导、庾亮都忌惮他们，经常为此向明帝进言，明帝对他们却更加厚待，宫门的锁钥，都交给他们掌管。明帝病重卧床，庾亮夜间有上表呈送，到司马宗那里要钥匙，司马宗不给，叱骂庾亮派来的人说："这里是你家的门户吗？"庾亮更加怨怒。等到明帝病重，不想见人，大臣们无人能进见。庾亮怀疑司马宗、虞胤以及司马宗兄长西阳王司马羕另有图谋，推门进宫登上御床，见到明帝时流着眼泪，述说司马羕和司马宗等人谋议废黜大臣，自己请求辅佐朝廷，要求废黜他们，明帝未采纳。壬午（七月十九日），明帝延请太宰司马羕、司徒王导、尚书令卞壶、车骑将军郗鉴、护军将军庾亮、领军将军陆晔、丹杨尹温峤，共同奉受遗诏辅佐太子，轮番入殿领兵当值宿卫。又授予卞壶为右将军，庾亮为中书令，陆晔录尚书事。丁亥（七月二十四日），颁布遗诏，戊子（七月二十五日），明帝驾崩。明帝明智敏捷，遇事有决断，

所以能以弱制强，诛灭逆臣，光复国家大业。

己丑（七月二十六日），皇太子即帝位，时年五岁。群臣进献国玺，司徒王导因病未到。卞壸在朝上表情端庄严肃地说："王公难道是关系国家安危的大臣吗！先帝停柩未葬，继位的皇帝未立，这难道是臣子以有病为由辞谢不到的时候吗！"王导听说后，抱病登车赶到。大赦天下，提升文武官员二级职位，尊庾皇后为皇太后。

【原文】

显宗成皇帝上之上咸和元年（丙戌，326年）

三月，后赵主勒夜微行，检察诸营卫，赍金帛以赂门者，求出。永昌门候王假欲收捕之，从者至，乃止。旦，召假，以为振忠都尉，爵关内侯。勒召记室参军徐光，光醉不至，黜为牙门。光侍直，有愠色，勒怒，并其妻子囚之。

初，王导辅政，以宽和得众。及庾亮用事，任法裁物，颇失人心。豫州刺史祖约，自以名辈不后郗、卞，而不豫顾命，又望开府复不得，及诸表请多不见许，遂怀怨望。及遗诏褒进大臣，又不及约与陶侃，二人皆疑庾亮删之。历阳内史苏峻，有功于国，威望渐著，有锐卒万人，器械甚精，朝廷以江外寄之；而峻颇怀骄溢，有轻朝廷之志，招纳亡命，众力日多，皆仰食县官，运漕相属，稍不如意，辄肆忿言。亮既疑峻、约，又畏侃之得众，八月，以丹杨尹温峤为都督江州诸军事、江州刺史，镇武昌；尚书仆射王舒为会稽内史，以广声援；又修石头以备之。

南顿王宗自以失职怨望，又素与苏峻善；庾亮欲诛之，宗亦欲废执政。御史中丞钟雅劾宗谋反，亮使右卫将军赵胤收之。宗以兵拒战，为胤所杀，贬其族为马氏，三子绰、超、演皆废为庶人。免太宰西阳王羕，降封弋阳县王，大宗正虞胤左迁桂阳太守。宗，宗室近属；羕，先帝保傅，亮一旦翦黜，由是愈失远近之心。宗党卞阐亡奔苏峻，亮符峻送阐，峻保匿不与。宗之死也，帝不之知，久之，帝问亮曰："常日白头公何在？"亮对以谋反伏诛。帝泣曰："舅言人作贼，便杀之；人言舅作贼，当如何？"亮惧，变色。

十一月，后赵石聪攻寿春，祖约屡表请救，朝廷不为出兵。聪遂寇逡遒、阜陵,杀掠五千余人。建康大震,诏加司徒导大司马、假黄钺、都督中外诸军事以御之,军于江宁。苏峻遣其将韩晃击石聪,走之;导解大司马。朝议又欲作涂塘以遏胡寇,祖约曰:"是弃我也!"益怀愤恚。

【译文】

晋成帝咸和元年（丙戌,公元326年）

三月,后赵王石勒夜间微服出行,检视察看各营帐守卫,他拿着金帛去送给守门人,请求出门。永昌门守令王假要拘捕他,因随从人员到来才停手。清晨,石勒召见王假,任命他为振忠都尉,赐给关内侯的爵位。石勒召见记室参军徐光,徐光因酒醉未到,被贬职为牙门。徐光当值侍卫时,面带怨怒的容色,石勒发怒,将他连同妻子儿女一起囚禁起来。

当初,王导辅佐朝政,因宽和赢得人心。等到庾亮主持政事,依法断事,颇失人心。豫州刺史祖约,自认为名望和年辈都不比郗鉴、卞壶差,却未能参与明帝遗命,又希望能得开府之号,也未能实现,再加上许多上表辞请大多不获允准,于是心怀怨恨。等到明帝遗诏褒扬和提拔大臣,又没有祖约和陶侃,二人都怀疑是庾亮删除己名。历阳内史苏峻,对国家有功,威望日渐显赫,拥有精兵万人,军械很精良,朝廷把长江以外地区交付给他治理。但苏峻颇有骄纵之心,轻视朝廷,招纳亡命徒,人数日渐增多,都靠国家供给生活物资,陆运、水运络绎不绝,稍不如意,就肆无忌惮地斥骂。庾亮既怀疑苏峻、祖约的忠诚,又惧怕陶侃的深得人心,八月,任命丹杨尹温峤为都督江州诸军事、江州刺史,镇守武昌。任尚书仆射王舒为会稽内史,用以扩大声援。又修石头城防备他们。

南顿王司马宗自认为不该丢失官职,心怀怨恨,平素又与苏峻交好,庾亮想杀他,司马宗也想废黜庾亮,自己执政。御史中丞钟雅弹劾司马宗谋反,庾亮派右卫将军赵胤拘捕司马宗。司马宗领兵抵抗,被赵胤所杀,家族被贬黜改姓马氏,三个儿子司马绰、司马超和司马演,都被贬为庶人。又免除西阳王司马羕太宰职务,降低封爵为弋阳县王,大宗正虞胤被降职为桂阳太守。司马宗是皇室近亲,司马羕则是先帝的太保、太傅,庾亮轻易地杀戮和废黜他们,由此更加失去众人之心。司马宗党羽卞阐逃奔苏峻，庾亮发下朝廷符令让苏峻把卞阐送来，苏峻藏匿保护，不交给朝廷。司马宗之死，成帝不知道，过了许久，成帝问庾亮说："往常的那个白头公在什么地方？"庾亮回答说因谋反已经伏诛。成帝哭泣着说："舅父说他人是叛贼，就轻易地杀了他。如果别人说舅父是叛贼，该怎么办？"庾亮恐惧变色。

十一月，后赵石聪进攻寿春，祖约屡次上表请求救援，朝廷不出兵。石聪便侵犯逡道、阜陵，杀死、掠夺五千多人。建康为此大为震惊，朝廷下诏授司徒王导大司马、假黄钺、都督中外诸军事来抵御石聪，驻军在江宁。苏峻派部将韩晃进击石聪，将他赶走，王导解除大司马职务。朝廷议论又想兴修涂塘，用以阻遏胡夷寇掠，祖约说："这是弃我不顾！"更加心怀愤恚。

【原文】

二年（丁亥，327年）

庾亮以苏峻在历阳，终为祸乱，欲下诏征之；访于司徒导，导曰："峻猜险，必不奉诏，不若且苞容之。"亮言于朝曰："峻狼子野心，终必为乱。今日征之，纵不顺命，为祸犹浅；若复经年，不可复制，犹七国之于汉也。"朝臣无敢难者，独光禄大夫卞壶争之曰："峻拥强兵，逼近京邑，路不终朝，一旦有变，易为蹉跌，宜深思之！"亮不从。壶知必败，与温峤书曰："元规召峻意定，此国之大事。峻已出狂意，而召之，是更速其祸也，必纵毒蠚以向朝廷。朝廷威力虽盛，不知果可擒不；王公说同此情。吾与之争甚恳切，不能如之何。本出足下以为外援，而今更恨足下在外，不得相与共谏止之，或当相从耳。"峤亦累书止亮。举朝以为不可，亮皆不听。

峻闻之，遣司马何仍诣亮曰："讨贼外任，远近惟命，至于内辅，实非所堪。"亮不许，召北中郎将郭默为后将军、领屯骑校尉，司徒右长史庾冰为吴国内史，皆将兵以备峻。冰，亮之弟也。于是下优诏，征峻为太司农，加散骑常侍，位特进，以弟逸代领部曲。峻上表曰："昔明皇帝亲执臣手，使臣北讨胡寇。今中原未靖，臣何敢即安！乞补青州界一荒郡，以展鹰犬之用。"复不许。峻严装将赴召，犹豫未决。参军任让谓峻曰："将军求处荒郡而不见许，事势如此，恐无生路，不如勒兵自守。"阜陵令匡术亦劝峻反，峻遂不应命。

温峤闻之，即欲帅众下卫建康，三吴亦欲起义兵；亮并不听，而报峤书曰："吾忧西陲，过于历阳，足下无过雷池一步也。"朝廷遣使谕峻，峻曰："台下云我欲反，岂得活邪！我宁山头望廷尉，不能廷尉望山头。往者国家危如累卵，非我不济；狡兔既死，猎犬宜烹。但当死报造谋者耳！"

峻知祖约怨朝廷，乃遣参军徐会推崇约，请共讨庾亮。约大喜，其从子智、衍并劝成之。谯国内史桓宣谓智曰："本以强胡未灭，将戮力讨之。使君若欲为雄霸，何不助国讨峻，则威名自举。今乃与峻俱反，此安得久乎！"智不从。宣诣约请见，约知其欲谏，拒而不内。宣遂约约，不与之同。十一月，约遣兄子沛内史涣、女婿淮南太守许柳以兵会峻。逖妻，柳之姊也，固谏不从。诏复以卞壶为尚书令、领右卫将军，以郯稽内史王舒行扬州刺史事，吴兴太守虞潭督三吴等诸郡军事。

尚书左丞孔坦、司徒司马丹杨陶回言于王导，请"及峻未至，急断阜陵，守江西当利诸口，彼少我众，一战决矣。若峻未来，可往逼其城。今不先往，峻必先至，峻至则人心危骇，难与战矣。此时不可失也。"导然之，庾亮不从。十二月，辛亥，苏峻使其将韩晃、张健等袭陷姑孰，取盐米，亮方悔之。

宣城内史桓彝欲起兵以赴朝廷，其长史裨惠以郡兵寡弱，山民易扰，谓宜且按甲以待之。彝厉色曰："'见无礼于其君者，若鹰鹯之逐鸟雀。'今社稷危逼，义无宴安。"辛未，彝进屯芜湖。韩晃击破之，因进攻宣城，彝退保广德，晃大掠诸县而还，徐州刺史郗鉴欲帅所领赴难，诏以北寇，不许。

【译文】

二年（丁亥，公元 327 年）

庾亮认为苏峻在历阳，终将造成祸乱，想下诏征召他进京，为此征询王导的意见。王导说："苏峻猜疑阴险，必定不会奉诏前来，不如暂且容忍他。"庾亮在朝中说："苏峻狼子野心，最终必会作乱。今天征召他，纵然他不听从上命，造成的祸乱也还不大。如果再过些年，就无法再制服他，这就如同汉时的七国对朝廷一样。"朝臣无人敢诘难，只有光禄大夫卞壶争辩说："苏峻拥有强大的军力，又靠近京城，路途用不了一个早上便可到达，一旦发生变乱，容易出差错，应当深思熟虑。"庾亮不听。卞壸知道庾亮必会失败，写信给温峤说："庾亮征召苏峻的主意已定，这是国家的大事。苏峻已表现出骄狂的样子，如果征召他，这是加速祸乱的到来，他必定会挺起毒刺面对朝廷。朝廷的威力虽然强盛，但不知道果真能擒获他否，王导也同有此意。我与庾亮争辩十分恳切，但不能拿他怎么样。我本来想让足下在外任官作为外援，现在反而恨足下在外，不能与你一同谏止他，我或许会追从你的。"温峤也多次写信劝阻庾亮。满朝大臣都认为此事不可，庾亮全然不听。

苏峻听说此事，派司马何仍见庾亮，说："征讨贼寇，在外任职，无论远近我都唯命是从。至于在朝内辅政，实在不是我能胜任的。"庾亮不允许，征召北中郎将郭默为后将军、兼领屯骑校尉，任司徒右长史庾冰为吴国内史，都统领军队防备苏峻。庾冰即庾亮的兄弟。于是颁下礼遇优厚的诏书，征召苏峻为大司农、授予散骑常侍，赐位特进。让苏峻兄弟苏逸代领属下部曲。苏峻上表说："昔日明皇帝拉着下臣之手，让我北伐胡寇。如今中原尚未平定，我怎敢贪图安逸！乞求给我青州界内的一个荒远州郡，让我得以施展朝廷鹰犬的作用。"又不获同意。苏峻整装准备赴召，但又犹豫不决。参军任让对苏峻说："将军您请求处居荒郡都不获允许，事情已发展到这样，恐怕已无生路，不如领兵自守。"阜陵令匡术也劝苏峻造反，苏峻便不应从诏令。

温峤听说此事，立即想率士众下赴建康防卫，三吴之地也想出动义兵，庾亮都不同意。却写信告诉温峤说："我对西陲安危的忧虑，要超过对历阳苏峻的忧虑，足下不要越过雷池一步。"朝廷派使者面谕苏峻，苏峻说："朝廷大臣说我要造反，我哪有活命呢！我宁肯由山头观望廷尉，不能由廷尉回望山头。以往国家危如累卵，无我不行。现在狡兔已死，猎犬就该烹食了。只是应当拼死向出谋者报仇罢了！"

苏峻知道祖约怨恨朝廷，于是派参军徐会拥戴祖约，请求共同讨伐庾亮。祖约大为高兴，侄子祖智、祖衍也一同劝说促成。谯国内史桓宣对祖智说："本来因为强大的胡寇未灭，准备同心合力征讨。使君如果想成就雄霸的功业，为何不帮助国家讨伐苏峻，这样威名自然确立。现在却和苏峻一同谋反，这哪能长久呢！"祖智不听。桓宣到祖约处求见，祖约知道他想劝谏，拒而不见。桓宣于是与祖约断绝关系，不和他同流合污。十一月，祖约派兄长之子、沛内史祖涣，女婿、淮南太守许柳带兵与苏峻会合。祖逖的妻子是许柳的姐姐，一再劝谏，祖约不听。朝廷下诏重新任命卞壶为尚书令、兼领右卫将军，让会稽内史王舒代行扬州刺史职务，吴兴太守虞潭督察三吴等郡的军事。

尚书左丞孔坦、司徒司马丹杨人陶回向王导进言，请求"乘苏峻未到之时，急速截断阜陵的通路，把守长江以西当利等路口，敌寡我众，一战即可决胜。如果苏峻还未到，可以进军威逼其城。如果现在不先行前往，苏峻必会先行到达，苏峻一旦到达，那么人心危惧惊骇，就难以与他交战了。这种时机不能失去。"王导认为很对；庾亮却不听从。十二月，辛亥（初一），苏峻派部将韩晃、张健等人攻陷姑孰，夺取食盐粮米，庾亮这才后悔。

宣城内史桓彝想起兵赴朝廷之难，他的长史裨惠认为郡内兵员既少且弱，山地居民经常骚扰，应当暂且按兵不动等待时机。桓彝脸色严厉地说："'见到对君王无礼的人，要像鹰鹯追逐鸟雀一样对待他。'现在国家危急紧迫，按道义不能安处。"辛未（十二月二十一日），桓彝进兵屯驻芜湖。韩晃击败桓彝，乘势进攻宣城。桓彝退走保守广德，韩晃大肆劫掠各县，然后还军。徐州刺史郗鉴想率领所部赴国难，朝廷下诏以北边寇贼不宁为由，不同意。

资治通鉴第九十四卷

晋纪十六

【原文】

显宗成皇帝上之下咸和三年（戊子，328年）

春，正月，温峤入救建康，军于寻阳。

韩晃袭司马流于慈湖；流素懦怯，将战，食炙不知口处，兵败而死。

丁未，苏峻帅祖涣、许柳等众二万人，济自横江，登牛渚，军于陵口。台兵御之，屡败。二月，庚戌，峻至蒋陵覆舟山。陶回谓庾亮曰："峻知石头有重戍，不敢直下，必向小丹杨南道步来；宜伏兵邀之，可一战擒也。"亮不从。峻果自小丹杨来，迷失道，夜行，无复部分。亮闻，乃悔之。

朝士以京邑危逼，多遣家人入东避难，左卫将军刘超独迁妻孥入居宫内。

诏以卞壶都督大桁东诸军事，与侍中钟雅帅郭默、赵胤等军及峻战于西陵。壶等大败，死伤以千数。丙辰，峻攻青溪栅；卞壶率诸军拒击，不能禁。峻因风纵火，烧台省及诸营寺署，一时荡尽。壶背痈新愈，创犹未合，力疾帅左右苦战而死；二子眕、盱随父后，亦赴敌而死。其母抚尸哭曰："父为忠臣，子为孝子，夫何恨乎！"

丹杨尹羊曼勒兵守云龙门，与黄门侍郎周导、庐江太守陶瞻皆战死。庾亮帅众将陈于宣阳门内，未及成列，士众皆弃甲走，亮与弟怿、条、翼及郭默、赵胤俱奔寻阳。将行，顾谓钟雅曰："后事深以相委。"雅曰："栋折榱崩，谁之咎也！"亮曰："今日之事，不容复言。"亮乘小船，乱兵相剥掠；亮左右射贼，误中柂工，应弦而倒。船上咸失色欲散，亮不动，徐曰："此手何可使著贼！"众乃安。

峻兵入台城，司徒导谓侍中褚翜曰："至尊当御正殿，君可启令速出。"翜即入上阁，躬自抱帝登太极前殿；导及光禄大夫陆晔、荀崧、尚书张闿共登御床，拥卫帝。以刘超为右卫将军，使与钟雅、褚翜侍立左右，太常孔愉朝服守宗庙。时百官奔散，殿省萧然。峻兵既入，叱褚翜令下。翜正立不动，呵之曰："苏冠军来觐至尊，军人岂得侵逼！"由是峻兵不敢上殿，突入后宫，宫人及太后左右侍人皆见掠夺。峻兵驱役百官，光禄勋王彬等皆被捶挞，令负担登蒋山。裸剥士女，皆以坏席苫草自鄣，无草者坐地以土自覆；哀号之声，震动内外。

初，姑孰既陷，尚书左丞孔坦谓人曰："观峻之势，必破台城，自非战士，不须戎服。"及台城陷，戎服者多死，白衣者无他。

时官有布二十万匹，金银五千斤，钱亿万，绢数万匹，他物称是，峻尽费之；太官唯有烧余米数石以供御膳。

或谓钟雅曰："君性亮直，必不容于寇雠，盍早为之计！"雅曰："国乱不能匡，君危不能济，各遁逃以求免，何以为臣！"

丁巳，峻称诏大赦，惟庾亮兄弟不在原例。以王导有德望，犹使以本官居己之右。祖约为侍中、太尉、尚书令，峻自为骠骑将军、录尚书事，许柳为丹杨尹，马雄为左卫将军，祖涣为骁骑将军。弋阳王羕诣峻，称述峻功，峻复以羕为西阳王、太宰、录尚书事。

温峤闻建康不守，号恸；人有候之者，悲哭相对。庾亮至寻阳宣太后诏，以峤为骠骑将军、开府仪同三司，又加徐州刺史郗鉴司空。峤曰："今日当以灭贼为急，未有功而先拜官，将何以示天下！"遂不受。峤素重亮，亮虽奔败，峤愈推奉之，分兵给亮。

庾亮、温峤将起兵讨苏峻，而道路断绝，不知建康声闻。会南阳范汪至寻阳，言"峻政令不一，贪暴纵横，灭亡已兆，虽强易弱，朝廷有倒悬之急，宜时进讨。"峤深纳之。亮辟汪参护军事。

亮、峤互相推为盟主；峤从弟充曰："陶征西位重兵强，宜共推之。"峤乃遣督护王愆期诣荆州，邀陶侃与之同赴国难。侃犹以不豫顾命为恨，答曰："吾疆埸外将，不敢越局。"峤屡说，不能回；乃顺侃意，遣使谓之曰："仁公且守，仆当先下。"使者去已二日，平南参军荥阳毛宝别使还，闻之，说峤曰："凡举大事，当与天下共之。师克在和，不宜异同。假令可疑，犹当外示不觉，况自为携贰邪！宜急追信改书，言必应俱进；若不及前信，当更遣使。"峤意悟，即追使者改书；侃果许之，遣督护龚登帅兵诣峤。峤有众七千，于是列上尚书，陈祖约、苏峻罪状，移告征镇，洒泣登舟。

郗鉴在广陵，城孤粮少，逼近胡寇，人无固志。得诏书，即流涕誓众，人赴国难，将士争奋。遣将军夏侯长等间行谓温峤曰："或闻贼欲挟天子东入会稽，当先立营垒，屯据要害，既防其越逸，又断贼粮运，然后清野坚壁以待贼。贼攻城不拔，野无所掠，东道既断，粮运自绝，必自溃矣。"峤深以为然。

【译文】

晋成帝咸和三年（戊子，公元328年）

春季，正月，温峤来救援建康，屯军寻阳。

韩晃偷袭在慈湖的司马流，司马流素来怯懦，临战时吃烤肉不知道往嘴里放，结果兵败身死。

丁未（二十八日），苏峻带领祖涣、许柳等士众二万人，渡过横江，登上牛渚，屯军于陵口。朝廷军队抵抗屡败。二月，庚戌（初一），苏峻到达蒋陵的覆丹山。陶回对庾亮说："苏峻知道石头有重兵戍守，不敢直接前来，必定从小舟杨南道徒步前来，应当埋伏兵众截击，可以一战擒获。"庾亮不听。苏峻果然从小丹杨前来，因迷路，夜间赶行，军队各部混乱。庾亮听说后才感后悔。

朝廷士人因京城危急紧迫，大多遣走家人向东避难，只有左卫将军刘超却把妻子儿女迁居宫内。

朝廷下诏让卞壶都督大桁以东军事事务，与侍中钟雅率领郭默、赵胤等人的军队与苏峻在西陵交战。卞壶等人大败，死伤数以千计。丙辰（初七），苏峻进攻青溪栅，卞壶率领各路部队拒敌，无法阻止其攻势。苏峻乘风势纵火，烧毁朝廷的台省及诸营寺官署，一时间荡然无存。卞壶背部的痈肿刚好，伤口尚未愈合，支撑着身体率领左右侍卫苦战至死，两个儿子卞眕和卞盱跟随在父亲身后，也赴敌战死。他们的母亲抚摸着尸体痛哭说："父亲是忠臣，儿子是孝子，还有什么遗憾呢！"

丹杨尹羊曼领兵戍守云龙门，和黄门侍郎周导、庐江太守陶瞻都战死。庾亮帅士众准备在宣阳门内结阵，还没来得及排成队列，士众都弃甲逃跑，庾亮和兄弟庾怿、庾条、庾翼及敦默、赵胤都逃奔寻阳。临走时回头对钟雅说："以后的事情深深拜托了。"钟雅说："栋梁折断，屋椽崩毁，这是谁的过失呢！"庾亮说："今天此事，不容再说。"庾亮乘坐小船，乱兵竞相掠夺抢劫，庾亮的左右侍从用箭射敌，结果误中船上舵手，应声仆倒。船上人都大惊失色，准备逃散。庾亮安坐不动，缓缓地说："这种手法怎么能让他射中寇贼呢！"大家这才安定。

苏峻的军队进入台城，司徒王导对侍中褚翜说："皇上应当在正殿，你可发令让他急速出来。"褚翜立即进入内室，亲自抱着成帝登上太极前殿。王导及光禄大夫陆晔、荀崧、尚书张闿一同登上御床，护卫成帝。任刘超为右卫将军，让他和钟雅、褚翜侍立在左右，太常孔愉则穿着朝服守护宗庙。当时百官逃奔离散，宫殿、朝省悄然无声。苏峻的兵众进来后，叱令褚翜让他退开。褚翜正立不动，呵斥他们说："苏峻来觐见皇上，军人岂能侵犯逼近！"因此苏峻的士兵不敢上殿，冲进后宫，宫女及太后的左右侍人都被掠夺。苏峻的士兵驱赶百官服劳役，光禄勋王彬等都被棍捶鞭挞，命令他们担着担子登蒋山。又剥光成年男女的衣物，这些人都用破席或苦草自相遮掩，没有草席的人就坐在地上用土把自己身体盖住，哀哭号叫的声音，震荡于京城内外。

当初，姑孰被攻陷之后，尚书左丞孔坦对人说："看苏峻的势头，必定会攻破台城，我从来不是士兵，不需要军服。"等到台城被攻陷，穿军服的人大多死亡，不着军服者倒没什么。

当时官府拥有布匹二十万匹，金银五千斤，钱亿万，绢数万匹，其他物品价值与此相当，苏峻尽数耗费光，掌管皇帝饮食的太官只有用大火烧剩下的数石粮米，以供成帝御膳。

有人对钟雅说："你禀性诚信坦真，必定不被寇仇所容，何不早做打算。"钟雅说："国家的祸乱不能匡正，君王的危殆不能挽救，各自遁逃以求免祸，这还怎么当人臣呢！"

丁巳（初八），苏峻矫称诏令大赦天下，唯有庾亮兄弟不在赦免之列。认为王导素有德行和名望，还让他保持原职，位居自己之上。祖约任侍中、太尉、尚书令，苏峻自任骠骑将军、录尚书事，许柳任丹杨尹，马雄任左卫将军，祖涣任骁骑将军。弋阳王司马羕拜见苏峻，称述苏峻的功德，苏峻又让司马羕当西阳王、太宰、录尚书事。

温峤听说建康失守，号啕痛哭。有人前往探问，也是相对悲泣。庾亮到寻阳后宣谕太后诏令，任温峤为骠骑将军、开府仪同三司，又授予徐州刺史郗鉴为司空。温峤说："今天应当首先翦灭叛贼，尚未建功却先授官，还怎么示范天下！"于是推辞不接受。温峤素来看重庾亮，庾亮虽然战败奔逃，温峤却更加推重奉承他，分出部分兵力交给庾亮。

庾亮、温峤准备起兵讨伐苏峻，但道路阻断，不知道建康的消息。适逢南阳人范汪到寻阳，说："苏峻政令混乱不一，贪婪强暴，肆无忌惮，已显现出灭亡的征兆，虽然暂时强大，但很容易转化为弱小，朝廷到了千钧一发的危急时刻，应当及时进攻讨伐。"温峤深以为然。庾亮征召范汪为参护军事。

庾亮、温峤相互推举对方为盟主，温峤的堂弟温充说："陶侃职位重要，兵力强盛，应当共同推举他为盟主。"温峤便派遣督护王愆期到荆州，邀请陶侃和自己同赴国难。陶侃仍然因为未能参与接受遗诏怀恨在心，回答说："我是守成边疆的将领，不敢逾越职分。"温峤多次劝说，不能使他回心转意。温峤于是顺应陶侃的心意，派使者对他说："仁公暂且按兵不动，我当先行进讨。"使者出发已有两天，平南参军、荥阳人毛宝出使别处归来，听说此事，劝说温峤说："凡是干大事，应当和天下人共同参与。军队取胜在于和同，不应当有所别异。即使有可疑之处，尚且应当对外表现出无所察觉，何况是自己显露离心呢！应当急速追回信使改写书信，说明一定要相互应从，共同进发。如果赶不上先前的信使，应当重新派遣使者。"温峤心中醒悟，当即追回使者改写书信，陶侃果然应许，派遣护龚登率军见温峤。温峤有士众七千人，于是列名上呈尚书，陈述祖约、苏峻的罪状，传告各地方长官，洒泪登上战船。

郗鉴在广陵，孤城缺粮，挨近胡寇，人心不稳。得到诏书后，当即流着眼泪誓师，来赴国难，将士们人人奋勇争先。郗鉴派将军夏侯长等微行前来对温峤说："有人听说叛贼准备胁迫天子向东到会稽，应当事先设立营帐壁垒，占据要害之地，既可防止他逃逸，又能切断叛贼的粮食运输，然后再坚壁清野，坐待叛贼。叛贼攻城不能取胜，旷野又无所劫掠，东边的道路既然阻断，粮米输运自然断绝，必定不战自溃。"温峤认为很对。

【原文】

四年（己丑，329年）

赵太子熙闻赵主曜被擒，大惧，与南阳王胤谋西保秦州。尚书胡勋曰："今虽丧君，境土尚完，将士不叛，且当并力拒之；力不能拒，走未晚也。"胤怒，以为沮众，斩之，遂帅百官奔上邽，诸征镇亦皆弃所守从之，关中大乱。将军蒋英、辛恕拥众数十万据长安，遣使降于后赵，后赵遣石生帅洛阳之众赴之。

二月，丙戌，诸军攻石头。建威长史滕含击苏逸，大破之。苏硕帅骁勇数百，渡淮而战，温峤击斩之。韩晃等惧，以其众就张健于曲阿，门隘不得出，更相蹈藉，死者万数。西军获苏逸，斩之，滕含部将曹据抱帝奔温峤船，群臣见帝，顿首号泣请罪。

秋，八月，赵南阳王胤帅众数万自上邽趣长安，陇东、武都、安定、新平、北地、扶风、始平诸郡戎、夏皆起兵应之。胤军于仲桥；石生婴城自守，后赵中山公虎帅骑二万救之。九月，虎大破赵兵于义渠，胤奔还上邽。虎乘胜追击，枕尸千里。上邽溃，虎执赵太子熙、南阳王胤及其将王公卿校以下三千余人，皆杀之，徙其台省文武、关东流民、秦•雍大族九千余人于襄国；又坑五郡屠各五千余人于洛阳。进攻集木且羌于河西，克之，俘获数万，秦、陇悉平。氐王蒲洪、羌酋姚弋仲俱降于虎，虎表洪监六夷军事，弋仲为六夷左都督。徙氐、羌十五万落于司、冀州。

是岁，贺兰部及诸大人共立拓拔翳槐为代王，代王纥那奔宇文部。翳槐遣其弟什翼犍质于赵以请和。

河南王吐延，雄勇多猜忌，羌酋姜聪刺之；吐延不抽剑，召其将纥扢堙，使辅其子叶延，保于白兰，抽剑而死。叶延孝而好学，以为礼"公孙之子得以王父字为氏"，乃自号其国曰吐谷浑。

【译文】

四年（己丑，公元329年）

前赵太子刘熙听说前赵主刘曜被擒，大为恐惧，和南阳王刘胤商议，准备向西保守秦州。尚书胡勋说："如今虽然丧失君王，但国土仍然完整，将士也未叛离，暂且应当集中力量抵御敌军。力有不支时再逃也不晚。"刘胤发怒，认为这是扰乱人心，将他斩首，随后率领文武百官逃奔上邽。各地方官员也都放弃自己镇守的地方跟从，关中大乱。将军蒋英、辛恕拥有士众数十万人据守长安，派使者向后赵请降，后赵派石生率领在洛阳的士众前往长安。

二月，丙戌（十三日），各路军队进攻石头。建威长史滕含重创苏逸，苏硕率领骁勇士卒数万人渡过秦淮河作战，被温峤击败斩杀。韩晃等人恐惧，带着部众前往曲阿依附张健，门道狭窄不便进出，士卒互相踩踏，死者上万。西军擒获苏逸，将他斩首。滕含部将曹据抱着成帝逃到温峤船上，群臣见到皇帝，叩头至地号泣请罪。

秋季，八月，前赵南阳王刘胤率数万士众由上邽奔赴长安，陇东、武都、安定、新平、北地、扶风、始平各郡的戎狄及华夏族都起兵应从。刘胤屯军于仲桥，石生环城自守，后赵令中山公石虎率骑兵二万人救援。九月，石虎在义渠大败前赵军队，刘胤逃归上邽。石虎乘胜追击，尸体枕藉千里。上邽被攻破，石虎擒获前赵太子刘熙、南阳王刘胤及其将军、郡王、公卿、校尉以下三千多人，全数杀害。把前赵朝廷的文武官员、关东流民、秦州和雍州的大族九千多人迁徙到襄国，又在洛阳坑杀五郡的屠各部人众五千多。石虎进攻河西羌族的集木且部，获胜后俘虏数万人，秦州、陇西全部平定。氐族王蒲洪、羌族首领姚弋仲都归降石虎。石虎上表荐举蒲洪监察六夷军事，姚弋仲任六夷左都督。把氐族和羌族的十五万村落居民迁徙到司州和冀州。

这年，贺兰部及诸位大人头领共同推立拓跋翳槐为代王，代王拓跋纥那逃奔宇文部。拓跋翳槐派兄弟拓跋什翼犍到后赵作人质，请求和好。

河南王吐延，雄壮勇敢但多有猜忌，羌族首领姜聪刺杀他，剑入体内。吐延不拔剑，召部将纥扢塈，让他辅佐自己的儿子叶延，保守白兰，然后拔剑而死。叶延孝顺好学，认为按照礼义："公孙的儿子可以用王父的字为姓氏"，于是自取国号叫吐谷浑。

【原文】

五年（庚寅，330年）

二月，后赵群臣请后赵王勒即皇帝位；勒乃称大赵天王，行皇帝事。立妃刘氏为王后，世子弘为太子。以其子宏为骠骑大将军、都督中外诸军事、大单于，封秦王；斌为左卫将军，封太原王；恢为辅国将军，封南阳王。以中山公虎为太尉、尚书令，晋爵为王；虎子邃为冀州刺史，封齐王；宣为左将军；挺为侍中，封梁王。

中山王虎怒，私谓齐王邃曰："主上自都襄国以来，端拱仰成，以吾身当矢石，二十余年，南擒刘岳，北走索头，东平齐、鲁，西定秦、雍，克十有三州。成大赵之业者，我也；大单于当以授我，今乃以与黄吻婢儿，念之令人气塞，不能寝食！待主上晏驾之后，不足复留种也。"

赵群臣固请正尊号，秋，九月，赵王勒即皇帝位。大赦，改元建平。文武封进各有差。立其妻刘氏为皇后，太子弘为皇太子。

弘好属文，亲敬儒素。勒谓徐光曰："大雅愔愔，殊不似将家子。"光曰："汉祖以马上取天下，孝文以玄默守之。圣人之后，必有胜残去杀者，天之道也。"勒甚悦。光因说曰："皇太子仁孝温恭，中山王雄暴多诈，陛下一旦不讳，臣恐社稷非太子所有也。宜渐夺中山王权，使太子早参朝政。"勒心然之，而未能从。

【译文】

五年（庚寅，公元330年）

二月，后赵的群臣请求后赵王石勒即帝位，石勒便号称大赵天王，行施皇帝的事务。又立妃子刘氏为王后，世子石弘为太子。任儿子石宏为骠骑大将军、都督中外军事、大单于，封为秦王；石斌为左卫将军，封为太原王；石恢为辅国将军，封为南阳王。任中山公石虎为太尉、尚书令，进升爵位为王；任石虎的儿子石邃为冀州刺史，封为齐王；石宣为左将军；石挺为侍中，封为梁王。

中山公石虎发怒，私下对齐王石邃说："主上自从建都襄国以来，端身拱手，坐享其成，靠着我身当箭石，冲锋陷阵。二十多年来，在南方擒获刘岳，在北方赶跑索头，向东平定齐、鲁之地，向西平定秦州、雍州，攻克十三座州郡。成就大赵功业的是我，大单于的称号应当授予我，现在却给了奴婢所生的黄吻小儿，想起来令人气愤，寝食难安！等到主上驾崩之后，我不会再让他留有后人。"

后赵群臣坚持请求石勒扶正皇帝尊号，秋季，九月，后赵王石勒即帝位。大赦天下，改年号为建平。文武官员封职擢升，各有等秩。册立妻子刘氏为皇后，太子石弘为皇太子。

石弘喜好写文章，为人亲近敬礼儒雅之士。石勒对徐光说："石弘和悦安闲，全然不像将军世家的儿子。"徐光说："汉高祖靠马上的功绩夺取天下，汉文帝凭仗沉静无为巩固天下，圣人的后代，必定有使凶暴之徒化为善，因而可以废除刑戮的人，这是上天的规律。"石勒十分高兴。徐光趁势劝说他："皇太子仁孝温恭，而中山公却雄暴多诈，陛下一旦辞世，我怕国家就不是太子所能据有的了。应该逐渐减少中山公的权势，让太子早些参与国政。"石勒心中同意，但未能照办。

【原文】

六年（辛卯，331年）

夏，赵主勒如邺，将营新宫；廷尉上党续咸苦谏，勒怒，欲斩之。中书令徐光曰："咸言不可用，亦当容之，奈何一旦以直言斩列卿乎！"勒叹曰："为人君，不得自专如是乎！匹夫家赀满百匹，犹欲市宅，况富有四海乎！此宫终当营之，且敕停作，以成吾直臣之气。"因赐咸绢百匹，稻百斛。又诏公卿以下岁举贤良方正，仍令举人得更相荐引，以广求贤之路。起明堂、辟雍、灵台于襄国城西。

慕容廆遣使与太尉陶侃笺，劝以兴兵北伐，共清中原。僚属宋该等共议，以"廆立功一隅，位卑任重，等差无别，不足以镇华、夷，宜表请进廆官爵。"参军韩恒驳曰："夫立功者患信义不著，不患名位不高。桓、文有匡复之功，不先求礼命以令诸侯。宜缮甲兵，除群凶，功成之后，九锡自至。比于邀君以求宠，不亦荣乎！"廆不悦，出恒为新昌令。于是东夷校尉封抽等疏上侃府，请封廆为燕王，行大将军事。侃复书曰："夫功成进爵，古之成制也。车骑虽未能为官摧勒，然忠义竭诚；今腾笺上听，可不、迟速，当在天台也。"

【译文】

六年（辛卯，公元331年）

夏季，后赵国主石勒到邺，准备营建新的宫室。廷尉、上党人续咸苦苦劝谏，石勒发怒，要将他斩首。中书令徐光说："即便续咸的话不能听从，也应当宽容他，怎么能因为一时直言便斩杀列卿呢！"石勒叹息说："作为君主，如此不能自己决断吗！寻常百姓家资达到一百匹，还想买住宅，何况我富有四海呢？这宫殿终究是要营建的，我暂且下令停止建造，用以成全我的耿直大臣的正气。"于是赐给续咸绢一百匹，稻米一百斛。又下诏让公卿以下官吏荐举贤良方正之士，并且命令被荐举的人交相推荐援引，用以开拓求贤的途径。在襄国城西建起明堂、辟雍、灵台。

慕容廆派使者送信给太尉陶侃，劝他起兵北伐，共同廓清中原。慕容廆的僚属宋该等人共同评议，认为"慕容廆在边陲一隅建立功业，职位卑微，责任重大，等秩未加区别，不足以震慑华夏和胡夷，应当上表请求提升慕容廆的官爵。"参军韩恒批驳说："建立功绩的人忧虑的是诚信、道义不彰明，不忧虑名位不高。齐桓公、晋文公有匡扶天下的功绩，也没有事先要求天子按礼制加以任命来号令诸侯。应当修缮甲胄、兵器，除灭群凶，功成之后，九锡的礼遇自会得到。这比起求君主要宠爱，不也光荣些吗！"慕容廆不高兴，让韩恒出任新昌令。于是东夷校尉封抽等人写疏文上奏陶侃幕府，请求封慕容廆为燕王，摄行大将军事。陶侃回信说："功业成就加官晋爵，这是古人的固有制度。车骑将军慕容廆虽未能为朝廷摧毁石勒，但忠诚仁义，尽心尽力。现在我把疏文禀报给圣上，同不同意，授官早晚，应当由朝廷决定。"

晋纪十七

【原文】

显宗成皇帝中之上咸和七年（壬辰，332年）

赵主勒大飨群臣，谓徐光曰："朕可方自古何等主？"对曰："陛下神武谋略过于汉高，后世无可比者。"勒笑曰："人岂不自知！卿言太过。朕若遇汉高祖，当北面事之，与韩、彭比肩；若遇光武，当并驱中原，未知鹿死谁手。大丈夫行事，宜礌礌落落，如日月皎然，终不效曹孟德、司马仲达欺人孤儿、寡妇，狐媚以取天下也。"群臣皆顿首称万岁。

赵右仆射程遐言于赵主勒曰："中山王勇悍权略，群臣莫及；观其志，自陛下之外，视之蔑如；加以残贼安忍，久为将帅，威振内外，其诸子年长，皆典兵权；陛下在，自当无他，恐非少主之臣也。宜早除之，以便大计。"勒曰："今天下未安，大雅冲幼，宜得强辅。中山王骨肉至亲，有佐命之功，方当委以伊、霍之任，何至如卿所言！卿正恐不得擅帝舅之权耳；吾亦当参卿顾命，勿过忧也。"遐泣曰："臣所虑者公家，陛下乃以私计拒之，忠言何自而入乎！中山王虽为皇太后所养，非陛下天属，虽有微功，陛下酬其父子恩荣亦足矣，而其志愿无极，岂将来有益者乎！若不除之，臣见宗庙不血食矣。"勒不听。

是岁，凉州僚属劝张骏称凉王，领秦、凉二州牧，置公卿百官如魏武、晋文故事。骏曰："此非人臣所宜言也。敢言此者，罪不赦！"然境内皆称之为王。骏立次子重华为世子。

【译文】

晋成帝咸和七年（壬辰，公元332年）

后赵国主石勒盛大地犒赏群臣，对徐光说："朕可以和古代哪一等君主相比？"徐光回答说："陛下的神武谋略超过汉高祖，后代人没有可以相比的。"石勒笑着说："人哪有不知道自己的！您的话太过了。朕如果遇到汉高祖，应当向他北面称臣，与韩信、彭越同列比肩。如果遇上汉光武帝，将会与他共同逐鹿中原，不知鹿死谁手。大丈夫行事，应当光明磊落，如同日月之光明亮洁白，终究不该仿效曹操和司马懿，欺凌他人的孤儿寡妇，靠不正当的手段夺取天下。"群臣都叩头顿首，称呼万岁。

后赵右仆射程遐向国主石勒进言说："中山王石虎勇悍而有权谋武略，群臣中无人比得上，观察他的志向，除陛下以外，对他人都视而不见。再加上性格凶暴残忍，长期出任将帅，威震内外，他的各位儿子年龄都不小，都握有兵权，陛下在世，自然应当没什么事，但恐怕他不甘心作少主的臣子。应当尽早除去他，以利国家大计。"石勒说："如今天下没有安定，石弘年少，应当得到强大的辅佐。中山王是我的骨肉至亲，有辅佐王命的功绩，正应委付他伊尹、霍光那样的重任，何至于像你说的那样！你只是唯恐不能专帝舅的权力罢了。我也会让你参与辅政，不必过分忧虑。"程遐哭泣着说："我所顾虑的是国家，陛下却认为是为自己打算而加以拒绝，忠言从何处能入耳呢！中山王虽然是皇太后收养的，但并非陛下的亲骨肉，虽然有些小功劳，陛下酬答他们父子的恩惠荣耀也足够了，但他的心意、欲望却没有止境，难道会是有益于将来的人吗！如果不除去他，我看宗庙将会绝祀了。"石勒不听。

这年，凉州的僚属们劝张骏自称凉王，兼领秦州、凉州二州牧。仿效魏武帝、晋文帝的旧例设置公卿百官。张骏说："这不是为人臣子所该说的话。敢说这事的，罪在不赦！"然而凉州境内都称呼他为王。张骏立次子张重华为世子。

【原文】

八年（癸巳，333年）

春，正月，成大将军李寿拔朱提，董炳、霍彪皆降，寿威震南中。

夏，五月，甲寅，辽东武宣公慕容廆卒。六月，世子皝以平北将军行平州刺史，督摄部内；赦系囚。

秋，七月，勒疾笃，遗命曰："大雅兄弟，宜善相保，司马氏，汝曹之前车也。中山王宜深思周、霍，勿为将来口实。"戊辰，勒卒。中山王虎劫太子弘使临轩，收右光禄大夫程遐、中书令徐光，下廷尉，召邃使将兵入宿卫，文武皆奔散。弘大惧，自陈劣弱，让位于虎。虎曰："君终，太子立，礼之常也。"弘涕泣固让，虎怒曰："若不堪重任，天下自有大义，何足豫论！"弘乃即位。大赦。

八月，赵主弘以中山王虎为丞相、魏王、大单于，加九锡，以魏郡等十三郡为国，总摄百揆。

慕容皝初嗣位，用法严峻，国人多不自安，主簿皇甫真切谏，不听。

皝庶兄建威将军翰、母弟征虏将军仁，有勇略，屡立战功，得士心；季弟昭，有才艺；皆有宠于廆。皝忌之，翰叹曰："吾受事于先公，不敢不尽力，幸赖先公之灵，所向有功，此乃天赞吾国，非人力也。而人谓吾之所办，以为雄才难制，吾岂可坐而待祸邪！"乃与其子出奔段氏。段辽素闻其才，冀收其用，甚爱重之。

【译文】

八年（癸巳，公元333年）

春季，正月，成汉的大将军李寿攻下朱提，董炳、霍彪都投降，李寿威震南中。

夏季，五月，甲寅（初六），辽东武宣公慕容廆死。六月，世子慕容皝以平北将军的身份摄行平州刺史职务，督察、统领境内士众，赦免囚犯。

秋季，七月，石勒病重，颁布遗命说："石弘兄弟，应当好好相互扶持，司马氏就是你们的前车之鉴。中山王石虎应当深深追思周公、霍光，不要为后世留下口实。"戊辰（二十一日），石勒死。中山王石虎劫持太子石弘让他到殿前，收捕右光禄大夫程遐、中书令徐光，交付廷尉治罪，又征召石邃，让他带兵入宫宿卫，文武官员纷纷逃散。石弘大为恐惧，自言软弱，要让位给石虎。石虎说："君王去世，太子即位，这是礼仪常规。"石弘流着泪坚决辞让，石虎发怒说："如果你不能承担重任，天下人自会按大道理行事，哪里能事先就谈论！"石弘于是即位。大赦天下。

八月，后赵国主石弘任中山王石虎为丞相、魏王、大单于，赐加九锡，划分魏郡等十三郡作为石虎的封国，总领朝廷大小政事。

慕容皝刚刚继位，使用刑法过于严厉，国内人大多不知所措，主簿皇甫真恳切劝谏，慕容皝不听。

慕容皝的庶母兄长、建成将军慕容翰和同母兄弟、征虏将军慕容仁，都勇悍而有谋略，多次建立战功，深得人心；小弟弟慕容昭，多才多艺，都受到慕容皝的宠爱。慕容皝妒忌他们，慕容翰叹息说："我从先父那里接受任职，不敢不尽力，幸好仰仗先父的在天之灵，所向披靡，这是上天祐助我国，并非人力所为。但别人却说这是我的力量，以为我具有杰出的才能，难以制服，我怎能坐以待祸呢！"于是和儿子出奔段氏。段辽平素早就听说他的才能，希望收为己用，所以非常宠爱、看重他。

【原文】

九年（甲午，334年）

二月，丁卯，诏遣耿访、王丰赍印绶授张骏大将军、都督陕西·雍·秦·凉州诸军事。自是每岁使者不绝。

长沙桓公陶侃，晚年深以满盈自惧，不预朝权，屡欲告老归国，佐吏等苦留之。六月，侃疾笃，上表逊位。遣左长史殷羡奉送所假节、麾、幢、曲盖、侍中貂蝉、太尉章、荆、江、雍、梁、交、广、益、宁八州刺史印传、棨戟；军资、器仗、牛马、舟船，皆有定簿，封印仓库，侃自加管钥。以后事付右司马王愆期，加督护统领文武。甲寅，舆车出，临津就船，将归长沙，顾谓愆期曰："老子婆婆，正坐诸君！"乙卯，薨于樊谿。侃在军四十一年，明毅善断，识察纤密，人不能欺；

自南陵迄于白帝，数千里中，路不拾遗。及薨，尚书梅陶与亲人曹识书曰："陶公机神明鉴似魏武，忠顺勤劳似孔明，陆抗诸人不能及也。"谢安每言："陶公虽用法而恒得法外意。"安，鲲之从子也。

成主雄生疡于头。身素多金创。及病，旧痕皆脓溃，诸子皆恶而远之；独太子班昼夜侍侧，不脱衣冠，亲为吮脓。雄召大将军建宁王寿受遗诏辅政。丁卯，雄卒，太子班即位。以建宁王寿录尚书事，政事皆委于寿及司徒何点、尚书王瓌，班居中行丧礼，一无所预。

辛未，加平西将军庾亮征西将军、假节、都督江、荆、豫、益、梁、雍六州诸军事，领江、豫、荆三州刺史，镇武昌。亮辟殷浩为记室参军。浩，羡之子也，与豫章太守褚裒、丹阳丞杜乂，皆以识度清远，善谈《老》《易》，擅名江东，而浩尤为风流所宗。裒，䂮之孙；父，锡之子也。桓彝尝谓裒曰："季野有皮里《春秋》。"言其外无臧否，而内有褒贬也。谢安曰："裒虽不言，而四时之气亦备矣。"

成主雄之子车骑将军越屯江阳，奔丧至成都。以太子班非雄所生，意不服，与其弟安东将军期谋作乱。班弟玝劝班遣越还江阳，以期为梁州刺史，镇葭萌。班以未葬，不忍遣，推心待之，无所疑间，遣玝出屯于涪。冬，十月，癸亥朔，越因班夜哭，弑之于殡宫，并杀班兄领军将军都；矫太后任氏令，罪状班而废之。

初，期母冉氏贱，任氏母养之。期多才艺，有令名；及班死，众欲立越，越奉期而立之。甲子，期即皇帝位。谥班曰戾太子。以越为相国，封建宁王；加大将军寿大都督，徙封汉王；皆录尚书事。

赵主弘自赍玺绶诣魏宫，请禅位于丞相虎。虎曰："帝王大业，天下自当有议，何为自论此邪！"弘流涕还宫，谓太后程氏曰："先帝种真无复遗矣！"于是尚书奏："魏台请依唐、虞禅让故事，"虎曰："弘愚暗，居丧无礼，便当废之，何禅让也！"十一月，虎遣郭殷入宫，废弘为海阳王。弘安步就车，容色自若，谓群臣曰："庸昧不堪纂承大统，夫复何言！"群臣莫不流涕，宫人恸哭。群臣诣魏台劝进，虎曰："皇帝者盛德之号，非所敢当，且可称居摄赵天王。"幽弘及太后程氏、秦王宏、南阳王恢于崇训宫，寻皆杀之。

西羌大都督姚弋仲称疾不贺，虎累召之，乃至。正色谓虎曰："弋仲常谓大王命世英雄，奈何把臂受托而返夺之邪！"虎曰："吾岂乐此哉！顾海阳年少，恐不能了家事，故代之耳。"心虽不平，然察其诚实，亦不之罪。

【译文】

九年（甲午，公元334年）

二月，丁卯（二十三日），朝廷下诏派耿访、王丰携带印绶拜授张骏为大将军，都督陕西、雍州、秦州、凉州诸军事。从此以后每年来往使者不断。

长沙桓公陶侃，到晚年深深畏惧物极必反的道理，因此不参与朝政，多次想告老还乡，佐吏们苦苦相留。六月，陶侃病重，上表请求退位。派左长史殷羡归还持有的朝廷符节、麾、幢、曲盖、侍中貂蝉、太尉印章，以及荆、江、雍、梁、交、广、益、宁八州的刺史印传和棨戟。至于军资、器仗、牛马、舟船等，都有簿录统计，封存仓库，由陶侃亲自上锁。陶侃将后事托付给右司马王愆期，授予督护官职，统领文武官吏。甲寅（六月十二日），陶侃乘车离开武昌，到渡口乘船，准备回长沙，回头对王愆期说："老夫现在蹒跚难行，正因你们阻拦。"乙卯（六月十三日），在樊豀去世。陶侃领军四十一年，明智、坚毅，善于决断；见识纤密，别人难以欺蒙。自南陵到白帝，几千里的辖域内路不拾遗。陶侃去世后，尚书梅陶给亲友曹识的信说："陶公的神机明鉴如同魏武帝，忠顺勤军好比孔明，陆抗等人比不上他。"谢安经常说："陶公虽然运用刑法，但常常能领会刑法之外的含意。"谢安即谢鲲的侄子。

成汉主李雄头部生疮，身体原有很多创伤，等到病发时，旧伤痕全部化脓溃烂，儿子们都因厌恶而远远躲开，只有太子李班昼夜在身边侍候，不脱衣帽，亲自为他吮吸脓肿。李雄征召大将军、建宁王李寿接受遗诏辅佐朝政。丁卯（六月二十五日），李雄故去，太子李班即位。任命建宁王李寿录尚书事，政事都委决于李寿和司徒何点、尚书王瓌。李班居住在宫中服丧，毫不干预。

辛未（六月二十九日），朝廷授予平西将军庾亮征西将军，假节，都督江、荆、豫、益、梁、雍六州诸军事，兼领江、豫、荆三州刺史，镇守武昌。庾亮召用殷浩为记室参军。殷浩即殷羡的儿子，和豫章太守褚裒、丹阳丞杜乂都因见识清晰、气度弘远，善于进谈《老子》《周易》，在江东负有盛名，而殷浩尤其被风流雅士所推重。褚裒即猪裒的孙子，杜乂即杜锡的儿子。桓彝曾经评论褚裒说："褚季野有皮里《春秋》。"是说他表面不做评论，但内心却有所褒贬。谢安说："褚裒虽然不说话，但气度弘远。"

成汉主李雄的儿子、车骑将军李越驻屯江阳，回到成都奔父丧。他认为太子李班不是李雄亲生，心中不服，和兄弟、安东将军李期阴谋作乱。李班的兄弟李玗劝李班遣送李越回江阳，让李期出任梁州刺史，镇守葭萌。但李班因为父亲未安葬，不忍心遣返，推心置腹地对待他们，没有任何猜忌和疏远，让李玗离开成都，驻屯于涪。冬季，十月，癸亥朔（疑误），李越乘李班夜间哭吊，将他杀死在殡宫，同时杀死李班的兄长、领军将军李都。矫称太后任氏的诏令，罗列李班的罪状，因而废黜其位。

当初，李期的生母冉氏身份低贱，认任氏为养母，由任氏抚养。李期多才多艺，有好名声。李班死后，众人打算立李越为国主，李越推奉李期，立他为国主。甲子（十月二十四日），李期即帝位。为李班赐谥号为戾太子。李期任命李越为相国，封建宁王，授予大将军李寿大都督，改封汉王，都录尚书事。

后赵国主石弘自己携带印玺到魏宫，请求将君位禅让给丞相石虎。石虎说："帝王的大业，天下人自会有公议，为什么自己选择这样做呢！"石弘流着眼泪回宫，对太后程氏说："先帝的骨肉真的不会再遗存了！"此时尚书奏议说："魏王请您依照唐尧、虞舜的禅让旧例行事。"石虎说："石弘愚昧昏暗，服丧无礼，应当将他废黜，谈什么禅让！"十一月，石虎派郭殷进宫，废黜石弘为海阳王。石弘缓步就车，神色从容，对群臣们说："我庸碌愚昧不堪继承皇帝大统，还有什么可说的。"群臣人人流泪，宫女恸哭。群臣到魏宫进劝石虎即位，石虎说："皇帝是美盛品德的称号，不是我敢承受的，暂且可以称作居摄赵天王。"石虎将石弘和太后程氏、秦王石宏、南阳王石恢幽禁在崇训宫，不久全数杀害。

西羌大都督姚弋仲称病不来朝贺，石虎屡次相召，这才前来。姚弋仲表情端庄严肃地对石虎说："我经常说大王是闻名于世的英雄，怎么握着手臂受托辅佐遗孤，反而夺人君位呢？"石虎说："我哪里喜欢这样做！不过海阳王年少，恐怕不能治理家事，所以代替他罢了。"石虎心中虽然怨怒不平，但看姚弋仲为人诚恳实在，也不加罪于他。

【原文】

咸康元年（乙未，335年）

司徒导以羸疾，不堪朝会，三月，乙酉，帝幸其府，与群臣宴于内室，拜导并拜其妻曹氏。侍中孔坦密表切谏，以为帝初加元服，动宜顾礼，帝从之。坦又以帝委政于导，从容言曰："陛下春秋已长，圣敬日跻，宜博纳朝臣，咨诹善道。"导闻而恶之，出坦为廷尉。坦不得意，以疾去职。

九月，赵王虎迁都于邺，大赦。

初，赵主勒以天竺僧佛图澄豫言成败，数有验，敬事之。及虎即位，奉之尤谨，衣以绫锦，乘以雕辇。朝会之日，太子、诸公扶翼上殿，主者唱"大和尚"，众坐皆起。使司空李农旦夕问起居，太子、诸公五日一朝。国人化之，率多事佛，澄之所在，无敢向其方面涕唾者。争造寺庙，削发出家。虎以其真伪杂糅，或避赋役为奸宄，乃下诏问中书曰："佛，国家所奉，里闾小人无爵秩者，应事佛不？"著作郎王度等议曰："王者祭祀，典礼具存。佛，外国之神，非天子诸华所应祠奉。汉氏初传其道，唯听西域人立寺都邑以奉之，汉人皆不得出家；魏世亦然。今宜禁公卿以下毋得诣寺烧香、礼拜；其赵人为沙门者，皆返初服。"虎诏曰："朕生自边鄙，忝君诸夏，至于飨祀，应从本俗。其夷、赵百姓乐事佛者，特听之。"

成太子班之舅罗演，与汉王相天水上官澹，谋杀成主期，立班子。事觉，期杀演、澹及班母罗氏。

期自以得志，轻诸旧臣，信任尚书令景骞、尚书姚华、田褒、中常侍许涪等，刑赏大政，皆决于数人，希复关公卿。褒无他才，尝劝成主雄立期为太子，故有宠。由是纪纲隳紊，雄业始衰。

初，张轨及二字寔、茂，虽保据河右，而军旅之事无岁无之。及张骏嗣位，境内渐平。骏勤修庶政，总御文武，咸得其用，民富兵强，远近称之以为贤君。骏遣将杨宣伐龟兹、鄯善，于是西域诸国焉耆、于阗之属，皆诣姑臧朝贡。骏于姑臧南作五殿，官属皆称臣。

骏有兼秦、雍之志，遣参军麴护上疏，以为："勒、雄既死，虎、期继逆，兆

庶离主，渐冉经世；先老消落，后生不识，慕恋之心，日远日忘。乞敕司空鉴、征西亮等泛舟江、沔，首尾齐举。"

【译文】

晋成帝咸康元年（乙未，公元335年）

司徒王导因为身患手足麻木之病，不能参与朝会。三月，乙酉（十七日），成帝驾临他的宅府，和群臣在内府宴饮，向王导及妻子曹氏行拜礼。侍中孔坦私下写表文恳切劝谏，认为元帝刚刚加冠，举动应当遵从礼仪，成帝应从。孔坦又因为成帝将朝政委付王导，缓缓进言说："陛下年龄渐大，聪明、端肃每日俱进，应当广泛听取群臣的意见，征询正确美好的办法。"王导听说后憎恶孔坦，调出孔坦任廷尉。孔坦不得志，称病辞职。

九月，赵王石虎迁都于邺，实行大赦。

当初，后赵国主石勒因为天竺僧人佛图澄预先陈言事情的成败，多次得到验证，恭敬地侍奉他。石虎即位后，侍奉他更为恭谨，让他穿绫锦，乘雕辇。到朝会的日子，太子、各位公卿扶持上殿，掌管朝仪的人唱名说："大和尚"，满座都起身。石虎让司空李农早晚问候佛图澄的起居，太子、公卿每五天朝见他一次。国内人受此影响，大多崇尚佛教，佛图澄所在之处，无人敢朝着那个方面吐口水。大家争着建造寺庙，削发出家。石虎因为拜佛出家的人真伪杂混，有的借此躲避赋税和徭役，干不法的勾当，于是下诏书问中书说："佛教是国家所尊奉的，里闾平民百姓没有官爵的人，是否应当事佛？"著作郎王度等人评议说："君王的祭祀，有典制礼仪可供遵循。佛是外国的神灵，不是天子和各华夏民族所应祠奉的。汉朝佛教开始传入，当时只是允许西域人在都邑建立寺庙来祠奉，汉人都不让出家，魏朝也是这样。现在应当禁止公卿以下的人等，不让他们到寺庙烧香、拜佛；凡赵国人当和尚的，都恢复原先的服饰。"石虎下诏说："朕出生在边鄙之地，愧为华夏民族的君上，至于祭祀，应当遵从本来的习俗。凡夷族、赵国百姓乐意尊崇佛教的，特别听任其便。"

成汉太子李班的舅父罗演和汉王相、天水人上官澹图谋杀死成汉国主李期，立李班的儿子为王。事情败露，李期杀死罗演、上官澹及李班生母罗氏。

李期自以为志得意满，轻视各位旧臣，听信重用尚书书令景骞、尚书姚华、田褒、中常侍许涪等人，刑罚赏赐之类的重大政事，都由这几个人决断，很少再向公卿咨询。田褒没有别的才能，曾经劝说成汉主李雄册立李期为太子，所以得宠。由此朝廷的法度毁圮紊乱，李雄创下的基业开始衰败。

当初，张轨及两个儿子张寔、张茂虽然据守河右，但每年都有战事。至张骏继位，境内渐渐平定。张骏辛勤治理各种政事，总领文武官员，让他们各得其用，民富兵强，远近之人都称他为贤君。张骏派部将杨宣攻伐龟兹、鄯善，于是西域各国如焉耆、于阗之类，都赴姑臧朝贡。张骏在姑臧城南建造五座宫殿，官属都自称为臣。

张骏有兼并秦州、雍州的志向，派参军麹护向东晋上疏，认为："石勒、李雄死后，石虎、李期继承叛逆，万民离开了君主，逐渐经过了一代人。先生老辈衰老死亡，后生小辈不知旧事，仰慕思恋之心，一天天疏远、一天天淡忘。乞请敕令司空郗鉴、征西将军庾亮等泛舟于长江、沔水，与我互相呼应，同时发动。"

【原文】

二年（丙申，336年）

慕容皝将讨慕容仁，司马高诩曰："仁叛弃君亲，民神共怒；前此海未尝冻，自仁反以来，连年冻者三矣。且仁专备陆道，天其或者欲使吾乘海冰以袭之也。"皝从之。群僚皆言涉冰危事，不若从陆道。皝曰："吾计已决，敢沮者斩！"

壬午，皝帅其弟军师将军评等自昌黎东，践冰而进，凡三百余里。至历林口，舍辎重，轻兵趣平郭。去城七里，候骑以告仁，仁狼狈出战。张英之俘二使也，仁恨不穷追；及皝至，仁以为皝复遣偏师轻出寇抄，不知皝自来，谓左右曰："今兹当不使其匹马得返矣！"乙未，仁悉众陈于城之西北。慕容军帅所部降于皝，仁众沮动；皝从而纵击，大破之。仁走，其帐下皆叛，遂擒之。皝先为斩其帐下之叛者，然后赐仁死。于衡、游毅、孙机等，皆仁所信用也，皝执而斩之；王冰自杀。慕容幼、慕容稚、佟寿、郭充、翟楷、庞鉴，皆东走，幼中道而还；皝兵追及楷、鉴，斩之；寿、充奔高丽。自余吏民为仁所诖误者，皝皆赦之。封高诩为汝阳侯。

【译文】

二年（丙申，公元336年）

慕容皝准备讨伐慕容仁，司马高诩说："慕容仁背叛和抛弃君主亲人，神灵和士民共同愤怒，此前海水从未冻冰，自从慕容仁反叛以来，连续结冻已经三年了。况且慕容仁专门防备陆路，上天大概是想让我们乘海结冰时去袭击他吧。"慕容皝听从了他的意见。众僚佐都说由冰上过海是危险的事，不如改走陆路。慕容皝说："我计议已定，敢阻拦的人斩首！"

壬午（正月十九日），慕容皝率领其弟、军师将军慕容评等从昌黎东行踏冰前进，共三百多里。到历林口，舍弃辎重，轻兵赶赴平郭。离城七里，侦察骑兵告知慕容仁，慕容仁勉强迎战。张英掳获段氏、宇文氏使者的时候，慕容仁怨恨自己没有穷追不舍；等到慕容皝前来时，慕容仁以为慕容皝又派遣一小部分军队轻装出发侵扰劫掠，不知道慕容皝亲自前来，对左右侍从说："这回应当让他们连一匹马都回不去！"乙未（疑误），慕容仁倾其士众在城西北结阵，慕容军率其所部归降慕容皝，慕容仁的兵众气馁骚动，慕容皝乘机纵兵攻袭，重创敌军。慕容仁逃跑，其军中吏众全部反叛，于是被擒获，慕容皝先为他斩杀了军中反叛的人，然后赐慕容仁死。丁衡、游毅、孙机等人，都是慕容仁所信任重用的，被慕容皝执获斩首，王冰自杀。慕容幼、慕容稚、佟寿、郭充、翟楷、庞鉴等人都向东逃亡，慕容幼中途返回。慕容皝的军队追上翟楷、庞鉴，将其斩首。佟寿、郭充逃奔高丽。其余被慕容仁贻误连累的吏民，慕容皝都予以赦免。封高诩为汝阳侯。

【原文】

三年（丁酉，337年）

赵太子邃素骁勇，赵王虎爱之。常谓群臣曰："司马氏父子兄弟自相残灭，故使朕得至此；如朕有杀阿铁理否？"既而邃骄淫残忍，好妆饰美姬，斩其首，洗血置盘上，与宾客传观之，又烹其肉共食之。河间公宣、乐安公韬皆有宠于虎，邃疾之如仇。虎荒耽酒色，喜怒无常。使邃省可尚书事，每有所关白，虎恚曰："此小事，何足白也！"时或不闻，又恚曰："何以不白！"诮责笞棰，月至再三。邃私谓中庶子李颜等曰："官家难称，吾欲行冒顿之事，卿从我乎？"颜等伏不敢对。秋，七月，邃称疾不视事，潜帅宫臣文武五百余骑饮于李颜别舍，因谓颜等曰："我欲至冀州，杀河间公，有不从者斩！"行数里，骑皆逃散。颜叩头固谏，邃亦昏醉而归。其母郑氏闻之，私遣中人诮让邃；邃怒，杀之。佛图澄谓虎曰："陛下不宜数往东宫。"虎将视邃疾，思澄言而还；既而瞋目大言曰："我为天下主，父子不相信乎！"乃命所亲信女尚书往察之。邃呼前与语，因抽剑击之。虎怒，收李颜等诘问，颜具言其状，杀颜等三十余人。幽邃于东宫，既而赦之，引见太武东堂；邃朝而不谢，俄顷即出。虎使谓之曰："太子应朝中宫，岂可遽去！"邃径出，不顾。虎大怒，废邃为庶人。其夜，杀邃及其妃张氏，并男女二十六人同埋于一棺；诛其宫臣支党二百余人；废郑后为东海太妃。立其子宣为天王皇太子，宣母杜昭仪为天王皇后。

九月，镇军左长史封奕等劝慕容皝称燕王；皝从之。于是备置群司，以封奕为国相，韩寿为司马，裴开为奉常，阳鹜为司隶，王寓为太仆，李洪为大理，杜群为纳言令，宋该、刘睦、石琮为常伯，皇甫真、阳协为冗骑常侍，宋晃、平熙、张泓为将军，封裕为记室监。洪，臻之孙；晃，奭之子也。冬，十月，丁卯，皝即燕王位，大赦。十一月，甲寅，追尊武宣公为武宣王，夫人段氏曰武宣后；立夫人段氏为王后，世子俊为王太子，如魏武、晋文辅政故事。

【译文】

三年（丁酉，公元337年）

后赵太子石邃素来骁勇，后赵王石虎宠爱他。石虎经常对大臣们说："司马氏父子兄弟自相残杀，所以朕得以有今天。而朕岂有杀石邃的道理呢！"后来，石邃骄淫残忍，喜欢将美丽的姬妾装饰打扮起来，然后斩下首级，洗去血污，盛放在盘子里，与宾客们互相传览，再烹煮姬妾身体上的肉共同品尝。河间公石宣、乐安公石韬都得到石虎的宠爱，石邃恨之如仇敌。石虎沉溺于酒色，喜怒无常。他让石邃省视决断尚书奏事，常常当石邃有事禀报时，石虎便不满地说："这种小事，怎么值得禀报！"有时听不到石邃的禀报，又不满地说："为什么不禀报！"于是对石邃谴责斥骂、鞭打杖击，一月之中多次发生。石邃私下对中庶子李颜等人说："天子的心志难以满足，我想干汉冒顿那样的事情，你们跟我干吗？"李颜等人伏地不敢回答。秋季，七月，石邃称病不理政事，秘密带领宫内大臣、文武官员五百多人骑马到李颜的别宅饮酒，乘机对李颜等人说："我想到冀州杀死河间公石宣，有胆敢不跟从的斩首！"出行数里后，众人都逃散。李颜跪地叩头，极力谏止，石邃也就昏昏欲醉地返回。石邃的母亲郑氏听说此事，私下派遣身边的人责问石邃。石邃发怒，杀死来人。佛图澄对石虎说："陛下不宜经常去东宫。"石虎本来准备探视石邃的病情，想到佛图澄的话，便返回宫中。接着瞪大眼睛高声说："我是天下人的君主，父子都不能互相信任吗！"于是让自己所亲近信任的女尚书前往察看。石邃喊她近前谈话，乘势拔剑刺击。石虎发怒，拘捕李颜等人诘问，李颜原原本本述说了原委，石虎便杀死李颜等三十多人，把石邃幽禁在东宫，不久又赦免其罪，在太武东堂召见他。石邃朝见时不谢罪，顷刻便离去。石虎让人对他说："太子应召朝见皇后，怎么可以急遽离开！"石邃头也不回，径直出宫。石虎勃然大怒，废黜石邃为庶人。当夜，杀死石邃和妃子张氏，连同男女共二十六人合葬在一口棺材内，并诛杀石邃宫臣中的门党二百多人，废黜郑皇后为东海太妃。石虎立儿子石宣为天王皇太子，石宣的母亲杜昭仪被封为天王皇后。

九月，镇军左长史封奕等劝慕容皝称燕王，慕容皝听从了。于是设置各个官署，让封奕出任国相，韩寿任司马，裴开任奉常，阳鹜任司隶，王寓任太仆，李洪任大理，杜群任纳言令，宋奂、刘睦、石琮任常伯，皇甫真、阳协任冗骑常侍，宋晃、平熙、张泓为将军，封裕任记室监。李洪即李臻的孙子；宋晃即宋奭的儿子。冬季，十月，丁卯（十四日），慕容皝即前燕王位，实行大赦。十一月，甲寅（疑误），追尊武宣公慕容廆为武宣王，夫人段氏称为武宣后。又立自己的夫人段氏为王后，册立世子慕容俊为王太子，效仿魏武帝、晋文帝辅佐朝政之例。

资治通鉴第九十六卷

晋纪十八

【原文】

显宗成皇帝中之下咸康四年（戊戌，338年）

夏，四月，癸丑。以慕容皝为征北大将军、幽州牧，领平州刺史。

成主期骄虐日甚，多所诛杀，而籍没其资财、妇女，由是大臣多不自安。汉王寿素贵重，有威名，期及建宁王越等皆忌之。寿惧不免，每当入朝，常诈为边书，辞以警急。

初，巴西处士龚壮，父、叔皆为李特所杀。壮欲报仇，积年不除丧。寿数以礼辟之，壮不应；而往见寿，寿密问壮以自安之策。壮曰："巴、蜀之民本皆晋臣，节下若能发兵西取成都，称藩于晋，谁不争为节下奋臂前驱者！如此则福流子孙，名垂不朽，岂徒脱今日之祸而已！"寿然之。阴与长史略阳罗恒、巴西解思明谋攻成都。

期颇闻之，数遣许涪至寿所，伺其动静；又鸩杀寿养弟安北将军攸。寿乃诈为妹夫任调书，云期当取寿；其众信之，遂帅步骑万余人自涪袭成都，许赏以城中财物；以其将李奕为前锋。期不意其至，初不设备。寿世子势为翊军校尉，开门纳之，遂克成都，屯兵宫门。期遣侍中劳寿。寿奏建宁王越、景骞、田褒、姚华、许涪及征西将军李遐、将军李西等怀奸乱政，皆收杀之。纵兵大掠，数日乃定。寿矫以太后任氏令废期为邛都县公，幽之别宫。追谥庆太子曰哀皇帝。

罗恒、解思明、李奕等劝寿称镇西将军、益州牧、成都王，称藩于晋，送邛都公于建康；任调及司马蔡兴、侍中李艳等劝寿自称帝。寿命筮之，占者曰："可数年天子。"调喜曰："一日尚足，况数年乎！"思明曰："数年天子，孰与百世诸侯？"寿曰："朝闻道，夕死可矣。"遂即皇帝位。改国号曰汉，大赦，改元汉兴。以安车束帛征龚壮为太师；壮誓不仕，寿所赠遗，一无所受。

赵王虎以燕王皝不会赵兵攻段辽而自专其利，欲伐之。太史令赵揽谏曰："岁星守燕分，师必无功。"虎怒，鞭之。

皝闻之，严兵设备；罢六卿、纳言、常伯、冗骑常侍官。赵戎卒数十万，燕人震恐。皝谓内史高诩曰："将若之何？"对曰："赵兵虽强，然不足忧，但坚守以拒之，无能为也。"

戊子，赵兵进逼棘城。燕王皝欲出亡，帐下将慕舆根谏曰："赵强我弱，大王一举足则赵之气势遂成，使赵人收略国民，兵强谷足，不可复敌。窃意赵人正欲大王如此耳，奈何人其计中乎！今固守坚城，其势百倍，纵其急攻，犹足枝持，观形察变，间出求利；如事之不济，不失于走，奈何望风委去，为必亡之理乎！"皝乃止，然犹惧形于色。玄菟太守河间刘佩曰："今强寇在外，众心恟惧，事之安危，系于一人。大王此际无所推委，当自强以厉将士，不宜示弱。事急矣，臣请出击之，纵无大捷，足以安众。"乃将敢死数百骑出冲赵兵，所向披靡，斩获而还，于是士气自倍。皝问计于封奕，对曰："石虎凶虐已甚，民神共疾，祸败之至，其何日之有！今空国远来，攻守势异，戎马虽强，无能为患；顿兵积日，衅隙自生，但坚守以俟之耳。"皝意乃安。或说皝降，皝曰："孤方取天下，何谓降也！"

赵兵四面蚁附缘城，慕舆根等昼夜力战；凡十余日，赵兵不能克，壬辰，引退。皝遣其子恪帅二千骑追击之，赵兵大败，斩获三万余级。赵诸军皆弃甲逃溃，惟游击将军石闵一军独全。闵父瞻，内黄人，本姓冉，赵主勒破陈午，获之，命虎养以为子。闵骁勇善战，多策略，虎爱之，比于诸孙。

八月，蜀中久雨，百姓饥疫。寿命群臣极言得失。龚壮上封事称："陛下起兵之初，上指星辰，昭告天地，歃血盟众，举国称藩，天应人悦，大功克集；而论者未渝，权宜称制。今淫雨百日，饥疫并臻，天其或者将以监示陛下故也。愚谓宜遵前盟，推奉建康，彼必不爱高爵重位以报大功；虽降阶一等，而子孙无穷，永保福祚，不亦休哉！论者或言二州附晋则荣，六郡人事之不便。昔公孙述在蜀，羁客用事，刘备在蜀，楚士多贵。及吴、邓西伐，举国屠灭，宁分客主！论者不达安固之基,苟惜名位,以为刘氏守令方仕州郡;曾不知彼乃国亡主易,岂同今日义举,主荣臣显哉!论者又谓臣当为法正。臣蒙陛下大恩,恣臣所安;至于荣禄,无问汉、晋,臣皆不处,复何为效法正乎!"寿省书内惭,秘而不宣。

初,代王猗卢既卒,国多内难,部落离散,拓跋氏浸衰。及什翼犍立,雄勇有智略,能修祖业,国人附之;始置百官,分掌众务。以代人燕凤为长史,许谦为郎中令。始制反逆、杀人、奸盗之法,号令明白,政事清简,无系讯连逮之烦,百姓安之。于是东自湿貊,西及破落那,南距阴山,北尽沙漠,率皆归服,有众数十万人。

【译文】

晋成帝咸康四年(戊戌,公元338年)

夏季,四月,癸丑(初三),晋朝廷任命慕容皝为征北大将军、幽州牧,兼领平州刺史。

成汉国主李期日益骄纵暴虐,多所诛杀,收被杀者的资财和妻女入宫,因此大臣们大多惶恐不安。汉王李寿素来职高位重,享有盛名,李期和建宁王李越等都忌惮他。李寿害怕自己不能免祸,每逢入宫朝见,常伪作边境告急文书,以警讯紧急为由推辞不来。

当初,巴西处士龚壮的父亲、叔父都被李特所杀,龚壮意欲报仇,多年不除丧服。李寿多次按照礼仪征召他为官,龚壮不应召。此时龚壮前往拜见李寿,李寿悄悄地向龚壮询问自我保全的方法。龚壮说:"巴蜀的民众本来都是晋王室的臣民,您如果能够发兵西取成都,向晋朝称臣,谁不争着做您奋臂而起的前驱呢!这样福泽便可延续到子孙,名垂不朽,哪里只是摆脱今日的祸患而已呢!"李寿颇以为然,与长史、略阳人罗恒,巴西人解思明秘密商议进攻成都。

李期对此颇有耳闻,多次派许涪到李寿住地观察动静,又毒死李寿的养弟、安北将军李攸。李寿于是伪造妹夫任调来信,说李期将要攻取李寿,李寿的部众信以为真。李寿于是率领步、骑兵一万多人由涪地出发,偷袭成都,并许愿用城中财物作为对部众的奖赏。让部将李奕充任前锋。李期没料想李寿突然到达,完全没有防备。李寿的世子李势任翊军校尉，打开城门迎接李寿，于是攻克成都，屯兵于宫室门前。李期派侍中犒劳李寿。李寿奏称建宁王李越、景骞、田褒、姚华、许涪以及征西将军李遐、将军李西等人心怀不轨，扰乱朝政，将他们全部拘捕处决。然后放纵士兵大肆劫掠，数日后才平定。李寿又矫称奉太后任氏令，废黜李期为邛都县公，幽禁在别宫中，追谥庱太子为哀皇帝。

罗恒、解思明、李奕等劝李寿自称镇西将军、益州牧、成都王，向晋王室称藩，把邛都公李期送到建康，而任调和司马蔡兴、侍中李艳等劝李寿自己称帝。李寿令人为此占筮，占者说："可以当几年天子。"任调高兴地说："能当一天便可满足，何况几年呢！"解思明说："几年天子，怎么比得上百世诸侯？"李寿说："早上听到道义，晚上死了也行。"于是即帝位，改国号为汉，实行大赦，改年号为汉兴。李寿用安车、束帛征召龚壮任太师，龚壮誓死不肯出仕，对李寿所馈赠的礼物，一概不接受。

后赵王石虎因为前燕王慕容皝没有会合后赵的军队攻击段辽，却独自占有掳获的民众和畜产，因而打算讨伐他。太史令赵揽劝谏说："岁星正当燕国的分野，出师必然无功。"石虎发怒，鞭击他。

慕容皝听说此事，调集军队严加设防。废除了六卿、纳言、常伯、冗骑常侍官职。后赵的军队有数十万人，前燕国民众大为恐慌。慕容皝对内史高诩说："我们将怎么办？"高诩回答说："赵军虽然强大，但不值得忧虑，只要坚固防守来抵御，他们便无所作为。"

戊子（五月初九），后赵军进逼棘城。前燕王慕容皝打算离城逃亡，军中将领慕舆根劝谏说："现在正当敌强我弱，大王一抬脚那么赵军的气势便养成了。如果让赵人拥有并安定了国民，兵强粮足，就无法再与之抗衡了。我私下认为赵人正希望大王这么做，为何中他们的计呢！如今牢牢守住坚固的城堡，气势便增强百倍，纵然赵军猛烈进攻，也还足以支持。再观察形势的变化，伺机出击求取利益。如果事情难以成功，也还可以逃走，为何要望风而逃自己造就必定亡国的局势呢！"慕容皝这才中止逃亡的计划，但犹豫、恐惧仍然形于颜色。玄菟太守、河间人刘佩说："现在强寇在外，人心恐惧难安，事情的安危，都系于您一人之身。大王在此时无可推诿，应当自我勉励以鼓舞将士，不应当显示出怯弱。现在事情很危急了，我请求出击敌军，即使不能大胜，也足以安定人心。"于是带领几百名不怕死的骑兵出城冲击后赵军，所向披靡，各有斩获，然后返回，前燕军士气因此大盛。慕容皝向封奕询问对策，封奕回答说："石虎的凶残暴虐早已过头，人神共愤，灾祸、败亡的降临，指日可待！现在倾国远来，但进攻和防守的情势并不一样，攻难守易，敌军兵马虽强，但并不能成为祸患。他们在此滞留多日后，矛盾和隔阂就自然产生，我们只需坚守等待而已。"慕容皝这才心安。有人劝说慕容皝投降，慕容皝说："孤正要夺取天下，说什么投降！"

后赵军从四面如同蚂蚁一样攀登城墙，慕舆根等昼夜力战十几天，后赵军不能取胜。壬辰（五月十三日），后赵军退却。慕容皝派儿子慕容恪率领二千骑兵追袭，后赵军大败，斩获首级三万多。后赵各路军队都弃甲溃逃，只有游击将军石闵带领的一支军队未遭创伤。石闵的父亲名瞻，是内黄人，本来姓冉。当年后赵国主石勒攻破陈午，掳获石闵，令石虎把他当作自己的儿子收养。石闵骁勇善战，多计谋，石虎宠爱他，如同对自己的孙子们一样。

八月，蜀地阴雨连绵，百姓饥荒，疫病流行。李寿下令让群臣尽情陈述朝政的得失。龚壮呈上的密封章奏说："陛下当初起兵时，上指星辰，明白地求告天地，歃血与士众盟誓，将举国向晋室称臣，上天感应，人民喜悦，这才大功告成。但议论者不明其理，以至陛下顺从事势即位称制。现在淫雨连绵百日，饥荒和疫病同时降临，这大概是上天想以此向陛下示戒的缘故。我认为应当遵守原先的盟誓，推重和尊奉在建康的晋王室，他们必定不会吝惜高厚的爵位、重要的职务来报答您的大功。虽然地位降低一等，但子子孙孙可以永久地保住福祚，不也很好吗！议论者中有人说梁州、益州归附晋室可以得到荣宠，其余六郡的人如果归晋多有不便。当初公孙述在蜀地，以羁留客居的身份任职；刘备在蜀地，楚国的士人大多显贵。等到吴汉、邓艾向西征伐，蜀汉全国被屠灭，又怎能分别出客与主？论议者不明白安定稳固的根本，吝惜已有的名位，认为刘备的守令均任职于州郡，竟然不知道他们的国家灭亡、君主改易，哪里比得上今天的义举，能使君主荣耀，臣下显赫呢！论议者又认为我应当效法法正。我蒙受陛下的大恩，听任、放纵我安居世外，至于荣耀俸禄，无论是在汉还是在晋，我都不想得到，又为什么要效法法正呢！"李寿看完奏章后内心惭愧，秘密扣下不予宣示。

当初，代王拓跋猗卢死后，国家内乱频仍，部落离散，拓跋氏逐渐衰微。等到拓跋什翼犍即位，雄健勇悍而有智谋，能够发展祖先遗业，国人都归附他。此时开始设置百官，分别掌管政务，任命代人燕凤为长史，许谦为郎中令。开始制定惩治反逆、杀人、奸盗的法律，法令明了，政事清简，没有囚禁株连的烦扰，百姓安居乐业。于是东边起自浿貊，西边远及破落那，南方到达阴山，北方直至沙漠，众人全都归服，拥有士众数十万人。

【原文】

五年（己亥，339年）

燕前军师慕容评、广威将军慕容军、折冲将军慕舆根、荡寇将军慕舆埿袭赵辽西，俘获千余家而去。赵镇远将军石成、积弩将军呼延晃、建威将军张支等追之，评等与战，斩晃、支首。

秋，七月，赵王虎以太子宣为大单于，建天子旌旗。

庚申，始兴文献公王导薨，丧葬之礼视汉博陆侯及安平献王故事，参用天子之礼。

初，导与庾亮共荐丹杨尹何充于帝，请以为己副，且曰："臣死之日，愿引充内侍，则社稷无虞矣。"由是加吏部尚书。及导薨，征庾亮为丞相、扬州刺史、录尚书事；亮固辞。辛酉，以充为护军将军；亮弟会稽内史冰为中书监、扬州刺史、参录尚书事。

冰既当重任，经纶时务，不舍昼夜，宾礼朝贤，升擢后进，由是朝野翕然称之，以为贤相。初，王导辅政，每从宽恕；冰颇任威刑，丹杨尹殷融谏之。冰曰："前相之贤，犹不堪其弘，况如吾者哉！"范汪谓冰曰："顷天文错度，足下宜尽消御之道。"冰曰："玄象岂吾所测，正当勤尽人事耳。"又隐实户口，料出无名万余人，以充军实。冰好为纠察，近于繁细，后益矫违，复存宽纵，疏密自由，律令无用矣。

南昌文成公郗鉴疾笃，以府事付长史刘遐，上疏乞骸骨，且曰："臣所统错杂，率多北人，或逼迁徙，或是新附，百姓怀土，皆有归本之心；臣宣国恩，示以好恶，处与田宅，渐得少安。闻臣疾笃，众情骇动，若当北渡，必启寇心。太常臣谟，平简贞正，素望所归，谓可以为都督、徐州刺史。"诏以蔡谟为太尉军司，加侍中。辛酉，鉴薨，即以谟为征北将军、都督徐、兖、青三州诸军事、徐州刺史，假节。

赵王虎患贵戚豪恣，乃擢殿中御史李巨为御史中丞，特加亲任，中外肃然。虎曰："朕闻良臣如猛虎，高步旷野而豺狼避路，信哉！"

燕王皝自以称王未受晋命，冬，遣长史刘翔、参军鞠运来献捷论功，且言权假之意，并请刻期大举，共平中原。

【译文】

五年（己亥，公元339年）

前燕国前军师慕容评、广威将军慕容军、折冲将军慕舆根、荡寇将军慕舆埿攻袭赵的辽西，俘获民众一千多家后离去。后赵镇远将军石成、积弩将军呼延晃、建威将军张支等人追击，慕容评等同他们交战，斩杀呼延晃和张支首级。

秋季，七月，后赵王石虎任太子石宣为大单于，树立天子旌旗。

庚申（七月十八日），始兴文献公王导去世，丧葬的礼仪比照汉代博陆侯霍光和安平献王刘孚的旧例，参用天子的礼节。

当初，王导和庾亮共同向成帝举荐丹杨尹何充，请求作为自己的副职，并且说："我死的时候，希望提拔何充到内廷供职，那么国家就无可忧虑了。"因此授予何充吏部尚书。王导去世后，成帝征召庾亮担任丞相、扬州刺史、录尚书事，庾亮固辞不受。辛酉（七月十九日），任用何充为护军将军，庾亮的兄弟、会稽内史庾冰任中书监、扬州刺史、参录尚书事。

庾冰担当重任后，治理政务不分昼夜，对朝廷贤臣彬彬有礼，提拔后进，因此朝野人士都同声称赞，认为他是贤相。当初，王导辅佐朝政，每每采取宽恕态度。庾冰则时常依靠威严刑令，丹杨尹殷融劝谏他，庾冰说："凭以前丞相那样的贤良，尚且不能胜任宽宏，何况像我这样的人呢！"范汪对庾冰说："不久前天象错乱失度，足不应当采取消除、防御的对策。"庾冰说："玄奥的天象岂是我所能测知的，这正应当勤奋地兢尽人事。"庾冰又审度核实户口，清理出没有在户籍上登录的人一万多名，用以充实军队。庾冰喜好举发检察，近于繁细，后来矫枉过正，又宽松纵容，更加远离正道。宽松或是严密，均出自己意，因此律令便没有用了。

南昌文成公郗鉴病重，将幕府事务交给长史刘遐，自己上疏乞求卸职，而且说："我所统领的人员错综杂乱，一般来说北方人居多，有的是受威逼迁来的，有的是新近归附的，百姓心恋故土，都有归本的心愿。我宣扬国家的恩德，晓谕好恶之别，分给他们田地住宅，这才逐渐换得稍稍的平定。听说我病重，众人心情惊骇骚动，如果真的向北渡江，必然引动敌人侵犯的心思。太常蔡谟平简贞正，为时众望所归，我认为可以出任都督及徐州刺史。"成帝下诏任蔡谟为太尉军司，授予侍中。辛酉（疑误），郗鉴去世，当即任命蔡谟为征北将军，都督徐州、兖州、青州诸军事，徐州刺史，假节。

后赵王石虎忧虑贵戚们狂放恣肆，于是提升殿中御史李巨为御史中丞，特别加以宠爱和信任，朝廷内外为此肃然。石虎说："我听说良臣如同猛虎，信步行走于旷野，豺狼因此避开行路，的确如此啊！"

前燕王慕容皝自认为称王没有受晋王室的任命，冬季，派长史刘翔、参军鞠运前来进献俘虏和战利品、报告功绩，并且说明假摄称王的意愿。又请求约定日期，大举起兵，共同平定中原。

【原文】

六年（庚子，340年）

春，正月，庚子朔，都亭文康侯庾亮薨。以护军将军、录尚书何充为中书令。庚戌，以南郡太守庾翼为都督江·荆·司·雍·梁·益六州诸军事、安西将军、荆州刺史、假节，代亮镇武昌。时人疑翼年少，不能继其兄。翼悉心为治，戎政严明，数年之间，公私充实，人皆称其才。

宇文逸豆归忌慕容翰才名；翰乃阳狂酣饮，或卧自便利，或被发歌呼，拜跪乞食。宇文举国贱之，不复省录，以故得行来自遂，山川形便，皆默记之。燕王皝以翰初非叛乱，以猜嫌出奔，虽在他国，常潜为燕计；乃遣商人王车通市于宇文部以窥翰。翰见车，无言，抚膺颔之而已。皝曰："翰欲来也。"复使车迎之。翰弯弓三石余，矢尤长大，皝为之造可手弓矢，使车埋于道旁而密告之。二月，翰窃逸豆归名马，携其二子过取弓矢，逃归。逸豆归使骁骑百余追之。翰曰："吾久客思归，既得上马，无复还理。吾向日阳愚以诳汝，吾之故艺犹在，无为相逼，自取死也！"追骑轻之，直突而前。翰曰："吾居汝国久悁悁，不欲杀汝；汝去我百步立汝刀，吾射之，一发中者汝可还，不中者可来前。"追骑解刀立之，一发，正中其环；追骑散走。皝闻翰至，大喜，恩愚甚厚。

赵王虎以秦公韬为太尉，与太子宣迭日省可尚书奏事，专决赏刑，不复启白。司徒申钟谏曰："赏刑者，人君之大柄，不可以假人，所以防微杜渐，消逆乱于未然也。太子职在视膳，不当豫政；庶人遂以豫政致败，覆车未远也。且二政分权，鲜不阶祸。爱之不以道，适所以害之也。"虎不听。

【译文】

六年（庚子，公元340年）

春季，正月，庚子朔（初一），都亭文康侯庾亮去世。成帝任用护军将军、录尚书何充为中书令。庚戌（十一日），任命南郡太守庾翼为都督江州、荆州、司州、雍州、梁州、益州诸军事及安西将军、荆州刺史、假节，代替庾亮镇守武昌。当时人怀疑庾翼年轻，不能继承他兄长庾亮的业绩。庾翼尽心治理，军务和政务都很严明，数年之间，官府和私人资用充实，众人都称赞他的才能。

宇文逸豆归妒忌慕容翰的才能、名望，慕容翰便佯装癫狂，终日酣饮，有时躺着就大、小便，有时又披散头发，大声歌呼，跪拜乞食。宇文部全国都看不起他，对他不再检视省察。慕容翰因此可以来往自由，把宇文部的山川形势，都默记在心。前燕王慕容皝因为慕容翰当初并非叛乱，是因为心有猜忌才出逃，虽然居住别国，但经常悄悄地为前燕国打算，于是派商人王车到宇文部经商，借此观测慕容翰的心意。慕容翰见到王车，不说话，只是捶击胸部领首而已。慕容皝说："慕容翰想回来了。"又让王车去迎接他归来。慕容翰拉弓的力量达三石多，箭身尤为长大，慕容皝为他制造了可手的弓箭，让王车埋在道路旁边，悄悄告诉慕容翰。二月，慕容翰偷出宇文逸豆归的名马，携同两个儿子到路边取出弓箭，上马逃归。宇文逸豆归派骁勇骑兵一百多人追赶，慕容翰说："我长久客居他国，现在想回乡，既然已经上马，就再没有回去的道理。我过去每天伴装痴呆欺蒙你们，其实我以往的技艺并未丢失，你们不要逼迫我，那是自寻死路。"追来的骑兵小看慕容翰，径直奔驰而来。慕容翰说："我长久居住在你们国家，心存依恋之情，不想杀死你们，你们离开我一百步把刀树立起来，让我用箭射击，如果一发便射中，你们便可以返回；如果射不中，你们便可以前来抓我。"追来的骑兵解下佩刀插在地上，慕容翰射出一支箭，正中刀环，追来的骑兵四散逃走。慕容皝听说慕容翰到来，大为喜悦，对他的礼遇很优厚。

后赵王石虎任用秦公石韬为太尉，石韬和太子石宣两人按日轮换省视、裁决尚书的奏事，可以独自决定赏赐或刑罚，不再向石虎禀报。司徒申钟劝谏石虎说："赏赐或刑罚，是人君掌握的大权，不能交给别人，这是用以防微杜渐，将逆乱消灭于未然的办法。太子的职责在于侍养父母，不应当参与朝政。庶人石邃因为参与朝政而招致失败，前车之鉴距今不远。而且由二人掌握朝政，权力分散，很少有不发生祸患的。爱他们却不知怎么爱，这正是害了他们的根由。"石虎不听。

【原文】

七年（辛丑，341年）

春，正月燕王皝使唐国内史阳裕等筑城于柳城之北，龙山之西，立宗庙、宫阙，命曰龙城。

刘翔至建康，帝引见，问慕容镇军平安。对曰："臣受遣之日，朝服拜章。"

翔为燕王皝求大将军、燕王章玺。朝议以为："故事：大将军不处边；自汉、魏以来，不封异姓为王；所求不可许。"翔曰："自刘、石构乱，长江以北，翦为戎薮，未闻中华公卿之胄有一人能攘臂挥戈，摧破凶逆者也。独慕容镇军父子竭力，心存本朝，以寡击众，屡歼强敌，使石虎畏惧，悉徙边陲之民散居三魏，蹙国千里，以蓟城为北境。功烈如此，而惜海北之地不以为封邑，何哉？昔汉高祖不爱王爵于韩、彭，故能成其帝业；项羽刓印不忍授，卒用危亡。吾之至心，非苟欲尊其所事，窃惜圣朝疏忠义之国，使四海无所劝慕耳。"

翔疾江南士大夫以骄奢酗纵相尚，尝因朝贵宴集，谓何充等曰："四海板荡，奄逾三纪，宗社为墟，黎民涂炭，斯乃庙堂焦虑之时，忠臣毕命之秋也。而诸君宴安江沱，肆情纵欲，以奢靡为荣，以傲诞为贤；謇谔之言不闻，征伐之功不立，将何以尊主济民乎！"充等甚惭。

汉主寿以其太子势领大将军、录尚书事。初，成主雄以俭约宽惠得蜀人心。及李闳、王嘏还自邺，盛称邺中繁庶，宫殿壮丽；且言赵王虎以刑杀御下，故能控制境内。寿慕之，徙旁郡民三丁以上者以实成都，大修宫室，治器玩；人有小过，辄杀以立威。左仆射蔡兴、右仆射李嶷皆坐直谏死。民疲于赋役，吁嗟满道，思乱者众矣。

【译文】

七年（辛丑，公元341年）

春季，正月，前燕王慕容皝让唐国内史阳裕等人在柳城以北、龙山的西面修建城郭，设立宗庙和宫阙，命名为龙城。

刘翔到达建康，成帝召见，询问慕容皝平安与否。刘翔回答说："我接受派遣时，他身穿朝服，向南方拜受章表。"

刘翔为前燕王慕容皝请求大将军及燕王的章玺。朝廷论议认为："按旧例，大将军不委派到边关。从汉、魏以来，不封异姓为王，所请求的事情不能许可。"刘翔说："自从刘氏、石氏作乱，长江以北之地，完全成为戎狄渊薮，从未听说华夏公卿的后裔中有一人能够捋袖伸臂，挥动兵戈，摧毁凶逆之徒。只有慕容氏父子竭尽心力，心怀本朝，以少击多，多次殄灭强敌，使得石虎畏惧，把边陲的民众全部迁徙，让他们散居在魏郡、阳平、广平一带，国土因而缩小千里，以至蓟城成为他们北方的边境。慕容皝功绩如此显赫，朝廷却吝惜渤海以北的土地不让给他作封邑，这是为什么？当初汉高祖不吝啬王位，授予韩信、彭越，所以能够成就帝业；项羽把官印藏到棱角都磨损了也不舍得授人，终于导致危亡。我的内心，不只是希望能尊奉所侍奉的人，私下还为朝廷疏远忠义的边国、使得四海之人无从劝勉和仰

慕深感惋惜。"

　　刘翔痛恨江南士大夫以骄奢、酗饮、放纵互相推崇，曾经趁着朝廷显贵们宴饮集会之机，对何充等人说："天下反叛、动荡，已超过三十六年，宗庙社稷化为废墟，万民生灵涂炭，这正是朝廷焦虑的时候，忠臣效命的年代。各位君子却在江沱安乐游玩，尽情纵欲，以奢侈靡乱为荣，以桀骜怪诞为贤，忠正耿直的言论不闻于耳，征伐的功绩无从建立，准备靠什么来尊奉主上、救助百姓呢！"何充等人十分惭愧。

　　成汉国主李寿让太子李势兼领大将军职、录尚书事。当初，成汉国主李雄因俭约宽厚仁惠得蜀民之心，等到李闳、王嘏从邺城归来，盛赞邺中富庶，宫殿壮观华丽，并且说后赵王石虎靠刑罚杀戮驾驭臣下，所以能控制境内。李寿为此倾慕，便将邻近州郡的百姓中，凡每家超出三个以上的壮年男丁，都迁徙来充实成都，大修宫室，制造器玩。人有小过失，就处决以建立威仪。左仆射蔡兴、右仆射李嶷都因直言规谏被杀。百姓因赋税和劳役疲惫不堪，吁嗟叹息声充溢于道路，希望发生变乱的众多。

晋纪十九

【原文】

显宗成皇帝下咸康八年（壬寅，342年）

夏，五月，乙卯，帝不豫；六月，庚寅，疾笃。或诈为尚书符，敕宫门无得内宰相；众皆失色。庾冰曰："此必诈也。"推问，果然。帝二子丕、奕，皆在襁褓。庾冰自以兄弟秉权日久，恐易世之后，亲属愈疏，为他人所间，每说帝以国有强敌，宜立长君；请以母弟琅邪王岳为嗣，帝许之。中书令何充曰："父子相传，先王旧典，易之者鲜不致乱。故武王不授圣弟，非不爱也。今琅邪践阼，将如孺子何！"冰不听。下诏，以岳为嗣，并以奕继琅邪哀王。壬辰，冰、充及武陵王晞、会稽王昱、尚书令诸葛恢并受顾命。癸巳，帝崩。帝幼冲嗣位，不亲庶政；及长，颇有勤俭之德。

甲午，琅邪王即皇帝位，大赦。

冬，十月，燕王皝迁都龙城，赦其境内。

建威将军翰言于皝曰："宇文强盛日久，屡为国患。今逸豆归篡窃得国，群情不附；加之性识庸暗，将帅非才，国无防卫，军无部伍。臣久在其国，悉其地形；虽远附强羯，声势不接，无益救援；今若击之，百举百克。然高句丽去国密迩，常有窥窬之志；彼知宇文既亡，祸将及己，必乘虚深入，掩吾不备。若少留兵则不足以守，多留兵则不足以行。此心腹之患也，宜先除之；观其势力，一举可克。宇文自守之虏，必不能远来争利。既取高句丽，还取宇文，如返手耳。二国既平，利尽东海。国富兵强，无返顾之忧，然后中原可图也。"皝曰："善！"

十一月，皝自将劲兵四万出南道，以慕容翰、慕容霸为前锋；别遣长史王㝢等将兵万五千出北道以伐高句丽。高句丽王钊果遣弟武帅精兵五万拒北道，自帅羸兵以备南道。慕容翰等先至，与钊合战，皝以大众继之。左常侍鲜于亮曰："臣以俘虏蒙王国士之恩，不可以不报；今日，臣死日也。"独与数骑先犯高句丽陈，的向摧陷。高句丽陈动，大众因而乘之，高句丽兵大败。左长史韩寿斩高句丽将阿佛和度加，诸军乘胜追之，遂入丸都。钊单骑走，轻车将军慕舆埿追获其母周氏及妻而还。会王㝢等战于北道，皆败没，由是皝不复穷追。遣使招钊，钊不出。

赵王虎作台观四十余所于邺，又营洛阳、长安二宫，作者四十余万人；又欲自邺起阁道至襄国，敕河南四州治南伐之备，并、朔、秦、雍严西讨之资，青、冀、幽州为东征之计，皆三五发卒。诸州军造甲者五十余万人，船夫十七万人，为水所没、虎狼所食者三分居一。加之公候、牧宰竞营私利，百姓失业愁困。贝丘人李弘因众心之怨，自言姓名应谶，连结党与，署置百僚；事发，诛之，连坐者数千家。

虎畋猎无度，晨出夜归，又多微行，躬察作役。侍中京兆韦𦍛谏曰："陛下忽天下之重，轻行斥斧之间，猝有狂夫之变，虽有智勇，将安所施！又兴役无时，废民耘获，吁嗟盈路，殆非仁圣之所忍为也。"虎赐𦍛谷帛，而兴缮滋繁，游察自若。

【译文】

晋成帝咸康八年（壬寅，公元342年）

夏季，五月，乙卯（疑误），成帝身体不适。六月，庚寅（初五），病情加重。有人伪造尚书符令，敕令皇宫门人不许让宰相入内，众人都大惊失色。庾冰说："这一定有诈。"推究查问，果然如此。成帝的两个儿子司马丕和司马奕年幼，都在襁褓之中。庾冰因为自己兄弟执掌朝政已久，怕皇帝换代之后，自己与皇帝亲属之间的关系愈加疏远，因而被他人所乘，常常劝说成帝国家外有强敌，应当册立年纪大的君王，并请求让成帝的同母兄弟、琅邪王司马岳为皇位继承人，成帝同意了。中书令何充说："皇位父子相传，这是先王确立的旧制，改变旧制很少有不导致祸乱的。所以周武王不把天子之位传授圣贤的兄弟周公，并不是因为不爱他。现在如果琅邪王即位，拿两个孺子怎么办！"庾冰不听。成帝下诏，让司马岳为皇位继承人，并让自己的儿子司马奕承袭琅邪哀王司马安国的封号。壬辰（初七），庾冰、何充以及武陵王司马晞、会稽王司马昱、尚书令诸葛恢同时受任顾命国政。癸巳（初八），成帝驾崩。成帝年幼时继位，不亲自处理政务。等到年岁渐大，颇有勤俭的德行。

甲午（五月初九），琅邪邪王司马岳即帝位，大赦天下。

冬季，十月，前燕王慕容皝迁都至龙城，赦其境内罪因。

建威将军慕容翰对慕容皝说："宇文部强盛日久，屡次成为国家的忧患，现在宇文逸豆归篡权夺国，群情不肯依附。加上他性情见识都平庸昏昧，所用将帅没有才能，国家没有防卫措施，军队没有严密组织。我长久地居住在他们国家，熟知地形。他们虽然依附远方强大的羯人，但声威、力量都远不可及，对救援没什么帮助。现在如果攻击宇文部，定是百战百胜。不过高句丽与我国近在咫尺，对我们常有窥探的心志。他们知道宇文氏灭亡后，祸患将降临到自己的头上，必定会乘虚而入，袭我不备。如果留下少量兵力，不足以守御；多留军队则又不能攻克宇文部，这是我们的心腹之患，应当先行除去。我观察高句丽的力量，我们可以一战而胜。宇文氏是自己保守自己的人，一定不会到远方来与我国争夺利益。攻取高句丽后，回过头来攻取宇文部，就易如反掌了。这两个国家被平定后，我们便可以尽得东海之利，国富兵强，没有后顾之忧，然后就有可能图谋中原了。"慕容皝说："好！"

十一月，慕容皝亲自带领精锐士兵四万人循南道进发，让慕容翰、慕容霸为先锋，另派长史王寓等率兵众一万五千人由北道进发，征伐高句丽。高句丽王钊果然派遣兄弟武率领精兵五万人在北道迎敌，自己带领羸弱的士兵防备南道。慕容翰等人最先到达，与钊交战，慕容皝率领大军陆续赶来。左常侍鲜于亮说："我以俘虏的身份蒙受燕王以国士之礼相待的恩泽，不能不报答。今天就是我以死报效的日子。"独自同数名骑兵先行冲击高句丽的战阵，所到之处敌军均遭挫败。高句丽的军阵骚动，燕国大军乘势攻击，高句丽军队大败。左长史韩寿斩杀高句丽将领阿佛和度加，各路军队乘胜追袭，于是进入九都。高句丽王钊独自骑马逃跑，轻车将军慕舆埿追击，抓获高句丽王的母亲周氏和他的妻子后返回。适逢王寓等人在北道与高句丽的军队作战，均遭败绩，因此慕容皝不再穷追高句丽王，派使者招安他，他躲藏不肯出来。

后赵王石虎在邺城营建四十多所台观,又营建洛阳、长安二处宫室,参与劳作的达四十多万人。石虎又想从邺城修建阁道到襄国,敕令黄河以南的四个州郡整治南伐的军备,并州、朔州、秦州、雍州准备西讨的军资,青州、冀州、幽州为东征做准备,都是三个男丁中调遣二人,五人中征发三人。各州郡的军队共有甲士五十多万人,船夫十七万人,溺水而死、被虎狼吞噬的占三分之一。再加上公侯、牧宰竞相牟取私利,百姓们失去所从事的家业,愁困不堪。贝丘人李弘顺应民心的怨恚,自称姓名与谶言相符,聚集党羽,设置百官,事发后被杀,连坐获罪的有几千家。

石虎打猎没有节制,清晨外出,夜间返回,又经常微服出行,亲自检视工地的劳役情况。侍中京兆人韦𦸂劝谏说:"陛下轻视天下的重位,轻易地来往于危险之地,倘若突然发生狂人的变乱,即使有智有勇,又将何处施展!况且征发徭役不分时节,荒废民众的农业生产,吁嗟叹息之声充溢于行路。恐怕不是仁圣之人所能忍心干的事。"石虎赏赐丰𦸂谷物钱帛,但修建工程更加繁多,自己游巡察看泰然自若。

【原文】

康皇帝建元元年(癸卯,343年)

庾翼为人慷慨,喜功名。琅邪内史桓温,彝之子也,尚南康公主,豪爽有风概,翼与之友善,相期以宁济海内。翼尝荐温于成帝曰:"桓温有英雄之才,愿陛下勿以常人遇之,常婿畜之;宜委以方、邵之任,必有弘济艰难之勋。"时杜乂、殷浩并才名冠世,翼独弗之重也,曰:"此辈宜束之高阁,俟天下太平,然后徐议其任耳。"浩累辞征辟,屏居墓所,几将十年,时人拟之管、葛。江夏相谢尚、长山令王濛常伺其出处,以卜江左兴亡。尝相与省之,知浩有确然之志,既返,相谓曰:"深源不起,当如苍生何!"尚,鲲之子也。翼请浩为司马;诏除侍中、安西军司,浩不应。翼遗浩书曰:"王夷甫立名非真,虽云谈道,实长华竞。明德君子,遇会处际,宁可然乎!"浩犹不起。

汉主寿卒,谥曰昭文,庙号中宗;太子势即位,大赦。

【译文】

晋康帝建元元年（癸卯，公元343年）

庾翼为人慷慨，喜好功名。琅邪内史桓温即桓彝的儿子，娶南康公主为妻，为人豪爽而有风范和气概，庾翼和他关系友善，二人相约共同平定、拯救天下。庾翼曾经向成帝举荐桓温，说："桓温具备英雄的才能，希望陛下不要用常人的礼节对待他、按寻常的女婿豢养。应当委派给他周宣王时方叔、邵虎那样的重任，他必能建立匡救世事艰难的功勋。"当时杜乂、殷浩都是才气、声名冠绝当代，唯独庾翼轻视他们，说："这种人应当束之高阁，等天下太平后，再慢慢商议他们的职务。"殷浩多次拒绝官府的征辟，摒绝世事，隐居于墓地。如此将近十年，当时人把他和管仲、诸葛亮相比。江夏相谢尚、长山县令王濛经常观察他的出仕与隐居，来推测江南的兴亡。他们曾经共同前往探视，明了殷浩有坚定的志向，回来后相顾而言说："殷浩不出来为官，百姓们该怎么办！"谢尚即谢鲲的儿子。庾翼请殷浩出任司马，康帝下诏任他为侍中、安西军司，殷浩不从命。庾翼送信给殷浩说："王导树立的声名并不真切，虽说是在谈论玄道，其实助长了浮华豪奢之风。具有完美德行的君子，遇到机会时难道能这样吗！"殷浩仍然不出仕。

成汉国主李寿死，谥号为昭文，庙号为中宗。太子李势即位，大赦境内罪囚。

【原文】

二年（甲辰，344年）

燕王皝与左司马高诩谋伐宇文逸豆归，诩曰："宇文强盛，今不取，必为国患，伐之必克；然不利于将。"出而告人曰："吾往必不返，然忠臣不避也。"于是皝自将伐逸豆归。以慕容翰为前锋将军，刘佩副之；分命慕容军、慕容恪、慕容霸及折冲将军慕舆根将兵，三道并进。高诩将发，不见其妻，使人语以家事而行。

逸豆归遣南罗大涉夜干将精兵逆战，皝遣人驰谓慕容翰曰："涉夜干勇冠三军，宜小避之。"翰曰："逸豆归扫其国内精兵以属涉夜干，涉夜干素有勇名，一国所赖也；今我克之，其国不攻自溃矣。且吾孰知涉夜干之为人，虽有虚名，实易与耳，不宜避之以挫吾兵气。"遂进战。翰自出冲陈，涉夜干出应之；慕容霸从傍邀击，遂斩涉夜干。宇文士卒见涉夜干死，不战而溃；燕军乘胜逐之，遂克其都城。逸豆归走死漠北，宇文氏由是散亡。皝悉收其畜产、资货，徙其部众五千余落于昌黎，辟地千余里。更命涉夜干所居城曰威德城，使弟彪戍之而还。高诩、刘佩皆中流矢卒。

帝疾笃，庾冰、庾翼欲立会稽王昱为嗣；中书监何充建议立皇子聃，帝从之。九月，丙申，立聃为皇太子。戊戌，帝崩于式乾殿。己亥，何充以遗旨奉太子即位，大赦。由是冰、翼深恨充。尊皇后褚氏为皇太后。时穆帝方二岁，太后临朝称制。

江州刺史庾冰有疾；太后征冰辅政，冰辞，十一月，庚辰，卒。庾翼以家国情事，留子方之为建武将军，戍襄阳；方之年少，以参军毛穆之为建武司马以辅之。穆之，宝之子也。翼还镇夏口。诏翼复督江州，又领豫州刺史。翼辞豫州，复欲移镇乐乡，诏不许。翼仍缮修军器，大佃积谷，以图后举。

【译文】

二年（甲辰，公元344年）

前燕王慕容皝和左司马高诩谋议，准备讨伐宇文逸豆归。高诩说："宇文氏强盛，现在不攻灭，必然成为国家的祸患。如果攻伐必能取胜，只是对将帅有所不利。"高诩出来后告诉别人说："我这一去必定回不来了，但是忠臣不避祸。"于是慕容皝自为统帅，攻伐宇文逸豆归。任命慕容翰为前锋将军，刘佩做他的副手；分别命令慕容军、慕容恪、慕容霸及折冲将军慕舆根率领军队，分三路同时进发。高诩临行前，不见他的妻子，让人转告家中事务，然后出发。

宇文逸豆归派南罗城主涉夜干统率精兵迎战，慕容皝派人急速告诉慕容翰："涉夜干勇冠三军，应当稍稍避让。"慕容翰说："宇文逸豆归尽数出动国内精兵交付给涉夜干，涉夜干素来有勇悍的名声，被他们全国所仰仗。现在我战败他，他们的国家便会不战自溃。况且我熟知涉夜干的为人，虽有虚名，其实容易对付，不应当避让他，这会挫伤我军的士气。"于是前进接战。慕容翰亲自出马冲击敌阵，涉夜干出阵应战，慕容霸从侧面截击，于是斩杀了涉夜干。宇文氏的士卒见涉夜干死亡，不战自溃。燕军乘胜追击，于是攻克宇文氏的都城。宇文逸豆归逃跑，死于大漠以北，宇文氏由此离散灭亡。慕容皝尽数收缴他们的畜产、物资、钱财，把宇文氏五千多个村落迁徙到昌黎，开辟国土一千多里。把涉夜干原先居住的城镇改名为威德城，让兄弟慕容彪戍守，然后班师回国。高诩、刘佩都被流矢射中身亡。

康帝病重，庾冰、庾翼想扶立会稽王司马昱为嗣君，中书监何充建议册立皇子司马聃，康帝听从何充的建议。九月，丙申（二十四日），立司马聃为皇太子。戊戌（二十六日），康帝在式乾殿驾崩。己亥（二十七日），何充按康帝遗诏推奉太子即皇帝位，大赦天下。由此庾冰、庾翼深深痛恨何充。穆帝尊奉康帝皇后褚氏为皇太后。当时穆帝刚两岁，太后临朝亲政。

江州刺史庾冰有病，太后征召庾冰入朝辅佐国政，庾冰辞谢不受。十一月，庚辰（初九），庾冰故去。庾翼因为家事国事难以兼顾，留下儿子庾方之任建武将军，戍守襄阳。因庾方之年轻，让参军毛穆之任建武将军司马，辅佐庾方之。毛穆之即毛宝的儿子。庾翼返回，镇守夏口。朝廷下诏让庾翼再督察江州，又兼领豫州刺史。庾翼辞谢豫州刺史职务，仍然想移镇乐乡，朝廷下诏不同意。庾翼仍然修缮兵器，大举屯田，积蓄谷物，以图后举。

【原文】

孝宗穆皇帝上之上永和元年（乙巳，345年）

虎好猎，晚岁，体重不能跨马，乃造猎车千乘，刻期校猎。自灵昌津南至荥阳东极阳都为猎场，使御史监察其中禽兽，有犯者罪至大辟。民有美女、佳牛马，御史求之不得，皆诬以犯兽，论死者百余人。发诸州二十六万人修洛阳宫。发百姓牛二万头配朔州牧官。增置女官二十四等，东宫十二等，公侯七十余国皆九等，大发民女三万余人，料为三等以配之；太子、诸公私令采发者又将万人。郡县务求美色，多强夺人妻，杀其夫及夫自杀者三千余人。至邺，虎临轩简第，以使者为能，封侯者十二人。荆楚、扬、徐之民流叛略尽；守令坐不能绥怀，下狱诛者五十余人。金紫光禄大夫逯明因侍切谏，虎大怒，使龙腾拉杀之。

诏征卫将军褚裒，欲以为扬州刺史、录尚书事。吏部尚书刘遐、长史王胡之说裒曰："会稽王令德雅望，国之周公也，足下宜以大政授之。"裒乃固辞，归藩。壬戌，以会稽王昱为抚军大将军，录尚书六条事。

昱清虚寡欲，尤善玄言，常以刘惔、王濛及颍川韩伯为谈客，又辟郗超为抚军掾，谢万为从事中郎。超，鉴之孙也，少卓荦不羁。父愔，简默冲退而啬于财，积钱至数千万，尝开库任超所取；超散施亲故，一日都尽。万，安之弟也，清旷秀迈，亦有时名。

庾翼既卒，朝议皆以诸庾世在西藩，人情所安，宜依翼所请，以庾爰之代其任。何充曰："荆楚，国之西门，户口百万，北带强胡，西邻劲蜀，地势险阻，周旋万里；得人则中原可定，失人则社稷可忧，陆抗所谓'存则吴存，亡则吴亡'者也，岂可以白面少年当之哉！桓温英略过人，有文武器干，西夏之任，无出温者。"议者又曰："庾爰之肯避温乎？如令阻兵，耻惧不浅。"充曰："温足以制之，诸君勿忧。"

丹杨尹刘惔每奇温才，然知其有不臣之志，谓会稽王昱曰："温不可使居形胜之地，其位号常宜抑之。"劝昱自镇上流，以己为军司，昱不听；又请自行，亦不听。

以徐州刺史桓温为安西将军、持节、都督荆、司、雍、益、梁、宁六州诸军事、领护南蛮校尉、荆州刺史，爰之果不敢争。

汉主势之弟大将军广，以势无子，求为太弟；势不许。马当、解思明谏曰："陛下兄弟不多，若复有所废，将益孤危，"固请许之。势疑其与广有谋，收当、思明斩之，夷其三族。遣太保李奕袭广于涪城，贬广为临邛侯，广自杀。思明被收，叹曰："国之不亡，以我数人在也，今其殆矣！"言笑自若而死。思明有智略，敢谏诤；马当素得人心；及其死，士民无不哀之。

【译文】

晋穆帝永和元年（乙巳，公元345年）

石虎喜欢打猎，晚年身体沉重不能骑马，就建造打猎用的车子一千辆，定期比赛打猎。从灵昌津向南到荥阳东境的阳都，都划为猎场，让御史监护，其中的禽兽有人敢伤害，便获罪，被处以大辟的极刑。百姓有美丽女子或上好的牛马，御史如果弄不到手，就诬陷他们伤害禽兽，论罪处死的有一百多人。又征发各州二十六万人修建洛阳宫，征发百姓牛畜二万头调配给朔州的牧官。又增设宫中女官，分置二十四等，东宫十二等，七十多个公侯封国都分九等，大举征选民女三万多人，分成三等配置各处。太子、各王公私下发令征选的美女又将近万人。各个郡县极力选取美女，经常强行夺占百姓的妻子，杀害她们的丈夫，加上丈夫自杀的，人数达三千多。美女送到邺后，石虎在殿前挑选分等，因为使者能干，被封侯的有十二人。荆楚、扬州、徐州的民众流失、背叛几乎无存。当地的守令因不能安绥关切他们坐罪，被下狱诛杀的有五十多人。金紫光禄大夫逯明乘侍奉石虎时直言力谏，石虎大怒，让骁勇的龙腾中郎将他摧折而死。

朝廷下诏征召卫将军褚裒，想让他任扬州刺史，录尚书事。吏部尚书刘遐、长史王胡之劝说褚裒道："会稽王司马昱德行昭著，素负雅望，是国家的周公，足下应把国家大政交给他。"褚裒于是坚决辞谢不受封职，回归藩镇。壬戌（疑误），朝廷任命会稽王司马昱为抚军大将军，录尚书六条事。

司马昱清虚寡欲，特别擅长谈论玄言，经常让刘惔、王濛及颍川人韩伯作谈客，又征用郗超为抚军掾吏，谢万为从事中郎。郗超即郗鉴的孙子，少年时便卓绝出众，不受羁绊。父亲郗愔，简微寡言，性情淡泊却吝惜钱财，积蓄钱财无数。曾经打开库房任由郗超取用，郗超发放、施舍给亲朋故旧，一日之内都散发殆尽。谢万即谢安的兄弟，清静旷远，卓尔不群，当时也很有名望。

庾翼死后，朝廷论议都认为庾氏家族世世代代驻守西部藩镇，为人心所向，应当同意庾翼的请求，让庾爰之接替职位。何充说："荆楚是国家的西方门户，有民众百万，北边联结强大的胡虏，西边邻近强大的汉国，地势险阻，周边有万里之遥。得到合适的人选那么中原可以平定，所用非人那么国家命运可堪忧虑，这就是陆抗所说的：'存则吴存，亡则吴亡'。怎能让白脸少年人担当这样的职位呢！桓温英气、谋略过人，有文武两方面的才干，西边这个职位，没有比桓温更合适的人了。"论议者又说："废爰之肯让给桓温吗？如果他率军抗命，国家所受的耻辱和惊惧都不会小。"何充说："桓温足以制服他，你们不必担忧。"

丹杨尹刘惔经常为桓温的才干惊奇，但知道他有不甘为臣的志向，刘惔对会稽王司马昱说："桓温不能让他占据地形便利的地方，对他的地位、封号也应当经常贬抑。"劝司马昱自己镇守长江上游，让自己任军司，司马昱不听。刘惔又请求自己前往，也不获准许。

任命徐州刺史桓温为安西将军，持节，都督荆州、司州、雍州、益州、梁州、宁州诸军事，领护南蛮校尉，荆州刺史，庾爰之果然不敢与他争位。

成汉国主李势的兄弟、大将军李广，因为李势没有儿子，请求让自己当皇太弟，李势不同意。马当、解思明劝谏说："陛下兄弟不多，如果再有所废免，将会更加孤弱危险。"坚决请求答应李广的请求。李势怀疑他们和李广有预谋，拘捕马当、解思明斩首，夷灭三族。又派太保李奕进攻在涪城的李广，贬黜李广为临邛侯，李广自杀。解思明被捕时，叹息说："国家之所以不灭亡，是因为有我们这几个人在，现在危险了！"谈笑自若赴死。解思明有智慧、谋略，敢于直言谏诤。马当素来得人心，他们死后，士民们无不哀悼。

【原文】

二年（丙午，346年）

褚裒荐前光禄大夫顾和、前司徒左长史殷浩；三月，丙子，以和为尚书令，浩为建武将军、扬州刺史。和有母丧。固辞不起，谓所亲曰："古人有释衰绖从王事者，以其才足干时故也；如和者，正足以亏孝道，伤风俗耳。"识者美之。浩亦固辞。会稽王昱与浩书曰："属当厄运，危弊理极，足下沈识淹长，足以经济。若复深存挹退，苟遂本怀，吾恐天下之事于此去矣。足下去就，即时之废兴，则家国不异，足下宜深思之！"浩乃就职。

五月，丙戌，西平忠成公张骏薨。官属上世子重华为使持节、大都督、太尉、护羌校尉、凉州牧、西平公、假凉王；赦其境内；尊嫡母严氏为大王太后，母马氏为王太后。

冬，汉太保李奕自晋寿举兵反，蜀人多从之，众至数万。汉主势登城拒战，奕单骑突门，门者射而杀之，其众皆溃。势大赦境内，改元嘉宁。

势骄淫，不恤国事，多居禁中，罕接公卿，疏忌旧臣，信任左右，谗谄并进，刑罚苛滥，由是中外离心。蜀土先无獠，至是始从山出，自巴西至犍为、梓潼，布满山谷十余万落，不可禁制，大为民患；加以饥馑，四境之内，遂至萧条。

安西将军桓温将伐汉，将佐皆以为不可。江夏相袁乔劝之曰："夫经略大事，固非常情所及，智者了于胸中，不必待众言皆合也。今为天下之患者，胡、蜀二寇而已，蜀虽险固，比胡为弱，将欲除之，宜先其易者。李势无道，臣民不附，且恃其险远，不修战备。宜以精卒万人轻赍疾趋，比其觉之，我已出其险要，可一战擒也。蜀地富饶，户口繁庶，诸葛武侯用之抗衡中夏，若得而有之，国家之大利也。论者恐大军既西，胡必窥觎，此似是而非。胡闻我万里远征，以为内有重备，必不敢动；纵有侵轶，缘江诸军足以拒守，必无忧也。"温从之。乔，瓌之子也。

朝廷以蜀道险远，温众少而深入，皆以为忧，惟刘惔以为必克。或问其故，惔曰："以博知之。温，善博者也，不必得则不为。但恐克蜀之后，温终专制朝廷耳。"

【译文】

二年（丙午，公元346年）

褚裒向朝廷荐举前光禄大夫顾和、前司徒左长史殷浩，三月，丙子（十二日），朝廷任命顾和为尚书令，殷浩为建武将军、扬州刺史。顾和为亡母服丧，坚持辞绝不肯出仕，对自己亲近的人说："古人中有脱下丧服从事君王事务的，是因为他们的才能足以济世治事。像我这样的人如果这么做，就只有使孝道有损，伤风败俗而已。"有见他的人都称赞他。殷浩也坚持辞谢不受职。会稽王司马昱给殷浩写信说："国家正当困厄的命运，危殆的弊病理当终尽，足下的见识深远、广博、出众，足以经世救国。如果再深存谦抑之心，随随便便满足个人的心愿，我怕天下之事就此无可挽回了。足下的去就，就是时世的废兴，家庭与国家命运紧密相连不可分割，足下还是好好想想！"殷浩这才就职。

五月，丙戌（二十三日），西平忠成公张骏去世。前凉的官员属吏表请世子张重华为使持节、大都督、太尉、护羌校尉、凉州牧、西平公、假凉王，赦其境内罪囚。张重华尊奉父亲的正妻严氏为大王太后，生母马氏为王太后。

冬季，成汉太保李奕在晋寿起兵反叛，蜀人大多都跟从他，兵众多达数万。成汉国主李势登上城墙抵御，李奕单枪匹马冲击城门，守卫城门的人向他射击，射死了他，其兵众全都溃逃。李势在境内实行大赦，改年号为嘉宁。

李势骄奢淫逸，不操心国家大事，常常身居宫中，很少与公卿大臣接触，疏远忌惮昔日的臣下，信任跟随在身边的人，谗言媚语并进，刑罚苛刻泛滥，因此宫廷内外的人们全都与他离心。蜀地以前没有獠族人，到这时他们开始从山中出来，从巴西到犍为、梓潼，十多万个部落布满了山谷，无法禁止控制，给百姓带来了深重的祸患。再加上临逢荒年，国境之内，于是变得一片萧条。

安西将军桓温准备讨伐成汉，将领辅佐全都认为不可行。江夏相袁乔劝谏桓温说："攻取天下这样的大事，本来就不是按常理所能预测的，智慧高超的人自己在心中决定就可以了，不必非要等众人的意见全都统一。如今作为天下祸患的，只有胡、蜀二敌而已，蜀国虽然地势险固，但力量比胡人软弱，如果准备除掉他们，应该先攻打容易攻取的一方。李势毫无道义，臣僚百姓与他离心，而且他凭借着自己的天险与偏远，没有做交战的准备。应该派一万精锐士兵轻装迅速开进，等到他察觉以后，我们已经穿越过了他的险要之地，一次交战就可以擒获他。蜀地物产富饶，人口众多，诸葛亮用它与中原抗衡，如果我们得到而占有了此地，这对国家大有好处。谈论此事的人唯恐大军西进以后，胡人一定会乘虚图谋，这是似是而非的说法。胡人听说我们万里远征。会认为国内设有严密的防备，一定不敢轻举妄动。纵然有所侵扰，沿长江布防的各路军队也足以抵御防守，肯定没有什么忧患。"桓温听从袁乔的意见。袁乔是袁瓌的儿子。

朝廷因为蜀道艰险遥远，桓温的兵力不足而又深入敌后，都为此担忧，只有刘惔认为一定能取胜。有人问他为什么，刘惔说："通过博戏知道的。桓温是善于博戏的人，不能肯定取胜的他就不干。只是恐怕攻克蜀地之后，桓温最终要在朝廷专权罢了。"

【原文】

三年（丁未，347年）

春，二月，桓温军至青衣。汉主势大发兵，遣叔父右卫将军福、从兄镇南将军权、前将军昝坚等将之，自山阳趣合水。诸将欲设伏于江南以待晋兵，昝坚不从，引兵自江北鸳鸯碛渡向犍为。

三月，温至彭模；议者欲分为两军，异道俱进，以分汉兵之势。袁乔曰："今悬军深入万里之外，胜则大功可立，不胜则噍类无遗，当合势齐力，以取一战之捷。若分两军，则众心不一，万一偏败，大事去矣。不如全军而进，弃去釜甑，赍三日粮，以示无还心，胜可必也。"温从之。留参军孙盛、周楚将赢兵守辎重，温自将步卒直指成都。楚，抚之子也。

李福进攻彭模，孙盛等奋击，走之。温进，遇李权，三战三捷，汉兵散走归成都，镇军将军李位都迎诣温降。昝坚至犍为，乃知与温异道，还，自沙头津济，比至，温已军于成都之十里陌，坚众自溃。

孙盛

势悉众出战于成都之笮桥，温前锋不利，参军龚护战死，矢及温马首。众惧，欲退，而鼓吏误鸣进彭；袁乔拔剑督士卒力战，遂大破之。温乘胜长驱至成都，纵火烧其城门。汉人惶惧，无复斗志。势夜开东门走，至葭萌，使散骑常侍王幼送降文于温，自称"略阳李势叩头死罪，"寻舆榇面缚诣军门。温解缚焚榇，送势及宗室十余人于建康；引汉司空谯献之等以为参佐，举贤旌善，蜀人悦之。

赵凉州刺史麻秋攻枹罕。晋昌太守郎坦以城大难守，欲弃外城。武成太守张悛曰："弃外城则动众心，大事去矣。"宁戎校尉张琚从悛言，固守大城。秋帅众八万围堑数重，云梯地突，百道皆进；城中御之，秋众死伤数万。赵王虎复遣其将刘浑等帅步骑二万会之。郎坦恨言不用，教军士李嘉潜引赵兵千余人登城；琚督诸将力战，杀二百余人，赵兵乃退。琚烧其攻具，秋退保大夏。

虎以中书监石宁为征西将军，帅并、司州兵二万余人为秋等后继。张重华将宋秦等帅户二万降于赵。重华以谢艾为使持节、军师将军，帅步骑三万进军临河。艾乘韬车，戴白帢，鸣鼓而行。秋望见，怒曰："艾年少书生，冠服如此，轻我也，"命黑矟龙骧三千人驰击之；艾左右大扰。或劝艾宜乘马，艾不从，下车，踞胡床，指麾处分，赵人以为有伏兵，惧不敢进。别将张瑁自间道引兵截赵军后，赵军退，艾乘势进击，大破之，斩其将杜勋、汲鱼，获首虏万三千级，秋单马奔大夏。

赵王虎据十州之地，聚敛金帛，及外国所献珍异，府库财物，不可胜纪；犹自以为不足，悉发前代陵墓，取其金宝。

赵麻秋又袭张重华将张瑁，败之，斩首三千余级。枹罕护军李逵帅众七千降于赵，自河以南，氐、羌皆附于赵。

冬，十月，乙丑，遣侍御史俞归至凉州，授张重华侍中、大都督、督陇右·关中诸军事、大将军、凉州刺史、西平公。

【译文】

三年（丁未，公元347年）

春季，二月，桓温的部队抵达青衣。成汉国主李势大举出兵，派叔父右卫将军李福、堂兄镇南将军李权、前将军昝坚等人率领兵众，从山阳开赴合水。众将领想要在长江以南设下埋伏以等待东晋的军队，昝坚没有听从，带领军队从长江以北的鸳鸯碕渡过长江，奔赴犍为。

三月，桓温抵达彭模。有人提议应该兵分两路，分头并进，用以削弱成汉军的威势。袁乔说："如今孤军深入万里之外，胜利可以建立大功，败则尽死无遗，应当聚合威势，齐心协力，以争取一战成功。如果兵分两路，则众心不一，万一一方失败，讨伐蜀汉的大事就完了。不如以完整的军队前进，扔掉釜甑一类的炊具，只带三天的军粮，以显示义无反顾的决心，肯定可以取胜。"桓温听从了他的意见。留下参军孙盛、周楚带领瘦弱的士兵守卫轻重装备，桓温亲自统率步兵直接开赴成都。周楚是周抚的儿子。

李福进军攻打彭模，孙盛等人奋力反击，赶跑了他。桓温进军，遇上了李权，三次交战，三次获胜，成汉的军队溃散逃回了成都，镇军将军李位都迎到桓温那里投降。昝坚到了犍为以后，才知道和桓温走的不是一条路，掉头返回，从沙头津渡过长江，等到抵达成都，桓温已经驻扎在成都的十里陌，昝坚的兵众自己就溃散了。

李势把全部兵众都调往成都的笮桥迎战，桓温的前锋部队出师不利，参军龚护战死，流箭射中了桓温的马头。兵众见状十分害怕，想要撤退，而负责击鼓的官吏却误击了前进的鼓声。袁乔拔出战剑督促士兵奋力攻战，终于大败李势的军队。桓温乘胜长驱直入抵达成都，放火焚烧了城门。成汉人惊慌恐惧，再没有继续抵抗的斗志了。李势趁夜打开东门逃跑，到了葭萌，让散骑常侍王幼给桓温送去了请求投降的文书，自称"略阳人李势叩头请求死罪。"不久便拉着棺材，双手反绑于身后来到了桓温的军营门前投降。桓温为他松开了双手，焚烧了棺材，把李势及宗室亲属十多人送到了建康。任用汉司空谯献之等作为参佐，举拔贤能奖掖善事，蜀人十分高兴。

后赵凉州刺史麻秋攻打枹罕。晋昌太守郎坦因为枹罕城大难以防守，想放弃外城。武成太守张悛说："放弃了外城就会动摇众心，大事也就完了。"宁戎校尉张琚听从了张悛的话，固守城池。麻秋率领八万兵众将护城河团团包围，云梯地道，各路俱进，城中的士兵顽强抵抗，麻秋的兵众死伤数万。后赵王石虎又派他的将领刘浑等人率领步、骑兵二万人与麻秋会合。郎坦痛恨张悛不采纳自己的意见，叫军士李嘉悄悄地带领一千多赵士兵登上城墙。张琚督促众将领奋力战斗，杀死了二百多人，后赵军队这才后退。张琚焚烧了后赵军队进攻的器械，麻秋退守大夏。

石虎任命中书监石宁为征西将军，率领并州、司州的军队二万多人作为麻秋的后继部队。张重华的部将宋秦等人率领二万多户人家向后赵投降。张重华任命谢艾为使持节、军师将军，率领步、骑兵三万人进军临河。谢艾乘着轻车，戴着白色便帽，击鼓前进。麻秋远远望见，愤怒地说："谢艾是年轻书生，如此穿着，这是轻视我。"于是就命令装备黑色矛矟的三千龙骧兵驰马攻打他，跟随在谢艾周围的人大为惊扰。有人劝谢艾应该骑马，谢艾不听，下车以后，坐在交椅上，指挥部署，后赵军以为有伏兵，因害怕不敢再前进了。别将张瑁率兵从小路截断了后赵军队的后路，后赵军队后退，谢艾乘势进攻，大破后赵军，斩杀了后赵将领杜勋、汲鱼，斩杀其兵众一万三千多人，麻秋单枪匹马逃奔大夏。

　　后赵王石虎占据了十州的地域，聚集收敛金帛，以及外国所进献的珍异宝物，府库里的财物，不可胜数，但自己还是觉得不够，把前代的陵墓全都挖掘开，夺走了其中的金宝。

　　后赵的麻秋又攻袭张重华的部将张瑁，打败了他，斩首三千多级。抱军护军李逵率领七千兵众投降了后赵，自黄河以南，氐族、羌族全都归附了后赵。

　　冬季，十月，乙丑（十一日），晋派侍御史俞归到凉州，授予张重华侍中、大都督、督陇右、关中诸军事、大将军、凉州刺史、西平公。

资治通鉴第九十八卷

晋纪二十

【原文】

孝宗穆皇帝上之下永和四年（戊申，348年）

赵秦公韬有宠于赵王虎，欲立之，以太子宣长，犹豫未决。宣尝忤旨，虎怒曰："悔不立韬也！"韬由是益骄，造堂于太尉府，号曰宣光殿，梁长九丈。宣见之，大怒，斩匠，截梁而去；韬怒，增之至十丈。宣闻之，谓所幸杨杯、牟成、赵生曰："凶竖傲愎乃敢尔！汝能杀之，吾入西宫，当尽以韬之国邑分封汝等。韬死，主上必临丧，吾因行大事，蔑不济矣。"杯等许诺。

秋，八月，韬夜与僚属宴于东明观，因宿于佛精舍。宣使杨杯等缘猕猴梯而入，杀韬，置其刀剑而去。旦曰，宣奏之，虎哀惊气绝，久之方苏。将出临其丧，司空李农谏曰："害秦公者未知何人，贼在京师，銮舆不宜轻出。"虎乃止，严兵发哀于太武殿。宣往临韬丧，不哭，直言"呵呵"，使举衾观尸，大笑而去。收大将军记室参军郑靖、尹武等，将委之以罪。

虎疑宣杀韬，欲召之，恐其不入，乃诈言其母杜后哀过危惙；宣不谓见疑，入朝中宫，因留之。建兴人史科知其谋，告之；虎使收杨杯、牟成，皆亡去；获赵生，诘之，具服。虎悲怒弥甚，囚宣于席库，以铁环穿其颔而锁之，取杀韬刀箭舐其血，哀号震动宫殿。佛图澄曰："宣、韬皆陛下之子，今为韬杀宣，是重祸也。陛下若加慈恕，福祚犹长；若必诛之，宣当为彗星下扫邺宫。"虎不从。积柴于邺北，树标其上，标末置鹿卢，穿之以绳，倚梯柴积，送宣其下，使韬所幸宦者郝

稚、刘霸拔其发，抽其舌，牵之登梯；郝稚以绳贯其颔，鹿卢绞上。刘霸断其手足，斫眼溃肠，如韬之伤。四面纵火，烟炎际天。虎从昭仪已下数千人登中台以观之。火灭，取灰分置诸门交道中。杀其妻子九人。宣少子才数岁，虎素爱之，抱之而泣，欲赦之，其大臣不听，就抱中取而杀之；儿挽虎衣大叫，至于绝带，虎因此发病，又废其后杜氏为庶人。诛其四率已下三百人，宦者五十人，皆车裂节解，弃之漳水。宦其东宫以养猪牛。东宫卫士十余万人皆谪戍凉州。先是赵揽言于虎曰："宫中将有变，宜备之。"及宣杀韬，虎疑其知而不告，亦诛之。

朝廷论平蜀之功，欲以豫章郡封桓温。尚书左丞荀蕤曰："温若复平河、洛，将何以赏之？"乃加温征西大将军、开府仪同三司，封临贺郡公；加谯王无忌前将军；袁乔龙骧将军，封湘西伯。蕤，崧之子也。

温既灭蜀，威名大振，朝廷惮之。会稽王昱以扬州刺史殷浩有盛名，朝野推服，引为心膂，与参综朝权，欲以抗温；由是与温浸相疑贰。

燕王皝有疾，召世子俊属之曰："今中原未平，方资贤杰以经世务。恪智勇兼济，才堪任重，汝其委之，以成吾志！"又曰："阳士秋士行高洁，忠于贞固，可托大事，汝善待之！"九月，丙申，薨。

【译文】

晋穆帝永和四年（戊申，公元348年）

后赵秦公石韬受到后赵王石虎宠爱，石虎想立他为太子，可是因为已立太子石宣为长，犹豫不决。石宣曾违背后赵王的指令，石虎气愤地说："真后悔当初没立石韬为太子！"石韬因此而更加傲慢无忌。他在太尉府建造了一座殿堂，命名为宣光殿，横梁长达九丈。石宣看到后认为冒犯了他的姓名，勃然大怒，便杀掉了工匠，截断了横梁，拂袖而去。石韬对此也怒不可遏，又把横梁加长到十丈。石宣听说后，对他的亲信杨杯、牟成、赵生说："这小子竟敢如此傲慢刚愎！你们如果能把他杀掉，我即位入主西宫后，一定把他现在占据的封国郡邑全都分封给你们。石韬死后，主上一定会亲临哀悼，到时我趁机把他也杀掉，没有不能成功的。"杨杯等人同意了。

秋季，八月，石韬因为和他手下的同僚在东明观夜宴，就宿于佛精舍。石宣乘机派杨杯等人爬着梯子溜进佛精舍，杀死了石韬，扔下杀人刀箭潜逃而去。第二天，石宣禀报了石韬被杀的消息，石虎闻讯后悲惊交加，顿时昏厥过去，许久才苏醒过来。当他正要前往参加丧事活动时，司空李农劝他说："杀害秦公石韬的人现在还不知道是谁，凶手尚在京师，国王的车乘不宜轻率出动。"石虎于是取消了亲临丧事的计划，命令士兵严加戒备，只在太武殿进行哀悼。石宣前往参加石韬的丧事活动，不仅不哭，还"呵呵"窃笑，又让人揭开覆盖尸体的被子观看尸体，然后大笑离去。他又把大将军记室参军郑清、尹武等人抓了起来，准备诿罪于他们。

石虎怀疑石宣杀害了石韬，想召见他，又怕他不来，于是便谎称他母亲杜后因悲哀过度而病危。石宣没有察觉已怀疑到了自己头上，入朝来到中宫，便被扣留了起来。建兴人史科知道石宣策划杀害石韬的计谋，告发了他们，石虎便派人去抓杨杯、牟成，但他们都逃跑了，只抓到了赵生。经过追问，他全部招供。石虎听完后更加悲痛愤怒，于是便把石宣囚禁在贮藏坐具的仓库中，用铁环穿透他的下巴颏并上了锁，拿来杀害石韬的刀剑让他舔上面的血，石宣的哀鸣嚎叫声震动宫殿。佛图澄对石虎说："石宣、石韬都是陛下的儿子，今天如果为了石韬被杀而再杀了石宣，这便是祸上加祸了。陛下如果能对他施以仁慈宽恕，福祚的气运尚可延长；如果一定要杀了他，石宣当化为彗星而横扫邺宫。"石虎没有听从劝说。他命令在邺城之北堆上柴草，上面架设横杆，横杆的末端安置辘轳，绕上绳子，把梯子倚靠在柴堆上，将石宣押解到下边，又让石韬所宠爱的宦官郝稚、刘霸揪着石宣的头发，拽着石宣的舌头，拉他登上梯子；郝稚把绳索套在他的脖子上，用辘轳绞上去。刘霸砍断他的手脚，挖出他的眼睛，刺穿他的肠子，使他被伤害的程度和石韬一样。然后又在柴堆四周点火，浓烟烈焰冲天而起。石虎则跟随昭仪官以下数千人登上中台观看。火灭以后，又取来灰烬分别放在通向各个城门的十字大路当中。还杀掉了石宣的妻儿九人。石宣的小儿子刚刚几岁，石虎平素非常喜爱他，因此临杀前抱着他哭泣，意欲赦免，但手下的大臣们却不同意，从怀抱中要过来就给杀掉了。当时小孩拽着石虎的衣服大叫大闹，以至于连腰带都拽断了，石虎也因此得了大病。石虎还黜废了石宣的母后杜氏，贬其为庶人。又杀掉了石宣周围的三百人，宦官五十人，全都是车裂肢解以后，抛尸于漳水河中。石宣居住的太子东宫被改作饲养猪牛的地方。东宫卫士十多万人全都被贬谪戍卫凉州。谋杀石韬事发之前，赵揽曾对石虎说："宫中将有变故，宜加防备。"等到石宣谋杀石韬以后，石虎怀疑他早知此事而不禀告，把他也杀了。

东晋朝廷讨论平定蜀汉的功劳，想把豫章郡赐封给桓温。尚书左丞荀蕤说："桓温如果再平定了黄河、洛水一带，那将用什么赏赐他呢？"于是朝廷让桓温担任征西大将军、开府仪同三司，封为临贺郡公，让谯王司马无忌担任前将军，让袁乔出任龙骧将军。并封为湘西伯。荀蕤是荀崧的儿子。

桓温平定了蜀地以后，权威日盛，名声大振，连朝廷对他也惧怕三分。会稽王司马昱认为扬州刺史殷浩有盛名，朝野对他都很推崇佩服，便以他作为心腹骨干，让他参与总揽朝廷权力，想以此来和桓温抗衡。从此殷浩和桓温便逐渐开始互相猜忌，进而彼此产生了异心。

前燕王慕容皝身患疾病，他召来太子慕容俊嘱咐说："如今中原尚未平定，正是需要依靠贤良杰出人士掌管朝政的时候。慕容恪智勇双全，才能出众，你应当委他以重任，以实现我入主中原的远大志向！"又说："阳鹜具有高尚的士大夫品行，忠诚不贰，坚贞不屈，可以委托他掌管大事，一定要很好地对待他！"九月，丙申（十七日），前燕王慕容皝去世。

【原文】

五年（己酉，349年）

赵王虎即皇帝位，大赦，改元太宁；诸子皆晋爵为王。

故东宫高力等万余人谪戍凉州，行达雍城，既不在赦例，又敕雍州刺史张茂送之，茂皆夺其马，使之步推鹿车，至粮戍所。高力督定阳梁犊因众心之怨，谋作乱东归，众闻之，皆踊抃大呼。犊乃自称晋征东大将军，帅众攻拔下辨；安西将军刘宁自安定击之，为犊所败。高力皆多力善射，一当十余人，虽无兵甲，掠民斧，施一丈柯，攻战若神，所向崩溃；戍卒皆随之，攻陷郡县，杀长吏、二千石，长驱而东，比至长安，众已十万。乐平王苞尽锐拒之，一战而败。犊遂东出潼关，进趣洛阳。赵主虎以李农为大都督、行大将军事，统卫军将军张贺度等步骑十万讨之，战于新安，农等大败；战于洛阳，又败，退壁成皋。

犊遂东掠荥阳、陈留诸郡，虎大惧，以燕王斌为大都督，督中外诸军事，统冠军大将军姚弋仲、车骑将军蒲洪等讨之。弋仲将其众八千余人至邺，求见虎。虎病，未之见，引入领军省，赐以己所御食。弋仲怒，不食，曰："主上召我来击贼，当面见授方略，我岂为食来邪！且主上不见我，我何以知其存亡邪？"虎力疾见之，弋仲让虎曰："儿死，愁邪，何为而病？儿幼时不择善人教之，使至于为逆；既为逆而诛之，又何愁焉！且汝久病，所立儿幼，汝若不愈，天下必乱，当先忧此，忽忧贼也！犊等穷困思归，相聚为盗，所过残暴，何所能至！老羌为汝一举了之！"弋仲性狷直，人无贵贱皆汝之，虎亦不之责。于坐授使持节、征西大将军，赐以铠马。弋仲曰："汝看老羌堪破贼否？"乃被铠跨马于庭中，因策马南驰，不辞而出。遂与斌等击犊于荥阳，大破之，斩犊首而还，讨其余党，尽灭之。虎命弋仲剑履上殿，入朝不趋，进封西平郡公；蒲洪为车骑大将军、开府仪同三司、都督雍·秦州诸军事、雍州刺史，进封略阳郡公。

己巳，虎卒，太子世即位，尊刘氏为皇太后。刘氏临朝称制，以张豺为丞相；豺辞不受，请以彭城王遵、义阳王鉴为左右丞相，以慰其心，刘氏从之。

彭城王遵至河内，闻丧：姚弋仲、蒲洪、刘宁及征虏将军石闵、武卫将军王鸾等讨梁犊还，遇遵于李城，共说遵曰："殿下长且贤，先帝亦有意以殿下为嗣；正以末年惛惑，为张豺所误。今女主临朝，奸臣用事，上白相持未下，京师宿卫空虚，殿下若声张豺之罪，鼓行而讨，其谁不开门倒戈而迎殿下者！"遵从之。

遵自李城举兵，还趣邺，洛州刺史刘国帅洛阳之众往会之。檄至邺，张豺大惧，驰召上白之军。丙戌，遵军于荡阴，戎卒九万，石闵为前锋。耆旧、羯士皆曰："彭城王来奔丧，吾当出迎之，不能为张豺守城也！"逾城而出，豺斩之，不能止。张离亦帅龙腾二千，斩关迎遵。刘氏惧，召张豺入，对之悲哭曰："先帝梓宫未殡，而祸难至此！今嗣子冲幼，托之将军；将军将若之何？欲加遵重位，能弭之乎?"豺惶怖不知所出，但云"唯唯"。乃下诏，以遵为丞相，领大司马、大都督、督中外诸军，录尚诸事，加黄钺、九锡。己丑，遵至安阳亭，张豺惧而出迎，遵命执之。庚寅，遵擐甲曜兵，入自凤阳门，升太武前殿，擗踊尽哀，退如东阁。斩张豺于平乐市，夷其三族。假刘氏令曰："嗣子幼冲，先帝私恩所授，皇业至重，非所克堪；其以遵嗣位。"于是遵即位，大赦，罢上白之围。辛卯，封世为谯王，废刘氏为太妃；寻皆杀之。

武兴公闵言于遵曰："蒲洪，人杰也；今以洪镇关中，臣恐秦、雍之地非国家之有。此虽先帝临终之命，然陛下践阼，自宜改图。"遵从之，罢洪都督，余如前制。洪怒，归枋头，遣使来降。

【译文】

五年（己酉，公元349年）

后赵王石虎即皇帝位，实行大赦，改年号为太宁，并将儿子们的爵位全都晋升为王。

原来守卫石宣东宫号称"高力"的一万多人被贬戍凉州，此时已行至雍城，因为他们不在赦免的范围内，石虎又命令雍州刺史张茂继续遣送他们。张茂却乘机扣留了他们所有的马匹，让他们推着运粮的小车徒步前往凉州。高力督定阳人梁犊利用众人内心的怨恨，策划造反作乱，返回家园。众人听说后，全都跳跃欢呼。于是梁犊便自称晋朝征东大将军，率领众卫士攻克了下辨。安西将军刘宁率兵从安定出发攻打梁犊，却被梁犊打败。这些号称"高力"的卫士们全都身强力壮，善于射箭，一人足以抵挡十余人。他们虽然没有武器盔甲，但抢来老百姓的斧头，再安上一丈来长的斧柄，交战时用起来出神入化，所向披靡。卫士们跟随着梁犊，攻克郡县，杀掉郡守、县令等官吏，长驱直入，向东而来。等到抵达长安时，参加的人已达十万。乐平王石苞率领全部精锐士兵阻挡他们，但一交战就被打败。梁犊于是东出潼关，向洛阳进发。后赵国主石虎任命李农为大都督、行大将军事，统领卫军将军张贺度等人的步兵、骑兵十万人前来讨伐，在新安交战，李农等大败；在洛阳交战,又被打败,只好退至成皋,坚壁防守。

梁犊于是继续东进,攻取荥阳、陈留等郡。石虎十分害怕,任命燕王石斌为大都督、掌管内外各种军事事务,统领冠军大将军姚弋仲、车骑将军蒲洪等人的部队前来讨伐。姚弋仲率领他的士兵八千多人来到了邺城,求见石虎。石虎正在患病,没有见他,而是派人把他带到领军省,用专供自己所吃的御食赏赐他。姚弋仲勃然大怒,不仅不吃,还说:"主上召唤我前来讨伐乱贼,理当向我面授计谋,难道我是为了吃一顿饭才来的吗!再说如果主上不见我,我怎么知道他现在是死是活呢?"石虎勉强支撑着病体会见了他。姚弋仲责怪石虎说:"儿子死了,很忧愁吧,要不然为什么病了呢?儿子小的时候你不选择好人教育他,这才使他长大后干出了叛逆之事;既然是因为干了叛逆之事才杀了他,又有什么可忧愁的呢?再说你已经病了很久,立为太子的儿子年龄幼小,如果你病情不见好转,天下必将大乱,这才是首先应该忧虑的,不必忧虑那些乱贼!梁犊等人因为穷困无路,思家心切才相聚成为强盗,他们在所经过的地方烧杀抢掠,能成什么事!老夫为你一举消灭他们!"姚弋仲性情耿直暴躁,对人不论贵贱高下都直呼为"你",因此石虎也不责怪他,当即坐在座位上任命他为使持节、征西大将军,并赏赐给他铠甲、战马。姚弋仲说:"你看老夫能打败乱贼吗?"说着在庭院里就披挂盔甲,跨上战马,然后扬鞭策马,连告辞的话也没说便南驰而去。于是,姚弋仲和石斌等率部在荥阳攻打梁犊,大获全胜,斩掉梁犊的头颅返回。接着又讨伐其残余士卒,把他们也干净彻底地消灭了。石虎因此给予姚弋仲可以佩剑穿鞋上殿、允许他大步入朝晋见国君的特殊礼遇,并晋封他为西平郡公。任命蒲洪为车骑大将军、开府仪同三司、都督雍、秦州诸军事、雍州刺史,并晋封为略阳郡公。

己巳(四月二十三日),石虎去世,太子石世即位,尊奉刘氏为皇太后。刘氏当朝行使皇帝的权力,任命张豺为丞相。张豺辞让不肯接受,请求任命彭城王石遵、义阳王石鉴为左右丞相,以此来安抚他们,刘氏听从了。

彭城王石遵行至河内时,听到了父亲病故的丧讯。姚弋仲、蒲供、刘宁以及征虏将军石闵、武卫将军王鸾等人在讨伐梁犊后的归途中,和石遵在李城相遇。他们一起劝石遵说:"殿下年长而且德才兼备,先帝也曾有意让殿下当继承人。正是因为他晚年昏然迷惑，才被张豺所欺误。如今女主当朝，奸臣独揽朝政，上白那里双方相持不下，京师的守卫力量空虚，殿下如果声讨张豺的罪行，击鼓进军对他进行讨伐，有谁不打开城门、掉转武器而迎接殿下呢！"石遵听从了劝说。

　　石遵自李城发兵，掉头直奔邺城。洛州刺史刘国率领洛阳的部众前来与他会合。讨伐檄文到邺城后，张豺十分害怕，急忙命令包围上白的军队返回。丙戌（四月三十日），石遵的部队驻扎在荡阴，士兵达九万人，石闵为前锋。张豺打算出去拦截，但邺城的德高望重的老人和羯族士兵都说："彭城王前来奔丧，我们应当出城迎接他，再也不能为张豺守城了！"于是纷纷翻越城墙跑了出来，张豺虽然以杀头来制止，但也不能奏效。就连张离也率领龙腾卫士二千人，冲破关卡，准备迎接石遵。刘氏十分恐惧，召张豺来到宫中，悲痛地对他边哭边说："先帝的棺材还没有入土，而祸乱就到了这种地步！如今太子年幼，只能依靠将军您了。将军您打算怎么办呢？我想给石遵加封显赫的官位，这样能安抚住他吗？"张豺这时也十分惊慌害怕，不知道该怎样回答，只是说："是的是的。"于是刘氏便发下诏令，任命石遵为丞相，兼领大司马、大都督、督中外诸军，总管尚书职事，并给予他以持黄钺、加九锡等特殊权力和礼遇。己丑（五月初三日），石遵抵达安阳亭，张豺十分害怕，出来迎接，石遵命令拘捕了他。庚寅（初四日），石遵身穿铠甲，炫耀武力，从凤阳门进入邺城，登上太武前殿，捶胸顿足，宣泄悲哀，然后退至东阁。在平乐市杀了张豺，还灭了他的三族。石遵借刘氏之令说："太子年幼，之所以立他为太子，那是先帝个人的情义所致。然而国家大业至关重要，不是他所能承担的。应当以石尊为继位人。"于是石尊便即皇帝位，实行大赦，并解除了对上白的包围。辛卯（初五），封石世为谯王，废黜刘氏为太妃。过了不久，便把他们全都杀了。

　　武兴公石闵对石遵进言说："蒲洪是杰出的人才，如今让他镇守关中，我恐怕秦州、雍州之地就不再会归赵国所有了。让蒲洪镇守关中虽然是先帝临终前的指令，然而如今陛下登位，自然应当改变谋略。"石遵听从了进言。罢免了蒲洪的都督官职，其他的官职待遇则一如从前。蒲洪对此感到愤怒，回到枋头后，便派使者前来向东晋投降。

【原文】

六年（庚戌，350年）

春，正月，赵大将军闵欲灭去石氏之迹，托以谶文有"继赵李"，更国号曰卫，易姓李氏，大赦，改元青龙。

闰月，卫主鉴密遣宦者赍书召张沈等，使乘虚袭邺。宦者以告闵、农，闵、农驰还，废鉴，杀之，并杀赵主虎二十八孙，尽灭石氏。姚弋仲子曜武将军益、武卫将军若帅禁兵数千斩关奔滠头。弋仲帅众讨闵军于混桥。

司徒申钟等上尊号于闵，闵以让李农，农固辞。闵曰："吾属胡晋人也，今晋室犹存，请与诸君分割州郡，各称牧、守、公、侯，奉表迎晋天子还都洛阳。"尚书胡睦进曰："陛下圣德应天，宜登大位，晋氏衰微，远窜江表，岂能总驭英雄，混一四海乎！"闵曰："胡尚书之言，可谓识机知命矣。"乃即皇帝位，大赦，改元永兴，国号大魏。

朝廷闻中原大乱，复谋进取。己丑，以扬州刺史殷浩为中军将军、假节、都督扬、豫、徐、兖、青五州诸军事；以蒲洪为氐王、使持节、征北大将军、都督河北诸军事、冀州刺史、广川郡公；蒲健为假节、右半军、监河北征讨前锋诸军事、襄国公。

二月，燕王俊使慕容霸将兵二万自东道出徒河，慕舆于自西道出蠮螉塞，俊自中道出卢龙塞以伐赵。以慕容恪、鲜于亮为前驱，命慕舆埿桻山通道。留世子晔守龙城，以内史刘斌为大司农，与典书令皇甫真留统后事。

三月，燕兵至无终，王午留其将王佗以数千人守蓟，与邓恒走保鲁口。乙巳，俊拔蓟，执王佗，斩之。

魏主闵复姓冉氏，尊母王氏为皇太后，立妻董氏为皇后，子智为皇太子，胤、明、裕皆为王。以李农为太宰、领太尉、录尚书事，封齐王，其子皆封县公。遣使者持节赦诸军屯；皆不从。

魏主闵杀李农及其三子，并尚书令王谟、侍中王衍、中常侍严震、赵昇。闵遣使临江告晋曰："逆胡乱中原,今已诛之;能共讨者,可遣军来也。"朝廷不应。

张贺度、段勤、刘国、靳豚会于昌城,将功邺。魏主闵自将击之,战于苍亭,贺度等大败,死者二万八千人,追斩靳豚于阴安,尽俘其众而归。闵戎卒三十余万,旌旗、钲鼓绵亘百余里,虽石氏之盛,无以过也。

故晋散骑常侍陇西辛谧,有高名,历刘、石之世,征辟皆不就;闵备礼征为太常。谧遗闵书,以为"物极则反,致至则危。君王功已成矣,宜因兹大捷,归身晋朝,必有由、夷之廉,享松、乔之寿矣。"因不食而卒。

十一月,魏主闵帅步骑十万攻襄国。署其子太原王胤为大单于、骠骑大将军,以降胡一千配之为麾下。光禄大夫韦謏谏曰:"胡、羯皆我之仇敌,今来归附,苟存性命耳;万一为变,悔之何及。请诛屏降胡,去单于之号,以防微杜渐。"闵方欲抚纳群胡,大怒,诛謏及其子伯阳。

【译文】

六年(庚戌,公元350年)

春季,正月,后赵大将军石闵想消除石氏的痕迹,以谶文中有"继赵李"的字样为托词,便更改国号叫卫,改姓李氏,实行大赦,改年号为青龙。

闰正月,卫国主石鉴秘密派遣宦官给张沈等人送去书信,让他们乘石闵率兵外出后方空虚前来袭击邺城。送信的宦官却把消息告诉了石闵、李农。石闵、李农急忙返回,废黜石鉴,并把他杀掉,一起被杀的还有后赵国主石虎的二十八个孙子,石氏家族的人全被消灭。姚弋仲的儿子曜武将军姚益、武卫将军姚若率领宫廷卫兵数千人冲破关卡,投奔滠头。姚弋仲率领兵众讨伐石闵,驻扎在混桥。

司徒申钟等人向石闵进献尊号,石闵要谦让给李农,李农执意推辞,不肯接受。石闵说:"我们原是晋朝的人士,如今晋皇室尚在,我希望和诸君一起分割州郡而治,各自称为牧、守、公、侯,然后上表迎接晋朝天子返回故都洛阳。"尚书胡睦进言说:"陛下的圣德顺应天意,理应登上天子之位。如今晋氏衰败,远逃江南,怎么能驾驭各路英雄,统一四海江山呢!"石闵说:"胡尚书之言,真可谓识时务知天命啊。"于是石闵便即皇帝位,实行大赦,改年号为永兴,立国号为大魏。

东晋朝廷听到中原大乱的消息,再次谋划进取收复。己丑(闰正月十八日),任命扬州刺史殷浩为中军将军、假节和都督扬、豫、徐、兖、青五州诸军事。任命蒲洪为氐王、使持节、征北大将军、都督黄河以北诸军事、冀州刺史、广川郡公。任命蒲健为假节、右将军、监黄河以北征讨前锋诸军事,襄国公。

二月,前燕王慕容俊派慕容霸统率兵卒二万人由东路出徒河,慕舆于由西路出蠮螉塞,慕容俊自己则由中路出卢龙塞,前去讨伐赵。他以慕容恪、鲜于亮为前锋,命令慕舆埿开通山路。留下世子慕容晔镇守龙城,任命内史刘斌为大司农,和典书令皇甫真一起留下统管后方事务。

三月,前燕国的军队抵达无终,王午留下部将王佗带领数千人守卫蓟城,自己与邓恒一起前去保卫鲁口。乙巳(初五),慕容俊攻下了蓟城,抓到王佗把他斩杀。

魏国主石闵恢复冉姓,尊奉母亲王氏为皇太后,立妻子董氏为皇后,立儿子冉智为皇太子,冉胤、冉明、冉裕三个儿子全都被封为王。任命李农为太宰、兼太尉、录尚书事,并封为齐王,李农的儿子们全都被封为县公。冉闵派遣使者带着作为凭证的证节向驻扎在各地的将领通报任命,他们都不服从。

魏国主冉闵杀掉了李农及他的三个儿子,一起被杀的还有尚书令王谟、侍中王衍、中常侍严震、赵昇。冉闵派遣使者前往长江畔向东晋朝廷报告说:"叛逆胡人使中原大乱,如今已经诛杀了他们。如果能共同讨伐乱军的话,可以派遣部队来。"东晋朝廷不做回应。

张贺度、段勤、刘国、靳豚会师于昌城,准备进攻邺城。魏国主冉闵亲自统领军队反击,在苍亭交战,张贺度等大败,死亡二万八千人。冉闵追到阴安,杀了靳豚,将其兵众全部俘虏后返回。冉闵的士兵达三十多万。旌旗、战鼓绵延一百多里,就是石氏最兴盛的时候,也无法与之相比。

过去晋朝的散骑常侍、陇西人辛谧,名声高尚,虽然经历了刘氏、石氏时代,征召授官全都不接受。冉闵以完备的礼遇征召他出任太常。辛谧致信冉闵,认为"物极必反,到了极点就危险了。如今君王大功已成,应该就此辉煌战果,归身于晋朝,必定会有许由、伯夷那样的正直名声,享受赤松子、王子乔那样的天年高寿。"接着他便绝食而死。

十一月，魏国主冉闵率领步兵、骑兵十万人攻打襄国。委任他的儿子太原王冉胤为大单于、骠骑大将军，并给他手下配备了一千名投降的胡族士兵。光禄大夫韦寓劝谏冉闵说："胡族、羯族都是我们的仇敌，如今他们归附投降，只是为了苟全性命罢了，万一他们哗变，后悔怎么来得及？请求您斩尽杀绝那些投降的胡兵！去掉单于的称号，以防微杜渐。"冉闵正想要安抚招纳群胡，听了此话，勃然大怒，杀掉了韦寓以及他的儿子韦伯阳。

晋纪二十一

【原文】

孝宗穆皇帝中之上永和七年（辛亥，351年）

苻健左长史贾玄硕等请依刘备称汉中王故事，表健为都督关中诸军事、大将军。大单于、秦王。健怒曰："吾岂堪为秦王邪！且晋使未返，我之官爵，非汝曹所知也。"既而密使梁安讽玄硕等上尊号，健辞让再三，然后许之。丙辰，健即天王、大单于位，国号大秦，大赦，改元皇始。

魏主闵攻围襄国百余日。赵主祗危急，乃去皇帝之号，称赵王，遣太尉张举乞师于燕，许送传国玺；中军将军张春乞师于姚弋仲。弋仲遣其子襄帅骑二万八千救赵，诫之曰："冉闵弃仁背义，屠灭石氏。我受人厚遇，当为复仇，老病不能自行；汝才十倍于闵，若不枭擒以来，不必复见我也！"弋仲亦遣使告于燕；燕主俊遣御难将军悦绾将兵三万往会之。

三月，姚襄及赵汝阴王琨各引兵救襄国。冉闵遣车骑将军胡睦拒襄于长芦，将军孙威拒琨于黄丘，皆败还，士卒略尽。

闵欲自出击之，卫将军王泰谏曰："今襄国未下，外救云集，若我出战，必覆背受敌，此危道也。不若固垒以挫其锐，徐观其畔而击之。且陛下亲临行陈，如失万全，则大事去矣。"闵将止，道士法饶进曰："陛下围襄国经年，无尺寸之功；今贼至，又避不击，将何以使将士乎！且太白入昴，当杀胡王，百战百克，不可失也！"闵攘袂大言曰："吾战决矣，敢沮众者斩！"乃悉众出，与襄、琨战。悦绾适以燕兵至。去魏兵数里，疏布骑卒，曳柴扬尘，魏人望之恟惧，襄、琨、绾三面击之，赵王祗自后冲之，魏兵大败，闵与十余骑走还邺。降胡栗特康等执大单于胤及左仆射刘琦以降赵、赵王祗杀之。胡睦及司空石璞、尚书令徐机、中书监卢谌等并将士死者凡十余万人。闵潜还，人无知者。邺中震恐，讹言闵已没。射声校尉张艾请闵亲郊以安众心，闵从之，讹言乃息。闵支解法饶父子，赠韦謏大司徒。姚襄还滠头，姚弋仲怒其不擒闵，杖之一百。

秦王健分遣使者问民疾苦，搜罗隽异，宽重敛之税，弛离宫之禁，罢无用之器，去侈靡之服，凡赵之苛政不便于民者，皆除之。

刘显弑赵王祗及其丞相乐安王炳、太宰赵庶等十余人，传首于邺。骠骑将军石宁奔柏人。魏主闵焚祗首于通衢，拜显上大将军、大单于、冀州牧。

秋，七月，刘显复引兵攻邺，魏主闵击败之。显还，称帝于襄国。

燕王俊遣慕容恪攻中山，慕容评攻王午于鲁口，魏中山太守上谷侯龛闭城拒守。恪南徇常山，军于九门，魏赵郡太守辽西李邽举郡降，恪厚抚之，将邽还围中山，侯龛乃降。恪入中山，迁其将帅、士豪数十家诣蓟，余皆安堵，军令严明，秋毫不犯。慕容评至南安，王午遣其将郑生拒战，评击斩之。

初，桓温闻石氏乱，上疏请出师经略中原；事久不报。温知朝廷杖殷浩以抗己，甚忿之；然素知浩之为人，亦不之惮也。以国无他衅，遂得相持弥年，羁縻而已，八州士众资调殆不为国家用。屡求北伐，诏书不听。十二月，辛未，温拜表辄行，帅众四五万顺流而下，军于武昌。朝廷大惧。

抚军司马高崧言于昱曰："王宜致书，谕以祸福，自当返旆。如其不尔，便六军整驾，逆顺于兹判矣！"乃于坐为昱草书曰："寇难宜平，时会宜接。此实为国远图，经略大算，能弘斯会，非足下而谁！但以比兴师动众，要当以资实为本；运转之艰，古人所难，不可易之于始而不熟虑。顷所以深用为疑，惟在此耳。然异常之举，众之所骇，游声噂𠴲，想足下亦少闻之。苟患失之，无所不至，或能望风振扰，一时崩散。如此则望实并丧，社稷之事去矣。皆由吾暗弱，德信不著，不能镇静群庶，保固维城，所以内愧于心，外惭良友。吾与足下，虽职有内外，安社稷，保国家，其致一也。天下安危，系之明德；当先思宁国而后图其外，使王基克隆，大义弘著，所望于足下。区区诚怀，岂可复顾嫌而不尽哉！"温即上疏惶恐致谢，回军还镇。

【译文】

晋穆帝永和七年（辛亥，公元351年）

符健的左长史贾玄硕等人想要向东晋朝廷上表，请求依据刘备号称汉中王的做法，任命符健为都督关中诸军事、大将军、大单于、秦王。符健愤怒地说："我怎么能胜任秦王呢！况且晋朝的使臣尚未返回，我的官职爵位，不是你们所知道的。"然而紧接着他却悄悄地让梁安暗示贾玄硕等人向他进献尊号，经过表面上的再三推辞，然后就接受了。丙辰（正月二十日），符健即天王位、大单于位，立国号为大秦，实行大赦，改年号为皇始。

魏国主冉闵攻打包围襄国一百多天。后赵主石祗境况危急，便去掉了皇帝的称号，改称为赵王，派遣太尉张举到前燕国请求援军，并承诺送去传国印玺。派遣中军将军张春向姚弋仲请求援军。姚弋仲派他的儿子姚襄率领骑兵二万八千人援救后赵。他告诫姚襄说："冉闵抛弃仁爱，背离道义，屠杀消灭了石氏。我受到过石虎宽厚的待遇，应当为他复仇，但因为既老且病，不能亲自出征。你的才能高出冉闵十倍，如果不能把他的头颅带回来，就不必再来见我了！"姚弋仲也派使者到前燕报告。前燕王慕容俊派御难将军悦绾统领三万士兵前去与姚襄会师。

三月，姚襄及后赵汝阴王石琨分别率兵救援襄国。冉闵派车骑将军胡睦在长芦阻击姚襄，派将军孙威在黄丘阻击石琨，但全都失败而返，士兵死亡殆尽。

冉闵想要亲自出马攻打姚襄及石琨，卫将军王泰劝谏说："如今襄国城尚未攻下，外边援救的部队云集而至，如果我们再外出征战，一定会腹背受敌，这是极其危险的做法。不如坚固堡垒以挫伤他们的锐气，慢慢地看着他们之间出现裂痕后再去攻击。况且陛下亲自上阵，如果一旦出危险，宏图大业就全完了。"冉闵听了劝谏后正想不再出征，而道士法饶却进言说："陛下包围襄国已有一年之久，然而没有取得丝毫的胜利。如今敌人来了，却避而不攻，今后将怎样调动将士呢！况且启明星进入昴宿,正是诛杀胡王的征兆,一定会百战百胜,绝不可错失良机!"听了这话,冉闵挽起袖子大声说:"我决定要出发征战了。胆敢出言使兵众士气沮丧者杀头!"于是就率领全部兵众出发,与姚襄、石琨决战。这时悦绾恰好率领燕兵来到,离魏兵约有几里地的距离,他将骑兵稀疏地布开,拖着树枝扬起漫天尘土,魏国兵众一看见这阵势便骚动不安、惊恐万状。姚襄、石琨、悦绾三面夹击,后赵王石祗则从后面发起冲锋,魏兵大败,冉闵和十多个骑兵逃回邺城。以前投降冉闵的胡人栗特康等人挟持着大单于冉胤及左仆射刘琦投降了后赵,后赵王石祗把冉胤、刘琦杀掉了。冉闵的众将士再加上胡睦及司空石璞、尚书令徐机、中书监卢谌等,死亡的人总共达十多万。冉闵偷偷地回到邺城,无人知晓。邺城里的人都感到震惊害怕,讹传冉闵已死。射声校尉张艾请求冉闵露面去参加一次郊祀祭天活动,以安定民心,冉闵听从了,讹传才平息下来。冉闵肢解了法饶父子,追封韦謏为大司徒。姚襄回到滠头,姚弋仲对他没能擒获冉闵十分气愤,打了他一百杖。

前秦王苻健分别派遣使者访问百姓的疾苦,搜罗杰出人才,放宽了横征暴敛的赋税,开放了为修建离宫划定的禁区,撤掉了没有用处的事务和器具,更换了华丽奢侈的服装,凡是后赵国制定的不利于百姓的繁琐苛刻的政令,全都予以废除。

刘显杀掉了后赵王石祗及其丞相乐安王石炳、太宰赵庶等十多人,并将首级传送到邺城。骠骑将军石宁逃奔到柏人县。魏国主冉闵在邺城的通衢大道上焚烧了石祗的首级,授予刘显上大将军、大单于、冀州牧的官职。

秋季,七月,刘显再次率兵攻打邺城,被魏国主冉闵击败。刘显返回,在襄国称帝。

前燕王慕容俊派慕容恪攻打中山,派慕容评在鲁口攻打王午,魏国中山太守上谷人侯龛紧闭城门,抵抗固守。慕容恪率兵南巡常山,驻扎在九门,魏国赵郡太守辽西人李邽带领全郡投降,慕容恪给他以丰厚的抚慰,统领李邽的军队返回去包围中山,于是侯龛投降。慕容恪进入中山,将侯龛手下的数十家将帅、地方豪强迁徙到蓟城,其余的则让他们全都就地安居。部队纪律严明,秋毫无犯。慕容评抵达南安,王午派他的部将郑生抵抗,慕容评发起攻击,斩杀了郑生。

当初,桓温听说石氏大乱,便向朝廷上疏,请求出兵整治中原地区,但过了许久也没有回音。桓温知道朝廷倚仗殷浩来对抗自己,对此十分愤怒。然而他也一向知道殷浩的为人,所以对此也不惧怕。因为国家没有什么其他灾祸变故,也就得以相持共处了一年多,但不过是一般性的联系、应付而已。桓温管辖的八州之内民众的资财赋税,几乎不给朝廷使用。桓温多次请求北伐,朝廷下达诏书不予同意。十二月,辛未(十一日),桓温上奏章后就立即行动,率领四五万人顺江而下,驻扎在武昌。朝廷十分恐惧。

抚军司马高崧对司马昱说:"您应该致信桓温,向他说明利害得失,他自己就应当率兵返回了。如果他不这样做,就整理六军人马出征,正义叛逆从此判明!"于是他就坐下来替司马昱起草书信说:"寇贼发难,应该平安,时运到来,应该应接。这确实是为国家着想的长谋远虑、夺取天下的宏图大略,能够弘扬光大这种时运的人,除了足下还能有谁!但兴师动众,重要的是应该以雄厚的财力物力为基础,辗转运输的艰难,正是古人最头疼的事,不能从一开始就认为它容易而不加以认真地考虑。近来我之所以对你的举动深以为疑,原因就在这里。对于出乎寻常的举动,人们都感到惊骇,所以近来各种议论说法,纷至沓来,想足下也稍有耳闻。假若生怕得到的东西再失去,就会无所不用其极,也许有些人就会震恐惊扰,甚至会顷刻崩溃逃散。如此则宏大的愿望和已有的成果全都会丧失,国家的大业也就完了。这全都是由于我昏庸懦弱,没有表现出崇高的道德和信誉,才没能使众百姓沉着安定,凭借险势连城固守,以保卫国家。这就是我于内问心有愧,于外对不起好友的原因。我与足下,虽然任职有内外之分,但安定国家,保卫皇帝,这个目标是一致的。天下的安危,与完美的德行相联系,应当先考虑使国家安宁,然后再图谋向外扩展,以使帝王的基业兴隆昌盛,道义弘扬彰著,这就是我对阁下的期望。区区一点心意,难道还能再顾虑疑忌而不坦诚尽言吗!"桓温见信后立即上书,诚惶诚恐地表示谢罪,率军返回了原来镇守的地方。

【原文】

八年(壬子,352年)

秦丞相雄等请秦王健正尊号,依汉、晋之旧,不必效石氏之初。健从之,即皇帝位，大赦。诸公皆进爵为王。且言单于所以统一百蛮，非天子所宜领，以授太子丕。

刘显攻常山，魏主闵留大将军蒋斡使辅太子智守邺，自将八千骑救之。显大司马清河王宁以枣强降魏。闵击显，败之，追奔至襄国。显大将军曹伏驹开门纳闵，闵杀显及其公卿已下百余人，焚襄国宫室，迁其民于邺。赵汝阴王琨以其妻妾来奔，斩于建康市，石氏遂绝。

姚弋仲有子四十二人，及病，谓诸子曰："石氏待吾厚，吾本欲为之尽力。今石氏已灭，中原无主；我死，汝亟自归于晋，当固执臣节，无为不义也！"弋仲卒，子襄秘不发丧，帅户六万南攻阳平、元城、发干，破之，屯于碻磝津；以太原王亮为长史，天水尹赤为司马，太原薛瓒、略阳权翼为参军。

襄遂帅众归晋，送其五弟为质，诏襄屯谯城。襄单骑渡淮，见谢尚于寿春。尚闻其名，命去仗卫，幅巾待之，欢若平生。襄博学，善谈论，江东人士皆重之。

魏主闵将与燕战，大将军董闰、车骑将军张温谏曰："鲜卑乘胜锋锐，且彼众我寡，宜且避之；俟其骄惰，然后益兵以击之。"闵怒曰："吾欲以此众平幽州，斩慕容俊；今遇恪而避之，人谓我何！"司徒刘茂、特进郎闿相谓曰："吾君此行，必不还矣，吾等何为坐待戮辱！"皆自杀。

闵军于安喜，慕容恪引兵从之。闵趣常山，恪追之，及于魏昌之廉台。闵与燕兵十战，燕兵皆不胜。闵素有勇名，所将兵精锐，燕人惮之。慕容恪巡陈，谓将士曰："冉闵勇而无谋，一夫敌耳！其士卒饥疲，甲兵虽精，其实难用，不足破也！"闵以所将多步卒，而燕皆骑兵，引兵将趣林中。恪参军高开曰："吾骑兵利平地，若闵得入林，不可复制。宜亟遣轻骑邀之，既合而阳走，诱致平地，然后可击也。"恪从之。魏兵还就平地，恪分军为三部，谓诸将曰："闵性轻锐，又自以众少，必致死于我。我厚集中军之陈以待之，俟其合战，卿等从旁击之，无不克矣。"乃择鲜卑善射者五千人，以铁锁连其马，为方陈而前。闵所乘骏马曰朱龙，日行千里。闵左操两刃矛，右执钩戟，以击燕兵，斩首三百余级。望见大幢，知其为中军，直冲之；燕两军从旁夹击，大破之。围闵数重，闵溃围东走二十余里，朱龙忽毙，为燕兵所执。燕人杀魏仆射刘群，执董闰、张温及闵，皆适于蓟。闵子操奔鲁口。高开被创而卒。慕容恪进屯常山，俊命恪镇中山。

己卯，冉闵至蓟。俊大赦。立闵而责之曰："汝奴仆下才，何得妄称帝？"闵曰："天下大乱，尔曹夷狄禽兽之类犹称帝，况我中土英雄，何得不称帝邪！"俊怒，鞭之三百，送于龙城。

辛卯，燕人斩冉闵于龙城。会大旱、蝗，燕王俊谓闵为祟，遣使祀之，谥曰悼武天王。

燕群僚共上尊号于燕王俊，俊许之。十一月，丁卯，始置百官，以国相封奕为太尉，左长史阳骛为尚书令，右司马皇甫真为尚书左仆射，典书令张悕为右仆射；其余文武，拜授有差。戊辰，俊即皇帝位，大赦；自谓获传国玺，改元元玺。追尊武宣王为高祖武宣皇帝，文明王为太祖文明皇帝。时晋使适至燕，俊谓曰："汝还白汝天子，我承人乏，为中国所推，已为帝矣！"改司州为中州；建留台于龙都。以玄菟太守乙逸为尚书，专委留务。

【译文】

八年（壬子，公元352年）

前秦丞相符雄等人请求秦王符健正式称皇帝的尊号，依从汉朝、晋朝的旧制，而不必效法石氏最初先称天王的做法。符健听从了这一请求，即皇帝位，实行大赦。诸公全都晋升爵位为王。符雄等人还说，单于是用来统治百蛮的称号，不宜由天子所兼领。所以符健把单于之号授予太子符苌。

刘显进攻常山，魏国主冉闵留下大将军蒋幹辅佐太子冉智守卫邺城，自己统率八千骑兵前去救援。刘显的大司马清河人王宁投降了魏国，将枣强县拱手交出。冉闵攻击刘显，打败了他，追击到襄国。刘显的大将军曹伏驹打开城门让冉闵进入，冉闵杀掉了刘显及其公卿以下的官吏一百多人，焚烧了襄国的宫室，将襄国的百姓迁徙到邺城。后赵汝阴王石琨带着他的妻妾前来东晋投降，被斩杀在建康街市，于是石氏被彻底根绝了。

姚弋仲有儿子四十二人，等到他病重时，对儿子们说："石氏对待我很优厚，我本想为他们尽力。如今石氏已被消灭，中原混战无主，我死了以后，你们赶快自己归附晋朝，应当固守作为臣下的气节，不要干不义的事情！"姚弋仲去世，其子姚襄隐瞒消息，不告诉别人，率领六万家的兵众南进，攻打阳平、元城、发干，全部攻克，兵众驻扎在碻磝津。任命太原人王亮为长史，天水人尹赤为司马，太原人薛瓒、略阳人权翼为参军。

姚襄于是率领兵众归附东晋，并把他的五个弟弟送去作为人质。东晋朝廷诏令姚襄屯戍谯城。姚襄单人匹马渡过淮河，在寿春见到了谢尚。谢尚久闻其名，命令撤掉仪仗侍卫，自己摘掉帽子，只以绢丝束发，热情地招待他，就像见故友一样。姚襄很博学，善于言谈，江东的人士都很推崇他。

魏国主冉闵准备与前燕交战，大将军董闰、车骑将军张温劝谏他说："鲜卑人乘胜利之势，锋芒锐利，而且敌众我寡，应该暂且躲避。等他们骄傲懈怠以后，再增加兵力，加以攻击。"冉闵愤怒地说："我要用这些兵众平定幽州，斩杀慕容俊。如今遇上了慕容恪而躲避他，人们该说我什么呢！"司徒刘茂、特进郎闿互相说："我们的国君此次出征，一定是有去无回，我们为什么要坐等被杀戮的耻辱！"于是他们俩都自杀了。

冉闵驻军于安喜，慕容恪率兵跟随。冉闵向常山开进，慕容恪紧追不舍，一直追到魏昌县的廉台。冉闵与前燕兵交战十次，前燕兵全都没有获胜。冉闵历来有勇猛的名声，所统领的士兵精良，前燕人很惧怕他。慕容恪巡视兵阵，对他的将士们说："冉闵有勇无谋，只能以一当一而已！他的士兵饥饿疲惫，武器装备虽然精良，但实际上难以为用，不难打败他们！"冉闵认为自己所统领的多是步兵，而前燕全是骑兵，于是就率领兵众向丛林开进。慕容恪的参军高开说："我们骑兵在平坦地域作战有利，如果冉闵得以进入丛林，就无法再控制他了。应该火速派轻装的骑兵去拦截他，等到交战以后再假装逃跑，诱使他来到平坦地域，然后便能进行攻击了。"慕容恪听从了这一意见。魏兵回师追到平坦的地域，慕容恪把军队分为三部分，对将领们说："冉闵生性轻敌，锐气十足，又自认为兵众较少，一定会拼死与我们作战。我要在中军的阵地上集中优势兵力等着他，等到交战以后，你们从两翼发起攻击，攻无不克。"于是他就选择五千名善于射箭的鲜卑人，用铁链把他们的马匹联结起来，形成方阵，布置在前面。冉闵所骑的骏马名叫朱龙，日行千里。只见他左手持着两刃矛，右手拿着钩戟，用来攻击前燕兵，杀掉了三百多人。当他望见宽大的仪仗旗帜后,知道这便是中军,就径直发起冲击。这时,前燕军的其他两部分从两翼夹击,彻底攻破了冉闵的部队。他们把冉闵团团围住,冉闵突破重围向东逃窜了二十多里,不巧骏马朱龙突然死亡,冉闵被前燕兵俘获。前燕兵杀掉了魏国仆射刘群,抓到了董闵、张温及冉闵,把他们全都送往蓟城。冉闵的儿子冉操逃到鲁口。高开负伤而死。慕容恪进军驻扎于常山,慕容俊命令他镇守中山。

己卯(四月二十日),冉闵被押送到蓟城。慕容俊实行大赦。慕容俊让冉闵站在那里斥责他说:"你不过是才能低下的奴仆,怎么能妄自称帝?"冉闵说:"天下大乱,你们夷狄禽兽之类尚可称帝,何况我中原英雄,为什么不能称帝呢!"慕容俊大怒,打了他三百鞭,把他送到龙城。

辛卯(五月初三),前燕人在龙城斩杀了冉闵。恰好这时发生了严重的旱灾、蝗灾,前燕王慕容俊说这是冉闵在作祟,便派使臣去祭祀他,给他封谥号为悼武天王。

前燕国的官员们共同给前燕王慕容俊进上皇帝尊号,慕容俊同意了。十一月,丁卯(十二日),开始设置百官,任命国相封奕为太尉,左长史阳鹜为尚书令,右司马皇甫真为尚书左仆射,典书令张悕为右仆射。其余的文武官员,授予的官职各有等差。戊辰(十三日),慕容俊即皇帝位,实行大赦。自称获得了传国印玺,改年号为元玺。追尊武宣王慕容廆为高祖武宣皇帝,文明王慕容皝为太祖文明皇帝。这时东晋的使者恰好抵达前燕,慕容俊对他说:"你回去禀报你的天子,我趁着天下无人才的时机,被中原地区推举,已经成为皇帝了!"慕容俊将司州改为中州,在当初的国都龙城建立了留台。任命玄菟太守乙逸为尚书,专门委任他掌管留台事务。

【原文】

九年(癸丑,353年)

姚襄屯历阳,以燕、秦方强,未有北伐之志,乃夹淮广兴屯田,训厉将士。殷浩在寿春,恶其强盛,囚襄诸弟,屡遣刺客刺之,刺客皆以情告襄。安北将军魏统

率，弟憬代领部曲。浩潜遣憬帅众五千袭之，襄斩憬，并其众。浩愈恶之，使龙骧将军刘启守谯，迁襄于梁国蠡台，表授梁国内史。

魏憬子弟数往来寿春，襄益疑惧，遣参军权翼使于浩，浩曰："身与姚平北共为王臣，休戚同之；平北每举动自专，甚失辅车之理，岂所望也！"翼曰："平北英姿绝世，拥兵数万远归晋室者，以朝廷有道，宰辅明哲故也。今将军轻信谗慝之言，与平北有隙，愚谓猜嫌之端，在此不在彼也。"浩曰："平北姿性豪迈，生杀自由，又纵小人掠夺吾马；王臣之体，固若是乎？"翼曰："平北归命圣朝，岂肯妄杀无辜！奸宄之人，亦王法所不容也，杀之何害！"浩曰："然则掠马何也？"翼曰："将军谓平北雄武难制，终将讨之，故取马欲以自卫耳。"浩笑曰："何至是也！"

初，浩阴遣人诱梁安、雷弱儿，使杀秦主健，许以关右之任；弱儿伪许之，且请兵应接。浩闻张遇作乱，健兄子辅国将军黄眉自洛阳西奔，以为安等事已成。冬，十月，浩自寿春帅众七万北伐，欲进据洛阳，修复园陵。吏部尚书王彪之上会稽王昱笺，以为："弱儿等容有诈伪，浩未应轻进。"不从。

【译文】

九年（癸丑，公元353年）

姚襄驻扎在历阳，考虑到前燕、前秦势力正强，所以没有北伐的念头，就沿淮河两岸广泛开垦屯田，训练勉励将士。殷浩在寿春，讨厌姚襄的日益强盛，于是就囚禁了他的弟弟们，并多次派遣刺客刺杀他。然而刺客们却全都把实情告诉了姚襄。安北将军魏统去世，弟弟魏憬代替他统领部曲家兵。殷浩偷偷地派魏憬率领五千兵众袭击姚襄，但姚襄杀掉了魏憬，其兵众也被兼并。殷浩因此越发讨厌姚襄，派龙骧将军刘启守卫谯郡，把姚襄调到梁国的蠡台，上表请求授予姚襄梁国内史职务。

魏憬的子弟们多次往来寿春，姚襄越发怀疑、担心，就派参军权翼出使殷浩处。殷浩对他说："我本人与姚襄同是君主的臣下，休戚与共。然而姚襄经常独断专行，有失辅车相依的道理，这难道是我所希望的事情吗！"权翼说："姚襄英俊的风姿堪称绝世,他之所以带领数万兵将不辞遥远归附晋朝王室,是因为朝廷具有道义,大臣们贤明智慧的缘故。如今将军轻信谗言匿语,与姚襄有了隔阂,我认为产生猜忌的根源,在您这里而不在姚襄那里。"殷浩说:"姚襄生性豪放不羁,随意生杀,又纵容小人抢夺我的马匹,君王臣下的行为,原本是这样的吗!"权翼说:"姚襄归附听命于圣哲王朝,怎么肯滥杀无辜!邪恶作乱之徒,也是帝王的法律的不能容忍,杀了他们有什么害处!"殷浩说:"那么,为什么抢夺我的马匹呢?"权翼说:"将军您认为姚襄雄勇刚健,难以控制,最终也要讨伐他,所以他才夺取您的马匹以用来自卫罢了。"殷浩笑着说:"哪里到这种地步呢!"

当初,殷浩暗地里派人劝诱梁安、雷弱儿,让他们去刺杀前秦国主苻健,许诺把关右地区的官职封给他们。雷弱儿表面上答应了,而且请求派兵接应。殷浩听说张遇夜袭苻健,苻健哥哥的儿子辅国将军苻黄眉从洛阳向西逃奔,以为梁安等人的事情已经大功告成。冬季,十月,殷浩从寿春出发,率领兵众七万人北伐,想进攻占据洛阳,以修复帝王的陵墓。吏部尚书王彪之给会稽王司马昱上书认为:"雷弱儿等人会有诈伪,殷浩不应该轻举妄动。"司马昱对此未加理会。

【原文】

十年（甲寅,354 年）

春,正月,张祚自称凉王,改建兴四十二年为和平元年;立妻辛氏为王后,子太和为太子;封弟天锡为长宁侯,子庭坚为建康侯,曜灵弟玄靓为凉武侯;置百官,效祀天地,用天子礼乐。尚书马岌切谏,坐免官。郎中丁琪复谏曰:"我自武公以来,世守臣节,抱忠履谦五十余年,故能以一州之众,抗举世之虏,师徒岁起,民不告疲,殿下勋德未高于先公,而亟谋革命,臣未见其可也。彼士民所以用命,四远所以归向者,以吾能奉晋室故也。今而自尊,则中外离心,安能以一隅之地拒天下之强敌乎!"祚大怒,斩之于阙下。

故魏降将周成反,自宛袭洛阳。辛酉,河南太守戴施奔鲔渚。

秦丞相雄克司竹;胡阳赤奔霸城,依呼延毒。

中军将军、扬州刺史殷浩连年北伐，师徒屡败，粮械都尽；征西将军桓温因朝野之怨，上疏数浩之罪，请废之。朝廷不得已，免浩为庶人，徙东阳之信安。自此内外大权一归于温矣。

浩少与温齐名，而心竟不相下，温常轻之。浩既废黜，虽愁怨不形辞色，常书空作"咄咄怪事"字。久之，温谓掾郗超曰："浩有德有言，向为令仆，足以仪刑百揆，朝廷用违其才耳。"将以浩为尚书令，以书告之。浩欣然许焉，将答书，虑有谬误，开闭者十数，竟达空函。温大怒，由是遂绝，卒于徙所。以前会稽内史王述为扬州刺史。

张祚

二月，乙丑，桓温统步骑四万发江陵；水军自襄阳入均口，至南乡；步兵自浙川趣武关；命司马勋出子午道以伐秦。

姚襄遣使降燕。

桓温别将攻上洛，获秦荆州刺史郭敬；进击青泥，破之。司马勋掠秦西鄙，凉秦州刺史王擢攻陈仓以应温。秦主健遣太子苌、丞相雄、淮南王生、平昌王菁、北平王硕帅众五万军于峣柳以拒温。夏，四月，己亥，温与秦兵战于蓝田。秦淮南王生单骑突陈，出入以十数，杀伤晋将士甚众。温督众力战，秦兵大败；将军桓冲又败秦丞相雄于白鹿原。冲，温之弟也。温转战而前，壬寅，进至灞上。秦太子苌等退屯城南，秦主健与老弱六千固守长安小城，悉发精兵三万，遣大司马雷弱儿等与苌合兵以拒温。三辅郡县皆来降。温抚谕居民，使安堵复业。民争持牛酒迎劳，男女夹路观之，耆老有垂泣者，曰："不图今日复睹官军！"

【译文】

十年（甲寅，公元354年）

春季，正月，张祚自称凉王，改建兴四十二年为和平元年。立妻子辛氏为王后，儿子张太和为太子。封弟弟张天锡为长宁侯，儿子张庭坚为建康侯，张曜灵的弟弟张玄靓为凉武侯。设置了百官，在郊外祭祀天地，使用天子的礼节器乐。尚书马岌恳切地加以劝谏，被加罪免官。郎中丁琪又劝谏他说："我们自从武公张轨以来，历代谨守臣下的节义，胸怀忠诚，行事谦恭五十多年，所以才能用区区一州的兵众抵抗整个天下的敌人，虽然士兵连年征战，但百姓并不诉说困倦。殿下的功勋与德行并没有高出先公，然而却迫不及待地谋求改变命运，臣下没见过这样做能行得通的。那些士兵百姓之所以能够听命，远方的部族之所以能归附向往，就是因为我们能尊奉晋皇室的缘故。如今您自尊为帝，则会内外离心，还怎么能够靠一隅之地抗拒天下的强敌呢！"张祚勃然大怒，在宫殿前把丁琪杀掉了。

过去魏国投降过来的将领周成造反，从宛县出发袭击洛阳。辛酉（十三日），河西太守戴施逃奔到鲔渚。

前秦丞相苻雄攻克司竹。胡阳赤逃奔到霸城，依附了呼延毒。

中军将军、扬州刺史殷浩连年北伐，士兵屡屡被打败，粮饷武器全都消耗殆尽。征西将军桓温借朝野上下对殷浩的怨愤，上书列举殷浩的罪行，请求将他黜免。朝廷不得已，将殷浩免官，贬为庶人，流放到东阳郡的信安县。从此，朝廷内外的大权统统集中在桓温手里了。

殷浩年轻时就和桓温齐名，双方暗自争胜，不相上下，但桓温经常轻视他。殷浩被废黜以后，虽然忧愁怨愤之情不形于色，但常常用手在空中书写"咄咄怪事"四个字。过了很久，桓温对手下的属官郗超说："殷浩有德行，善言辞，假如以前让他出任尚书令或仆射，足以成为百官的楷模，误事的原因，只在于朝廷对他的任用与他本身的才能不相匹配罢了。"桓温准备任命殷浩为尚书令，写信告诉了他。殷浩对此欣然应允，在准备送出复信时，担心信中还有不妥之处，便拆开封检查了十多次，最后忙中出错，送达桓温手里的竟然只是一个空信封。桓温勃然大怒，从此断绝了启用殷浩的想法，殷浩死于流放之地。任命以前的会稽内史王述为扬州刺史。

二月，乙丑（疑误），桓温统领步兵和骑兵四万人从江陵出发。水军从襄阳进入均口，抵达南乡；步兵从淅川直奔武关。命令司马勋出子午道云讨伐前秦。

姚襄派遣使者向前燕投降。

　　桓温的另一位将领攻打上洛，俘获了前秦荆州刺史郭敬，继续前进，又攻破了青泥。司马勋夺取了前秦的西部边陲地带，前凉秦州刺史王擢攻打陈仓以接应桓温。前秦国主苻健派太子苻苌、丞相苻雄、淮南王苻生、平昌王苻菁、北平王苻硕率领五万兵众驻扎在峣柳，以阻击桓温。夏季，四月，己亥（二十二日），桓温与前秦军队在蓝田交战。前秦淮南王苻生单枪匹马冲入敌阵，往返十多次，杀死杀伤了众多的东晋将士。桓温督促兵众奋力拼搏，前秦军队终于被打得大败。将军桓冲又在白鹿原打败了前秦丞相苻雄。桓冲是桓温的弟弟。桓温转战前进，壬寅（二十五日），到达灞上。前秦太子苻苌等退守驻扎在城南，前秦国主苻健与六千老弱民众固守长安小城，把三万精锐兵士全都派出，让大司马雷弱儿等人与苻苌会合兵力，以抵抗桓温。三辅地区的郡县全都投降。桓温安抚告谕当地居民，让他们安居复业，当地的百姓争先恐后地带着酒肉迎接慰劳桓温的部队，男男女女夹道围观，有些老年人还激动地流下了眼泪，说："没想到今天又见到了朝廷的军队！"

资治通鉴第一百卷

晋纪二十二

【原文】

孝宗穆皇帝中之下永和十一年（乙卯，355年）

秦淮南王生幼无一目，性粗暴。其祖父洪尝戏之曰："吾闻瞎儿一泪，信乎？"生怒，引佩刀自刺出血，曰："此亦一泪也。"洪大惊，鞭之。生曰："性耐刀槊，不堪鞭棰！"洪谓其父健曰："此儿狂悖，宜早除之；不然，必破人家。"健将杀之，健弟雄止之曰："儿长自应改，何可遽尔！"及长，力举千钧，手格猛兽，走及奔马，击刺骑射，冠绝一时。献哀太子卒，强后欲立少子晋王柳；秦主健以谶文有"三羊五眼，"乃立生为太子。

姚襄所部多劝襄北还，襄从之。五月，襄攻冠军将军高季于外黄，会季卒，襄进据许昌。

六月，丙子，秦主健寝疾。

壬午，以大司马、武都王安都督中外诸军事。甲申，健引太师鱼遵、丞相雷弱儿、太傅毛贵、司空王堕、尚书令梁楞、左仆射梁安、右仆射段纯、吏部尚书辛牢等受遗诏辅政。健谓太子生曰："六夷酋帅及大臣执权者，若不从汝命，宜渐除之。"

臣光曰：顾命大臣，所以辅导嗣子，为之羽翼也。为之羽翼而教使翦之，能无毙乎！知其不忠，则勿任而已矣；任以大柄，又从而猜之，鲜有不召乱者也。

乙酉，健卒；谥曰景明皇帝，庙号高祖。丙戌，太子生即位，大赦，改元寿光。

中书监胡文、中书令王鱼言于生曰："比有星孛于大角，荧惑入东井。大角，帝坐；东井，秦分；于占不出三年，国有大丧，大臣戮死；愿陛下修德以禳之！"生曰："皇后与朕对临天下，可以应大丧矣。毛太傅、梁车骑、梁仆射受遗辅政，可以应大臣矣。"九月，生杀梁后及毛贵、梁楞、梁安。贵，后之舅也。

凉宋混军于武始大泽，为曜灵发哀。闰月，混军至姑臧，凉王祚收张瓘弟琚及子嵩，将杀之。琚、嵩闻之，募市人数百，扬言："张祚无道，我兄大军已至城东，敢举手者诛三族！"遂开西门纳混兵。领军将军赵长等惧罪，入阁呼张重华母马氏出殿，立凉武侯玄靓为主。易揣等引兵入殿，收长等，杀之。祚按剑殿上，大呼，叱左右力战。祚素失众心，莫肯为之斗者，遂为兵人所杀。混等枭其首，宣示中外，暴尸道左，城内咸称万岁。以庶人礼葬之，并杀其二子。混、琚上玄靓为大将军、凉州牧、西平公，赦境内，复称建兴四十三年。时玄靓始七岁。

秦丞相雷弱儿性刚直，以赵韶、董荣乱政，每公言于朝，见之常切齿。韶、荣谮之于秦主生，生杀弱儿及其九子、二十七孙。于是诸羌皆有离心。

生虽谅阴，游饮自若，弯弓露刃，以见朝臣，锤钳锯凿，可以害人之具，备置左右。即位未几，后妃、公卿已下至于仆隶，凡杀五百余人，截胫、拉胁、锯项、刳胎者，比比有之。

【译文】

晋穆帝永和十一年（乙卯，公元355年）

前秦淮南王苻生小时丧失了一只眼睛，性情暴烈。他的祖父苻洪曾经和他开玩笑说："我听说瞎儿只有一只眼流泪，真的吗？"苻生听后发怒了，拔出佩刀就刺向自己的瞎眼，鲜血直流，说："这也是一只眼的眼泪！"苻洪见状十分震惊，用鞭子打他。苻生说："我生性能够忍耐刀矛，但不堪忍受鞭打！"苻洪对苻生父亲苻健说："这个儿子狂暴悖逆，应该尽早除掉他，不然，一定会导致家破人亡。"苻健正准备杀掉苻生，苻健的弟弟苻雄劝阻说："儿子长大以后自然就会改变，怎么能这

样急不可耐呢！"等到苻生长大以后，能够力举千钧，徒手与猛兽搏斗，跑起来赶得上奔驰的骏马，击刺骑射各种武艺，全都冠绝一时。太子苻苌死后，强太后想立小儿子晋王苻柳，前秦国主苻健认为谶文中有"三羊五眼"的字样，于是就立苻生为太子。

姚襄的部下大多都劝他北返，姚襄听从了。五月，姚襄在外黄攻打晋朝冠军将军高季，恰好这时高季去世了，姚襄便进军占据了许昌。

六月，丙子（初六），前秦国主苻健患病，卧床不起。

壬午（六月二十日），前秦任命大司马、武都王苻安为都督中外诸军事。甲申（十四日），苻健召唤太师鱼遵、丞相雷弱儿、太傅毛贵、司空王堕、尚书令梁楞、左仆射梁安、右仆射段纯、吏部尚书辛牢等人前来接受遗诏辅佐朝政。苻健对太子苻生说："六夷酋长将帅以及大臣中握有权力的人，如果不听从你的命令，就应该逐渐把他除掉。"

臣司马光曰：天子临终前之所以要嘱托大臣辅政，是要靠他们来辅佐教导太子，以作为太子的羽翼。既然是羽翼却又告诉太子翦杀他们，能不自取灭亡吗！如果知道他不忠诚，不加以任用就可以了；既然委之以重任，而又横加猜忌，很少有不招来祸乱的。

乙酉（六月十五日），苻健去世。谥号为景明皇帝，庙号为高祖。丙戌（六月十六日），太子苻生即位，实行大赦，改年号为寿光。

中书监胡文、中书令王鱼对苻生进言说："近来异星划过大角星座，火星进入井宿。大角，是帝王的星座；井宿，则是前秦国分野。经过占卜，不出三年国家就会出现帝王、皇后死亡，大臣被杀的事情。愿陛下修行德政以避免丧乱的出现！"苻生说："皇后和朕一起统治天下，可以应验大丧的出现。太傅毛贵、车骑将军梁楞、左仆射梁安接受遗诏辅佐朝政，可以应验大臣的结局。"九月，苻生便杀掉了皇后梁氏以及毛贵、梁楞、梁安。毛贵是皇后的舅舅。

前凉宋混的部队驻扎在武始的大湖边，哀悼张瓘灵。闰六月，宋混的部队抵达姑臧，前凉王张祚拘捕了张瓘的弟弟张琚及儿子张嵩，准备要杀掉他们。张琚、张嵩听说后，招募了城里的数百人，公开宣称："张祚无道，我哥哥的大军已抵达城东,敢动手杀我们的人诛灭三族!"于是打开西城门让宋混的军队进城。领军将军赵长等人因有请立张祚的罪行,十分害怕,他们入宫请张重华的母亲马氏登堂升殿,立凉武侯张玄靓为国主。易揣等人率兵进入殿堂,拘捕了赵长等人,杀掉了他们。张祚在殿堂上扶剑大喊,命令左右的人奋力战斗。张祚平时失掉了民心,这时没有人肯为他去战斗,于是被士兵杀掉。宋混等人砍下了他的首级示众,公告宫廷内外,张祚暴尸于路旁,城里的人们都高呼万岁。宋混等人把张祚以普通百姓的规格埋葬,并且杀了他的两个儿子。宋混、张琚上书东晋朝廷请立张玄靓为大将军、凉州牧、西平公,在境内实行大赦,纪年恢复为建兴四十三年。这时张玄靓刚七岁。

前秦丞相雷弱儿性格刚烈耿直,因为赵韶、董荣败坏朝政,他经常在朝廷公开议论,看见这两人就咬牙切齿。赵韶、董荣便向前秦国主苻生进谗言诬陷雷弱儿。苻生于是杀掉了雷弱儿及其九个儿子、二十七个孙子。各羌族部落都因此对前秦有了离心。

苻生虽然在为苻健服丧,但游玩酣饮如常,在朝接见大臣们时,总是佩刀带箭,锤、钳、锯、凿等可以残害人的刑具,全都放在周围。即位没多久,后妃、公卿以下至于奴仆,被杀掉的总共有五百多人;被截下小腿、折断胸肋、锯断脖子、剖开孕腹的人,比比皆是。

【原文】

十二年(丙辰,356年)

桓温请移都洛阳,修复园陵,章十余上;不许。拜温征讨大都督,督司、冀二州诸军事,以讨姚襄。

六月,秦主生下诏曰:"朕受皇天之命,君临万邦;嗣统以来,有何不善,而谤讟之音,扇满天下!杀不过千,而谓之残虐!行者比肩,未足为希。方当峻刑极罚,复如朕何!"

自去春以来,潼关之西,至于长安,虎狼为暴,昼则继道,夜则发屋,不食六

畜，专务食人，凡杀七百余人。民废耕桑，相聚邑居，而为害不息。秋，七月，秦群臣奏请禳灾，生曰："野兽饥则食人，饱当自止，何禳之有！且天岂不爱民哉，正以犯罪者多，故助朕杀之耳！"

姚襄攻洛阳，逾月不克。长史王亮谏曰："明公英名盖世，兵强民附。今顿兵坚城之下，力屈威挫，或为他寇所乘，此危亡之道也！"襄不从。

桓温自江陵北伐，遣督护高武据鲁阳，辅国将军戴施屯河上，自帅大兵继进。与寮属登平乘楼望中原，叹曰："遂使神州陆沈，百年丘墟，王夷甫诸人不得不任其责！"记室陈郡袁宏曰："运有兴废，岂必诸人之过！"温作色曰："昔刘景升有千斤大牛，啖刍豆十倍于常牛，负重致远，曾不若一羸牸，魏武入荆州，杀以享军。"

八月，己亥，温至伊水，姚襄撤围拒之，匿精锐于水北林中，遣使谓温曰："承亲帅王师以来，襄今奉身归命，愿敕三军小却，当拜伏道左。"温曰："我自开复中原，展敬山陵，无豫君事。欲来者便前，相见在近，无烦使人。"襄拒水而战，温结陈而前，亲被甲督战，襄众大败，死者数千人。襄帅麾下数千骑奔于洛阳北山，其夜，民弃妻子随襄者五千余人。襄勇而爱人，虽战屡败，民知襄所在，辄扶老携幼，奔驰而赴之。温军中传言襄病创已死，许、洛士女为温所得者，无不北望而泣。襄西走，温追之不及。弘农杨亮自襄所来奔，温问襄之为人，亮曰："襄神明器宇，孙策之俦，而雄武过之。"

姚襄奔平阳，秦并州刺史尹赤复以众降襄，襄遂据襄陵。秦大将军张平击之，襄为平所败，乃与平约为兄弟，各罢兵。

【译文】

十二年（丙辰，公元356年）

桓温请求东晋朝廷将国都迁移到洛阳，修复帝王的陵墓，奏章递上去十多次，都未获许可。只授予桓温征讨大都督的官职，督察司、冀二州各种军务，用以讨伐姚襄。

六月，前秦国主苻生下达诏书说："朕秉承上天之命，统治万邦，继承先统以来，有什么不好的地方，诽谤之言竟横行天下！杀人还没过千，就说这是残酷暴虐！现在行人还比肩摩踵，不能说稀少，正应当严明重刑，施以极罚，谁又能把朕如何！"

自从春天过去以后，从潼关以西一直到长安一带，虎狼肆行无忌。大白天相继出现在道路上，到了夜晚则毁屋入室，不食六畜，专门吃人，被吃掉的人总共已达七百多。百姓们荒废了农耕桑蚕，只能聚集到一块居住，但虎狼仍然不停地为害。秋季，七月，前秦群臣上奏请求设祭禳除虎狼之害，苻生说："野兽饿了就要吃人，吃饱了自己就会停止，有什么值得设祭禳除的呢！况且上天难道能不爱护民众吗？正是因为犯罪的人太多，所以上天才帮助朕消灭他们！"

姚襄攻打洛阳，一个多月也没有攻克。长史王亮劝谏姚襄说："您英名盖世，兵力强盛，民众都来归附。如今屯兵于坚固的城池之下，力量受阻，威势受挫，其他敌人或许会利用这个机会，这是走向危险灭亡的道路！"姚襄没有听从。

东晋桓温自江陵出发北伐，派督护高武占据鲁阳，派辅国将军戴施驻扎在大河岸边，自己则率领大军随后进发。他与同僚们登上大船的高楼，遥望中原，深有感慨地说："使神州大地沉沦，百年基业变为废墟，王衍等人不能不承担责任！"记室、陈郡人袁宏说："时运有兴有废，难道一定是这几个人的过错！"桓温脸色一变说："过去刘表有一头千斤重的大牛，吃进去的草料豆饼比一般的牛多十倍，然而拉车赶路时，竟不如一头瘦弱有病的母牛。魏武帝曹操进入荆州后，就把它杀掉让士兵吃了。"

八月，己亥（初六），桓温抵达伊水，姚襄把包围洛阳的部队撤下来抵抗桓温。他将精锐部队隐藏在伊水以北的树林中，派使者去对桓温说："承蒙您亲自率领帝王的军队前来，姚襄如今以身归附天命，愿您敕令三军稍微退后，我们当夹道拜迎。"桓温说："我来开辟光复中原，察看拜谒皇陵，和你们无关。想来见面的随便前来，近在咫尺，无须麻烦使者。"姚襄凭借伊水和桓温交战，桓温将部队列阵前进，亲自披甲督战，姚襄的兵众被打败，死亡数千人。姚襄率领手下数千骑兵逃奔到洛阳北山。当晚，百姓抛弃妻子儿女追随姚襄的有五千多人。姚襄勇猛而又爱护百姓，虽然他屡战屡败，但百姓一得知姚襄在哪里，就扶老携幼，急忙追赶投奔他。桓温的军队中传说姚襄因受伤已死，被桓温抓获的许昌、洛阳的男女民众，无不面向北方哭泣。姚襄向西逃走，桓温没有追上。弘农人杨亮从姚襄那里来投奔桓温，桓温问他姚襄的为人，杨亮说："姚襄英明如神，胸怀宽广，如同孙策一样，而雄才伟略却超过了孙策。"

姚襄逃奔到平阳，前秦并州刺史尹赤又率众投降了姚襄，姚襄于是占据襄陵。前秦大将军张平攻击姚襄。姚襄被张平打败，于是与他结为兄弟，各自罢兵休战。

【原文】

升平元年（丁巳，357年）

姚襄将图关中，夏，四月，自北屈进屯杏城，遣辅国将军姚兰略地敷城，曜武将军姚益生、左将军王钦卢各将兵招纳诸羌、胡。兰，襄之从兄；益生，襄之兄也。羌、胡及秦民归之者五万余户。秦将苻飞龙击兰，擒之。襄引兵进据黄落；秦主生遣卫大将军广平王黄眉、平北将军苻道、龙骧将军东海王坚、建节将军邓羌将步骑万五千以御之。襄坚壁不战。羌谓黄眉曰："襄为桓温、张平所败，锐气丧矣。然其为人强狠，若鼓噪扬旗，直压其垒，彼必忿恚而出，可一战擒也。"五月，羌帅骑三千压其垒门而陈，襄怒，悉众出战。羌阳不胜而走，襄追之至于三原，羌回骑击之，黄眉等以大众继至，襄兵大败。襄所乘骏马曰黧眉騧，马倒，秦兵擒而斩之，弟苌帅其众降。襄载其父弋仲之柩在军中，秦主生以王礼葬弋仲于孤磐，亦以公礼葬襄。黄眉等还长安，生不之赏，数众辱黄眉。黄眉怒，谋弑生；发觉，伏诛；事连王公亲戚，死者甚众。

秦主生梦大鱼食蒲，又长安谣曰："东海大鱼化为龙，男皆为王女为公。"生乃诛太师、录尚书事、广宁公鱼遵并其七子、十孙。金紫光禄大夫牛夷惧祸，求为荆州；生不许，以为中军将军，引见，调之曰："牛性迟重，善持辕轭；虽无骥足，动负百石。"夷曰："虽服大车，未经峻壁；愿试重载，乃知勋绩。"生笑曰："何其快也！公嫌所载轻乎？朕将以鱼公爵位处公。"夷惧，归而自杀。

生饮酒无昼夜，或连月不出。奏事不省，往往寝落，或醉中决事；左右因以为奸，赏罚无准。或至申酉乃出视朝，乘醉多所杀戮。自以眇目，讳言"残、缺、偏、只、少、无、不具"之类，误犯而死者，不可胜数。好生剥牛、羊、驴、马、燖鸡、豚、鹅、鸭，纵之殿前，数十为群。或剥人面皮，使之歌舞，临观以为乐。尝问左右曰："自吾临天下，汝外间何所闻？"或对曰："圣明宰世，赏罚明当，天下唯歌太平。"怒曰："汝媚我也！"引而斩之。他日又问，或对曰："陛下刑罚微过。"又怒曰："汝谤我也！"亦斩之。勋旧亲戚，诛之殆尽，群臣得保一日，如度十年。

东海王坚，素有时誉，与故姚襄参军薛瓒、权翼善。瓒、翼密说坚曰："主上猜忍暴虐，中外离心，方今宜主秦祀者，非殿下而谁！愿早为计，勿使他姓得之！"坚以问尚书吕婆楼，婆楼曰："仆，刀环上人耳，不足以办大事。仆里舍有王猛，其人谋略不世出，殿下宜请而咨之。"坚因婆楼以招猛，一见如旧友；语及时事，坚大悦，自谓如刘玄德之遇诸葛孔明也。

生夜对侍婢言曰："阿法兄弟亦不可信，明当除之。"婢以告坚及坚兄清河王法。法与梁平老及特进光禄大夫强汪帅壮士数百潜入云龙门，坚与吕婆楼帅麾下三百人鼓噪继进，宿卫将士皆舍仗归坚。生犹醉寐，坚兵至，生惊问左右曰："此辈何人？"左右曰："贼也！"生曰："何不拜之！"坚兵皆笑。生又大言："何不速拜，不拜者斩之！"坚兵引生置别室，废为越王，寻杀之，谥曰厉王。

坚以位让法，法曰："汝嫡嗣，且贤，宜立。"坚曰："兄年长，宜立。"坚母苟氏注谓群臣曰："社稷事重，小儿自知不能，他日有悔，失在诸君。"群臣皆顿首请立坚。坚乃去皇帝之号，称大秦天王，即位于太极殿；诛生幸臣中书监董荣、左仆射赵韶等二十余人。大赦，改元永兴。

融好文学，明辨过人，耳闻则诵，过目不忘；力敌百夫，善骑射击刺，少有令誉；对爱重之，常与共议国事。融经综内外，刑政修明，荐才扬滞，补益弘多。丕亦有文武才干，治民断狱，皆亚于融。

秦太后苟氏游宣明台，见东海公法之第门车马辐凑，恐终不利于秦王坚，乃与李威谋，赐法死。坚与法诀于东堂，恸哭欧血；谥曰献哀公，封其子阳为东海公，敷为清河公。

秦王坚行至尚书,以文案不治,免左丞程卓官,以王猛代之。坚举异材,修废职,课农桑,恤困穷,礼百神,立学校,旌节义,断绝世;秦民大悦。

【译文】

升平元年(丁巳,公元357年)

姚襄准备图谋关中,夏季,四月,从北屈出发进据杏城,派辅国将军姚兰攻占敷城,曜武将军姚益生、左将军王钦卢分别统率士兵去招纳羌、胡各部族。姚兰是姚襄的堂兄;姚益生是姚襄的哥哥。羌、胡部族及汉族的民众归附他们的有五万多户。前秦将领苻飞龙攻击姚兰,擒获了他。姚襄率兵进据黄落,前秦国主苻生派卫大将军、广平王苻黄眉、北平将军苻道、龙骧将军东海王苻坚、建节将军邓羌统率步、骑兵一万五千人前去抵御。姚襄坚壁固守不交战。邓羌对苻黄眉说:"姚襄被桓温、张平打败,锐气已丧。然而他为人争强好胜,如果我们敲响战鼓,挥舞战旗,大兵直接压向他的营垒,他一定会愤而出战,这样就可以一战擒获他。"五月,邓羌率领三千骑兵压到姚襄的营垒门前,摆开了战阵,姚襄大怒,调动全部兵力出来迎战。邓羌表面上装作不能取胜而逃跑,姚襄追到了三原,这时邓羌掉转骑兵攻击姚襄,苻黄眉等人则率领大部队随后赶到,姚襄的部队被彻底打败。姚襄所骑的骏马叫黧眉騧,失蹄摔倒,前秦的士兵擒获了姚襄,然后把他杀死。姚襄的弟弟姚苌率领部众投降。姚襄把他父亲姚弋仲的棺材停放在军营中,前秦国主苻生以诸侯王的礼仪把姚弋仲埋葬在孤磐,也以公爵的礼仪埋葬了姚襄。苻黄眉等人返回长安,苻生没有奖赏他们,反而还多次当众侮辱苻黄眉。苻黄眉非常愤怒,谋划要杀掉苻生,但被苻生发现,苻黄眉反而被杀。事情牵连到王公亲戚,被杀死的人很多。

前秦国主苻生梦见大鱼吃蒲草,另外长安城里也有谣谚说:"东海大鱼化为龙,男皆为王女为公。"苻生于是就杀掉了太师、录尚书事、广宁公鱼遵以及他的七个儿子、十个孙子。金紫光禄大夫牛夷害怕祸及自己,请求到荆州任职,苻生不答

应,任命他为中军将军,召见时戏弄说:"老牛生性迟缓稳重,善驾车辕,虽然没长骏马的蹄子,但走起路来能负重百石。"牛夷说:"虽然驾着大车,但没有走过险峻的道路。愿意试拉重车,便可知道我的功用了。"苻生笑着说:"多么痛快啊!您嫌所负载的轻吗?朕将用鱼遵的爵位安置。"牛夷十分害怕,回家后就自杀了。

苻生喝酒不分昼夜,有时一连数月不临朝处理政事。进上的奏章不审阅,常常搁置不理,有时的醉酒后处理政事。周围的人因此就常干奸诈之事,赏罚失去标准。有时到申时酉时才出来临朝视政,乘着醉意杀了许多人。他自己由于少了一只眼睛,就忌讳说:"残、缺、偏、只、少、无、不全"一类词。因误说了这些字眼而被杀死的人,不计其数。他喜欢活着剥掉牛、羊、驴、马的皮,用热水退活鸡、活猪、活鹅、活鸭的毛,把它们放到大殿前面,几十个为一群。有时则剥掉人的脸皮,让他们唱歌跳舞,他来观看,以此作乐。他曾经问周围的人说:"自从我统治天下以来,你们在外边听到些什么?"有人对他说:"圣明君主主宰天下,赏赐得当,刑罚严明,天下人只有歌颂太平盛世了。"苻生愤怒地说:"你向我献媚!"于是就把这个人拉出去杀了。改天他又问这个问题,有人对他说:"陛下的刑罚稍微过分了一点。"苻生又愤怒地说:"你诽谤我!"这人也被杀了。有功的旧臣和亲戚,被诛杀殆尽,群臣们能保全一天,如同度过十年。

东海王苻坚,一直被时人称誉,和过去姚襄的参军薛瓒、权翼关系很好。薛瓒、权翼秘密地劝苻坚说:"主上猜忌残忍,行为暴虐,宫廷内外对他已经离心,如今适宜于主持秦国祭祀的人,不是殿下是谁!愿您及早谋划,不要让大权落入他姓人手中!"苻坚去问尚书吕婆楼,吕婆楼说:"我,已经是屠刀下的人了,不足以办成大事。我的私宅里有一位叫王猛的人,他的谋略世间少见,殿下应该请他出来,并向他请救。"苻坚根据吕婆楼的意见召来王猛,二人一见如故。谈论到国家当前的大事,苻坚十分高兴,自认为如同刘备遇到了诸葛亮。

苻生夜里对服侍他的婢女说:"苻坚、苻法兄弟也不可信赖,明天就应当把他们除掉。"婢女把这一消息告诉了苻坚以及他的哥哥清河王苻法。苻法和梁平老以及特进光禄大夫强汪率领勇士数百人潜入云龙门,苻坚和吕婆楼率领手下三百人击鼓跟进,守卫王宫的将士们全都丢掉武器归顺了苻坚。苻生这时还醉倒大睡,苻坚的士兵来到后，苻生惊慌地问周围人说："这些是什么人？"周围的人回答："强盗！"苻生说："为什么不叩拜！"苻坚的士兵全都笑了。苻生又大声说："为什么不赶快叩拜，下拜者杀头！"苻坚的士兵把苻生带到别的房间，黜废他为越王，不久就把他杀了，定谥号为厉王。

苻坚把王位让给苻法，苻法说："你是嫡传嗣子，而且贤明，应该立为王。"苻坚说："哥哥年长，应该立为王。"苻坚的母亲苟氏哭泣着对群臣说："朝政事关重大，我儿子自知不能胜任。以后大家如有悔恨，过失在诸君身上。"群臣全都叩头请求立苻坚为王。苻坚于是就去掉了皇帝的称号，称为大秦天王，在太极殿即位。杀掉了苻生的宠臣中书监董荣、左仆射赵韶等二十多人。实行大赦，改年号为永兴。

苻融爱好文献经典，分辨能力过人，耳闻成诵，过目不忘。力量之大，能敌百人，善于骑马射箭刺击，从小就有美好的声誉。苻坚非常喜欢并看重他，经常和他共商国家大事。苻融谋划治理天下，刑罚政令，规范清明，荐举贤才，拔擢沉沦之士，对苻坚有很大帮助。苻丕也有文才武略，但治理民众、决断刑狱，全都逊于苻融。

前秦太后苟氏游览宣明台，看见东海公苻法的宅门前车水马龙，她恐怕这最终会对前秦王苻坚不利，于是就与李威商量，赐苻法死。苻坚和苻法在东堂诀别。二人失声痛哭，以致口吐鲜血。苻法死后，谥号定为献哀公，其儿子苻阳被封为东海公，苻敷被封为清河公。

前秦王苻坚巡视到了尚书省，看见文牍案卷凌乱，便罢免了尚书左丞程卓的官职，任命王猛取代他。苻坚任用贤才，整治废弛的政事，劝勉农桑，抚恤贫困，礼敬百神，设立学校，表彰节义，恢复已经断绝的世纪，前秦的百姓十分高兴。

【原文】

二年（戊午，358年）

秦王坚自将讨张平，以邓羌为前锋督护，帅骑五千，军于汾上；平使养子蚝御之。蚝多力趫捷，能曳牛却走；城无高下，皆可超越。与羌相持旬余，莫能相胜。三月，坚至铜壁，平尽众出战，蚝单马大呼，出入秦陈者四、五。坚募人生致之，鹰扬将军吕光刺蚝，中之，邓羌擒蚝以献，平众大溃。平惧，请降。坚拜平右将军，以蚝为虎贲中郎将。蚝，本姓弓，上党人也；坚宠待甚厚，常置左右。秦人称邓羌、张蚝皆万人敌。光，婆楼之子也。坚徙张平部民三千余户于长安。

秋，八月，豫州刺史谢奕卒。奕，安之兄也。司徒昱以建武将军桓云代之。云，温之弟也。访于仆射王彪之，彪之曰："云非不才，然温居上流，已割天下之半，其弟复处西藩；兵权萃于一门，非深根固蒂之宜。人才非可豫量，但当令不与殿下作异者耳。"昱颔之曰："君言是也。"壬申，以吴兴太守谢万为西中郎将，监司、豫、冀、并四州诸军事、豫州刺史。

王猛日亲幸用事，宗亲勋旧多疾之，特进、姑臧侯樊世，本氐豪，佐秦主健定关中。谓猛曰："吾辈耕之，君食之邪？"猛曰："非徒使君耕之，又将使君炊之！"世大怒曰："要当悬汝头于长安城门；不然，吾不处世！"猛以白坚，坚曰："必杀此老氐，然后百僚可肃。"会世人言事，与猛争论于坚前，世欲起击猛；坚怒，斩之。于是群臣见猛皆屏息。

燕主俊欲经营秦、晋，十二月，令州郡校实见丁，户留一丁，余悉发为兵，欲使步卒满一百五十万，期来春大集洛阳。武邑刘贵上书，极陈"百姓凋弊。发兵非法，必致土崩之变。"俊善之，乃更令三五发兵，宽其期日，以来冬集邺。

燕吴王垂娶段末柸女，生子令、宝。段氏才高性烈，自以贵姓，不尊事可足浑后，可足浑氏衔之。燕主俊素不快于垂，中常侍涅皓因希旨告段氏及吴国典书令辽东高弼为巫蛊，欲以连污垂，俊收段氏及弼下大长秋、廷尉考验，段氏及弼志气确然，终无挠辞。掠治日急，垂愍之，私使人谓段氏曰："人生会当一死，何堪楚毒如此！不若引服。"段氏叹曰："吾岂爱死者耶！若自诬以恶逆，上辱祖宗，下累于王，固不为也！"辩答益明；故垂得免祸，而段氏竟死于狱中。出垂为平州刺史，镇辽东。垂以段氏女弟为继室；可足浑氏黜之，以其妹长安君妻垂；垂不悦，由是益恶之。

【译文】

二年（戊午，公元358年）

前秦王苻坚准备亲自出征，讨伐张平。他任命邓羌为前锋督护，率领五千骑兵，驻扎于汾水岸边。张平派养子张蚝抵御。张蚝身强力壮又很矫捷，能够拽着牛倒退行走，城墙不论高低，都可以翻越而过。他和邓羌相持了十多天，互不能胜。三月，苻坚抵达铜壁，张平用全部兵力出来迎战，张蚝只身匹马，大声呼喊，出入冲杀前秦的兵阵有四、五次。苻坚悬赏兵将活捉张蚝，鹰扬将军吕光刺击张蚝，击中了他，邓羌将他擒获，献给了苻坚，张平的兵众彻底溃散。张平十分害怕，便请求投降。苻坚授他为右将军，任命张蚝为虎贲中郎将。张蚝本姓弓，上党人。苻坚对待他非常宠厚，经常让他跟随在左右。前秦人称邓羌、张蚝都可力敌万人。吕光是吕婆楼的儿子。苻坚将张平的部众三千多户迁徙到了长安。

秋季，八月，东晋豫州刺史谢奕去世谢奕是谢安的哥哥。司徒司马昱任命建武将军桓云替代他的职位。桓云是桓温的弟弟。司马昱就此去向王彪之询问意见，王彪之说："桓云不是无能的人，然而桓温已经居守长江上游，管辖着天下的一半。他的弟弟再要掌握朝廷西部藩屏的重要军职，兵权集于一家之手，这不宜于使国家根基牢固。人才不是可以预料的，只应当让他不与殿下怀有二心而已。"司马昱点头说道："你说得对。"壬申（二十一日），任命吴兴太守谢万为西中郎将、监司、豫、冀、并四州诸军事及豫州刺史。

王猛日益受到任用，王室亲属以及有功的旧臣对他都十分厌恶。特进、姑臧侯樊世，本是氐族的豪强，辅佐前秦国主苻健平定关中，他对王猛说："我们耕种，你坐享其成吗？"王猛说："不仅让你耕种，还要让你做成熟食！"樊世勃然大怒，说："一定要把你的脑袋悬挂在长安城门上，不这样，我就不活在人世！"王猛把这些告诉了苻坚，苻坚说："一定得杀掉这个氐族老夫，然后群臣百官才能恭敬从命。"恰好这时樊世进宫商讨事情。和王猛在苻坚面前争论起来，樊世想起身打王猛，苻坚大怒，把樊世杀了。从此，群臣百官见到王猛都连大气也不敢出。

前燕国主慕容俊想要图谋前秦、东晋。十二月，他命令各州郡核实现有的成年男子，每户留下一名，其余的全部征召充军，想使兵员达到一百五十万，以期明年春天汇集洛阳。武邑人刘贵上书，极力陈述"民力衰败，征兵的办法违反古法，必定会导致军队土崩瓦解。"慕容俊认为此话有理，便更改了命令，改为三丁抽二，五丁抽三的办法，而且放宽征调的期限，把汇集邺城的时间改为明年冬天。

前燕吴王慕容垂娶了段末柸的女儿，生下儿子慕容令、慕容宝。段氏才能颇高但性格刚烈，自以为出身于名门贵姓，不恭敬侍奉可足浑王后，可足浑氏对她怀恨在心。前燕国主慕容俊历来不喜欢慕容垂，中常侍涅皓便迎合他的心意，诬告段氏及吴国典书令辽东人高弼使用巫蛊邪术嫁祸于人，想以此株连慕容垂。慕容俊拘捕了段氏和高弼，分别送交大长秋、廷尉审问。段氏及高弼意志坚定，始终没有屈招。严刑拷打日甚一日，慕容垂怜悯他们，就私下派人告诉段氏说："人生固有一死，何必忍受如此荼毒！不如屈招服罪。"段氏叹息道："我难道是喜欢死的人吗！如果诬蔑自己而去迎合邪恶，上辱没祖宗，下连累大王，坚决不能干！"此后她辩驳答对越发明确。慕容垂因此得以免遭祸害，而段氏最终死于狱中。慕容俊将慕容垂调出，任平州刺史，镇守辽东。慕容垂娶段氏的妹妹作为继室。然而可足浑氏却废黜了她，把自己的妹妹长安君嫁给慕容垂。慕容垂很不高兴，从此慕容俊更加讨厌他。

【原文】

三年（己未，359年）

燕主俊宴群臣于蒲池，语及周太子晋，潸然流涕曰："才子难得。自景先之亡，吾鬓发中白。卿等谓景先何如？"司徒左长史李绩对曰："献怀太子之在东宫，臣为中庶子，太子志业，敢不知之！太子大德有八：至孝，一也；聪敏，二也；沈毅，三也；疾谀喜直，四也；好学，五也；多艺，六也；谦恭，七也；好施，八也。"俊曰："卿誉之虽过，然此儿在，吾死无忧矣。景茂何如？"时太子暐侍侧，绩曰："皇太子天资岐嶷，虽八德已闻，而二阙未补，好游畋而乐丝竹，此其所以损也。"

俊顾谓暐曰："伯阳之言，药石之惠也，汝宜诚之！"暐甚不平。

秦王坚自河东还，以骁骑将军邓羌为御史中丞。八月，以咸阳内史王猛为侍中、中书令、领京兆尹。特进、光禄大夫强德，太后之弟也，酗酒、豪横，掠人财货、子女，为百姓患。猛下车收德，奏未及报，已陈尸于市；坚驰使赦之，不及。与邓羌同志，疾恶纠案，无所顾忌，数旬之间，权豪、贵戚，杀戮、刑免者二十余人，朝廷震栗，奸猾屏气，路不拾遗。坚叹曰："吾始今知天下之有法也！"

辛酉，燕主俊寝疾，谓大司马太原王恪曰："吾病必不济。今二方未平，景茂冲幼，国家多难，吾欲效宋宣公，以社稷属汝，何如？"恪曰："太子虽幼，胜残致治之主也。臣实何人，敢干正统！"俊怒曰："兄弟之间，岂虚饰邪！"恪曰："陛下若以臣能荷天下之任者，岂不能辅少主乎！"俊喜曰："汝能为周公，吾复何忧！李绩清方忠亮，汝善遇之。"召吴王垂还邺。

秦王坚以王猛为辅国将军、司隶校尉，居中宿卫，仆射、詹事、侍中、中书令、领选如故。猛上疏辞让，因荐散骑常侍阳平公融、光禄·散骑西河任群、处士京兆朱彤自代。坚不许，而以融为侍中、中书监、左仆射，任群为光禄大夫、领太子家令，朱彤为尚书侍郎、领太子庶子。猛时年三十六，岁中五迁，权倾内外；人有毁之者，坚辄罪之，于是群臣莫敢复言。

【译文】

三年（己未，公元359年）

前燕国主慕容俊在蒲地宴请群臣，谈到周朝太子姬晋的时候，他潸然泪下，说："有才华的儿子难得。自从慕容晔死去以后，我鬓发已经半白。你们说慕容晔怎样？"司徒左长史李绩回答说："献怀太子慕容晔在东宫的时候，我为中庶子，太子的志向业绩，我怎敢说不清楚呢！太子的大德表现在八个方面：其一，至孝；其二，聪明敏锐；其三，沉着坚毅；其四，痛恨阿谀喜欢刚直；其五，好学；其六，多才多艺；其七，谦恭；其八，喜欢施惠于人。"慕容俊说："你的赞誉虽说有点过分，但如果此儿健在，我便死而无忧了。慕容暐怎么样？"当时慕容暐正陪从在旁

边，李绩说："皇太子天资聪慧，虽然已有具备八德的声誉，但尚有两个方面的缺憾未能弥补，喜欢游玩打猎和丝竹器乐，这就是导致他有所不如的原因。"慕容俊看着慕容暐说："李绩的话，是苦口良药，你应该引以为戒。"慕容暐却愤愤不平。

前秦王苻坚从河东返回，任命骁骑将军邓羌为御史中丞。八月，任命咸阳内史王猛为侍中、中书令，兼领京兆尹。特进、光禄大夫强德是强太后的弟弟，他借酒逞凶，骄纵蛮横，抢人财物子女，是百姓的祸害。王猛一上任就拘捕了他，进上奏章请求处理，没等回复，强德就已经陈尸街市。苻坚见到奏章后迅速派使者来要将强德赦免，但为时已晚。王猛与邓羌志同道合，斩除邪恶，纠正冤案，无所顾忌，几十天时间，被处死和依法黜免的权贵、豪强、王公贵戚有二十多人，震动了朝廷上下，奸猾之辈屏声敛气，境内路不拾遗。苻坚感叹地说："我到如今才知道天下有法律了！"

辛酉（十二月十七日），前燕国主慕容俊患病，卧床不起，他对大司马、太原王慕容恪说："我的病肯定难以好转了。如今晋、秦二国尚未平定，慕容暐年幼。国家多有磨难，我想效仿宋宣公，把天下嘱托给你，如何？"慕容恪说："太子虽然年幼，但却是能遏制顽凶实现大治的君主。我其实是什么人，怎么敢当正统的君主呢！"慕容俊愤怒地说："兄弟之间，岂能虚伪掩饰！"慕容恪说："陛下如果认为我是能够承担天下重任的人，我怎么就不能辅佐少主呢！"慕容俊高兴地说："你能做周公，我还有什么可忧虑的！李绩行为清廉，忠诚闻名，你要很好地对待他。"慕容俊召吴王慕容垂返回邺城。

前秦国王苻坚任命王猛为辅国将军、司隶校尉，在宫中值宿警卫，仆射、詹事、侍中、中书令以及兼任的其他职务一如从前。王猛上疏请求辞让，并荐举散骑常侍阳平公苻融，光禄、散骑西河人任群，处士京兆人朱彤来分别替代自己的这些兼职，苻坚没有同意，而是任命苻融为侍中、中书监、左仆射，任命任群为光禄大夫，兼领太子家令，任命朱彤为尚书侍郎，兼领太子庶子。王猛时年三十六岁，一年中五次升迁，权势显赫压倒朝廷内外。有诋毁他的人，苻坚就以罪处置，于是群臣没有谁再敢说三道四。

资治通鉴第一百零一卷

晋纪二十三

【原文】

孝宗穆皇帝下升平四年（庚申，360年）

春，正月，癸巳，燕主俊大阅于邺，欲使大司马恪、司空阳骛将之入寇；会疾笃，乃召恪、骛及司徒评、领军将军慕舆根等受遗诏辅政。甲午，卒。戊子，太子暐即皇帝位。年十一；大赦，改元建熙。

二月，燕人尊可足浑后为皇太后。以太原王恪为太宰，专录朝政；上庸王评为太傅，阳骛为太保，慕舆根为太师，参辅朝政。

根性木强，自恃先朝勋旧，心不服恪，举动倨傲。时太后可足浑氏颇预外事，根欲为乱，乃言于恪曰："今主上幼冲，母后干政，殿下宜防意外之变，思有以自全。且定天下者，殿下之功也。兄亡弟及，古今成法，俟毕山陵，宜废主上为王，殿下自践尊位，以为大燕无穷之福。"恪曰："公醉邪？何言之悖也！吾与公受先帝遗诏，云何而遽有此议？"根愧谢而退。

根又言于可足浑氏及燕主暐曰："太宰、太傅将谋不轨，臣请帅禁兵以诛之。"可足浑氏将从之，暐曰："二公，国之亲贤，先帝选之，托以孤嫠，必不肯尔；安知非太师欲为乱也！"乃止。根又思恋东土，言于可足浑氏及暐曰："今天下萧条，外寇非一，国大忧深，不如还东。"恪闻之，乃与太傅评谋，密奏根罪状；使右卫将军傅颜就内省诛根，并其妻子、党与。大赦。是时新遭大丧，诛夷狼籍，内外恟惧，太宰恪举止如常，人不见其有忧色，每出入，一人步从。或说以宜自严备，恪曰："人情方惧，当安重以镇之，奈何复自惊扰，众将何仰！"由是人心稍定。

恪虽综大任，而朝廷之礼，兢兢严谨，每事必与司徒评议之，未尝专决。虚心待士，咨询善道，量才授任，人不逾位；官属、朝臣或有过失，不显其状，随宜他叙，不令失伦，唯以此为贬；时人以为大愧，莫敢犯者。或有小过，自相责曰："尔复欲望宰公迁官邪！"朝廷初闻燕主俊卒，皆以为中原可图。桓温曰："慕容恪尚在，忧方大耳。"

谢安少有重名，前后征辟，皆不就；寓居会稽，以山水、文籍自娱。虽为布衣，时人皆以公辅期之，士大夫至相谓曰："安石不出，当如苍生何！"安每游东山，常以妓女自随。司徒昱闻之，曰："安石既与人同乐，必不得不与人同忧，召之必至。"安妻，刘惔之妹也，见家门贵盛而安独静退，谓曰："丈夫不如此也！"安掩鼻曰："恐不免耳。"及弟万废黜，安始有仕进之志，时已年四十余。征西大将军桓温请为司马，安乃赴召，温大喜，深礼重之。

燕太宰恪欲以李绩为右仆射，燕主暐不许。恪屡以为请，暐曰："万机之事，皆委之叔父；伯阳一人，暐请独裁。"出为章武太守，以忧卒。

【译文】

晋穆帝升平四年（庚申，公元360年）

春季，正月，癸巳（二十日），前燕国主慕容俊在邺城对军队进行大检阅，想让大司马慕容恪、司空阳鹜统领军队进犯东晋。恰好这时病情加重，于是就召来慕容恪、阳鹜以及司徒慕容评、领军将军慕舆根等人，接受遗诏辅佐朝政。甲午（二十一日），慕容俊去世。戊子（疑误），太子慕暐容即皇帝位，时年十一岁。实行大赦，改年号为建熙。

二月，前燕人尊可足浑后为皇太后。任命太原王慕容恪为太宰，总揽朝政；任命上庸王慕容评为太傅，阳鹜为太保，慕舆根为太师，参与辅佐朝政。

慕舆根性格质朴倔强，自恃是先朝的有功旧臣，心里不服慕容恪，因此行为举止傲慢。当时太后可足浑氏经常干预朝政，慕舆根想要作乱，就对慕容恪进言说：

"如今主上年幼,母后干预政事,殿下应该防范意外的变故,考虑用来自我保全的方法。况且平定天下,是殿下的功劳。兄亡弟及,这是古今的既成之规,等到先帝的陵墓竣工后,就应该将主上黜废为王,殿下自己登上尊位,从而为大燕带来无穷之福。"慕容恪说:"你喝醉了吗?怎么说这样的悖逆之言!我和你接受先帝的遗诏,你为什么突然提出这样的建议?"慕舆根面有愧色地谢罪退下去了。

慕舆根又向可足浑氏及前燕国主慕容暐进言说:"太宰慕容恪、太傅慕容评将要图谋不轨,我请求率领宫中卫兵去消灭他们。"可足浑氏正要同意他的请求,慕容暐说:"太宰、太傅二公,是国家亲近而又贤明的人,先帝选择了他们,将孤儿寡母相托,他们一定不会干那样的事情。怎么知道不是太师你想作乱呢!"于是就没有同意慕舆根的请求。慕舆根又思念东土龙城,向可足浑氏及慕容暐进言说:"如今天下衰败凋零,外敌不止一家,国家越大,忧患越深,不如东返龙城。"慕容恪听说后,便与太傅慕容评商量,秘密地奏上慕舆根的罪行。让右卫将军傅颜在宫内杀掉慕舆根,连他的妻子、儿子、同党也一并杀掉。实行大赦。这时前燕刚刚遭受了大丧,又诛杀了一大批人,宫廷内外都感到震动恐惧。太宰慕容恪则举止如常,人们看不到他有忧虑的神色,每当出入宫廷时,只有一个人随从。有人劝他应该自己严加防备,慕容恪说:"人心正值恐惧,应当泰然自若以使他们镇定,为什么还要自我惊扰,那样民众将仰仗什么!"从此人心逐渐稳定了下来。

慕容恪虽然总揽大权,然而对于朝廷的礼法,小心谨慎,严加遵守,每件事情都要和司徒慕容评商议,从来不独断专行。虚心对待读书人,向他们征求治国良策,根据才能授以官职,使人们各居其位。官属、朝臣如果出现过失,也不公开宣布,只是根据情况加以调动,并且不让他们失去原来的等级次第,仅以此表示贬责。当时的人都以受到这样的处置为大愧,没有人敢轻易触犯。有人出现小过失,也都自己互相责备说:"你又想让宰公慕容恪调动你的官职啦!"东晋朝廷开始听说前燕国主慕容俊去世,都认为中原可以收复。桓温说:"慕容恪尚在,忧患正大着呢!"

谢安从小就名重一时,朝廷前后多次征召,他都不就任。闲居在会稽,以山水、文献典籍自以为乐。虽然身为布衣百姓,但时人都对他寄予三公和相辅的期望，士大夫们在一起议论说："谢安不出山，叫百姓该怎么办！"谢安每次游览东山，经常让歌舞女仗跟随自己。司徒司马昱听说后说："谢安既然能够与人同乐，就一定不会不与人同忧，征召他一定会到。谢安的妻子，是刘惔的妹妹。她看到谢家门庭显盛，而谢安却独自静守退避，就对谢安说："大丈夫不应该如此！"谢安手掩鼻子回答说："我怕难以逃脱兄弟们的命运。"等到弟弟谢万被废黜以后，谢安才有了进身仕途的志向，当时已经四十多岁了。征西大将军桓温向朝廷请求让他做司马，谢安就应召就任，桓温十分高兴，以礼相待，十分看重他。

前燕太宰慕容恪想任命李绩为右仆射，前燕国主慕容暐不同意。慕容恪多次请求，慕容暐说："国家各种事务，全都交给叔父处理，只有李绩一人的事情，我请求独自裁断。"于是把李绩调出朝廷，任章武太守，李绩忧郁而死。

【原文】

五年（辛酉，361年）

五月，丁巳，帝崩，无嗣。皇太后令曰："琅邪王丕，中兴正统，义望情地，莫与为比，其以王奉大统！"于是百官备法驾迎于琅邪第。庚申，即皇帝位，大赦。

徐、兖二州刺史范汪，素为桓温所恶，温将北伐，命汪帅众出梁国。冬，十月，坐失期，免为庶人，遂废，卒于家。

子宁，好儒学，性质直，常谓王弼、何晏之罪深于桀、纣。或以为贬之太过，宁曰："王、何蔑弃典文，幽沈仁义，游辞浮说，波荡后生，使缙绅之徒翻然改辙，以至礼坏乐崩，中原倾覆，遗风余俗，至今为患。桀、纣纵暴一时，适足以丧身覆国，为后世戒，岂能回百姓之视听哉！故吾以为一世之祸轻，历代之患重；自丧之恶小，迷众之罪大也！"

凉张邕骄矜淫纵，树党专权，多所刑杀，国人患之。张天锡所亲敦煌刘肃谓天锡曰："国家事欲未静！"天锡曰："何谓也？"肃曰："今护军出入，有似长宁。"天锡惊曰："我固疑之，未敢出口。计将安出？"肃曰："正当速除之耳！"天锡曰："安得其人？"肃曰："肃即其人也！"肃时年未二十。天锡曰："汝年少，更求其助。"肃曰："赵白驹与肃二人足矣。"十一月，天锡与邕俱入朝，肃与白驹从天锡，肃斫之不中，白驹继之，又不克，二人与天锡俱入宫中，邕得逸走，帅甲士三百余人攻宫门。天锡登屋大呼曰："张邕凶逆无道，既灭宋氏，又欲倾覆我家。汝将士世为凉臣，何忍以兵相向邪！今所取者，止张邕耳，他无所问！"于是邕兵悉散走，邕自刎死，尽灭其族党，玄靓以天锡为使持节、冠军大将军、都督中外诸军事，辅政。十二月，始改建兴四十九年，奉升平年号。诏以玄靓为大都督、督陇右诸军事、凉州刺史、护羌校尉、西平公。

秦王坚命牧伯守宰各举孝悌、廉直、文学、政事，察其所举，得人者赏之，非其人者罪之。由是人莫敢妄举，而请托不得，士皆自励；虽宗室外戚，无才能者皆弃不用。当是之时，内外之官，率皆称职；田畴修辟，仓库充实，盗贼屏息。

【译文】

五年（辛酉，公元361年）

五月，丁巳（二十二日），东晋穆帝驾崩，没有继承人。皇太后下令说："琅邪王司马丕，是朝廷中兴以来的正统嫡传，不论是道德名声，还是族亲地位，没有人能和他相比，让琅邪王奉接帝位！"于是朝廷百官备好皇帝的车驾去琅邪王的宅第迎接他。庚申（二十五日），司马丕即皇帝位，实行大赦。

徐、兖二州刺史范汪，历来被桓温所憎恶。桓温准备北伐，命令范汪率领兵众向梁国出发。冬季，十月，范汪犯了延误期限的罪过，被免为庶人，于是就被废黜，死在家中。

范汪的儿子范宁，喜好儒学，性格质朴直爽。他常说王弼、何晏的罪恶比夏桀、商纣还重。有的人认为这是过分贬低，范宁说："王、何蔑视抛弃经典文献，使仁义沉沦，荒诞空虚的言辞论说，贻害后代，导致士大夫幡然改变正确的道路，以至于礼崩乐坏，中原覆没。其遗风余俗，直到今天还在为害世人。夏桀、商纣一时的肆意暴虐，只不过足以使他们身败名裂，使国家倾覆灭亡，成为后世的借鉴，岂能影响百姓的视听取舍！所以我认为为害一个时代的灾祸轻，为害历代的灾祸重；自己身败名裂的罪恶小，迷惑世人的罪恶大！"

前凉张邕傲慢自负，纵行淫虐，网罗朋党，专擅朝政，滥施刑罚、杀戮，国人都很怨恨他。张天锡的亲信敦煌人刘肃对张天锡说："国家的事情尚未平静！"张天锡说："这话是什么意思？"刘肃说："如今护军张邕出入朝廷，就像当年的长宁侯张祚。"张天锡吃惊地说："我本来就怀疑他，只是没敢说出口。办法将出自哪里呢？"刘肃说："应当迅速除掉他！"张天锡说："怎么能得到除掉他的人呢？"刘肃说："刘肃我就是这个人！"刘肃当时年龄不满二十。张天锡说："你还年轻，另外再找一个助手。"刘肃说："有赵白驹和我两人就足够了。"十一月，张天锡和张邕一起入朝，刘肃和赵白驹跟随着张天锡，张邕正在宫门前，刘肃砍击张邕，没有砍中，赵白驹接着再砍，又没砍中，他们二人和张天锡一起进到宫中，张邕得以逃跑，率领披甲士兵三百多人攻打宫门。张天锡登上屋顶大声喊道："张邕凶恶叛逆，毫无道义，已经杀掉了宋澄，又想颠覆我们一家。你们众将士世代都是凉朝的臣属。怎么忍心把武器对准我呢！如今我要擒获的，只是张邕而已，其他人一概不追究！"于是张邕的士兵全都奔散逃走，张邕自刎而死，张天锡把张邕的家族、同党全部消灭。张玄靓任命张天锡为使持节、冠军大将军、都督中外诸军事，辅佐朝政。十二月，开始改变了建兴四十九年的纪年，尊奉使用东晋的年号升平。东晋朝廷下诏，任命张玄靓为大都督、督陇右诸军事、凉州刺史、护羌校尉、西平公。

前秦王苻坚命令州郡地方官吏分别荐举孝悌、廉直、文学、政事等科目的人才，并且对他们荐举上来的人加以考察，荐举得当者给以奖赏，荐举失当者给以责罚。因此人们都不敢妄加推荐，也没有请求拜托的现象，读书人全都自我勉励。即使是宗室外戚，没有才能的也都弃而不用。这时，朝廷内外的官吏，人人称职。农田得以修整，荒地得以开垦，仓库丰盈充实，盗贼息声敛行。

【原文】

哀皇帝隆和元年（壬戌，362年）

燕吕护攻洛阳。三月，乙酉，河南太守戴施奔宛，陈祐告急。五月，丁巳，桓温遣庾希及竟陵太守邓遐帅舟师三千人助祐守洛阳。遐，岳之子也。

温上疏请迁都洛阳，自永嘉之乱播流江表者，一切北徙，以实河南。朝廷畏温，不敢为异；而北土萧条，人情疑惧，虽并知不可，莫敢先谏。散骑常侍领著作郎孙绰上疏曰："昔中宗龙飞，非惟信顺协于天人，实赖万里长江画而守之耳。今自丧乱已来，六十余年，河、洛丘墟，函夏萧条。士民播流江表，已经数世，存者老子长孙，亡者丘陇成行，虽北风之思感其素心，目前之哀实为交切。若迁都旋轸之日，中兴五陵，即复缅成遐域。泰山之安，既难以理保，烝烝之思，岂不缠于圣心哉！温今此举，诚欲大览始终，为国远图；而百姓震骇，同怀危惧，岂不以反旧之乐赊，趋死之忧促哉！何者？植根江外，数十年矣，一朝顿欲拔之，驱蹙于穷荒之地；提挈万里，逾险浮深，离坟墓，弃生业，田宅不可复售，舟车无从而得，舍安乐之国，适习乱之乡，将顿仆道涂，飘溺江川，仅有达者。此仁者所宜哀矜，国家所宜深虑也！臣之愚计，以为且宜遣将帅有威名、资实者，先镇洛阳，扫平梁、许，清一河南。运漕之路既通，开垦之积已丰，豺狼远窜，中夏小康，然后可徐议迁徙耳。奈何舍百胜之长理，举天下而一掷哉！"绰，楚之孙也。少慕高尚，尝著《遂初赋》以见志。温见绰表，不悦，曰："致意兴公，何不寻君《遂初赋》，而知人家国事邪！"

时朝廷忧惧，将遣侍中止温，扬州刺史王述曰："温欲以虚声威朝廷耳，非事实也；但从之，自无所至。"乃诏温曰："在昔丧乱，忽涉五纪，戎狄肆暴，继袭凶迹，眷言西顾，慨叹盈怀。知欲躬帅三军，荡涤氛秽，廓清中畿，光复旧京；非夫外身徇国，孰能若此！诸所处分，委之高算。但河、洛丘墟，所营者广，经始之勤，致劳怀也。"事果不行。

【译文】

晋哀帝隆和元年（壬戌，公元362年）

前燕吕护攻打洛阳。三月，乙酉（疑误），东晋河南太守戴施逃奔到宛城，陈祐告急。五月，丁巳（二十七日），桓温派庾希及竟陵太守邓遐率领水军三千人帮

助陈祐守卫洛阳。邓遐是邓岳的儿子。

桓温上疏请求迁都洛阳,把自从永嘉之乱以来迁徙流落到长江以南的人,全部北迁,以充实河南地区的力量。朝廷害怕桓温,不敢持异议。然而北方地区萧条冷落,人们内心里都感到怀疑恐惧,虽然全都知道桓温的请求不可行,但没有人敢于率先进谏。散骑常侍兼著作郎孙绰上疏说:"过去晋元帝即位,不仅仅是顺应天意,符合人愿,实际上是依靠万里长江而得以划地防守。自从丧乱以来到如今,已经六十多年,黄河、洛水一带已变为废墟,中原地区一片萧条。士人百姓迁徙流落到长江以南,已经有好几代了,活着的人已经有了大儿大孙,死去的人更是坟墓成行,虽然对北方故土的思念一直牵动着他们的心情,但眼前的哀痛实际上更为深切。如果哪天迁都北返,中兴以来五位皇帝的陵墓,也就又处在遥远的地域了。国家安如泰山之势,既已难以确保,对安葬在江南的几位先帝深厚的思念之情,怎能不禁绕于圣主心间!如今桓温的这一举动,确实是想纵览天下,为国家的长远打算,然而百姓却感到震动恐骇,全都心怀畏惧,这难道不是因为返回故土的欢乐遥远,而走向死亡的忧虑紧迫吗!为什么呢?植根于长江以南,已经有数十年了,一时马上就要迁徙他们,紧迫地把他们驱赶到荒远之地,使他们拖家带口,远行万里,跋山涉水,远离祖坟,抛弃谋生之业,农田宅院无法变卖,舟船车乘无处获得,舍弃安乐的家园,到凌乱的乡邦,必将是死于路途,葬身江河,很少会有能到达的。这是施行仁义的人所应该悲哀怜悯,国家所应该深深忧虑的!依臣下的办法,以为暂且应该派遣有威望名声、资历和实际才能的将帅,先到洛阳镇守,扫平梁国、许昌,统一黄河以南。运送粮食的水路开通后,垦荒种植的收获已经丰盈,豺狼野兽逃窜,中原实现小康,然后才可以慢慢地讨论迁徙的问题。为什么要舍弃稳操胜券的长远之理,拿整个天下孤注一掷呢!"孙绰是孙楚的孙子。他小的时候就倾慕高尚,曾经著《遂初赋》用来表达志向。桓温看到孙绰进上的表章,很不高兴,说:"告诉孙绰,何不去实践你的《遂初赋》,而偏要了解别人的家国大事呢!"

当时朝廷忧虑害怕,准备派侍中去劝阻桓温。扬州刺史王述说:"桓温是想虚张声势来威胁朝廷罢了,并非真想迁都。只要依从他,他自己就不会去了。"于是朝廷诏令桓温说:"昔日发生的丧乱,转眼已经过了五十多年,戎狄肆行暴虐,后继者承袭着他们凶狠的恶迹，回首西望，感慨叹息充满心怀。得知你想亲率三军，荡涤污秽，廓清中原，光复旧都，如果不是有以身殉国的志向，谁能如此！各种措施安排，都依靠托付于你的多谋深算。只是黄河、洛水的废墟，需要经营治理的很多，开始营治时的辛苦，一定会导致你心力劳累。"迁都的事情果然没有实行。

【原文】

兴宁元年（癸亥，363 年）

五月，加征西大将军桓温侍中、大司马、都督中外诸军、录尚书事，假黄钺。温以抚军司马王坦之为长史。坦之，述之子也。又以征西掾郗超为参军，王珣为主簿，每事必与二人谋之。府中为之语曰："髯参军，短主簿，能令公喜，能令公怒。"温气概高迈，罕有所推，与超言，常自谓不能测，倾身待之；超亦深自结纳。珣，导之孙也，与谢玄皆为温掾，温俱重之。曰："谢掾年四十必拥旄杖节，王掾当作黑头公，皆未易才也。"玄，奕之子也。

张玄靓祖母马氏卒，尊庶母郭氏为太妃。郭氏以张天锡专政，与大臣张钦等谋诛之；事泄，钦等皆死。玄靓惧，以位让天锡；天锡不受。右将军刘肃等劝天锡自立。闰月，天锡使肃等夜帅兵入宫，弑玄靓，宣言暴卒，谥曰冲公。天锡自称使持节、大都督、大将军、凉州牧、西平公，时年十八。

【译文】

兴宁元年（癸亥，公元 363 年）

五月，东晋让征西大将军桓温担任侍中、大司马、都督中外诸军事、录尚书事，并给予他持黄钺的礼遇。桓温任命抚军司马王坦之为长史。王坦之是王述的儿子。又任命征西掾郗超为参军，王珣为主簿，每件事情一定要和这俩人商量。王府里的人称他们是："长胡子参军，短个子主薄，能让桓公高兴，也能让桓公愤怒。"桓温气概清高卓越，很少有他所推重的人，和郗超谈论，常常自己说郗超深不可测，而尽心敬待他。郗超也很认真地与桓温交往。王珣是王导的孙子，他和谢玄都是桓温的辅佐掾吏，桓温对他们都很看重。桓温说："谢玄年届四十必定会拥旗执节，王珣当成为少壮而居高位的黑头公，全都是不可多得的人才。"谢玄是谢奕的儿子。

张玄靓的祖母马氏去世，尊奉庶母郭氏为太妃。郭氏因为张天锡专擅朝政，与大臣张钦等人谋划要杀掉他。事情泄露，张钦等人全都自杀。张玄靓十分害怕，要把王位让给张天锡，张天锡不接受。右将军刘肃等人劝张天锡自立为王。闰八月，张天锡让刘肃等人趁夜率兵闯进王宫，杀掉了张玄靓，公开宣布时则说他突然死亡，定谥号为冲公。张天锡自称使持节、大都督、大将军、凉州牧、西平公，时年十八岁。

【原文】

二年（甲子，364年）

五月，戊辰，以扬州刺史王述为尚书令。加大司马温扬州牧、录尚书事。壬申，使侍中召温入参朝政；温辞不至。

王述每受职，不为虚让，其所辞必于不受。及为尚书令，子坦之白述："故事当让。"述曰："汝谓我不堪邪？"坦之曰："非也，但克让自美事耳。"述曰："既谓堪之，何为复让！人言汝胜我，定不及也。"

秦王坚命公国各置三卿，并余官皆听自采辟，独为置郎中令。富商赵掇等车服僭侈，诸公竞引以为卿；黄门侍郎安定程宪请治之。坚乃下诏称："本欲使诸公延选英儒，乃更猥滥如是！宜令有司推检，辟召非其人者，悉降爵为侯，自今国官皆委之铨衡。自非命士已上，不得乘车马；去京师百里内，工商皂隶，不得服金银、锦绣。犯者弃市。"于是平阳、平昌、九江、陈留、安乐五公皆降爵为侯。

【译文】

二年（甲子，公元364年）

五月，戊辰（二十日），东晋任命扬州刺史王述为尚书令。让大司马桓温担任扬州牧、录尚书事。壬申（二十四日），派侍中召桓温入朝参政，桓温辞让不来。

苻坚平叛

王述每当接受任命，都不虚情假意地辞让，他表示推辞的，就肯定不接受。到他做尚书令时，儿子王坦之告诉他："根据惯例，应当表示辞让。"王述说："你认为我不胜任吗？"王坦之说："不是，只是能辞让自是件好事而已。"王述说："既然认为能够胜任，为什么又要辞让！人们都说你比我强，我看你肯定赶不上我。"

前秦王苻坚命令各公爵封国分别设置郎中令、中尉、大农三卿，同其他官吏一起，全都由他们自行征召选拔，只有郎中令由苻坚任命。富商赵掇等人车乘服饰奢侈，然而各位公爵却竞相推举他做三卿。黄门侍郎安定人程宪请求苻坚干预此事。苻坚于是就下达诏令称："本来想让诸王公延聘选拔有才华的儒生，没想到竟然混乱到这种地步！应该命令有关官吏追究检查，凡是所征召的人选不得当的，全都把爵位降为侯，从现在开始，国家的官吏全都由吏部尚书选拔。本人职位不在朝廷任命以上，不许乘车马；离开京师百里以内，工商差役之人，不许穿饰有金银、锦绣的服装，违犯者陈尸街头示众。"因此平阳、平昌、九江、陈留、安乐的五位公爵全被降低爵位为侯。

【原文】

三年（乙丑，365年）

大司马温移镇姑孰。二月，乙未，以其弟右将军豁监荆州、扬州之义城、雍州之京兆诸军事，领荆州刺史；加江州刺史桓冲监江州及荆、豫八郡诸军事；并假节。

司徒昱闻陈祐弃洛阳，会大司马温于洌洲，共议征讨。丙申，帝崩于西堂，事遂寝。

帝无嗣；丁酉，皇太后诏以琅邪王奕承大统。百官奉迎于琅邪第，是日，即皇帝位，大赦。

燕太宰恪、吴王垂共攻洛阳。恪谓诸将曰："卿等常患吾不攻，今洛阳城高而兵弱，易克也，忽更畏懦而怠惰！"遂攻之。三月，克之，执扬武将军沈劲。劲神气自若，恪将宥之。中军将军慕舆虔曰："劲虽奇士，观其志度，终不为人用，今赦之，必为后患。"遂杀之。

太宰恪还邺，谓僚属曰："吾前平广固，不能济辟闾蔚；今定洛阳，使沈劲为戮；虽皆非本情，然身为元帅，实有愧于四海。"朝廷嘉劲之忠，赠东阳太守。

太宰恪为将，不事威严，专用恩信；抚士卒务综大要，不为苛令，使人人得便安。平时营中宽纵，似若可犯；然警备严密，敌至莫能近者，故未尝负败。

【译文】

三年（乙丑，公元365年）

大司马桓温转移到姑孰镇守。二月，乙未（二十一日），任命他的弟弟右将军桓豁监荆州、扬州的义城、雍州的京兆诸军事，兼领荆州刺史。让江州刺史桓冲担任监江州及荆、豫八郡诸军事，全都持有符节。

司徒司马昱听说陈祐放弃了洛阳，便和大司马桓温在洌洲会面，共同商议征讨事宜。丙申（二月二十二日），东晋哀帝在西堂驾崩，征讨事宜也就搁置起来。

哀帝没有后嗣，丁酉（二月二十三日），皇太后下达诏令，让琅邪王司马奕继承帝位。朝廷百官到琅邪王的宅第去迎接他。当天，司马奕即皇帝位，实行大赦。

前燕太宰慕容恪、吴王慕容垂共同攻打洛阳。慕容恪对众将领说："你们经常担心我不进攻，如今洛阳城墙虽高而守兵微弱，容易攻克，不要再畏惧怯懦而懒惰！"于是就开始进攻洛阳，三月，洛阳被攻克，抓获了扬武将军沈劲。沈劲神态自若，慕容恪准备要宽赦他。中军将军慕舆虔说："沈劲虽然是杰出的人，但观察

他的志向气度，最终也不会被人所用，如今赦免了他，肯定会留下后患。"于是就把沈劲杀掉了。

太宰慕容恪回到邺城，对僚属们说："我以前平定了广固，却没能救助辟闾蔚；如今平定了洛阳，又使沈劲被杀。这些虽然都不是我的本意，然而身为军中主将，实在有愧于天下。"东晋朝廷嘉奖沈劲的忠诚，追赠他为东阳太守。

太宰慕容恪作为将领，从不显示威严，专门使用恩信。安抚士兵十分注重重要的方面，不乱发苛刻的命令。从而使得人人都相宜安好。平时军营中宽容随便，看上去好像可以冒犯，然而实际上却戒备严密，敌人来到后没有能接近的，所以一直未曾失败过。

【原文】

海西公上太和元年（丙寅，366年）

秦辅国将军王猛、前将军杨安、扬武将军姚苌等帅众二万寇荆州，攻南乡郡；荆州刺史桓豁救之，八月，军于新野。秦兵掠安阳民万余户而还。

张天锡遗使至秦境上，告绝于秦。

【译文】

晋海西公太和元年（丙寅，公元366年）

前秦辅国将军王猛、前将军杨安、扬武将军姚苌等人率领二万兵众进犯荆州，攻打南乡郡。荆州刺史桓豁前去救援，八月，驻扎在新野。前秦士兵掳掠了安阳的民众一万多户返回。

张天锡派使者到前秦边境，告知与前秦绝交。

【原文】

二年（丁卯，公元367年）

燕太原桓王恪言于燕主暐曰："吴王垂，将相之才十倍于臣，先帝以长幼之次，故臣得先之。臣死之后，愿陛下举国以听吴王。"五月，壬辰，恪疾笃，暐亲视之，问以后事。恪曰"臣闻报恩莫大于荐贤，贤者虽在板筑，犹可为相，况至亲乎！吴王文武兼资，管、萧之亚，陛下若任以大政，国家可安；不然，秦、晋必有窥窬之计。"言终而卒。

秦王坚闻恪卒，阴有图燕之计，欲觇其可否，命匈奴曹毂发使如燕朝贡，以西戎主簿郭辩为之副。燕司空皇甫真兄腆及从子奋、覆皆仕秦，腆为散骑常侍。辩至燕，历造公卿，谓真曰："仆本秦人，家为秦所诛，故寄命曹王，贵兄常侍及奋、覆兄弟并相知有素。"真怒曰："臣无境外之交，此言何以及我！君似奸人，得无因缘假托乎！"白暐，请穷治之；太傅评不许。辩还，为坚言："燕朝政无纲纪，实可图也。鉴机识变，唯皇甫真耳。"坚曰："以六州之众，岂得不使有智士一人哉！"

曹毂寻卒，秦分其部落为二，使其二子分统之，号东、西曹。

【译文】

二年（丁卯，367年）

前燕太原桓王慕容恪对前燕国主慕容暐进言说："吴王慕容垂，具有的将相才能超过我十倍，先帝只是考虑了长幼次序，所以我得以在他之先。我死了以后，愿陛下让整个国家都听命于吴王。"五月，壬辰（疑误），慕容恪病重，慕容暐亲自前往看望，并向他询问后事。慕容恪说："我听说报恩没有比荐举贤能更重要的了，贤能的人虽然隐遁在服役筑墙的人中间，也可以启用为宰相，何况是近亲呢！吴王慕容垂文武兼备，才能仅次于管仲、萧何，陛下如果将朝廷大政委托给他，国家就可以安定，不这样的话，秦国、晋朝一定会有觊觎我们的计谋。"说完以后慕容恪就死了。

前秦王苻坚听说慕容恪去世，暗地里准备图谋前燕，想看看这个计策是否可行，就命令匈奴右贤王曹毂启程出使前燕进献贡奉，以西戎主簿郭辩做他的副手。前燕司空皇甫真的哥哥皇甫腆以及侄子皇甫奋、皇甫覆全都在前秦做官，皇甫腆任散骑常侍。郭辩抵达前燕后，逐一拜访公卿，对皇甫真说："我本是秦国人，家人被秦诛杀，所以才把生命寄托于曹王，你的哥哥散骑常侍皇甫腆以及皇甫奋、皇甫覆兄弟全都和我素来相知。"皇甫真愤怒地说："臣下没有境外的交往，你这话为什么要告诉我！你好像是奸佞之人，莫非是借此来冒充吗！"皇甫真把这些事告诉了慕容暐，请求追究处理他，太傅慕容评不同意。郭辩返回去以后，告诉苻坚说："燕朝政事乱无纲纪，确实可以图谋。明白了解时机变故的，只有皇甫真罢了。"苻坚说："以六州之广的民众，怎能不让他有一个明白人呢！"

曹毂不久就去世了，前秦把他的部落分成二部分，让他的两个儿子分别统领，称为东曹和西曹。

【原文】

三年（戊辰，368年）

初，燕太宰恪有疾，以燕主暐幼弱，政不在己，太傅评多猜忌，恐大司马之任不当其人，谓暐兄乐安王臧曰："今南有遗晋，西有强秦，二国常蓄进取之志，顾我未有隙耳。夫国之兴衰，系于辅相。大司马总统六军，不可任非其人，我死之后，以亲疏言之，当在汝及冲。汝曹虽才识明敏，然年少，未堪多难，吴王天资英杰，智略超世，汝曹若能推大司马以授之，必能混一四海，况外寇，不足惮也；慎无冒利而忘害，不以国家为意也。"又以语太傅评。及恪卒，评不用其言。二月，以车骑将军中山王冲为大司马。冲，暐之弟也。以荆州刺史吴王垂为侍中、车骑大将军、仪同三司。

秦魏公廋以陕城降燕，请兵应接；秦人大惧，盛兵守华阴。

魏公廋遗吴王垂及皇甫真笺曰："苻坚、王猛，皆人杰也，谋为燕患久矣；今不乘机取之，恐异日燕之君臣将有甬东之悔矣！"垂谓真曰："方今为人患者必在于秦，主上富于春秋，观太傅识度，岂能敌苻坚、王猛乎？"真曰："然，吾虽知之，如言不用何！"

燕王公、贵戚多占民为荫户，国之户口，少于私家，仓库空竭，用度不足。尚书左仆射广信公悦绾曰："今三方鼎峙，各有吞并之心。而国家政法不立，豪贵恣横,至使民户殚尽,委输无入,吏断常俸,战士绝廪,官贷粟帛以自赡给;既不可闻于邻敌,且非所以为治,宜一切罢断诸荫户,尽还郡县。"燕主暐从之,使绾专治其事,纠擿奸伏,无敢蔽匿,出户二十余万,举朝怨怒。绾先有疾,自力厘校户籍,疾遂亟。冬,十一月,卒。

加大司马温殊礼,位在诸侯王上。

【译文】

三年(戊辰,公元368年)

当初,前燕太宰慕容恪有病,考虑到前燕主慕容暐年幼,自己不能主持政事,太傅慕容评生性多疑,恐怕大司马的职务落入不适当的人手中,便对慕容暐的哥哥乐安王慕容臧说:"如今南有遗留下来的晋朝,西有强大的秦国,二国一直怀有进取的志向,只不过看到我们这里还没有可乘之机罢了。国家的兴衰,全在于辅佐的丞相。大司马总管六军,这个职务不可用错了人,我死了以后,以亲疏关系而言,承担大司马职务的人应该在你和慕容冲中选择。你们虽然才能见识神明敏锐,然而年龄尚轻,没有经历过太多的磨难。吴王慕容垂天资出众,智谋超人,你们如果能推举他出任大司马,一定能够统一四海,何况是外敌,那就不值得惧怕了。千万不要贪图权力而忘记了祸患,不为国家考虑。"他又把这些话对太傅慕容评说了。等于慕容恪死后,慕容评没有听从他的话。二月,任命车骑将军中山王慕容冲为大司马。慕容冲是慕容暐的弟弟。任命荆州刺史吴王慕容垂为侍中、车骑大将军、仪同三司。

前秦魏公苻廋将陕城投降了前燕,请求前燕出兵接应。前秦人十分害怕,以强大的兵力守卫华阴。

魏公苻廋给吴王慕容垂及皇甫真去信说:"苻坚、王猛,都是杰出的人物,图谋祸害燕国已经很久了。如今不乘机消灭他们,恐怕日后燕国的君主臣下降会有春秋时吴王居于甬东那样的悔恨!"慕容垂对皇甫真说:"如今作为人们祸患的肯定是在秦国,主上年纪尚轻,观察太傅慕容评的见识气度,难道能与苻坚、王猛匹敌吗？"皇甫真说："是这样，我虽然知道，奈何说了也不被采用呢！"

前燕的王公贵戚有很多人强占民户作为自己的衣食佃户，以至于国家的户数人口，竟少于私家，仓库空竭，费用不足。尚书左仆射广信公悦绾说："如今燕、晋、秦三国鼎立，各自都有吞并天下的心思。然而国家的政纲法度不能确立，豪强贵族恣意横行，致使民户财力耗尽，租税没有收入，仓库空竭入不敷出，官吏中断俸禄，士兵断绝粮饷，官府靠借贷粟帛以供养自己。这些既不能让邻敌知道，又不是用来治理国家的办法，应该断然罢免所有的荫户，把他们全都归还给郡县官府。"前燕主慕容暐听从了这一意见，让悦绾独自主管这件事，揭露举发隐藏的奸邪之人，没有人再敢隐瞒藏匿，共查出二十多万户，朝廷上下一片怨恨愤怒。悦绾以前就有病，因为竭尽全力整顿审核户口，病情也就加重了。冬季，十一月，去世。

东晋给予大司马桓温特殊的礼遇，地位在诸侯王之上。

资治通鉴第一百零二卷

晋纪二十四

【原文】

海西公下太和四年（己巳，369年）

春，三月，大司马温请与徐、兖二州刺史郗愔、江州刺史桓冲、豫州刺史袁真等伐燕。

大司马温自兖州伐燕。郗超曰："道远，汴水又浅，恐漕运难通。"温不从，六月，辛丑，温至金乡，天旱，水道绝，温使冠军将军毛虎生凿钜野三百里，引汶水会于清水。虎生，宝之子也。温引舟师自清水入河，舳舻数百里。郗超曰："清水入河，难以通运。若寇不战，运道又绝，因敌为资，复无所得，此危道也。不若尽举见众直趋邺城，彼畏公威名，必望风逃溃，北归辽、碣。若能出战，则事可立决。若欲城邺而守之，则当此盛夏，难为功力，百姓布野，尽为官有，易水以南必交臂请命矣。但恐明公以此计轻锐，胜负难必，欲务持重，则莫若顿兵河、济，控引漕运，俟资储充备，至来夏乃进兵；虽如赊迟，然期于成功而已。舍此二策而连军北上，进不速决，退必愆乏。贼因此势以日月相引，渐及秋冬，水更涩滞。且北土早寒，三军裘褐者少，恐于时所忧，非独无食而已。"温又不从。

秋，七月，温屯武阳，燕故兖州刺史孙元帅其族党起兵应温，温至枋头。暐及太傅评大惧，谋奔和龙。吴王垂曰："臣请击之；若其不捷，走未晚也。"暐乃以垂代乐安王臧为使持节、南讨大都督，帅征南将军范阳王德等众五万以拒温。垂表司徒左长史申胤、黄门侍郎封孚、尚书郎悉罗腾皆从军。胤，钟之子；孚，放之子也。

　　暐又遣散骑侍郎乐嵩请救于秦，许赂以虎牢以西之地。秦王坚引群臣议于东堂，皆曰："昔桓温伐我，至灞上，燕不救我；今温伐燕，我何救焉！且燕不称藩于我，我何为救之！"王猛密言于坚曰："燕虽强大，慕容评非温敌也。若温举山东，进屯洛邑，收幽、冀之兵，引并、豫之粟，观兵崤、渑，则陛下大事去矣。今不如与燕合兵以退温；温退，燕亦病矣，然后我承其弊而取之，不亦善乎！"坚从之。八月，遣将军苟池、洛州刺史邓羌帅步骑二万以救燕，出自洛阳，军至颍川；又遣散骑侍郎姜抚报使于燕。以王猛为尚书令。

　　太子太傅封孚问于申胤曰："温众强士整，乘流直进，今大军徒逡巡高岸，兵不接刃，未见克殄之理，事将何如？"胤曰："以温今日声势，似能有为，然在吾观之，必无成功。何则？晋室衰弱，温专制其国，晋之朝臣未必皆与之同心。故温之得志，众所不愿也，必将乘阻以败其事。又，温骄而恃众，怯于应变。大众深入，值可乘之会，反更逍遥中流，不出赴利，欲望持久，坐取全胜；若粮廪愆悬，情见势屈，必不战自败，此自然之数。"

　　温战数不利，粮储复竭，又闻秦兵将至，丙申，焚舟，弃辎重、铠仗，自陆道奔还。以毛虎生督东燕等四郡诸军事，领东燕太守。

　　温自东燕出仓垣，凿井而饮，行七百余里。燕之诸将争欲追之，吴王垂曰："不可，温初退惶恐，必严设警备，简精锐为后拒，击之未必得志，不如缓之。彼幸吾未至，必昼夜疾趋，俟其士众力尽气衰，然后击之，无不克矣。"乃帅八千骑徐行蹑其后。温果兼道而进。数日，垂告诸将曰："温可击矣。"乃急追之，及温于襄邑。范阳王德先帅劲骑四千伏于襄邑东涧中，与垂夹击温，大破之，斩首三万级。秦苟池邀击温于谯，又破之，死者复以万计。孙元遂据武阳以拒燕，燕左卫将军孟高讨擒之。

　　吴王垂自襄邑还邺，威名益振，太傅评愈忌之。垂奏"所募将士忘身立效，将军孙盖等摧锋陷陈，应蒙殊赏。"评皆抑而不行。垂数以为言，与评廷争，怨隙愈深。太后可足浑氏素恶垂，毁其战功，与评密谋诛之。太宰恪之子楷及垂舅兰建知之，以告垂曰："先发制人，但除评及乐安王臧，余无能为矣。"垂曰："骨肉相残而首乱于国，吾有死而已，不忍为也。"顷之，二人又以告，曰："内意已决，不可不早发。"垂曰："必不可弥缝，吾宁避之于外，余非所议。"

【译文】

晋海西公太和四年（己巳，公元369年）

春季，三月，大司马桓温请求与徐兖二州刺史郗愔、江州刺史桓冲、豫州刺史袁真等讨伐前燕。

大司马桓温从兖州出发讨伐前燕。郗超说："路途遥远，汴水又浅，恐怕运送粮食的水道难以畅通。"桓温没有听从。六月，辛丑（疑误），桓温抵达金乡，因为天旱，水路断绝，桓温让冠军将军毛虎生在巨野开凿三百里水路，引来汶水会合于清水。毛虎生是毛宝的儿子。桓温带领水军从清水进入黄河，船只绵延数百里。郗超说："从清水进入黄河，运输难以畅通。如果敌人不与我们交战，运输通道又断绝，只能靠着敌人的积蓄来做给养，那又会一无所得，这是危险的办法。不如让现有部队全部径直开向邺城，他们害怕您的威赫名声，一定会闻风溃逃，北归辽东、碣石。如果他们能出来迎战，那么事情就可以立见分晓。如果他们想盘踞邺城固守，那么值此盛夏之时，难以进行行动，百姓遍布各地，全都为官府所控制，易水以南的人一定会恭敬地向我们请求指令。只是怕明公您认为此计虽说锋锐但欠稳妥，胜负难定，而想一定要持有万全之策，那就不如停兵于黄河、济水，控制水路运输，等到储备充足，到明年夏天再进军。虽说拖延了时间，然而这只是期望必定成功而已。舍此二策而让绵延百里的军队北上，进不能迅速取胜，退则必然导致差错与粮饷匮乏。敌人顺应这种形势和我们周旋时日，渐渐地就到了秋冬季节，水路更加难以畅通。而且北方寒冷较早，三军将士穿皮衣冬装的很少，恐怕到那时所忧虑的，就不仅仅是没有粮食了。"桓温又没有听从。

秋季，七月，桓温驻扎在武阳，前燕过去的兖州刺史孙元率领他的亲族同党起兵响应桓温，桓温抵达枋头。慕容暐及太傅慕容评十分恐惧，谋划要逃奔到和龙。吴王慕容垂说："我请求去攻打他们。如果不能取胜，再逃奔也不晚。"慕容暐于是任命慕容垂代替乐安王慕容臧为使持节、南讨大都督，率领征南将军范阳王慕容德等兵众五万人去抵御桓温。慕容垂上表，让司徒左长史申胤、黄门侍郎封孚、尚书郎悉罗腾全都跟随部队一同前往。申胤是申钟的儿子；封孚是封放的儿子。

慕容暐又派散骑侍郎乐嵩去前秦请求救援，许诺把虎牢以西的地域送给他们。前秦王苻坚召群臣到东堂商议，群臣们都说："过去桓温讨伐我们，到达灞上，燕国不救援我们；如今桓温讨伐燕国，我们为什么要救援！而且燕国不向我们称藩，我们为什么要去救他！"王猛悄悄地对苻坚进言说："燕国虽然强大，但慕容评不是桓温的对手。如果桓温占据了整个崤山以东地区，进军驻扎在洛邑，收揽幽州、冀州的兵力，调来并州、豫州的粮食，在崤谷、渑池炫耀兵威，那么陛下统一天下的大业就全完了。眼下不如与燕国汇合兵力来打退桓温。桓温撤退以后，燕国也就精疲力竭了，然后我们乘着他的疲惫而攻取他，不是很好的事情吗！"苻坚听从了王猛的意见。八月，苻坚派将军苟池、洛州刺史邓羌率领步、骑兵二万人去救援前燕，从洛阳出发，到颍川后驻扎。又派散骑侍郎姜抚出使前燕报告。任命王猛为尚书令。

太子太傅封孚问申胤说："桓温兵众强壮整齐，顺流直下，如今大军只在高岸上徘徊，兵不交锋，看不到取胜的迹象，事情将会怎样呢？"申胤说："以桓温今天的声势，似乎能有所作为，然而在我看来，肯定不会成就功业。为什么呢？晋室衰微软弱，桓温专擅国家的权力，晋王室的朝臣未必都与他同心同德。所以桓温的得志，是众人所不愿看到的，他们必将从中阻挠以败坏他的事业。再有，桓温倚仗着军队人数众多而骄傲，不善于应变。大军深入以后，正值有机可乘的时候，他反而让部队在中途徘徊，不出击争取胜利，指望相持下去，坐取全胜。如果运输误期，粮食断绝，衰落的威势就会如实地显露出来，肯定是不战自败，这是当然之理。"

桓温交战屡屡失利，粮食储备又已空竭，又听说前秦的军队将要到来，丙申（九月十九日），焚烧了舟船，丢弃了装备、武器，从陆路向回逃奔。任命毛虎生督察东燕等四郡的各种军务，兼任东燕太守。

桓温从东燕出了仓垣，一路上掘井饮水，走了七百多里。前燕的众将领都争着要追击桓温，吴王慕容垂说："不行，桓温刚刚溃退，惊恐未定，一定会严加戒备，选择精锐士兵来殿后，攻击他未必能遂愿，不如暂缓一下。他庆幸我们没有追上，一定会昼夜急行，等他的士兵们力量耗尽，士气衰落，然后再去攻击他，攻无不克。"于是慕容垂就率领八千骑兵跟在桓温的后边慢慢前进。桓温果然兼程行进。过了几天，慕容垂告诉众将领说："可以攻打桓温了。"于是就迅速追击，在襄邑追上了桓温。范阳王慕容德先率领精锐骑兵四千人埋伏在襄邑东面的山涧中，与慕容垂夹击桓温，桓温大败，被斩首三万多人。前秦人苟池在谯郡迎击桓温，又攻破了他，战死的兵众又数以万计。孙元乘机占据了武阳以与前燕抵抗，前燕左卫将军孟高讨伐并擒获了他。

吴王慕容垂从襄邑返回邺城，威武的名声越发高涨，太傅慕容评也更加嫉恨他。慕容垂上奏章说："所招募的将士舍生忘死，建立战功，将军孙盖等人冲锋陷阵，应该受到特殊的奖赏。"慕容评全都压着不办。慕容垂多次陈说，与慕容评在朝廷争论，结果二人的怨恨隔阂更加深重。太后可足浑氏历来厌恶慕容垂，诋毁他的战功，与慕容许密谋要杀掉他。太宰慕容恪的儿子慕容楷以及慕容垂的舅舅兰建知道此事，便告诉了慕容垂，并说："先发制人，只要除掉慕容评及乐安王慕容臧，其他的人就无能为力了。"慕容垂说："骨肉互相残杀而带头在国家作乱，我只有一死而已，不忍心那样干。"过了不久，这俩人又来报告，说："可足浑氏已经下了决心，不能不早动手了。"慕容垂说："如果一定不能消除隔阂的话，我宁愿到外边去躲避他们，其余的不是所要商议的。"

【原文】

五年（庚午，370年）

王猛之发长安也，请慕容令参其军事，以为乡导。将行，造慕容垂饮酒，从容谓垂曰："今当远别，何以赠我？使我睹物思人。"垂脱佩刀赠之，猛至洛阳，赂垂所亲金熙，使诈为垂使者，谓令曰："吾父子来此，以逃死也。今王猛疾人如仇，谗毁日深；秦王虽外相厚善，其心难知。丈夫逃死而卒不免，将为天下笑。吾闻东朝比来始更悔悟，主、后相尤。吾今还东，故遣告汝；吾已行矣，便可速发。"令疑之，踌躇终日，又不可审覆。乃将旧骑，诈为出猎，遂奔乐安王臧于石门。猛表令叛状，垂惧而出走，及蓝田，为追骑所获。秦王坚引见东堂，劳之曰："卿家国失和，委身投朕。贤子心不忘本，犹怀首丘，亦各其志，不足深咎。然燕之将亡，非令所能存，惜其徒入虎口耳。且父子兄弟，罪不相及，卿何为过惧而狼狈如是乎！"待之如旧。燕人以令叛而复还，其父为秦所厚，疑令为反间，徙之沙城，在龙都东北六百里。

臣光曰：昔周得微子而革商命，秦得由余而霸西戎，吴得伍员而克强楚，汉得陈平而诛项籍，魏得许攸而破袁绍；彼敌国之材臣，来为己用，进取之良资也。王猛知慕容垂之心久而难信，独不念燕尚未灭，垂以材高功盛，无罪见疑，穷困归秦，未有异心，遽以猜忌杀之，是助燕为无道而塞来者之门也，如何其可哉！故秦王坚礼之以收燕望，亲之以尽燕情，宠之以倾燕众，信之以结燕心，未为过矣。猛何汲汲于杀垂，乃为市井鬻卖之行，有如嫉其宠而谗之者，岂雅德君子所宜为哉！

六月，乙卯，秦王坚送王猛于灞上，曰："今委卿以关东之任，当先破壶关，平上党，长驱取邺，所谓'疾雷不及掩耳。'吾当亲督万众，继卿星发，舟车粮运，水陆俱进，卿勿以为后虑也。"猛曰："臣杖威灵，奉成算，荡平残胡，如风扫叶，愿不烦銮舆亲犯尘雾，但愿速敕所司部置鲜卑之所。"坚大悦。

秦王猛攻壶关，杨安攻晋阳。八月，燕主暐命太傅上庸王评将中外精兵三十万以拒秦。

秦杨安攻晋阳，晋阳兵多粮足，久之未下。王猛留屯骑校尉苟长戍壶关，引兵助安攻晋阳，为地道，使虎牙将军张蚝帅壮士数百潜入城中，大呼斩关，纳秦兵。辛巳，猛、安入晋阳，执燕并州刺史东海王庄，太傅评畏猛不敢进，屯于潞川。冬，十月，辛亥，猛留将军武都毛当戍晋阳，进兵潞川，与慕容评相持。

【译文】

五年（庚午，公元370年）

王猛发兵长安的时候，请慕容令参与军事行动，让他们作为向导。将要出发时,慕容令到慕容垂那里喝酒,不慌不忙地对慕容垂说:"值此远别之时,赠送我点什么东西呢?以使我见物思人。"慕容垂解下佩刀赠送给了他。王猛抵达洛阳以后,贿赂慕容垂的亲信金熙,让他装作慕容垂的使者,对慕容令说:"我们父子来到这里,是因为要逃避一死。如今王猛憎恨我们如同仇敌,谗言诋毁日益深重,秦王虽然表面上对我们仁厚友善,但内心难知。大丈夫逃避死难而最终却不能幸免,将被天下人耻笑。我听说燕朝近来开始幡然悔悟,国主、王后相互自责过错,我现在要返回燕国,所以派使者去告诉你。我已经上路了,你有机会也可以迅速出发。"慕容令对此十分怀疑,整整一天犹豫不决,但又无法去核实。于是就带领着他过去的随从,谎称外出打猎,

王猛

逃到石门,投奔乐安王慕容臧。王猛上表陈述慕容令叛逃的罪行,慕容垂因为害怕也出逃了。逃至蓝田,被追赶的骑兵擒获。前秦王苻坚在东堂召见他,安慰他说:"你因为自家、朝廷争斗,委身投靠于朕。您的儿子心不忘本,仍然怀念故土,这也是人各有志,不值得深咎。然而燕国行将灭亡,不是慕容令所能拯救的,可惜的只是他白白地进了虎口而已。况且父子兄弟,罪不株连,你为什么过分惧怕而狼狈到如此地步呢!"苻坚对待慕容垂同过去一样。前燕人因为慕容令是背叛后而又返回,他的父亲又被前秦所厚待,便怀疑他是派回来的奸细,把他迁徙到沙城,此地在龙都东北六百里处。

臣司马光曰:过去周朝得到了微子而革殷商之命,秦朝得到了由余而称霸西戎,吴国得到了伍员而攻克强楚,汉朝得到了陈平而诛杀项籍,魏国得到了许攸而大破袁绍。那些敌国的贤能之臣,投奔过来后以为己用,这是进攻取胜的良好凭借。王猛知道慕容垂的心时间一久就难以信任,偏偏不考虑燕国尚未消灭,慕容垂因为才能杰出、功勋卓著,无罪而被怀疑,穷困无路,才皈依秦国,并没有异端之心,而竟要因为猜忌杀害他,这是帮助燕国施行无道而向投奔者关闭门户,这怎么

能行呢！所以秦王苻坚以礼对待慕容垂，用以招揽燕国人的期望，亲近慕容垂，用以详尽地了解燕国的内情，宠爱慕客垂，用以吸引燕国的百姓，信任慕容垂，用以结交燕国人的心，这些都不过分。王猛为什么要一心想着杀慕容垂，竟然干出了市井叫卖者的欺骗勾当，就像嫉妒别人得宠进而就用谗言加以诋毁的人一样，这难道是具有高尚道德的君子应该干的事情吗！

六月，乙卯（十二日），前秦王苻坚在灞上为王猛送行，说："如今把关东的重任委托给你，你应当先攻破壶关，平定上党，长驱直入夺取邺城，此所谓'迅雷不及掩耳'。我要亲自督帅数以万计的兵众，紧随你星夜出发，车船运粮，水陆并进，你不必再有后顾之忧。"王猛说："臣仰仗您的声威，遵奉您的成熟的计划，涤荡残胡，如风扫落叶，愿不必麻烦您的车乘亲自披尘出征，只愿您能尽快命令有关部门预先安排好鲜卑的官府。"苻坚十分高兴。

前秦王猛攻打壶关，杨安攻打晋阳。八月，前燕国主慕容暐命令太傅上庸王慕容评统率宫廷内外的精兵三十万人以抵抗前秦。

前秦杨安攻打晋阳，晋阳兵多粮足，久攻不下。王猛留下屯骑校尉苟长戍守壶关，自己带兵帮助杨安攻打晋阳。他们挖了地道，让虎牙将军张蚝率领勇士数百人潜入城中，大声呼喊着冲破了关卡，接秦兵入城。辛巳（九月初十），王猛、杨安进入晋阳城，抓获了前燕并州刺史东海王慕容庄。太傅慕容评惧怕王猛，不敢继续前进，驻扎在潞川。冬季，十月，辛亥（初十），王猛留下将军武都人毛当戍守晋阳，自己进军潞川，与慕容评相对峙。

晋纪二十五

资治通鉴第一百零三卷

【原文】

太宗简文皇帝咸安元年（辛未，371年）

秦王坚徙关东豪杰及杂夷十五万户于关中，处乌桓于冯翊、北地，丁零翟斌于新安、渑池。诸因乱流移，欲还旧业者，悉听之。

大司马温以梁、益多寇，周氏世有威名，八月，以宁州刺史周仲孙监益、梁二州诸军事，领益州刺史。仲孙，光之子也。

王猛以潞川之功，请以邓羌为司隶。秦王坚下诏曰："司隶校尉，董牧皇畿，吏责甚重，非所以优礼名将。光武不以吏事处功臣，实贵之也。羌有廉、李之才，朕方委以征伐之事，北平匈奴，南荡扬、越，羌之任也，司隶何足以婴之！其进号镇军将军，位特进。"

大司马温，恃其材略位望，阴蓄不臣之志，尝抚枕叹曰："男子不能流芳百世，亦当遗臭万年！"术士杜炅能知人贵贱，温问炅以禄位所至。炅曰："明公勋格宇宙，位极人臣。"温不悦。温欲先立功河朔以收时望，还受九锡。及枋头之败，威名顿挫。既克寿春，谓参军郗超曰："足以雪枋头之耻乎？"超曰："未也。"久之，超就温宿，中夜，谓温曰："明公都无所虑乎？"温曰："卿欲有言邪？"超曰："明公当天下重任，今以六十之年，败于大举，不建不世之勋，不足以镇惬民望！"温曰："然则奈何？"超曰："明公不为伊、霍之举者，无以立大威权，镇压四海。"温素有心，深以为然，遂与之定议。以帝素谨无过，而床笫易诬，乃言"帝早有痿疾，嬖人相龙、计好、朱灵宝等，参侍内寝，二美人田氏、孟氏生三男，将建储立王，倾移皇基。"密播此言于民间，时人莫能审其虚实。

十一月，癸卯，温自广陵将还姑孰，屯于白石。丁未，诣建康，讽褚太后，请废帝立丞相会稽王昱，并作令草呈之。太后方在佛屋烧香，内侍启云："外有急奏。"太后出，倚户视奏数行，乃曰："我本自疑此！"至半，便止，索笔益之曰："未亡人不幸罹此百忧，感念存没，心焉如割！"

己酉，温集百官于朝堂。废立既旷代所无，莫有识其故典者，百官震栗。温亦色动，不知所为。尚书左仆射王彪之知事不可止，乃谓温曰："公阿衡皇家，当倚傍先代。"乃命取《汉书霍光传》，礼度仪制，定于须臾。彪之朝服当阶，神彩毅然，曾无惧容，文武仪准，莫不取定，朝廷以此服之。于是宣太后令，废帝为东海王，以丞相、录尚书事、会稽王昱统承皇极。百官入太极前殿，温使督护竺瑶、散骑侍郎刘亨收帝玺绶。帝著白帢单衣，步下西堂，乘犊车出神虎门，群臣拜辞，莫不歔欷。侍御史、殿中监将兵百人卫送东海第。温帅百官具乘舆法驾，迎会稽王于会稽邸。王于朝堂变服，著平巾帻、单衣，东向流涕，拜受玺绶，是日，即皇帝位，改元。温出次中堂，分兵屯卫。温有足疾，诏乘舆入殿。温撰辞，欲陈述废立本意，帝引见，便泣下数十行，温兢惧，竟不能一言而出。

秦王坚闻温废立，谓群臣曰："温前败灞上，后败枋头，不能思愆自贬以谢百姓，方更废君以自说，六十之叟，举动如此，将何以自容于四海乎！谚曰：'怒其室而作色于父'，其桓温之谓矣。"

秦车骑大将军王猛，以六州任重，言于秦王坚，请改授亲贤；及府选便宜，辄已停寝，别乞一州自效。坚报曰："朕之于卿，义则君臣，亲逾骨肉，虽复桓、昭之有管、乐，玄德之有孔明，自谓逾之。夫人主劳于求才，逸于得士。既以六州相委，则朕无东顾之忧，非所以为优崇，乃朕自求安逸也。夫取之不易，守之亦难，苟任非其人，患生虑表，岂独朕之忧，亦卿之责也，故虚位台鼎而以分陕为先。卿未照朕心，殊乖素望。新政俟才，宜速铨补；俟东方化洽，当衮衣西归。"仍遣侍中梁谠诣邺谕旨，猛乃视事如故。

温威振内外，帝虽处尊位，拱默而已，常惧废黜。先是，荧惑守太微端门，逾月而海西废。辛卯，荧惑逆行入太微，帝甚恶之。中书侍郎郗超在直，帝谓超曰："命之修短，本所不计，故当无复近日事邪？"超曰："大司马臣温，方内固社稷，外恢经略，非常之事，臣以百口保之。"乃超请急省其父，帝曰："致意尊公，家国之事，遂至于此，由吾不能以道匡卫，愧叹之深，言何能谕！"因咏庾阐诗云："志士痛朝危，忠臣哀主辱。"遂泣下沾襟。帝美风仪，善容止，留心典籍，凝尘满席，湛如也。虽神识恬畅，然无济世大略，谢安以为惠帝之流，但清谈差胜耳。

郗超以温故，朝中皆畏事之。谢安尝与左卫将军王坦之共诣超，日旰未得前，坦之欲去，安曰："独不能为性命忍须臾邪？"

【译文】

晋简文帝咸安元年（辛未，公元371年）

前秦王苻坚迁徙关东豪杰及杂夷部族十五万户到关中地区，把乌桓人安置在冯翊、北地，把丁零人翟斌的部族安置在新安、渑池。众多因战乱而流离失所，如今想重归故里恢复旧业的人，全部听任他们自己的安排。

大司马桓温考虑到梁州、益州多有寇贼，周氏则世代都有显赫的名声，八月，任命宁州刺史周仲孙监益、梁二州诸军事，兼任益州刺史。周仲孙是周光的儿子。

王猛依据洛川的战功，请求任命邓羌为司隶校尉。前秦王苻坚下达诏令说："司隶校尉负责督察京城周围的地区，职责重大，不能用来优待名将。汉光武帝不以政务官职赏赐功臣，实际上是更看重他们。邓羌有廉颇、李牧那样的才能，朕准备将征伐的事情交给他，在北方平定匈奴，在南方扫除扬、越，这才是邓羌的重任，司隶校尉怎么值得交给他呢！进升他的封号为镇军将军，赐位特进。"

大司马桓温，倚仗他的才能与地位、声望，暗中怀有背叛皇帝的心志，曾经抚枕慨叹道："男子汉不能流芳百世，也应当遗臭万年！"方术之士杜炅，能预测人的贵贱，桓温问他自己的官位能到什么地步。杜炅说："明公的功勋举世无双，官位能到大臣的顶峰。"桓温听后不高兴。桓温想先在河朔建立战功，以此为自己赢得更大的声望，回来后接受加九锡的礼遇。等到在枋头失败，他的威赫名声陷于困顿，受到挫折。攻克寿春以后，桓温对参军郗超说："这足以雪枋头的耻辱了吧？"郗超说："没有。"过了许久，郗超到桓温的住所留宿，半夜时分对桓温说："明公在这里没有考虑什么吗？"桓温说："你想有话对我说吗？"郗超说："明公承担着天下的重任，如今已六十高龄，却在一次大规模的行动中失败，如果不建立非常的功勋，就不足以镇服、满足百姓的愿望！"桓温说："那么该怎么办呢？"郗超说："明公不干伊尹放逐太甲、霍光废黜昌邑王那样的事情，就无法建立大的威势与权力，镇压四海。"桓温历来怀有此心，对郗超所说的深以为然，于是就和他商定计议。考虑到海西公平素谨慎小心，没有什么过错，而利用床笫之事则容易对他进行诬陷，于是就说："皇上早就患有阳痿，宠臣相龙、计好、朱灵宝等，参与服侍起居床笫之事，与田氏、孟氏两位美人生下了三个儿子，将要设立太子赐封王位，转移皇上的基业。"并将这话秘密地传播到民间，当时的人们都无法辨别真假。

十一月，癸卯（初九），桓温准备从广陵返回姑孰，驻扎在白石。丁未（十三日），抵达建康，含蓄地劝说褚太后，请求废黜废帝司马奕，立丞相会稽王司马昱，同时还草拟了诏令进呈给褚太后。太后正在佛室烧室，内侍报告说："外边有紧急奏章。"褚太后出来，倚着门看奏章，刚看了几行字就说："我自己本来就怀疑是这样！"看了一半，就停下来了，向内侍要来笔加上了这样的话："我不幸遭受了这样的种种忧患，想到死去的和活着的，心如刀割！"

己酉（十一月十五日），桓温把百官召集到朝堂。废立皇帝既然是历代所没有过的事情，所以没有人知道过去的典则，百官们都震惊恐惧。桓温也神色紧张，不知该怎么办。尚书左仆射王彪之知道事情不能半途而废，就对桓温说："您废立皇帝，应当效法前代的成规。"于是就命令取来《汉书·霍光传》，礼节仪制很快就决定了。王彪之身穿朝服面对朝廷，神情沉着，毫无惧色，文武仪规典则，全都由他决定，朝廷百官因此而服了他。于是就宣布太后的诏令，废黜废帝司马奕为东海王，以丞相、录尚书事、会稽王司马昱继承皇位。百官进入太极前殿，桓温让督护竺瑶、散骑侍郎刘亨收取了废帝的印玺绶带。司马奕戴着白色便帽，身穿大臣的仅次于朝服的盛装，走下西堂，乘着牛车出了神虎门，群臣叩拜辞别，没有谁不哽咽。侍御史、殿中监带领一百多名卫兵把他护送到东海王的宅第。桓温率领百官准备好皇帝的车乘，到会稽王的官邸去迎接会稽王司马昱。会稽王在朝堂更换了服装，戴着平顶的头巾，穿着单衣，面朝东方流涕，叩拜接受了印玺绶带。这天，会稽王司马昱即皇帝位，改年号为咸安。桓温临时住在中堂，分派兵力屯驻守卫。桓温的脚有毛病，简文帝诏令可以让他乘车进入殿堂。桓温事先准备好辞章，想陈述他黜废司马奕的本意，简文帝引见，一见他便流下了眼泪，但桓温战战兢兢，始终没能说出一句话。

前秦王苻坚听说了桓温废立皇帝的事情，对群臣们说："桓温先在灞上失败，后又在枋头失败，不能反思过错自我贬责以向百姓谢罪，反而还废黜君主以自我解说，六十岁的老叟，举动如此，将怎样自容于天下呢！民谚曰：'对妻子愤怒就向父亲耍脸色'，大概说的就是桓温吧。"

前秦车骑大将军王猛，考虑到都督六州的责任重大，向前秦王苻坚进言，请求将此重任改授给亲近而又贤明的人。还有受命相机选拔六州郡县官吏的工作，也已经停止了，王猛请求自己去镇守一州以效力。苻坚回复王猛说："朕和你的关系，从道义上讲是君臣，从亲情上讲则胜过骨肉，虽然这又像齐桓公、燕昭王拥有管仲、乐毅，刘备拥有孔明，但我认为要超过他们。人主寻求有才能的人时辛劳费力，得到人才就省力放心了。既然把六州委托给你，那么朕就解除了东顾之忧，不是以此来对你表示优待尊崇，而是朕自己寻求消闲安逸。打江山不易，坐江山也难，假如任非其人，祸患出现于我们预料之外，岂止仅是朕的忧患，也是你的责任，所以宁肯让三公的职位空虚也要首先分职陕东。你不了解朕的心愿，有违朕本来的期望。刚刚建立的政权急需人才，应该尽快选拔充实官吏，等到东方教化融洽以后，理当让你身着上公礼服西返。"苻坚于是派侍中梁谠到邺城去传达诏令，王猛也就像从前一样地处理政事。

桓温威震朝廷内外，简文帝虽然身处至尊地位，实际上也仅仅是拱手沉默而已，常常害怕被废黜。此前，火星居于太微、南蕃之间，过了一个月，司马奕就被废黜。辛卯（十二月二十七日），火星逆行进入太微星垣，简文帝对此很讨厌。中书侍郎郗超在宫中当班，简文帝对郗超说："命运长短，本来就并不计较，所以应该不再出现前不久废黜皇帝那样的事情了吧？"郗超说："大司马臣桓温，正在对内稳定国家,对外开拓江山,我愿用百余家口来保他,不会发生那种不正常的事变。"等到郗超急于要请假回去看望他父亲时,简文帝说:"告诉尊父,宗族国家之事,最终到了这种地步,是因为我不能用道德去匡正守卫的缘故,惭愧慨叹之深,怎么能用语言来表达!"接着便吟诵了庾阐的诗,道:"志士为朝廷危险而痛心,忠臣为君主受辱而悲哀。"吟诵得潸然泪下,打湿了衣襟。简文帝风度仪表堂堂,言谈举止得体,用心于典籍,翻阅典籍常常弄得满席尘土,一派湛然自得的样子。他虽然神情恬淡,见识通达,但没有济世大略,谢安认为他是晋惠帝一类的人物,只是清淡方面比晋惠帝略胜一筹。

郗超因为桓温的缘故,朝廷里的人都害怕侍奉他。谢安曾经与左卫将军王坦之一起到郗超那里,太阳快落山了还没被召见,王坦之想离去,谢安说:"你唯独不能为保全性命忍耐一会儿吗?"

【原文】

二年(壬申,372年)

冠军将军慕容垂言于秦王坚曰:"臣叔父评,燕之恶来辈也,不宜复污圣朝,愿陛下为燕戮之。"坚乃出评为范阳太守,燕之诸王悉补边郡。

臣光曰:古之人,灭人之国而人悦,何哉?为人除害故也。彼慕容评者,蔽君专政,忌贤疾功,愚暗贪虐以丧其国,国亡不死,逃遁见禽。秦王坚不以为诛首,又从而宠秩之,是爱一人而不爱一国之人也,其失人心多矣。是以施恩于人而人莫之恩,尽诚于人而人莫之诚,卒于功名不遂,容身无所,由不得其道故也。

六月,癸酉,秦以王猛为丞相、中书监、尚书令、太子太傅、司隶校尉,特进、常侍、持节、将军、侯如故;阳平公融为使持节、都督六州诸军事、镇东大将军、冀州牧。

甲寅,帝不豫,急召大司马温入辅,一日一夜发四诏;温辞不至。初,帝为会稽王,娶王述从妹为妃,生世子道生及弟俞生。道生疏躁无行,母子皆以幽废死。余三子,郁、朱生、天流,皆早夭。诸姬绝孕将十年,王使善相者视之,皆曰:

"非其人。"又使视诸婢媵,有李陵容者,在织坊中,黑而长,宫人谓之"昆仑",相者惊曰:"此其人也!"王召之侍寝,生子昌明及道子。己未,立昌明为皇太子,生十年矣。以道子为琅邪王,领会稽国,以奉帝母郑太妃之祀。遗诏:"大司马温依周公居摄故事。"又曰:"少子可辅者辅之,如不可,君自取之。"侍中王坦之自持诏入,于帝前毁之。帝曰:"天下,傥来之运,卿何所嫌!"坦之曰:"天下,宣、元之天下,陛下何得专之!"帝乃使坦之改诏曰:"家国事一禀大司马,如诸葛武侯、王丞相故事。"是日,帝崩。

群臣疑惑,未敢立嗣,或曰:"当须大司马处分。"尚书仆射王彪之正色曰:"天子崩,太子代立,大司马何容得异!若先面咨,必反为所责。"朝议乃定。太子即皇帝位,大赦。

温望简文临终禅位于己,不尔便当居摄。既不副所望,甚愤怨,与弟冲书曰:"遗诏使吾依武侯、王公故事耳。"温疑王坦之、谢安所为,心衔之。诏谢安征温入辅;温又辞。

八月,秦丞相猛至长安,复加都督中外诸军事。猛辞曰:"元相之重,储傅之尊,端右事繁,京牧任大,总督戎机,出纳帝命,文武两寄,巨细并关,以伊、吕、萧、邓之贤,尚不能兼,况臣猛之无似!"章三四上,秦王坚不许,曰:"朕方混一四海,非卿无可委者;卿之不得辞宰相,犹朕不得辞天下也。"

猛为相,坚端拱于上,百官总己于下,军国内外之事,无不由之。猛刚明清肃,善恶著白,放黜尸素,显拔幽滞,劝课农桑,练习军旅,官必当才,刑必当罪。由是国富兵强,战无不克,秦国大治。坚敕太子宏及长乐公丕等曰:"汝事王公,如事我也。"

【译文】

二年(壬申,公元372年)

冠军将军慕容垂对前秦王苻坚进言说:"臣的叔父慕容评,是燕国像商代的恶来一样的人,不应该让他再玷污圣朝,愿陛下为燕国杀掉他。"苻坚于是调动慕容评任范阳太守，前燕的诸王全都被任命为边境州郡的太守。

臣司马光曰：上古时候的人，有时他们的国家被灭了他们反而高兴，为什么呢？因为替他们除掉了祸害。那个慕容评，蒙蔽君主，专擅朝政，猜忌贤能，嫉恨功臣，愚顽昏暗，贪婪暴虐，最终丧失了他的国家。国家灭亡了，他本人还不死，逃亡躲避，终被擒获。秦王苻坚不把他杀掉，又对他放纵并给以宠爱，授以官秩，这是爱一个人而不爱一国人，肯定要丧失很多人心。所以对人施以恩惠而人们并不以恩相报，对人待以诚意而人们并不以诚相报，最终导致功名不成，无处容身，这是由于不得要领的缘故。

六月，癸酉（十二日），前秦任命王猛为丞相、中书监、尚书令、太子太傅、司隶校尉，其特进、常侍、持节、将军、侯爵则仍旧保留。任命阳平公苻融为使持节、都督六州诸军事、镇东大将军、冀州牧。

甲寅（二十三日），简文帝身体不适，紧急征召大司马桓温入朝辅政，一天一夜接连发出四道诏令，桓温推辞不来。当初，简文帝为会稽王时，娶了王述的堂妹为妃，生下了长子司马道生及弟弟司马俞生。司马道生粗鲁急躁，品行不端，母子全都因此被囚禁废黜而死。其他三个儿子，司马郁、司马朱生、司马天流，全都早年夭折。众姬妾绝孕将近十年，会稽王让会相面的人来观察她们，会相面的人都说："能生儿子的不是这些人。"会稽王又让会相面的人去观察众女仆女佣。有一个叫李陵容的，在纺织作坊里，长得又高又黑，宫女们都叫她"昆仑"。相面的人见到她后吃惊地说："这就是会生儿子的人！"会稽王召她服侍起居，生下了儿子司马昌明及司马道子。己未（二十八日），立司马昌明为皇太子，这时，他已经十岁了。任命司马道子为琅邪王，兼领会稽国，以尊奉帝母郑太妃的祀位。简文帝下达遗诏："大司马桓温依据周公的旧例，代理皇帝摄政。"又说："对年轻的儿子，可以辅佐就辅佐，如果不能辅佐，君则自己取而代之。"侍中王坦之自己手持诏书进入宫中，在简文帝面前把诏书撕掉了。简文帝说："天下，来自意外的命运，你有什么不满意的！"王坦之说："天下，是宣帝、元帝的天下，陛下怎么能独断专行！"于是简文帝就让王坦之修改了诏书，说："宗族国家之事，一概听命于大司马桓温，就像诸葛亮、王导辅政时的做法一样。"这一天，简文帝驾崩。

群臣疑惑不解，没敢确立嗣子。有人说："应当让大司马桓温来处理。"尚书仆射王彪之脸色严厉地说："天子驾崩，太子代立，大司马怎能有资格提出异议！如果事先当面向他询问，一定反而会被他责备。"于是经过朝臣讨论就决定了。太子即皇帝位，实行大赦。

桓温希望简文帝临终前将皇位禅让给自己，不这样的话，便应当让他摄政。此后这个愿望没能实现，非常怨恨愤怒，给弟弟桓冲写信说："简文帝遗诏让我按诸葛亮、王导的旧例辅政。"桓温怀疑这事是王坦之、谢安干的，对他们怀恨在心。朝廷诏令谢安前去征召桓温入朝辅政，桓温又推辞了。

八月，前秦丞相王猛抵达长安，又加任都督中外诸军事。王猛推辞说："丞相的重任，太傅的尊位，尚书令政务纷繁，司隶校尉责任重大，总领督察军务，上传下达皇帝的命令，文武职务集于一身，大小事务都要亲躬，以伊尹、吕望、萧何、邓禹那样的贤明，尚且不能兼备，何况臣王猛这样不肖呢！"表示辞让的表章进上了三四次，前秦王苻坚决不同意，说："朕正在统一四海，除了你再没有人可以委以重任。你不能推辞宰相，就像朕不能推辞天下一样。"

王猛为宰相，苻坚敛手无为于其上，百官统属其下，军队及国家内政外交事务，没有不经由他手的。王猛刚正贤明，清廉严肃，褒贬鲜明，放逐罢免尸位素餐者，提拔重用有才而不得志者，劝勉农耕桑蚕，训练军队，任用职官都符合他们的才能，刑罚一定依据罪恶。因此国富兵强，战无不胜，秦国大治。苻坚敕令太子苻宏及长乐公苻丕等人说："你们事奉王猛，要像侍奉我一样。"

【原文】

烈宗孝武皇帝上之上宁康元年（癸酉，373年）

二月，大司马温来朝；辛巳，诏吏部尚书谢安、侍中王坦之迎于新亭。是时，都下人情汹汹，或云欲诛王、谢，因移晋室。坦之甚惧，安神色不变，曰："晋祚存亡，决于此行。"温既至，百官拜于道侧。温大陈兵卫，延见朝士；有位望者皆战慑失色；坦之流汗沾衣，倒执手版。安从容就席，坐定，谓温曰："安闻诸侯有道,守在四邻,明公何须壁后置人邪!"温笑曰:"正自不能不尔。"遂命左右撤之,与安笑语移日。郗超常为温谋主,安与坦之见温,温使超卧帐中听其言。风动帐开,安笑曰:"郗生可谓入幕之宾矣。"时天子幼弱,外有强臣,安与坦之尽忠辅卫,卒安晋室。

秋,七月,己亥,南郡宣武公桓温薨。

初,温疾笃,讽朝廷求九锡,屡使人趣之。谢安、王坦之故缓其事,使袁宏具草。宏以示王彪之,彪之叹其文辞之美,因曰:"卿固大才,安可以此示人!"谢安见其草,辄改之,由是历旬不就。宏密谋于彪之,彪之曰:"闻彼病日增,亦当不复支久,自可更小迟回。"

温弟江州刺史冲,问温以谢安、王坦之所任,温曰:"渠等不为汝所处分。"其意以为,己存,彼必不敢立异,死则非冲所制;若害之,无益于冲,更失时望故也。

冲既代温居任,尽忠王室;或劝冲诛除时望,专执时权;冲不从。始,温在镇,死罪皆专决不请。冲以为生杀之重,当归朝廷,凡大辟皆先上,须报,然后行之。

谢安以天子幼冲,新丧元辅,欲请崇德太后临朝。王彪之曰:"前世人主幼在襁褓,母子一体,故可临朝;太后亦不能决事,要须顾问大臣。今上年出十岁,垂及冠婚,反令从嫂临

谢安

朝,示人主幼弱,岂所以光扬圣德乎!诸公必欲行此,岂仆所制,所惜者大体耳。"安不欲委任桓冲,故使太后临朝,己得以专献替裁决,遂不从彪之之言。八月,壬子,太后复临朝摄政。

有彗星出于尾箕,长十余丈,经太微,扫东井;自四月始见,及秋冬不灭。秦太史令张孟言于秦王坚曰:"尾、箕,燕分;东井,秦分。今彗起尾、箕而扫东井,十年之后,燕当灭秦;二十年之后,代当灭燕。慕容暐父子兄弟,我之仇敌,而布

列朝廷，贵盛莫二，臣窃忧之，宜翦其魁桀者以消天变。"坚不听。

阳平公融上疏曰："东胡跨据六州，南面称帝，陛下劳师累年，然后得之，本非慕义而来。今陛下亲而幸之，使其父兄子弟森然满朝，执权履职，势倾勋旧。臣愚以为狼虎之心，终不可养，星变如此，愿少留意！"坚报曰："朕方混六合为一家，视夷狄为赤子，汝宜息虑，勿怀耿介。夫惟修德可以禳灾，苟能内求诸己，何惧外患乎！"

【译文】

晋孝武帝宁康元年（癸酉，公元373年）

二月，大司马桓温来晋见孝武帝。辛巳（二十四日），孝武帝诏令吏部尚书谢安、侍中王坦之到新亭迎接。这时，都城里人心浮动，有人说桓温要杀掉王坦之、谢安，接着晋王室的天下就要转落他人之手。王坦之非常害怕，谢安则神色不变，说："晋朝国运的存亡，取决于此行。"桓温抵达朝廷以后，百官夹道叩拜。桓温部署重兵守卫，接待会见朝廷百官，有地位名望的人全都惊慌失色。王坦之汗流浃背，连手版都拿倒了。谢安从容就座，坐定以后，对桓温说："谢安听说诸侯有道，守卫在四邻，明公哪里用得着在墙壁后面安置人呀！"桓温笑着说："正是由于不能不这样做。"于是就命令左右的人让他们撤走，与谢安笑谈良久。郗超经常作为桓温的主谋，谢安和王坦之去见桓温，桓温让郗超藏在帐子中听他们谈话。风吹开了帐子，谢安笑着说："郗超可谓入账之宾。"当时天子年幼力弱，外边又有强臣，谢安与王坦之竭尽忠诚辅佐护卫，最终使晋王室得以安稳。

秋季，七月，己亥（十四日），南郡宣武公桓温去世。

当初，桓温病重的时候，暗示朝廷给他以加九锡的礼遇，多次派人去催促。谢安、王坦之故意拖延此事，让袁宏草拟诏令。袁宏草拟完以后让王彪之审阅，王彪之赞叹他文辞的优美，接着说："你本来是杰出的人才，怎么能写这样的文章让别人看呢！"谢安见到了袁宏写的草稿，就对其加以修改，因此前后十多天也没有最后定稿。袁宏暗地里和王彪之商量，王彪之说："听说桓温的病情日益严重，应该不会再支持多久了，自然可以再稍微晚一点回复。"

桓温的弟弟江州刺史桓冲，向桓温询问谢安、王坦之应该担任什么职务，桓温说："他们不由你来安排。"这话的意思是，自己活着的时候，他们一定不敢公开抗衡，自己死了以后，则不是桓冲所能控制的，如果谋害了他们，无益于桓冲，因为这反而会失去声望。

桓冲代替桓温就任以后，对王室竭尽忠诚。有人劝桓冲杀掉那些有威信、有声望的人，独掌大权，桓冲没有听从。当初，桓温在任时，对人处以死罪全都是擅自决定，不请示朝廷批准。桓冲认为生杀这样的大事，应当由朝廷核准，于是凡属死刑全都事先上报，等待批准以后，再去执行。

谢安因为太子年幼，辅佐首臣又刚刚死去，想请崇德太后临朝处理国政。王彪之说："前代人主年幼，尚在襁褓，母子不可分离，所以可以让太后临朝。即便如此，太后也不能擅自决定国事，还需要征求大臣们的意见。如今主上已经十多岁，快到加冠完婚的年龄了，反而让堂嫂临朝，显示人主年幼力弱，这难道是用来发扬光大圣德的做法吗？你们如果一定要这样做，我无法制止，所痛惜的是丧失了伦理大义。"谢安不想把重任交给桓冲，所以让太后临朝，自己得以专权裁决，于是就没有听从王彪之的话。八月，壬子（疑误），太后又临朝主持国政。

有彗星出现在尾宿、箕宿之间，长达十多丈，经过太微星垣，扫掠东井星宿。从四月开始出现，到秋冬还未消失。前秦太史令张孟对前秦王苻坚进言说："尾宿、箕宿，是燕国的分野；东井，是秦国的分野。如今彗星出现于尾宿、箕宿而扫掠东井，十年以后，燕国要灭掉秦国；二十年以后，代国要灭掉燕国。慕容暐的父子兄弟，是我们的仇敌，然而却布满了朝廷，尊贵显赫无人可比，臣私下里为此担忧，应该杀掉他们的首领以消除上天的灾变。"苻坚没有听从。

阳平公苻融上疏说："东胡人占据的领土横跨六州，面南称帝，陛下兴师动众多年，然后才制服了他们，他们本来就不是倾慕道义才来的。如今陛下对他们亲近而又宠幸，让他们父子兄弟林立于朝廷，掌握权力，行使职责，威势超过了功勋旧臣。我愚昧地认为虎狼之心，终究不能畜养，星象如此变化，愿陛下稍加注意！"苻坚回复说："朕正要统一天下为一家，把夷狄当赤子看待，你应该去掉忧虑，不要心怀不安。只有修治德性才可以消除灾祸，假如能完善自己，还怕什么外患呢！"

资治通鉴第一百零四卷

晋纪二十六

【原文】

烈宗孝武皇帝上之中太元元年（丙子，376年）

二月，辛卯，秦王坚下诏曰："朕闻王者劳于求贤，逸于得士，斯言何其验也。往得丞相，常谓帝王易为。自丞相违世，须发中白，每一念之，不觉酸恸。今天下既无丞相，或政教沦替，可分遣侍臣周巡郡县，问民疾苦。"

秦王坚下诏曰："张天锡虽称藩受位，然臣道未纯，可遣使持节·武卫将军苟苌、左将军毛盛、中书令梁熙、步兵校尉姚苌等将兵临西河；尚书郎阎负、梁殊奉诏征天锡入朝，若有违王命，即进师扑讨。"是时，秦步骑十三万，军司段铿谓周虓曰："以此众战，谁能敌之！"虓曰："戎狄以来，未之有也。"坚又命秦州刺史苟池、河州刺史李辩、凉州刺史王统帅三州之众为苟苌后继。

秋，七月，阎负、梁殊至姑臧。张天锡会官属谋之，曰："今入朝，必不返；如其不从，秦兵必至，将若之何？"禁中录事席仂曰："以爱子为质，赂以重宝，以退其师，然后徐为之计，此屈伸之术也。"众皆怒，曰："吾世事晋朝，忠节著于海内。今一旦委身贼庭，辱及祖宗，丑莫大焉！且河西天险，百年无虞，若悉境内精兵，右招西域，北引匈奴以拒之，何遽知其不捷也！"天锡攘袂大言曰："孤计决矣，言降者斩！"使谓阎负、梁殊曰："君欲生归乎，死归乎？"殊等辞气不屈，天锡怒，缚之军门，命军士交射之，曰："射而不中，不与我同心者也。"其母严氏泣曰："秦主以一州之地，横制天下，东平鲜卑，南取巴、蜀，兵不留行；汝若降之，犹可延数年之命。今以蕞尔一隅，抗衡大国，又杀其使者，亡无日矣！"天锡使龙骧将军马建帅众二万拒秦。

秦人闻天锡杀阎负、梁殊，八月，梁熙、姚苌、王统、李辩济自清石津，攻凉骁烈将军梁济于河会城，降之。甲申，苟苌济自石城津，与梁熙会攻缠缩城，拔之。马建惧，自杨非退屯清塞。天锡又遣征东将军掌据帅众三万军于洪池，天锡自将余众五万，军于金昌城。安西将军敦煌宋皓言于天锡曰："臣昼察人事，夜观天文，秦兵不可敌也，不如降之。"天锡怒，贬皓为宣威护军。广武太守辛章曰："马建出于行陈，必不为国家用。"苟苌使姚苌帅甲士三千为前驱。庚寅，马建帅万人迎降，余兵皆散走。辛卯，苟苌及掌据战于洪池，据兵败，马为乱兵所杀，其属董儒授之以马，据曰："吾三督诸军，再秉节钺，八将禁旅，十总禁兵，宠任极矣。今卒困于此，此吾之死地也，尚安之乎！"乃就帐免胄，西向稽首，伏剑而死。秦兵杀军司席仂。癸巳，秦兵入清塞，天锡遣司兵赵充哲帅众拒之。秦兵与充哲战于赤岸，大破之，俘斩三万八千级，充哲死。天锡出城自战，城内又叛。天锡与数千骑奔还姑臧。甲午，秦兵至姑臧，天锡素车白马，面缚舆榇，降于军门。苟苌释缚焚榇，送于长安，凉州郡县悉降于秦。

初，秦人既克凉州，议讨西障氐、羌，秦王坚曰："彼种落杂居，不相统一，不能为中国大患，宜先抚谕，征其租税，若不从命，然后讨之。"乃使殿中将军张旬前行宣慰，庭中将军魏曷飞帅骑二万七千随之。曷飞忿其恃险不服，纵兵击之，大掠而归。坚怒其违命，鞭之二百，斩前锋督护储安以谢氐、羌。氐、羌大悦，降附贡献者八万三千余落。雍州士族先因乱流寓河西者，皆听还本。

刘库仁招抚离散，恩信甚著，奉事拓跋珪恩勤周备，不以废兴易意，常谓诸子曰："此儿有高天下之志，必能恢隆祖业，汝曹当谨遇之。"秦王坚赏其功，加广武将军，给幢麾鼓盖。

【译文】

晋孝武帝太元元年（丙子，公元376年）

二月，辛卯（二十一日），前秦王苻坚下达诏令说："朕听说作为帝王，应该在搜求贤能的人时辛劳，得到合适的人才后就省心省力了。这话多么符合实际呀！过去我得到了丞相王猛，经常说帝王非常容易做。自从丞相去世以后，我已经操劳得胡须头发都半白了，每当想到王猛，酸楚悲痛就油然而生。如今天下既然失去丞相，政事教化或许会陷于沦废，可以分派侍臣周游巡视各郡县，询问民间疾苦。"

前秦王苻坚下达诏书说："张天锡虽然对我们称藩，接受了我们授予的官位，但他为臣之道不纯，可以派遣使持节、武卫将军苟苌和左将军毛盛、中书令梁熙、步兵校尉姚苌等人统领军队逼近西河驻扎，让尚书郎阎负、梁殊尊奉诏令，征召张天锡前来朝廷，如果他违背命令，马上进军讨伐。"这时，前秦的步、骑兵有十三万人，军司段铿对周虓说："以这么多的兵众出战，有谁能抵挡！"周虓说："在戎狄之人这里，确实是从来也没有过的。"苻坚又命令秦州刺史苟池、河州刺史李辩、凉州刺史王统率领三州的兵众作为苟苌的后继部队。

秋季，七月，阎负、梁殊抵达姑臧。张天锡召集手下的官员们商量，说："如今前往朝廷，一定就无法返回了；如果不听从征召，前秦的军队一定会到来，该怎么办呢？"禁中录事席仂说："以您心爱的儿子作为人质，再给他们奉赠贵重的宝物，以使他们的军队撤退，然后再从容计议，这是以屈求伸的办法。"众人听后全都愤怒，说："我们世世代代侍奉晋朝，忠诚节气闻名海内。如今一旦委身于秦贼门下，耻辱殃及祖宗。再也没有比这更大的羞耻了！况且凭仗河西的天险，百年无患，如果出动境内的全部精兵，再向西延请西域、向北延请匈奴的兵力抵抗他们，怎么就知道不能取胜呢！"张天锡捋起袖子大声说："我主意已定，说投降者斩首！"于是张天锡派人告诉阎负、梁殊说："你们是想活着回去呢，还是死着回去？"梁殊等人回答的语气毫不屈服，张天锡发怒，把他们捆绑在军营的门柱上，命令士兵乱箭射死他们，并说："射不中的人，就是和我不一心。"张天锡的母亲严氏哭泣着说："秦国主靠一州之地起家，横扫天下，向东平定了鲜卑，向南攻取了巴、蜀，军队丝毫没有被阻滞。你如果投降了，还可以延长几年性命。如今以此一隅之地，抗衡大国，又杀掉了他们的使者，离灭亡没有几天了！"张天锡派龙骧将军马建率领兵众二万人抵抗前秦。

前秦人听说张天锡杀掉阎负、梁殊，八月，梁熙、姚苌、王统、李辩从清石津渡过西河，在河会城攻打前凉骁烈将军梁济，降服了他们。甲申（十七日），苟苌由石城津渡河，与梁熙会合，攻取了缠缩城。马建畏惧，从杨非退守清塞。张天锡又派征东将军掌据率领三万兵众集结于洪池，张天锡亲自统领剩下的五万兵众，集结在金昌城。安西将军、敦煌人宋皓向张天锡进言说："臣白天观察人际表现，晚上观察天文星象，秦国的军队不可抵挡，不如投降。"张天锡发怒，将宋皓贬为宣威护军。广武太守辛章说："马建出身于行伍，一定不会为国家效力。"苟苌让姚苌率领三千甲士作为前锋部队。庚寅（二十三日），马建率领一万人向苟苌投降，其余的兵众全都逃散。辛卯（二十四日），苟苌与掌据在洪池交战，掌据的部队被打败，战马被乱兵杀死，属下董儒交给他一匹马，掌据说："我三次督领各路军队，二次持符节斧钺，八次领宫中卫队，十次在外带兵，受到的重用宠信达到了顶峰。今天终于受困于此，这就是我的死亡之地，怎么还能安身活命呢！"于是进入军帐，褪下头盔甲胄，向西叩头，自刎而死。前秦的士兵杀死军司席仂。癸巳（二十六日），前秦的军队进入清塞，张天锡派司兵赵充哲率领兵众抵抗。前秦的军队与赵充哲在赤岸交战，彻底攻破了他们，俘获并斩首三万八千人，赵充哲战死。张天锡亲自出城迎战，城内又发生了反叛。张天锡与数千骑兵逃回姑臧。甲午（二十七日），前秦的军队抵达姑臧，张天锡以白车白马载着棺材，双手反绑于身后，在军营门前投降。苟苌为他松绑，焚烧了棺材，送他到长安，凉州的郡县全都投降了前秦。

当初，前秦人攻克了凉州以后，商议讨伐西方边境上的氐族、羌族部落。前秦王苻坚说："他们不同种族部落混杂而居，并不统一，不能构成中原之国的大患，应该先加以安抚劝谕，征收他们的田租赋税，如果不服从命令，然后再去讨伐他们。"于是就让殿中将军张旬前往安抚，让庭中将军魏曷飞率领骑兵二万七千人紧随其后。魏曷飞对他们凭借险要的地势拒不降服非常气愤，就发兵对他们展开攻击，大肆抢掠以后返回。苻坚对他违背命令十分愤怒，打了他二百鞭，杀掉了前锋督护储安以向氐族、羌族人谢罪。氐族、羌族人十分高兴，向前秦投降归附进献贡奉的有八万三千多个部落。雍州士族先前因为战乱而流落寓居河西的人，全都听任他们返回故土。

刘库仁招纳安抚叛离逃散的百姓，恩德与信义十分明显，事奉拓跋珪殷勤周到，不因为他的废兴而改变主意，常对儿子们说："这孩子有高于天下人的志向，一定能弘扬昌隆祖先的业绩，你们应当谨慎小心地对待他。"前秦王苻坚奖赏刘库仁的功绩，任命他为广武将军，并给予他旌旗、战鼓、伞盖。

【原文】

二年（丁丑，377年）

赵故将作功曹熊邈屡为秦王坚言石氏宫室器玩之盛，坚以邈为将作长史，领将作丞，大修舟舰、兵器，饰以金银，颇极精巧。慕容农私言于慕容垂曰："自王猛之死，秦之法制，日以颓靡，今又重之以奢侈，殃将至矣，图谶之言，行当有验。大王宜结纳英杰以承天意，时不可失！"垂笑曰："天下事非尔所及！"

初，中书郎郗超自以其父愔位遇应在谢安之右，而安入掌机权，愔优游散地，常愤邑形于辞色，由是与谢氏有隙。是时朝廷方以秦寇为忧，诏求文武良将可以镇御北方者，谢安以兄子玄应诏。超闻之，叹曰："安之明，乃能违众举亲；玄之才，足以不负所举。"众咸以为不然。超曰："吾尝与玄共在桓公府，见其使才，虽履屐间未尝不得其任，是以知之。"

玄募骁勇之士，得彭城刘牢之等数人。以牢之为参军，常领精锐为前锋，战无不捷。时号"北府兵"，敌人畏之。

【译文】

二年（丁丑，公元377年）

原后赵国的将作功曹熊邈向前秦王苻坚讲述石氏宫室、器物古玩的华丽丰盛，苻坚任命熊邈为将作长史，兼尚方丞，大规模址修整舟船、兵器，用金银装饰，精巧之极。慕容农私下里对慕容垂说："自从王猛死后，前秦的法律制度，日益荒废，如今再加上奢侈，灾祸快要临头了，图谶中的话，行将应验。大王应该结交招纳勇武杰出之人以禀承天意，时机不可丧失！"慕容垂笑着说："天下大事不是你所能预知的。"

当初，中书郎郗超自认为他的父亲郗愔的职位待遇应该在谢安之上，然而谢安入朝掌握了重要的权力。郗愔却在一些闲散的职位上悠闲无事，所以郗超的愤恨抑郁之情时常溢于辞色，因此与谢氏产生了隔阂。这时朝廷正对前秦的侵扰深以为忧，下达诏书在文武良将中寻求可以镇守戍卫北方领土的人，谢安荐举他哥哥的儿子谢玄应诏。郗超听说以后，慨叹说："谢安贤明，才能够违背凡俗荐举他的亲戚；谢玄的才能，足以不辜负谢安的荐举。"

谢玄

众人全都认为并非如此。郗超说："我曾经与谢玄同在桓温的幕府共事，见他施展才能，虽然是履屐间的小事也从来不失职，所以我了解他。"

谢玄招募敏捷勇猛之人，得到了彭城的刘牢之等数人。任命刘牢之为参军。他经常统领精锐部队作为前锋出战，战无不胜。当时的人称他们为"北府兵，"敌人对他们很害怕。

【原文】

三年（戊申，378年）

秦王坚遣征南大将军·都督征讨诸军事·守尚书令·长乐公丕、武卫将军苟苌、尚书慕容暐帅步骑七万寇襄阳，以荆州刺史杨安帅樊、邓之众为前锋，征虏将军始平石越帅精骑一万出鲁阳关，京兆尹慕容垂、扬武将军姚苌帅众五万出南乡，领军将军苟池、右将军毛当、强弩将军王显帅众四万出武当，会攻襄阳。夏，四月，秦兵至沔北，梁州刺史朱序以秦无舟楫，不以为虞。既而石越帅骑五千浮渡汉水，序惶骇，固守中城；越克其外郭，获船百余艘以济余军。长乐公丕督诸将攻中城。

九月，秦王坚与群臣饮酒，以秘书监朱肜为正，人以极醉为限。秘书侍郎赵整作《酒德之歌》曰："地列酒泉，天垂酒池，杜康妙识，仪狄先知。纣丧殷邦，桀倾夏国，由此言之，前危后则。"坚大悦，命整书之以为酒戒，自是宴群臣，礼饮而已。

十二月，秦御史中丞李柔劾奏："长乐公丕等拥众十万，攻围小城，日费万金，久而无效，请征下廷尉。"秦王坚曰："丕等广费无成，实宜贬戮；但师已淹时，不可虚返，其特原之，令以成功赎罪。"使黄门侍郎韦华持节切让丕等，赐丕剑曰："来春不捷，汝可自裁，勿复持面见吾也！"

【译文】

三年（戊申，公元378年）

前秦王苻坚派征南大将军、都督征讨诸军事、守尚书令、长乐公苻丕，武卫将军苟长和尚书慕容暐率领七万步、骑兵进犯襄阳，让荆州刺史杨安率领樊州、邓州的兵众作为前锋，征虏将军始平人石越率领一万精锐骑兵出鲁阳关，京兆尹慕容垂、扬武将军姚苌率领五万兵众出南乡，领军将军苟池、右将军毛当、强弩将军王显率领四万兵众出武当，会合攻打襄阳。夏季，四月，前秦的军队抵达沔水以北，梁州刺史朱序认为前秦的军队没有舟船，未作防备。等到石越率领五千骑兵顺流渡过汉水，朱序惶恐惊骇，固守中城。石越攻克了他的外城，缴获了一百多艘船只，用来接运其余的兵众。长乐公苻丕统领众将领攻打中城。

九月，前秦王苻坚与群臣饮酒，让秘书监朱肜当酒正官，让人们都喝到烂醉如泥的程度。秘书侍郎赵整编了一首《酒德之歌》说："地上有酒泉，天上垂着酒池，杜康酒的美妙，帝女仪狄先知。纣丧失殷商之邦，桀倾毁夏朝之国，由此言之，前人的危亡，后人的法则。"苻坚听后十分高兴，命令赵整军出来以作为对饮酒的禁戒，从此再宴请群臣时，只是礼节性地喝一点酒而已。

十二月，前秦御史中丞李柔进上弹劾奏章说："长乐公苻丕等人拥兵十万，围攻小城，每天耗费万金，但久围而不见功效，请求召回送交廷尉加以追究。"前秦王苻坚说："苻丕等人大量耗费，不见成效，确实应该被贬责斩杀。只是军队出征已久，不能无功而返，特别地宽恕他们一次，让他们以成就战功来赎罪。"符坚派黄门侍郎韦华持符节严厉地责备符丕等人，并赐给符丕一把剑，说："明年春天还不能取胜的话，你就可以自杀，不要再厚颜来见我了！"

【原文】

四年（己卯，79年）

秦长乐公丕等得诏惶恐，乃命诸军并力攻襄阳。秦王坚欲自将攻襄阳，诏阳平公融以关东六州之兵会寿春，梁熙以河西之兵为后继。阳平公融谏曰："陛下欲取江南，固当博谋熟虑，不可仓猝。若止取襄阳，又岂足亲劳大驾乎！未有动天下之众而为一城者，所谓'以随侯之珠弹千仞之雀'也！"梁熙谏曰："晋主之暴，未如孙皓，江山险固，易守难攻。陛下必欲廓清江表，亦不过分命将帅，引关东之兵，南临淮、泗，下梁、益之卒，东出巴、峡，又何必亲屈鸾辂，远幸沮泽乎！昔汉光武诛公孙述，晋武帝擒孙皓，未闻二帝自统六师，亲执枹鼓，蒙矢石也。"坚乃止。

诏冠军将军南郡相刘波帅众八千救襄阳，波畏秦，不敢进。朱序屡出战，破秦兵，引退稍远，序不设备。二月，襄阳督护李伯护密遣其子送款于秦，请为内应；长乐公丕命诸军进攻之。戊午，克襄阳，执朱序，送长安。秦王坚以序能守节，拜度支尚书；以李伯护为不忠，斩之。

秦毛当、王显帅众二万自襄阳东会俱难、彭超攻淮南。五月，乙丑，难、超拔盱眙，执高密内史毛璪之。秦兵六万围幽州刺史田洛于三阿，去广陵百里；朝廷大震，临江列戍，遣征虏将军谢石帅舟师屯涂中。石，安之弟也。

右卫将军毛安之等帅众四万屯堂邑。秦毛当、毛盛帅骑二万袭堂邑，安之等惊溃。兖州刺史谢玄自广陵救三阿。丙子，难、超战败，退保盱眙。六月，戊子，玄与田洛帅众五万进攻盱眙，难、超又败，退屯淮阴。玄遣何谦等帅舟师乘潮而上，夜，焚淮桥。邵保战死，难、超退屯淮北。玄与何谦、戴逯、田洛共追之，战于君川，复大破之，难、超北走，仅以身免。谢玄还广陵，诏进号冠军将军，加领徐州刺史。

谢安为宰相,秦人屡入寇,边兵失利,安每镇之以和静。其为政,务举大纲,不为小察。时人比安于王导,而谓其文雅过之。

【译文】

四年(己卯,公元379年)

前秦长乐公苻丕等人见到诏令后十分惶恐,就命令各路部队协力攻打襄阳。前秦王苻坚想亲自统领军队攻打襄阳,诏令阳平公苻融率关东六州的兵众会集寿春,诏令梁熙率黄河以西的兵众作为后继部队。阳平公苻融劝谏说:"陛下想要夺取长江以南,本来应当广泛征求意见,深思熟虑,不可仓促行事。如果仅仅是攻取襄阳,又怎么值得亲劳大驾呢!没有动用整个天下的兵众而仅仅是为了区区一城的,正所谓'以珍贵无比的随侯之珠来弹射高达千仞的小雀'呀!"梁熙劝谏说:"晋主的暴躁,不像孙皓,山河险峻坚固,易守难攻。陛下一定想要统一江南,也不过分别命令将帅带领关东的军队,南进淮河、泗水,让梁州、益州的士卒顺流而下,东出巴山、三峡就可以了,又何必亲自屈居鸾舆,远到洼湿之地呢!过去汉光武帝诛杀公孙述,晋武帝擒获孙皓,没有听说二位帝王亲自统领六军,亲自执掌战鼓,遭受箭石的攻击。"苻坚于是作罢。

东晋诏令冠军将军、南郡相刘波率领八千兵众救援襄阳,刘波畏惧前秦,不敢前进。朱序屡屡出战,攻破前秦的军队,秦兵逐渐远退,朱序不再设防。二月,襄阳督护李伯护秘密地派他的儿子到前秦去表示忠诚,请求作为内应。长乐公苻丕命令各路部队进攻襄阳。戊午(疑误),攻克了襄阳,抓获了朱序,把他送至长安。前秦王苻坚因为朱序能够保持气节,授官度支尚书。认为李伯护不忠诚,把他杀掉了。

前秦毛当、王显率领二万兵众从襄阳东进,与俱难、彭超会合后攻打淮河以南地区。五月,乙丑(十四日),俱难、彭超攻下了盱眙,抓获了高密内史毛璪之。前秦的六万军队在三阿包围了幽州刺史田洛,离广陵只有一百里。东晋朝廷十分震惊，沿长江布置了戍卫力量，派遣征虏将军谢石率领水军驻扎在涂中。谢石是谢安的弟弟。

东晋右卫将军毛安之等率领四万兵众驻扎在堂邑。前秦毛当、毛盛率领二万骑兵攻袭堂邑，毛安之等惊慌溃逃。兖州刺史谢玄从广陵出发救援三阿。丙子（五月二十五日），俱难、彭超战败，退守盱眙。六月，戊子（初七），谢玄与田洛率领五万兵众进军攻打盱眙，俱难、彭超又被打败，退到淮阴驻扎。谢玄派何谦等人率领水军趁着涨潮沿河而上，夜间焚烧了淮桥。邵保战死，俱难、彭超后退驻扎于淮河以北。谢玄与何谦、戴逯、田洛一起追击他们，在君川交战，又大败了他们。俱难、彭超向北逃跑，仅仅逃脱了性命。谢玄返回广陵，朝廷下达诏令，晋升他的封号为冠军将军，授予兼领徐州刺史的官职。

谢安做宰相时，前秦人屡屡进犯，边境的军队失利，而谢安却总是以沉着、平和的态度使大家镇静。他的施政方法，是务举大纲，不拘泥于小事。当时的人把谢安与王导相提并论，但认为谢安的文雅要超过王导。

【原文】

七年（壬午，382年）

九月，车师前部王弥窴、鄯善王休密驮入朝于秦，请为向导，以伐西域之不服者，因如汉法置都护以统理之。秦王坚以骁骑将军吕光为使持节、都督西域征讨诸军事，与凌江将军姜飞、轻车将军彭晃、将军杜进、康盛等总兵十万，铁骑五千，以伐西域。阳平公融谏曰："西域荒远，得其民不可使，得其地不可食，汉武征之，得不补失。今劳师万里之外，以踵汉氏之过举，臣窃惜之。"不听。

冬，十月，秦王坚会群臣于太极殿，议曰："自吾承业，垂三十载，四方略定，唯东南一隅，未沾王化。今略计吾士卒，可得九十七万，吾欲自将以讨之，何如？"秘书监朱肜曰："陛下恭行天罚，必有征无战，晋主不衔璧军门，则走死江海，陛下返中国士民，使复其桑梓，然后回舆东巡，告成岱宗，此千载一时也。"坚喜曰："是吾志也。"

尚书左仆射权翼曰："昔纣为无道，三仁在朝，武王犹为之旋师。今晋虽微弱，未有大恶；谢安、桓冲皆江表伟人，君臣辑睦，内外同心，以臣观之，未可图也！"坚嘿然良久，曰："诸君各言其志。"

太子左卫率石越曰："今岁镇守斗，福德在吴，伐之，必有天殃。且彼据长江之险，民为之用，殆未可伐也！"坚曰："昔武王伐纣，逆岁违卜。天道幽远，未易可知。夫差、孙皓皆保据江湖，不免于亡。今以吾之众，投鞭于江，足断其流，又何险之足恃乎！"对曰："三国之君皆淫虐无道，故敌国取之，易于拾遗。今晋虽无德，未有大罪，愿陛下且按兵积谷，以待其衅。"于是群臣各言利害，久之不决。坚曰："此所谓筑舍道傍，无时可成。吾当内断于心耳！"

【译文】

七年（壬午，公元382年）

九月，车师前部王弥寘、鄯善王休密驮来到前秦朝见，请求作为向导，以讨伐西域拒不臣服的部族，顺势效法汉代的办法设置都护来统领管辖他们。前秦王苻坚任命骁骑将军吕光为使持节、都督西域征讨诸军事，与凌江将军姜飞、轻车将军彭晃、将军杜进、康盛等统领十万军队，铁甲骑兵五千，讨伐西域。阳平公苻融劝谏说："西域荒芜遥远，得到了那里的百姓也无法役使，得到了那里的土地也无法耕种，汉武帝征伐他们，得不偿失。如今让部队艰辛地出征万里之外，重犯汉武帝的错误，我私下里为此感到痛惜。"苻坚没有听从苻融的意见。

冬季，十月，前秦王苻坚在太极殿会见群臣，和他们商量说："自从我继承大业，已经三十年了，四方之地，大致平定，只有东南一隅，尚未蒙受君王的教化。如今粗略地计算一下我的士兵，能有九十七万，我想亲自统帅他们去讨伐晋朝，怎么样？"秘书监朱肜说："陛下奉行上天的惩罚，一定是只有出征远行而不会发生战斗，晋朝国君不是在军营门前口含璧玉以示投降，就是仓皇出逃，葬身于江海，陛下让中原之国的士人百姓返回故土，让他们恢复家园，然后回车东巡，在岱宗泰山奉告成功，这是千载难逢的时机。"苻坚高兴地说："这就是我的志向。"

尚书左仆射权翼说:"过去商纣王无道,但微子、箕子、比干三位仁人在朝,周武王尚且因此回师,不予讨伐。如今晋朝虽然衰微软弱,但还没有大的罪恶,谢安、桓冲又都是长江一带才识卓越的人才,他们君臣和睦,内外同心,以我来看,不可图谋!"苻坚沉默了许久,说:"诸君各自发表自己的意见。"

太子左卫率石越说:"今木星、土星居于斗宿,福德在吴地,如果讨伐他们,必有天灾。而且他们凭借着长江天险,百姓又为其所用,恐怕不能讨伐!"苻坚说:"过去周武王讨伐商纣,就是逆太岁运行的方向而进,也违背了占卜的结果。天道隐微幽远,不容易确知。夫差、孙皓全都据守江湖,但也不能免于灭亡。如今凭借我兵众,把鞭子投之于长江,也足以断绝水流,又有什么天险足以凭借呢!"石越回答说:"商纣、夫差、孙皓这三国之君,全都淫虐无道,所以敌对的国家攻取他们,就像俯身拣拾遗物一样容易。如今晋朝虽然缺乏道德,但没有大的罪恶,愿陛下暂且按兵不动,积聚粮谷等,等待他们灾祸的降临。"于是群臣们各言利害,久久未能决定。苻坚说:"这正所谓在道路旁边修筑屋舍,没有什么时候能够建成。我要自我决断了!"

资治通鉴第一百零五卷

晋纪二十七

【原文】

烈宗孝武皇帝上之下太元八年（癸未，383年）

秦王坚下诏大举入寇，民每十丁遣一兵；其良家子年二十已下，有材勇者，皆拜羽林郎。又曰："其以司马昌明为尚书左仆射，谢安为吏部尚书，桓冲为侍中；势还不远，可先为起第。"良家子至者三万余骑，拜秦州主簿赵盛之为少年都统。是时，朝臣皆不欲坚行，独慕容垂、姚苌及良家子劝之。阳平公融言于坚曰："鲜卑、羌虏，我之仇雠，常思风尘之变以逞其志，所陈策画，何可从也！良家少年皆富饶子弟，不闲军旅，苟为谄谀之言以会陛下之意。今陛下信而用之，轻举大事，臣恐功既不成，仍有后患，悔无及也！"坚不听。

八月，戊午，坚遣阳平公融督张蚝、慕容垂等步骑二十五万为前锋；以兖州刺史姚苌为龙骧将军、督益·梁州诸军事。坚谓苌曰："昔朕以龙骧建业，未尝轻以授人，卿其勉之！"左将军窦冲曰："王者无戏言，此不祥之征也！"坚默然。

慕容楷、慕容绍言于慕容垂曰："主上骄矜已甚，叔父建中兴之业，在此行也！"垂曰："然。非汝，谁与成之！"

甲子，坚发长安，戎卒六十余万，骑二十七万，旗鼓相望，前后千里。九月，坚至项城，凉州之兵始达咸阳，蜀、汉之兵方顺流而下，幽、冀之兵至于彭城，东西万里，水陆齐进，运漕万艘。阳平公融等兵三十万，先至颍口。

诏以尚书仆射谢石为征虏将军、征讨大都督，以徐、兖二州刺史谢玄为前锋都督，与辅国将军谢琰、西中郎将桓伊等众共八万拒之；使龙骧将军胡彬以水军五千援寿阳。琰，安之子也。

是时秦兵既盛，都下震恐。谢玄入，问计于谢安，安夷然，答曰："已别有旨。"既而寂然。玄不敢复言，乃令张玄重请。安遂命驾出游山墅，亲朋毕集，与玄围棋赌墅。安棋常劣于玄，是日，玄惧，便为敌手而又不胜。安遂游陟，至夜乃还。桓冲深以根本为忧，遣精锐三千人卫京师；谢安固却之，曰："朝廷处分已定，兵甲无阙，西藩宜留以为防。"冲对佐吏叹曰："谢安石有庙堂之量，不闲将略。今大敌垂至，方游谈不暇，遣诸不经事少年拒之，众又寡弱，天下事已可知，吾其左衽矣！"

冬，十月，秦阳平公融等攻寿阳；癸酉，克之，执平虏将军徐元喜等。融以其参军河南郭褒为淮南太守。慕容垂拔郧城。胡彬闻寿阳陷，退保硖石，融进攻之。秦卫将军梁成等帅众五万屯于洛涧，栅淮以遏东兵。谢石、谢玄等去洛涧二十五里而军，惮成不敢进。胡彬粮尽，潜遣使告石等曰："今贼盛粮尽，恐不复见大军！"秦人获之，送于阳平公融。融驰使白秦王坚曰："贼少易擒，但恐逃去，宜速赴之！"坚乃留大军于项城，引轻骑八千，兼道就融于寿阳。遣尚书朱序来说谢石等，以为："强弱异势，不如速降。"序私谓石等曰："若秦百万之众尽至，诚难与为敌。今乘诸军未集，宜速击之；若败其前锋，则彼已夺气，可遂破也。"

石闻坚在寿阳，甚惧，欲不战以老秦师。谢琰劝石从序言。十一月，谢玄遣广陵相刘牢之帅精兵五千趣洛涧，未至十里，梁成阻涧为陈以待之。牢之直前渡水，击成，大破之，斩成及弋阳太守王咏；又分兵断其归津，秦步骑崩溃，争赴淮水；士卒死者万五千人，执秦扬州刺史王显等，尽收其器械军实。于是谢石等诸军，水陆继进。秦王坚与阳平公融登寿阳城望之，见晋兵部阵严整，又望八公山上草木皆以为晋兵，顾谓融曰："此亦劲敌，何谓弱也！"怃然始有惧色。

秦兵逼肥水而陈，晋兵不得渡。谢玄遣使谓阳平公融曰："君悬军深入，而置陈逼水，此乃持久之计，非欲速战者也。若移陈少却，使晋兵得渡，以决胜负，不亦善乎！"秦诸将皆曰："我众彼寡，不如遏之，使不得上，可以万全。"坚曰："但引兵少却，使之半渡，我以铁骑蹙而杀之，蔑不胜矣！"融亦以为然，遂麾兵使却。秦兵遂退，不可复止。谢玄、谢琰、桓伊等引兵渡水击之。融驰骑略陈，欲以帅退者，马倒，为晋兵所杀，秦兵遂溃。玄等乘胜追击，至于青冈；秦兵大败，自相蹈藉而死者，蔽野塞川。其走者闻风声鹤唳，皆以为晋兵且至，昼夜不敢息，草行露宿，重以饥冻，死者什七、八。初，秦兵少却，朱序在陈后呼曰："秦兵败矣！"众遂大奔。序因与张天锡、徐元喜皆来奔。获秦王坚所乘云母车。复取寿阳，执其淮南太守郭褒。

坚中流矢，单骑走至淮北，饥甚，民有进壶飧、豚髀者，坚食之，赐帛十匹，绵十斤。辞曰："陛下厌苦安乐，自取危困。臣为陛下子，陛下为臣父，安有子饲其父而求报乎！"弗顾而去。坚谓张夫人曰："吾今复何面目治天下乎！"潸然流涕。

是时，诸军皆溃，惟慕容垂所将三万人独全，坚以千余骑赴之。世子宝言于垂曰："家国倾覆，天命人心皆归至尊，但时运未至，故晦迹自藏耳。今秦主兵败，委身于我，是天借之便以复燕祚，此时不可失也，愿不以意气微恩忘社稷之重！"垂曰："汝言是也。然彼以赤心投命于我，若之何害之！天苟弃之，不患不亡。不若保护其危以报德，徐俟其衅而图之，既不负宿心，且可以义取天下。"奋威将军慕容德曰："秦强而并燕，秦弱而图之，此为报仇雪耻，非负宿心也；兄奈何得而不取，释数万之众以授人乎！"垂曰："吾昔为太傅所不容，置身无所，逃死于秦，秦主以国士遇我，恩礼备至。后复为王猛所卖，无以自明，秦主独能明之，此恩何可忘也！若氐运必穷，吾当怀集关东，以复先业耳，关西会非吾有也。"冠军行参军赵秋曰："明公当绍复燕祚，著于图谶；今天时已至，尚复何待！若杀秦主，据邺都鼓行而西，三秦亦非苻氏之有也！"垂亲党多劝垂杀坚，垂皆不从，悉以兵授坚。平南将军慕容暐屯郧城，闻坚败，弃其众遁去；至荥阳，慕容德复说暐起兵以复燕祚，暐不从。

谢安得驿书，知秦兵已败，时方与客围棋，摄书置床上，了无喜色，围棋如故。客问之，徐答曰："小儿辈遂已破贼。"既罢，还内，过户限，不觉屐齿之折。

【译文】

晋孝武帝太元八年（癸未，公元 383 年）

前秦王苻坚下达诏令，开始大举入侵东晋。百姓中每十个成年人选派一人充军，良家子弟中年龄在二十岁以下，有才能勇气的人，全都授官羽林郎。又说："晋朝任命司马昌明为尚书左仆射，谢安为吏部尚书，桓冲为侍中。以此形势来看，凯旋的时间不会太远，可以先行起身于家，出任官职。"良家子弟应征的有三万多骑兵，苻坚任命秦州主簿赵盛之为少年都统。这时，满朝大臣都不想让苻坚出征，唯独慕容垂、姚苌及良家子弟对此加以劝勉。阳平公苻融向苻坚进言说："鲜卑、羌族的虏臣，是我们的仇敌，经常盼望着风云变化以实现他们的心愿，他们所陈献的办法，怎么能听从呢！良家少年全都是富豪子弟，不熟悉军事，只是苟且进上阿谀奉承之言以迎合陛下的心愿。如今陛下相信并采纳了他们的话，轻率地进行大规模行动，臣恐怕既不能成就战功，随之还会产生后患，悔之不及！"苻坚没有听从。

八月，戊午（初二），苻坚派遣阳平公苻融督帅张蚝、慕容垂等人的步、骑兵二十五万人作为前锋，任命兖州刺史姚苌为龙骧将军，督益、梁州诸军事。苻坚对姚苌说："过去我靠龙骧将军的官位建立了大业，未曾轻易地把这个官位授予别人，你努力干吧！"左将军窦冲说："君王无戏言，这话是不祥之兆！"苻坚沉默不语。

慕容楷、慕容绍向慕容垂进言说："主上的骄纵傲慢已经非常严重，叔父建立中兴大业，就在此行！"慕容垂说："对。除了你们，谁能和我一起成就大业呢！"

甲子（八月初八），苻坚发兵长安，将士共有六十多万，骑兵二十七万，旌旗战鼓遥遥相望，绵延千里。九月，苻坚抵达项城，凉州的军队刚刚到达咸阳，蜀、汉的军队正顺流而下，幽州、冀州的军队到了彭城，东西万里，水陆并进，运输军粮的船只多达万艘。阳平公苻融等人的部队三十万人，先期抵达颍口。

东晋下达诏令，任命尚书仆射谢石为征虏将军、征讨大都督，任命徐、兖二州刺史谢玄为前锋都督，与辅国将军谢琰、西中郎将桓伊等人的兵众八万人抵抗前

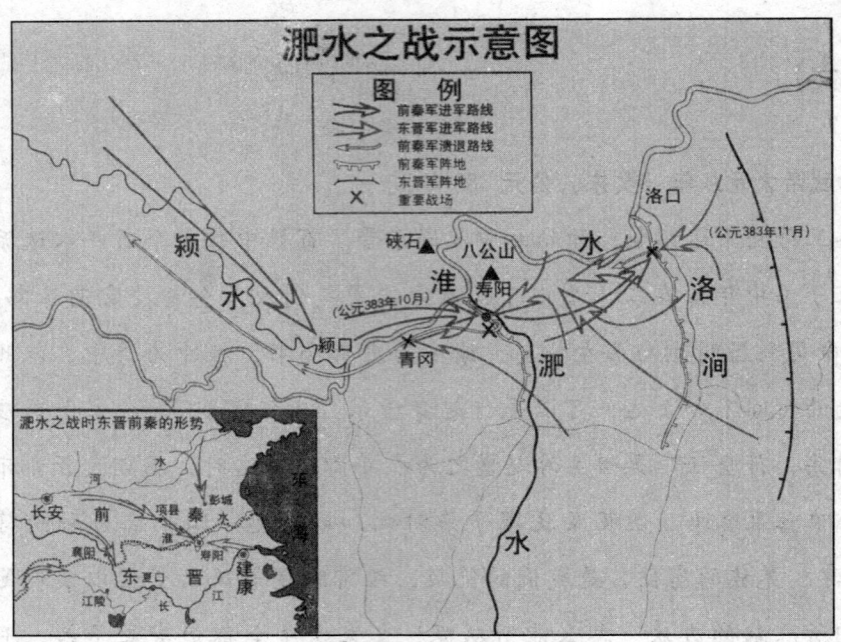

淝水之战示意图

秦。让龙骧将军胡彬带领五千水军援助寿阳。谢琰是谢安的儿子。

　　这时前秦的军队已经非常强盛，东晋京城里的人震惊恐惧。谢玄入朝，向谢安询问应对之策，谢安一副平静的样子，回答说："已经另有打算了。"紧接着就闭口无言。谢玄不敢再问，就让张玄重新请求指令。谢安于是就命令驾车出游山间别墅，亲戚朋友云集，与谢玄在别墅玩围棋赌博。谢安的棋术一直不如谢玄，这天，谢玄由于内心恐惧，在有利的形势下投子打劫，反而还不能获胜。谢安于是就登山漫游，到晚上才回来。桓冲对国家的根基大业深以为忧，派精锐部队三千人入城保卫京师。谢安固执地阻拦他，说："朝廷的处理办法已经决定，士兵武器都不缺乏，应该留在西藩之地以作防备。"桓冲对藩府参佐叹息道："谢安有身居朝廷的气量，但不熟悉带兵打仗的方法。如今大敌临头，还尽情游玩，高谈阔论不止，只派遣未经战事的年轻人前去抵抗，再加上数量不足，力量软弱，天下的结局已经可以知道了，我们将要受外族的统治了！"

　　冬季，十月，前秦阳平公苻融等攻打寿阳。癸酉（十八日），攻克了寿阳，擒获了平虏将军徐元喜等人。苻融任命他的参军河南人郭褒为淮南太守。慕容垂攻下了郧城。胡彬听说寿阳被攻陷，后退守卫硖石，符融进军攻打硖石。前秦卫将军梁成等率领五万兵众驻扎在洛涧，沿淮河布防以遏制东面的部队。谢石、谢玄等在距离洛涧二十五里的地方驻军，由于惧怕梁成而不敢前进。胡彬的粮食耗尽，秘密地派遣使者向谢石等报告说："如今贼寇强盛而我的粮食已经耗尽，恐怕不能再见到大军了！"前秦人擒获了胡彬，把他送交给阳平公符融。符融急速派使者向前秦王符坚报告说："现在贼寇力量不足，容易擒获，只怕他们逃走，应该迅速率兵前来。"符坚于是就把大部队留在项城，带领八千轻装骑兵，日夜兼程赶赴寿阳与符融汇合。符坚派尚书朱序前去劝说谢石等人，认为："形势强弱悬殊，不如迅速投降。"朱序私下里却对谢石等人说："如果秦国的百万兵众全部抵达，确实难以与他们抗衡。如今乘着各路军队尚未会集，应该迅速攻击他们。如果能打败他们的前锋部队，那他们就已经丧失了士气，最终就可以攻破他们。"

谢石听说符坚在寿阳，十分害怕，想用不交战的办法来拖垮前秦的军队。谢琰劝说谢石听从朱序的话。十一月，谢玄派广陵相刘牢之率领五千精兵开赴洛涧，在离洛涧十里的地方，梁成扼守山涧部署兵阵以等待刘牢之。刘牢之径直向前渡河，攻击梁成，大败梁成，斩杀了梁成以及弋阳太守王咏。又分派部队断绝了他们归途上的渡口，前秦的步、骑兵全都崩溃，争先恐后地逃向淮水，死亡的士兵有一万五千人，抓获了前秦扬州刺史王显等人，全部收缴了他们的武器军粮。于是谢石等各路军队，从水路、陆路相继进发。前秦王符坚与阳平公符融登上寿阳城观望，只见东晋的军队布阵严整，又望见了八公山上的草木，也以为都是东晋的士兵，符坚掉头对符融说："这也是强敌，怎么能说他软弱呢！"茫然若失，脸上开始有了恐惧的神色。

前秦的军队紧逼淝水而布阵，东晋的军队无法渡过。谢玄派使者对阳平公符融说："您孤军深入，然而却紧逼淝水部署军阵，这是长久相持的策略，不是想迅速交战的办法。如果能移动兵阵稍微后撤，让晋朝的军队得以渡河，以决胜负，不也是很好的事情吗！"前秦众将领都说："我众敌寡，不如遏制他们，使他们不能上岸，这样可以万无一失。"符坚说："只带领兵众稍微后撤一点，让他们渡河渡到一半，我们再出动铁甲骑兵奋起攻杀，没有不胜的道理！"符融也认为可以，于是就挥舞战旗，指挥兵众后退。前秦的军队一退就不可收拾。谢玄、谢琰、桓伊等率领军队渡过河攻击他们。符融驰马巡视军阵，想来率领退逃的兵众，结果战马倒地，符融被东晋的士兵杀掉，前秦的军队于是就崩溃了。谢玄等乘胜追击，一直追到青冈，前秦的军队大败，自相践踏而死的人，遮蔽山野堵塞山川。逃跑的人听到刮风的声音和鹤的鸣叫声，都以为是东晋的军队将要来到，昼夜不敢停歇，慌不择路，风餐露宿，冻饿交加，死亡的人十有七八。当初，前秦的军队稍微后撤时，朱序在军阵后面高声呼喊："秦军失败了！"兵众们听到后就狂奔乱逃。朱序乘机与张天锡、徐元喜都来投奔东晋。缴获了前秦王符坚所乘坐的装饰着云母的车乘。又攻取了寿阳，抓获了前秦的淮南太守郭褒。

符坚中了流箭，单枪匹马逃到淮河以北，十分饥饿，有的百姓送来了盛在壶里的水泡饭、猪骨头，符坚吃了下去，赏赐给他们十匹布帛，十斤绵。这些人推辞说："陛下厌倦困苦，安于享乐，自取危难。我是陛下的儿子，陛下是我的父亲，哪里有儿子给父亲饭吃还求取报偿的呢！"他们连赏赐的那些东西看也没看就离开了。符坚对张夫人说："我如今再以什么面目去治理天下呢！"说着，便潸然泪下。

这时，前秦的各路军队全都溃散，唯独慕容垂所统领的三万人完整保全，符坚带领一千多骑兵到了他那里。长子慕容宝向慕容垂进言说："宗族国家覆灭，天命人心全都归于极其尊贵的帝王，只是时运还未到来，所以应该掩饰形迹躲藏起来。如今秦主兵败，委身于我们，这是上天赐予的有利时机以恢复燕国的国统，这个时机不可丧失，愿您不要因为受到过恩义小惠而忘掉了国家的重任！"慕容垂说："你说得对。然而他以一片赤诚之心把自身的安全交给我，为什么要伤害他！假如上天抛弃他，不用担心他不灭亡。不如在危难中保护他以报答他的恩德，慢慢地等待他的灾祸，然后再图谋他，这样既不违背往日的心愿，而且能够以道义征服天下。"奋威将军慕容德说："秦国强大的时候吞并了燕国，秦国软弱的时候图谋他，这是报仇雪耻，不是违背往日的心愿。哥哥你为什么得到了却不占取，放弃数万兵众而授予别人呢？"慕容垂说："我过去被太傅慕容评所不容，无处安身，逃死到了秦国，秦国主像对待国中才能出众的人那样对待我，恩义礼遇备至。以后我又被王猛所出卖，无法自我明辨，秦国主偏偏就能明察，这样的恩情怎么能忘记呢！如果氐族人的命运必定穷尽，我应当招纳关东的民众，以光复先帝的大业，关西之地必定不会归我所有！"冠军行参军赵秋说："明公您应当继承光复燕国的国统，这已经明显地表现在图谶上了。如今天时已经来到，还要等待什么！如果杀掉秦国主苻坚，占据邺都后击鼓西行，三秦之地也就不会归苻氏所有了！"慕容垂的亲信党羽大多都劝他杀掉苻坚，慕容垂一概没有听从，命令把军队交给苻坚。平南将军慕容暐驻扎在郧城，听说苻坚失败后，抛弃了他的兵众而逃走。到达荥阳，慕容德又劝说慕容暐起兵以恢复前燕的国统，慕容暐没有听从。

谢安接到了驿站传递的书信，知道前秦的军队已经失败，当时他正与客人下围棋，拿着信放到了床上，毫无高兴的样子，照旧下棋。客人问他是什么事，他慢条斯理地回答说："小孩子们已经最终攻破了寇贼。"下完棋以后，他返回屋里，过门槛时，高兴得竟然连屐齿被折断都没有发觉。

【原文】

九年（甲申，384年）

慕容凤、王腾、段延皆劝翟斌奉慕容垂为盟主；斌从之。垂欲袭洛阳，且未知斌之诚伪，乃拒之曰："吾来救豫州，不来赴君。君既建大事，成享其福，败受其祸，吾无预焉。"丙戌，垂至洛阳，平原公晖闻其杀苻飞龙，闭门拒之。翟斌复遣长史郭通往说垂，垂犹未许。通曰："将军所以拒通者，岂非以翟斌兄弟山野异类，无奇才远略，必无所成故邪？独不念将军今日凭之，可以济大业乎！"垂乃许之。于是斌帅其众来与垂会，劝垂称尊号。垂曰："新兴侯，吾主也，当迎归返正耳。"

垂以洛阳四面受敌，欲取邺而据之，乃引兵而东。

庚戌，燕王垂至邺，改秦建元二十年为燕元年，服色朝仪，皆如旧章。以前岷山公库傉官伟为左长史，前尚书段崇为右长史，荥阳郑豁等为从事中郎。慕容农引兵会垂于邺，垂因其所称之官而授之。

壬子，燕王垂攻邺，拔其外郭，长乐公丕退守中城。关东六州郡县多送任请降于燕。癸丑，垂以陈留王绍行冀州刺史，屯广阿。

燕范阳王德击秦枋头，取之，置戍而还。

东胡王晏据馆陶，为邺中声援，鲜卑、乌桓及郡县民据坞壁不从燕者尚众；燕王垂遣太原王楷与镇南将军陈留王绍讨之。楷谓绍曰："鲜卑、乌桓及冀州之民，本皆燕臣，今大业始尔，人心未洽，所以小异；唯宜绥之以德，不可震之以威。吾当止一处，为军声之本，汝巡抚民夷，示以大义，彼必当听从。"楷乃屯于辟阳。绍帅骑数百往说王晏，为陈祸福，晏随绍诣楷降，于是鲜卑、乌桓及坞民降者数十万口。楷留其老弱，置守宰以抚之，发其丁壮十余万，与王晏诣邺。垂大悦曰："汝兄弟才兼文武，足以继先王矣！"

秦北地长史慕容泓闻燕王垂攻邺，亡奔关东，收集鲜卑，众至数千，还屯华阴，败秦将军强永，其众遂盛；自称都督陕西诸军事、大将军、雍州牧、济北王，推垂为丞相、都督陕东诸军事、领大司马、冀州牧、吴王。

秦王坚谓权翼曰："不用卿言，使鲜卑至此。关东之地，吾不复与之争，将若泓何？"乃以广平公熙为雍州刺史，镇蒲阪。征雍州牧钜鹿公睿为都督中外诸军事、卫大将军、录尚书事，配兵五万；以左将军窦冲为长史，龙骧将军姚苌为司马，以讨泓。

慕容泓闻秦兵且至，惧，帅众将奔关东。秦钜鹿愍公睿粗猛轻敌，欲驰兵邀之。姚苌谏曰："鲜卑皆有思归之志，故起而为乱，宜驱令出关，不可遏也。夫执鼷鼠之尾，犹能反噬于人。彼自知困穷，致死于我，万一失利，悔将何及。但可鸣鼓随之，彼将奔败不暇矣。"睿弗从，战于华泽，睿兵败，为泓所杀。苌遣龙骧长史赵都、参军姜协诣秦王坚谢罪；坚怒，杀之。苌惧，奔渭北马牧，于是天水尹纬、尹详、南安庞演等纠扇羌豪，帅其户口归苌者五万余家，推苌为盟主。苌自称大将军、大单于、万年秦王，大赦，改元白雀，以尹详、庞演为左、右长史，南安姚晃及尹纬为左、右司马，天水狄伯支等为从事中郎，羌训等为掾属，王据等为参军，王钦卢、姚方成等为将帅。

后秦王苌进屯北地，秦华阴、北地、新平、安定羌胡降之者十余万。

秦王坚自帅步骑二万以击后秦，军于赵氏坞，使护军将军杨璧等分道攻之；后秦兵屡败，斩后秦王苌之弟镇军将军尹买。后秦军中无井，秦人塞安公谷、堰同官水以困之。后秦人恼惧，有渴死者。会天大雨，后秦营中水三尺，绕营百步之外，寸余而已，后秦军复振。秦王坚叹曰："天亦佑贼乎！"

慕容泓谋臣高盖等以泓德望不如慕容冲，且持法苛峻，乃杀泓，立冲为皇太弟，承制行事，置百官；以盖为尚书令。后秦王苌遣子嵩为质于冲以请和。

秦王坚闻慕容冲去长安浸近，乃引兵归，遣抚军大将军方戍骊山，拜平原公晖为都督中外诸军事、车骑大将军、录尚书事，配兵五万以拒冲。冲与晖战于郑西，大破之。坚又遣前将军姜宇与少子河间公琳帅众三万拒冲于灞上；琳、宇皆败死，冲遂据阿房城。

燕翟斌恃功骄纵，邀求无厌；又以邺城久不下，潜有贰心。太子宝请除之，燕王垂曰："河南之盟，不可负也；若其为难，罪由于斌。今事未有形而杀之，人必谓我忌惮其功能；吾方收揽豪杰以隆大业，不可示人以狭，失天下之望也。藉彼有谋，吾以智防之，无能为也。"范阳王德、陈留王绍、骠骑大将军农皆曰："翟斌兄弟恃功而骄，必为国患。"垂曰："骄则速败，焉能为患！彼有大功，当听其自毙耳。"礼遇弥重。

斌讽丁零及其党请斌为尚书令。垂曰："翟王之功，宜居上辅；但台既未建，此官不可遽置耳。"斌怒，密与前秦长乐公丕通谋，使丁零决堤溃水；事觉，垂杀斌及其弟檀、敏，余皆赦之。

秦王坚闻吕光平西域，以光为都督玉门以西诸军事，西域校尉。道绝，不通。

慕容冲进逼长安，秦王坚登城观之，叹曰："此虏何从出哉！"大呼责冲曰："奴何苦来送死！"冲曰："奴厌奴苦，欲取汝为代耳！"冲少有宠于坚，坚遣使以锦袍称诏遗之。冲遣詹事称皇太弟令答之曰："孤今心在天下，岂顾一袍小惠！苟能知命，君臣束手，早送皇帝，自当宽贷苻氏以酬曩好。"坚大怒曰："吾不用王景略、阳平公之言，使白虏敢至于此！"

陇西处士王嘉，隐居倒虎山，有异术，能知未然；秦人神之。秦王坚、后秦王苌及慕容冲皆遣使迎之。十一月，嘉入长安，众闻之，以为坚有福，故圣人助之，三辅堡壁及四山氐、羌归坚者四万余人。坚置嘉及沙门道安于外殿，动静咨之。

【译文】

九年（甲申，公元384年）

慕容凤、王腾、段延全都劝翟斌尊奉慕容垂为盟主，翟斌听从了。慕容垂想袭击洛阳，但暂且还不知道翟斌是否有诚意，就拒绝他说："我是来救援豫州的，不是来投奔您。您既然要干大事，成功则享受其福，失败则承受其祸，我不参与此事。"丙戌（正月初二），慕容垂抵达洛阳，平原公苻晖听说他杀了苻飞龙，把他拒之门外。翟斌又派长史郭通前去劝说慕容垂，慕容垂还是没有同意做盟主。郭通说："将军之所以拒绝郭通的原因，难道不是认为翟斌的弟兄们是身居山野的异族，没有超人的才能和远大的谋略，肯定无所作为的缘故吗？为什么唯独不考虑将军今天凭借他们，就可以成就大业呢！"听了这话，慕容垂就同意了。于是翟斌率领他的兵众前来与慕容垂会合，劝慕容垂称帝王的尊号。慕容垂说："新兴侯慕容暐，是我们的国主，应当迎接他回去重归正统。"

慕容垂考虑到洛阳四面受敌，想攻取邺城据守，于是就率兵东进。

庚戌（正月二十六日），后燕王慕容垂抵达邺城，改前秦建元二十年为后燕元年，官员服饰的颜色及朝廷礼仪，全都一如旧制。任命从前的岷山公库傉官伟为左长史，从前的尚书段崇为右长史，荥阳人郑豁等人为从事中郎。慕容农带领军队与慕容垂在邺城会合，慕容垂将他自称的官职正式授予了他。

壬子（正月二十八日），后燕王慕容垂攻打邺城，攻下了外城，长乐公苻丕退守中城。关东六州的郡县大都送来人质请求向后燕投降。癸丑（正月二十九日），慕容垂任命陈留王慕容绍代理冀州刺史，驻扎在广阿。

后燕范阳王慕容德攻击前秦的枋头，攻了下来，设置了守卫力量后返回。

东胡人王晏占据着馆陶，声援邺中，鲜卑、乌桓以及郡县的民众据守坞堡壁垒不服从后燕的人尚有许多。后燕王慕容垂派太原王慕容楷与镇南将军陈留王慕容绍讨伐他们。慕容楷对慕容绍说："鲜卑、乌桓以及冀州的民众，本来都是燕国的属臣，如今大业刚刚开始，人心尚未融洽，这就是导致小有不同的原因。只应该用仁德安抚他们，不能靠威势震慑他们。我应当停留在一个地方，作为军队声威的根基,你去巡视安抚民众夷狄,向他们展示大义,他们就一定会听命服从。"慕容楷于是就驻扎在辟阳。慕容绍率领数百骑兵前去劝说王晏,为他陈述祸福,王晏跟随慕容绍到慕容楷那里投降,于是鲜卑、乌桓以及守卫在坞堡中的民众投降的有数十万人。慕容楷将其中的老弱者留下,设置地方官吏以安抚他们,派遣其中十多万身强力壮的成年人,与王晏一起到邺城。慕容垂十分高兴地说:"你们弟兄的才能文武兼备,足以继承先王的事业!"

前秦北地长史慕容泓听说后燕王慕容垂攻打邺城,逃奔到关东,收拢会集鲜卑人,多达数千,返回驻扎在华阴,打败了前秦将军强永,他的兵众于是就更多了。慕容泓自称都督陕西诸军事、大将军、雍州牧、济北王,推举慕容垂为丞相、都督陕东诸军事、领大司马、冀州牧、吴王。

前秦王苻坚对权翼说:"没听你的话,让鲜卑人到了如此地步。关东之地,我不再和他们争夺,但拿慕容泓怎么办呢?"于是就任命广平公苻熙为雍州刺史,镇守蒲阪。征召雍州牧钜鹿公苻睿为都督中外诸军事、卫大将军、录尚书事,给他配备五万士兵;任命左将军窦冲为长史,龙骧将军姚苌为司马,来讨伐慕容泓。

慕容泓听说前秦的军队将要到达,很害怕,率领兵众准备逃奔关东。前秦钜鹿公苻睿鲁莽轻敌,想要迅速出兵在半路拦截他们。姚苌劝谏苻睿说:"鲜卑人全都有思念归返的心情,所以才起兵作乱,应该驱使他们出关,不能阻截。抓住了鼹鼠的尾巴,它还能反咬人一口。他们自知陷于穷途末路,必将要与我们拼命,万一失利,后悔将怎么来得及。只能击鼓紧随他们,他们将全力溃逃。"苻睿没有听从劝告,在华泽交战,苻睿的军队失败,苻睿被慕容泓杀掉。姚苌派龙骧长史赵都、参军姜协到前秦王苻坚那里谢罪,苻坚十分愤怒,杀掉了他们。姚苌害怕了,逃奔到渭北的牧马之地,于是天水人尹纬、尹详、南安人庞演等,纠集煽动羌族豪强,率领他们的民户丁口归附姚苌的,共有五万多家,推举姚苌为盟主。姚苌自称大将军、大单于、万年秦王,实行大赦,改年号为白雀,任命尹详、庞演为左、右长史,南安人姚晁及尹纬为左、右司马,天水人狄伯支等为从事中郎,羌训等为掾属,王据等为参军,王钦卢、姚方成等为将帅。

后秦王姚苌进军驻扎在北地,前秦华阴、北地、新平、安定的羌人、胡人投降的有十多万。

前秦王苻坚亲自率领步、骑兵二万人攻打后秦,驻军于赵氏坞,让护军将军杨璧等人分路进攻。后秦的军队屡战屡败，后秦王姚苌的弟弟镇军将军姚尹买被斩杀。后秦驻军的地方没有水井，前秦人堵塞了安公谷、拦截了同官水以围困他们。后秦人惊慌恐惧，有人干渴而死。恰巧天下大雨，后秦的军营中积水三尺，环绕军营百步以外，积水仅仅一寸多而已，后秦的军队又振奋了起来。前秦王苻坚叹息道："上天也保佑寇贼啊！"

慕容泓的谋臣高盖等人认为慕容泓的道德威望不如慕容冲，而且执行法律苛刻严峻，于是就杀掉了慕容泓，立慕容冲为皇太弟，秉承国王的旨意行事，设置了百官。任命高盖为尚书令。后秦王姚苌派遣儿子姚嵩作为人质到慕容冲那里，以请求和好。

前秦王苻坚听说慕容冲逐渐逼近长安，就带领军队返回，派抚军大将军苻方戍守骊山，任命平原公苻晖为都督中外诸军事、车骑大将军、录尚书事，配备五万兵众以抵抗慕容冲。慕容冲与苻晖在郑西交战，大败苻晖。苻坚又派前将军姜宇与小儿子河间公苻琳率领三万兵众在灞上抵抗慕容冲，苻琳、姜宇全都战败死亡，慕容冲于是就占据了阿房城。

后燕的翟斌自恃有功，傲慢无忌，邀官求赏，贪得无厌。又因为邺城久围不下，私下里怀有背叛之心。太子慕容宝请求除掉他，后燕王慕容垂说："河南的盟誓，不能背弃。如果他要发难，罪过出于翟斌。如今事情尚未发生而杀掉他，人们一定说我嫉恨害怕他的功劳与才能。我正在收罗招揽英雄豪杰以使大业昌盛，不能向人们表现出狭隘，以丧失天下人的期望。假如他怀有阴谋，我以智谋防范他，他也无所作为。"范阳王慕容德、陈留王慕容绍、骠骑大将军慕容农都说："翟斌兄弟居功自傲，一定会成为国家的祸患。"慕容垂说："傲慢必然导致迅速失败，怎么能成为祸患呢！他立有大功，应当听凭他自取灭亡。"慕容垂对翟斌的礼遇越发优厚。

翟斌暗示丁零人及自己的同党请求让他出任尚书令。慕容垂说："以翟王的功劳，应该位居宰相，只是官署尚未建立，此官无法迅速设置。"翟斌非常愤怒，暗地里与前秦长乐公苻丕互通计谋，让丁零人开决输引漳水的堤防，把水放掉，事情泄露，慕容垂杀掉了翟斌及他的弟弟翟檀、翟敏，其余的人全都赦免了。

前秦王苻坚听说吕光平定了西域，任命吕光为都督玉门以西诸军事、西域校尉。因为道路被阻绝，任命无法通达。

慕容冲进军逼临长安，前秦王苻坚登上城墙观望，感叹地说："这些敌房是从哪里出来的呢！"接着大声责备慕容冲说："你小子何苦来送死！"慕容冲说："我厌倦了我的困苦，想捉拿你来代替！"慕容冲小的时候很得苻坚的宠爱，苻坚派使者带着锦袍宣称是皇帝诏令送给慕容冲的，慕容冲则派詹事宣称皇太弟让他回答说："我如今的志向在于夺取天下，岂能看得上一件锦袍这样的小恩小惠！假如能够知天命，君主臣下就应该停止抵抗，及早把皇帝慕容冲送来，自然就可以宽恕苻氏以酬报过去的好处。"苻坚勃然大怒，说："我没有听从王猛、阳平公苻融的话，使鲜卑白虏胆敢放肆到这种地步！"

　　陇西处士王嘉，隐居在倒虎山，有异常之术，能预知未来，秦国人把他当作神仙。前秦王苻坚、后秦王姚苌以及慕容冲全都派使者去迎接他。十一月，王嘉进入长安，众人听说以后，认为苻坚有福，所以圣人帮助他，三辅地区的村镇军营以及依山而居的氐族、羌族人归附苻坚的有四万多人。苻坚把王嘉及僧人道安安置在外殿，行动与否全都要向他们询问。

资治通鉴第一百零六卷

晋纪二十八

【原文】

烈宗孝武皇帝中之上太元十年（乙酉，385年）

慕容冲即皇帝位于阿房，改元更始。冲有自得之志，赏罚任情。慕容盛年十三，谓慕容柔曰："夫十人之长，亦须才过九人，然后得安。今中山王才不逮人，功未有成，而骄汰已甚，殆难济乎！"

秦平原悼公晖数为西燕主冲所败，秦王坚让之曰："汝，吾之才子也，拥大众与白虏小儿战，而屡败，何用生为！"三月，晖愤恚自杀。

前禁将军李辩、都水使者陇西彭和正恐长安不守，召集西州人屯于韭园；坚召之，不至。

燕王垂攻邺，久不下，将北诣冀州，乃命抚军大将军麟屯信都，乐浪王温屯中山，召骠骑大将军农还邺；于是远近闻之，以燕为不振，颇怀去就。

农至高邑，遣从事中郎眭邃近出，违期不还。长史张攀言于农曰："邃目下参佐，敢欺罔不还，请回军讨之。"农不应，敕备假版，以邃为高阳太守，参佐家在赵北者，悉假署遣归。凡举补太守三人，长史二十余人，退谓攀曰："君所见殊误，当今岂可自相鱼肉！俟吾北还，邃等自当迎于道左，君但观之。"

吕光以龟兹饶乐，欲留居之。天竺沙门鸠摩罗什谓光曰："此凶亡之地，不足留也；将军但东归，中道自有福地可居。"光乃大飨将士，议进止，众皆欲还。乃以驼二万余头载外国珍宝奇玩，驱骏马万余匹而还。

燕、秦相持经年，幽、冀大饥，人相食，邑落萧条。燕之军士多饿死；燕王垂禁民养蚕，以桑椹为军粮。

垂将北趣中山，以骠骑大将军农为前驱，前所假授吏眭邃等皆来迎候，上下如初，李攀乃服农之智略。

会稽王道子好专权，复为奸谄者所构扇，与太保安有隙。安欲避之，会秦王坚来求救，安乃请自将救之。壬戌，出镇广陵之步丘，筑垒曰新城而居之。

【译文】

晋孝武帝太元十年（乙酉，公元385年）

慕容冲在阿房城即皇帝位，改年号为更始。慕容冲踌躇满志，任意赏罚。慕客盛年方十三，对慕客柔说："就是在十人中位居首位，也必须是才能超过其他九人，然后才能安稳。如今中山王慕容冲才能不及别人，没有建立战功，而骄奢傲慢已经十分严重，恐怕难以成功啊！"

前秦平原悼公苻晖多次被西燕国主慕容冲打败，前秦王苻坚责备他说："你是我有才能的儿子，带领众多的兵众与白房的稚嫩小孩子作战，反而屡屡失败，活着还有什么用呢！"三月，苻晖愤恨自杀。

前禁将军李辩、都水使者陇西人彭和正担心长安失守，召集西方各州人驻扎在韭园。苻坚征召他们，他们却不到。

后燕王慕容垂攻打邺城，久攻不下，准备向北到冀州去，就命令抚军大将军慕容麟驻扎在信都，乐浪王慕容温驻扎在中山，征召骠骑大将军慕容农返回邺城。远近的人们听说以后，认为后燕威势不振，都在考虑归附还是离去的问题。

慕容农抵达高邑，派从事中郎眭邃到附近外出，过了期限还没有返回。长史张攀向慕容农进言说："眭邃是您身边的部下，胆敢欺骗蒙蔽您，逾期不归，请求回军讨伐他。"慕容农没有答应，敕令准备借国王名义下达的诏书，任命眭邃为高阳太守，僚属部下中凡是家在赵地以北的人，全都派他们回去暂时代理官职，共选拔补充了太守三人，长史二十多人。慕容农退下去以后对张攀说："你的见解非常错误，当今之时，怎么能自相残杀！等我从北边返回来时，眭邃等人自然应当夹道欢迎，你只管等着瞧吧。"

吕光因为龟兹富饶安乐，想在此居住久留。天竺僧人鸠摩罗什对吕光说："这里是凶亡之地，不值得久留。将军只要东返，半路上自会有福地可以居住。"吕光于是就大肆宴请将士，讨论是否停留的问题，众人都想返回。于是就用二万多头骆驼载着境外之国的珍宝奇玩，驱赶了一万多匹骏马返回。

后燕、前秦相持了一年多，幽州、冀州出现了严重饥荒，人相残食，城邑村落一片萧条。后燕的士兵有很多被饿死。后燕王慕容垂禁止百姓养蚕，以桑葚作为军粮。

慕容垂准备北赴中山，以骠骑大将军慕容农作为前锋，以前暂时授职的官吏眭邃等人全都前来迎候，上上下下和当初一样，张攀于是对慕容农的远见卓识表示折服

会稽王司马道子喜好专权，又被奸邪谄媚者挑拨煽动，与太保谢安有了隔阂。谢安想躲避他，恰好前秦王苻坚前来求救，谢安就请求亲自率兵去救援苻坚。壬戌（四月十五日），离开朝廷去镇守广陵的步丘，建筑了叫作新城的营垒，居住在里面。

【原文】

十一年（丙戌，386年）

春，正月，戊申，拓跋珪大会于牛川，即代王位，改元登国。以长孙嵩为南部大人，叔孙普洛为北部大人，分治其众。以上谷张衮为左长史，许谦为右司马，广宁王建、代人和跋、叔孙建、庚岳为外朝大人，奚牧为治民长，皆掌宿卫及参军国谋议；长孙道生、贺毗等侍从左右，出纳教命。王建娶代王什翼犍之女；岳，和辰之弟；道生，嵩之从子也。

燕王垂即皇帝位。

西燕主冲乐在长安，且畏燕主垂之强，不敢东归，课农筑室，为久安之计；鲜卑咸怨之。左将军韩延因众心不悦，攻冲，杀之，立冲将段随为燕王，改元昌平。

代王珪徙居定襄之盛乐，务农息民，国人悦之。

西燕仆射慕容恒、尚书慕容永袭段随，杀之；立宜都王子顗为燕王，改元建

明,帅鲜卑男女四十余万口去长安而东。恒弟护军将军韬诱颙,杀之于临晋,恒怒,舍韬去。永与武卫将军刁云帅众攻韬,韬败,奔恒营。恒立西燕主冲之子瑶为帝,改元建平,谥冲曰威皇帝。众皆去瑶奔永,永执瑶,杀之,立慕容泓子忠为帝,改元建武。忠以永为太尉,守尚书令,封河东公。永持法宽平,鲜卑安之。至闻喜,闻燕主垂已称尊号,不敢进,筑燕熙城而居之。

东山丝竹图 元

本图描绘谢安居东山故事

鲜卑既东,长安空虚。前荥阳高陵赵谷等招杏城卢水胡郝奴帅户四千人于长安,渭北皆应之,以谷为丞相。扶风王驎有众数千,保据马嵬,奴遣弟多攻之。夏,四月,后秦王苌自安定伐之,驎奔汉中。苌执多而进,奴惧,请降,拜镇北将军、六谷大都督。

代王珪初改称魏王。

【译文】

十一年（丙戌，公元386年）

春季，正月，戊申（初六），拓跋珪在牛川举行盟会，自己即代王位，改年号为登国。任命长孙嵩为南部大人，叔孙普洛为北部大人，分别统领他们的部众。任命上谷人张衮为左长史，许谦为右司马，广宁人王建、代国人和跋、叔孙建、庾岳为外朝大人，任命奚牧为治民长，全都掌管宫中警卫及参与讨论军队国家的谋略。长孙道生、贺毗等人在拓跋珪左右侍从，传递命令。王建娶了代王拓跋什翼犍的女儿。庾岳是庾和辰的弟弟；长孙道生是长孙嵩的侄子。

后燕王慕容垂即皇帝位。

西燕国主慕容冲喜欢住在长安，而且畏惧后燕国主慕容垂的强盛，不敢东归，便督促农耕，建筑宫室，作长久安居的打算。鲜卑人全都怨恨他。左将军韩延顺应众人心中的不满，攻打慕容冲，杀掉了他，立慕容冲的将领段随为西燕王，改年号为昌平。

代王拓跋珪迁徙到定襄的盛乐居住，致力于农耕，让百姓休养生息，国内的人对此都很高兴。

西燕仆射慕容恒、尚书慕容永袭击段随，把他杀掉了。立宜都王慕容恒的儿子慕容𫖮为燕王，改年号为建明，率领鲜卑男女四十多万人离开长安东去。慕容恒的弟弟护军将军慕容韬诱骗慕容𫖮，在临晋杀掉了他，慕容恒很愤怒，丢下慕容韬离开了。慕容永与武卫将军刁云率领兵众攻打慕容韬，慕容韬失败，逃奔到慕容恒的军营。慕容恒立西燕国主慕容冲的儿子慕容瑶为帝，改年号为建平，给慕容冲定谥号为威皇帝。兵众全都离开慕容瑶投奔慕容永，慕容永抓获了慕容瑶，杀掉了他，立慕容泓的儿子慕容忠为帝，改年号为建武。慕容忠任命慕容永为太尉，暂任尚书令，封为河东公。慕容永施行法令宽松平和，鲜卑人安居乐业。慕容永到了闻喜，听说后燕国主慕容垂已经称帝号，不敢继续前进，修筑燕熙城居住。

鲜卑人既已东去，长安空虚。从前的荥阳太守高陵人赵谷等人招纳杏城的卢水胡人郝奴率领四千户人家进入长安，渭北的人们全都响应他，以赵谷作为丞相。扶风人王骕有数千兵众，据守马嵬，郝奴派弟弟郝多攻打他。夏季，四月，后秦王姚苌从安定出发讨伐他们，王骕逃奔汉中。姚苌抓获了郝多以后继续前进，郝奴害怕了，请求投降，姚苌给他授官镇北将军、六谷大都督。

代王拓跋珪开始改称魏王。

晋纪二十九

资治通鉴第一百零七卷

【原文】

烈宗孝武皇帝中之下太元十二年（丁亥，87年）

燕主垂观兵河上，高阳王隆曰："温详之徒，皆白面儒生，乌合为群，徒恃长河以自固；若大军济河，必望旗震坏，不待战也。"垂从之。戊午，遣镇北将军兰汗、护军将军平幼于碻磝西四十里济河，隆以大众陈于北岸。温攀、温楷果走趣城，平幼追击，大破之。详夜将妻子奔彭城，其众三万余户皆降于燕。垂以太原王楷为兖州刺史，镇东阿。

秦主登立妃毛氏为皇后，勃海王懿为太弟。后，兴之女也。遣使拜东海王纂为使持节、都督中外诸军事、太师、领大司马，封鲁王；纂弟师奴为抚军大将军、并州牧，封朔方公。纂怒谓使者曰："勃海王先帝之子，南安王何以不立而自立乎？"长史王旅谏曰："南安已立，理无中改；今寇虏未灭，不可宗室之中自为仇敌也。"纂乃受命。于是卢水胡彭沛谷、屠各董成、张龙世、新平羌雷恶地等皆附于纂，有众十余万。

燕主垂自碻磝还中山，慕容柔、慕容盛、慕容会来自长子。庚子，垂为之大赦。垂问盛："长子人情如何，为可取乎？"盛曰："西军扰扰，人有东归之志，陛下唯当修仁政以俟之耳。若大军一临，必投戈而来，若孝子之归慈父也。"垂悦。癸未，封柔为阳平王，盛为长乐公，会为清河公。

秦冯翊太守兰椟帅众二万自频阳入和宁，与鲁王纂谋攻长安。纂弟师奴劝纂称尊号，纂不从；师奴杀纂而代之，椟遂与师奴绝。西燕主永攻椟，椟请救于后秦，

后秦主苌欲自救之。尚书令姚旻、左仆射尹纬曰："苻登近在瓦亭，将乘虚袭吾后。"苌曰："苻登众盛，非旦夕可制；登迟重少决，必不能轻军深入。比两月间，吾必破贼而返，登虽至，无能为也。"九月，苌军于泥源。师奴逆战，大败，亡奔鲜卑。后秦尽收其众，屠各董成等皆降。

后秦姚方成攻秦雍州刺史徐嵩垒，拔之，执嵩而数之。嵩骂曰："汝姚苌罪当万死，苻黄眉欲斩之，先帝止之。授任内外，荣宠极矣。曾不如犬马识所养之恩，亲为大逆。汝羌辈岂可以人理期也，何不速杀我！"方成怒，三斩嵩，悉坑其士卒，以妻子赏军。后秦主苌掘秦主坚尸，鞭挞无数，剥衣倮形，荐之以棘，坎土而埋之。

凉州大饥，米斗直钱五百，人相食，死者大半。

【译文】

晋孝武帝太元十二年（丁亥，公元387年）

后燕国主慕容垂在黄河之上阅兵，高阳王慕容隆说："温详这些人，都是白面儒生，乌合之众，只是依靠长河之险来保护自己；如果大军渡过黄河，他们一定会望旗自溃，不用一战。"慕容垂同意他的话。戊午（正月二十一日），慕容垂派遣镇北将军兰汗、护军将军平幼率军在碻磝以西四十里的地方渡黄河，慕容隆则把更多的军队部署在河北岸。温攀、温楷等果然向东阿城逃去。平幼跟踪追击，把这支败军打得大败。温详则趁夜携带妻子儿女逃奔彭城，他的部众三万多户都投降了后燕。慕容垂任命太原王慕容楷为兖州刺史，镇守东阿城。

前秦国主苻登册立王妃毛氏为皇后，封勃海王苻懿为皇太弟。毛皇后是毛兴的女儿。苻登派遣使节拜封东海王苻纂为使持节、都督中外诸军事、太师、兼大司马，并封为鲁王；任命苻纂的弟弟苻师奴为抚军大将军、并州牧，并封为朔方公。苻纂生气地对使节说："勃海王苻懿是先帝苻丕的儿子，南安王苻登为什么不拥立他做皇帝，而却自己登上宝座呢？"长史王旅劝他说："南安王既已做了皇帝，按道理便不能半途改变了；现在贼寇盗匪还没有消灭，皇族宗室之中不能自己先互相成为仇敌。"苻纂才接受了任命。从此，卢水的胡人彭沛谷，屠各人董成、张龙世，新平羌人雷恶地等便都归附于苻纂，苻纂的部众达到十余万人。

后燕国主慕容垂从碻磝回到中山。慕容柔、慕容盛、慕容会也从长子县赶回。庚子（疑误），慕容垂因为他们重新回到都城，下令大赦。慕容垂问慕容盛说："长子那个地方人们的心情怎么样，可以争取吗？"慕容盛说："西燕军中人心惶惶，因此，人们都有归顺东部的意思，陛下您只应当施行仁政、耐心等待时机罢了。如果大军一旦逼临，他们一定会拿着武器前来归顺，就像孝顺的儿子归附仁慈的父亲那样。"慕容垂大喜。癸未（四月十八日），慕容垂封慕容柔为阳平王，慕容盛为长乐公，慕容会为清河公。

前秦冯翊太守兰椟率领军队二万人，从频阳到和宁驻扎，跟鲁王苻纂谋划攻取长安。苻纂的弟弟苻师奴劝苻纂登极称尊当皇帝，苻纂没有听从。苻师奴杀了苻纂，取代了他的权位，兰椟于是与苻师奴断绝了来往。西燕国主慕容永进攻兰椟，兰椟派人到后秦求救，后秦国主姚苌想要亲自带兵去救兰椟。尚书令姚旻、左仆射尹纬对姚苌说："苻登大军就屯聚在离我们最近的瓦亭，势将乘虚袭击我们的背后。"姚苌说："苻登的军队虽然强大，不是一两天内就可以达到的。苻登为人反应迟钝滞重而缺乏决断力，一定不会轻易地指挥大军迅速深入袭击我们。差不多两个月之内，我一定会打败贼兵慕容永而返回，那时虽然苻登兵到，也已没有什么作为了。"九月，姚苌率兵来到泥源。苻师奴迎战，被打得大败，逃命到鲜卑。后秦收编了他的部众，屠各人董成等也都投降。

后秦将领姚方成进攻前秦雍州刺史徐嵩的寨垒，攻克后抓住徐嵩，历数他的罪恶。徐嵩大骂说："你们姚苌才是罪该万死，当初苻黄眉打算杀了他，幸亏先帝苻坚阻止，救了他一命，还任命他担任朝廷和地方的重要官职，荣耀宠爱都达到极点。可是姚苌却不如犬马那般知道被主人养育的恩德，亲自做出大逆不道的事。你们这些羌人怎么可以用作人的道理来要求呢？为什么不快来杀我！"姚方成恼羞成怒，分三次斩杀徐嵩，把徐嵩的士卒全部推到坑里活埋，又把这些士卒的妻子女儿赏给自己的军卒。后秦国主姚苌把他的恩主、前秦国主苻坚的尸首挖出来，用皮鞭抽打不计其数，并且剥掉了他的衣服，露出尸体，用荆棘再包起来，挖了一个坑埋了起来。

凉州发生了严重饥荒，普通的谷米每斗竟然值五百钱。人们饥饿难忍，出现了人吃人的事。死亡的人超过总人口的一半。

【原文】

十三年（戊子，388年）

三月，乙亥，燕主垂以太子宝录尚书事，授之以政，自总大纲而已。

吕光之定凉州也，杜进功居多，光以为武威太守，贵宠用事，群僚莫及。光甥石聪自关中来，光问之曰："中州人言我为政何如？"聪曰："但闻有杜进耳，不闻有舅。"光由是忌进而杀之。

光与群寮宴，语及政事，参军京兆段业曰："明公用法太峻。"光曰："吴起无恩而楚强，商鞅严刑而秦兴。"业曰："起丧其身，鞅亡其家，皆残酷之致也。明公方开建大业，景行尧、舜，犹惧不济；乃慕超、鞅之为治，岂此州士女所望哉！"光改容谢之。

秦、后秦自春相持，屡战，互有胜负，至是各解归。关西豪杰以后秦久无成功，多去而附秦。

魏王珪阴有图燕之志，遣九原公仪奉使至中山，燕主垂诘之曰："魏王何以不自来？"仪曰："先王与燕并事晋室，世为兄弟，臣今奉使，于理未失。"垂曰："吾今威加四海，岂得以昔日为比！"仪曰："燕若不修德礼，欲以兵威自强，此乃将帅之事，非使臣所知也。"仪还，言于珪曰："燕主衰老，太子暗弱，范阳王自负材气，非少主臣也。燕主既没，内难必作，于时乃可图也。今则未可。"珪善之。仪，珪母弟翰之子也。

【译文】

十三年（戊子，公元388年）

三月，乙亥（十五日），后燕国主慕容垂命太子慕容宝任录尚书事，把政事交付给他，自己不过在总体上把握而已。

后凉吕光当初平定凉州的时候，杜进所立的功劳最多，吕光任命他为武威太守，他受宠专权，其他同僚都赶不上。吕光的外甥石聪从关中地方前来，吕光问他

说："中州那里的人说我治理朝政怎么样？"石聪说："只听说有一个杜进罢了，没听说有舅舅。"吕光因此嫉恨杜进而借故把他杀了。

吕光跟一些幕僚聚餐，谈到朝政方面的事，参军京兆人段业说："明公您施用刑法太严峻了。"吕光说："吴起当年刻薄寡恩，但楚国因此强大，商鞅当年刑律森严，但秦国因此振兴。"段业说："吴起自己被杀、商鞅全家遭到屠戮，都是因为他们残酷到了极点。明公您才刚刚开始创建大业，效法学习尧、舜还恐怕不能成功，竟然去仰慕吴起、商鞅那样的治理方法，这难道是本州的百姓所期望的吗！"吕光肃然变色，感谢段业的这番忠告。

前秦与后秦从春天开始相持不下，交战了好几次，互有胜败，这时各自罢兵返回。关西的一些英雄豪杰因为后秦兴起这么久而仍不能成功，有很多便离去而归附了前秦。

魏王拓跋珪暗中有图谋后燕的野心，派遣九原公拓跋仪担任使者来到后燕都城中山。后燕国主慕容垂盘问他说："魏王为什么不自己来？"拓跋仪说："我们的先王与燕国的祖先曾经一起为晋朝的帝室做事，世世代代情同兄弟。我今天奉使前来，在情理上没有失误。"慕容垂说："今天我的威望，已经传播影响到四面八方去了，怎么能够与过去相比呢！"拓跋仪说："后燕如果不遵守道德，不循奉礼仪，而只打算依靠军事威力使自己强大，那只是将帅们的事情，不是我这个作使臣的人所知道的。"拓跋仪回国后，对拓跋珪说："后燕国主慕容垂已经年老体衰，太子慕容宝又庸碌懦弱，范阳王慕容德对自己的才干气质非常自负，绝不是将来少主的臣下。慕容垂一旦死去，内部一定会发生争斗，到那个时候才可以图谋他们。现在却还不行。"拓跋珪对他的看法大为称赞。拓跋仪是拓跋珪叔父拓跋翰的儿子。

【原文】

十四年（己丑，389年）

后秦主苌以秦战屡胜，谓得秦王坚之神助，亦于军中立坚像而祷之曰："臣兄襄敕臣复仇，新平之祸，臣行襄之命，非臣罪也。苻登，陛下疏属，犹欲复仇，况臣敢忘其兄乎！且陛下命臣以龙骧建业，臣敢违之！今为陛下立像，陛下勿追计臣过也。"秦主登升楼,遥谓苌曰:"为臣弑君,而立像求福,庸有益乎!"因大呼曰:"弑君贼姚苌何不自出!吾与汝决之!"苌不应。久之,以战未有利,军中每夜数惊,乃斩像首以送秦。

二月,吕光自称三河王,大赦,改元麟嘉,置百官。

后秦主苌与秦主登战数败,乃遣中军将军姚崇袭大界;登邀击之于安丘,又败之。

秦主登攻后秦右将军吴忠等于平凉,克之。八月,登据苟头原以逼安定。诸将劝后秦主苌决战,苌曰:"与穷寇竞胜,兵家之忌也;吾将以计取之。"乃留尚书令姚苌守安定,夜,帅骑三万袭秦辎重于大界,克之,杀毛后及南安王尚,擒名将数十人,驱掠男女五万余口而还。毛氏美而勇,善骑射。后秦兵人其营,毛氏犹弯弓跨马,帅壮士数百人战,众寡不敌,为后秦所执。苌将纳之,毛氏骂且哭曰:"姚苌,汝先已杀天子,今又欲辱皇后,皇天后土,宁汝容乎!"苌杀之。诸将欲因秦军骇乱击之,苌曰:"登众虽乱,怒气犹盛,未可轻也。"遂止。登收余众屯胡空堡。苌使姚硕德镇安定,徙安定千余家于阴密,遣其弟征南将军靖镇之。

初,帝既亲政事,威权己出,有人主之量。已而溺于酒色,委事于琅邪王道子;道子亦嗜酒,日夕与帝以酣歌为事。又崇尚浮屠,穷奢极费,所亲昵者皆姏姆、僧尼。左右近习,争弄权柄,交通请托,贿赂公行,官赏滥杂,刑狱谬乱。尚书令陆纳望宫阙叹曰:"好家居,纤儿欲撞坏之邪!"左卫领营将军会稽许营上疏曰:"今台府局吏、直卫武官及仆隶婢儿取母之姓者,本无乡邑品第,皆得为郡守县令,或带职在内,及僧尼乳母,竞进亲党,又受货赂;辄临官领众,政教不均,暴滥无罪,禁令不明,劫盗公行。昔年下书敕群下尽规,而众议兼集,无所采用。臣闻佛者,清远玄虚之神,今僧尼往往依傍法服,五诫粗法尚不能遵,况精妙乎!而流惑之徒,竞加敬事,又侵渔百姓,取财为惠,亦未合布施之道也。"疏奏,不省。

道子势倾内外,远近奔凑;帝渐不平,然犹外加优崇。侍中王国宝以谄佞有宠于道子,扇动朝众,讽八座启道子宜进位丞相、扬州牧,假黄钺,加殊礼。护军将军南平车胤曰:"此乃成王所以尊周公也。今主上当阳,非成王之比;相王在位,岂得为周公乎!"乃称疾不署。疏奏,帝大怒,而嘉胤有守。

中书侍郎范宁、徐邈为帝所亲信，数进忠言，补正阙失，指斥奸党。王国宝，宁之甥也，宁尤疾其阿谀，劝帝黜之。陈郡袁悦之有宠于道子，国宝使悦之因尼妙音致书于太子母陈淑媛云："国宝忠谨，宜见亲信。"帝知之，发怒，以他事斩悦之。国宝大惧，与道子共谮范宁出为豫章太守。宁临发，上疏言："今边烽不举而仓库空匮；古者使民岁不过三日，今之劳扰，殆无三日之休，至有生儿不复举养，鳏寡不敢嫁娶。厝火积薪，不足喻也。"宁又上言："中原士民流寓江左，岁月渐久，人安其业。凡天下之人，原其先祖，皆随世迁移，何至于今而独不可。谓宜正其封疆，户口皆以土断。又，人性无涯，奢俭由势；今并兼之室，亦多不赡，非其财力不足，盖由用之无节，争以靡丽相高，无有限极故也。礼十九为长殇，以其未成人也。今以十六为全丁，十三为半丁。所在非复童幼之事，岂不伤天理、困百姓乎！谓宜以二十为全丁，十六为半丁，则人无夭折，生长繁滋矣。"帝多纳用之。

【译文】

十四年（己丑，公元389年）

后秦国主姚苌因为前秦军队屡次获胜，以为那是得到了前秦国主苻坚的神灵帮助的结果，因此也在军营中竖立苻坚的神像，并且向他祷告说："我的哥哥姚襄临死时嘱咐我为他报仇，那次在新平城缢死您的祸事，就是我在执行哥哥姚襄的遗命，不是我的罪过呀。苻登，不过是陛下您的比较疏远的亲属，还想着为您复仇，何况我是弟弟，怎么敢忘掉哥哥的大仇呢？况且陛下您又命令我以龙骧将军的身份建立大业，我又怎敢违背您的教诲？今天我为陛下您立这尊神像，希望陛下不要再追究计较臣下我的过错。"前秦国主苻登爬上军营中的指挥楼，从远处告诉姚苌说："作为臣子而杀害了自己的君主，却又立像求福，能有什么好处呢？"因此，他又大声呼喊说："杀害了自己君主的奸贼姚苌为什么不自己出来！我和你决一死战！"姚苌不答应。可是，时间一长，因为在交战时并没有得到什么好处，而他自己在军营中每夜都要受几次惊吓，所以，姚苌才把神像的头斩了下来送给了前秦。

二月，后凉吕光自称为三河王，实行大赦，改年号为麟嘉，设置文武百官。

后秦国主姚苌和前秦国主苻登会战，多次失败，于是就派中军将军姚崇突袭大界。符登在安丘把他截住厮杀，又一次把他们打败。

前秦国主符登在平凉进攻后秦右将军吴忠等人，攻克了平凉。八月，符登据守苟头原，以此威逼安定。几位将军劝说后秦主姚苌与前秦决一死战，姚苌说："和走投无路的强盗在战场上争胜，是用兵人的大忌。我准备用计谋战胜他。"于是留下尚书令姚旻镇守安定，自己在深夜率领骑兵三万人直奔大界，偷袭前秦等待搬运的粮草等笨重物资，果然攻克了大界，杀死了毛皇后以及南安王符弁、北海王符尚，俘获名将几十人，并且驱赶、掠走男女兵丁五万余人，凯旋而归。毛皇后貌美而勇武，善于骑马射箭，后秦的兵马冲进她的营帐的时候，毛氏还曾跨上马匹，弯弓反击，带领指挥几百个壮健的兵士死战。但是寡不敌众，被后秦俘获。姚苌有意收她为妾，毛氏边哭边骂着说："姚苌，你先前就已经杀害了天子，今天又想来侮辱皇后，皇天后土，怎么还能容你！"姚苌杀了毛皇后。他部下众将想趁前秦军惊骇混乱之机继续攻击，姚苌说："符登的部众虽然一时陷于混乱，但是激愤之气还仍然很大，不可轻敌。"于是停止继续进攻。符登也集结残兵败将，屯聚在胡空堡。姚苌派遣姚硕德镇守安定，并把安定居民一千余家迁到阴密，又派他的弟弟征南将军姚靖到阴密镇守。

当初，孝武帝亲自处理国家的政事后，权力与威望出自他手，很有君主的气度。但不久便沉溺于美酒和女色之中，把朝廷的政事统统推给琅邪王司马道子代管。但司马道子也是嗜好喝酒，从早到晚都和孝武帝一起把高歌狂饮当成主要事情。孝武帝又迷信佛教，极端奢侈挥霍，浪费在这方面的钱财很多。他所亲近的人又都是三姑六婆、和尚尼姑，所以他左右的侍从人员，便乘机争权夺利，互相勾结，公开进行贿赂，封官加赏又杂又滥，刑罚惩戒混乱冤错。尚书令陆纳遥望着皇宫叹息着说道："这么好的一个家，小孩子要把它折腾坏呀！"左卫领营将军会稽人许营呈上一道奏章说："现在朝廷小吏、军中武官，下至男仆女奴那些不知生父只取母姓的人，本来没有经过官府的考察举荐，却都能当上郡守县令，甚至进入朝中当官，至于那些和尚、尼姑、乳娘等人，更是争先恐后地引进他们的亲朋好友，接受财物贿赂。以至于任用官吏、管辖百姓、政治与教化都没有标准，对无罪之人滥施暴行，当禁当行的法令不明确公布，抢劫、偷盗却公然横行。过去，陛下也曾下令命臣属们知无不言，尽可以规劝讽谏，但是等大家把建议提出来集中到一起呈给陛下时，却没有一个建议被采用。我听说佛是一个清淡、玄妙虚旷的神祇，但是现在的这些和尚尼姑往往虽穿着僧服，却连佛义中最粗浅的教义不淫、不盗、不杀、不说谎、不酗酒这五戒也还不能遵守，更何况精妙的佛法了！而那些受流行的歪风迷惑的人，更是一方面纷纷争相拜佛，一方面又欺凌搜刮黎民百姓，以掠夺来的财产作为实惠，这也不符合佛家'布施'的道理。"奏章呈上之后，没有回音。

司马道子的权势在朝廷内外都达到极点，远近官员也都前来投靠。孝武帝的心里渐渐有些不高兴，但在表面上对司马道子还是多加优待尊崇。侍中王国宝奸佞而善于谄媚，得到了司马道子的宠爱。他在背地里鼓动朝中众臣，暗示八座重要大臣联名上奏章给孝武帝，请求擢升司马道子为丞相兼任扬州牧，赐给他皇帝诛杀时专用的铜斧，并加以特别尊崇的礼节等。护军将军、南平人车胤说："这是周成王姬诵尊敬他叔父周公姬旦的办法。而现在主上在位，不能和成王相比，相王处在这地位怎么能成为周公呢！"于是托词有病，没在奏章上签名。这个奏章呈上后，孝武帝勃然大怒，而夸奖车胤有自己的节操。

中书侍郎范宁、徐邈深受孝武帝信任亲近。他们几次进献忠言，弥补修正朝中错误遗漏的地方，当面指责痛斥奸邪之辈。王国宝是范宁的外甥，范宁尤其痛恨他阿谀谄媚的行径，劝说孝武帝罢免革除王国宝的官职。陈郡人袁悦之也受司马道子的宠爱，王国宝让袁悦之请尼姑妙音写信给太子司马德宗的母亲陈淑媛，说："王国宝忠实而又谨慎，可以亲近信任。"孝武帝知道这件事后，大发雷霆，借口别的事杀了袁悦之。王国宝异常恐惧，和马司道子一起诬陷范宁，并把他逐出朝廷，贬为豫章太守。范宁临走的时候，呈上一道奏章说："现在边疆并没有点起战争的烽火，但是国家的府库也还是空乏。古代的统治者征召民工应差，一年内不超过三天。现在百姓所遭受的辛劳骚扰，一年内几乎没有三天休息，致使百姓中竟有生下男孩不敢抚养哺育，独身的男子和寡妇也不敢再迎娶出嫁的现象。这是用柴堆之下点火也不足以形容的危机呀！"范宁又上奏章说："北方中原一带的民众士子当初逃难，流亡江南并在这里居住下来，时间已经比较久了，他们也都渐渐地安居乐业。凡是在天底下生活的人，追溯他们的祖先，都能随着事情的变化而迁徙移动，为什么单单到了今天，反而不允许呢？我认为应该确定他们拥有的土地，确认户籍乡里也都按照他们现在居住的地域断定办理。另外，人的性情也是没有一定限度的，无论豪奢还是节俭，都是由于环境和形势决定的。现在，那些曾经兼并过别人财产的豪门大族，也已大多数不能维持，这并不是因为他们财力不足，主要是因为他们花销没有节制，争着以奢靡豪华来比试高下，根本没有限度的缘故。古代的礼法规定，十九岁的时候死了，称作长殇，因为他还没有成年。现在把十六岁的孩子就作为全丁，十三岁的孩子就作为半丁，他们所承担的事不再是孩童的事，这岂不是伤天害理，虐待人民吗？我认为应该规定二十岁的人当全丁，十六岁的人当半丁，那样的话就不会再有人因此而夭折，人口才能正常生长繁衍。"他的这些建议，孝武帝有很多都采纳施用了。

【原文】

十五年（庚寅，390年）

琅琊王道子恃宠骄恣，侍宴酣醉，或亏礼敬。帝益不能平，欲选时望为藩镇以潜制道子，问于太子左卫率王雅曰："吾欲用王恭、殷仲堪何如？"雅曰："王恭风神简贵，志气方严；仲堪谨于细行，以文义著称。然皆峻狭自是，且干略不长；若委以方面，天下无事，足以守职，若其有事，必为乱阶矣！"帝不从。恭，蕴之子；仲堪，融之孙也。二月，辛巳，以中书令王恭为都督青·兖·幽·并·冀五州诸军事、兖·青二州刺史，镇京口。

夏，四月，秦镇东将军魏揭飞自称冲天王，帅氐、胡攻后秦安北将军姚当成于杏城；镇军将军雷恶地叛应之，攻镇东将军姚汉得于李润。后秦主苌欲自击之，群臣皆曰："陛下不忧六十里苻登，乃忧六百里魏揭飞，何也？"苌曰："登非可猝灭，吾城亦非登所能猝拔。恶地智略非常，若南引揭飞，东结董成，得杏城、李润而据之，长安东北非吾有也。"乃潜引精兵一千六百赴之。揭飞、恶地有众数万，氐、胡赴之者前后不绝。苌每见一军至，辄喜。群臣怪而问之，苌曰："揭飞等扇诱同恶，种类甚繁，吾虽克其魁帅，余党未易猝平；今乌集而至，吾乘胜取之，可一举无余也。"揭飞等见后秦兵少，悉众攻之；苌固垒不战，示之以弱，潜遣其子中军将军崇帅骑数百出其后。揭飞兵扰乱，苌遣镇远将军王超等纵兵击之，斩揭飞及其将士万余级。恶地请降，苌待之如初。恶地谓人曰："吾自谓智勇杰出一时，而每遇姚翁辄困,固其分也!"

【译文】

十五年（庚寅,公元390年）

琅邪王司马道子依仗自己得到孝武帝的宠爱而骄横强蛮,过于放纵自己,每次陪同孝武帝宴饮,都喝得酩酊大醉,有时竟然有失对孝武帝的礼节与尊敬。孝武帝越发不满,因此打算遴选几位在当时有名望的人充任地方上的权要,暗地里节制司马道子,于是,他向太子左卫率王雅问道:"我想重用王恭、殷仲堪,你看怎么样?"王雅说:"王恭风度神韵优雅高贵,志向气质端方严肃；殷仲堪则小心谨慎、行为检点,他的文章道义被人广泛称道。然而他们都心胸狭窄,自以为是,而且缺乏干才谋略。如果让他们独当一面,天下太平没变乱时,尽可以忠于职守,但如果一旦有事,就一定会成为祸乱的根源!"孝武帝没有信从他的话。王恭是王蕴的儿子。殷仲堪是殷融的孙子。二月,辛巳（初二）,孝武帝任命中书令王恭为都督青、兖、幽、并、冀五州诸军事,兖、青二州刺史,镇守京口。

夏季,四月,前秦镇东将军魏揭飞自称为冲天王,率领着氐人、胡人组成的部队,在杏城向后秦安北将军姚当成发起攻击。镇军将军雷恶地此时也叛变后秦响应魏揭飞,在李润镇袭击后秦镇东将军姚汉得。后秦国主姚苌打算自己亲自率军攻击魏揭飞,众大臣说:"陛下不担心近在六十里的强敌苻登,却在忧虑远在六百里以外的魏揭飞,这是为什么?"姚苌说:"苻登不是马上就可消灭的,我的城池也不是苻登马上可以攻破的。但是雷恶地智谋韬略非常人可比,如果他向南结交魏揭飞,向东结交董成,而且占领杏城、李润,并据守不去,那么,长安东北的一带就不是我们的了。"于是,姚苌秘密率领一支一千六百人的精锐部队奔赴那里。魏揭飞、雷恶地拥有部众几万人,而且氐人、胡人前往投军的络绎不绝。姚苌每次看到一支军队前来,总是十分高兴。他手下的大臣都觉得奇怪,问他为什么高兴,姚苌说:"魏揭飞等人煽动诱惑那些一样险恶的贼人共同作恶,但他们的种族和部落却繁多纷乱,我虽然能够制服他们的首领主帅,但是他们的余党却不容易一下子铲除。现在他们像乌鸦一样聚合到这里,我乘胜而来消灭他们,可以一网打尽没有遗漏。"

魏揭飞等人发现后秦军的人数很少，便全军出动攻击他们。姚苌则固守自己的堡垒，不与对方接战，把自己的力量微弱的假象有意暴露给敌方，又暗地里派自己的儿子中军将军姚崇率领骑兵几百名迂回到敌兵的背后，进行偷袭。魏揭飞的部队霎时乱作一团。姚苌趁机派镇远将军王超等人发动所有的兵力进行攻击，斩杀魏揭飞以及他所属的将士一万多人。雷恶地请求投降，姚苌对待他像当初一样。雷恶地对人说："我自己以为我的智谋勇力在目前是高出常人的，但是每次遇到姚翁就难以施展，这一定是我的命运！"

【原文】

十六年（辛卯，391 年）

三月，秦主登自雍攻后秦安东将军金荣于范氏堡，克之；遂渡渭水，攻京兆太守韦范于段氏堡，不克；进据曲牢。

苟曜有众一万，密召秦主登，许为内应；登自曲牢向繁川，军于马头原。五月，后秦主苌引兵逆战，登击破之，斩其右将军吴忠。苌收众复战，姚硕德曰："陛下慎于轻战，每欲以计取之，今战失利而更前逼贼，何也？"苌曰："登用兵迟缓，不识虚实。今轻兵直进，遥据吾东，此必苟曜竖子与之有谋也。缓之则其谋得成，故及其交之未合，急击之以败散其事耳。"遂进战，大破之。登退屯于郿。

六月，甲辰，燕赵王麟破贺讷于赤城，禽之，降其部落数万。燕主垂命麟归讷部落，徙染干于中山。麟归，言于垂曰："臣观拓跋珪举动，终为国患，不若摄之还朝，使其弟监国事。"垂不从。

魏王珪遣其弟觚献见于燕；燕主垂衰老，子弟用事，留觚以求良马。魏王珪弗与，遂与燕绝；使长史张兖求好于西燕。觚逃归，燕太子宝追获之，垂待之如初。

【译文】

十六年（辛卯，公元 391 年）

三月，前秦国主苻登从雍城出发，去范氏堡进攻后秦安东将军金荣，攻克了范氏堡。于是，苻登又渡过渭水，去进攻京兆太守韦范所据守的段氏堡，没有攻克。

符登因此进入并据守曲牢。

　　苟曜拥有一万部众，秘密招请前秦国主符登来，并答应作为内应。符登从曲牢向繁川开进，把部队集结在马头原。五月，后秦国主姚苌带领大部队前来迎战，符登击退了他的进攻，并且斩杀了他的右将军吴忠。姚苌收集余下的兵卒重新战斗，姚硕德说："陛下一向十分谨慎，避免轻率地出战，常常希望能够用计策夺取胜利，今天一战已经失利，但是却要更加奋勇上前逼战贼兵，这是什么原因？"姚苌说："符登本来调配部队一向迟缓，不了解敌人的虚实。今天他能不顾一切，派遣轻装部队长驱直入，一下子远远地扼守住了我们的东部，这一定是苟曜这小子和他暗中有预谋的。如果我们的攻势稍缓，他们的阴谋就要得逞，因此我要在他们还没有得以汇合的时候，就急速袭击他们，而打破他们的计划啊！"于是，他们又进逼死战，将符登打得大败。符登则退到郿县屯兵据守。

　　六月，甲辰（初三），后燕赵王慕容麟在赤城大破贺讷的部队，活捉了贺讷。贺讷的部落几万人投降。后燕国主慕容垂命令慕容麟将贺讷送回他的部落，并把贺染干迁移到中山去。慕容麟回来后，告诉慕容垂说："我观察拓跋珪的一举一动，他终究要成为我们的祸患，不如强行让他前来都城，让他的弟弟代他处理魏国的大事。"慕容垂没有答应。

　　魏王拓跋珪派遣他的弟弟拓跋觚到后燕去进贡晋见。后燕国主慕容垂年老体衰，他的子弟掌权，扣留拓跋觚，要求拓跋珪用好马来赎。魏王拓跋珪没有给他们良马，于是便和后燕断绝了交往。拓跋珪派使节长史张兖去向西燕请求和好。拓跋觚逃走，又被后燕太子慕容宝追上抓获，慕容垂对待他仍与过去一样。

资治通鉴第一百零八卷

晋纪三十

【原文】

烈宗孝武皇帝下太元十七年（壬辰，392年）

后秦主苌寝疾，命姚硕德镇李润，尹纬守长安，召太子兴诣行营。征南将军姚方成言于兴曰："今寇敌未灭，上复寝疾。王统等皆有部曲，终为人患，宜尽除之。"兴从之，杀王统、王广、苻胤、徐成、毛盛。苌怒曰："王统兄弟，吾之州里，实无他志；徐成等皆前朝名将，吾方用之，奈何辄杀之！"

初，郝晷、崔逞及清河崔宏、新兴张卓、辽东夔腾、阳平路纂皆仕于秦，避秦乱来奔，诏以为冀州诸郡，各将部曲营于河南；既而受翟氏官爵，翟氏败，皆降于燕，燕主垂各随其材而用之。钊所统七郡三万余户，皆按堵如故。以章武王宙为兖、豫二州刺史，镇滑台；徙徐州民七千余户于黎阳，以彭城王脱为徐州刺史，镇黎阳。脱，垂之弟子也。垂以崔荫为宙司马。

初，陈留王绍为镇南将军，太原王楷为征西将军，乐浪王温为征东将军，垂皆以荫为之佐。荫才干明敏强正，善规谏，四王皆严惮之；所至简刑法，轻赋役，流民归之，户口滋息。

秦主登闻后秦主苌疾病，大喜，告祠世祖神主，大赦，百官进位二等，秣马厉兵，进逼安定，去城九十余里。八月，苌疾小瘳，出拒之。登引兵出营，将逆战，苌遣安南将军姚熙隆别攻秦营，登惧而还。苌夜引兵旁出以蹑其后，旦而候骑告曰："贼诸营已空，不知所向。"登惊曰："彼为何人，去令我不知，来令我不觉，谓其将死，忽然复来，朕与此羌同世，何其厄哉！"登遂还雍，苌亦还安定。

南郡公桓玄负其才地，以雄豪自处，朝廷疑而不用；年二十三，始拜太子洗马。玄尝诣琅邪王道子，值其酣醉，张目谓众客曰："桓温晚途欲作贼，云何？"玄伏地流汗，不能起；由是益不自安，常切齿于道子。后出补义兴太守，郁郁不得志，叹曰："父为九州伯，儿为五湖长！"遂弃官归国，上疏自讼曰："先臣勤王匡复之勋，朝廷遗之，臣不复计。至于先帝龙飞，陛下继明，请问谈者，谁之由邪？"疏寝不报。

玄在江陵，仲堪甚敬惮之。桓氏累世临荆州，玄复豪横，士民畏之，过于仲堪。尝于仲堪听事前戏马，以稍拟仲堪。仲堪中兵参军彭城刘迈谓玄曰："马稍有余，精理不足。"玄不悦，仲堪为之失色。玄出，仲堪谓迈曰："卿，狂人也！玄夜遣杀卿，我岂能相救邪！"使迈下都避之，玄使人追之，迈仅而获免。

征虏参军豫章胡藩过江陵，见仲堪，说之曰："桓玄志趣不常，每怏怏于失职，节下崇待太过，恐非将来之计也！"仲堪不悦。藩内弟罗企生为仲堪功曹，藩退，谓企生曰："殷侯倒戈以授人，必及于祸。君不早图去就，后悔无及矣！"

【译文】

晋孝武帝太元十七年（壬辰，公元392年）

后秦国主姚苌卧病不起，命令姚硕德去镇守李润，尹纬留守长安，并让太子姚兴来行营之中见面。征南将军姚方成对姚兴说道："现在来进犯的敌人还没有被消灭，皇上又卧病不起。王统等人都拥有自己的部队，最终会成为我们的祸患，应该尽快把他们全部除掉。"姚兴听从了他的话，杀掉了王统、王广、苻胤、徐成、毛盛。姚苌听到这个消息，生气地说："王统他们兄弟，跟我是同州同里的老乡，根本没有二心。徐成等人都是前朝的有名将领，我才重用他们，怎么能轻易地说杀就杀呢！"

最初，郝晷、崔逞，以及清河人崔宏、新兴人张卓、辽东人夔腾、阳平人路纂等人都在前秦做官。前秦大乱时，他们为了躲避战乱，前来投奔东晋。孝武帝下诏委任他们做了冀州几个郡的郡守，并带领他们各自的部队在黄河南岸驻扎。不久，他们又接受了翟辽的官职和爵位。翟辽及他的家族失败后，他们又都投降了后燕，后燕国主慕容垂按照他们各自的才干，分别留用了他们。翟钊过去所统辖的七个郡三万多户人家，都安居下来，像过去一样。慕客垂又任命章武王慕容宙为兖州、豫州两个州的刺史，镇守滑台；把徐州的居民七千多户迁移到黎阳，并任命彭城王慕容脱为徐州刺史，镇守黎阳。慕容脱是慕容垂的侄儿。又任命崔荫为慕容宙的司马。

当初，陈留王慕容绍做镇南将军，太原王慕容楷做征西将军，乐浪王慕容温做征东将军，慕容垂都是委派崔荫作为他们的辅佐。崔荫精明强干，刚强正直，善于规劝主上的过失，因此，四位亲王都很害怕他。崔荫每到一个地方，都努力减少刑法，减轻田赋与劳役，使外出逃亡的难民渐渐地回来，当地的户口也越来越多。

前秦国主苻登听说了后秦国主姚苌生病，十分高兴，焚香禀告世祖苻坚的神位，又在国中实行大赦，并把文武百官的职位连升二级，喂饱战马，磨利武器，统领大军逼临安定，距离城池仅九十多里。八月，姚苌的病稍有好转，便率军出城与前秦军队对抗。苻登带领军队冲出营地将要交战，姚苌却派遣安南将军姚熙隆从别的地方去进攻前秦的营地。苻登惧怕后营有失，连忙撤退。姚苌在夜晚带领部队从侧翼迂回出来，紧跟在苻登部队的背后。天亮时，前秦的哨探骑兵回来报告，说："贼兵的几个军营都已经空了，不知去向。"苻登大惊失色，说道："姚苌这个家伙是个什么人，走的时候能让我不得知道，来的时候又能让我无从知觉，都说他快要死了，可却忽然之间又能出来和我对阵打仗。我与这个老羌贼同活在一个世上，是多么不走运的事情啊！"于是，苻登只好撤兵回到雍城去了，姚苌也回到安定。

东晋南郡公桓玄仗恃自己的才能和显赫的家族地位，总把自己看作是英雄豪杰，朝廷对他怀有戒心而不重用。二十三岁那年，他才开始在朝廷任太子洗马。桓玄曾经去拜见琅邪王司马道子，当时正赶上司马道子酩酊大醉，他睁开醉眼对身旁的很多宾客说："桓温到了晚年的时候，曾经打算要做贼，你们说怎么样呀？"桓玄伏在地上，汗流浃背，站不起来。从此他越发忐忑不安，常常对司马道子痛恨得咬牙切齿。后来，他补任义兴太守，但也还是感到怀才不遇而闷闷不乐，他叹息着说："我的父亲曾是九州的盟主，而他的儿子却只不过是五湖的小头目！"于是，他弃官回到封地。临行，他呈上一道奏章，为自己申辩道："我父亲辅佐皇家，平定祸乱的功劳，朝廷把它遗忘了，我并不再作计较。但是，先帝登上宝座，陛下接着得以继承大统，这些事，请陛下问一问那些谈论的人，是靠谁得来的呀？"奏章被搁置，没有答复。

桓玄在江陵，殷仲堪对他十分的恭敬畏惧。桓氏家族几代都在荆州镇守，桓玄尤其强豪专横，当地的官员、百姓都害怕他，甚于害怕殷仲堪。桓玄曾经在殷仲堪升堂办公之前在公堂外骑马取笑，并且用长矛假装向殷仲堪直刺。殷仲堪的部将中军参军、彭城人刘迈对桓玄说："战马和长矛的威力有余，但是于道理精义却有缺陷。"桓玄怫然不悦，殷仲堪也为此大惊失色。桓玄走出去之后，殷仲堪对刘迈说："你是疯了！桓玄趁夜派出刺客来杀你，我怎么能救得了你呢？"于是，他便让刘迈赶快到京城去躲避桓玄的报复。桓玄派人去追杀他，刘迈仅仅免得一死。

东晋征虏参军豫章人胡藩路过江陵，前去看望殷仲堪，劝解他说："桓玄的志向兴趣不比常人，常常因为没有得到一个满意的职位而大为不满，您对他尊敬优待得似乎太过分了，这恐怕不是能够长期维持的办法吧！"殷仲堪心中不大高兴。胡藩的妻弟罗企生是殷仲堪手下的功曹。胡藩从殷仲堪那里出来，对罗企生说："殷仲堪把长戈倒转过来，把木柄交给别人，自己一定遭难。你如果不早早地图谋去留，后悔可是来不及的呀！"

【原文】

十八年（癸巳，393年）

燕主垂议伐西燕，诸将皆曰："永未有衅，我连年征讨，士卒疲弊，未可也。"范阳王德曰："永既国之枝叶，又僭举位号，惑民视听，宜先除之；以壹民心。士卒虽疲，庸得已乎！"垂曰："司徒意正与吾同。吾比老，叩囊底智，足以取之，终不复留此贼以累子孙也。"遂戒严。

十一月，垂发中山步骑七万，遣镇西将军·丹杨王瓒、龙骧将军张崇出井陉，攻西燕武乡公友于晋阳，征东将军平规攻镇东将军段平于沙亭。西燕主永遣其尚书令刁云、车骑将军慕容钟帅众五万守潞川。友，永之弟也。十二月，垂至邺。

后秦主苌召太尉姚旻、仆射尹纬、姚晃、将军姚大目、尚书狄伯支入禁中，受遗诏辅政。苌谓太子兴曰："有毁此诸公者，慎勿受之。汝抚骨肉以恩，接大臣以礼，待物以信，遇民以仁，四者不失，吾无忧矣。"姚晃垂涕问取苻登之策，苌曰："今大业垂成，兴才智足办，奚所复问！"庚子，苌卒。兴秘不发丧，以其叔父绪镇安定，硕德镇阴密，弟崇守长安。

【译文】

十八年（癸巳，公元393年）

后燕国主慕容垂召集文武大臣议论讨伐西燕的计划，各位将领都说："慕容永与我们并没有什么大的冲突。我国连续几年东征西讨，将士兵卒疲惫不堪，不可再发动战争。"范阳王慕容德却说："慕容永是我慕容皇族的偏枝旁叶，他超越本分另立尊号，迷惑了老百姓的视听。我们应该先把他除掉，以使老百姓一心向着我们。虽然士卒将领的确很疲倦。但是又怎么能够罢手停战呢？"慕容垂说："司徒的意见正好和我的想法一样。我虽然已经老了，但是我拍一拍口袋，觉得剩下的这一点点智谋足够对付他们，总不能把这些蟊贼留下来连累我的子孙。"于是下令处于临战状态，严阵以待。

十一月，慕容垂调动中山的步、骑兵七万人，派遣镇西将军、丹杨王慕容瓒，以及龙骧将军张崇等从井陉出发，在晋阳对西燕武乡公慕容友发起攻击；征东将军平规在沙亭进攻西燕的镇东将军段平。西燕国主慕容永派遣他的尚书令刁云、车骑将军慕容钟统领大军五万据守潞川。慕容友是慕容永的弟弟。十二月，慕容垂来到邺城。

后秦国主姚苌把太尉姚旻、仆射尹纬、姚晃、将军姚大目、尚书狄伯支等人召进宫中，要他们接受遗诏辅佐太子姚兴治理朝政。姚苌对太子姚兴说："如果有诋毁攻击这几位先生的人，你一定要慎重处理，不要听从他们的话。你如能做到用恩德来抚慰骨肉，用礼仪来对待大臣，用信义来处理一切事情，用仁慈来对待百姓，这四个方面都能不偏废的话，我就没有什么可担忧的了。"姚晃此时流着泪询问征服苻登的计策，姚苌说："现在，我们的帝王大业马上就要完成了，姚兴的才智与谋略已经足可以胜任，还有什么必要再来问我呢！十二月庚子（疑误），姚苌去世。姚兴不对外宣布，只是马上任命他的叔叔姚绪去镇守安定，派遣姚硕德去镇守阴密，并命令他的弟弟姚崇留守长安。

【原文】

十九年（甲午，394年）

春，秦主登闻后秦主苌卒，喜曰："姚兴小儿，吾折杖笞之耳。"乃大赦，尽众而东，留司徒安成王广守雍，太子崇守胡空堡；遣使拜金城王乾归为左丞相、河南王、领秦·梁·益·凉·沙五州牧，加九锡。

夏，秦主登自六陌趣废桥，后秦始平太守姚详据马嵬堡以拒之。太子兴遣尹纬将兵救详，纬据废桥以待秦。秦兵争水，不能得，渴死者什二、三，因急攻纬。兴驰遣狄伯支谓纬曰："苻登穷寇，宜持重以挫之。"纬曰："先帝登遐，人情扰惧，今不因思奋之力以禽敌，大事去矣！"遂与秦战，秦兵大败。其夜，秦众溃，登单骑奔雍，太子崇及安成王广闻败，皆弃城走；登至，无所归，乃奔平凉，收集遗众，人马毛山。

燕主垂顿军邺西南，月余不进。西燕主永怪之，以为太行道宽，疑垂欲诡道取之，乃悉敛诸军屯轵关，杜太行口，惟留台壁一军。甲戌，垂引大军出滏口，入天井关。五月，乙酉，燕军至台壁，永遣从兄太尉大逸豆归救之，平规击破之。小逸豆归出战，辽西王农又击破之，斩勒马驹，禽王次多，遂围台壁。永召太行军还，自将精兵五万以拒之。刁云、慕容钟震怖，帅众降燕，永诛其妻子。己亥，垂陈于台壁南，遣骁骑将军慕容国伏千骑于涧下；庚子，与永合战，垂伪退，永众追之，行数里，国骑从涧中出，断其后，诸军四面俱进，大破之，斩首八千余级，永走归长子。晋阳守将闻之，弃城走。丹杨王瓒等进取晋阳。

后秦太子兴始发丧，即皇帝位于槐里，大赦，改元皇初；遂如安定。谥后秦主苌曰武昭皇帝，庙号太祖。

西燕主永困急，遣其子常山公弘等求救于雍州刺史郗恢，并献玉玺一纽。恢上言："垂若并永，为患益深，不如两存之，可以乘机双毙。"帝以为然，昭青·兖二州刺史王恭、豫州刺史庾楷救之。楷，亮之孙也。永恐晋兵不出，又遣其太子亮来为质，平规追亮及于高都，获之。永又告急于魏，魏王珪遣陈留公虔、将军庾岳帅骑五万东渡河，屯秀容以救之。虔，纥根之子也。晋、魏兵皆未至，大逸豆归部将伐勤等开门内燕兵，燕人执永，斩之，并斩其公卿大将刁云、大逸豆归等三十余人，得永所统八郡七万余户及秦乘舆、服御、伎乐、珍宝甚众。燕主垂以丹杨王瓒为并州刺史，镇晋阳；宜都王凤为雍州刺史，镇长子。永尚书仆射昌黎屈遵、尚书阳平王德、秘书监中山李先、太子詹事渤海封则、黄门郎太山胡母亮、中书郎张腾、尚书郎燕郡公孙表皆随才擢叙。

九月，垂自长子如邺。

秦主兴遣使与燕结好，并送太子宝之子敏于燕，燕封敏为河东公。

【译文】

十九年（甲午，公元394年）

春季，正月，前秦国主苻登听说后秦国主姚苌已死，喜不自禁地说："姚兴这个黄口乳儿，我折下一根树枝，就可以打他一顿。"于是，实行大赦，率领所有军队向东开进，只留下司徒、安成王苻广镇守雍城，太子苻崇留守胡空堡。苻登又派遣使者前去加授西秦国金城王乞伏乾归为左丞相，河南王，领秦、梁、益、凉、沙五州牧，加授九锡。

夏季，四月，前秦国主苻登从六陌进发到废桥，后秦始平太守姚详据守马嵬堡准备和他对抗。后秦太子姚兴派遣尹纬带领兵马前去营救姚详，尹纬占据废桥等待前秦部队来攻。前秦兵卒与后秦争夺饮水，没有能够得到，渴死的人有十分之二三。前秦更加急迫地向尹纬发动进攻。姚兴派狄伯支赶来叮嘱尹纬说："苻登这家伙已是穷途末路的强盗，我们应该沉着、谨慎，有把握后将他打败。"尹纬说："先帝刚刚成仙而去，人心难免骚动惊惧。现在我们如果不因此想办法奋勇作战，克制强敌，我们的大业将一败涂地！"他与前秦部队决战，前秦部队大败。当天夜晚，前秦的军队便溃不成军，苻登一人骑马逃奔雍城。太子苻崇以及安成王苻广听说自己的军队失败，早已放弃城池逃走，等苻登来到这里时，已经没有地方可以投靠，于是，他又逃奔平凉，收集残兵败将，进入马毛山。

后燕国主慕容垂驻扎在邺城西南，一个多月也没有向前推进。西燕国主慕容永觉得很奇怪，以为是太行道路宽阔，怀疑慕容垂打算秘密通过来偷袭，于是他把几支军队统统地调集在轵关驻扎下来，封锁太行路口，只把镇守台壁的部队留下。甲戌（二十日），慕容垂率领大部队从滏口出兵，进入了天井关。五月，乙酉（初一），后燕的军队到达台壁，慕容永派遣他的堂兄、太尉大慕容逸豆归领兵去解救，结果被后燕将领平规击败。小慕容逸豆归出列讨战，又被后燕辽西王慕容农打得大败，后燕军斩杀了西燕的右将军勒马驹，活捉了另一个将军王次多，于是，把台壁团团围住。慕容永急忙把驻守太行的部众调回，他本人统领五万多人的精锐部队抵抗后燕。西燕驻守潞川的将军习云、慕容钟等却被后燕的进攻气势所震慑，率领部众投降了后燕。慕容永杀死了他们的妻子儿女。己亥（十五日），慕容垂在台壁以南的地区列开阵势，又派骁骑将军慕容国带领一千多骑兵埋伏在山涧之下。庚子（十六日），慕容垂与慕容永展开决战，慕容垂佯装败退，慕容永带兵追赶他，追了几里路，慕容国率领的骑兵部队从山涧中突然杀出，切断了慕容永的后路，后燕各支军队从四面八方一起向慕容永发起了进攻，把西燕的部队打得大败，杀死敌人达八千多人。慕容永仓皇逃回到长子。西燕晋阳守将听说己方大败，弃城逃走。后燕丹杨王慕容瓒等人夺取了晋阳。

　　后秦太子姚兴这时才宣布父亲姚苌已死，并在槐里即皇帝位。实行大赦，改年号为皇初。随后来到安定。追谥后秦国主姚苌为武昭皇帝，庙号为太祖。

　　西燕国主慕容永被包围，局势危急，派他儿子常山公慕容弘等人去向东晋雍州刺史郗恢求救，并奉献一颗玉玺作为进见之礼。郗恢上奏说："慕容垂如果吞并了慕容永，会给我们带来更深的祸患，不如让他们二者暂时并存，我们也好寻找机会同时除掉他们两个。"孝武帝以为他说得很对，便下诏调青、兖二州刺史王恭和豫州刺史庾楷前往解救慕容永。庾楷是庾亮的孙子。慕容永担心晋国不肯出兵，又派他的太子慕容亮到东晋充当人质。后燕平规追捕慕容亮，追到高都把他抓住。慕容永又向北魏告急。魏王拓跋珪派陈留公拓跋虔和将军庾岳统领骑兵五万人向东渡过黄河，集结在秀容一带救援慕容永。拓跋虔是拓跋纥根的儿子。东晋和北魏援兵还没有来到的时候，大慕容逸豆归手下的将领伐勤等打开城门把后燕军放了进来。后燕将士抓住了慕容永并且把他杀了，又斩杀了慕容永的文臣武将如刁云、大慕容逸豆归等三十多人，吞并了慕容永所统辖的八个郡、七万多户居民以及前秦御用的车轿、服饰、歌女乐器、奇珍异宝不计其数。后燕国主慕容垂任命丹杨王慕容瓒为并州刺史，镇守晋阳，宜都王慕容凤为雍州刺史，镇守长子。对于慕容永的尚书仆射昌黎人屈遵、尚书阳平人王德、秘书监中山人李先、太子詹事渤海人封则、黄门郎太山人胡母亮、中书郎张腾、尚书郎燕郡人公孙表等，慕容垂都根据他们的才能加以任用。

九月，慕容垂从长子来到邺城。

后秦国主姚兴派遣使节与后燕建立友好关系，并且把太子慕容宝的儿子慕容敏送回后燕国。后燕封慕容敏为河东公。

【原文】

二十年（乙未，395年）

皇太子出就东宫，以丹杨尹王雅领少傅。

时会稽王道子专权奢纵，嬖人赵牙本出倡优，茹千秋本钱唐捕贼吏，皆以谄赂得进。道子以牙为魏郡太守，千秋为骠骑咨议参军。牙为道子开东第，筑山穿池，功用钜万。帝尝幸其第，谓道子曰："府内乃有山，甚善；然修饰太过。"道子无以对。帝去，道子谓牙曰："上若知山是人力所为，尔必死矣！"牙曰："公在，牙何敢死！"营作弥甚。千秋卖官招权，聚货累亿。博平令吴兴闻人奭疏言之，帝益恶道子，而逼于太后，不忍废黜。乃擢时望及所亲幸王恭、郗恢、殷仲堪、王珣、王雅等，使居内外要任以防道子；道子亦引王国宝及国宝从弟琅邪内史绪以为心腹。由是朋党竞起，无复向时友爱之欢矣；太后每和解之。中书侍郎徐邈从容言于帝曰："汉文明主，犹悔淮南；世祖聪达，负愧齐王；兄弟之际，实为深慎。会稽王虽有酣媟之累，宜加弘贷，消散群议；外为国家之计，内慰太后之心。"帝纳之，复委任道子如故。

魏王珪叛燕，侵逼附塞诸部。五月，甲戌，燕主垂遣太子宝、辽西王农、赵王麟帅众八万，自五原伐魏，范阳王德、陈留王绍别将步骑万八千为后继。散骑常侍高湖谏曰："魏与燕世为婚姻，彼有内难，燕实存之，其施德厚矣，结好久矣。间以求马不获而留其弟，曲在于我，奈何遽兴兵击之！拓跋涉圭沈勇有谋，幼历艰难，兵精马强，未易轻也。皇太子富于春秋，志果气锐，今委之专任，必小魏而易之，万一不如所欲，伤威毁重，愿陛下深图之。"言颇激切，垂怒，免湖官。湖，泰之子也。

八月，魏王珪治兵河南；九月，进军临河。燕太子宝列兵将济，暴风起，漂其船数十艘泊南岸。魏获其甲士三百余人，皆释而遣之。

宝之发中山也，燕主垂已有疾，既至五原，珪使人邀中山之路，伺其使者，尽执之。宝等数月不闻垂起居，珪使所执使者临河告之曰："若父已死，何不早归！"宝等忧恐，士卒骇动。

燕、魏相持积旬，赵王麟将慕舆嵩等以垂为实死，谋作乱，奉麟为主；事泄，嵩等皆死，宝、麟等内自疑。冬，十月，辛未，烧船夜遁。时河冰未结，宝以魏兵必不能渡，不设斥候。十一月，己卯，暴风，冰合，魏王珪引兵济河，留辎重，选精锐二万余骑急追之。

燕军至参合陂，有大风，黑气如堤，自军后来，临覆军上。沙门支昙猛言于宝曰："风气暴迅，魏兵将至之候，宜遣兵御之。"宝以去魏军已远，笑而不应。昙猛固请不已，麟怒曰："以殿下神武，师徒之盛，足以横行沙漠，索虏何敢远来！而昙猛妄言惊众，当斩以徇！"昙猛泣曰："苻氏以百万之师，败于淮南，正由恃众轻敌，不信天道故也！"司徒德劝宝从昙猛言，宝乃遣麟帅骑三万居军后以备非常。麟以昙猛为妄，纵骑游猎，不肯设备。宝遣骑还訽魏兵，骑行十余里，即解鞍寝。

魏军晨夜兼行，乙酉，暮，至参合陂西。燕军在陂东，营于蟠羊山南水上。魏王珪夜部分诸将，掩覆燕军，士卒衔枚束马口潜进。丙戌，日出，魏军登山，下临燕营；燕军将东引，顾见之，士卒大惊扰乱。珪纵兵击之，燕兵走赴水，人马相腾蹋，压溺死者以万数。略阳公遵以兵邀其前，燕兵四五万人，一时放仗敛手就禽，其遗迸去者不过数千人，太子宝等皆单骑仅免。杀燕右仆射陈留悼王绍，生禽鲁阳王倭奴、桂林王道成、济阴公尹国等文武将吏数千人，兵甲粮货以钜万计。道成，垂之弟子也。

【译文】

二十年（乙未，公元395年）

东晋皇太子司马德宗从皇宫迁到太子东宫居住，孝武帝任命丹杨尹王雅兼任太子少傅。

这时，东晋会稽王司马道子独揽大权，奢侈放纵，不可一世。他的亲信赵牙本来是优伶出身，另一个亲信茹千秋本来是钱塘地方的负责抓贼缉盗的小吏，他们都依靠贿赂、谄媚等得到提升。司马道子任命赵牙为魏郡太守，茹千秋为骠骑咨议参军。赵牙为司马道子另建东第，堆积假山，挖掘水池，人工和资金，都耗费十分巨大。孝武帝曾经到司马道子的府邸，对司马道子说："住宅之中竟然有山，当然很好，但是修整装饰得太过分了。"司马道子无言以对。孝武帝走了之后，司马道子对赵牙说："如

司马德宗

果皇上知道这山居然是用人力堆积成的，你一定就得死了！"赵牙说："有您在，我赵牙怎么能够死呢？"他为司马道子营建居所游宫越来越严重。茹千秋更是卖官鬻爵，招权纳贿，搜刮的钱财加在一起竟有上亿。博平令、吴兴人闻人奭上疏奏说出了这些情况，孝武帝便更加讨厌司马道子，只是迫于母亲的压力，没有下定决心罢黜。于是，他擢升那些在当时较有声望和与自己关系亲近的王恭、郗恢、殷仲堪、王珣、王雅等人，任命他们担当朝廷内外的重要官职，用来防备、牵制司马道子。司马道子也把王国宝和王国宝的堂弟琅邪内史王绪等人作为心腹。从此东晋朝廷内外党派、集团等一个接一个地出现，再也没有过去那样友爱团结的欢乐景象了。太后经常对孝武帝和司马道子进行劝解。中书侍郎徐邈心平气和地向孝武帝进言道："汉文帝刘恒是一位英明的君主，还后悔自己处死淮南王刘长的事。世祖司马炎聪明豁达，也不能不对齐王司马攸深负愧疚。兄弟之间的关系，实在应该更加慎重。会稽王司马道子虽然有嗜酒好色的坏毛病，但也应当加以宽容担待，使大家的议论

逐渐消失。对外是为了国家的长远利益，对内可以安慰太后对儿子的一片爱心。"孝武帝采纳了他的劝告，对司马道子恢复了与过去一样的信任。

　　魏王拓跋珪背叛后燕，侵略威胁了靠近边塞的一些种族部落。五月，甲戌（疑误），后燕国主慕容垂派遣太子慕容宝、辽西王慕容农、赵王慕容麟统领八万人，从五原出发讨伐北魏，范阳王慕容德、陈留王慕容绍另外带领步、骑兵一万八千人作为后继部队。散骑常侍高湖劝谏说："魏与我们燕国几世以来都是姻亲关系，他们内部发生天灾人祸时，我们燕国总是帮助他们渡过难关。我们对他们的恩德够深厚的了，与他们结成友好关系也已经很久了。中间虽然出现过向他们要马被拓跋珪拒绝而扣留了他的弟弟拓跋觚的事情，但那件事的错误和起因在我们这里，怎么能够突然调动军队进攻他们呢？何况拓跋珪沉稳勇武，极富谋略，从小就经历过许多艰难困苦，现在又兵强马壮，不应该轻视。皇太子固然年轻气壮，意志果断，势头正盛，但是现在把进攻魏的指挥大权完全交给他，他一定会轻视魏而简单地对付他们。最后的结果万一不像我们所想象的那样，可就使太子损伤了威望，同时又坏了大事，请陛下再仔细想想这件事！"他的言辞也有些激烈，慕容垂十分生气。当即罢免了高湖的官职。高湖是高泰的儿子。

　　八月，魏王拓跋珪在黄河南岸整顿自己的队伍。九月，把部队开到黄河边。后燕太子慕容宝把自己的部队排开正要渡河与北魏接战，突然狂风大作，把他们的几十艘战船刮到黄河南岸泊下，船上的三百多全副武装的士兵，全都被北魏军队俘虏，北魏把他们全都释放遣送回去。

　　慕容宝从中山出发的时候，慕容垂已经患有疾病。等到了五原之后，拓跋珪派人守候在从中山来的那条路上，等待后燕的送信人路过，把他们一个个全部抓住。慕容宝等几个月都没有得到慕容垂的生活起居情况，拓跋珪却把俘虏的后燕国信差带到河边，命令他隔河告诉慕容宝说："你的父亲已经死了，你为什么还不早点回去？"慕容宝等人忧虑恐惧，士兵也惊骇不安。

　　后燕与北魏两国互相对阵，僵持了二十多天，后燕赵王慕容麟的部将慕舆嵩等人认为慕容垂是真的死了，因此图谋进行叛乱，拥奉慕容麟为后燕国主。这事泄漏了消息，慕舆嵩等人都被处死，慕容宝与慕容麟之间产生了嫌隙怀疑。冬季，十月，辛未（二十五日），后燕军自己焚烧战船，趁着黑夜的掩护撤退回国。这时黄河上的冰还没有冻住，慕容宝以为北魏的部队一定不能渡过黄河来追击他们，没有派出侦察部队。十一月，己卯（初三），突然狂风大作，黄河上的冰很快封死，魏王拓跋珪带兵过河，留下军用物资，挑选了二万多骑兵精锐部队，急速追赶后燕部队。

后燕部队走到参合陂，大风突起，一片黑气如同一道堤岸，从后燕军的后面压了上来，将后燕军全部覆盖。佛教高僧支昙猛对慕容宝说："风云突变，这是北魏部队就要追到的征兆，应该派兵准备抵御他们。"慕容宝以为现在离开北魏军已经很远，只是一笑置之。支昙猛坚持请求不停，慕容麟大怒说："以我们殿下的神勇英明，加之军队力量的强大，那在沙漠上横行，梳发拖辫的索虏怎么敢跑这么远来追击我们！支昙猛胡说八道，扰乱军心，理应斩首示众！"支昙猛却哭着说："苻家拥有百万雄师，但却在淮南遭到惨败，正是因为他们仗恃自己人多势众，轻视敌人，不相信天意的缘故啊！"司徒慕容德劝慕容宝听信支昙猛的话，慕容宝才派慕容麟率领三万骑兵走在大军的最后，以防备非常事件的发生。慕容麟认为支昙猛的话是瞎说，成天放纵骑兵到处游猎，不肯设置哨卫防备。慕容宝派骑兵向西打探北魏军队的动静，这些骑兵也是只走出十几里地，便人卸甲、马解鞍地倒头睡觉去了。

北魏的军队不分昼夜兼程前进，乙酉（十一月初九），黄昏，追到了参合陂西边。这时，后燕军在陂东，扎营在蟠羊山南面的河旁。魏主拓跋珪连夜部署各个将领，偷袭后燕，让士卒们含着枚，扎紧马口，暗中接近后燕军。丙戌（十一月初十），太阳一出来，北魏军已经登上了山头，下面对着后燕军大营。后燕军队向东进发时，回头发现北魏骑兵，后燕军惊慌失措，混乱不堪。拓跋珪趁势驱兵攻击，后燕军奔跑落水，人撞马踩，轧死淹死者数以万计。略阳公拓跋遵的部队横阻在逃亡后燕军的前边，四五万后燕兵，马上统统放下武器束手就擒，逃出去的也不过几千人。太子慕容宝等人都是单人匹马逃出，得以幸免。北魏军队杀死了后燕右仆射陈留悼王慕容绍，活捉了鲁阳王慕容倭奴、桂林王慕容道成、济阴公慕容尹国等文武官员几千人，至于缴获的兵刃、衣甲、粮草、辎重等更是以万万计算。慕容道成是慕容垂的侄儿。

【原文】

二十一年（丙申，396年）

春，正月，燕高阳王隆引龙城之甲入中山，军容精整，燕人之气稍振。

三月，庚子，燕主垂留范阳王德守中山，引兵密发，逾青岭，经天门，凿山通道，出魏不意，直指云中。魏陈留公虔帅部落三万余家镇平城；垂至猎岭，以辽西王农、高阳王隆为前锋以袭之。是时，燕兵新败，皆畏魏，惟龙城兵勇锐争先。虔素不设备，闰月，乙卯，燕军至平城，虔乃觉之，帅麾下出战，败死，燕军尽收其部落。魏王珪震怖欲走，诸部闻虔死，皆有贰心，珪不知所适。

垂之过参合陂也，见积骸如山，为之设祭，军士皆恸哭，声震山谷。垂惭愤呕血，由是发疾，乘马舆而进，顿平城西北三十里。太子宝等闻之，皆引还。燕军叛者奔告于魏云："垂已死，舆尸在军。"魏王珪欲追之，闻平城已没，乃引还阴山。

垂在平城积十日，疾转笃，乃筑燕昌城而还。夏，四月，癸未，卒于上谷之沮阳，秘不发丧。丙申，至中山；戊戌，发丧，谥曰成武皇帝，庙号世祖。壬寅，太子宝即位，大赦，改元永康。

初，燕主垂先段后生子令、宝，后段后生子朗、鉴，爱诸姬子麟、农、隆、柔、熙。宝初为太子，有美称，已而荒怠，中外失望。后段后尝言于垂曰："太子遭承平之世，足为守成之主；今国步艰难，恐非济世之才。辽西、高阳二王，陛下之贤子，宜择一人，付以大业。赵王麟奸诈强愎，异日必为国家之患，宜早图之。"宝善事垂左右，左右多誉之，故垂以为贤，谓段氏曰："汝欲使我为晋献公乎！"段氏泣而退，告其妹范阳王妃曰："太子不才，天下所知，吾为社稷言之，主上乃以吾为骊姬，何其苦哉！观太子必丧社稷，范阳王有非常器度，若燕祚未尽，其在王乎！"宝及麟闻而恨之。

【译文】

二十一年（丙申，公元396年）

春季，正月，后燕高阳王慕容隆带领驻防龙城的兵士来到中山，军容精壮整

齐，使后燕人的精神稍稍得到振奋。

三月，庚子（二十六日），后燕国主慕容垂留下范阳王慕容德镇守中山，自己带着部队秘密出发，翻过青岭，途经天门，在山中奋力开凿，打通道路，出乎北魏的意料之外，大军直奔云中。北魏陈留公拓跋虔统领的部落约三万多户人家镇守在平城。慕容垂来到猎岭，让辽西王慕容农、高阳王慕容隆作为前锋部队突袭拓跋虔。这时，后燕部队刚刚遭到惨败，都很畏惧北魏，只有慕容隆统辖的龙城部队勇敢果决，个个争先。拓跋虔平素经常不注意戒备，闰三月，乙卯（十二日），后燕军来到平城，拓跋虔才发觉，仓促之中率领他的部下出来接战，战败而死。后燕军收编了他的部落。魏王拓跋珪听到这个消息后，大为震惊恐惧，打算放弃都城逃走，其他部落听说了拓跋虔的死讯，都产生了二心。拓跋珪不知所措。

慕客垂率军路过参合陂的时候，看到那里依然尸骸堆积如山，于是摆下香案，为死难者祭奠，军士们也都跟着放声恸哭，哭声震撼着山谷。慕容垂见此惨状，心里既惭愧，又愤怒，因而吐血。从此他得了一场病，乘坐马拉的车继续前进，停扎在平城西北部三十里远的地方。太子慕容宝等人听到了这个消息后，都带兵从前方撤回。后燕军里有叛逃的人，跑到北魏说："慕容垂已经死了，用车拉着他的尸首。"魏王拓跋珪打算去追击燕军，又听说平城已经沦陷，就带着部队回到阴山。

慕容垂在平城养病已满十天，病势却反而加重，在这里兴筑了燕昌城，便班师回朝。夏季，四月，癸未（初十），慕容垂在上谷的沮阳去世。后燕没有宣布这个消息。丙申（二十三日），大军回到都城中山。戊戌（二十五日），发布慕容垂已死的消息，追谥他叫成武皇帝，庙号世祖。壬寅（二十九日），太子慕容宝即位，实行大赦，改年号为永康。

当初，后燕国主慕容垂的前妻段皇后生了儿子慕容令、慕容宝，他的继室小段皇后又生了儿子慕容朗、慕容鉴，但是，慕客垂偏爱其他姬妾生的儿子慕容麟、慕容农、慕容隆、慕容柔、慕容熙。慕容宝刚刚当上太子时，还有比较好的名誉，但是不久便渐渐荒废倦怠，使朝廷内外大失所望。小段皇后曾经向慕容垂进言说："太子如果生逢太平盛世，他足可以做一个很好地守住成业的君主。但是，现在国家举步艰难，太子恐怕不是一个拯世济民的干才。辽西王与高阳王两人，是陛下您的贤能的儿子，应该从他们中间选择一个，把国家的大业托付给他。赵王慕容麟奸佞狡诈、顽强刚愎，以后总有一天一定会成为国家的大患，应该早日计划除掉他。"慕容宝颇能善待结交慕容垂左右近臣，他们经常称赞太子，所以，慕容垂竟认为慕容宝贤明干练，便毫不客气地对小段皇后说："你打算让我成为听信骊姬的谗言而杀了太子申生的晋献公吗？"小段皇后忍不住凄然落泪，退了出来告诉她的妹妹、范阳王慕容德的王妃说："太子无才，这是天下人都知道的事。我为了考虑江山社稷而说出自己的看法，但主上却把我当成了进献谗言的骊姬，我是多么的冤枉痛苦啊！我看太子一定会把江山社稷断送，而范阳王却有不比寻常的气度，如果我们燕国的气数还没有尽，莫非是应在范阳王身上吗？"慕容宝与慕容麟听到了这些话，对小段皇后恨之入骨。

资治通鉴第一百零九卷

晋纪三十一

【原文】

安皇帝甲隆安元年（丁酉，397年）

王建等攻信都，六十余日不下，士卒多死。庚申，魏王珪自攻信都。壬戌夜，燕宜都王凤逾城奔中山。癸亥，信都降魏。

燕主宝闻魏王珪攻信都，出屯深泽，遣赵王麟攻杨城，杀守兵三百。宝悉出珍宝及宫人募郡国群盗以击魏。

二月，己巳朔，珪还屯杨城。没根兄子丑提为并州监军，闻其叔父降燕，惧诛，帅所部兵还国作乱。珪欲北还，遣其国相涉延求和于燕，且请以其弟为质。宝闻魏有内难，不许，使冗从仆射兰真责珪负恩，悉发其众步卒十二万、骑三万七千屯于曲阳之柏肆，营于滹沱水北以邀之。丁丑，魏军至，营于水南。宝潜师夜济，募勇敢万余人袭魏营，宝陈于营北以为之援。募兵因风纵火，急击魏军，魏军大乱，珪惊起，弃营跣走；燕将军乞特真帅百余人至其帐下，得珪衣靴。既而募兵无故自惊，互相斫射，珪于营外望见之，乃击鼓收众，左右及中军将士稍稍来集，多布火炬于营外，纵骑冲之。募兵大败，还赴宝陈，宝引兵复渡水北。戊寅，魏整众而至，与燕相持，燕军夺气。宝引还中山，魏兵随而击之，燕兵屡败。宝惧，弃大军，帅骑二万奔还，时大风雪，冻死者相枕。宝恐为魏军所及，命士卒皆弃袍仗、兵器数十万，寸刃不返，燕之朝臣将卒降魏及为魏所系虏者甚众。

先是，张衮尝为魏王珪言燕秘书监崔逞之材，珪得之，甚喜，以逞为尚书，使录三十六曹，任以政事。

己卯夜，燕尚书郎慕舆皓谋弑燕主宝，立赵王麟；不克，斩关出奔魏，麟由是不自安。

魏围中山既久，城中将士皆思出战。征北大将军隆言于宝曰："涉珪虽屡获小利，然顿兵经年，凶势沮屈，士马死伤大半，人心思归，诸部离解，正是可破之时也。加之举城思奋，若因我之锐，乘彼之衰，往无不克。如其持重不决，将卒气丧，日益困逼，事久变生，后虽欲用之，不可得也！"宝然之。而卫大将军麟每沮其议，隆成列而罢者，前后数四。

是夜，麟以兵劫左卫将军北地王精，使帅禁兵弑宝。精以义拒之，麟怒，杀精，出奔西山，依丁零余众。于是城中人情震骇。

宝不知麟所之，以清河王会军在近，恐麟夺会军，先据龙城，乃召隆及骠骑大将军农，谋去中山，走保龙城。隆曰："先帝栉风沐雨以成中兴之业，崩未期年而天下大坏，岂得不谓之孤负邪！今外寇方盛而内难复起，骨肉乖离，百姓疑惧，诚不可以拒敌，北迁旧都，亦事之宜。然龙川地狭民贫，若以中国之意取足其中，复朝夕望有大功，此必不可。若节用爱民，务农训兵，数年之中，公私充实，而赵、魏之间，厌苦寇暴，民思燕德，庶几返斾，克复故业。如其未能，则凭险自固，犹足以优游养锐耳。"宝曰："卿言尽理，朕一从卿意耳。"

辽东高抚，善卜筮，素为隆所信厚，私谓隆曰："殿下北行，终不能达，太妃亦不可得见。若使主上独往，殿下潜留于此，必有大功。"隆曰："国有大难，主上蒙尘，且老母在北，吾得北首而死，犹无所恨。卿是何言也！"乃遍召僚佐，问其去留，唯司马鲁恭、参军成岌愿从，余皆欲留，隆并听之。

【译文】

晋安帝隆安元年（丁酉，公元397年）

王建等进攻信都城，六十多天也没有攻下，兵卒伤亡很多。庚申（正月二十二日），魏王拓跋珪带兵进攻信都。壬戌（二十四日）夜晚，后燕宜都王慕容凤跳出城墙逃往中山。癸亥（二十五日），信都城向北魏投降。

后燕国主慕容宝听说魏王拓跋珪带兵进攻信都，便率军驻扎在深泽，又派赵王慕容麟进攻杨城，杀死了守兵三百人。慕容宝将皇宫中所藏的珍宝甚至所有的宫女全部作为赏资，招募各郡各封国的强盗匪徒，让他们充军，去抗击北魏。

二月，己巳朔（初一），拓跋珪带兵回到杨城驻扎。叛将没根的侄儿丑提任并州监军，听说他的叔父降燕，害怕牵连自己被杀，索性带着自己所管辖的兵卒还国举行叛乱。拓跋珪打算北撤，派国相拓跋涉延前去向后燕求和，并且请求用他的弟弟作为人质。慕容宝听说北魏内部出现动乱，没有答应讲和，又派冗从仆射兰真前往北魏军营，斥责拓跋珪忘恩负义，调动全部步兵十二万人、骑兵三万七千人去曲阳的柏肆驻守，在滹沱河的北岸立下大营，以拦截撤退的北魏军。丁丑（初九），北魏后撤的部队来到这里，在滹沱河的南岸扎营。慕容宝秘密地遣派一支部队连夜渡过河去，招募一万多敢死队袭击北魏军营，慕容宝在营北结阵作为援兵。后燕招募来的这些人，顺着风放火，对魏军发起迅猛的进攻。北魏军一片大乱，拓跋珪也在睡梦中惊醒，光着双脚抛弃大营逃走。后燕将军乞特真带着一百多名士卒来到拓跋珪的大帐，只得到了拓跋珪仓促之间遗失下的衣服和皮靴。不久，招募来的那些兵勇不知什么原因便突然一片大乱，互相之间胡砍乱射。拓跋珪在营外远远看到这种情况，于是，击鼓召集刚刚溃散了的兵士，不久，他左右的侍从以及中军将士渐渐地集合在一起，并在营地的外围设置了许多火炬，派骑兵向前冲击后燕兵营。招募的兵勇大败，逃回慕容宝的大营，慕容宝带领着部队再一次渡到河的北岸。戊寅（初十），北魏整顿好部队渐渐逼近，并和后燕军相对峙。后燕军士气大为低落。慕容宝只好带着部队回到中山，北魏军随后追击，后燕军几次接战均告失败。慕容宝十分恐惧，丢下大部队，自己带二万骑兵逃奔回去。这时正值狂风暴雪，冻死的人横躺竖卧在原野上。慕容宝害怕被北魏军队追上抓获，命令兵士全都丢下袍甲枪杖，最后把几十万精良武器全部丢弃，甚至连一把小刀也没有带回。后燕的朝廷大臣、将帅士兵投降、被俘的人非常之多。

在这之前，张衮曾经对魏王拓跋珪说过后燕秘书监崔逞的才能，这次拓跋珪得到崔逞，非常高兴，任命崔逞为尚书，掌管三十六曹，把政事委任给他来处理。

己卯（二月十一日）夜间，后燕尚书郎慕舆皓阴谋刺杀后燕国主慕容宝，拥立赵王慕容麟，没有成功。因此慕舆皓便砍开城门，冲出去逃奔北魏。慕容麟从此心中万分不安。

北魏军围困后燕都城中山已经很久，中山城里的将士们都有心想要出城与敌人决一死战。征北大将军慕容隆对慕容宝说："拓跋珪虽然多次获得一些小胜利，但大军在这里羁留已经一年，他们来时的那种凶恶的气势，已经萎靡丧失，兵士马匹也或死或伤损失大半，人心思归，各部落正在离析瓦解，这正是我们可以将他们打败的大好时机呀！再加上我们全城的兵民都在想着奋力一搏，如果利用我们的锐气，趁着他们的衰弱，就没有不胜利的。如果谨慎持重、犹豫不决，等到将士的斗志丧失，环境又一天天艰苦，时间一久，事情就会发生变化，到那时候，虽然想利用机会，一定不会再有了。"慕容宝觉得他说得很对。但是卫大将军慕容麟却几次都阻止慕容隆的建议，慕容隆准备好出去却被迫停止，前后一共四次。

这天夜晚，慕容麟派兵劫持了左卫将军、北地王慕容精，并且派他率领禁军去刺杀慕容宝。慕容精用大义拒绝了慕容麟，慕容麟大怒，杀了慕容精，跑出城去逃奔西山，依靠丁零的残余部落。从此，中山城里的军民的情绪更加震惊动荡。

慕容宝不知道慕容麟逃到哪里去了，因为清河王慕容会的部队在附近驻扎，因此害怕慕容麟夺走慕容会的部队，抢先跑去占据龙城，于是，他召集慕容隆及骠骑大将军慕容农，商议要放弃中山，去死保龙城。慕容隆说："先帝历经千辛万苦，才完成了中兴的大业，他死去不到一年便天下大乱，怎么能说我们没有辜负了先帝的嘱托厚望啊！现在，外面的强盗力量正当强盛，而我们内部又发生了危难，同胞骨肉反目成仇，百姓惊疑恐惧，这样，确实是根本不可能抗拒强敌的。向北迁回我们的旧都，也是理所当然。但是龙川那一带地方狭小，百姓贫困，如果我们打算以那里作为依凭，进图中原，仍然早晚都盼望着取得大的进展和成功，那是一定不可能的。如果我们节俭开支花费，爱惜民力，鼓励农耕，训练军队，那么几年之间，官府与民间的积蓄一定会充实起来，而赵、魏之间连年战乱，百姓一定苦不堪言，厌倦、怨恨之声四起，那时，他们思念起我们燕国统治时的恩德，我们或许有机会回转旗帜恢复自己往日的帝业。即使不能这样，那么我们依据山川险要，巩固自己的势力，也还是足够我们在那里安闲度日养精蓄锐了。"慕容宝说："你说的全都在理，我完全听从你的意见。"

辽东人高抚善于占卜算卦，一向得到慕容隆的信任与厚爱，他私下里告诉慕容隆说："殿下此次向北撤退，绝对不可能到达目的地，也不可能看到您的母亲太妃。

假如让主上自己单独前往，殿下暗地里留在这里，一定会有大的功业可以建立。"慕容隆说："国家有这样空前的大难，主上遭受奔波之苦与耻辱，而且我的老母亲又在北方，我能够在死的时候头向着北方，便没有什么遗憾了，你这是说的什么？"于是，他将官吏僚属召集在一起，询问他们是去是留，只有司马鲁恭、参军成岌愿意跟从北迁，其余的都打算留下，慕容隆全听凭他们自己拿主意。

晋纪三十二

【原文】

安皇帝乙隆安二年（戊戌，398年）

赵王麟上尊号于德，德用兄垂故事，称燕王，改永康三年为元年，以统府行帝制，置百官。以赵王麟为司空、领尚书令，慕容法为中军将军，慕舆拔为尚书左仆射，丁通为右仆射。麟复谋反，德杀之。

珪自邺还中山，将北归，发卒万人治直道，自望都凿恒岭至代五百余里。珪恐己既去，山东有变，复置行台于中山，命卫王仪镇之；以抚军大将军略阳公遵为尚书左仆射，镇勃海之合口。

辛酉，魏王珪发中山，徙山东六州吏民杂夷十余万口以实代。博陵、勃海、章武群盗并起，略阳公遵等讨平之。

燕主宝还龙城宫，诏诸军就顿，不听罢散，文武将士皆以家属随驾。辽西王农、长乐王盛切谏，以为兵疲力弱，魏新得志，未可与敌，宜且养兵观衅。宝将从之，抚军将军慕舆腾曰："百姓可与乐成，难与图始。今师众已集，宜独决圣心，乘机进取，不宜广采异同以沮大计。"宝乃曰："吾计决矣，敢谏者斩！"二月，乙亥，宝出就顿，留盛统后事。己卯，燕军发龙城，慕舆腾为前军，司空农为中军，宝为后军，相去各一顿，连营百里。

壬午，宝至乙连，长上段速骨、宋赤眉等因众心之惮征役，遂作乱。速骨等皆高阳王旧队，共逼隆子高阳王崇为主，杀乐浪威王宙、中牟熙公段谊及宗室诸王。河间王熙素与崇善，崇拥佑之，故独得免。燕主宝将十余骑奔司空农营，农将出迎，左右抱其腰，止之曰："宜小清澄，不可便出。"农引刀将斫之，遂出见宝，又驰信追慕舆腾。癸未，宝、农引兵还趣大营，讨速骨等。农营兵亦厌征役，皆弃仗走，腾营亦溃。宝、农奔还龙城。长乐王盛闻乱，引兵出迎，宝、农仅而得免。

会稽王道子忌王、殷之逼，以谯王尚之及弟休之有才略，引为腹心。尚之说道子曰："今方镇强盛，宰相权轻，宜密树腹心于外以自藩卫。"道子从之，以其司马王愉为江州刺史，都督江州及豫州之四郡军事，用为形援，日夜与尚之谋议，以伺四方之隙。

燕尚书顿丘王兰汗阴与段速骨等通谋，引兵营龙城之东；城中留守兵至少，长乐王盛徙内近城之民，得丁夫万余，乘城以御之。速骨等同谋才百余人，余皆为所驱胁，莫有斗志。三月，甲午，速骨等将攻城，辽西桓烈王农恐不能守，且为兰汗所诱，夜，潜出赴之，冀以自全。明旦，速骨等攻城，城上拒战甚力，速骨之众死者以百数。速骨乃将农循城，农素有忠节威名，城中之众恃以为强，忽见在城下，无不惊愕丧气，遂皆逃溃。速骨入城，纵兵杀掠，死者狼藉。宝、盛与慕舆腾、馀崇、张真、李旱、赵恩等轻骑南走。速骨幽农于殿内。长上阿交罗，速骨之谋主也，以高阳王崇幼弱，更欲立农。崇亲信发馺让、出力犍等闻之，丁酉，杀罗及农。速骨即为之诛让等。农故吏左卫将军宇文拔亡奔辽西。

丁亥，宝至索莫汗陉，去龙城四十里，城中皆喜。汗惶怖，欲自出请罪，兄弟共谏止之。汗乃遣弟加难帅五百骑出迎；又遣兄堤闭门止仗，禁人出入。城中皆知其将为变，而无如之何。加难见宝于陉北，拜谒已，从宝俱进。颍阴烈公馀崇密言于宝曰："观加难形色，祸变甚逼，宜留三思，奈何径前！"宝不从。行数里，加难先执崇，崇大呼骂曰："汝家幸缘肺附，蒙国宠荣，覆宗不足以报。今乃敢谋篡逆，此天地所不容，计旦暮即屠灭，但恨我不得手脍汝曹耳！"加难杀之。引宝入龙城外邸，弑之。汗谥宝曰灵帝；杀献哀太子策及王公卿士百余人；自称大都督、大将军、大单于、昌黎王，改元青龙；以堤为太尉，加难为车骑将军，封河间王熙为辽东公，如杞、宋故事。

长乐王盛闻之，驰欲赴哀；张真止之。盛曰："我今以穷归汗，汗性愚浅，必念婚姻，不忍杀我，旬月之间，足以展吾情志。"遂往见汗。汗妻乙氏及盛妃皆泣涕请盛于汗，盛妃复顿头于诸兄弟。汗恻然哀之，乃舍盛于宫中，以为侍中、左光禄大夫，亲待如旧。堤、加难屡请杀盛，汗不从。堤骄很荒淫，事汗多无礼，盛因而间之。由是汗兄弟浸相嫌忌。

杨轨自恃其众，欲与凉王光决战，郭黁每以天道抑止之。凉常山公弘镇张掖，段业使沮渠男成及王德攻之；光使太原公纂将兵迎之。杨轨曰："吕弘精兵一万，若与光合，则姑臧益强，不可取矣。"乃与秃发利鹿孤共邀击纂，纂与战，大破之；轨奔王乞基。黁性褊急残忍，不为士民所附，闻轨败走，降西秦；西秦王乾归以为建忠将军、散骑常侍。

李旱、卫双、刘忠、张豪、张真，皆盛素所厚也，而穆引以为腹心，旱、双得出入至盛所，潜与盛结谋。丁未，穆击堤、加难等，破之。庚戌，飨将士，汗、穆皆醉，盛夜如厕，因逾垣入于东宫，与旱等共杀穆。时军未解严，皆聚在穆舍，闻盛得出，呼跃争先，攻汗，斩之。汗子鲁公和、陈公扬分屯令支、白狼，盛遣旱、真袭诛之。堤、加难亡匿，捕得，斩之。于是内外帖然，士女相庆。宇文拔率壮士数百来赴，盛拜拔为大宗正。

辛亥，告于太庙，令曰："赖五祖之休，文武之力，宗庙社稷幽而复显。不独孤以眇眇之身免不同天之责，凡在臣民皆得明目当世。"因大赦，改元建平。盛谦不敢称尊号，以长乐王摄行统制。诸王皆降称公，以东阳公根为尚书左仆射，卫伦、阳璆、鲁恭、王滕为尚书，悦真为侍中，阳哲为中书监，张通为中领军，自余文武各复旧位。改谥宝曰惠愍皇帝，庙号烈宗。

魏王珪迁都平城，始营宫室，建宗庙，立社稷。宗庙岁五祭，用分、至及腊。

桓玄求为广州，会稽王道子忌玄，不欲使居荆州，因其所欲，以玄为督交·广二州军事、广州刺史；玄受命而不行。豫州刺史庾楷以道子割其四郡使王愉督之，上疏言："江州内地，而西府北带寇戎，不应使愉分督。"朝廷不许。楷怒，遣其子鸿说王恭曰："尚之兄弟复秉机权，过于国宝；欲假朝威削弱方镇，惩艾前事，为祸不测，今及其谋议未成，宜早图之。"恭以为然，以告殷仲堪、桓玄。仲堪、玄许之，推恭为盟主，刻期同趣京师。

会稽世子元显言于道子曰："前不讨王恭，故有今日之难。今若复从其欲，则太宰之祸至矣。"道子不知所为，悉以事委元显，日饮醇酒而已。元显聪警，颇涉文义，志气果锐，以安危为己任。附会之者，谓元显神武，有明帝之风。

魏王珪命有司正封畿，标道里，平权衡，审度量；遣使循行郡国，举奏守宰不法者，亲考察黜陟之。

九月，辛卯，加会稽王道子黄钺，以世子元显为征讨都督；遣卫将军王珣、右将军谢琰将兵讨王恭，谯王尚之将兵讨庾楷。

己亥，谯王尚之大破庾楷于牛渚，楷单骑奔桓玄。会稽王道子以尚之为豫州刺史，弟恢之为骠骑司马、丹杨尹，允之为吴国内史，休之为襄城太守，各拥兵马以为己援。乙巳，桓玄大破官军于白石。玄与杨佺期进至横江；尚之退走，恢之所领水军皆没。丙午，道子屯中堂，元显守石头；己酉，王珣守北郊，谢琰屯宣阳门以备之。

王恭素以才地陵物，既杀王国宝，自谓威无不行；仗刘牢之为爪牙而但以部曲将遇之，牢之负其才，深怀耻恨。元显知之，遣庐江太守高素说牢之，使叛恭，许事成即以恭位号授之；又以道子书遗牢之，为陈祸福。牢子谓其子敬宣曰："王恭昔受先帝大恩，今为帝舅，不能翼戴王室，数举兵向京师，吾不能审恭之志，事捷之日，必能为天子相王之下乎？吾欲奉国威灵，以顺讨逆，何如？"敬宣曰："朝廷虽无成、康之美，亦无幽、厉之恶；而恭恃其兵威，暴蔑王室。大人亲非骨肉，义非君臣，虽共事少时，意好不协，今日讨之，于情义何有！"恭参军何澹之知其谋，以告恭。

恭以澹之素与牢之有隙，不信。乃置酒请牢之，于众中拜之为兄，精兵坚甲，悉以配之，使帅帐下督颜延为前锋。牢之至竹里，斩延以降；遣敬宣及其婿东莞太守高雅之还袭恭。恭方出城曜兵，敬宣纵骑横击之，恭兵皆溃。恭将入城，雅之已闭城门。恭单骑奔曲阿，素不习马，髀中生疮。曲阿人殷确，恭故吏也，以船载恭，将奔桓玄，至长塘湖，为人所告，获之，送京师，斩于倪塘。恭临刑，犹理须鬓，神色自若，谓监刑者曰："我暗于信人，所以至此；原其本心，岂不忠于社稷邪！但令百世之下知有王恭耳。"并其子弟党与皆死。以刘牢之为都督兖、青、冀、幽、并、徐、扬州晋陵诸军事以代恭。

俄而杨佺期、桓玄至石头，殷仲堪至芜湖。元显自竹里驰还京师，遣丹杨尹王恺等发京邑士民数万人据石头以拒之。佺期、玄等上表理王恭，求诛刘牢之。牢之帅北府之众驰赴京师，军于新亭，合佺期、玄见之失色，回军蔡洲。朝廷未知西军虚实，仲堪等拥众数万，充斥郊畿，内外忧逼。

左卫将军桓修，冲之子也，言于道子曰："西军可说而解也，修知其情矣。殷、桓之下，专恃王恭，恭既破灭，西军沮恐。今若以重利啖玄及佺期，二人必内喜；玄能制仲堪，佺期可使倒戈，取仲堪矣。"道子纳之，以玄为江州刺史；召郗恢为尚书，以佺期代恢为都督梁·雍·秦三州诸军事、雍州刺史。以修为荆州刺史，权领左卫文武之镇，又令刘牢之以千人送之。黜仲堪为广州刺史，遣仲堪叔父太常茂宣诏，敕仲堪回军。

冬，十月，癸酉，燕群臣复上尊号，丙子，长乐王盛始即皇帝位，大赦，尊皇后段氏曰皇太后，太妃丁氏曰献庄皇后。

殷仲堪得诏书，大怒，趣桓玄、杨佺期进军。玄等喜于朝命，欲受之，犹豫未决。仲堪闻之，遽自芜湖南归，遣使告谕蔡洲军士曰："汝辈不各自散归，吾至江陵，尽诛汝余口。"佺期部将刘系帅二千人先归。玄等大惧，狼狈西还，追仲堪至寻阳，及之。仲堪既失职，倚玄等为援，玄等亦资仲堪兵，虽内相疑阻，势不得不合。乃以子弟交质，壬午，盟于寻阳；俱不受朝命，连名上疏申理王恭，求诛刘牢之及谯王尚之，并诉仲堪无罪，独被降黜。朝廷深惮之，内外骚然。乃复罢桓修，以荆州还仲堪，优诏慰谕，以求和解，仲堪等乃受诏。御史中丞江绩劾奏桓修专为身计，疑误朝廷，诏免修官。

十二月，己丑，魏王珪即皇帝位，大赦，改元天兴。

初，琅邪人孙泰学妖术于钱唐杜子恭，士民多奉之。王珣恶之，流泰于广州。王雅荐泰于孝武帝，云知养性之方，召还，累官至新安太守。泰知晋祚将终，因王恭之乱，以讨恭为名，收合兵众，聚货钜亿，三吴之人多从之；识者皆忧其为乱，以中领军元显与之善，无敢言者。会稽内史谢𬘡发其谋，己酉，会稽王道子使元显诱而斩之，并其六子；兄子恩逃入海，愚民犹以泰蝉蜕不死，就海中资给恩。恩乃聚合亡命得百余人，以谋复仇。

【译文】

晋安帝隆安二年（戊戌，公元398年）

后燕赵王慕容麟领头向慕容德奉上尊号，拥推他称帝，慕容德仿效他哥哥慕容垂过去的做法，称自己为燕王，把后燕永康三年改为燕王元年，把原来范阳王府的建制改变为帝王建制，设置了文武百官。慕容德任命赵王慕容麟为司空、领尚书令，慕容法为中军将军，慕容拔为尚书左仆射，丁通为右仆射。慕容麟再一次阴谋反叛，慕容德把他杀了。

拓跋珪从邺城回到中山，将要回北方，调拨士卒一万人开辟一条直达的大道，从望都起开凿恒岭，一直到代郡，全长达五百多里。拓跋珪担心自己回去之后，山东一带又会发生变乱，因此又在中山设置了一座行台，命令卫王拓跋仪在这里镇守，又任命抚军大将略阳公拓跋遵为尚书左仆射，镇守勃海的合口。

拓跋珪

辛酉（正月二十八日），魏王拓跋珪从中山出发，迁移原在山东居住的六州居民、官吏以及一些杂居的夷人十多万，充实代郡的人口。博陵、勃海、章武等地的成群盗匪纷纷起事，略阳公拓跋遵等人将他们讨灭平定。

后燕国主慕容宝回到龙城寝宫，诏令各路大军回到兵营集结，不许解散，文武官员和将士全部携带家属跟随御驾。辽西王慕容农、长乐王慕容盛再三恳切劝阻，觉得国家军队疲惫、力量薄弱，而北魏则是刚刚获得胜利，万万不可与它对敌；应该暂且将养修整军队静观时机。慕容宝刚要打算接受他们的劝谏，抚军将军慕舆腾说："老百姓是只可以与他们享乐成功后的快慰，很难和他们一起图谋大业的创始。现在各路大军的兵众已经集结完毕，您应该独自下定决心，把握住机会，努力进取，不应该广泛听取相同或者不同的意见，影响甚至破坏国家大计的施行。"慕容宝于是说："我的计划已经决定，再有人胆敢劝阻，格杀勿论。"二月，乙亥（十三日），慕容宝离开皇宫，进驻兵营，留下慕容盛统管后事。己卯（十七日），后燕军从龙城出发，慕舆腾为前锋，司空慕容农为中军，慕容宝亲自殿后，各军之间相距三十里，全军的兵营前后相连，绵延百里。

壬午（二月二十日），慕容宝军到乙连，长上官段速骨、宋赤眉等人因为许多人心中都害怕征战徭役，于是发动叛乱。段速骨等人都是高阳王慕容隆的老部下，一起强逼慕容隆的儿子、高阳王慕容崇做他们的盟主，杀了乐浪威王慕容宙、中牟熙公段谊以及其他一些宗室亲王。河间王慕容熙平素与慕容崇关系很好，在慕容崇的保护之下，只他幸免于难。后燕国主慕容宝仅带着十几个骑兵逃奔到司空慕容农的大营，慕容农刚要出营去迎接，他左右的侍臣拦腰死死将他抱住，制止他说："应该等待事态明了一点，现在不可以随便出去。"慕容农拔出佩刀要砍他们，于是出营迎见慕容宝，又赶紧写信让人火速给慕舆腾送去。癸未（二月二十一日），慕容宝、慕容农率兵回击兵变的大营，讨伐段速骨等人。慕容农手下的士兵也厌倦征伐打仗，都扔下武器纷纷逃走。慕舆腾的大营也溃乱了。慕容宝与慕容农逃回龙城。长乐王慕容盛听说发生叛乱，赶忙出城迎接，慕容宝与慕容农仅得免一死。

东晋会稽王司马道子嫉恨王恭、殷仲堪对他形成的威逼，因为谯王司马尚之和他的弟弟司马休之有雄才大略，便把他们二人当作心腹。司马尚之劝司马道子说："现在的局面是，在外方镇守的封疆大吏势力强盛，在朝中的宰相，权力反倒很微弱，您应该在外地的要职上安排心腹之人，以便为自己设置屏障和卫护势力。"司马道子依从了他的计策，任命其司马王愉为江州刺史，都督江州及豫州之四郡军事，以此作为自己的呼应和援手。他从早到晚地与司马尚之谋划商量，等待四方出现空隙和机会。

后燕尚书、顿丘王兰汗暗地里与段速骨等人沟通联系，带兵驻扎在龙城的东面。龙城之内留守的兵力非常少，长乐王慕容盛便把城附近的居民迁到城中，一共遴选出壮丁勇士一万多人，让他们登上城墙，抵御叛军的攻打。段速骨的同谋只有一百多人，其他大部分都是被驱使胁迫而来的，丝毫没有斗志。三月，甲午（初二），段速骨等人即将攻城，辽西桓烈王慕容农恐怕城池守不住，同时又被兰汗等人劝诱，当夜，私自出城投奔段速骨，希望以此保全自己的性命。第二天早晨，段速骨带兵攻城，但城上的抵抗非常顽强，段速骨一方死了几百人。段速骨于是便挟持慕容农围绕城池循游一周。慕容农历来有诚实忠君、守节不屈的威名，城中那些人正是仗恃着他的威仪才拼死作战，忽然看见他在城下，没有人不惊愕丧气，于是兵众们也都四散溃逃。段速骨进入龙城，任他的部队烧杀抢掠，死人尸首横陈遍地。慕容宝、慕容盛与慕舆腾、馀崇、张真、李旱、赵恩等人轻装简从，骑马向南逃走。段速骨把慕容农幽禁在殿内，长上阿交罗是段速骨的主要智囊，他觉得高阳王慕容崇年小体弱，所以打算另行拥立慕容农作首领。慕容崇的亲信馺让、出力犍等人听到了这个消息，丁酉（初五），杀死了阿交罗与慕客农。段速骨因此立即杀了馺让等人。慕容农原来的部下左卫将军宇文拔逃出，投奔辽西。

丁亥（五月二十六日），慕容宝来到索莫汗陉，距离龙城还有四十里路。城中的军民听到这个消息，都很高兴。兰汗却有些惶恐惧怕，打算自己出城去请罪，他的兄弟们一起把他劝住了。兰汗于是派他的弟弟兰加难率领着五百名骑兵出城相迎，又派他的哥哥兰堤关闭城门，禁止携带武器，不许行人出入。城中的人都知道兰汗他们将要发动兵变，但是却也无可奈何。兰加难在索莫汗陉北面见到了慕容宝，行完拜谒之礼，便跟随慕容宝一起向城走去，颍阴烈公馀崇寻找机会向慕客宝暗中警告说："我看兰加难的神色与举动，大祸与突变的迹象已经迫在眉睫，陛下应该三思而后行，怎么能这样轻率上前呢！"慕容宝不听劝告。走了几里路，兰加难首先抓住了馀崇。馀崇大声叫喊着骂道："你们兰家侥幸地成为燕朝宗室的亲属，蒙受国家的宠信与殊荣，纵使是使家族倾覆，也无法报答这种恩德。今天竟敢阴谋篡权叛逆，这是天地所不容的，我看你们早晚就要被消灭，只恨我不能亲手宰了你们这帮家伙！"兰加难把他杀了。他又把慕容宝带入龙城郊外的宅邸杀了。兰汗追谥慕容宝为灵帝，然后又杀掉了献安太子慕容策以及其他的王公贵族和官员一百多人。他又自称大都督、大将军、大单于、昌黎王，改年号为青龙；任命兰堤为太尉，兰加难为车骑将军，封河间王慕容熙为辽东公，就像周武王封夏朝的后代为把国君主、封商朝的后代为宋国君主一样。

长乐王慕容盛听说后打算跑去奔丧，被张真劝止。慕容盛说："我现在因为走投无路而归附兰汗，兰汗的性情愚鲁浅薄，一定会感念我与他女儿的婚姻情分，不忍心杀我，这样，只要给我十天至一个月的时间，就足以使我的志愿得到实现。"于是，他跑到龙城去晋见兰汗。兰汗的妻子乙氏和做慕容盛妃子的兰汗的女儿，都哭哭啼啼地向兰汗请求留下慕容盛一命，慕容盛的兰妃又依次向兰汗的那些兄弟叩头求情。兰汗也起了恻隐之心，于是便把慕容盛接到宫中居住，任命他为侍中、左光禄大夫，对他关怀厚待与过去一样。兰堤、兰加难等人几次请求杀掉慕容盛，兰汗都没有准许。兰堤骄横凶狠，荒淫无度，对待兰汗也多有失礼的地方，慕容盛借此机会从中挑拨离间，从此，兰汗兄弟之间慢慢地互相怀疑猜忌起来。

杨轨自己仗恃兵多将广，打算与后凉王吕先决一死战，郭黁每次都用上天的旨意为借口制止他。后凉常山公吕弘镇守张掖，段业派遣沮渠男成和王德进攻他，吕光也派太原公吕纂带兵迎接吕弘。杨轨说："吕弘拥有精锐部队一万人，如果他与吕光合兵一处，姑臧的力量便越加强盛，很难取胜了。"于是，他与秃发利鹿孤一起阻击吕纂。吕纂与他们接战，把他们打得大败，杨轨逃走后投奔王乞基。郭黁生性偏执急躁，非常残忍，不被广大士人、百姓所拥戴归附。他听说杨轨失败逃走，便投降西秦，西秦国主乞伏乾归任命他为建忠将军、散骑常侍。

李旱、卫双、刘忠、张豪、张真等人，平素都颇得慕容盛的厚待，而兰穆也把他们作为自己的心腹，使李旱、卫双得以在慕容盛的住所出入，暗下与慕容盛联合起来，做好了谋划。丁未（七月十七日），兰穆去袭击兰堤、兰加难等人，把他们打败。庚戌（二十日），兰汗大开筵宴，犒赏将士，兰汗、兰穆都喝得大醉。慕容盛半夜出去上厕所，于是跳墙进入东宫，与李旱等人一起杀死了兰穆。这时军队还都没有解除战时状态，将领们还都聚集在兰穆那里。他们听说慕容盛终于得以出来领导他们后，无不欢呼雀跃，争先恐后地去进攻兰汗，并把他杀掉。兰汗的儿子鲁公兰和、陈公兰扬分别驻守在会支、白狼，慕容盛派遣李旱、张真去进攻他们，也将他们斩首。兰堤、兰加难逃走躲藏起来，也把他们抓住，杀了。从此，内外全部平定，男女互相庆贺。宇文拔带领几百名精壮的勇士前来投奔，慕容盛任命他为大宗正。

辛亥（七月二十一日），慕容盛到宗室祭庙去向列祖列宗禀告平定祸乱的经过，然后下令说："我仰赖五位祖先的洪福和保佑，以及各位文武大臣们的合力相助，使宗庙社稷从被涂炭蒙尘的黑暗中重新得到光明和显赫。不单是我个人渺小的身躯倚仗这件功业免除了报不共戴天的杀父之仇的责任，就是每一个在世的臣民也都可以因此睁开眼睛，理直气壮地做人了。"因此，实行大赦，改年号为建平。慕容盛谦逊推托，不敢称帝登基，只是以长乐王的身份代理朝政，施行统辖。他以下的那些亲王都降格称为"公"，任命东阳公慕容根为尚书左仆射，卫伦、阳璆、鲁恭、王滕为尚书，悦真为侍中，阳哲为中书监，张通为中领军，其他文武官员也都各自恢复自己的原位。他又把慕容宝的谥号改为惠闵皇帝，庙号烈魏王拓跋珪把都城迁到平城，开始营建宫殿，筑造宗庙，以及土神、谷神的祭坛。皇家宗庙每年祭祀五次，时间为春分、夏至、秋分、冬至以及腊日。

东晋桓玄请求任广州刺史。会稽王司马道子非常忌惮桓玄，本来不打算让他长期居住在荆州，便根据他的请求，任命桓玄为督交广二州军事、广州刺史。桓玄接受了这个任命却不去就任。豫州刺史庾楷因为司马道子割除了他所统辖的四个郡交给江州刺史王愉掌管，便上奏疏说："江州地处内地，而西府历阳却在北方与贼寇相连接，不应该让王愉分管四郡。"朝廷不批准他的意见。庾楷大怒，派遣他的儿子庾鸿去向王恭游说道："谯王司马尚之兄弟又独揽了朝廷的机要权柄，超过了王国宝。他们打算借助朝廷的威权来削弱地方上的实力，回想以前所发生过的事，他们将制造的祸乱，实在无法预测。现在趁他们的阴谋还没有计划完成，应该尽早地想办法对付他们。"王恭也觉得是这样，把这意见转告了殷仲堪和桓玄。殷仲堪、桓玄同意王恭的意见，并且推举王恭作为盟主，约定日期，一起率领大军前往京师剿除奸佞。

会稽王的长子司马元显向父亲司马道子进言说："上次我们没有讨伐王恭，因此才有了今天这场灾难。今天如果还像上一次那样满足他们的要求，您太宰的杀身之祸可要到了。"司马道子此时已经慌得不知所措，把事情全部交给司马元显办理，自己每天只是痛饮美酒而已。司马元显聪颖机警，颇晓得一些文章义理，志向气度果敢敏锐，也能把天下的安危当作自己的责任。依附于他的人，都称赞司马元显英明勇武，有明帝的风度。

魏王拓跋珪命令有关部门确定京师的区划，标明道路的名称和里程，统一重量衡器的标准，审定长度的计量，派遣特使到各个郡国去巡回视察、监督，检举弹劾违法乱纪的地方官吏，以便拓跋珪亲自考察定罪处理。

九月，辛卯（初二），东晋朝廷授予会稽王司马道子黄钺，任命会稽王长子司马元显为征讨都督，又派遣卫将军王珣、右将军谢琰带兵讨伐王恭，派遣谯王司马尚之带兵讨伐庾楷。

己亥（九月初十），东晋谯王司马尚之在牛渚将庾楷打得大败，庾楷单人匹马投奔桓玄。会稽王司马道子任命司马尚之为豫州刺史，司马尚之的弟弟司马恢之为骠骑司马、丹杨尹，司马允之为吴国内史，司马休之为襄城太守，并让他们各自拥有部队，来作为自己的援手。乙巳（九月十六日），桓玄在白石将朝廷的部队打得大败。桓玄与杨佺期开进到了横江。司马尚之退兵逃走，司马恢之所统领的水军全军覆没。丙午（九月十七日），司马道子搬到中堂去住，司马元显驻守石头。己酉（九月二十日），王珣开到京师北郊，谢琰则在宣阳门屯下重兵以防意外。

王恭历来仗恃自己的才能和地位傲视凌辱同僚，逼杀王国宝之后，他更自以为他的声威没人敢违逆。他既依仗刘牢之作为自己的爪牙，又只把他当作自己私人的部将那样对待，刘牢之对自己的才能很自负，感到深深的羞辱和气愤。司马元显知道这种情况，便派遣庐江太守高素去游说，唆使刘牢之背叛王恭，并且答应他事成之后便把王恭的职位、封号全部转授给他。高素又把司马道子的书信交给了刘牢之，向他陈说了祸福利害。刘牢之对他的儿子刘敬宣说："王恭过去蒙受先帝的大恩大德，今天又是皇上的舅舅，但是他不能作为羽翼拥戴王室，反而多次向京师发兵，我真不能想象王恭的野心有多大，他的计划一旦实现，他还能继续处在皇上和相王的手下吗？我打算遵奉朝廷的威仪与旨意，用顺乎民心的举动来讨伐叛逆，你看如何？"刘敬宣说："现在的朝廷虽然没有周成王、周康王当政时那么完美，但是也没有周幽王、周厉王那样的昏庸残暴。而王恭却依仗军队的威势，粗暴地蔑视、凌辱王室。父亲您与他在感情上既不是骨肉关系，在道义上也不是君臣关系，虽然一起共事一段时间，脾气秉性爱好也并不很和谐、投机。你今天去讨伐他，于情义没有什么干系。"王恭的参军何澹之知道了他的打算和计划，把这些告诉了王恭。

王恭因为知道何澹之历来与刘牢之有矛盾，所以没有相信何澹之的话。于是他备办下酒席，宴请刘牢之，当着众人的面，拜刘牢之为义兄，又把自己的精锐部队和一切好的装备，全部配备给刘牢之，让他率领帐下督颜延作为前锋。刘牢之来到竹里，便斩了颜延宣布投降朝廷。他派他的儿子刘敬宣和他的女婿东莞太守高雅之回击王恭。王恭此时正在城外阅兵示威，刘敬宣驱使骑兵拦腰进攻他的队伍，王恭的军队全部溃败。王恭想要回城，高雅之已关闭了城门。王恭单人匹马逃奔曲阿。他平时不怎么习惯骑马，以致把大腿内侧磨破了。曲阿人殷确是王恭过去的下属，他用船载着王恭，打算前去投奔桓玄，刚到长塘湖，却被人告密，把他抓住，押送京师，在倪塘斩首。王恭临死时，还在从容不迫地梳理着自己的胡须，神色像平时那样自然。他对监督施刑的人说："我自己的昏庸就在于我轻率地相信别人，才到了今天这个地步。不过追究我的本意，我哪里是不忠于朝廷呵！但愿百代以后的人们能知道有过我王恭这个人。"他和他的儿子兄弟、同伙全部被处死。东晋朝廷任命刘牢之为都督兖州、青州、冀州、幽州、并州、徐州、扬州晋陵诸军事，替代了王恭。

不久，杨佺期、桓玄来到石头，殷仲堪也来到芜湖。司马元显从竹里飞马回到京师，派遣丹杨尹王恺等征发京邑的百姓几万人据守石头，以抵抗杨佺期、桓玄的进攻。杨佺期、桓玄等人向朝廷呈上奏章为王恭申辩讲理，请求诛杀刘牢之。刘牢之则统帅北府属下的军队迅速赶到京师，驻扎在新亭。杨佺期、桓玄一看这种情况，大惊失色，只好把部队撤退到蔡洲。朝廷并不了解西部殷仲堪部队的虚实，看到殷仲堪等人拥有几万人，遍布京郊的山野，感到内忧外患，互为交逼。

左卫将军桓修是桓冲的儿子。他向司马道子进言道："西部这支军队可以做说服工作使他们分化瓦解，我桓修知道他们内部的情况。殷仲堪、桓玄以下的人们，全都是依赖王恭，王恭既已被杀，西部这支部队一定会感到沮丧恐慌。现在如果答应用很大的好处来引诱桓玄和杨佺期，他们二人一定会心中暗喜。这样，桓玄可以制住殷仲堪，杨佺期也可能叛降过来，殷仲堪自然可以拿下。"司马道子采纳了他的意见，任命桓玄为江州刺史；召郗恢回朝任尚书；任命杨佺期代替郗恢任都督梁、雍、秦三州诸军事，雍州刺史。任命桓修为荆州刺史，暂时兼管左卫将军所属文武官员并到那里去镇守，命令刘牢之派一千人护送桓修。朝廷又贬黜殷仲堪为广州刺史，派殷仲堪的叔父太常殷茂去宣读诏书，敕令殷仲堪马上撤回部队。

冬季，十月，癸酉（十四日），后燕的大臣们再一次请求长乐王慕容盛称帝。丙子（十七日），长乐王慕容盛登上皇帝位，实行大赦，尊称皇后段氏为皇太后，尊称自己的生母太妃丁氏为献庄皇后。

殷仲堪接到朝廷的诏书，勃然大怒，催促桓玄、杨佺期继续向京师进军。桓玄等对朝廷的任命感到高兴，打算接受，正在犹豫不决。殷仲堪听说了这种情况，匆忙地从芜湖向南撤退，并且派人去告诉蔡洲的军士说："你们这些人如果还不各自散伙回家，等到我回到江陵，把你们的家眷全部杀掉。"杨佺期的部将刘系首先率领二千人撤走。桓玄等人非常害怕，也狼狈地向西撤军。他们追赶殷仲堪，直到寻阳方才赶上。此时，殷仲堪已经失去了职务，只能依靠桓玄等人做自己的声援，桓玄等人也正要倚重于殷仲堪的军队，因此，他们虽然在心中暗自互相猜疑，但在形势的逼迫下又不得不联合起来。于是交换儿子兄弟做人质。壬午（十月二十三日），他们在寻阳正式缔结盟约，决定一致拒绝接受朝廷的任命和指挥，并且联名上了一道奏章为王恭申辩说理，请求诛杀刘牢之以及谯王司马尚之，又质问殷仲堪没有罪过，为什么独独被降职贬黜。朝廷非常惧怕，宫廷内外一片骚乱。于是朝廷又罢免了桓修的官职，把荆州又还给殷仲堪管辖，并对他特别下诏，好言相慰，希望以此求得和解。殷仲堪等人这才接受诏书。御史中丞江绩弹劾桓修等人专门为自己的利益打算，使朝廷受到蒙蔽而采取了错误的措施。朝廷下诏，免去桓修的所有官衔。

十二月，己丑（初二），魏王拓跋珪正式登皇帝位，实行大赦，改年号为天兴。

当初，东晋琅邪人孙泰向钱塘人杜子恭学习妖术，士人、百姓都很信奉他。左仆射王珣很讨厌他，把孙泰流放到广州。广州刺史王雅却把孙泰推荐给孝武帝，说孙泰知道修身养性、长生不老的药方。于是，孝武帝把孙泰从广州征召回京，并逐渐升官做到了新安太守。孙泰估计到晋朝的气数就要结束，他假借王恭兴兵引起战乱，以讨伐王恭为名义，大量收集征召士兵部众，聚敛财富无数，三吴地区的居民，大多数都依从了他。有些见识的人都担忧他将来会制造动乱，但因为中领军司马元显与他关系亲密，没有人敢说。会稽内史谢𫐐揭发了他的阴谋，己酉（二十二日），会稽王司马道子让司马元显把他诱骗来之后，杀掉了他，同时杀了他的六个儿子。孙泰的侄儿孙恩逃入东海躲藏在小岛上，愚昧的百姓还以为孙泰像蝉一样，脱掉了一层壳，而真人并没有死，因此到海中去为孙恩送粮食等资助。孙恩于是又聚合了一百多名亡命之徒，谋划复仇。

资治通鉴第一百一十一卷

晋纪三十三

【原文】

安皇帝丙隆安三年（己亥，399年）

癸未，燕大赦，改元长乐。燕主盛每十日一自决狱，不加拷掠，多得其情。

武威王乌孤徙治乐都，以其弟西平公利鹿孤镇安夷，广武公傉檀镇西平，叔父素渥镇湟河，若留镇浇河，从弟替引镇岭南，洛回镇廉川，从叔吐若留镇浩亹；夷、夏俊杰，随才授任，内居显位，外典郡县，咸得其宜。

乌孤谓群臣曰："陇右、河西，本数郡之地，遭乱，分裂至十余国，吕氏、乞伏氏、段氏最强，今欲取之，三者何先？"杨统曰："乞伏氏本吾之部落，终当服从。段氏书生，无能为患，且结好于我，攻之不义。吕光衰耄，嗣子微弱，纂、弘虽有才而内相猜忌，若使浩亹、廉川乘虚迭出，彼必疲于奔命，不过二年，兵劳民困，则姑臧可图也。姑臧举，则二寇不待攻而服矣。"乌孤曰："善！"

会稽王道子有疾，且无日不醉。世子元显知朝望去之，乃讽朝廷解道子司徒、扬州刺史。乙未，以元显为扬州刺史。道子醒而后知之，大怒，无如之何。元显以庐江太守会稽张法顺为谋主，多引树亲党，朝贵皆畏事之。

会稽世子元显自以少年，不欲顿居重任；戊子，以琅邪王德文为司徒。

初，魏奋武将军张衮以才谋为魏主珪所信重，委以腹心。珪问中州士人于衮，衮荐卢溥及崔逞，珪皆用之。

珪围中山久未下，军食乏，问计于群臣，逞为御史中丞，对曰："桑葚可以佐粮；飞鸮食葚而改音，诗人所称也。"珪虽用其言，听民以葚当租，然以逞为侮慢，

心衔之。秦人寇襄阳，雍州刺史郗恢以书求救于魏常山王遵曰："贤兄虎步中原。"珪以恢无君臣之礼，命衮及逞为复书，必贬其主。衮、逞谓帝为贵主。珪怒曰："命汝贬之而谓之'贵主'，何如'贤兄'也！"逞之降魏也，以天下方乱，恐无复遗种，使其妻张氏与四子留冀州，逞独与幼子䐗诣平城，所留妻子遂奔南燕。珪并以是责逞，赐逞死。卢溥受燕爵命，侵掠魏郡县，杀魏幽州刺史封沓干。珪谓衮所举皆非其人，黜衮为尚书令史。衮乃阖门不通人事，惟手校经籍，岁余而终。

　　南燕王德遣使说幽州刺史辟闾浑，欲下之；浑不从；德遣北地王钟帅步骑二万击之。德进据琅邪，徐、兖之民归附者十余万。德自琅邪引兵而北，以南海王法为兖州刺史，镇梁父。进攻莒城，守将任安委城走。德以潘聪为徐州刺史，镇莒城。兰汗之乱，燕吏部尚书封孚南奔辟闾浑，浑表为勃海太守；及德至，孚出降，德大喜曰："孤得青州不为喜，喜得卿耳！"遂委以机密。北地王钟传檄青州诸郡，谕以祸福。辟闾浑徙八千余家人守广固，遣司马崔诞戍薄荀固，平原太守张豁戍柳泉；诞、豁承檄皆降于德。浑惧，携妻子奔魏，德遣射声校尉刘纲追之，及于莒城，斩之。浑子道秀自诣德，请与父俱死。德曰："父虽不忠，而子能孝。"特赦之。浑参军张瑛为浑作檄，辞多不逊，德执而让之。瑛神色自若，徐曰："浑之有臣，犹韩信之有蒯通。通遇汉祖而生，臣遭陛下而死，比之古人，窃为不幸耳！"德杀之。遂定都广固。

　　秦主兴以灾异屡见，降号称王，下诏令群公、卿士、将牧、守宰各降一等；大赦，改元弘始。存问孤贫，举拔贤俊，简省法令，清察狱讼，守令之有政迹者赏之，贪残者诛之，远近肃然。

　　会稽世子元显，性苛刻，生杀任意；发东土诸郡免奴为客者，号曰乐属，移置京师，以充兵役，东土嚣然苦之。

　　孙恩因民心骚动，自海岛帅其党杀上虞令，遂攻会稽。会稽内史王凝之，羲之之子也，世奉天师道，不出兵，亦不设备，日于道室稽颡跪咒。官属请出兵讨恩，凝之曰："我已请大道，借鬼兵守诸津要，各数万，贼不足忧也。"及恩渐近，乃听出兵，恩已至郡下。甲寅，恩陷会稽，凝之出走。恩执而杀之，并其诸子。

　　恩据会稽，自称征东将军，逼人士为官属，号其党曰"长生人"，民有不与之同者，戮及婴孩，死者什七、八。醢诸县令以食其妻子，不肯食者，辄支解之。所

过掠财物，烧邑屋，焚仓廪，刊木，堙井，相帅聚于会稽，妇人有婴儿不能去者，投于水中，曰："贺汝先登仙堂，我当寻后就汝。"恩表会稽王道子及世子元显之罪，请诛之。

自帝即位以来，内外乖异，石头以南皆为荆、江所据，以西皆豫州所专，京口及江北皆刘牢之及广陵相高雅之所制，朝政所行，惟三吴而已。及孙恩作乱，八郡皆为恩有，畿内诸县，盗贼处处蜂起，恩党亦有潜伏在建康者，人情危惧，常虑窃发，于是内外戒严。加道子黄钺，元显领中军将军，命徐州刺史谢琰兼督吴兴、义兴军事以讨恩；刘牢之亦发兵讨恩，拜表辄行。

谢琰击斩许允之，迎魏隐还郡，进击丘尫，破之，与刘牢之转斗而前，所向辄克。琰留屯乌程，遣司马高素助牢之，进临浙江。诏以牢之都督吴郡诸军事。

初，彭城刘裕，生而母死，父翘侨居京口，家贫，将弃之。同郡刘怀敬之母，裕之从母也，生怀敬未期，走往救之，断怀敬乳而乳之。及长，勇健有大志。仅识文字，以卖履为业，好樗蒲，为乡闾所贱。刘牢之击孙恩，引裕参军事，使将数十人觇贼。遇贼数千人，即迎击之，从者皆死，裕坠岸下。贼临岸欲下，裕奋长刀仰斫杀数人，乃得登岸，仍大呼逐之，贼皆走，裕所杀伤甚众。刘敬宣怪裕久不返，引兵寻之，见裕独驱数千人，咸共叹息。因进击贼，大破之，斩获千余人。

初，恩闻八郡响应，谓其属曰："天下无复事矣，当与诸君朝服至建康。"既而闻牢之临江，曰："我割浙江以东，不失作勾践！"戊申，牢之引兵济江，恩闻之曰："孤不羞走。"遂驱男女二十余万口东走，多弃宝物、子女于道，官军竞取之，恩由是得脱，复逃入海岛。高素破恩党于山阴，斩恩所署吴郡太守陆瓌、吴兴太守丘尫、馀姚令吴兴沈穆夫。

东土遭乱，企望官军之至，既而牢之等纵军士暴掠，士民失望，郡县城中无复人迹，月余乃稍有还者。朝廷忧恩复至，以谢琰为会稽太守、都督五郡军事，帅徐州文武戍海浦。

以元显录尚书事。时人谓道子为东录，元显为西录；西府车骑填凑，东第门可张罗矣。元显无良师友，所亲信者率皆佞谀之人，或以为一时英杰，或以为风流名士。由是元显日益骄侈，讽礼官立议，以己德隆望重，既录百揆，百揆皆应尽敬。于是公卿以下，见元显皆拜。时军旅数起，国用虚竭，自司徒以下，日禀七升，而元显聚敛不已，富逾帝室。

　　殷仲堪恐桓玄跋扈，乃与杨佺期结昏为援。佺期屡欲攻玄，仲堪每抑止之。玄恐终为殷、杨所灭，乃告执政，求广其所统；执政亦欲交构，使之乖离，乃加玄都督荆州四郡军事，又以玄兄伟代佺期兄广为南蛮校尉。佺期忿惧。杨广欲拒桓伟，仲堪不听，出广为宜都、建平二郡太守。杨孜敬先为江夏相，玄以兵袭而劫之，以为咨议参军。

　　是岁，荆州大水，平地三丈，仲堪竭仓廪以赈饥民。桓玄欲乘其虚而伐之，乃发兵西上，亦声言救洛，与仲堪书曰："佺期受国恩而弃山陵，宜共罪之。今当入沔讨除佺期，已顿兵江口。若见与无贰，可收杨广杀之；如其不尔，便当帅兵入江。"时巴陵有积谷，玄先遣兵袭取之。

　　仲堪遣殷遹帅水军七千至西江口，玄使郭铨、苻宏击之，遹等败走。玄顿巴陵，食其谷；仲堪遣杨广及弟子道护等拒之，皆为玄所败。江陵震骇。

　　城中乏食，以胡麻廪军士。玄乘胜至零口，去江陵二十里，仲堪急召杨佺期以自救。佺期曰："江陵无食，何以待敌！可来见就，共守襄阳。"仲堪志在全军保境，不欲弃州逆走，乃绐之曰："比来收集，已有储矣。"佺期信之，帅步骑八千，精甲耀日，至江陵，仲堪唯以饭饷其军。佺期大怒曰："今兹败矣！"不见仲堪，与其兄广共击玄；玄畏其锐，退军马头。明日，佺期引兵急击郭铨，几获之；会玄兵至，佺期大败，单骑奔襄阳。仲堪出奔酂城。玄遣将军冯该追佺期及广，皆获而杀之，传首建康。佺期弟思平，从弟尚保、孜敬逃入蛮中。仲堪闻佺期死，将数百人将奔长安，至冠军城，该追获之，还至柞溪，逼令自杀，并杀殷道护。仲堪奉天师道，祷请鬼神，不吝财贿，而啬于周急；好为小惠以悦人，病者自为诊脉分药；用计倚伏烦密，而短于鉴略，故至于败。

【译文】

晋安帝隆安三年（己亥，公元399年）

　　癸未（正月二十六日），后燕大赦，改年号为长乐。后燕国主慕容盛每隔十天，亲自审理判决一次讼事，虽然并不加以严刑拷打，但也能获得很多真实情况。

南凉武威王秃发乌孤把都城迁到乐都,派遣他的弟弟西平公秃发利鹿孤镇守安夷,广武公秃发傉檀镇守西平,他的叔叔秃发素渥镇守湟河,另一个叔叔秃发若留镇守浇河,堂弟秃发替引镇守洪池岭以南的地区,另一个堂弟秃发洛回镇守廉川,派堂叔秃发吐若留镇守浩亹。对于其他夷族和汉族的一些贤俊杰出人士,也都根据他们的才能分别任命职务,或者在朝中官居显要位置,或者在地方上掌管郡县的事务,都得到了合适的安排。

　　秃发乌孤对大臣们说:"陇右、河西,本来不过就是几个郡大的地方,经受动乱之后,分裂成了十几个国家,吕氏、乞伏氏、段氏这三家势力最强大。现在我打算去攻取他们,应该先打哪一个?"杨统说:"乞伏氏本来是我们的一个部落,终究会归附我们。段业是一介书生,根本没有什么能力制造祸患,而且跟我们有很好的关系,进攻他不合道义。吕光衰老不堪,他的儿子吕绍又懦弱无能。吕纂、吕弘虽然很有才能,但内心互相猜忌。我们如果派浩亹、廉川两个郡的兵力乘虚轮流不断地进攻,吕氏一定会疲于奔命,不超过二年,就会军队劳累,百姓贫困,到那时,姑臧就可以谋取了。姑臧被我们拿下之后,乞伏氏和段氏这两伙强盗,不用等我们去攻打就会向我们投降了。"秃发乌孤说:"好!"

　　会稽王司马道子有病,而且又嗜酒成癖,没有一天不酩酊大醉。他的嫡长子司马元显知道他在朝廷已经没有声望。于是便委婉地劝说,请求朝廷解去了司马道子的司徒、扬州刺史职务。乙未(四月初十),安帝任命司马元显为扬州刺史。司马道子清醒之后知道了这件事,虽然忍不住暴跳如雷,但也没有办法。司马元显把庐江太守、会稽人张法顺作为自己的主要谋士,并且大量地引用亲信,树立党羽,朝中地位显贵的官员都以畏惧的心情对待他。

　　会稽王的嫡长子司马元显,知道自己还年轻,不打算马上担负起国家的重大责任。戊子(四月初四),朝廷任命琅邪王司马德文为司徒。

　　当初,北魏奋武将军张衮因为才干出众、谋略过人而得到北魏国主拓跋珪的信任与重用,把他当作心腹。拓跋珪向张衮询问中州的读书人谁比较有名,张衮荐举了卢溥和崔逞,拓跋珪都加以任用。

　　那时,拓跋珪围困中山城很长时间也没有攻克,部队的粮食非常缺乏,向群臣询问办法,当时崔逞是御史中丞,他回答说:"桑葚可以用来做辅助粮食。飞来飞去的猫头鹰吃了桑葚而改变了叫声,这是诗人说的。"拓跋珪虽然采纳了他的意见,允许百姓用桑葚充当地租交纳,但是却认为崔逞有意侮辱轻慢自己,记恨在心。后来后秦的军队进犯襄阳,东晋雍州刺史郗恢写信向北魏常山王拓跋遵求援说:"贤兄像猛虎那样纵横中原。"拓跋珪认为郗恢没有遵奉君臣之间的礼法,让张衮和崔逞代写回信,一定要贬斥东晋的君主。但张衮、崔逞在信中称东晋皇帝为"贵主"。拓跋珪见此,勃然大怒说:"我命令你们贬低他,你们却称他为'贵主',这怎么能和他叫我'贤兄'相比呢!"崔逞投降北魏的时候,天下正处在动乱之中,恐怕不再能遗留下后代,所以让他的妻子张氏和四个儿子留在冀州老家,崔逞自己与最小的儿子崔晴来到平城,他的妻子张氏和四个儿子便投奔了南燕。拓跋珪把这几件事加在一起责问崔逞,下令让他自杀。卢溥接受后燕的官位和命令,侵犯袭掠北魏的郡县,又杀了北魏幽州刺史封沓干。拓跋珪认为张衮所举荐的人都不好,因此把张衮贬为尚书令史。张衮于是从此紧闭大门,不与外边来往,只是整天地校勘经史典籍,一年多之后去世。

南燕王慕容德派遣使节前去游说东晋幽州刺史辟闾浑,打算拿下幽州,辟闾浑没有听从他们的劝告。慕容德派遣北地王慕容钟率领步、骑兵共两万人进攻辟闾浑。慕容德向前推进占据琅邪,徐州、兖州的百姓归附他的有十多万人。慕容德带兵从琅邪向北进发,任命南海王慕容法为兖州刺史,镇守梁父。然后又进攻莒城,东晋守将任安放弃城池逃走,慕容德任命潘聪为徐州刺史,镇守莒城。当年兰汗之乱时,后燕吏部尚书封孚向南投奔辟闾浑,辟闾浑向朝廷奏报,任命他做了勃海太守。慕容德来到的时候,封孚出城投降,慕容德非常高兴地说:"孤得到青州并不觉得是大喜的事,可喜的是我得到了你。"于是,把朝廷机密要事交给封孚掌管处理。后燕北地王慕容钟向青州的各郡传布檄文,向他们申明祸福、利害关系。辟闾浑把八千多户居民迁徙到广固去据守,又派司马崔诞去戍守薄荀固,派平原太守张豁戍守柳泉。崔诞、张豁接到慕容钟的檄文后,都向慕容德投降。辟闾浑非常害怕,便携带着妻子儿女,向北魏奔逃,慕容德派遣射声校尉刘纲前去追赶他,追到莒城把他杀了。辟闾浑的儿子辟闾道秀,自己去面见慕容德,请求让他与他的父亲一块死。慕容德叹息说:"父亲虽然不忠,但是他的儿子却能尽孝。"特地赦免了辟闾道秀。辟闾浑的参军张瑛曾经为辟闾浑草拟檄文,文中措辞大多不逊,慕容德把他抓住后谴责他。但张瑛神色自然，慢慢地说："辟间浑有我，就好像韩信有蒯通一样。蒯通遇到了汉高祖刘邦而能生存，我与陛下遭遇却要死，与古人相比，我只能觉得是一种不幸罢了！"慕客德把他杀了。于是，南燕定都在广固。

后秦国主姚兴因为天灾和异兆多次出现，降低名号，由皇帝改称王，并下达诏书，命令诸公卿、将帅、地方官吏，全部降职一级。下令大赦，改年号为弘始；安抚慰问孤寡之人与贫苦百姓，选举荐拔贤才俊士；简化缓和法令制度，清正明确地处理诉讼案件。地方官吏有政绩的奖赏，贪婪残暴的人诛杀。国中无论远近，秩序井然。

会稽王的嫡长子司马元显，生性严酷刻薄，对人的生死，随心所欲地处置。他下令征召东方各郡中解除奴户身份而变成客户的人，把他们称为乐属，迁移到京师去居住，用作后备兵源，忧愁笼罩在东方各郡的广大土地之上，百姓深感痛苦。

逃到海上去的孙恩因为百姓骚动不安，从海岛上率领他的部众，杀死了上虞令，进而对会稽发起了猛攻。会稽内史王凝之，是王羲之的儿子，世代信奉天师道，他既不出兵也不设防戒备，只是每天去道堂上磕头念咒。手下官员请求派兵出城讨伐孙恩，王凝之说："我已请来了得道大仙，借来了鬼兵把守各个险要关卡，每个地方都有几万鬼兵，盗贼不值得担忧。"等到孙恩的兵马越来越近，才允许发兵抗敌，可是孙恩的大军已经到了郡城之下。甲寅（疑误），孙恩攻克了会稽城，王凝之逃出城去，被孙恩抓住杀了，同时还杀了他的几个儿子。

孙恩占据了会稽，自称为征东将军，逼迫士人充当他的属官，并把手下的人称作"长生人"，百姓中如果有不跟随他的人，就连婴孩一起杀掉，因此，民众死在他的刀下的有十分之七八。他甚至把一些县令的尸体剁成肉酱，集合他们自己的妻子儿女吃下去，如果拒绝吃，便被肢解分尸。他们路过一个地方便抢掠财物，烧毁房屋和官府的仓库，砍伐树木，填堵水井，民众相随着来到会稽聚集，有的妇女怀中有婴儿，不能跟他们一起去的，便被投到水中，说："恭喜你先走一步登上天堂仙境，我一定会随后来找你的。"孙恩向安帝上表，历数会稽王司马道子和他的嫡长子司马元显的罪状，请求杀掉他们。

自从安帝即位以来，朝内朝外都是变乱丛生，石头城以南的地区都被荆州、江州所占据，以西的地区又全都归豫州所专有，京口地区以及长江以北都是刘牢之以及广陵相高雅之控制的地盘,朝廷政令所能达到、通行的地方,只有三吴这一小片地域。孙恩作乱之后,三吴的八郡又都被孙恩攻占,京畿几个县,也盗贼祸乱四起,孙恩的党羽也有潜伏在建康城中的人,因此人们心情恐惧,经常担心会发生什么意想不到的变乱,朝廷只好宣布全国戒严。安帝加授给司马道子黄钺,任命司马元显为中军将军,徐州刺史谢琰兼督吴兴、义兴等郡军事,来讨伐孙恩。刘牢之也出动军队征讨孙恩,向朝廷呈上奏章之后立即出师。

东晋徐州刺史谢琰击杀了许允之,迎接魏隐回到了郡城,然后进军,袭败丘尪。谢琰与刘牢之边战边前进,所到之处,每攻必克。谢琰留在乌程屯扎,派遣司马高素前去为刘牢之助战,开进到浙江附近。这时,朝廷下诏,任命刘牢之都督吴郡诸军事。

当初,彭城人刘裕生下来后,母亲便死了。他的父亲刘翘客居京口,家境贫苦,想把他扔掉。同郡人刘怀敬的母亲是刘裕的姨母,她生下刘怀敬还不到一年,便来到刘裕的家把刘裕救了下来,断了刘怀敬的奶来喂养刘裕。刘裕长大后,异常勇武健壮,胸怀远大志向。他识字不多,依靠贩卖鞋子维持生计,又爱好樗蒲这种赌博游戏,被同村的人们所轻视。刘牢之征讨孙恩,把刘裕征召来任参军事,派他带几十个人去探听变民军队的动静。遇上一支数千人的变民军队,便立即迎上前去攻击,跟他同来的士兵全部被杀死,刘裕跌进岸下。变民士兵来到河岸边准备下去,刘裕奋勇地挥舞长杆大刀,仰面朝上砍杀了数名敌人,才得以重新登上岸来,仍然大声吼叫着追杀敌人,敌人全部逃走。刘裕杀死杀伤的人非常之多。刘敬宣奇怪刘裕为什么这么久没有回来,带着兵出去寻找他,正好看见刘裕一个人驱赶砍杀几千人的敌兵,大家同声感叹,于是趁机冲上前去一起追杀变民军队,将他们打得大败,斩杀的与抓获的加起来有一千多人。

当初,孙恩听说八个郡的变民起来响应他,对他的僚属说:"天下再也不会有什么大事了,我将与诸位一起穿着朝廷的官服,到建康去。"不久听说刘牢之带兵来到浙江边上,他说:"我即使割据浙江以东的地区,不失作越王勾践。"戊申(十二月二十六日),刘牢之带领大军渡过浙江,孙恩听说后说:"我并不觉得逃走就是羞辱。"于是驱赶裹胁男女百姓二十多万人向东逃走,一路上扔掉了许多金银财宝和妇女孩童,官军在路上竞相争抢拣取他们扔下的东西,孙恩因此才得以逃脱，再一次跑进了海岛。高素在山阴击败了孙恩的党羽，杀了孙恩委任的吴郡太守陆瓌、吴兴太守丘尪、馀姚令吴兴人沈穆夫。

东部地区的几个郡遭逢战乱，盼望朝廷官军到来。不久，刘牢之等人放纵军士大肆抢掠，士人、百姓大失所望，各郡各县城中再也看不见人的踪迹。一个多月之后才渐渐有人回来。朝廷担心孙恩再来，任命谢琰为会稽太守、都督五郡军事，统率他的徐州旧部文武官员在东海沿线驻防戍守。

安帝任命司马元显录尚书事。当时的人称司马道子是东录，司马元显是西录。西录府门前车马拥挤不堪；东录府门前却冷落得可以张开罗网捕雀。司马元显没有一个正派的老师或者朋友，他亲信的人都是阿谀奸佞的小人，有的说他是举世无双的英杰，有的说他是风流潇洒的名士。从此，司马元显一天比一天骄纵奢侈，竟暗示礼官提议，说因为他自己德性隆高，深孚众望，既然已经统领文武百官，文武百官便应该对他示敬。从此公卿以下的所有官员，见到司马元显都实行跪拜之礼。当时军队几次征伐，国库空虚枯竭，司徒以下的官员，每天只能领七升粮食，但司马元显却仍然不停地搜刮民财、聚敛钱物。其富有竟然超过帝室。

殷仲堪担心桓玄过于专横暴戾，就与杨佺期结成姻亲，互为助援。杨佺期几次打算进攻桓玄，每次都是殷仲堪竭力阻止。桓玄也恐怕自己最终被殷仲堪、杨佺期剿灭，于是向朝中的掌权者要求扩大他所统领的地区。朝中掌权者也打算在他们之间制造矛盾，使他们的联盟解体，于是加任桓玄为都督荆州四郡军事，同时，让桓玄的哥哥桓伟代替杨佺期的哥哥杨广做了南蛮校尉。杨佺期既气愤又害怕。杨广本想拒绝桓伟前来接任，但殷仲堪不允许，把杨广调出做宜都、建平两个郡的太守。杨孜敬原来是江夏相，桓玄派兵去袭击，并劫持了他，任命他做了自己的咨议参军。

这一年，荆州暴雨成灾，洪水泛滥，平地的水达三丈。殷仲堪把府库中的储备粮全部拿出来赈济饥民。桓玄打算趁他内部空虚的时候征讨他，于是发动军队向西进发，也声言要去救助洛阳，并给殷仲堪写信说："杨佺期接受国家的恩宠，但是放弃帝王的坟墓陵寝不管，我们应该一起向他兴师问罪。现在应当进入沔水讨伐杨佺期，我已经在沔水入长江口这一带集结了兵力。如果你的看法与我没有差别，可将杨广抓起来杀掉；如果不这样做，我就要率大军进入长江，攻击江陵。"这时，巴陵还有积存的粮食，桓玄首先派兵去袭击夺取。

殷仲堪派殷遹率领水军七千人到达西江口，桓玄派郭铨、符宏进攻他，殷遹等败走。桓玄驻扎在巴陵，吃的是殷仲堪留下的粮食。殷仲堪派遣杨广和自己的侄儿殷道护等人带兵抵抗，全部被桓玄打败。江陵一带为此大为震惊恐惧。

江陵城中缺乏粮食，只能把胡麻发给士兵充饥。桓玄乘胜到达零口，距离江陵只有二十里远。殷仲堪急忙写信召请杨佺期前来救援自己。杨佺期却说："江陵没有粮草，用什么来对付敌人！你可以屈尊到我这里来，我们一起据守襄阳。"殷仲堪的愿望在于保全自己的部队和地盘，不打算放弃自己的州属到别处流亡，于是欺骗杨佺期说："最近我们征集到了许多粮草，已经有所储备了。"杨佺期相信了他，率步、骑兵共八千人，兵士精壮，铠甲闪光，到达江陵后，殷仲堪只能用一些米饭来犒饷他的军队。杨佺期十分生气地说："这一次必败无疑了！"连殷仲堪也不去会见，便与他的哥哥杨广一起向桓玄发动进攻。桓玄害怕他的锐气，把部队退到马头。第二天，杨佺期又带兵紧急攻打郭铨，几乎抓到了郭铨，恰好赶上桓玄的兵马来到，杨佺期军队大败溃散，他一个人骑着马逃奔襄阳。殷仲堪也逃奔酂城。桓玄派遣将军冯该追捕杨佺期和杨广，把他们全部抓住杀掉了，又把他们的人头送到建康。杨佺期的弟弟杨思平，堂弟杨尚保、杨孜敬逃到蛮族地区。殷仲堪听说杨佺期已死，带着几百人正要投奔长安，走到冠军城，冯该带兵追上并把他抓了起来，回到柞溪，逼迫他自杀，并且杀死了殷道护。殷仲堪信奉天师道，向鬼神祈祷祭祀从不吝惜钱财，对周济急需帮助的人却过于小气。他喜欢用一些小恩惠来取得别人的欢心，遇到有病的人亲自为他把脉诊治，开方分药。他工于心计，使用计谋时过于烦琐缜密，但是却缺乏远见卓识和雄才大略。所以导致惨败。

【原文】

四年（庚子，400年）

桓玄既克荆、雍，表求领荆、江二州。诏以玄为都督荆、司、雍、秦、梁、益、宁七州诸军事、荆州刺史，以中护军桓修为江州刺史。玄上疏固求江州；于是进玄督八州及扬·豫八郡诸军事，复领江州刺史。玄辄以兄伟为雍州刺史，朝廷不能违。又以从子振为淮南太守。

初，陇西李暠好文学，有令名。尝与郭黁及同母弟敦煌宋繇同宿，黁起谓繇曰："君当位极人臣，李君终当有国家，有骡马生白额驹，此其时也。"及孟敏为沙州刺史，以暠为效穀令；宋繇事北凉王业，为中散常侍。孟敏卒，敦煌护军冯翊郭谦、沙州治中敦煌索仙等以暠温毅有惠政，推为敦煌太守。暠初难之。会宋繇自张掖告归，谓暠曰："段王无远略，终必无成。兄忘郭黁之言邪？白额驹今已生矣。"暠乃从之，遣使请命于业；业因以暠为敦煌太守。

右卫将军敦煌索嗣言于业曰："李暠不可使处敦煌。"业遂以嗣代暠为敦煌太守，使帅五百骑之官。嗣未至二十里，移暠迎己；暠惊疑，将出迎之。效穀令张邈及宋繇止之曰："段王暗弱，正是英豪有为之日；将军据一国成资，奈何拱手授人！嗣自恃本郡，谓人情附己，不意将军猝能拒之，可一战擒也。"暠从之。先遣繇见嗣，啖以甘言。繇还，谓暠曰："嗣志骄兵弱，易取也。"暠乃遣邈、繇与其二子歆、让逆击嗣，嗣败走，还张掖。暠素与嗣善，尤恨之，表业请诛嗣。沮渠男成亦恶嗣，劝业除之；业乃杀嗣，遣使谢暠，进暠都督凉兴以西诸军事、镇西将军。

西秦王乾归使武卫将军慕兀等屯守，秦军樵采路绝，秦王兴潜引兵救之。乾归闻之，使慕几帅中军二万屯柏杨，镇军将军罗敦帅外军四万屯侯辰谷，乾归自将轻骑数千前候秦兵。会大风昏雾，与中军相失，为追骑所逼，入于外军。旦，与秦战，大败，走归苑川，其部众三万六千皆降于秦。兴进军枹罕。

乾归奔金城，谓诸豪帅曰："吾不才，叨窃名号，已逾一纪，今败散如此，无以待敌，欲西保允吾。若举国而去，必不得免；卿等留此，各以其众降秦，以全宗族，勿吾随也。"皆曰："死生愿从陛下。"乾归曰："吾今将寄食于人，若天未亡我，庶几异日克复旧业，复与卿等相见，今相随而死，无益也。"乃大哭而别。乾归独引数百骑奔允吾，乞降于武威王利鹿孤，利鹿孤遣广武公傉檀迎之，置于晋兴，待以上宾之礼。镇北将军秃发俱延言于利鹿孤曰："乾归本吾之属国，因乱自尊，今势穷归命，非其诚款，若逃归姚氏，必为国患，不如徙置乙弗之间，使不得去。"利鹿孤曰："彼穷来归我，而逆疑其心，何以劝来者！"俱延，利鹿孤之弟也。

秦兵既退，南羌梁戈等密招乾归，乾归将应之。其臣屋引阿洛以告晋兴太守阴畅，畅驰白利鹿孤，利鹿孤遣其弟吐雷帅骑三千屯扪天岭。乾归惧为利鹿孤所杀，谓其太子炽磐曰："吾父子居此，必不为利鹿孤所容。今姚氏方强，吾将归之，若尽室俱行，必为追骑所及，吾以汝兄弟及汝母为质，彼必不疑，吾在长安，彼终不敢害汝也。"乃送炽磐等于西平。八月，乾归南奔枹罕，遂降于秦。

冬，十一月，高雅之与孙恩战于馀姚，雅之败，走山阴，死者什七、八。诏以刘牢之都督会稽等五郡，帅众击恩，恩走入海。牢之东屯上虞，使刘裕戍句章。吴国内史袁崧筑沪渎垒以备恩。崧，乔之孙也。

乞伏乾归至长安，秦王兴以为都督河南诸军事、河州刺史、归义侯。

久之，乞伏炽磐欲逃诣乾归，武威王利鹿孤追获之。利鹿孤将杀炽磐，广武公傉檀曰："子而归父，无足深责，宜有之以示大度。"利鹿孤从之。

北凉晋昌太守唐瑶叛，移檄六郡，推李暠为冠军大将军、沙州刺史、凉公、领敦煌太守。暠赦其境内，改元庚子。以瑶为征东将军，郭谦为军咨祭酒，索仙为左长史，张邈为右长史，尹建兴为左司马，张体顺为右司马。遣从事中郎宋繇东伐凉兴，并击玉门已西诸城，皆下之。

珪常以燕主垂诸子分据势要，使权柄下移，遂至败亡，深非之。博士公孙表希旨，上《韩非书》，劝珪以法制御下。左将军李粟性简慢，常对珪舒放不肃，咳唾任情；珪积其宿过，遂诛之，群下震栗。

是岁，南燕王德即皇帝位于广固，大赦，改元建平。更名备德，欲使吏民易避。

【译文】

四年（庚子，公元400年）

桓玄攻克了荆州、雍州之后，向朝廷上疏请求管辖江、荆二州。安帝下诏，任命桓玄为都督荆、司、雍、秦、梁、益、宁七州诸军事，荆州刺史；任命中护军桓修为江州刺史。桓玄再次上疏，坚持要兼管江州，于是朝廷提升桓玄督八州及扬、豫等八郡诸军事，再兼江州刺史。桓玄便擅自任命他的哥哥桓伟为雍州刺史，朝廷不敢拒绝。他又任命自己的侄儿桓振为淮南太守。

当初，陇西人李暠喜爱文学，有很好的名声。他曾经与郭黁以及异父同母兄弟敦煌人宋繇住在一起，郭黁起身对宋繇说："你将来一定官至极品，你的哥哥李君最终一定会拥有一个国家。母马生下白额毛的小马驹，就是你们出人头地的时候。"孟敏任沙州刺史时，提升李暠任效穀令。宋繇则为北凉王段业做事，任中散常侍。孟敏死后，敦煌护军冯翊人郭谦、沙州治中敦煌人索仙等人，认为李暠性情温和坚毅，能够施行仁政，推举他做了敦煌太守。李暠一开始觉得为难，正好赶上宋繇从张掖请假回家，对李暠说："段王没有什么远谋大略，最后一定不会有什么成就建树。哥哥难道忘了郭黁说的话吗？白额头的小马驹现在已经降生了。"李暠听从了他的劝告，派遣信使去向段业请求任命。段业便任命李暠为敦煌太守。

右卫将军、敦煌人索嗣对段业说："李暠这个人，不可让他在敦煌久留。"段业于是让索嗣去代替李暠做敦煌太守，命令他带着五百名骑兵上任。索嗣到了离敦煌二十里的地方，通知李暠前来迎接自己。李暠疑虑重重，准备出城去迎接。效穀令张邈和宋繇等人阻止他说："段王昏庸懦弱，这正是英雄豪杰大有可为的天赐良机。将军您具有建立一个国家的现成条件，怎么能够拱手送给别人呢！索嗣自己依仗是本郡的人，以为人们一定会归附他，绝对不会意料到将军能突然对他进行阻击，可以一次战斗就把他抓住。"李暠依从了他们的建议。他先派宋繇前去拜见索嗣，用恭顺虔诚的好话将他稳住。宋繇回来后，对李暠说："索嗣骄傲轻慢，兵力极弱，容易取胜。"李暠于是派遣张邈、宋繇以及他的两个儿子李歆、李让，带兵攻击索嗣，索嗣大败而走，逃回张掖。李暠向来与索嗣关系很好，所以对他这样排挤自己尤其痛恨，于是，他向段业上疏，请求处死索嗣。辅国将军沮渠男成也非常讨厌索嗣，也劝段业除掉他。段业果然杀掉索嗣，派遣使者向李暠去道歉，提升他为都督凉、兴以西诸军事、镇西将军。

西秦王乞伏乾归，派武卫将军慕兀等人屯兵，后秦军砍柴的路被切断。后秦姚兴偷偷地带领部队前去援救。乞伏乾归听说后，派慕兀率中军二万人去柏杨驻守，镇军将军罗敦率外军四万人去侯辰谷驻守，乞伏乾归自己带领几千名轻骑兵迎上前去探听后秦军，正赶上狂风大作，遮天蔽日，失去了与中军的联络，被后秦追击的骑兵所逼，跑进了外军驻守的防地。第二天早晨，与秦兵展开激战，大败，逃回苑川。他的部众三万六千人都向后秦军投降。姚兴乘胜指挥后秦部队，进军枹罕。

乞伏乾归逃奔金城，对各位将帅豪俊说："我没有才能，勉强地承受这不该属于我的帝王名号，已经有十三年了，今天惨败到这样的程度，没有办法抗击敌寇，我打算到西部去据守允吾。但如果我们全国的兵马都到那里去，大家一定不能幸免。所以，你们就留在此地，各自带领着部队投降后秦，保全我们的宗嗣，千万不要再追随我了。"大家都说："我们无论生死，都甘愿跟从您。"乞伏乾归说："我现在准备去别人那里找口饭吃，如果老天不让我们亡国，说不定哪一天能重新恢复我们的旧业，那时就可以再和你们见面了。现在你们跟着我死，没什么好处啊！"于是，君臣相对大哭，洒泪而别。乞伏乾归只带几百名骑兵投奔允吾，向南凉武威王秃发利鹿孤请求投降。秃发利鹿孤派遣广武公秃发傉檀前去迎接，把他们安置在晋兴，用贵宾的礼节对待他们。镇北将军秃发俱延对秃发利鹿孤说道："乞伏乾归本来就是我们的附庸国，趁乱自己称王。现在他们日暮途穷，来到我们这里归附听命，绝不是出于真心。如果再逃去归附后秦姚氏，一定会成为我们的祸患。不如把他们迁移到乙弗一带，让他们没有办法逃跑。"秃发利鹿孤说："人家没有办法才跑来归附我们，我们却怀疑他的心意不诚，这样，我们以后怎么招劝别人前来归附！"秃发俱延是秃发利鹿孤的弟弟。

后秦军撤退之后，南羌部落的首领梁戈等人秘密派人接请乞伏乾归回去。乞伏乾归准备答应。他的臣下屋引阿洛把这件事告诉了晋兴太守阴畅，阴畅马上去告诉秃发利鹿孤。秃发利鹿孤派遣他的弟弟秃发吐雷率领骑兵三千人进驻扣天岭。乞伏乾归害怕被秃发利鹿孤杀掉，对他的太子乞伏炽磐说："我们父子住在这里，一定不能被秃发利鹿孤容留。现今，姚氏的后秦正是最强大的时候，我就要去归顺他们，如果我们全家都去，一定会被追击的骑兵抓住，但我把你们兄弟和你们的母亲当人质，秃发利鹿孤一定不会怀疑，我在长安落下脚之后，他们也就不敢害你们了。"乞伏乾归便把乞伏炽磐等人送到西平。八月，乞伏乾归向南逃奔到枹罕，向后秦投降。

冬季，十一月，东晋宁朔将军高雅之与孙恩在馀姚交战，高雅之大败，向山阴逃跑，战死的兵卒有十分之七八。朝廷下诏，任命刘牢之都督会稽等五个郡，统帅兵众攻击孙恩，孙恩被迫逃回大海。刘牢之向东在上虞驻扎，派遣刘裕去戍守句章。吴国内史袁山松修筑沪渎垒，用来防备孙恩的袭击。袁山松是袁乔的孙子。

乞伏乾归来到长安，后秦王姚兴让他担任都督河南诸军事、河州刺史，封为归义侯。

时间长了之后，在南凉国中做人质的乞伏炽磐也打算逃到父亲乞伏乾归那里去。半路上被南凉武威王秃发利鹿孤追上抓住。秃发利鹿孤准备杀了乞伏炽磐，广武公秃发傉檀说："儿子要去归附父亲，没有什么值得过于指责的，我看应该原谅他，好显示我们气度宽宏。"秃发利鹿孤听从了他的劝告。

北凉晋昌太守唐瑶叛变，并向其他六郡送去檄文，推举镇西将军李暠为冠军大将军、沙州刺史、凉公，兼任敦煌太守。李暠在他所管辖的范围内实行大赦，改年号为庚子。任命唐瑶为征东将军，郭谦为军咨祭酒，索仙为左长史，张邈为右长史，尹建兴为左司马，张体顺为右司马。派遣从事中郎宋繇向东去讨伐凉兴，并向玉门以西地区的那些城池发动进攻，宋繇把这些城池全部攻克。

拓跋珪常常认为，后燕国主慕容垂让自己的儿子分别把持要害地方，使大权下移，才导致自己的失败灭亡，他觉得这种做法非常错误。博士公孙表迎合他的意思，向他呈上了《韩非子》，劝说拓跋珪用严格的法令制度来驾驭属下，左将军李栗性格傲慢无礼，常常对拓跋珪随意放纵、十分不敬，甚至咳痰吐唾沫，也是无所顾忌。拓跋珪把他以往的这些过失加在一起，于是把他斩了，下属百官为此震惊惧怕。

这年，南燕王慕容德，在广固即皇帝位。实行大赦，改年号为建平，把自己的名字改为慕容备德，打算让官民在以后避讳起来容易些。

资治通鉴第一百一十二卷

晋纪三十四

【原文】

安皇帝丁隆安五年（辛丑，401年）

春，正月，武威王利鹿孤欲称帝，群臣皆劝之。安国将军鍮勿仑曰："吾国自上世以来，被发左衽，无冠带之饰，逐水草迁徙，无城郭室庐，故能雄视沙漠，抗衡中夏。今举大号，诚顺民心。然建都立邑，难以避患，储蓄仓库，启敌人心；不如处晋民于城郭，劝课农桑以供资储，帅国人以习战射，邻国弱则乘之，强则避之，此久长之良策也。且虚名无实，徒足为世之质的，将安用之！"利鹿孤曰："安国之言是也。"乃更称河西王，以广武公傉檀为都督中外诸军事、凉州牧、录尚书事。

三月，孙恩北趣海盐，刘裕随而拒之，筑城于海盐故治。恩日来攻城，裕屡击破之，斩其将姚盛。城中兵少不敌，裕夜偃旗匿众，明晨开门，使羸疾数人登城。贼遥问刘裕所在。曰："夜已走矣。"贼信之，争入城。裕奋击，大破之。恩知城不可拔，乃进向沪渎，裕复弃城追之。

六月，甲戌，孙恩浮海奄至丹徒，战士十余万，楼船千余艘，建康震骇。乙亥，内外戒严，百官入居省内；冠军将军高素等守石头，辅国将军刘袭栅断淮口，丹阳尹司马恢之戍南岸，冠军将军桓谦等备白石，左卫将军王嘏等屯中堂，征豫州刺史谯王尚之入卫京师。

刘牢之自山阴引兵邀击恩，未至而恩已过，乃使刘裕自海盐入援。裕兵不满千人，倍道兼行，与恩俱至丹徒。裕众既少，加以涉远疲劳，而丹徒守军莫有斗志。

恩帅众鼓噪，登蒜山，居民皆荷担而立。裕帅所领奔击，大破之，投崖赴水者甚众，恩狼狈仅得还船。然恩犹恃其众，寻复整兵径向京师。后将军元显帅兵拒战，频不利。会稽王道子无他谋略，唯日祷蒋侯庙。恩来渐近，百姓恟惧。谯王尚之帅精锐驰至，径屯积弩堂。恩楼船高大，溯风不得疾行，数日乃至白石。恩本以诸军分散，欲掩不备；既而知尚之在建康，复闻刘牢之已还，至新洲，不敢进而去，浮海北走郁洲。恩别将攻陷广陵，杀三千人。宁朔将军高雅之击恩于郁洲，为恩所执。

梁中庸等共推沮渠蒙逊为大都督、大将军、凉州牧、张掖公，赦其境内，改元永安。蒙逊署从兄伏奴为张掖太守、和平侯，弟挐为建忠将军、都谷侯，田昂为西郡太守，臧莫孩为辅国将军，房晷、梁中庸为左右长史，张鹫、谢正礼为左右司马；擢任贤才，文武咸悦。

诏以刘裕为下邳太守，讨孙恩于郁洲，累战，大破之。恩由是衰弱，复缘海南走，裕亦随而邀击之。

燕王盛惩其父宝以懦弱失国，务峻威刑，又自矜聪察，多所猜忌，群臣有纤介之嫌，皆先事诛之，由是宗亲、勋旧，人不自保。丁亥，左将军慕容国与殿上将军秦舆、段赞谋帅禁兵袭盛，事发，死者五百余人。壬辰夜，前将军段玑与秦舆之子兴、段赞之子泰潜于禁中鼓噪大呼；盛闻变，帅左右出战，贼众逃溃。玑被创，匿厢屋间。俄有一贼从暗中击盛，盛被伤，辇升前殿，申约禁卫，事定而卒。

秦陇西公硕德围姑臧累月，东方之人在城中者多谋外叛，魏益多复诱扇之，欲杀凉王隆及安定公超，事发，坐死者三百余家。硕德抚纳夷、夏，分置守宰，节食聚粟，为持久之计。

凉之群臣请与秦连和，隆不许。安定公超曰："今资储内竭，上下嗷嗷，虽使张、陈复生，亦无以为策。陛下当思权变屈伸，何爱尺书、单使为卑辞以退敌！敌去之后，修德政以息民，若卜世未穷，何忧旧业之不复！若天命去矣，亦可以保全宗族。不然，坐守困穷，终将何如？"隆乃从之，九月，遣使请降于秦。硕德表隆为镇西大将军、凉州刺史、建康公。隆遣子弟及文武旧臣慕容筑、杨颖等五十余家人质于长安。硕德军令严整，秋毫不犯，祭先贤，礼名士，西土悦之。

沮渠蒙逊所部酒泉、凉宁二郡叛降于西凉，又闻吕隆降秦，大惧，遣其弟建忠将军挚、牧府长史张潜见硕德于姑臧，请帅其众东迁。硕德喜，拜潜张掖太守，挚建康太守。潜劝蒙逊东迁。挚私谓蒙逊曰："姑臧未拔，吕氏犹存，硕德粮尽将还，不能久也，何为自弃土宇，受制于人乎！"臧莫孩亦以为然。

十一月，刘裕追孙恩至沪渎、海盐，又破之，俘斩以万数，恩遂自浃口远窜入海。

桓玄表其兄伟为江州刺史，镇夏口；司马刁畅为辅国将军、督八郡军事，镇襄阳；遣其将皇甫敷、冯该戍湓口。移沮、漳蛮二千户于江南，立武宁郡；更招集流民，立绥安郡。诏征广州刺史刁逵、豫章太守郭昶之，玄皆留不遣。

【译文】

晋安帝隆安五年（辛丑，公元401年）

春季，正月，南凉武威王秃发利鹿孤准备称皇帝，大臣们也都一致劝他进位。只有安国将军鍮勿仑说："我们国家自从祖先到现在，都习惯于披散头发，左边开衣襟，从来没有帽子腰带之类的装饰，只是追逐选择有水、有草的地方不断迁徙居住，没有城郭家室居所的拖累，所以我们能够在沙漠的各部族中称雄，与中原的汉族人相抗衡。现在提高为皇帝的名号，当然是顺应民心的事情，但是，如果设立都城，建筑固定的居住地，那么，就很难灵活地躲避战乱；如果把我们的积蓄全部储存在仓库之中，又容易引起敌人贪心，所以，我看不如把汉人安置在城郭之中，鼓励他们从事农田、养蚕，来供应我们的给养储备。同时再统领我们本族的人进行战斗射箭的训练。一旦我们相邻的国家弱小，那么我们就乘机把它吞并；相邻的国家强大，那么我们也可以随时躲避。这才是长久的好策略。况且，帝王的虚名，没有什么实际的意义，只是足够做世人的刀砧箭靶，成为别人攻击的目标，还能拿它干什么用呢？"秃发利鹿孤说："安国将军所说的太对了。"于是改称为河西王，又任命广武公秃发傉檀为都督中外诸军事、凉州牧、录尚书事。

三月，孙恩又回到大陆，向北逼近海盐。刘裕紧追不放，与他抵抗，在海盐的旧城址上修筑阵地。孙恩几乎每天都来对刘裕阵地发动进攻，但刘裕几次都把孙恩击败，斩杀了他的将领姚盛。城里的部队因为太少难以抵挡，刘裕当夜就把战旗全部放倒，把精锐部队埋伏起来，第二天早晨打开城门，让几个老弱残兵登上城墙，变民部队一看，远远地向他们打听刘裕到哪里去了。他们说："昨天夜里已经逃跑了。"那些变民部队的士卒相信了他们的话，争先恐后地进了城。刘裕突然向他们发动了猛攻，将变民部队打得大败。孙恩知道不可能把这座城攻克，于是改向沪渎进军，刘裕便也放弃了这座城池，追击孙恩。

六月，甲戌（初一），孙恩从海上发兵，突然出现在丹徒，有士兵十多万人，战舰一千多艘。这使东晋的都城建康大为震惊恐慌。乙亥（初二），东晋都城内外戒严，文武百官全部聚集在台省机构内居住，随时办公。冠军将军高素等人据守石头，辅国将军刘袭则带兵用木栅栏将淮口切断，丹阳尹司马恢之戍守在长江南岸，冠军将军桓谦等人在白石驻防，左卫将军王嘏等屯兵中堂，征召豫州刺史谯王司马尚之来京师卫守。

刘牢之从山阴带兵前来截击孙恩，还没有赶到，孙恩的兵马已经过去了，于是，他让刘裕从海盐迅速赶来援助。刘裕的兵众一共也不满一千人，日夜兼程，一路急行军才与孙恩的部队几乎同时赶到了丹徒。刘裕的兵卒本来就少，再加上赶很远的路，已经疲惫不堪，而丹徒原有的东晋守军又没有丝毫的斗志。孙恩率领他的部队一齐高声呐喊，擂鼓助威，登上了蒜山，而当地的居民则都挑着担子站在那里。刘裕率领着他手下的士兵奔向前去，对孙恩部队发动攻击，并把他们打得大败，变民从山崖上摔下，落入水中淹死的非常多，孙恩也仓皇狼狈得仅仅逃回到船上，才保住了命。但是他仍然依仗他自己的兵多，很快便重新整顿好部队，径直向京师开进了。后将军司马元显率领部队前来迎战，但却不断地战败失利。会稽王司马道子没有其他办法，只是天天去到蒋侯庙去祭祀祈祷。孙恩的部队距离建康已经越来越近了，百姓人心惶惶，非常恐惧。谯王司马尚之统领着他的精锐部队及时赶到，直接驻守在积弩堂。孙恩的战舰非常高大，逆风行驶速度便无法加快，所以几天之后才到达白石。孙恩本来以为东晋各支部队驻守的地区比较分散，因此打算趁他们没有准备，发动突然袭击。但是到达白石后，得知司马尚之的部队正在建康，又听说刘牢之也已经回军，据守在新洲，所以，他再也不敢继续前进，只好回军，从海路，向北直扑郁洲。孙恩手下的其他将领攻克了广陵，杀死了三千人。宁朔将军高雅之在郁洲向孙恩发动进攻，却被孙恩的军队抓获。

北凉武卫将军梁中庸等人，一起推举沮渠蒙逊担任大都督、大将军、凉州牧、张掖公，他下令在他所管辖的范围内实行大赦，改年号为永安。沮渠蒙逊又任命他的堂兄沮渠伏奴为张掖太守、和平侯，任命他的弟弟沮渠挐为建忠将军、都谷侯，田昂为西郡太守，命臧莫孩为辅国将军，房晷、梁中庸为左右长史，张鹭、谢正礼为左右司马。这样，他擢升、任用的都是贤明有才干的人物，文武官员都感到很舒心、很高兴。

东晋朝廷下诏，任命刘裕为下邳太守，命他去郁洲征讨孙恩，几次接战，都把变民部队打得大败，孙恩的势力从此衰弱下来，再一次沿海向南败逃，刘裕也紧追不放，不断地向孙恩部队发动进攻。

后燕王慕容盛鉴于他的父亲慕容宝因为过于懦弱，所以才丢掉国家大权的教训，所以，一心要加强自己的威严，施刑苛刻，加上他又自以为很明察，对手下的很多人都非常猜疑嫉恨，大臣们稍有一点嫌疑，他都先杀掉再说，因此，即便是王室宗亲，功臣元老，也都不能自保。丁亥（十五日），左将军慕容国与殿上将军秦舆、段赞阴谋率领禁卫军袭击慕容盛，事情暴露，牵连致死的有五百多人。壬辰（二十日）夜里，前将军段玑与秦舆的儿子秦兴、段赞的儿子段泰潜进禁宫之中擂鼓呐喊，大声呼叫。慕容盛听到有兵变的消息，率领着左右的亲兵出来迎战，兵变的众人逃跑溃散。段玑受了伤，藏到旁边的房屋之内。不一会儿，有一个参与兵变的士兵从黑暗中突然向慕容盛偷袭，刺中慕容盛，使他受到重伤。但在这种情况下，慕容盛还是坐着轿来到前殿，重新申述强调禁宫的规定，布置警卫，等事情安定之后才断气而死。

后秦陇西公姚硕德围困姑臧已经几个月，城中的许多原籍东方一带的人，都计划着向城外的后秦军叛降。后凉将军魏益多又在里面诱骗煽动人们，准备杀了后凉王吕隆和安定公吕超，不想事情败露，因此牵连被杀的人有三百多家。姚硕德接纳安抚夷族汉族的所有当地居民，并分别安排了一些地方官吏，如太守、县宰等。他又命令手下的部队，节省粮食、积聚稻米，以此作为准备坚持长久围困姑臧的办法。

后凉大臣们请求与后秦讲和联手，但吕隆坚决不同意。安定公吕超说："现在，我们内部的蓄积已经基本枯竭，上上下下全部嗷嗷待哺，在这种情况下，即使让张良、陈平复活，他们也不会有办法来摆脱这种困境。陛下应该考虑根据情况有所权宜变通，能屈能伸，为什么那么看重一纸书信和一介使节，而不愿以几句谦卑的话就把强大的敌人骗得退兵呢？敌人撤退之后，我们可以致力于完善仁德的政事，用来使百姓获得休养生息。如果我们国家天定的气运还没有穷尽，何必担忧旧有的大业不能够恢复呢？如果天命到头了，这样也可以保全我们的宗族。如果不这样的话，只是坐在这里等着困乏穷极，到头来能怎么样呢？"吕隆这才听从。九月，派遣使者向后秦请求投降。姚硕德向朝廷呈上奏章，请求任命吕隆为镇西大将军、凉州刺史、建康公。吕隆派遣子弟以及一些原来的文武大臣慕容筑、杨颖等五十多家的人口到长安去做人质。姚硕德军令严厉整肃，对当地的居民一丝一毫也不予侵犯，并且祭祀历史上的贤明之士，对当世有名望的人也是厚礼相待，所以，在西部土地上生活的百姓，都非常高兴。

沮渠蒙逊所属的酒泉、凉宁两个郡，都向西凉叛降，他又听说吕隆也投降了后秦，因此，非常害怕，他派遣他的弟弟建忠将军沮渠挐、牧府长史张潜去姑臧拜见姚硕德，请求允许他带着他的所有部众向东迁移。姚硕德非常高兴，任命张潜为张掖太守，沮渠挐为建康太守。张潜竭力地劝沮渠蒙逊率部属向东迁移。沮渠挐却在私下里对沮渠蒙逊说："姑臧现在还没有被攻克，吕氏政权也还继续存在，姚硕德的部队粮草用尽之后，一定就会回去，不能呆得太久，为什么自己主动放弃已有的疆土，而去受别人的控制呢？"臧莫孩也深以为然。

十一月，东晋刘裕追击变民孙恩的部队，来到沪渎、海盐，又一次把他们打败，俘虏斩杀的人数以万计，孙恩于是只好从浃口远远地逃向大海。

东晋荆州刺史桓玄向朝廷奏请，任命他的哥哥桓伟做了江州刺史，镇守夏口；任命司马刁畅为辅国将军、督八郡军事，镇守襄阳。桓玄派他手下大将皇甫敷、冯该据守湓口，强行迁移沮水、漳水流域的二千户蛮族居民，到长江以南去居住，设置了武宁郡。他又把一些四处流浪的饥民招集在一起，增设了绥安郡。朝廷下诏书，征召广州刺史刁逵、豫章太守郭昶之进京，桓玄都把他们留住，不让他们去。

【原文】

元兴元年（壬寅，402年）

春，正月，庚午朔，下诏罪状桓玄，以尚书令元显为骠骑大将军、征讨大都督、都督十八州诸军事、加黄钺，又以镇北将军刘牢之为前锋都督，前将军谯王尚之为后部，因大赦，改元，内外戒严；加会稽王道子太傅。

元显欲尽诛诸桓。中护军桓修，骠骑长史王诞之甥也，诞有宠于元显，因陈修等与玄志趣不同，元显乃止。诞，导之曾孙也。

张法顺言于元显曰："桓谦兄弟每为上流耳目，宜斩之以杜奸谋。且事之济不，系在前军，而牢之反覆，万一有变，则祸败立至，可令牢之杀谦兄弟以示无贰心，若不受命，当逆为之所。"元显曰："今非牢之，无以敌玄；且始事而诛大将，人情不安。"再三不可。又以桓氏世为荆土所附，桓冲特有遗惠，而谦，冲之子也，乃自骠骑司马除都督荆·益·宁·梁四州诸军事、荆州刺史，欲以结西人之心。

东土遭孙恩之乱，因以饥馑，漕运不继。桓玄禁断江路，公私匮乏，以籽、橡给士卒。玄谓朝廷方多忧虞，必未暇讨己，可以蓄力观衅。及大军将发，从兄太傅长史石生密以书报之；玄大惊，欲完聚江陵。长史卞范之曰："明公英威振于远近，元显口尚乳臭，刘牢之大失物情，若兵临近畿，示以祸福，土崩之势可翘足而待，何有延敌入境，自取穷蹙者乎！"玄从之，留桓伟守江陵，抗表传檄，罪状元显，举兵东下。檄至，元显大惧。二月，丙午，帝饯元显于西池；元显下船而不发。

桓玄发江陵，虑事不捷，常为西还之计，及过寻阳，不见官军，意甚喜，将士之气亦振。

庾楷谋泄，玄囚之。

刘牢之素恶骠骑大将军元显，恐桓玄既灭，元显益骄恣，又恐己功名愈盛，不为元显所容；且自恃材武，拥强兵，欲假玄以除执政，复伺玄之隙而自取之，故不肯讨玄。元显日夜昏酣，以牢之为前锋，牢之骤诣门，不得见，及帝出饯元显，遇之公坐而已。

牢之军溧洲，参军刘裕请击玄，牢之不许。玄使牢之族舅何穆说牢之曰："自古戴震主之威，挟不赏之功而能自全者，谁邪？越之文种，秦之白起，汉之韩信，皆事明主，为之尽力，功成之日，犹不免诛夷，况为凶愚者之用乎！君如今日战胜则倾宗，战败则覆族，欲以此安归乎！不若翻然改图，则可以长保富贵矣。古人射钩、斩祛，犹不害为辅佐，况玄与君无宿昔之怨乎！"时谯王尚之已败，人情愈恐；牢之颇纳穆言，与玄交通。东海中尉东海何无忌，牢之之甥也，与刘裕极谏，不听。其子骠骑从事中郎敬宣谏曰："今国家衰危，天下之重在大人与玄。玄借父、叔之资，据有全楚，割晋国三分之二，一朝纵之使陵朝廷，玄威望既成，恐难图也，董卓之变，将在今矣。"牢之怒曰："吾岂不知！今日取玄如反覆手耳；但平玄之后，令我奈骠骑何！"三月，乙巳朔，牢之遣敬宣诣玄请降。玄阴欲诛牢之，乃与敬宣宴饮，陈名书画共观之，以安悦其意；敬宣不之觉，玄佐吏莫不相视而笑。玄版敬宣为咨议参军。

元显将发，闻玄已至新亭，弃船，退屯国子学，辛未，陈于宣阳门外。军中相惊，言玄已至南桁，元显引兵欲还宫。玄遣人拔刀随后大呼曰："放仗！"军人皆崩溃，元显乘马走入东府，唯张法顺一骑随之。元显问计于道子，道子但对之涕泣。玄遣太傅从事中郎毛泰收元显送新亭，缚于舫前而数之；元显曰："为王诞、张法顺所误耳。"

壬申，复隆安年号。帝遣侍中劳玄于安乐渚。玄入京师，称诏解严，以玄总百揆，都督中外诸军事、丞相、录尚书事、扬州牧、领徐·荆·江三州刺史，假黄钺。

癸酉，有司奏会稽王道子酗纵不孝，当弃市，诏徙安成郡；斩元显及东海王彦璋、谯王尚之、庾楷、张法顺、毛泰等于建康市。桓修为王诞固请，长流岭南。

玄以刘牢之为会稽内史。牢之曰："始尔，便夺我兵，祸其至矣。"刘敬宣请归谕牢之使受命，玄遣之。敬宣劝牢之袭玄，牢之犹豫不决，移屯班渎，私告刘裕曰："今当北就高雅之于广陵，举兵以匡社稷，卿能从我去乎？"裕曰："将军以劲卒数万，望风降服，彼新得志，威震天下，朝野人情皆已去矣，广陵岂可得至邪！裕当反服还京口耳。"何无忌谓裕曰："我将何之？"裕曰："吾观镇北必不免，卿可随我还京口。桓玄若守臣节，当与卿事之；不然，当与卿图之。"

于是牢之大集僚佐，议据江北以讨玄。参军刘袭曰："事之不可者莫大于反。

将军往年反王兖州，近日反司马郎君，今复反桓公，一人三反，何以自立！"语毕，趋出，佐吏多散走。牢之惧，使敬宣之京口迎家，失期不至。牢之以为事已泄，为玄所杀，乃帅部曲北走，至新洲，缢而死。敬宣至，不暇哭，即渡江奔广陵。将吏共殡敛牢之，以其丧归丹徒。玄令斫棺斩首，暴尸于市。

孙恩寇临海，临海太守辛景击破之，恩所虏三吴男女，死亡殆尽。恩恐为官军所获，乃赴海死，其党及妓妾从死者以百数，谓之"水仙"。余众数千人复推恩妹夫卢循为主。循，谌之曾孙也。神采清秀，雅有材艺。少时，沙门惠远尝谓之曰："君虽体涉风素，而志存不轨，如何？"太尉玄欲抚安东土，乃以循为永嘉太守。循虽受命，而寇暴不已。

【译文】

元兴元年（壬寅，公元402年）

春季，正月，庚午朔（初一），东晋朝廷下诏书，历数荆州刺史桓玄的罪状，任命尚书令司马元显为骠骑大将军、征讨大都督、都督十八州诸军事，并把黄钺也加授给了他。又任命镇北将军刘牢之为前锋都督，任命前将军谯王司马尚之统率后卫部队。又下令实行大赦，改年号。在都城内外戒严，任命会稽王司马道子为太傅。

司马元显打算借此机会把桓氏家族的人全部诛灭。中护军桓修是骠骑长史王诞的外甥，王诞又很得司马元显的宠爱信任，所以，他向司马元显禀告了桓修等人与桓玄的志趣完全不同，司马元显才放弃了那个想法。王诞是王导的曾孙。

张法顺对司马元显说："骠骑司马桓谦兄弟常常当长江上游荆州方面的耳目，为桓玄提供情报，应该把他们斩了，来杜绝今后类似奸计阴谋的发生。而且此次出军讨伐桓玄，能否达到预期目的，关键就在前锋部队如何，但是刘牢之为人反复无常，万一他那里发生什么变化，那么我们的失败和大祸就会马上到来。所以，您可以让刘牢之杀掉桓谦兄弟，来说明他和我们没有二心。如果他不接受命令，那么我们好在祸患到来之前，先打算好怎么办。"司马元显说："现在如果不是刘牢之，没有人可以与桓玄对敌。况且刚开始做这件事，便诛杀自己的大将，容易使人心不得安宁。"一而再、再而三地拒绝张法顺的请求，不加允许。他又因为桓氏家族世代都得到荆州一带居民的归附，桓冲尤其是为那里的百姓留下了很多好处，而桓谦又是桓冲的儿子，所以才把桓谦由骠骑司马调任都督荆、益、宁、梁四州诸军事及荆州刺史，打算用这种方法收买西部地区百姓的人心。

　　东晋东部地区遭受孙恩变民所导致的战乱的影响，继以灾荒年景，百姓饥饿贫困，水路的粮食运输不能继续。荆州刺史桓玄又禁闭断绝长江通道，致使官府和私人间的物资积蓄全部空乏，部队也只能用一些粮食的麸皮和橡树的果实等给战士充饥。桓玄以为朝廷正处在多事之秋，值得忧虑的事很多，一定没有闲暇来讨伐自己，因此，可以趁此机会积蓄力量，等待时机。等到朝廷征讨他的大部队就要出发的时候，他的堂兄太傅长史桓石生秘密地用书信告诉了他这个消息，桓玄大吃一惊，打算把部队全部集结到江陵来据守。长史卞范之说："明公的英名威震于远近，司马元显却是个嘴里还有乳臭的小孩子，刘牢之已经非常丧失民心，如果我们把大部队抢先开拔到都城建康的邻近地区，向他指明安危祸福，那么，他们土崩瓦解的趋势，我们踮起脚尖就可以等到的了，怎么能把敌人引入自己境内心腹重地，自己找穷困呢？"桓玄听从了他的话，留下桓伟镇守江陵，向朝廷呈上奏表，并把檄文公告传遍各地，揭露司马元显的各项罪行，同时挥师向东部进发。檄文传到都城建康，司马元显看到之后，非常害怕。二月，丙午（初七），安帝在西池为司马元显饯行。司马元显害怕桓玄，登上战船，却没有出发。

　　东晋荆州刺史桓玄，从江陵出发，担心这次大规模军事行动不能取胜，因此，常常怀着向西回军的打算，等到过了寻阳，还是看不见朝廷的部队，心中非常高兴，其他将士的斗志和士气也振作、旺盛起来。

　　武昌太守庾楷做朝廷讨伐桓玄的内应的阴谋泄露，桓玄把他囚禁起来。

　　刘牢之平时一向厌恶骠骑大将军司马元显，他恐怕桓玄被消灭之后，司马元显会越发的骄横任性，同时又担心自己的功劳声威越来越高，不能被司马元显容留、忍受。而且，他自恃勇猛无敌，又拥有一支强大的部队，打算借桓玄的手来铲除朝中的当权者，而自己则等待桓玄的漏洞、机会再把他消灭，所以，他并不热心于去讨伐桓玄。司马元显白天黑夜酗饮昏醉，他任命刘牢之为前锋，刘牢之未经事先约定，而贸然前去晋见他，没有见到，直到安帝出来为司马元显饯行，刘牢之才在公众场合与他匆匆相遇而已。

　　刘牢之驻军溧洲，参军刘裕请求进攻桓玄，刘牢之没有允许。桓玄派刘牢之的一位族舅何穆向刘牢之游说道："从古到今，带着震慑主上的威望，身负无法再加奖赏的功勋而又能保全自己的人，是谁呢？越国的文种，秦国的白起，汉朝的韩信，都能有幸为圣明的主上做事，并为之尽心竭力，但是，在他们功业完成的时候，仍旧还免不了遭到诛戮屠杀，更何况是被凶狠残暴、愚蠢昏庸的人所利用呢！您这一次如果打了胜仗，就会被杀了全家，如果打了败仗，那么，您的家族自然更会遭到夷灭，您难道还打算就这样平安地回去吗？依我看，不如反过来改变自己的主意，那样就可以永远保住您的荣华富贵了。古人有因为谋害君主而用箭射中带钩和因为追捕后来的君主而用剑砍断衣襟的，都还并不影响他当国家的辅佐大臣，更何况桓玄与您并没有任何宿怨呢！"当时，谯王司马尚之已经惨遭失败，人们的情绪更加恐慌。刘牢之基本上接受了何穆的劝告，与桓玄沟通了相互间的联系。东海中尉、东海人何无忌，是刘牢之的外甥，与刘裕一起极力劝阻他，他根本不听。他的儿子骠骑从事中郎刘敬宣劝说他道："现在国家衰弱，危在旦夕，整个朝廷的重心与关键，都在您和桓玄两个人手中。桓玄凭借着他父亲、叔父所遗留下来的权位与威望，盘踞并占有了整个楚地，割据了晋国三分之二的土地，如果放纵他、让他有朝一日凌驾于朝廷之上，那么，桓玄的威势声望形成之后，再想图谋铲除他，恐怕就更加困难了。像东汉董卓之变那样的灾难性的战乱，即将在现今重现了。"刘牢之愤怒地说："我怎能不知道这些！我今天消灭桓玄，易如反掌，但是，扫平桓玄之后，你让我如何对付骠骑大将军司马元显？"三月，乙巳朔（初一），刘牢之派遣刘敬宣去拜见桓玄，请求投降。桓玄暗地里打算把刘牢之杀掉，于是便与刘敬宣一起开宴饮酒，并把一些著名的书法绘画陈列出来，陪同他观看欣赏，希望使他的心情安定舒畅。刘敬宣对桓玄的用心根本就没有任何察觉，桓玄手下那些辅佐的官吏们看见这种情形，没有不相视会意、点头暗笑的。桓玄暂时任命刘敬宣为咨议参军。

　　司马元显刚刚准备出发，听说桓玄的大部队已经到了新亭，便马上扔掉船只，反身上岸，退到城中的国子学里驻守，辛未（三月初三），又到宣阳门外去排列开战阵，扎下大营。军营之中惊恐不安，传说桓玄的部队已经抵达南桁。司马元显带着部队准备回宫，这时，桓玄派遣先头部队拔出刀来，紧跟在他们的后边大声呐喊着说："放下武器！"司马元显的部队彻底崩溃。司马元显乘着一匹马跑进了东府，只有张法顺一个人骑马紧跟着他。司马元显向司马道子询问有没有什么办法，司马道子也只是面对着儿子哭泣不止。桓玄派遣太傅从事中郎毛泰把司马元显收押起来，送到新亭。桓玄把他绑在大船的前头，一条条列举他的罪状，司马元显说："我不过是被王诞、张法顺所迷惑耽误罢了。"

壬申（三月初四），东晋恢复隆安这个年号。安帝派侍中到安乐渚去慰劳桓玄。桓玄进入京师，宣称皇帝下诏书，命令解除戒严。朝廷于是便任命桓玄统领文武百官，都督中外诸军事、丞相、录尚书事、扬州牧，兼任徐、荆、江三州刺史，加授给他黄钺。

癸酉（三月初五），有关部门呈上奏章，指责会稽王司马道子放纵酗酒，忤逆不孝，应该斩首弃尸示众。东晋朝廷下诏，命令把他赶出京城，贬逐到安成郡居住；把司马元显及其儿子东海王司马彦璋和谯王司马尚之，以及庾楷、张法顺、毛泰等人，押到建康城的街市上，全部斩首。桓修为王诞竭力求情，所以，把他长期流放到大庾岭以南的偏荒地区去了。

桓玄任命刘牢之为会稽内史。刘牢之说："刚开始就来剥夺我的兵权，大祸就要来了。"刘敬宣向桓玄请求回到京口去劝告刘牢之，让他赶快上任，桓玄派他去了。刘敬宣回到京口后，却劝说刘牢之袭击桓玄，刘牢之犹豫，拿不定主意，只是把部队移到班渎去驻扎，并在私下里告诉刘裕说："现在，我们应当北上，去到广陵和驻守在那里的高雅之会合，一同发动部队，来匡扶社稷，你能跟着我去吗？"刘裕说："将军以拥有几万精壮士卒的实力，对桓玄也还都听见风声就去投降臣服，所以，他刚刚得以实现志向，声威震动天下，从朝廷到民间，人们的心愿都已经归附到他那里去了，您要去广陵，怎么可能顺利到达呢？我刘裕可要脱去军服，穿上百姓的衣服，回到京口去了。"何无忌对刘裕说："我怎么办才好？"刘裕说："我看镇北将军一定难逃一死，你可以跟随我回京口去。桓玄如果遵守做臣属的节度，我和你应当去为他做事；如果不那样，我便当和你一起想办法对付他。"

在这个时候，刘牢之把各级将领僚属，全部集中到一起，商议据守长江以北的地区来讨伐桓玄。参军刘袭说："不可以去做的事情中，最大的莫过于谋反。将军在以前反王恭，近些日子反司马元显，现在又要来反叛桓玄，一个人连续三次谋反，还能用什么使自己在天下立脚？"话刚说完，便快步走了出去，其他的将佐官吏也多一哄而散地走了。刘牢之非常害怕，派刘敬宣去京口迎接家属，过了约定的日期，也没有来。刘牢之以为谋反的事情已泄，被桓玄杀掉了，所以率领现有的部下向北逃跑，到达新洲的时候，终于上吊自杀。刘敬宣赶到这里之后，没有时间痛哭，便渡过长江，投奔广陵去了。刘牢之手下的将帅官吏们一起把他装殓起来，并把他的棺木运送回丹徒。桓玄下令劈开棺木，把刘牢之尸首上的脑袋也砍了下来，并把他的尸体扔到街市示众。

　　变民首领孙恩又来进犯临海，临海太守辛景把他打得大败，孙恩所抢掠的三吴地区的男女百姓，在战乱中全部被杀死。孙恩恐怕自己被朝廷的部队抓获，于是跳海自杀，他的部下党羽以及姬妾艺妓等人中跟着他一起自杀的有上百人，人们把这些人称为"水仙"。其余的部众几千人又推举孙恩的妹夫卢循为首领。卢循是卢谌的曾孙，神态风采清秀雅静，多才多艺。小的时候，佛门僧人惠远曾经对他说："你虽然体态状貌比较有素雅的儒风，但是心里却隐藏着不遵守法度的志向，是不是？"太尉桓玄打算用安抚的手段使东部地区的局势稳定下来，于是，任命卢循为永嘉太守。卢循虽然接受了任命，但是却依然为非作歹，不停地行劫施暴。

资治通鉴第一百一十三卷

晋纪三十五

【原文】

安皇帝戊元兴二年（癸卯，403年）

春，正月，卢循使司马徐道覆寇东阳；二月，辛丑，建武将军刘裕击破之。道覆，循之姊夫也。

备德优迁徙之民，使之长复不役；民缘此迭相荫冒，或百室合户，或千丁共籍，以避课役。尚书韩諲请加隐核，备德从之，使諲巡行郡县，得荫户五万八千。

南凉王傉檀及沮渠蒙逊互出兵攻吕隆，隆患之。秦之谋臣言于秦王兴曰："隆藉先世之资，专制河外，今虽饥窘，尚能自支，若将来丰赡，终不为吾有。凉州险绝，土田饶沃，不如因其危而取之。"兴乃遣使征吕超入侍。隆念姑臧终无以自存，乃因超请迎于秦。兴遣尚书左仆射齐难、镇西将军姚诘、左贤王乞伏乾归、镇远将军赵曜帅步骑四万迎隆于河西，南凉王傉檀摄昌松、魏安二戍以避之。八月，齐难等至姑臧，隆素车白马迎于道旁。隆劝难击沮渠蒙逊，蒙逊使臧莫孩拒之，败其前军。难乃与蒙逊结盟；蒙逊遣弟挐入贡于秦。难以司马王尚行凉州刺史，配兵三千镇姑臧，以将军阎松为仓松太守，郭将为番禾太守，分戍二城，徙隆宗族、僚属及民万户于长安。兴以隆为散骑常侍，超为安定太守，自余文武随才擢叙。

初，郭黁常言"代吕者王"，故其起兵，先推王详，后推王乞基；及隆东迁，王尚卒代之。黁从乞伏乾归降秦，以为灭秦者晋也，遂来奔，秦人追得，杀之。

刘裕破卢循于永嘉，追至晋安，屡破之，循浮海南走。

何无忌潜诣裕，劝裕于山阴起兵讨桓玄。裕谋于土豪孔靖，靖曰："山阴去都道远，举事难成；且玄未篡位，不如待其已篡，于京口图之。"裕从之。靖，愉之孙也。

侍中殷仲文、散骑常侍卞范之劝大将军玄早受禅，阴撰九锡文及册命。以桓谦为侍中、开府、录尚书事，王谧为中书监、领司徒，桓胤为中书令，加桓修抚军大将军。胤，冲之孙也。丙子，册命玄为相国，总百揆，封十郡，为楚王，加九锡，楚国置丞相以下官。

桓谦私问彭城内史刘裕曰："楚王勋德隆重，朝廷之情，咸谓宜有揖让，卿以为何如？"裕曰："楚王，宣武之子，勋德盖世，晋室微弱，民望久移，乘运禅代，有何不可？"谦喜曰："卿谓之可即可耳。"

冬，十月，楚王玄上表请归藩，使帝作手诏固留之。又诈言钱塘临平湖开，江州甘露降，使百僚集贺，用为己受命之符。又以前世皆有隐士，耻于巳时独无，求得西朝隐士安定皇甫谧六世孙希之，给其资用，使隐居山林；征为著作郎，使希之固辞不就，然后下诏旌礼，号曰高士。时人谓之"充隐"。又欲废钱用谷、帛及复肉刑，制作纷纭，志无一定，变更回复，卒无所施行。性复贪鄙，人士有法书、好画及佳园宅，必假蒲博而取之；尤爱珠玉，未尝离手。

诏楚王玄行天子礼乐，妃为王后，世子为太子。丁丑，卞范之为禅诏，使临川王宝逼帝书之。宝，晞之曾孙也。庚辰，帝临轩，遣兼太保、领司徒王谧奉玺绶，禅位于楚；壬午，帝出居永安宫；癸未，迁太庙神主于琅邪国，穆章何皇后及琅邪王德文皆徙居司徒府。百官诣姑孰劝进。十二月，庚寅朔，玄筑坛于九井山北，壬辰，即皇帝位。册文多非薄晋室，或谏之，玄曰："揖让之文，正可陈之于下民耳，岂可欺上帝乎！"大赦，改元永始。

【译文】

晋安帝元兴二年（癸卯，公元403年）

春季，正月，变民首领卢循派遣司马徐道覆进犯东阳。二月，辛丑（初八），建武将军刘裕把徐道覆打败。徐道覆是卢循的姐夫。

慕容备德优待从外地迁移而来的百姓，长期免除他们的劳役。很多人便因此反

魏晋揉面图画像砖

复不停地冒名顶替，有的是一百家合为一户，有的一千人共用一个户籍，用这种方法逃避田赋捐税和差役。尚书韩谆请求核实清查，慕容备德依从了他的建议，派遣韩谆到各个郡县去巡视调查，查出冒充的假户口五万八千家。

南凉王秃发傉檀及北凉王沮渠蒙逊，分别出动军队进攻后凉国主吕隆，吕隆非常担心。后秦谋臣们对后秦王姚兴进言道："吕隆凭借着前几代人留下来的基业，独占黄河以西的地区，现在虽然出现饥荒，形势窘迫，却还能够独立支撑，如果将来一旦获得丰收，国力富足强大起来，到头来是不会属于我们的。凉州地势险要奇绝，土地肥沃富饶，我看不如趁着他们现在危机干脆把他们吞并。"姚兴于是派遣使者前去征召吕超到后秦京师长安任职。吕隆考虑姑臧到最后也没有办法独立存在，于是，通过吕超，请求后秦派兵前来迎接。姚兴派遣尚书左仆射齐难、镇西将军姚诘、左贤王乞伏乾归、镇远将军赵曜率领步兵、骑兵四万人到河西去迎接吕隆，南凉王秃发傉檀把昌松、魏安两地的部队调走，避开秦国的军队。八月，齐难等人来到姑臧，吕隆乘坐白马拉的白车，在道旁迎接。吕隆劝说齐难带兵去进攻沮渠蒙逊，沮渠蒙逊派臧莫孩带兵抵抗，并把后秦军队的前锋部队打败，齐难于是和沮渠蒙逊缔结联盟。沮渠蒙逊派他的弟弟沮渠挐，到长安去进贡。齐难让司马王尚代理凉州刺史，配给他三千部队镇守姑臧，让将军阎松为仓松太守，郭将为番禾太守，分别驻戍在这两个城池，又把吕隆的宗族亲属、属下官员以及当地居民一万户迁移到长安。姚兴任命吕隆为散骑常侍，任命吕超为安定太守，其余文武大臣，也都按照他们各自的才能擢升任用。

当初，郭黁经常说："代替吕氏称王的人，姓王。"所以，他先拉起部队，首先推立王详，随后又拥护王乞基。到了吕隆等人向东迁往长安的时候，这次王尚最终代替了吕氏。郭黁跟随乞伏乾归一同投降后秦，又认为将来消灭后秦的是东晋，所以跑出来打算投奔东晋，被后秦追兵赶上抓住，杀掉。

东晋建武将军刘裕，在永嘉把卢循的变民部队打得大败，并且一直追击到晋安，接战几次，每次都把卢循打败。卢循乘船从海上向南逃走。

刘牢之的外甥何无忌秘密地去拜见刘裕，劝说刘裕在山阴发动军队讨伐桓玄。刘裕同当地的豪杰孔靖商议，孔靖说："山阴距离都城建康道路很远，如果发动事变，恐怕很难成功。况且桓玄还没有篡夺帝位，我看不如等到他篡夺帝位之后，再在京口一带对他发动进攻。"刘裕听从了他的计策。孔靖是孔愉的孙子。

东晋侍中殷仲文、散骑常侍卞范之奉劝大将军桓玄早日接受禅位，当皇帝，暗地里撰写好了加授九锡以及安帝让位的文告。朝廷任命桓谦为侍中、开府、录尚书事，王谧为中书监、兼任司徒，桓胤为中书令。加授桓修为抚军大将军的称号。桓胤是桓冲的孙子。丙子（九月十六日），朝廷册命桓玄为相国，统领文武百官，封地十个郡，做楚王，加授九锡。他所辖的楚国，也设置丞相以为下的各级官吏。

桓谦私下里向彭城内史刘裕问道："楚王功勋卓著，德望很高，朝廷中大多数人的想法，都认为应该举行禅让大典，拥立楚王做皇帝，你认为怎么样？"刘裕说："楚王是南郡宣武公的儿子，功勋仁德都是超过当世所有人的。现在晋朝的帝室已经衰微，百姓的愿望早就改变，乘着这个机运接受禅让，代替司马氏做皇帝，又有什么不可以的？"桓谦非常高兴，说："你说可以，那就可以了。"

冬季，十月，楚王桓玄呈上奏表，请求允许他回到他的封地去，然后又让安帝亲手写诏书，坚决挽留他。他又唆使手下的人造谣说，钱塘临平湖的湖水又突然盈满，江州也降下了甘露，就让文武百官聚集到一起来庆贺，以此作为自己接受皇帝禅让的吉祥预兆。他又因为前几代改朝换代的时候，都有隐士不出来做官，而觉得自己接受帝位的时候独独没有是一种耻辱，所以便通过访查，找到西晋的隐士安定人皇甫谧的第六代孙子皇甫希之，供给他生活的一切费用，让他隐居到深山老林里去，又反过来以朝廷的名义，征召他出山做著作郎，并让皇甫希之坚决推辞，不去任职，然后再下达诏书，表彰、称赞他，称他做高士。但当时的人们却说皇甫希之是冒充隐士的"充隐"。桓玄又打算废除钱币，而用粮食谷物、绸缎布匹等作为交换、流通的工具，以及恢复使用肉刑等。就这样，各种法令规章乱七八糟地制定了许多，但是桓玄却始终没有一个固定的想法，因此只是翻来覆去地不断变化更换，最后也都没有得以实行。桓玄的性情还贪婪卑鄙，别的人如果有好的书法、绘画作品，以及好的花园宅第等，他也一定会假借蒲博等赌博手段把这些占为己有，他尤其喜爱珍珠美玉，珍珠美玉从不离手。

安帝下诏，让楚王桓玄使用天子的礼仪和音乐，并把他的王妃改称王后，把他的嫡长子改称为太子。丁丑（十一月十八日），散骑常侍卞范之，拟写了禅让的诏书，让临川王司马宝逼迫安帝亲笔抄写。司马宝是司马晞的曾孙。庚辰（十一月二十一日），安帝驾临宝殿，派遣兼太保、领司徒的王谧手捧皇帝的玉玺印绶呈献给桓玄，正式向他禅位。壬午（十一月二十三日），安帝搬出皇城，改居永安宫。癸未（二十四日），把东晋的宗室祭庙以及其中所敬的先辈的牌位，迁到琅邪国，又让穆章何皇后和琅邪王司马德文都迁到司徒府暂时居住。文武百官则一起到姑孰去劝说桓玄尽快登基称帝。十二月，庚寅朔（初一），桓玄在九井山的北侧修筑祭坛。壬辰（初三），正式登基。他在宣布即位的文告上，言辞中对晋朝统治有很多非议和贬低。有人劝止他这样做，桓玄却说："皇帝禅位时的文告，正是要把这些向天下百姓说的，怎么可以欺骗上天呢？"桓玄下令实行大赦，改年号为永始。

【原文】

三年（甲辰，404年）

玄自即位，心常不自安。二月，己丑朔，夜，涛水入石头，流杀人甚多，欢哗震天。玄闻之惧，曰："奴辈作矣！"

玄性苛细，好自矜伐。主者奏事，或一字不体，或片辞之谬，必加纠摘，以示聪明。尚书答诏误书"春蒐"为"春菟"，自左丞王纳之以下，凡所关署，皆被降黜。或手注直官，或自用令史，诏令纷纭，有司奉答不暇；而纪纲不治，奏案停积，不能知也。又性好游畋，或一日数出。迁居东宫，更缮宫室，土木并兴，督迫严促，朝野骚然，思乱者众。

刘裕从徐、兖二州刺史、安成王桓修入朝。玄谓王谧曰："裕风骨不常，盖人杰也。"每游集，必引接殷勤，赠赐甚厚。玄后刘氏，有智鉴，谓玄曰："刘裕龙行虎步，视瞻不凡，恐终不为人下，不如早除之。"玄曰："我方平荡中原，非裕莫可用者；俟关、河平定，然后别议之耳。"

刘裕与何无忌同舟还京口，密谋兴复晋室。刘迈弟毅家于京口，亦与无忌谋讨玄。无忌曰："桓氏强盛，其可图乎？"毅曰："天下自有强弱；苟为失道，虽强易弱，正患事主难得耳。"无忌曰："天下草泽之中非无英雄也。"毅曰："所见唯有刘下邳。"无忌笑而不答，还以告裕，遂与毅定谋。

于是裕、毅、无忌、元德、仲德、昶及裕弟道规、任城魏咏之、高平檀凭之、琅邪诸葛长民、河内太守陇西辛扈兴、振威将军东莞童厚之，相与合谋起兵。道规为桓弘中兵参军，裕使毅就道规及昶于江北，共杀弘，据广陵；长民为刁逵参军，使长民杀逵，据历阳；元德、扈兴、厚之在建康，使之聚众攻玄为内应，刻期齐发。

何无忌夜于屏风里草檄文，其母，刘牢之姊也，登橙密窥之，泣曰："吾不及东海吕母明矣。汝能如此，吾复何恨！"问所与同谋者。曰："刘裕。"母尤喜，因为言玄必败、举事必成之理以劝之。

乙卯，裕托以游猎，与无忌收合徒众，得百余人。丙辰，诘旦，京口城开，无忌著传诏服，称敕使，居前，徒众随之齐入，即斩桓修以徇。修司马刁弘帅文武佐吏来赴，裕登城，谓之曰："郭江州已奉乘舆返正于寻阳，我等并被密诏，诛除逆党，今日贼玄之首已当枭于大航矣。诸君非大晋之臣乎，今来欲何为！"弘等信之，收众而退。

孟昶劝桓弘其日出猎，天未明，开门出猎人；昶与刘毅、刘道规帅壮士数十人直入，弘方啖粥，即斩之，因收众济江。裕使毅诛刁弘。

先是，裕遣同谋周安穆入建康报刘迈，迈虽酬许，意甚惶惧；安穆虑事泄，乃驰归。玄以迈为竟陵太守，迈欲亟之郡，是夜，玄与迈书曰："北府人情云何？卿近见刘裕何所道？"迈谓玄已知其谋，晨起，白之。玄大惊，封迈为重安侯。既而嫌迈不执安穆，使得逃去，乃杀之，悉诛元德、扈兴、厚之等。

众推刘裕为盟主,总督徐州事,以孟昶为长史,守京口,檀凭之为司马。彭城人应募者,裕悉使郡主簿刘钟统之。丁巳,裕帅二州之众千七百人,军于竹里,移檄远近,声言益州刺史毛璩已定荆楚,江州刺史郭昶之奉迎主上返正于寻阳,镇北参军王元德等并帅部曲保据石头,扬武将军诸葛长民已据历阳。

玄忧惧特甚。或曰:"裕等乌合微弱,势必无成,陛下何虑之深?"玄曰:"刘裕足为一世之雄;刘毅家无儋石之储,樗蒲一掷百万;何无忌酷似其舅;共举大事,何谓无成!"

己未,裕军食毕,悉弃其余粮,进至覆舟山东,使羸弱登山,张旗帜为疑兵,数道并前,布满山谷。玄侦候者还,云"裕军四塞,不知多少。"玄益忧恐,遣武卫将军庾赜之帅精卒副援诸军。谦等士卒多北府人,素畏伏裕,莫有斗志。裕与刘毅等分为数队,进突谦陈;裕以身先之,将士皆殊死战,无不一当百,呼声动天地。时东北风急,因纵火焚之,烟炎涨天,鼓噪之音震动京邑,谦等诸军大溃。

玄时虽遣军拒裕,而走意已决,潜使领军将军殷仲文具舟于石头;闻谦等败,帅亲信数千人,声言赴战,遂将其子昇、兄子浚出南掖门。遇前相国参军胡藩,执马鞍谏曰:"今羽林射手犹有八百,皆是义故,西人受累世之恩,不驱令一战,一旦舍此,欲安之乎?"玄不对,但举策指天;因鞭马而走,西趋石头,与仲文等浮江南走。经日不食,左右进粗饭,玄咽不能下,昇抱其胸而抚之,玄悲不自胜。

裕始至建康,诸大处分皆委於刘穆之,仓猝立定,无不允惬。裕遂托以腹心,动止咨焉;穆之亦竭节尽诚,无所遗隐。时晋政宽弛,纲纪不立,豪族陵纵,小民穷蹙,重以司马元显政令违舛,桓玄虽欲厘整,而科条繁密,众莫之从。穆之斟酌时宜,随方矫正;裕以身范物,先以威禁;内外百官皆肃然奉职,不盈旬日,风俗顿改。

初,诸葛长民至豫州,失期,不得发。刁逵执长民,槛车送桓玄。至当利而玄败,送人共破槛出长民,还趣历阳。逵弃城走,为其下所执,斩于石头,子侄无少长皆死,唯赦其季弟给事中骋。逵故吏匿其弟子雍送洛阳,秦王兴以为太子中庶子。裕以魏咏之为豫州刺史,镇历阳,诸葛长民为宣城内史。

桓玄至寻阳,郭昶之给其器用、兵力。辛未,玄逼帝西上,刘毅帅何无忌、刘道规等诸军追之。玄留龙骧将军何澹之、前将军郭铨与郭昶之守湓口。玄于道自作

《起居注》，叙讨刘裕事，自谓经略举无遗策，诸军违节度，以致奔败。专覃思著述，不暇与群下议时事。《起居注》既成，宣示远近。

丙戌，刘裕称受帝密诏，以武陵王遵承制总百官行事，加侍中、大将军，因大赦，惟桓玄一族不宥。

夏，四月，己丑，武陵王遵入居东宫，内外毕敬；迁除百官称制书，教称令书。以司马休之监荆·益·梁·宁·秦·雍六州诸军事、领荆州刺史。

庚寅，桓玄挟帝至江陵，桓石康纳之。玄更署置百官，以卞范之为尚书仆射。自以奔败之后，恐威令不行，乃更增峻刑罚，众益离怨。殷仲文谏，玄怒曰："今以诸将失律，天文不利，故还都旧楚；而群小纷纷，妄兴异议，方当纠之以猛，未可施之以宽也。"荆、江诸郡闻玄播越，有上表奔问起居者，玄皆不受，更令所在贺迁新都。

桓玄收集荆州兵，曾未三旬，有众二万，楼船、器械甚盛。甲寅，玄复帅诸军挟帝东下，以苻宏领梁州刺史，为前锋；又使散骑常侍徐放先行，说刘裕等曰："若能旋军散甲，当与之更始，各授位任，令不失分。"

刘裕以诸葛长民都督淮北诸军事，镇山阳；以刘敬宣为江州刺史。

燕王熙于龙腾苑起逍遥宫，连房数百，凿曲光海，盛夏，士卒不得休息，喝死者大半。

刘毅、何无忌、刘道规、下邳太守平昌孟怀玉帅众自寻阳西上，五月，癸酉，与桓玄遇于峥嵘洲。毅等兵不满万人，而玄战士数万，众惮之，欲退还寻阳。道规曰："不可！彼众我寡，强弱异势，今若畏懦不进，必为所乘，虽至寻阳，岂能自固！玄虽窃名雄豪，内实恇怯；加之已经奔败，众无固心。决机两阵，将雄者克，不在众也。"因麾众先进，毅等从之。玄常漾舸於舫侧以备败走，由是众莫有斗心。毅等乘风纵火，尽锐争先，玄众大溃，烧辎重夜遁。郭铨诣毅降。

辛巳，荆州别驾王康产奉帝入南郡府舍，太守王腾之帅文武为侍卫。

玄将之汉中；屯骑校尉毛脩之，璩之弟子也，诱玄入蜀，玄从之。宁州刺史毛璠，璩之弟也，卒于官。璩使其兄孙祐之及参军费恬帅数百人送璠丧归江陵，壬午，遇玄于枚回洲。祐之、恬迎击玄，矢下如雨，玄嬖人丁仙期、万盖等以身蔽玄，皆死。益州督护汉嘉冯迁抽刀，前欲击玄，玄拔头上玉导与之，曰："汝何人，敢杀天子!"迁曰:"我杀天子之贼耳!"遂斩之,又斩桓石康、桓浚、庾赜之,执桓昇送江陵,斩於市。乘舆返正于江陵,以毛脩之为骁骑将军。甲申,大赦,诸以畏逼从逆者一无所问。戊寅,奉神主于太庙。刘毅等传送玄首,枭于大桁。

九月,刁骋谋反,伏诛,刁氏遂亡。刁氏素富,奴客纵横,专固山泽,为京口之患。刘裕散其资蓄,令民称力而取之,弥日不尽;时州郡饥弊,民赖之以济。

卢循寇南海,攻番禺。广州刺史濮阳吴隐之拒守百余日,冬,十月,壬戌,循夜袭城而陷之,烧府舍、民室俱尽,执吴隐之。循自称平南将军,摄广州事,聚烧骨为共冢,葬於洲上,得髑髅三万余枚。又使徐道覆攻始兴,执始兴相阮腆之。

十二月,刘毅等进克巴陵。毅号令严整,所过百姓安悦。刘裕复以毅为兖州刺史。

【译文】

三年(甲辰,公元404年)

桓玄自登帝位以来,心里常常觉得不安。二月,己丑朔(初一),深夜,长江波涛汹涌,江水卷进石头城中,被激流淹死卷走的人非常多,喊声震天动地。桓玄听到之后非常害怕,说:"这些奴才们要造反了。"

桓玄的性情苛刻琐细,喜欢炫耀自己的能力和才干。他手下的主要官员在报告事情的奏章中,如果偶有一个字写得不合体,或者偶尔有一句话一个词不太恰当,他一定会对此加以纠正指出,用来表示他的聪明博学。尚书回答诏书的时候,把"春蒐"二字误写成"春菟",因为这一点小事,从尚书左丞王纳之以下,凡是经过手、签过字的人,全部被降级甚至免职。桓玄有时还亲自选定官员入宫值日,或亲自指派一些小官吏干一些具体的事情,因此下来的诏书令旨繁多杂乱,有关部门根本就来不及办理,但是朝中政令纪律的无法治理、混乱异常,公文因没有时间处置而大量积压,他却根本不可能知道。桓玄生性又喜欢游玩打猎,有的时候竟一天出去几次。后来他又暂时迁到东宫居住,更新修葺皇宫的殿室,大兴土木,又监督很严,时间规定得很紧,因此从朝廷官员到市井田野的黎民百姓,骚动不安。这时候,盼望变乱的人越来越多。

刘裕跟随徐兖二州刺史、安成王桓修进京朝见桓玄。桓玄对王谧说："刘裕这个人风度身材不像常人，是一个人中的豪杰。"每次出游和集会，他对刘裕一定格外亲切地招待、赠送赏赐给刘裕的东西也非常厚重。桓玄的皇后刘氏，很有智慧和见识她对桓玄说："刘裕走路的姿势犹如猛虎和蛟龙。连眼神都不同凡响，恐怕他到头来不会处在别人的手下，我看不如趁早把他除掉。"桓玄说："我正要扫荡平定中原地区，不是刘裕就没有可以胜任的人。等关、河一带平定之后，再另外商议这件事吧！"

刘裕和何无忌同坐一只船回到京口，一起秘密谋划重新振兴、恢复晋朝皇室的事。咨议参军刘迈的弟弟刘毅，家在京口居住，也与何无忌计议讨伐桓玄。何无忌说："桓氏家族现在正在强盛时期，怎么可以打他们的主意呢！"刘毅说："天下的事，自然是有强和弱的分别的，但是，如果行为不符合天道人情，那么，虽然是强大的一方，也容易变得弱小，值得忧虑的却只是很难得到一个英明称职的领导人罢了。"何无忌说："天下草莽河泽之中，也不是没有英雄。"刘毅说："我听见到的，只有刘裕。"何无忌只是微笑，并不回答，回去之后，把刘毅的态度告诉了刘裕，于是他们便与刘毅一起制定了计划。

于是，刘裕、刘毅、何无忌、王元德、王仲德、孟昶，以及刘裕的弟弟刘道规、任城人魏咏之、高平人檀凭之、琅邪人诸葛长民、河内太守陇西人辛扈兴、振威将军东莞人童厚之等人，互相联合起来，计划起兵讨伐桓玄。刘道规此时正担任青州刺史桓弘的中兵参军，刘裕派刘毅去到长江以北与刘道规和孟昶会合，一起杀掉桓弘，占据广陵。诸葛长民此时任刁逵的参军，刘裕又让他杀掉刁逵，占据历阳。王元德、辛扈兴、童厚之此时在建康，刘裕便让他们聚集部众直接对桓玄发起进攻，作为内应。约定时间，一齐发动政变。

何无忌晚上在屏风后面草拟檄文，他的母亲是刘牢之的姐姐，蹬着凳子偷偷地看他在干什么。她哭着说："我当然赶不上东海吕母那样明白事理，但是你既然能这样，那么我还有什么遗憾呢！"然后问他，跟他共同策划的人是谁，何无忌告诉她说："刘裕。"他的母亲更加高兴，于是向他说了桓玄必定失败、发动事变一定能成功的道理，对他进行鼓励。

乙卯（二月二十七日），刘裕以出外打猎为借口，与何无忌到京口城外招集同谋的部众,一共有一百多人。丙辰(二月二十八日),清晨,京口城门一开,何无忌便穿着传达圣旨的使者服装,口称是皇帝的信使,当先进城,他手下的人也都跟着他一齐进入,立即杀死了桓修。桓修的司马刁弘率领着文武官员及其助手等听说后,连忙赶到这里。刘裕登上城墙,对他们说:"江州刺史郭昶之已经拥戴皇上,在寻阳重新恢复正统皇位了,我们这些人也都接到了皇上的秘密诏书,诛杀铲除叛逆党羽。今天,强盗桓玄的脑袋恐怕已经披挂在大航桥上示众了。你们几位难道不是大晋朝的臣子吗?现在你们到这里来打算干什么?"刁弘等人相信了他的话,又率领手下人回去了。

孟昶在广陵,这一天他劝说青州刺史桓弘出去打猎,在天还没亮的时候,便打开州府的大门,放猎人们出去。孟昶与刘毅、刘道规率领精壮的士兵几十个人乘机直接闯进州府,见桓弘正在喝粥,便立即把他杀了,于是召集部众渡过长江。刘裕又派刘毅去把刁弘杀了。

在此之前,刘裕派遣同党周安穆到建康去向刘迈报告,刘迈虽然敷衍答应一同反叛,但是心中却非常惶恐害怕。周安穆见此情景,担心事情泄露,于是飞马跑了回去。桓玄任命刘迈为竟陵太守,刘迈打算快点到任。当天晚上,桓玄写信给刘迈说:"北府那边人们的情况怎么样?你最近看见刘裕,说了些什么?"刘迈以为桓玄已经发现了他们的计划,早晨起来,便把刘裕等人准备谋反的事向桓玄作了禀报。桓玄一听,大惊失色,马上册封刘迈为重安侯。后来又记恨刘迈没有抓住周安穆,让他逃了回去,于是把刘迈杀掉了。然后他又把王元德、辛扈兴、童厚之等人全部杀掉。

大家推举刘裕为征讨桓玄的盟主,总领督辖徐州的行政事务。刘裕又任孟昶为长史,镇守京口,任命檀凭之为司马。彭城人中所有应征的人,刘裕把他们全部交给郡主簿刘钟带领。丁巳(二月二十九日),刘裕率领这两个州的部众一千七百多人,驻扎在竹里,并把出师的通告命令发布到远近地方,声称说益州刺史毛璩已经平定荆楚一带,江州刺史郭昶之已经在寻阳重新拥立皇上复位,镇北参军王元德等人一起统帅部下据守石头,扬武将军诸葛长民已经占据了历阳。

桓玄心里非常忧虑、恐惧。有人说:"刘裕等人是乌合之众,力量微弱,看样子一定不会有什么建树,陛下为什么要这样深深地忧虑呢?"桓玄说:"刘裕有足够的条件可以成为一世的英雄。刘毅家里穷得连一石粮食的积蓄也没有，但樗蒲赌博时一次就押下百万的赌注。何无忌又非常像他的舅舅刘牢之。这些人在一起创立大业，哪能说不会成功呢！"

己未（三月初二），刘裕的部队吃罢饭，把剩下的那些粮食全部扔掉，开进到覆舟山以东的地区，派一些病弱的士兵登到山上，挥舞旗帜作为疑兵，并且分几路一起向前，把旌旗布满山谷。桓玄派出的探子回去后说："刘裕的军队漫山遍野，到处都已驻满，不知道有多少人。"桓玄越发忧虑恐惧，派武卫将军庚赜之率领精壮士卒前去补充增援各路部队。桓谦等人所统辖的士卒很多都是北府部队的老部下，一向非常敬畏佩服刘裕，所以根本没有斗志。刘裕与刘毅等人分为几路兵马，向前冲击桓谦的战阵。刘裕身先士卒，手下的将士也都拼死奋战，无不以一当百，喊杀声惊天动地。这时，东北风骤起，刘裕因此点起火来焚烧敌兵，浓烟烈火直冲云霄，鼓声喊声震动了京邑，桓谦等各路军队全部崩溃。

桓玄这时虽然派出部队迎战刘裕，但是逃跑的主意已经拿定。他暗中派领军将军殷仲文在石头准备好船只。当他听说桓谦等军队已经惨败，便率领亲信部下几千人，声称去参加战斗，然后带着他的儿子桓昇、侄儿桓浚从南掖门逃出。途中遇到前相国参军胡藩，抓住他的马勒口劝阻说："现在羽林禁卫军的射箭手还有八百，都是讲信义的旧部，西部人受到桓家的几代大恩，不驱使他们去决一死战，却突然丢下他们，想到哪里去呢？"桓玄并不对答，只是用马鞭指了指上天，然后便打马走了。向西来到石头，与殷仲文等人登船沿着长江向南而走。桓玄心事沉重，整天没有吃东西，左右的侍从人员给他端来粗糙的饭食，桓玄难以下咽，桓昇拥抱着父亲的胸部抚他的胸口，桓玄悲从中来，不能自禁。

刘裕刚开始来到建康时，对那些重大事情的处理和安排，全部交给刘穆之，使那些仓促间应办的公务马上安定就绪，没有不恰到好处的。刘裕于是把他当作自己的心腹，一举一动全都询问他的意见。刘穆之也是竭尽忠诚、极力筹措，没有任何遗漏和保留。当时晋朝的政令宽泛废弛，纲法纪律都没有建立起来，豪门大族凌傲放纵，但草野百姓却异常贫困穷苦，再加上司马元显又对政令多所违背破坏，桓玄虽然曾经打算进行整顿，但是却因各种规章的分类条目等过于繁琐细密，百姓无所适从。刘穆之仔细研究了当时的情况，按照轻重缓急进行清理矫正。刘裕也能以身作则，首先以威行严法进行管束，使朝廷内外的文武百官都能小心谨慎地奉行职守，不满十天，官风民俗顿时改观。

当初，诸葛长民来到豫州，因为耽误了约定的日期，所以没能发动政变。后来豫州刺史刁逵抓住了诸葛长民，把他押在囚车里送给桓玄，走到当利的时候，桓玄军队已经失败，押送的人一起打破囚车，救出诸葛长民，重新回到历阳。刁逵放弃城池逃走，被他的部下抓获，押往石头城斩首，他的儿子侄儿等亲人，不分男女老幼全部被杀，只把他的小弟弟给事中刁骋赦免。刁逵的老部下把他的侄儿刁雍藏了起来送到洛阳，后秦王姚兴命他为太子中庶子。刘裕任命魏咏之为豫州刺史，镇守历阳，诸葛长民为宣城内史。

桓玄逃到寻阳，郭昶之给他提供用品器具，补充兵力。辛未（三月十四日），桓玄逼迫挟持晋安帝一同向西逃窜，刘毅统率何无忌、刘道规等几支军队随后紧追不舍。桓玄留下龙骧将军何澹之、前将军郭铨与郭昶之一起据守湓口。桓玄在路上自己坚持写《起居注》，叙述讨伐刘裕的事情，自称所使用的战略战术没有失策的地方，只是手下的军队违背自己的指挥调遣，所以才打了败仗。桓玄把心思完全用在写这些东西之上，根本没时间与手下的官员将军们议论时势、研究对策。《起居注》写完之后，公开展示给远远近近的许多人看。

丙戌（三月二十九日），刘裕号称接受安帝的密诏，命武陵王司马遵按照安帝旨意，总领百官治理国家事务。加授侍中、大将军等官职。所以，下令实行大赦，其中，只对桓玄一族不加宽宥。

夏季，四月，己丑（初二），东晋武陵王司马遵进入东宫居住，朝廷内外对他都是异常恭敬。他把任免文武百官的命令叫作制书，把普通行政通告叫作令书。任命司马休之监荆、益、梁、宁、秦、雍六州诸军事，领荆州刺史。

庚寅（四月初三），桓玄挟持安帝来到江陵，桓石康收留了他们。桓玄重新设置文武百官，任命卞范之为尚书仆射。他自己想到奔逃失败之后，恐怕威望命令不能得到贯彻，于是更加重了严刑和惩罚，部众更加离心离德、怨声载道。殷仲文规劝他，桓玄大怒说："现在因为这些将领作战不讲章法，所以天象对我们不利，我只好回到楚国旧都来。但是这些小崽子却还议论纷纷，随便提出奇谈怪论，我正应当用强硬的手段纠正他们的不恭，决不能用宽容的态度对待他们。"荆州、江州几个郡听说桓玄西撤的消息，有的郡宰上奏表或者赶来问安的，桓玄都一概不接受，命令这些人重来祝贺迁移新都。

桓玄收募召集荆州兵马，还没过一个月，便得到二万部众，并且高大战舰、军械武器等也都配备整齐，军容异常盛大。甲寅（四月二十七日），桓玄再一次统率几支大军挟持安帝向东进军，任命符宏兼任梁州刺史，担任部队的前锋。又派遣散骑常侍徐放先走一步，去劝说刘裕等人说："如果你们能撤回大军，解散部队，一定会给你们一个自新的机会，分别加授给你们相应的官职，绝不会让你们失望。"

刘裕任命诸葛长民都督淮北诸军事，镇守山阳。任命刘敬宣为江州刺史。

后燕王慕容熙在龙腾苑中兴建逍遥宫，房屋连绵不断达几百间之多，又开凿曲光海，在盛夏的时候，士卒得不到休息，中暑而死的人超过一半。

刘毅、何无忌、刘道规、下邳太守平昌人孟怀玉率领部队从寻阳向西进发。五月，癸酉（十七日），他们在峥嵘洲与桓玄的部队相遇。刘毅等人的部队士卒不到一万人，而桓玄手下的兵士却有几万人之多，因此大家对此都非常害怕，打算退回寻阳。刘道规说："万万不可！敌众我寡，强弱的气势本来很明显，现在如果畏惧怯懦不想进攻，一定会被敌人抓住机会，即使回到寻阳，又怎么能使自己的防守坚固呢？桓玄虽然窃取英雄豪杰的名号，但内心实在是空虚怯懦的，再加上他现在已经失败奔逃，部众根本就没有死战的决心。决定胜负的双方，以将领勇猛无敌为克敌制胜的关键，不在人数的多少。"所以，他先挥师挺进，刘毅等人也率军紧跟。桓玄在座舰旁经常准备一艘小快船，以备失败的时候逃走，因此，众人都没有打仗的心思。刘毅等人借着江风放起火来，把精锐部队全部投入战斗，个个争先恐后，桓玄的部队彻底崩溃烧掉自己的辎重物资，连夜逃跑。前将军郭铨拜见刘毅，投降。

辛巳（五月二十五日），荆州别驾王康产把安帝奉迎到南郡府衙的官舍，太守王腾之率领文武官员做侍卫。

桓玄准备前往汉中。屯骑校尉毛修之，是毛璩的侄儿。他引诱桓玄前往蜀地，桓玄听信了他的话。宁州刺史毛璠，是毛璩的弟弟，死在官任上。毛璩派他哥哥的孙子毛祐之和参军费恬带领几百人护送毛璠的灵柩回江陵。壬午（五月二十六日），他们与桓玄在枚回洲相遇。毛祐之、费恬迎头袭击桓玄，箭如雨下，桓玄所宠爱的弄臣丁仙期、万盖等用自己的身体掩护桓玄，都死于非命。益州督护汉嘉人冯迁抽出佩刀，冲上前去准备刺杀桓玄，桓玄连忙拿下头上玉做的头饰递给冯迁，说："你是什么人？竟敢刺杀天子！"冯迁说："我这不过是杀天子的盗贼罢了！"于是把他杀了，又杀了桓石康、桓浚、庾赜之，活捉了桓昇押送到江陵，在街市上问斩。安帝在江陵重新复位，并任命毛脩之为骁骑将军。甲申（五月二十八日），下令实行大赦，那些由于害怕桓玄的威逼而参与或从属桓玄叛逆的人，一律不加追究。戊寅（五月二十二日），将司马氏祖先的牌位重新供于太庙。刘毅等人又把桓玄的首级送到建康，挂于大桁示众。

九月，东晋给事中习骋阴谋反叛，被杀掉，习氏家族于是灭绝。习氏平素很富有，家奴和食客横行霸道，垄断控制了山货和水产，成为京口的一大祸患。刘裕把他家的资产积蓄全部散发给百姓，让他们尽自己的力量来拿，一整天也没有拿完。当时地方上正赶上闹饥荒，百姓们就依靠这些钱财得以渡过难关。

卢循进犯东晋南海，攻打番禺。广州刺史濮阳人吴隐之抵抗坚守了一百多天。冬季，十月，壬戌（初九），卢循连夜攻城，终于攻陷，他们焚烧了府衙的房舍和民众的居室，使城内变成一片焦土，又抓住了吴隐之。卢循自称为平南将军，接管广州郡的事务，把烧焦的尸骨收集起来，在小岛上建一座大坟，埋在一起，共收得骷髅三万多具。他又派遣徐道覆进攻始兴，抓住了始兴相阮腆之。

十二月，刘毅等人带兵西进，攻克巴陵。刘毅号令严明整肃，所过之处，百姓平安喜悦。刘裕重新任命刘毅为兖州刺史。

晋纪三十六

【原文】

安皇帝己义熙元年（乙巳，405年）

秦王兴以鸠摩罗什为国师，奉之如神，亲帅群臣及沙门听罗什讲佛经，又命罗什翻译西域《经》《论》三百余卷，大营塔寺，沙门坐禅者常以千数。公卿以下皆奉佛，由是州郡化之，事佛者十室而九。

初，刘毅尝为刘敬宣宁朔参军，时人或以雄杰许之。敬宣曰："夫非常之才自有调度，岂得便谓此君为人豪邪！此君之性，外宽而内忌，自伐而尚人，若一旦遭遇，亦当以陵上取祸耳。"毅闻而恨之。及敬宣为江州，辞以无功，不宜授任先於毅等，裕不许。毅使人言於裕曰："刘敬宣不豫建议。猛将劳臣，方须叙报，如敬宣之比，宜令在后。若使君不忘平生，正可为员外常侍耳。闻已授郡，实为过优；寻复为江州，尤用骇惋。"敬宣愈不自安，自表解职，乃召还为宣城内史。

卢循遣使贡献。时朝廷新定，未暇征讨；壬申，以循为广州刺史，徐道覆为始兴相。循遗刘裕益智粽，裕报以续命汤。

刘裕遣使求和于秦，且求南乡等诸郡，秦王兴许之。君臣咸以为不可，兴曰："天下之善一也。刘裕拔起细微，能诛讨桓玄，兴复晋室，内厘庶政，外修封疆，吾何惜数郡，不以成其美乎！"遂割南乡、顺阳、新野、舞阴等十二郡归于晋。

汝水竭，南燕主备德恶之，俄而寝疾；北海王超请祷之，备德曰："人主之命，短长在天，非汝水所能制也。"固请，不许。

戊午，备德引见群臣于东阳殿，议立超为太子。俄而地震，百官惊恐，备德亦

不自安，还宫。是夜，疾笃，瞑不能言。段后大呼曰："今召中书作诏立超，可乎？"备德开目额之。乃立超为皇太子，大赦。备德寻卒。为十余棺，夜，分出四门，潜瘗山谷。

己未，超即皇帝位，大赦，改元太上。尊段后为皇太后。

超引所亲公孙五楼为腹心。备德故大臣北地王钟、段宏等皆不自安，求补外职。超以钟为青州牧，宏为徐州刺史。公孙五楼为武卫将军，领屯骑将尉，内参政事。封孚谏曰："臣闻亲不处外，羁不处内。钟，国之宗臣，社稷所赖；宏，外戚懿望，百姓具瞻；正应参翼百揆，不宜远镇外方。今钟等出藩，五楼内辅，臣窃未安。"超不从。钟、宏心皆不平，相谓曰："黄犬之皮，恐终补狐裘也。"五楼闻而恨之。

西凉公暠与长史张邈谋徙都酒泉以逼沮渠蒙逊；以张体顺为建康太守，镇乐涫，以宋繇为敦煌护军，与其子敦煌太守让镇敦煌，遂迁于酒泉。

暠手令戒诸子，以为："从政者当审慎赏罚，勿任爱憎，近忠正，远佞谀，勿使左右窃弄威福。毁誉之来，当研核真伪；听讼折狱，必和颜任理，慎勿逆诈忆必，轻加声色。务广咨询，勿自专用。吾莅事五年，虽未能息民，然含垢匿瑕，朝为寇雠，夕委心膂，粗无负于新旧，事任公平，坦然无颣，初不容怀，有所损益。计近则如不足，经远乃为有余，庶亦无愧前人也。"

【译文】

晋安帝义熙元年（乙巳，公元 405 年）

后秦王姚兴任命鸠摩罗什为国师，像侍奉神灵那样尊重他，亲自率领大臣们以及一些僧人听鸠摩罗什讲授佛经，又命令鸠摩罗什翻译从西域传来的佛家"经""论"共三百多卷，并大量营造佛塔、寺院等建筑，在那里坐禅修行的僧人常常有千人之多。朝廷公、卿以下的官员也都信奉佛教，于是，地方上也都受这种风气的熏陶，信佛的人在十家当中往往有九家。

当初，刘毅曾经做过刘敬宣的宁朔参军，当时有的人认为他是一个英雄豪杰。刘敬宣说："非常的人才自有胸怀和水平，何以见得他就是人中豪杰呢？此人的性格，外表宽厚，但心胸狭窄，自视很高，总想在别人之上，如果一旦掌握大权，也一定会因为犯上而招到祸患。"刘毅听说之后，心中对刘敬宣十分怀恨。到了朝廷任命刘敬宣为江州刺史的时候，他认为自己无功，诚恳辞让，不应该在刘毅等人之前接受任命。刘裕没有答应他的请求。刘毅这时派人去对刘裕说："刘敬宣并没有参与勤王讨逆的义举。现在，平乱中的勇猛之将、劳顿之臣才要论功行赏，像刘敬宣那样的官员，应该让他们靠后一些。如果你不忘记过去的情谊，不妨给他一个员外常侍之类的官做，就可以了。现在听说已经授给他郡守的官职，实在已经是太过于优厚了。不久又再次把江州交给他管辖，尤其让人惊骇惋惜。"刘敬宣越加感到心中不安，自己上表请求解去职务，于是，朝廷把他召回做宣城内史。

卢循派遣使节前来建康进贡。这时，东晋朝廷刚刚稳定下来，没有时间前去征讨。壬申（四月二十一日），朝廷任命卢循为广州刺史，徐道覆为始兴相。卢循赠送给刘裕益智粽，刘裕回赠给他续命汤。

刘裕派遣使节向后秦求和，并要求归还南乡等几个郡，后秦王姚兴答应了他。姚兴的大臣们都觉得这样不行，姚兴说："天底下的善行都是一样的。刘裕从社会底层最卑贱的地位上发展起来，能够诛杀桓玄，重新振兴晋室，对内整顿日常政务，对外核查勘定封地疆土，我怎么能为了珍惜几个郡，便因此不成全他的好事呢？"于是割让南乡、顺阳、新野、舞阴等十二个郡，归还给东晋。

汝水枯竭，南燕国主慕容备德为此十分焦虑，不久便得病，卧床不起。北海王慕容超请求为此祷告，慕容备德说："作为人主，他的寿命长短，全由上天决定，不是汝水所能制约得了的。"慕容超一再请求，慕容备德只是不允许。

戊午（十月十日），慕容备德在东阳殿召见群臣，商议册立慕容超为太子。不巧突然间发生地震，文武百官非常惊恐，慕容备德心里也非常不安，于是回宫。这天夜里，他的病情加重，眼睛紧闭，不能说话。段后大声对他说："现在召中书官进宫写诏书，立慕容超为太子，可以吗？"慕容备德睁开眼睛点了点头。于是，册立慕容超为皇太子，下令大赦。慕容备德很快便去世了。他们制作了十几个相同的棺材，在夜间，分别抬着从四个城门出去，埋在不同的地方，暗地里却把真的棺木秘密葬在山谷之中。

己未（十月十一日），慕容超登上皇帝位，下令大赦，改年号为太上。尊奉段后为皇太后。

慕容超把他过去的亲信公孙五楼当作心腹。慕容备德原来的大臣北地王慕容钟、段宏等都在心里感到不安，请求去外地任职。慕容超任命慕容钟为青州牧，任命段宏为徐州刺史。又任命公孙五楼为武卫将军，领屯骑校尉，参与处理国家政事。封孚劝阻说："臣下我听说，亲人不能排斥到外地，客人却不能让进内室。慕容钟是国家的皇族重臣，政权的倚靠；段宏，在外戚中极负盛名，百姓也都十分景仰。正应该让他们协助并带动文武百官，辅佐陛下，而不应该让他们到很远的外地去镇守。现在，慕容钟等出外守边，公孙五楼却在朝中辅佐，臣下我内心里觉得是不妥的。"慕容超拒不听从。慕容钟、段宏心中都感到愤愤不平，相对着说："黄狗的皮毛，恐怕终将要补狐皮衣服了。"公孙五楼听说这话之后，怀恨在心。

西凉公李暠与长史张邈商议，把都城迁往酒泉，用来对北凉国沮渠蒙逊施加威胁与压力，于是任命张体顺为建康太守，镇守乐涫，任命宋繇为敦煌护军，和他的儿子敦煌太守宋让一起镇守敦煌，于是把都城迁到酒泉。

李暠写下一道手谕，告诫他的几个儿子，认为："从事政务的人应当对奖赏或惩罚非常谨慎，万万不能任凭自己的爱憎，随意而为。接近忠直正派的人，疏远奸佞阿谈的小人，不让自己左右亲近的人暗地里操纵权力，作威作福。别人毁谤或者赞誉你的时候，应当仔细斟酌辨别是真是假。听取诉讼，判定案情，一定要和颜悦色地按规章情理仔细处置，千万不要事先推测对方心怀奸诈，主观臆断，轻易地发脾气。要尽量争取多听别人的意见，不要自己独断专行。我主持政事五年来，虽然不能说使百姓得到了很好的休息安抚，但是，我尽量地宽容别人的错误，掩饰别人的缺点，所以才使早上还是对手、仇人的人，到晚上便可能成为知心朋友。大体上，没有什么对不起那些新知旧友的地方，因为我处事公平，胸怀坦荡，没有偏差，一点也不许因私意有所变更。这样做，从眼前来考虑，好像是不足，但是时间一久，却能看出是有余，或许可以无愧于前人。"

【原文】

二年（丙午，406年）

南燕主超猜虐日甚，政出权幸，盘于游畋，封孚、韩谆屡谏不听。超尝临轩问孚问："朕可方前世何主？"对曰："桀、纣。"超惭怒，孚徐步而出，不为改容。鞠仲谓孚曰："与天子言，何得如是！宜还谢。"孚曰："行年七十，惟求死所耳！"竟不谢。超以其时望，优容之。

秃发傉檀伐沮渠蒙逊，蒙逊婴城固守。傉檀至赤泉而还，献马三千匹、羊三万口于秦。秦王兴以为忠，以傉檀为都督河右诸军事、车骑大将军、凉州刺史，镇姑臧，征王尚还长安。凉州人申屠英等遣主簿胡威诣长安请留尚，兴弗许。威见兴，流涕言曰："臣州奉戴王化，於兹五年，土宇僻远，威灵不接，士民尝胆抆血，共守孤城；仰恃陛下圣德，俯杖良牧仁政，克自保全，以至今日。陛下奈何乃以臣等贸马三千匹、羊三万口；贱人贵畜，无乃不可！若军国须马，直烦尚书一符，臣州三千余户，各输一马，朝下夕办，何难之有！昔汉武倾天下之资力，开拓河西，以断匈奴右臂。今陛下无故弃五郡之地忠良华族，以资暴虏，岂惟臣州士民坠於涂炭，恐方为圣朝旰食之忧。"兴悔之，使西平人车普驰止王尚，又遣使谕傉檀。会傉檀已帅步骑三万军于五涧，普先以状告之；傉檀遽逼遣王尚；尚出自清阳门，傉檀入自凉风门。

别驾宗敞送尚还长安，傉檀谓敞曰："吾得凉州三千余家，情之所寄，唯卿一人，奈何舍我去乎！"敞曰："今送旧君，所以忠于殿下也。"傉檀曰："吾新牧贵州，怀远安迩之略如何？"敞曰："凉土虽弊，形胜之地。殿下惠抚其民，收其贤俊以建功名，其何求不获！"因荐本州文武名士十余人；傉檀嘉纳之。王尚至长安，兴以为尚书。

傉檀燕群臣於宣德堂，仰视叹曰："古人有言：'作者不居，居者不作，'信矣。"武威孟卫襌曰："昔张文王始为此堂，於今百年，十有二主矣，惟履信思顺者可以久处。"傉檀善之。

【译文】

二年（丙午，公元406年）

南燕国主慕容超的猜忌、暴虐一天比一天厉害，政令完全由受他宠幸的掌权者颁发，自己则沉迷于游牧打猎，封孚、韩谭多次规劝，他也不听。慕容超曾有一次在金殿之上问封孚道："朕可以和前代的哪位君主相比？"封孚回答说："桀、纣。"慕容超既惭愧又气愤，封孚则缓缓地从容走出，神色不改。鞠仲对封孚说："与天子说话，怎么能够这样呢？你应该回去谢罪。"封孚说："我现在已经年过七十，只求死得其所罢了！"竟然不去请罪。慕容超因为他在当时声望很高，所以特别地宽容了他。

南凉景王秃发傉檀讨伐北凉沮渠蒙逊，沮渠蒙逊环城坚守。秃发傉檀抵达赤泉之后便回去了，把三千匹马、三万只羊献给后秦。后秦王姚兴认为他很忠诚，任命秃发傉檀为都督河右诸军事、车骑大将军、凉州刺史，镇守姑臧。征调王尚回长安。凉州人申屠英等派遣主簿胡威前往长安拜见后秦王，请求让王尚留任，姚兴没有答应。胡威见到姚兴，流着眼泪说："我们凉州，遵照陛下的教化，至今已有五年，土地偏僻遥远，朝廷的威力命令，很难到达我们那里。官吏百姓卧薪尝胆，自抚伤口血渍，一起同心协力守卫孤城。仰仗陛下的恩德贤明，又幸亏有一个好的州牧施行仁政，才得以自我保全，维持到今天。陛下怎么能够用我们这些人换来三千匹马、三万只羊呢？轻贱人而珍视牲畜，这是无论如何也说不通的！如果说国家军队需要马匹，只要尚书下一道公文就是了，我们凉州三千多户百姓，每户捐献一匹马，早晨下令，傍晚便办完了，又有什么困难的呢！过去汉武帝用尽天下所有的财力，开辟河西的疆土，以此斩断了匈奴的右臂。现在陛下无缘无故地放弃了五郡土地上忠良的高华之族，用来资助残暴的敌虏，这哪里只是我们一州的官民坠陷于生灵涂炭的深渊，恐怕这也正是我们国家将来的忧患。"姚兴对此非常后悔，派遣西平人车普飞马前去阻止王尚，又派使节通知秃发傉檀。正赶上秃发傉檀已经率步、骑兵三万人驻扎在五涧，车普先把诏令的内容告诉给了他。秃发傉檀于是马上催促王尚回去。王尚从清阳门出城，秃发傉檀便入凉风门进了城。

别驾宗敞护送王尚回长安，秃发傉檀告诉宗敞说："我得到凉州三千多家居民，但是感情所瞩望寄托的，却只有你一个，你为什么舍去我而走呢？"宗敞说："现在我护送我旧日的上司，也就是对您的忠诚呵。"秃发傉檀说："我刚刚执掌你们凉州的权力，你以为应该采取哪种怀柔远方、安抚近土的策略？"宗敞说："凉州的土地虽然贫瘠，但是却是地形非常重要的地方。殿下您好好地安抚黎民百姓，收纳这里的贤明俊杰之士，用他们建立功名，有什么目标不能达到呢？"随后，他又推荐本州的文武有名之士十多个人给秃发傉檀，秃发傉檀非常高兴地一一任用了他们。王尚回到长安，姚兴任命他为尚书。

秃发傉檀在宣德堂设宴，宴请大臣们，仰头看着这座建筑，叹息说："古人说得好，'盖房的人，自己不住；住房的人，自己不盖'，太对了。"武威人孟祎说："从前，张文王开始建筑这座大堂，到今天已将近一百年了，经历的主人也有十二个了，只有讲信义顺民心的人才可以在这里久住。"秃发傉檀觉得他说得很对。

【原文】

三年（丁未，407年）

殷仲文素有才望，自谓宜当朝政，悒悒不得志；出为东阳太守，尤不乐。何无忌素慕其名；东阳，无忌所统，仲文许便道修谒，无忌喜，钦迟之。而仲文失志恍惚，遂不过府；无忌以为薄己，大怒。会南燕入寇，无忌言于刘裕曰："桓胤、殷仲文乃腹心之疾，北房不足忧也。"闰月，刘裕府将骆冰谋作乱，事觉，裕斩之。因言冰与仲文、桓石松、曹靖之、卞承之、刘延祖潜相连结，谋立桓胤为主，皆族诛之。

初，魏主珪灭刘卫辰，其子勃勃奔秦，秦高平公没弈干以女妻之。勃勃魁岸，美容仪，性辩慧，秦王兴见而奇之，与论军国大事，宠遇逾於勋旧。兴弟邕谏曰："勃勃不可近也。"兴曰："勃勃有济世之才，吾方与之平天下，奈何逆忌之！"乃以为安远将军，使助没弈干镇高平，以三城、朔方杂夷及卫辰部众三万配之，使伺魏间隙。邕固争以为不可。兴曰："卿何以知其为人？"邕曰："勃勃奉上慢，御众残，贪猾不仁，轻为去就；宠之逾分，恐终为边患。"兴乃止；久之，竟以勃勃为安北将军、五原公，配以三交五部鲜卑及杂虏二万余落，镇朔方。

魏主珪归所虏秦将唐小方于秦。秦王兴请归贺狄干，仍送良马千匹以赎狄伯支，珪许之。

勃勃闻秦复与魏通而怒，乃谋叛秦。柔然可汗社崘献马八千匹于秦，至大城，勃勃掠取之，悉集其众三万余人伪畋于高平川，因袭杀没弈干而并其众。

勃勃自谓夏后氏之苗裔，六月，自称大夏天王，大单于，大赦，改元龙升，置百官。

夏王勃勃破鲜卑薛干等三部，降其众以万数，进攻秦三城已北诸戍，斩秦将杨丕、姚石生等。诸将皆曰："陛下欲经营关中，宜先固根本，使人心有所凭系。高平山川险固，土田饶沃，可以定都。"勃勃曰："卿知其一，未知其二。吾大业草创，士众未多；姚兴亦一时之雄，诸将用命，关中未可图也。我今专固一城，彼必并力于我，众非其敌，亡可立待。不如以骁骑风驰，掩其不意，救前则击后，救后则击前，使彼疲于奔命，我则游食自若。不及十年，岭北、河东尽为我有。待兴既死，嗣子暗弱，徐取长安，在吾计中矣。"于是侵掠岭北，岭北诸城门不昼启。兴乃叹曰："吾不用黄儿之言，以至于此！"

勃勃求婚于秃发傉檀，傉檀不许。十一月，勃勃帅骑二万击傉檀，至于支阳，杀伤万余人，驱掠二万七千余口、牛马羊数十万而还。傉檀帅众追之，焦朗曰："勃勃天姿雄健，御军严整，未可轻也。不如从温围北渡，趣万斛堆，阻水结营，扼其咽喉，百战百胜之术也。"傉檀将贺连怒曰："勃勃败亡之余，乌合之众，奈何避之，示之以弱，宜急追之！"傉檀从之。勃勃于阳武下峡凿凌埋车以塞路，勒兵逆击傉檀，大破之，追奔八十余里，杀伤万计，名臣勇将死者什六七。傉檀与数骑奔南山，几为追骑所得。勃勃积尸而封之，号曰髑髅台。勃勃又败秦将张佛生于青石原，俘斩五千余人。

【译文】

三年（丁未，公元407年）

东晋殷仲文一向很有才智声望，自己以为应当管理朝政，所以一直闷闷不乐，觉得没有实现自己的志向。后来出京做了东阳太守，更加不高兴。何无忌平常就仰慕他的名气。东阳又在何无忌的管辖之内，殷仲文答应他得便顺路去拜访，何无忌非常高兴，谨慎恭敬地对待这件事。但是，殷仲文因为官场失意，常常神情恍惚，所以才没能过来相见。何无忌以为他这是瞧不起自己，大为恼怒。正好南燕此时进兵侵犯，何无忌便对刘裕说："桓胤、殷仲文是我们的心腹大患，而北方的敌寇却不必担心。"闰二月，刘裕官府的将军骆冰阴谋制造叛乱，事情被发觉，刘裕把他杀了。于是，他们又声称骆冰和殷仲文、桓石松、曹靖之、卞承之、刘延祖等人在暗中互相勾结，打算拥立桓胤为盟主，所以把这些人连同他们的家族，全部杀掉。

  当初，北魏国主拓跋珪消灭匈奴部落首领刘卫辰，他的儿子刘勃勃投奔后秦，后秦高平公没奕干把女儿嫁给他做妻子。刘勃勃身材魁梧伟岸，容貌漂亮，仪表堂堂，生性善辩，聪慧机智。后秦王姚兴见到他之后觉得他是一个奇才，便与他谈论军队、国家的大事，对他的宠爱超过了功臣旧属。姚兴的弟弟姚邕劝说他道："刘勃勃这个人不可过于亲近。"姚兴说："刘勃勃有拯救乱世的才干，我正要和他一起平定天下，你们怎么这样疑心猜忌他呢？"于是，任命刘勃勃为安远将军，让他协助没奕干镇守高平，并把三城、朔方等地的各夷族部落和刘卫辰的老部下三万人交付给他统辖，让他严密监视北魏的行动，等待机会。姚邕坚持争辩，认为万万不可这样。姚兴说："你怎么知道他的为人？"姚邕说："刘勃勃对待上级，态度傲慢无礼；对待下属部众，手段残忍、贪婪狡猾，不讲仁义，对待去留问题，都轻率决定。这样的人，过分地宠爱他，将来一定会成为边疆的祸患。"姚兴这才放弃了原来的想法。但时间一长，又任命刘勃勃为安北将军、五原公，把三交地区的五个鲜卑部落以及其他杂族二万多部落交给他，让他镇守朔方。

  北魏国主拓跋珪把所俘虏的后秦将领唐小方，归还给后秦。后秦王姚兴要求归还贺狄干，并决定送给北魏一千匹好马，用来赎回狄伯支，拓跋珪同意了。

  刘勃勃听说后秦又与北魏和好，非常愤怒，于是，计划叛变后秦。柔然可汗郁久闾社崙向后秦献上八千匹马，走到大城的时候，刘勃勃把马匹全部抢走，并把自己的三万多部众全部集结在一起，假装去高平川打猎，却借机突然袭击杀死了没奕干，并且收编了他的军队。

  刘勃勃自称是夏后氏的后代，六月，自封为大夏天王、大单于，下令大赦，改年号为龙升，设置文武百官。

  夏王刘勃勃攻破了鲜卑族首领薛干等三个部落，收降那里的部众一万多人。他又进攻后秦三城以北的几个边境要塞，斩杀了后秦将领杨丕、姚石生等。他的部将们都说："陛下如果打算夺取关中，那么应该首先巩固自己的根基，使我们的人心有一个寄托凭借的地方。高平山高河深，地势险要，容易驻守，土地又很富饶肥沃，可以在这里定都。"刘勃勃说："你们只知其一，不知其二。我的宏伟大业才不过刚刚开始，士卒部众还不够多。姚兴也是一个时代的英雄，他的那些将领又都肯于为他卖命，关中是极不容易到手的。我现在如果只是固守一个城池，他一定会全力向我发动进攻，我们人少，绝不是他的敌手，灭亡那是立刻就会到来的。不如像现在这样战马驰骋，来去如风，趁他们不注意的时候，他们营救前面，我们便袭击后面，他们营救后面，我们便袭击前面，使他们疲于奔命，自顾不暇，我们却游击四处，猎取现成的食物，从容自若。这样不到十年，岭北、河东地区便都是我们的了。等到姚兴死后，他继位的儿子昏庸懦弱，我们便可以慢慢地攻陷长安。这些都是在我的计划中的。"从此，他们侵犯抢掠岭北地区的居民。

岭北各个城池，白天也不敢打开城门。姚兴于是叹息说："吾不听信黄儿姚邕的话，以至于落到了这个地步！"

刘勃勃向秃发傉檀请求联姻，秃发傉檀没有答应。十一月，刘勃勃率二万骑兵袭击秃发傉檀，走到支阳，屠杀一万多人，驱赶掠夺平民百姓二万七千多口人以及几十万头牛马羊等方才回师。秃发傉檀率领大军追击他们，焦朗说："刘勃勃身材雄伟劲健，治理军队严肃整齐，不可轻视。我看不如从温围向北渡过黄河，直逼万斛堆，堵住河水，扎下大营，扼住刘勃勃的咽喉，这才是百战百胜的好方法。"秃发傉檀的将领贺连大怒说："刘勃勃不过是一个战败逃亡的残渣余孽，率领的也都是乌合之众，为什么要躲避他，向他表示我们的软弱，应该快些去追击他！"秃发傉檀听信了他的话。刘勃勃在阳武下峡谷中凿开黄河中的冰块，用冰与车辆堵死峡谷的出口，带兵回击秃发傉檀，将他们打得大败，又追击了八十多里才收兵。这一战杀死的将士有一万多人，有名的大臣和勇猛的武将战死的也十有六七。秃发傉檀仅与几个骑兵逃奔南山，差一点又被追击的骑兵抓获。刘勃勃把战场的尸体堆积起来，一起掩埋，并称之为髑髅台。刘勃勃又在青石原击败后秦将领张佛生，俘虏斩杀的加在一起有五千多人。

【原文】

四年（戊申，408年）

春，正月，甲辰，以琅邪王德文领司徒。

刘毅等不欲刘裕入辅政，议以中领军谢混为扬州刺史；或欲令裕於丹徒领扬州，以内事付孟昶。遣尚书右丞皮沈以二议咨裕，沈先见裕记室录事参军刘穆之，具道朝议。穆之伪起如厕，密疏白裕曰："皮沈之言不可从。"裕既见沈，且令出外，呼穆之问之。穆之曰："晋朝失政日久，天命已移。公兴复皇祚，勋高位重，今日形势，岂得居谦，遂为守藩之将耶！刘、孟诸公，与公俱起布衣，共立大义以取富贵，事有先后，故一时相推，非为委体心服，宿定臣主之分也；力敌势均，终相吞噬。扬州根本所系，不可假人。前者以授王谧，事出权道；今若复以他授，便应受制於人。一失权柄，无由可得，将来之危，难可熟念。今朝议如此，宜相酬答，必云在我，措辞又难，唯应云：'神州治本，宰辅崇要，此事既大，非可悬论，便暂入朝，共尽同异。'公至京邑，彼必不敢越公更授余人明矣。"裕从之。朝廷乃征裕为侍中、车骑将军、开府仪同三司、扬州刺史、录尚书事，徐、兖二州刺史如故。裕表解兖州，以诸葛长民为青州刺史，镇丹徒，刘道怜为并州刺史，戍石头。

秦主兴以秃发傉檀外内多难，欲因而取之，使尚书郎韦宗往觇之。傉檀与宗论当世大略，纵横无穷。宗退，叹曰："奇才英器，不必华夏，明智敏识，不必读书，吾乃今知九州之外，《五经》之表，复自有人也。"归，言于兴曰："凉州虽弊，傉檀权谲过人，未可图也。"兴曰："刘勃勃以乌合之众犹能破之，况我举天下之兵以加之乎！"宗曰："不然。形移势变，返覆万端，陵人者易败，戒惧者难攻。傉檀之所以败于勃勃者，轻之也。今我以大军临之，彼必惧而求全。臣窃观群臣才略，无傉檀之比者，虽以天威临之，亦未敢保其必胜也。"兴不听，使其子中军将军广平公弼、后军将军敛成、镇远将军乞伏乾归帅步骑三万袭傉檀，左仆射齐难帅骑二万讨勃勃。吏部尚书尹昭谏曰："傉檀恃其险远，故敢违慢；不若诏沮渠蒙逊及李暠讨之，使自相困毙，不必烦中国之兵也。"亦不听。

兴遗傉檀书曰："今遣齐难讨勃勃，恐其西逸，故令弼等于河西邀之。"傉檀以为然，遂不设备。弼济自金城，姜纪言于弼曰："今王师声言讨勃勃，傉檀犹豫，守备未严，愿给轻骑五千，掩其城门，则山泽之民皆为吾有；孤城无援，可坐克也。"弼不从，进至漠口，昌松太守苏霸闭城拒之。弼遣人谕之使降，霸曰："汝弃信誓而伐与国，吾有死而已，何降之有！"弼进攻，斩之，长驱至姑臧。傉檀婴城固守，出奇兵击弼，破之，弼退据西苑。城中人王钟等谋为内应，事泄，傉檀欲诛首谋者而赦其余。前军将军伊力延侯曰:"今强寇在外,而奸人窃发于内,危孰甚焉,不悉坑之,何以惩后!"傉檀从之,杀五千余人。命郡县悉散牛羊於野,敛成纵兵钞掠;傉檀遣镇北大将军俱延、镇军将军敬归等击之,秦兵大败,斩首七千余级。姚弼固垒不出,傉檀攻之,未克。

秋,七月,兴遣卫大将军常山公显帅骑二万为诸军后继,至高平,闻弼败,倍道赴之。显遣善射者孟钦等五人挑战于凉风门,弦未及发,傉檀材官将军宋益等迎击,斩之。显乃委罪敛成,遣使谢傉檀,慰抚河外,引兵还。傉檀遣使者徐宿诣秦谢罪。

夏王勃勃闻秦兵且至,退保河曲。齐难以勃勃既远,纵兵野掠;勃勃潜师袭之,俘斩七千余人。难引兵退走,勃勃追至木城,禽之,虏其将士万三千人。於是岭北夷、夏附于勃勃者以万数,勃勃皆置守宰以抚之。

【译文】

四年(戊申,公元408年)

春季,正月,甲辰(初九),东晋任命琅邪王司马德文兼司徒职务。

刘毅等人不希望刘裕进入朝中辅佐政事,因而商议任命中领军谢混为扬州刺史,也有人打算让刘裕在丹徒兼管扬州,而把朝中的政务交给孟昶管理。朝廷特意派尚书右丞皮沈带着这两个方案,前去征求刘裕意见。皮沈首先拜见刘裕的记室录事参军刘穆之,把朝廷讨论的情形全部告诉了他。刘穆之假装起身上厕所,秘密地写了一篇书疏告诉刘裕说:"皮沈说的话,千万不要同意。"刘裕召见皮沈后,暂时先让他出去,又把刘穆之叫进去询问。刘穆之说:"晋朝对朝政失去控制,时间已经很久了,现在上天的福命已经转移。您兴复皇家的事业,功高德勋,地位重要,在今天的形势之下,怎么还能一味谦让,而去永远做一个老守藩地的普通地方将领呢?刘毅、孟昶几个人,与您都是从百姓开始起家的,当年一起倡导大义,争取富贵。但举事的时候,有先有后,所以当时便都推举您做了盟主,他们并不是诚心诚意地对您心服口服、不惜献身,也不是决定和您有君臣的名分。所以,当他们的力量和您相当,地位也差不太多的时候,终究是要互相吞并、排挤的。正因如此,扬州是可以起到决定性作用的根本所在,绝不可以把它拱手让给别人。上一次把它交给王谧,不过是处理事情的权宜之计,这次如果再把它交给别人,可就要受到别人的制约。权柄一旦丧失,再想得到,便没有理由和机会了,那样一来,将来的危险,实在无法想象。现在朝廷这样商议,您理应表明一下态度,做出回答。但是如果说只有我自己合适,又未免难于启齿用词,所以,只应该这样说:'中央地区是治理国家的根本所在,辅佐君王的宰相一级官员,地位也非常重要。选定这样的官员一事既然如此重大,便绝不可以在外地随便发几声空议论敷衍,最近我抽时间前往京都,再与你们一起充分地交换意见。'您到了都城,他们一定不敢越过您再把这官职交给别的人,这是不言自明的。"刘裕听从了他的话。朝廷于是征召刘裕任侍中、车骑将军、开府仪同三司、扬州刺史、录尚书事,他原来的徐、兖二州刺史的职务仍然兼任。刘裕上表请求解除自己兖州的职务,任命诸葛长民为青州刺史,镇守丹徒,任命刘道怜为并州刺史,戍卫石头。

  后秦王姚兴认为南凉国秃发傉檀现处在朝廷内外多难之秋,所以打算趁机消灭他,派尚书郎韦宗前去观察局势。秃发傉檀与韦宗谈论当世的大事,纵横驰骋,酣畅淋漓。韦宗告辞之后,叹道:"奇异之才,英雄之器,不一定只华夏中原有;明晰的智慧,敏锐的见识,也不一定只有读书才能获得。我今天才知道九州地域之外,除了儒学《五经》,也还大有人在。"韦宗回去,对姚兴说:"凉州虽然凋敝破败,但秃发傉檀的权谋诡诈却超过常人,不可对他打什么主意。"姚兴说:"刘勃勃依靠一群乌合之众,还能把他打败,何况我要发动天下所有的兵马来对付他呢?"韦宗说:"不对。情况转变,形势不同,变化虽多种多样,但仗势欺人的人,容易失败,戒备谨慎的人,却很难攻取。秃发傉檀之所以败给刘勃勃的原因,就是轻敌。现在我们用大部队去进攻他,他一定会非常恐惧,想办法保全自己。臣下我私下里观察我们这些官员的才能谋略,没有一个能和秃发傉檀相比的,虽然您自己可以亲自带兵前去征伐,但也不敢保证到那时一定会胜利。"姚兴不听,派遣他的儿子中军将军广平公姚弼、后军将军敛成、镇远将军乞伏乾归率步、骑兵三万人进攻秃发傉檀,又派左仆射齐难率骑兵二万讨伐刘勃勃。吏部尚书尹昭劝阻说:"秃发傉檀依仗他所处地域的险峻遥远,所以才胆敢违抗怠慢朝廷。我看不如下诏给沮渠蒙逊和李暠，让他们去讨伐秃发傉檀，使他们自己互相之间消耗力量，自行毁灭，不必劳烦中原这里的兵力。"姚兴仍然不听。

姚兴写信给秃发傉檀说："现在，我派遣齐难讨伐刘勃勃，我担心他向西逃跑，所以命令姚弼等人带兵在河西一带截击他们。"秃发傉檀以为真是这样，所以便不再增设防备。姚弼从金城一带渡过黄河。姜纪对姚弼说道："这次我们大军表面上说要讨伐刘勃勃，所以秃发傉檀才犹豫不决，守卫戒备也不很严，请您拨给我轻装骑兵五千人，径直突袭他们都城的城门，那么，住在城外草野山川里的居民便都归我们所有，剩下他那一座孤城，没有救援到来，我们就可以坐在那里等着他们城破了。"姚弼却不接受他的意见。大军开到漠口，昌松太守苏霸紧闭城门抗拒他们。姚弼派人前去劝说，让他们投降。苏霸说："你们背信弃义讨伐友好的国家，我只有一死罢了，哪里有投降的道理。"姚弼果然攻克这座城，把苏霸杀了。然后又挥动大军长驱直入，进逼姑臧。秃发傉檀环城坚固拒守，并出动奇兵回去姚弼，将他截败，姚弼退到西苑据守。城中的王钟谋划着作为姚弼的内应，事情泄漏后，秃发傉檀准备杀死主谋而赦免其他的人。前军将军伊力延侯说："现在强大的敌人就在城外，而奸人又私下里准备在城内发动叛乱，危险是多么的严重呵！如果不全部把他们活埋的话，用什么来惩戒后来的人！"秃发傉檀听从了他的话，坑杀了五千多人。他又命令郡县把牛羊等全部驱散到野外去，后秦军将领敛成纵容他的部下大肆抢掠。这时秃发傉檀派遣镇北大将军秃发俱延、镇军将军秃发敬归等联合进攻，后秦军队大变，被斩首的有七千多人。姚弼坚守弼垒，不出来交战，秃发傉檀进攻他们，没有攻克。

秋季，七月，姚兴派遣卫大将军常山公姚显统帅骑兵二万作为各路军队的后继队伍，来到高平，听说姚弼战败，便加快行军速度，兼程赶到那里。姚显派遣善于射箭的孟钦等五人，在凉风门向敌兵挑战，弓弦上的箭还没来得及发射出去，秃发傉檀的材官将军宋益等便赶到迎战，把他们杀了。姚显于是把罪过推托给敛成，派人向秃发傉檀认错，安抚慰问黄河以外地区的百姓，带领大军回去了。秃发傉檀也派遣使节徐宿到后秦首都拜谒谢罪。

夏王刘勃勃听说后秦兵马很快就要来到，退到河曲据守。齐难以为刘勃勃已经跑远，放纵自己的士兵到处抢掠。刘勃勃暗中回师袭击他们，俘虏、斩杀的一共有七千多人。齐难带兵退走,刘勃勃追到木城,把他活捉,又俘虏了他手下的将士有一万三千人之多。从此,岭北夷族和汉人归附刘勃勃的有一万多人,刘勃勃都分别安排了守、宰一类的地方官,用来安抚他们。

资治通鉴第一百一十五卷

晋纪三十七

【原文】

安皇帝庚义熙五年（己酉，409年）

庚戌，以刘毅为卫将军、开府仪同三司。毅爱才好士，当世名流莫不辐凑，独扬州主簿吴郡张邵不往。或问之，邵曰："主公命世人杰，何烦多问！"

二月，南燕将慕容兴宗、斛谷提、公孙归等帅骑寇宿豫，拔之，大掠而去，简男女二千五百付太乐教之。归，五楼之兄也。是时，五楼为侍中、尚书、领左卫将军，专总朝政，宗亲并居显要，王公内外无不惮之。南燕主超论宿豫之功，封斛谷提等并为郡、县公。桂林王镇谏曰："此数人者，勤民顿兵，为国结怨，何功而封？"超怒，不答。尚书都令史王俨谄事五楼，比岁屡迁，官至左丞。国人为之语曰："欲得侯，事五楼。"超又遣公孙归等寇济南，俘男女千余人而去。自彭城以南，民皆堡聚以自固。诏并州刺史刘道怜镇淮阴以备之。

三月，刘裕抗表伐南燕，朝议皆以为不可，惟左仆射孟昶、车骑司马谢裕、参军臧熹以为必克，劝裕行。裕以昶监中军留府事。谢裕，安之兄孙也。

初，苻氏之败也，王猛之孙镇恶来奔，以为临澧令。镇恶骑乘非长，关弓甚弱，而有谋略，善果断，喜论军国大事。或荐镇恶于刘裕，裕与语，说之，因留宿；明旦，谓参佐曰："吾闻将门有将，镇恶信然。"即以为中军参军。

雷震魏天安殿东序；魏主珪恶之，命左校以冲车攻东、西序，皆毁之。初，珪服寒食散，久之，药发，性多躁扰，忿怒无常，至是寝剧。又灾异数见，占者多言当有急变生肘腋。珪忧懑不安，或数日不食，或达旦不寐，追计平生成败得失，独语不止。疑群臣左右皆不可信，每百官奏事至前，追记其旧恶，辄杀之；其余或颜色变动，或鼻息不调，或步趋失节，或言辞差缪，皆以为怀恶在心，发形于外，往往手击杀之，死者皆陈天安殿前。朝廷人不自保，百官苟免，莫相督摄，盗贼公行，里巷之间，人为希少。珪亦知之，曰："朕故纵之使然，待过灾年，更当清治之耳。"是时，群臣畏罪；多不敢求亲近；唯著作郎崔浩恭勤不懈，或终日不归。浩，吏部尚书宏之子也。宏未尝忤旨，亦不谄谀，故宏父子独不被谴。

己巳，刘裕发建康，帅舟师自淮入泗。五月，至下邳，留船舰、辎重，步进至琅邪，所过皆筑城，留兵守之。或谓裕曰："燕人若塞大岘之险，或坚壁清野，大军深入，不唯无功，将不能自归，奈何？"裕曰："吾虑之熟矣，鲜卑贪婪，不知远计，进利虏获，退惜禾苗，谓我孤军远人，不能持久；不过进据临朐，退守广固，必不能守险清野，敢为诸君保之。"

刘裕过大岘，燕兵不出。裕举手指天，喜形于色。左右曰："公未见敌而先喜，何也？"裕曰："兵已过险，士有必死之志；余粮栖亩，人无匮乏之忧。虏已入吾掌中矣。"六月，己巳，裕至东莞。超先遣公孙五楼、驾赖卢及左将军段晖等将步骑五万屯临朐；闻晋兵入岘，自将步骑四万往就之，使五楼帅骑进据巨蔑水。前锋孟龙符与战，破之，五楼退走。裕以车四千乘为左右翼，方轨徐进，与燕兵战于临朐南，日向昃，胜负犹未决。参军胡藩言于裕曰："燕悉兵出战，临朐城中留守必寡，愿以奇兵从间道取城，此韩信所以破赵也。"裕遣藩及咨议参军檀韶、建威将军河内向弥潜师出燕兵之后，攻临朐，声言轻兵自海道至矣。向弥擐甲先登，遂克之。超大惊，单骑就段晖于城南。裕因纵兵奋击，燕众大败，斩段晖等大将十人，超遁还广固，获其玉玺、辇及豹尾。裕乘胜逐北至广固；丙子，克其大城。超收众入保小城。裕筑长围守之，围高三丈，穿堑三重；抚纳降附，采拔贤俊，华、夷大悦。于是因齐地粮储，悉停江、淮漕运。

秋，七月，加刘裕北青、冀二州刺史。

南燕尚书略阳垣尊及弟京兆太守苗逾城来降，裕以为行参军。尊、苗皆超所委任以为腹心者也。

或谓裕曰："张纲有巧思，若得纲使为攻具，广固必可拔也。"会纲自长安还，太山太守申宣执之，送于裕。裕升纲于楼车，使周城呼曰："刘勃勃大破秦军，无兵相救。"城中莫不失色。江南每发兵及遣使者至广固，裕辄潜遣兵夜迎之，明日，张旗鸣鼓而至，北方之民执兵负粮归裕者，日以千数，围城益急。张华、封恺皆为裕所获。超请割大岘以南地为藩臣，裕不许。

秦王兴遣使谓裕曰："慕容氏相与邻好，今晋攻之急，秦已遣铁骑十万屯洛阳；晋军不还，当长驱而进。"裕呼秦使者谓曰："语汝姚兴；我克燕之后，息兵三年，当取关、洛；今能自送，便可速来！"刘穆之闻有秦使，驰入见裕，而秦使者已去。裕以所言告穆之。穆之尤之曰："常日事无大小，必赐预谋，此宜善详，云何遽尔答之！此语不足以威敌，适足以怒之。若广固未下，羌寇奄至，不审何以待之？"裕笑曰："此是兵机，非卿所解，故不相语耳。夫兵贵神速，彼若审能赴救，必畏我知，宁容先遣信命，逆设此言！是自张大之辞也。晋师不出，为日久矣。羌见伐齐，殆将内惧，自保不暇，何能救人邪！"

北燕王云自以无功德而居大位，内怀危惧，常畜养壮士以为腹心、爪牙。宠臣离班、桃仁专典禁卫，赏赐以巨万计，衣食起居皆与之同，而班、仁志愿无厌，犹有怨憾。戊辰，云临东堂，班、仁怀剑执纸而入，称有所启。班抽剑击云，云以几捍之，仁从旁击云，弑之。

冯跋升洪光门以观变，帐下督张泰、李桑言于跋曰："此竖势何所至，请为公斩之！"乃奋剑而下，桑斩班于西门，泰杀仁于庭中。众推跋为主，跋以让其弟范阳公素弗，素弗不可。跋乃即天王位於昌黎，大赦，诏曰："陈氏代姜，不改齐国，宜即国号曰燕。"改元太平，谥云曰惠懿皇帝。

魏主珪将立齐王嗣为太子；魏故事，凡立嗣子辄先杀其母，乃赐嗣母刘贵人死。珪召嗣谕之曰："汉武帝杀钩弋夫人，以防母后豫政，外家为乱也。汝当继统，吾故远迹古人，为国家长久之计耳。"嗣性孝，哀泣不自胜。

壬申，嗣即皇帝位，大赦，改元永兴。追尊刘贵人曰宣穆皇后；公卿先罢归第不预朝政者，悉召用之。诏长孙嵩与北新侯安同、山阳侯奚斤、白马侯崔宏、元城侯拓跋屈等八人坐止车门右，共听朝政，时人谓之八公。屈，磨浑之父也。嗣以尚书燕凤逮事什翼犍使与都坐大官封懿等入侍讲论，出议政事。以王洛儿、车路头为散骑常侍，叔孙俊为卫将军。拓跋磨浑为尚书，皆赐爵郡、县公。嗣问旧臣为先帝所亲信者为谁。王洛儿言李先。嗣召问先："卿以何才何功为先帝所知？"对曰

"臣不才无功,但以忠直为先帝所知耳。"诏以先为安东将军,常宿于内,以备顾问。

【译文】

晋安帝义熙五年（己酉,公元409年）

庚戌（二十一日）,东晋任命刘毅为卫将军、开府仪同三司。刘毅爱好人才,喜欢读书人,所以,当时的知名人士几乎没有不聚集到他身边去的,唯独只有扬州主簿吴郡人张邵不去。有人问他为什么,张邵说："我的主公刘裕是应运而生的人中豪杰,哪里还用多问！"

二月,南燕将领慕容兴宗、斛谷提、公孙归等人率领骑兵进犯并攻克东晋的宿豫,大肆抢掠一番之后,便回去了,挑选俘虏的男女青年二千五百人,交付给管理王室音乐的机构,教习训练。公孙归是公孙五楼的哥哥。这时,公孙五楼任侍中、尚书、领左卫将军,在朝中专权,总揽国家的一切政务,他的宗族亲属也都在朝廷官居显要位置,王公大臣、朝廷内外,对他没有不忌惮害怕的。南燕国主慕容超评定宿豫之战的功劳,封斛谷提等人为郡公、县公。桂林王慕容镇劝阻说："这几个人,劳师动众,为国家结下仇怨,有什么功劳可封？"慕容超大怒,不予回答。尚书都令史王俨谄媚巴结公孙五楼,几年来屡次升迁,官职到了左丞。所以当时百姓根据这些编了句歌谣："要想封侯,巴结五楼。"慕容超又派公孙归等侵犯济南,俘获了男女一千多人回去。因此,从彭城往南,东晋居民全都修筑城堡聚居一起,进行自卫。朝廷下诏,命并州刺史刘道怜镇守淮阴,用来戒备南燕骚扰。

三月,东晋刘裕上表请求讨伐南燕,朝廷中商议,大臣们都以为不可轻举妄动。只有左仆射孟昶、车骑司马谢裕、参军臧熹认为一定能胜利,劝说刘裕出征。刘裕任命孟昶为监中军留府事。谢裕是谢安哥哥的孙子。

当初,前秦苻氏政权衰败的时候,王猛的孙子王镇恶投奔到东晋,朝廷任命他为临澧令。王镇恶对骑术不很擅长,拉弓射箭的能力也很弱,但是却有深谋远略,善于对事情做出果决的判断,很喜欢谈论军队国家的大事。有人把王镇恶推荐给刘裕,刘裕和他交谈一番,很喜欢他,所以留宿在家里。第二天早晨,对参军佐僚们说："我听说名将之门当出大将，王镇恶的确是这样。"便任命他为中军参军。

雷电击中北魏国天安殿的东墙。北魏国主拓跋珪非常忌讳这件事，命令左校用攻城时的一种冲车撞击东西墙，把墙全部撞倒。当初，拓跋珪服食寒食散，时间一长，药性发作，他的性情便变得急躁烦闷，喜怒无常。到了这时，病情更加严重。加上最近又灾祸怪事屡次出现，占卜算卦的人大多都说要在自己身旁发生急剧性的变化，使拓跋珪更加忧虑愤恨，心中不安。他或者几天不吃饭，或者整夜不睡觉，追忆感怀自己一生来的成功与失败、所得与所失，而不停地自言自语。他怀疑大臣们和左右的侍从护卫都是不可相信的，每当文武百官上前启奏国事，他都往往想起启奏者过去的错误和罪过，并将其杀掉。其余的人，如有面色稍变，或呼吸不匀，或步履不稳，或话语出现错差的，他都会以为是心中有鬼、居心不良所以才表现在外表上，往往亲手把他们刺死。死的人都被摆放在天安殿前。朝廷中人人觉得朝不保夕，文武百官苟且偷安，根本不考虑互相之间监督勤政的事，所以国内强盗贼寇公然作案犯法，都城的大街小巷中间，行人稀少。拓跋珪也知道这种情况，说："我这不过是故意放纵他们罢了，等到过去了这个灾年，我再重新清理整治这些吧。"这时，大臣们都害怕惹祸怪罪，多数人不敢去与拓跋珪接近，只有著作郎崔浩恭谨勤奋，坚持不懈，有的时候整天不回家。崔浩是吏部尚书崔宏的儿子。崔宏不曾冒犯过国主，也不谄媚阿谀，所以只有崔宏父子二人，没有受到谴责。

己巳（四月十一日），刘裕从建康出发，率水军从淮水进入泗水。五月，东晋部队到达下邳，把船舰、笨重的军用物资留下，步行开进到琅邪，所路过的地方，都修筑起城池，留下军队把守。有人对刘裕说："燕国人如果把大岘山的险要堵塞住，或者坚固城墙，使散居百姓聚居进去，只把空荡荡的田野留给我们，那么，我们的大部队深入到敌国重地，便不单不能建立什么功业，而且还可能无法安全返回，怎么办？"刘裕说："我已经把这些考虑成熟了，鲜卑人生性贪婪，没有长远的打算，前进的时候只盼望多多地抢夺掳掠，后退的时候又吝惜田中禾苗。他们以为我们孤军深入一定不能长久坚持，因此不外乎进军驻守临朐，或者退兵戍卫广固，一定不会据险要之地抵抗、清肃四野防备我们。我敢向你们保证。"

刘裕顺利通过大岘，南燕的军队一直没有出现。刘裕举起手来，指着上天，禁不住脸上露出喜色。左右的侍从们说："您没有看见敌人却先高兴起来，这是为什么?"刘裕说:"大军已过险关,军队没有退路可走,因此一定会有拼死作战的决心;余粮尚在田亩之中储存,我们又没有了缺乏粮草的忧虑。敌人已经完全落入了我的手中。"六月,己巳(十二日),刘裕大军抵达东莞。慕容超先派遣公孙五楼、慕容贺赖卢以及左将军段晖等人统领步、骑兵共五万人屯据在临朐,听说东晋兵马已经通过岘山,便亲自带领步、骑兵共四万人前去迎战,并派公孙五楼率领骑兵开进巨蔑水据守。东晋部队的前锋孟龙符与他展开激战,将他打败,公孙五楼败退而走。刘裕用四千乘军车作为左右的屏障,排成方阵缓缓向前推进,在临朐以南的地方与南燕军队进行会战,太阳渐渐西移,双方的胜负还没有最后明朗。东晋参军胡藩对刘裕说:"南燕倾巢出动,与我们作战,临朐城中的守军一定很少。我愿意带领一支出敌不意的部队从小路去夺取这座城池,这是韩信击败赵国的办法。"刘裕于是派遣胡藩以及咨议参军檀韶、建成将军河内人向弥暗自带兵绕到南燕军队的后面,进攻临朐,号称是轻装部队从海路直接赶来增援的。向弥身披铠甲,首先登上城墙,于是攻破该城。慕容超听说后,大吃一惊,单人匹马从城中逃出,赶到城南投奔段晖。刘裕趁势摧动大军奋力战斗,南燕军队大败,斩杀了段晖等大将十多人,慕容超逃回广固,晋兵缴获了他的玉玺、车辇以及挂在车后的豹尾。刘裕乘胜追击,直到广固。丙子(十九日),又攻克了广固外围的外城。慕容超聚集众人进入内城据守。刘裕兴筑长墙围困他们,墙高三丈,挖了三道地沟。好言抚慰接纳投降归附的人士,选择提拔贤才俊杰,不管是汉人还是夷人,都很高兴。从此,因为夺取了齐地这里储存的粮草,便把从长江、淮河水路运输军粮的工作,全部停止。

秋季,七月,东晋加授刘裕为北青、北冀二州的刺史。

南燕尚书略阳日人垣尊和他的弟弟京兆太守垣苗,跳出城墙向东晋部队投降,刘裕任命他们为行参军。垣尊、垣苗都是慕容超喜欢、重用并引为心腹的人。

有人对刘裕说:"张纲心灵手巧,如果把他抓来,让他制作攻城用具,广固一定可以攻克。"正好张纲从长安回来,太山太守申宣把他抓住,送给刘裕。刘裕让张纲登上很高的楼车,命令他在城的四周对城内高喊:"刘勃勃把秦军打得大败,所以没有谁能派兵来救你们了。"城中将士听到这话没有不大惊失色的。东晋从江南每次发兵前来增援,或者派遣使者来广固慰问,刘裕都常常暗自派兵卒在前一天夜里迎候,第二天再打着大旗、敲着锣鼓到来。北方的百姓拿着武器、背着粮食归降刘裕的人,每天都有一千多。晋军对广固的围攻,更加猛烈。南燕大臣张华、封恺都先后被刘裕俘虏。慕容超请求割让大岘山以南的地区讲和,并愿做东晋的藩臣,刘裕没有答应。

后秦王姚兴派遣使者对刘裕说:"慕容氏与我们相邻,关系友好。现在你们晋国这样急迫地进攻他们,我们秦国已派遣十万精锐强壮的骑兵屯聚在洛阳。你们的部队如果不撤,那么,我们就要长驱进军了。"刘裕把后秦的使节叫到跟前来说:"告诉你们姚兴:我攻克燕国之后,停止军事行动三年,然后就要去夺取你们的关中、洛阳。今天你们要是能自己送来,那就快点来吧!"刘穆之听说有后秦使节来,便骑着快马跑来拜见刘裕,但后秦使节已经走了。刘裕把自己说的话告诉给了刘穆之。刘穆之埋怨他说:"平常的时候事情无论大小,都一定找我商量。这件事太重大,应该好好考虑一下再决定,为什么就这样贸然地答复他呢?你说的这话不但不足以把敌人威慑住,相反却足以激怒他。如果广固没有攻下,而那些羌族强盗又突然到来,不知道你怎么对付他们?"刘裕笑着说:"这是用兵之道,不是你所能明白的,所以才不告诉你。大凡用兵,贵在神奇迅速,他们如果真的能赶来救援的话,一定是害怕我们知道,哪里还能事先派人前来通知我,说下这番话呢?这是他们的大话。晋军不出国征战,时间已经很久了。羌人看见我们大举讨伐三齐之地,心中已经开始畏惧。他们保全自己还来不及,怎么能救援别人呢?"

北燕王高云自以为没有功德,但却登上如此重大的高位,所以心中总有危险恐惧的感觉。他常常选拔、供养一些精壮的武士作为自己的心腹、爪牙。他的宠爱之臣离班、桃仁专门掌管帝室、宫廷的警卫工作,他对这二人的赏赐也都不计其数,甚至他们的衣食住行也都跟自己一样。而离班、桃仁二人贪得无厌,即使这样,他们也还满腹怨言。戊辰(十三日),高云来到东堂,离班、桃仁怀里藏着利剑,手里拿着通俗书籍走了进来,声称有事禀报。离班突然抽出剑来直刺高云,高云用茶几抵挡,桃仁又从旁边刺高云,把他杀死。

冯跋登上宫城的洪光门观察事态的变化,他手下的帐下督张泰、李桑对冯跋说:"这两个小人想闹到什么程度,请您看着,我们替您把他们杀了。"于是挺剑跳下洪光门,李桑在西门杀了离班,张泰在院中杀了桃仁,大家推举冯跋做国主,冯跋则让位给自己的弟弟范阳公冯素弗,冯素弗不同意。于是冯跋便在昌黎登上天王宝座，下令大赦，并发布诏书说："春秋战国时陈氏家族取代姜家，掌握了国家政权，但是却不改变齐国的名称。所以，我们也应该继续把国家称作燕。"改年号太平，追谥高云为惠懿皇帝。

北魏国主拓跋珪准备册立齐王拓跋嗣为太子。按照北魏历史上的传统习惯，大凡立继承王位的入选的时候，常常要把他的母亲事先杀死。于是，拓跋珪便令拓跋嗣的母亲刘贵人自杀。拓跋珪召见拓跋嗣告诉他说："汉武帝杀死钩弋夫人，用来防止母后将来干预朝政及外戚家族作乱。你应当继承国家大业，所以我效法遥远的古人的作为，这是为了国家的长久之计呵！"拓跋嗣生性孝顺，悲哀涕泣，不能自已。壬申（十月十七日），拓跋嗣即帝位，下令实行大赦，改年号为永兴。追尊刘贵人为宣穆皇后，原来被罢官回家、不参与朝廷政务的公卿们，全部召集回来任用。下诏命长孙嵩与北新侯安同、山阳侯奚斤、白马侯崔宏、元城侯拓跋屈等八人坐在皇城止车门的右首，一起仲裁国家的朝政，当时的人称他们为八公。拓跋屈是拓跋磨浑的父亲。拓跋嗣因为尚书燕凤一直侍奉自己的祖父拓跋什翼犍，便让他与都坐大官封懿等人一起，入宫给自己讲解经书，出宫参与议论政事，任命王洛儿、车路头为散骑常侍，任命叔孙俊为卫将军，任命拓跋磨浑为尚书，并把他们全部封为郡公或者县公。拓跋嗣向老臣们询问，先帝最信任和赏识的是谁，王洛儿说是李先，拓跋嗣便把李先召来问道："你因为什么才能什么功劳被先帝知遇？"李先回答说："臣下既无才能又无功劳，只是因为忠诚正直才为先帝厚爱罢了。"拓跋嗣便下诏任命李先为安东将军，常让他住在宫内，以备随时向他征询意见。

【原文】

六年（庚戌，410年）

魏主嗣以郡县豪右多为民患，悉以优诏征之。民恋土不乐内徙，长吏逼遣之，于是无赖少年逃亡相聚，所在寇盗群起。嗣引八公议之曰："朕欲为民除蠹，而守宰不能绥抚，使之纷乱。今犯者既众，不可尽诛，吾欲大赦以安之，何如？"元城侯屈曰："民逃亡为盗，不罪而赦之，是为上者反求于下也，不如诛其首恶，赦其余党。"崔宏曰："圣王之御民，务在安之而已，不与之较胜负也。夫赦虽非正，可以行权。屈欲先诛后赦，要为两不能去，曷若一赦而遂定乎！赦而不从，诛未晚也。"嗣从之。二月，癸未朔，遣将军于栗䃭将骑一万讨不从命者，所向皆平。

南燕贺赖卢、公孙五楼为地道出击晋兵，不能却。城久闭，城中男女病脚弱者大半，出降者相继。超辇而登城，尚书悦寿说超曰："今天助寇为虐，战士凋瘁，独守穷城，绝望外援，天时人事亦可知矣。苟历数有终，尧、舜避位，陛下岂可不思变通之计乎！"超叹曰："废兴，命也。吾宁奋剑而死，不能衔璧而生！"

丁亥，刘裕悉众攻城。或曰："今日往亡，不利行师。"裕曰："我往彼亡，何为不利！"四面急攻之。悦寿开门纳晋师，超与左右数十骑逾城突围出走，追获之。裕数以不降之罪。超神色自若，一无所言，惟以母托刘敬宣而已。

初，徐道覆闻刘裕北伐，劝卢循乘虚袭建康，循不从。道覆自至番禺说循曰："本住岭外，岂以理极於此，传之子孙邪？正以刘裕难与为敌故也。今裕顿兵坚城之下，未有还期，我以此思归死士掩击何、刘之徒，如反掌耳。不乘此机而苟求一日之安，朝廷常以君为腹心之疾；若裕平齐之后，息甲岁余，以玺书征君，裕自将屯豫章，遣诸将帅锐师过岭，虽复以将军之神武，恐必不能当也。今日之机，万不可失。若先克建康，倾其根蒂，裕虽南还，无能为也。君若不同，便当帅始兴之众直指寻阳。"循甚不乐此举，而无以夺其计，乃从之。

初，道覆使人伐船材於南康山，至始兴，贱卖之，居人争市之，船材大积而人不疑，至是，悉取以装舰，旬日而办。循自始兴寇长沙，道覆寇南康、庐陵、豫章，诸守相皆委任奔走。道覆顺流而下，舟械甚盛。时克燕之问未至，朝廷急征刘裕。裕方议留镇下邳，经营司、雍，会得诏书，乃以韩范为都督八郡军事、燕郡太守，封融为勃海太守，檀韶为琅邪太守；戊申，引兵还。韶，祗之兄也。久之，刘穆之称范、融谋反，皆杀之。

安成忠肃公何无忌自寻阳引兵拒卢循。长史邓潜之谏曰："国家安危，在此一举。闻循兵舰大盛，势居上流，宜决南塘，守二城以待之，彼必不敢舍我远下。蓄力养锐，俟其疲老，然后击之，此万全之策也。今决成败於一战，万一失利，悔将无及。"参军殷阐曰："循所将之众皆三吴旧贼，百战余勇，始兴溪子，拳捷善斗，未易轻也。将军宜留屯豫章，征兵属城，兵至合战，未为晚也；若以此众轻进，殆必有悔。"无忌不听。三月，壬申，与徐道覆遇于豫章，贼令强弩数百登西岸小山邀射之。会西风暴急，飘无忌所乘小舰向东岸。贼乘风以大舰逼之，众遂奔溃。无忌厉声曰："取我苏武节来！"节至，执以督战。贼众云集，无忌辞色无挠，握节而死。于是中外震骇，朝议欲奉乘舆北走，就刘裕；既而知贼未至，乃止。

刘裕至下邳，以船载辎重，自帅精锐步归。至山阳，闻何无忌败死，虑京邑失守，卷甲兼行，与数十人至淮上，问行人以朝廷消息。行人曰："贼尚未至，刘公若还，便无所忧。"裕大喜。将济江，风急，众咸难之。裕曰："若天命助国，负当自息，若其不然，覆溺何害！"即命登舟，舟移而风止。过江，至京口，众乃大安。夏，四月，癸未，裕至建康。以江州覆没，表送章绶，诏不许。

循之初入寇也，使徐道覆向寻阳，循自将攻湘中诸郡。荆州刺史刘道规遣军逆战，败于长沙。循进至巴陵，将向江陵。徐道覆闻毅将至，驰使报循曰："毅兵甚盛，成败之事，系之于此，宜并力摧之；若此克捷，江陵不足忧也。"循即日发巴陵，与道覆合兵而下。五月，戊午，毅与循战于桑落洲，毅兵大败，弃船，以数百人步走，余众皆为循所虏，所弃辎重山积。

初，循至寻阳，闻裕已还，犹不信；既破毅，乃得审问，与其党相视失色。循欲退还寻阳，攻取江陵，据二州以抗朝廷。道覆谓宜乘胜径进，固争之。循犹豫累日，乃从之。

朝廷闻刘毅败，人情恟惧。时北师始还，将士多创病，建康战士不盈数千。循既克二镇，战士十余万，舟车百里不绝，楼船高十二丈，败还者争言其强盛。孟昶、诸葛长民欲奉乘舆过江，裕不听。初，何无忌、刘毅之南讨也，昶策其必败，已而果然。至是，又谓裕必不能抗循，众颇信之，惟龙骧将军东海虞丘进廷折昶等，以为不然。中兵参军王仲德言于裕曰："明公命世作辅，新建大功，威震六合，妖贼乘虚入寇，既闻凯还，自当奔溃。若先自遁逃，则势同匹夫，匹夫号令，何以威物！此谋若立，请从此辞。"裕甚悦。昶固请不已，裕曰："今重镇外倾，强寇内逼，人情危骇，莫有固志；若一旦迁动，便自土崩瓦解，江北亦岂可得至！设令得至，不过延日月耳。今兵士虽少，自足一战，若其克济，则臣主同休；苟厄运必至，我当横尸庙门，遂其由来以身许国之志，不能窜伏草间苟求存活也。我计决矣，卿勿复言！"昶恚其言不行，且以为必败，因请死。裕怒曰："卿且申一战，死复何晚！"昶知裕终不用其言，乃抗表自陈曰："臣裕北讨，众并不同，唯臣赞裕行计，致使强贼乘间，社稷危逼，臣之罪也。谨引咎以谢天下。"封表毕，仰药而死。

徐道覆请於新亭至白石焚舟而上，数道攻裕。循欲以万全为计，谓道覆曰："大军未至，孟昶便望风自裁；以大势言之，自当计日溃乱。今决胜负于一朝，乾没求利，既非必克之道，且杀伤士卒，不如按兵待之。"道覆以循多疑少决，乃叹曰："我终为卢公所误，事必无成；使我得为英雄驱驰，天下不足定也。"

裕登石头城望循军，初见引向新亭，顾左右失色；既而回泊蔡洲，乃悦。于是众军转集。裕恐循侵轶，用虞丘进计，伐树栅石头淮口，修治越城，筑查浦、药园、廷尉三垒，皆以兵守之。

司马国璠及弟叔璠、叔道奔秦。秦王兴曰："刘裕方诛桓玄，辅晋室，卿何为来？"对曰："裕削弱王室，臣宗族有自修立者，裕辄除之；方为国患，甚于桓玄耳。"兴以国璠为扬州刺史，叔道为交州刺史。

卢循寇掠诸县无所得，谓徐道覆曰："师老矣，不如还寻阳，并力取荆州，据天下三分之二，徐更与建康争衡耳。"秋，七月，庚申，循自蔡洲南还寻阳，留其党范崇民将五千人据南陵。甲子，裕使辅国将军王仲德、广川太守刘钟、河间内史兰陵蒯恩、中军咨议参军孟怀玉等帅众追循。

刘裕还东府，大治水军，遣建威将军会稽孙处、振武将军沈田子帅众三千自海道袭番禺。田子，林子之兄也。众皆以为"海道艰远，必至为难，且分撤见力，非目前之急。"裕不从，敕处曰："大军十二月之交必破妖虏，卿至时，先倾其巢窟，使彼走无所归也。"

徐道覆率众三万趣江陵，奄至破冢。时鲁宗之已还襄阳，追召不及，人情大震。或传循已平京邑，遣道覆来为刺史，江、汉士民感刘道规焚书之恩，无复贰志。道规使刘遵别为游军，自拒道覆于豫章口，前驱失利；遵自外横击，大破之，斩首万余级，赴水死者殆尽，道覆单舸走还湓口。初，道规使遵为游军，众咸以为强敌在前，唯患众少，不应分割见力，置无用之地。及破道覆，卒得游军之力，众心乃服。

卢循兵守广州者不以海道为虞。庚戌，孙处乘海奄至，会大雾，四面攻之，即日拔其城。处抚其旧民，戮循亲党，勒兵谨守，分遣沈田子等击岭表诸郡。

刘裕军雷池。卢循扬声不攻雷池，当乘流径下；裕知其欲战，十二月，己卯，进军大雷。庚辰，卢循、徐道覆帅众数万塞江而下，前后莫见舳舻之际。裕悉出轻舰，帅众军齐力击之；又分步骑屯于西岸，先备火具。裕以劲弩射循军，因风水之势以蹙之。循舰悉泊西岸，岸上军投火焚之，烟炎涨天；循兵大败，走还寻阳。将趣豫章，乃悉力栅断左里；丙申，裕军至左里，不得进。裕麾兵将战，所执麾竿折，幡沉于水，众并怪惧。裕笑曰："往年覆舟之战，幡竿亦折，今者复然，贼必破矣。"即攻栅而进，循兵虽殊死战，弗能禁。循单舸走，所杀及投水死者凡万余人。纳其降附，有其逼略，遣刘藩、孟怀玉轻军追之。循收散卒，尚有数千人，径还番禺；道覆走保始兴。裕版建威将军诸裕之行广州刺史。裕之，袤之曾孙也。裕还建康。刘毅恶刘穆之，每从容与裕言穆之权太重，裕益亲任之。

【译文】

六年（庚戌，公元 410 年）

北魏国主拓跋嗣因为郡县之中的土豪劣绅大多数都是百姓的祸患，所以，便用措辞缓和的诏书征召他们全部来京。这些豪民留恋故土，不愿迁往都城，而郡县的官吏又逼迫他们前来，于是，有一些无赖的年轻人便逃出家乡聚在一起，因此，到处强盗、贼寇蜂起。拓跋嗣召见八公议论这件事说："我打算为民除害，但地方官吏却不能对他们平安抚慰，所以，反倒迫使他们纷纷起来叛乱。现在，犯法的人既然已经很多，又不能把他们全杀掉，因此，我想下令大赦，以此使他们安心，怎么样？"元城侯拓跋屈说："百姓逃亡出去做了强盗，不治他们罪反而赦免，这是在上的人反过来求在下的人了，不如杀了他们为首作恶的，把那些党羽赦免。"崔宏说："圣上统御人民，目的就是要让他们安定，不是要和他们比赛谁胜谁负。因此大赦虽然不是最好的办法，却可以通达权变。拓跋屈打算先杀后赦，关键在于两个步骤缺一不可，哪里比得上大赦一次就把他们平定了呢？大赦之后，如果有人不从，再杀也不晚哪！"拓跋嗣接受他的意见。二月，癸未朔（初一），派遣将军于栗磾带领骑兵一万人讨伐不听从大赦命令、仍然叛乱的人，所到之处，全部平定。

南燕贺赖卢、公孙五楼挖了一条地道出来袭击东晋部队，却不能把他们击退。广固城门关闭太久，城中男女百姓患软脚病的人超过一半，因此出城投降的人一个接着一个。慕容超乘辇车登上城墙，尚书悦寿劝说慕容超道："现在，上天帮助强盗制造罪恶，我们的将士疲惫凋零，单独困守这一座穷破的城池，外援已经毫无希望，天时和人心的倾向也是可以想见的。如果大数已尽，命该如此，那么，即使是尧、舜也都不能不退位，陛下怎么可以不想一下变通的办法呢？"慕容超叹息说："天下的兴起和覆亡，都是天命。我宁可高举利剑战斗而死，也决不能口里衔着璧玉投降求生。"

丁亥（二月初五），刘裕动员全部兵力，奋力攻城。有人说："今天是往亡日，不利于调动军队。"刘裕说："我去他死，怎么是不利！"在城的四面发动猛攻。悦寿打开城门，把东晋部队放了进来。慕容超与左右侍卫几十个骑兵越过城墙突围出去，被东晋军队追上抓获。刘裕一一用拒不投降的罪行斥责他，慕容超神色平静，一言不发，只是把母亲托付给刘敬宣照顾而已。

当初，东晋始兴相徐道覆听说刘裕带兵向北征伐南燕，便劝说卢循乘东晋中空虚袭击建康，卢循没有听从。徐道覆亲自来到番禺，向卢循游说道："我们住在这五岭以南的地区，难道你还以为是因为理该如此，并且可以把它传给子孙吗？我们正是因为刘裕力量强大，很难跟他为敌才这样的。现在刘裕的大军集结在坚固的城池之下，什么时候回来还说不定，我们用手下这些希望回到故乡去的敢于拼命地士兵，突然进攻何无忌、刘毅这些小辈，不过就像把手掌翻过来罢了。不趁这个时机起事，而只是追求一天的平安，朝廷却一直把您当作心腹大患。如果刘裕平定三齐地区之后，让军队休息一二年，再先用诏书征召您进京，随后刘裕亲自在豫章屯兵，派遣几个将领率领部队翻过五岭，即使将军再有神机勇武，恐怕也一定不能抵挡了。今天这个机会，是万万不可错过的。如果我们抢先攻克了建康，把他们的根基全部摧毁，刘裕即使回来，也没有什么办法了。您如果不同意，我就要率领始兴的兵众直接进攻寻阳。"卢循非常不愿意起事，但又没有说服徐道覆的办法，因此，只好同意了他的意见。

当初，徐道覆派人到南康山中去砍伐制造船只的木材，到始兴廉价出售，居民们都争相购买，因而造船木材虽然堆积许多但是却引不起别人的怀疑。到了这个时候，他把这些木材全部聚集到一起，制造船只，十天左右就办成了。卢循从始兴出发进犯长沙，徐道覆进犯南康、庐陵、豫章，这些地方的官员都放弃了职守逃跑。

徐道覆顺赣江直下，船只器械异常强盛，这时，攻克南燕的消息还没有传回朝廷，所以朝廷紧急征召刘裕。刘裕正在讨论是否留下来镇守下邳，整顿处理司、雍二州的事务，恰好接到皇帝的诏书，于是任命韩范为都督八郡军事、燕郡太守，任命封融为勃海太守，任命檀韶为琅邪太守。戊申（二月二十六日），刘裕带兵南归。檀韶是檀祗的哥哥。后来，刘穆之以韩范、封融阴谋反叛为借口，把他们全杀了。

　　东晋安成忠肃公何无忌从寻阳带兵出发迎击卢循。长史邓潜之劝阻说："国家的安危存亡，就在于这次行动了。听说卢循军队的船只设备精良，气势盛大，又位于赣江的上游，所以我们应该挖开南塘的堤坝，使赣江水位下降，然后坚守豫章、寻阳两座城，等待他们。他们一定不敢放下我们不管，径自向更远的地方进发。我们正好积蓄力量，养精蓄锐，等待他们疲倦不堪之后，再发动进攻，这是万全之策。现在，以一战决胜负，万一我们失利，后悔也就来不及了。"参军殷阐说："卢循所带的部队都是三吴一带过去的强盗，身经百战，颇有勇力，而在始兴招募的溪族兵丁，也都力大敏捷，善于争斗，不应该轻视。将军应该留在豫章屯守，征招兵丁集中到这里，等各路大军到齐之后，再一起出战，也不算太晚。如果仅仅依靠现有的这些军队轻易前进的话，恐怕将来您一定要后悔。"何无忌并不听从。三月，壬申（二十日），与徐道覆的军队在豫章遭遇。徐道覆命令几百名强弩手爬上西岸的小山拦腰射击东晋部队，正好赶上西风骤起，把何无忌所乘坐的小船吹向东岸。贼兵又乘风用大舰进逼，东晋军卒于是纷纷奔逃溃散。何无忌厉声高叫道："拿我的苏武节来！"苏武节送来，他拿着此节亲自督战。敌兵越来越多，像黑云一样包抄过来，何无忌的言辞神色仍然毫不气馁，最后手持苏武节而死。何无忌战死的消息，使东晋朝廷内外，震骇惊恐，朝会的时候，有人提议打算保护着安帝向北撤退，去投奔刘裕。后来知道敌兵还没有到来，这才停止。

　　刘裕到达下邳，用船只装载军事物资，自己则统领精锐部队步行赶回。到山阳，听说何无忌兵败战死，担心都城陷落，下令军士脱去铠甲，急行军，自己先与几十个人赶到长江北岸，向过路人打听朝廷的消息。过路人说："敌人还没有到这里，刘公如果回来了，便没有什么值得忧虑的了。"刘裕非常高兴。他想要渡江，但是风太大，众人都说太难。刘裕说："如果天公有意帮助我们国家的话，风就应该自动止息。如果不是这样的话，翻船淹死又有什么害处呢？"便命令上船，船刚刚启动，风果然就停了。渡过长江之后，抵达京口，大家于是彻底安下心来。夏季，四月，癸未（初二），刘裕来到建康。因为江州已经沦陷，他上表交回印信，安帝下诏拒绝。

卢循刚开始向北方进犯时，派徐道覆进攻寻阳，自己准备攻打湘中地区各郡。荆州刺史刘道规派遣部队迎战他们，在长沙战败。卢循开进到巴陵，打算直奔江陵。徐道覆听说刘毅说要攻来，派信使飞马报告卢循说："刘毅的军队很强大，我们的成功失败，关键就在这次战斗，所以，应该同心协力把他打败。如果这次能够取得胜利，那么，江陵就不值得担忧了。"卢循当天便从巴陵出发，与徐道覆的兵力会合，然后顺流而下。五月，戊午（初七），刘毅与卢循在桑落州摆开战场，结果刘毅的军队被打得大败。他扔掉船只，只带着几百名下属步行逃走，剩下的士兵全部被卢循俘虏。他们丢弃的军事物质堆成了小山。

当初，卢循抵达寻阳的时候，听说刘裕已经回来，还有些不相信。击败刘毅的军队后，才从俘虏的口中得到证实。他和他的党羽们互相对看着面色大变。卢循打算退回到寻阳，攻克江陵，占据这两个州来和朝廷对抗。徐道覆则说应该乘胜直接进攻，并坚持自己的观点。卢循犹豫了好几天，才依从了他的建议。

东晋朝廷听说刘毅被打得大败，人心慌乱不安。这时北伐的军队刚刚回来，将士不是受伤便是有病，而留在建康的战士又不超过几千人。卢循攻克江州、豫州之后，战士达到十几万人，战船战车浩浩荡荡，绵延一百里，仍然看不到头，大的楼船高达十二丈。官军战败跑回来的人都争着传说敌兵的强盛。孟昶、诸葛长民打算护卫安帝渡长江向北撤退，刘裕不同意。当初，何无忌、刘毅迎击从南方袭来的敌军时，孟昶估计他们一定失败，过后果然失败。到了这个时候，他又以为刘裕一定抵挡不住卢循的进攻，大家对他的话都很相信，只有龙骧将军、东海人虞丘进在朝廷中驳斥孟昶等人，以为不是那么回事。中兵参军王仲德对刘裕说："明公您受上天之命，当国家的辅佐，又刚刚建立了大功，声威震动天下。这些妖贼乘我们国内空虚，公然进犯，听到您带兵胜利归来，自会奔逃溃散。我们如果首先自己逃跑，那么其实就和一个没用的蠢材一样了，蠢材下令，又用什么建立威信呢？这个渡江避难的建议如果被采纳，就请您允许我就此告辞。"刘裕非常高兴。孟昶一直坚持自己的请求，刘裕说："现在，我们的重要藩镇在外地失败，强大的敌人又步步紧逼，人心恐惧不安，没有一个坚定的信心。如果我们一旦向北移动，便自然会土崩瓦解，长江以北的地区又哪里能赶得到！即便是到了那里，也不过是拖延一些时日罢了。现在，我们的兵士虽然很少，却也足够做最后一次决战，如果真的克敌制胜，那我们君臣一同庆幸，如果厄运一定要来，我也应当死在晋室宗庙之前，实现我长期以来以身报国的志向，但决不能逃窜到荒草林野之间只想保全个人的性命。我的决心已经下定，你不要再多说了！"孟昶因为自己的建议不被采纳而恼羞成怒，又因为认定自己这一方必定失败，所以请求先杀了自己。刘裕大怒说："你打完这一仗，再死也不晚！"孟昶知道刘裕一定不会采纳他的意见了，于是呈上奏表，表明自己的想法："刘裕北伐的时候，文武百官都不同意，只有我赞同刘裕出兵的计划，致使强大的敌人乘虚而入，使国家的安全受到威胁，这是我的罪过。我只好承认自己的罪责，用以告慰天下人。"把奏表封上之后，他便喝下毒药自杀了。

徐道覆请求从新亭进军白石，然后烧掉战船登陆，分几路进攻刘裕。卢循打算以尽可能保险为目的，对徐道覆说："我们的大军还没有到，只听见一些风声孟昶便被吓得自杀，根据大趋势来说，敌人自会在几天内崩溃散乱。现在，决定胜负也就是一个早上的事，一味凭侥幸在战场投机取利，既不是一定能战胜敌人的办法，又能损伤我的士卒，我看不如按兵不动，等他们上来。"徐道覆因为卢循疑心太重又缺决断，于是叹息道："我终将被卢公耽误，事情一定不会成功。如果我能有幸为一位英雄卖命奔波的话，天下早就平定了。"

刘裕登上石头城，遥望卢循的部队，最初看见他们向新亭方向移动，刘裕看看两旁随从，脸色稍变。后来他看见敌军船只回到蔡州停泊下来，这才高兴起来。于是，他调动各路军队转移集中。刘裕恐怕卢循发动突然袭击，所以采用了虞丘进的建议，砍伐树木在石头城和秦淮河口等地全部立起栅栏。同时，他命人尽快整修越城，兴筑查浦、药园、廷尉三座堡垒，都派兵在那里把守。

东晋叛将司马国璠和他的弟弟司马叔璠、司马叔道投奔后秦。后秦国王姚兴说："刘裕刚刚剿灭了桓玄，辅佐晋朝宗室，你们为什么还要到这里来？"他们回答说："刘裕削弱王室的力量，我们宗族之中如果有自己发奋成才的人，常常都被刘裕除掉。他这样正是为国家制造祸患，甚至比桓玄还厉害。"姚兴任命司马国璠为扬州刺史，任命司马叔道为交州刺史。

卢循进犯掠夺了几个县，什么也没抢到，对徐道覆说："军队出来时间太长，已经疲惫不堪，我看不如回到寻阳，合力攻取荆州，这样，我们占据了三分之二的天下，就可以慢慢地再与建康的东晋政权争强斗胜了。"秋季，七月，庚申（初十），卢循从蔡州向南撤退回寻阳，留下的他部将范崇民带领五千人据守南陵。甲子（十四日），刘裕派遣辅国将军王仲德、广川太守刘钟、河间内史兰陵人蒯恩、中军咨议参军孟怀玉等人带兵追击卢循。

东晋刘裕回到东府，大规模建设水军。他派遣建威将军会稽人孙处、振武将军沈田子率领部众三千人从海上绕道，前去袭击番禺。沈田子是沈林子的哥哥。大家都以为"海上行军艰难遥远，一定要抵达那里是一件很难完成的任务，而且分出现有兵力去进攻广州，也不是当务之急。"刘裕却不听从，命令孙处说："朝廷的大部队在十二月初一定会打败贼兵，你到那个时候，首先把他们的老窝捣毁，让他们逃跑也无家可归。"

徐道覆率领三万部众，直指江陵，突然抵达破冢。这时鲁宗之已经回到襄阳，刘道规派人去追赶他，召他回来，已经来不及。因此江陵人心异常震惊恐慌。有人传说卢循已经扫平了京邑，这是派徐道覆来做刺史，但是江、汉地区的各阶层百姓却感激刘道规焚烧书信、不计前嫌的恩德，都不再有二心了。刘道规派刘遵分兵到外地去作为游击部队，自己则在豫章口抵抗徐道覆的进攻，结果，他的前锋部队失利。刘遵这时从外围拦腰横击徐道覆军队，把他们打得大败，杀死一万多人，其余的跳水淹死很多，敌军几乎死光。徐道覆仅坐一条船逃回湓口。当初，刘道规派刘遵去做游击军，众人都认为现在强大的敌人在前，本来担心兵力太少，就不应该再把现在本来就不多的兵力分割，安排在没有用处的地方，等到打败徐道覆之后，全是依靠这支游击军的力量，大家的心中才感到佩服。

卢循留下镇守广州的军队，不认为海道上会有什么危险。庚戌（十一月初二），孙处等人带兵在海上乘船突然来到，正好赶上大雾迷漫，便从四面围攻广州，当天就攻克了这座城池。孙处安抚那里旧有的居民，杀死了卢循的亲朋党羽，并在这里时刻备战，严密防守。他又分别派遣沈田子等人带兵进攻五岭以南各郡。

刘裕在雷池驻军。卢循扬言不去进攻雷池，而要顺江水直接东下。刘裕知道他打算进行一场决战。十二月，己卯（初一），他带兵进军到大雷。庚辰（初二），卢循、徐道覆统帅几万部众涌满长江，向下游进发，前后都看不见船队的头尾。刘裕出动自己所有的轻型战船，率领几路大军一齐奋力进攻敌人。他又分出一部分步兵骑兵驻扎在长江西岸，事先准备好火攻的用具。刘裕下令用强劲的弩箭射击卢循的军队，配合着大风和水流的情势逼迫敌军。卢循的军队战船只好全部停泊在西岸。这时，岸上埋伏的东晋军队纷纷把火投向敌船，焚烧敌人，顿时浓烟四起，火焰冲天，卢循的部队大败，只好逃回寻阳，他们准备赶到豫章，于是全力在左里路上构筑栅栏等工事。丙申（十八日），刘裕的大部队抵达左里，不能前进。刘裕挥旗指挥军队准备战斗，他所拿的旗杆突然折断，指挥旗落入水中，大家为此感到奇怪和恐惧。刘裕笑着说："当年，在覆舟山那场战役中，我的指挥旗杆也折断了，现在又是那样，敌人一定失败了。"便突破栅栏路障等向前进军。卢循的军队虽然拼命决战，但是也无法阻挡。卢循坐着一只船逃走，他的部下被杀和被淹死的有一万多人。官军收降了敌军的一些士兵，并宽释了那些被逼参加的人。刘裕又派遣刘藩、孟怀玉带领轻装部队追击逃跑的敌人。卢循收拢逃散的蕴卒，还有几千人，想直接回番禺。徐道覆逃回始兴固守。刘裕指派建威将军褚裕之代理广州刺史。褚裕之是褚衰的曾孙。刘裕回建康。刘毅讨厌刘穆之，经常对刘裕怂恿说刘穆之的权力太大，刘裕却对刘穆之越加信任亲热。

晋纪三十八

资治通鉴第一百一十六卷

【原文】

安皇帝辛义熙七年（辛亥，411年）

秦广平公弼有宠于秦王兴，为雍州刺史，镇安定。姜纪谄附于弼，劝弼结兴左右以求入朝。兴征弼为尚书令、侍中、大将军。弼遂倾身结纳朝士，收采名势，以倾东宫；国人恶之。

兴命群臣搜举贤才。右仆射梁喜曰："臣累受诏而未得其人，可谓世之乏才。"兴曰："自古帝王之兴，未尝取相於昔人，待将于将来，随时任才，皆能致治。卿自识拔不明，岂得远诬四海乎？"群臣咸悦。

三月，刘裕始受太尉、中书监，以刘穆之为太尉司马，陈郡殷景仁为行参军。裕问穆之曰："孟昶参佐谁堪入我府者？"穆之举前建威中兵参军谢晦。晦，安兄据之曾孙也，裕即命为参军。裕尝讯囚，其旦，刑狱参军有疾，以晦代之；于车中一览讯牒，催促便下。相府多事，狱系殷积，晦随问酬辨，曾无违谬；裕由是奇之，即日署刑狱贼曹。晦美风姿，善言笑，博赡多通，裕深加赏爱。

卢循行收兵至番禺，遂围之，孙处拒守二十余日。沈田子言于刘藩曰："番禺城虽险固，本贼之巢穴；今循围之，或有内变。且孙季高众力寡弱，不能持久，若

后秦太祖姚兴

使贼还据广州，凶势复振矣。"夏，四月，田子引兵救番禺，击循，破之，所杀万余人。循走，田子与处共追之，又破循于苍梧、郁林、宁浦。会处病，不能进，循奔交州。

【译文】

晋安帝义熙七年（辛亥，公元411年）

后秦广平公姚弼，受到后秦王姚兴的宠爱，担任雍州刺史，镇守安定。姜纪投靠姚弼，极尽谄媚，他劝说姚弼结交姚兴身边的人，争取回到朝廷任职。姚兴征召姚弼为尚书令、侍中、大将军。姚弼于是谦恭地与朝中官员交往结纳，树立名望，培植势力，以此排挤太子姚泓，国内官民，对他非常讨厌。

姚兴命令大臣们寻找荐举贤能的人才。右仆射梁喜说："臣几次接受诏命却没有得到一个那样的人，可以说世上的确缺乏人才。"姚兴说："自古以来，帝王之业兴起的时候，从不曾在古人的行列中借取宰相，也不曾等待在将来出生的人中选拔大将，他们都是随时随地在当世选任才俊，却也都能使国家得到较好的治理。你自己缺乏识才拔才的眼光，怎么可以诬蔑说广大的四海没有俊才呢？"大臣们都很高兴。

三月，东晋刘裕开始接受太尉、中书监的职务。他任命刘穆之为太尉司马，任命陈郡人殷景仁为行参军。刘裕问刘穆之说："孟昶手下的人谁可以到我这里做事？"刘穆之荐举前建威中兵参军谢晦。谢晦是谢安的哥哥谢据的曾孙。刘裕便命他为参军。刘裕曾经亲自去审问囚犯，那天早晨，恰好刑狱参军有病，便让谢晦去顶替。谢晦在车中，只把各种诉状口供看了一遍，催促令立刻就能下达。宰相府的杂事繁多，讼案更是堆积了很多，谢晦随着询问便进行安排分辨，从没有发生过错误。刘裕因此认为他是一个奇才，当天便调他任刑狱贼曹。谢晦风度优美，善于言谈逗趣，见多识广，刘裕对他非常欣赏喜爱。

卢循在撤退的过程中收集残兵败将，来到番禺，于是把番禺包围，孙处在那里抵抗坚守了二十多天。沈田子对刘藩说："番禺城池虽然险要坚固，但是因本来就是敌兵的老窝，现在被卢循围困着，或许城里会出现变乱。况且孙处的军队少，力量弱，不可能坚持太久，如果让这些贼兵回来占据了广州，那么他们的凶恶势力就要重振了。"夏季，四月，沈田子带兵去援救番禺，进攻卢循，并把他打败，杀死一万多人。卢循逃跑，沈田子与孙处一起去追击他，又在苍梧、郁林、宁浦等地几次打败卢循。正巧此时孙处病倒，大军不能继续前进，卢循乘机投奔交州。

【原文】

八年（壬子，412年）

以后将军豫州刺史刘毅为卫将军、都督荆、宁、秦、雍四州诸军事、荆州刺史。毅谓左卫将军刘敬宣曰："吾忝西任，欲屈卿为长史南蛮，岂有见辅意乎？"敬宣惧，以告太尉裕，裕笑曰："但令老兄平安，必无过虑。"

毅性刚愎，自谓建义之功与裕相埒，深自矜伐，虽权事推裕而心不服；及居方岳，常怏怏不得志。裕每柔而顺之，毅骄纵滋甚，尝云："恨不遇刘、项，与之争中原！"及败于桑落，知物情已去，弥复愤激。裕素不学，而毅颇涉文雅，故朝士有清望者多归之，与尚书仆射谢混，丹杨尹郗僧施，深相凭结。僧施，超之从子也。毅既据上流，阴有图裕之志，求兼督交、广二州，裕许之。毅又奏以郗僧施为南蛮校尉后军司马，毛修之为南郡太守，裕亦许之，以刘穆之代僧施为丹杨尹。毅表求至京口辞墓，裕往会之于倪塘。宁远将军胡藩言于裕曰："公谓刘卫军终能为公下乎？"裕默然，久之，曰："卿谓何如？"藩曰："连百万之众，攻必取，战必克，毅以此服公；至于涉猎传记，一谈一咏，自许以为雄豪；以是缙绅白面之士辐凑归之。恐终不为公下，不如因会取之。"裕曰："吾与毅俱有克复之功，其过未彰，不可自相图也。"

刘毅至江陵，多变易守宰，辄割豫州文武、江州兵力万余人以自随。会毅疾笃，郗僧施等恐毅死，其党危，乃劝毅请从弟兖州刺史藩以自副，太尉裕伪许之。藩自广陵入朝，己卯，裕以诏书罪状毅，云与藩及谢混共谋不轨，收藩及混赐死。

壬午，裕帅诸军发建康，参军王镇恶请给百舸为前驱。丙申，至姑孰，以镇恶为振武将军，与龙骧将军蒯恩将百舸前发，裕戒之曰："若贼可击，击之；不可者，烧其船舰，留屯水际以待我。"于是镇恶昼夜兼行，扬声言刘兖州上。

【译文】

八年（壬子，公元412年）

东晋朝廷任命后将军、豫州刺史刘毅为卫将军，都督荆、宁、秦、雍四州诸军事，荆州刺史。刘毅对左卫将军刘敬宣说："我忝居西方重任，打算委屈你为南蛮长史，你有没有帮我忙的意思？"刘敬宣很害怕，把这件事告诉了太尉刘裕，刘裕笑着说："总会让你老兄平安，一定不要过分忧虑。"

刘毅性格刚愎自用，自以为当年勤王举义的功劳与刘裕相等，心里深深为此骄矜自负，因此，虽然暂时拥戴听从刘裕，但是心里却并不服气，等到独当一面，当上一个地区的首脑之后，仍然经常郁闷不乐，觉得志向不得实现。刘裕每每对他容让顺从，这更加纵容滋长了他的狂傲，曾说："真遗憾没有遇到刘邦、项羽，跟他们争夺中原！"到了在桑落惨败之后，他知道自己的情势已去，更增加了他的烦恼和愤激。刘裕一向不读书，刘毅却相当地涉猎过一些文墨，所以朝中有很多名望清高的有学识的人，都与他往来密切。他与尚书仆射谢混、丹阳尹郗僧施关系最好，感情最深，互相结纳。郗僧施是郗超的侄儿。刘毅把持了长江上游一带的大权之后，暗地里有图谋刘裕的志向，便请求兼管交、广二州的军事，刘裕也答应了他。刘毅又奏请任命郗僧施为南蛮校尉后军司马，任命毛脩之为南郡太守，刘裕又答应了他，改派刘穆之代替郗僧施为丹阳尹。刘毅上表请求到京口去向祖先的坟墓辞行，刘裕前往倪塘与他相会。宁远将军胡藩对刘裕进言道："您说刘毅能永远地做您的部下吗？"刘裕沉默不语，很久，说："你认为应当怎么办？"胡藩说："统帅百万大军，攻击一定得手，交战一定胜利，刘毅以此佩服您。至于博览群书，谈吐吟咏，他却自认为是英雄豪杰。正因如此，高雅的士绅、白面的书生等集中归附到他那里。我担心他终将不会甘心在您之下，不如趁这次会面的机会，干脆除掉他。"刘裕说："我与刘毅都有使国家复兴的功劳，他的罪过还没有表露出来，不可自相残杀。"

刘毅抵达江陵，对下属的守宰等地方官进行很大的变动、撤换，他擅自抽调豫州原来的老文武僚属、江州的原部众一万多人跟随自己到荆州。正好赶上刘毅病重，郗僧施等人恐怕刘毅死掉，他们这一党处境危险，于是劝说刘毅请求朝廷派自己的堂弟兖州刺史刘藩做自己的副手，太尉刘裕假装答应了他。刘藩从广陵前往建康来朝见皇帝。己卯（九月十二日），刘裕用皇帝的名义下诏书，公布刘毅的罪状，指出他与刘藩以及谢混等人一起阴谋叛乱，抓住了刘藩和谢混，命令他们自杀。

壬午（九月十五日），刘裕率领几支部队从建康出发，参军王镇恶请求交给他一百条船担任先锋。丙申（九月二十九日），抵达姑孰，任命王镇恶为振武将军，与龙骧将军蒯恩带领一百条船提前出发，刘裕告诫他们说："如果敌人可以战胜，便进攻他们；如果不能取胜，便把他们的船舰烧毁，停留在水边等待我来。"于是王镇恶白天黑夜地加速前进，声言说是刘藩到来。

【原文】

九年（癸丑，413年）

太尉裕自江陵东还，骆驿遣辎重兼行而下，前刻至日，每淹留不进。诸葛长民与公卿频日奉候于新亭，辄差其期。乙丑晦，裕轻舟径进，潜入东府。三月，丙寅朔旦，长民闻之，惊趋至门。裕伏壮士丁旿于幔中，引长民却人间语，凡平生所不尽者皆及之。长民甚悦，丁旿自幔后出，於座拉杀之，舆尸付廷尉。收其弟黎民，黎民素骁勇，格斗而死。并杀其季弟大司马参军幼民、从弟宁朔将军秀之。

太尉裕上表曰："大司马温以'民无定本，伤治为深'，《庚戌》土断以一其业，于时财阜国丰，实由于此。自兹迄今，渐用颓弛，请申前制。"于是依界土断，唯徐、兖、青三州居晋陵者，不在断例；诸流寓郡县多所并省。

【译文】

九年（癸丑，公元413年）

东晋太尉刘裕从江陵东下，返回建康，陆续把军用物资尽快地运送回去，在预定的日期以前，常常滞留，不能按期进发。诸葛长民与公卿们每天都到新亭去等候，每每错过日期。乙丑（三十日）夜，刘裕乘快速小艇迅速前进，暗中回到了东府。三月，丙寅朔（初一）凌晨，诸葛长民才得到消息，大吃一惊，急往晋见。刘裕命武士丁旿埋伏在幔中，然后迎接诸葛长民入内，把别人屏退，单独谈话，把凡是一生以来谈不透的话全部谈到了。诸葛长民非常高兴，却不料丁旿从雄幔后跳出来，在座位上弄死他。刘裕命令用车子把他的尸体拉到廷尉去判罪。又去抓他的弟弟诸葛黎民，诸葛黎民一向非常骁勇，拒捕格斗，被杀死。又杀了他的小弟弟大司马参军诸葛幼民、他的堂弟宁朔将军诸葛秀之。

东晋国太尉刘裕呈上奏表说："从前，大司马桓温因为'民众没有固定的根基，对国家的治理危害极大'，所以，颁布'庚戌'诏书，规定按照现在的住所，确定流亡居民的籍贯，让他们安居乐业。当时财富的逐渐积累、国家的充实强盛，实在是由于这个缘故。从那个时候到现在，对这种规定的执行逐渐放松，因此，请求重新强调以前的这项政策。"于是按照现在居民的住所重新确定籍贯，只有徐、兖、青这三个州居住在晋陵的人，不在这个限制之内，那些寄居在别郡之上的郡县，有很多不是被合并，就是被撤销。

【原文】

十年（甲寅，414年）

司马休之在江陵，颇得江、汉民心。子谯王文思在建康，性凶暴，好通轻侠；太尉裕恶之。三月，有司奏文思擅捶杀国吏，诏诛其党而宥文思。休之上疏谢罪，请解所任，不许。裕执文思送休之，令自训厉，意欲休之杀之；休之但表废文思，并与裕书陈谢。裕由是不悦，以江州刺史孟怀玉兼督豫州六郡以备之。

秦左将军姚文宗有宠于太子泓，广平公弼恶之，诬文宗有怨言，秦王兴怒，赐文宗死，于是群臣畏弼侧目。弼言于兴，无不从者；以所亲天水尹冲为给事黄门侍郎，唐盛为治书侍御史，兴左右掌机要者，皆其党也。右仆射梁喜、侍中任谦、京兆尹尹昭承间言于兴曰："父子之际，人所难言；然君臣之义，不薄于父子，故臣等不得默然。广平公弼，潜有夺嫡之志，陛下宠之太过，假其威权；倾险无赖之徒辐凑附之。道路皆言陛下将有废立之计，信有之乎？"兴曰："岂有此邪！"喜等曰："苟无之，则陛下爱弼，适所以祸之；愿去其左右，损其威权，如此，非特安弼，乃所以安宗庙、社稷。"兴不应。大司农宝温、司徒左长史王弼皆密疏劝兴立弼为太子，兴虽不从，亦不责也。

兴疾笃，弼潜聚众数千人，谋作乱。姚裕遣使以弼逆状告诸兄在藩镇者，于是姚懿治兵于蒲阪，镇东将军、豫州牧洸治兵于洛阳，平西将军谌治兵于雍，皆欲赴长安讨弼。会兴疾瘳，见群臣，征虏将军刘羌泣以告兴。梁喜、尹昭请诛弼，且曰："苟陛下不忍杀弼，亦当夺其权任。"兴不得已，免弼尚书令，使以将军、公还弟。懿等各罢兵。

懿、洸、谌与姚宣皆入朝，使裕入白兴，求见，兴曰："汝等正欲论弼事耳，吾已知之。"裕曰："弼苟有可论，陛下所宜垂听；若懿等言非是，便当置之刑辟，奈何逆拒之！"于是引见懿等于咨议堂。宣流涕极言，兴曰："吾自处之，非汝曹所忧。"抚军东曹属姜虬上疏曰："广平公弼，衅成逆著，道路皆知之。昔文王之化，刑于寡妻；今圣朝之乱，起自爱子，虽欲含忍掩蔽，而逆党扇惑不已，弼之乱心何由可革！宜斥散凶徒，以绝祸端。"兴以虬表示梁喜曰："天下人皆以吾儿为口实，将何以处之？"喜曰："信如虬言，陛下宜早裁决。"兴默然。

十一月，壬午，魏主嗣遣使者巡行诸州，校阅守宰资财，非家所赍，悉簿为赃。魏博士祭酒崔浩为魏主嗣讲《易》及《洪范》，嗣因问浩天文、术数；浩占决多验，由是有宠，凡军国密谋皆预之。

【译文】

十年（甲寅，公元414年）

东晋司马休之在江陵任职，很得江汉一带百姓的民心。他的儿子谯王司马文思留在建康，性情凶狠残暴，喜欢结交江湖侠士。太尉刘裕非常讨厌他。三月，有关部门报告司马文思擅自打死封国的官吏，朝廷下诏杀了他的手下差役，却独独赦免了司马文思。司马休之呈上疏奏请求处罚，承认罪过，并要求解除他现在的职务，朝廷不许。刘裕把司马文思抓住，送给司马休之，让他自己训诫惩罚，意思是让司马休之自己把儿子杀了。司马休之只上表请求废黜司马文思的爵位，并写信给刘裕陈说谢罪。刘裕因此非常不高兴，任命江州刺史孟怀玉兼任督豫州六郡，用来戒备司马休之。

后秦左将军姚文宗受到太子姚泓的宠爱,广平公姚弼很讨厌他,诬告姚文宗说过不满的话。姚兴大怒,命令姚文宗自杀。于是文武大臣们畏惧姚弼,不敢正眼看他。姚弼对姚兴说的话,姚兴无不听从,姚弼让他的亲信天水人尹冲为给事黄门侍郎,唐盛为治书侍御史。姚兴身边掌管机要事务的人,都是姚弼的党羽。右仆射梁喜、侍中任谦、京兆尹尹昭寻找机会对姚兴说:"父子之间的事情,别人很难插言。但是君臣之间的大义,却不比父子之间的关系疏远,因此,我们不能默然不语。广平公姚弼暗地里有夺嫡的想法,陛下您对他的宠爱太过分了,又交给他大权,培养他的威势,这样,那些阴险无赖的家伙们便纷纷像车辐那样,集结依附到他那里。路上的人都说陛下有废长立幼的打算,真有这事吗?"姚兴说:"哪里有这事?"梁喜等人说:"如果没有这事,那么陛下爱护姚弼,却正是给他惹祸呢。希望把他身边的官员全部除去,减小他的权力和威势,这样的话,不但是保护姚弼,而且也是在保护祖宗祭庙和国家政权的安全呵!"姚兴默不作声。大司农窦温、司徒左长史王弼都秘密上奏疏劝说姚兴改立姚弼为太子,姚兴虽然不同意,但是也不责怪他们。

姚兴病重,姚弼暗地里聚集部众几千人阴谋制造叛乱。姚裕派遣使者把姚弼将要叛逆的情形告诉给那些在外地镇守藩地的哥哥。于是姚懿在蒲阪动员部队,镇东将军、豫州牧姚洸在洛阳动员部队,平西将军姚谌在雍城动员部队,都打算到长安去讨伐姚弼。正好这时姚兴病情好转,召见文武百官,征房将军刘羌便哭着把这种情况向姚兴作了禀告。梁喜、尹昭请求诛杀姚弼,又说:"如果陛下不忍心杀姚弼,也应该把他的权力职位全部剥夺。"姚兴万不得已,免去了姚弼的尚书令职务,让他以将军、公爵的身份回家赋闲。姚懿等人也都各自停止军事行动。

姚兴的几个儿子姚懿、姚洸、姚谌与姚宣等都回到都城,让姚裕进宫告诉姚兴,求见父王。姚兴说:"你们几个不过就是打算谈论姚弼的事罢了,我已经知道了。"姚裕说:"姚弼的事如有谈论价值,陛下也应该听一听。如果姚懿等人说的不是属实的,便应该用刑法处罚他们,为什么要凭空猜测因而拒绝和他们谈话呢?"于是,姚兴在咨议堂召见姚懿等人。姚宣流着眼泪,仗义执言,姚兴说:"我自己决定这事,不用你们担心。"抚军东曹属姜虬呈上疏奏说:"广平公姚弼,灾祸已经形成,叛逆的迹象已经明显,路上的人谁都知道。过去周文王的教化之所以能够推广，是因为他首先用礼法要求自己的妻子。而今国家的变乱，是缘起于陛下的爱子，虽然打算包涵容忍掩饰庇护，但是那些叛党们却在不停地煽动蛊惑，姚弼的叛乱之心怎么能够消除呢！应该驱散姚弼身边的那些恶棍凶徒，以此断绝灾祸的来源。"姚兴把姜虬的奏书给梁喜看，说："天下的人都拿我的儿子当动乱的借口，我该怎么办才好呢？"梁喜说："真的就像姜虬说的，陛下应该尽早裁决。"姚兴默然不语。

十一月，壬午（二十七日），北魏国主拓跋嗣派遣使者到各州巡察，检查核对守宰等地方官的资产钱财，凡不是从家里自己带出来的东西，全部当作赃物记录下来。

北魏博士祭酒崔浩给国主拓跋嗣讲解《易经》和《尚书·洪范》，拓跋嗣于是向崔浩询问天文、术数等知识。崔浩占卜的结果大多数都应验了，从此，他得到了国主的宠信，凡是国家的和军事上的秘密计划，他都参与意见。

晋纪三十九

【原文】

安皇帝壬义熙十一年（乙卯，415年）

太尉裕收司马休之次子文宝、兄子文祖，并赐死；发兵击之。诏加裕黄钺，领荆州刺史。庚午，大赦。

辛巳，太尉裕发建康。以中军将军刘道怜监留府事，刘穆之兼右仆射；事无大小，皆决于穆之。又以高阳内史刘钟领石头戍事，屯冶亭。休之府司马张裕、南平太守檀范之闻之，皆逃归建康。裕，邵之兄也。雍州刺史鲁宗之自疑不为太尉裕所容，与其子竟陵太守轨起兵应休之。二月，休之上表罪状裕，勒兵拒之。

裕密书招休之府录事参军南阳韩延之，延之复书曰："承亲帅戎马，远履西畿，阖境士庶，莫不惶骇。辱疏，知以谯王前事，良增叹息。司马平西体国忠贞，款怀待物。以公有匡复之勋，家国蒙赖，推德委诚，每事询仰。谯王往以微事见劾，犹自表逊位；况以大过，而当嘿然邪！前已表奏废之，所不尽者命耳。推寄相与，正当如此；而遽兴兵甲，所谓'欲加之罪，其无辞乎！'刘裕足下，海内之人，谁不见足下此心，而复欲欺诳国士！来示云'处怀期物，自有由来'，今伐人之君，啖人以利，真可谓'处怀期物，自有由来'者乎！刘藩死於闾阖之门，诸葛毙于左右之手；甘言诧方伯，袭之以轻兵；遂使席上靡款怀之士，阃外无自信诸侯，以是为得算，良可耻也！贵府将佐及朝廷贤德，寄命过日。吾诚鄙劣，尝闻道于君子，以平西之至德，宁可无授命之臣乎！必未能自投虎口，比迹郗僧施之徒明矣。假令天长丧乱，九流浑浊，当与臧洪游于地下，不复多言。"裕视书叹息，以示将佐曰：

"事人当如此矣！"延之以裕父名翘，字显宗，乃更其字曰显宗，名其子曰翘，以示不臣刘氏。

太尉裕使参军檀道济、朱超石将步骑出襄阳。超石，龄石之弟也。江夏太守刘虔之将兵屯三连，立桥聚粮以待，道济等积日不至。鲁轨袭击虔之，杀之。裕使其婿振威将军东海徐逵之统参军蒯恩、王允之、沈渊子为前锋，出江夏口。逵之等与鲁轨战于破冢，兵败，逵之、允之、渊子皆死，独蒯恩勒兵不动。轨乘胜力攻之，不能克，乃退。渊子，林子之兄也。

裕军于马头，闻逵之死，怒甚；三月，壬午，帅诸将济江。鲁轨、司马文思将休之兵四万，临峭岸置陈，军士无能登者。裕自被甲欲登，诸将谏，不从，怒愈甚。太尉主簿谢晦前抱持裕，裕抽剑指晦曰："我斩卿！"晦曰："天下可无晦，不可无公！"建武将军胡藩领游兵在江津，裕呼藩使登，藩有疑色。裕命左右录来，欲斩之。藩顾曰："正欲击贼，不得奉教！"乃以刀头穿岸，劣容足指，腾之而上；随之者稍多。既登岸，直前力战，休之兵不能当，稍引却。裕兵因而乘之，休之兵大溃，遂克江陵。休之、宗之俱北走，轨留石城。裕命阆中侯下邳赵伦之、太尉参军沈林子攻之；遣武陵内史王镇恶以舟师追休之等。

【译文】

晋安帝义熙十一年（乙卯，公元415年）

东晋太尉刘裕逮捕了司马休之的次子司马文宝、侄子司马文祖，并命令他们自杀。刘裕发动军队，西上进攻司马休之。安帝下诏把皇帝专门用来诛杀的黄钺加授给刘裕，并命令他兼任荆州刺史。庚午（正月十六日），实行大赦。

辛巳（正月二十七日），东晋太尉刘裕统辖的军队，从京城建康出发。刘裕任命中军将军刘道怜监留府事，任命刘穆之兼右仆射。朝廷的事情，无论大小，都由刘穆之决定。他又任命高阳内史刘钟领石头戍事，屯扎在冶亭。司马休之府内的司马张裕、南平太守檀范之听说这事之后，都逃回到建康。张裕，是张邵的哥哥。雍州刺史鲁宗之怀疑自己终究不会被刘裕宽容，便与他的儿子竟陵太守鲁轨起兵响应司马休之。二月，司马休之呈上奏书给安帝，列举刘裕的罪状，同时也率领军队，准备抵抗刘裕。

刘裕写密信给司马休之府的录事参军、南阳人韩延之，招请他背叛司马休之，为自己效力。韩延之回信说："承蒙你亲自统领军马，踏上遥远的西方疆域，荆州全境的士民庶人，没有不惊慌震骇的。你屈尊给我写信，我才知道这次起兵完全是因为谯王司马文思过去的那件事，更使我增加许多感叹。司马休之忠心爱国，待人处事又宽怀诚恳，因为你立过匡复朝廷的巨大功勋，朝廷与宗室还需依赖你辅佐，因此推重你的德行，对您一片赤诚，几乎做每件事都听你的指教，看你的脸色。谯王司马文思过去因为一件小事受到弹劾责难，司马休之还曾自己上表请求辞职，何况谯王如果再犯大错，司马休之哪能闭口无言！前一段时间司马休之已经上表奏请撤销了谯王的王位，唯一没有做绝的不过是留下了司马文思的一条命罢了。推己及人，把这事交给别人，谁都会这么做的。但是你却因此突然兴师问罪，这真是'欲加之罪，何患无辞'！刘裕，四海之内的人，谁看不出你的这番用心？但是你却还要说谎欺骗国内的通达之士！你的来信说：'怀有谦敬之心，对别人的要求历来如此。'今天，你出兵征伐别人的君主，写信用私利引诱别人，这难道真是所谓的'怀有谦敬之心，对别人的要求历来如此'吗？刘藩死在皇宫的阊阖门，诸葛长民死在你的侍卫之手；用甜言蜜语夸耀地方要员，先稳住他们，然后再用轻装部队对他们发动突然袭击；于是，使朝廷的座席之上没有诚信忠贞的人，使京城之外没有了对自己的性命放心的封疆大吏，把这看成是实现了自己的目的，实在是可耻！你手下的那些将领佐僚以及朝廷里的贤明有德之人，都在把性命交给你过日子，我诚然是鄙陋粗劣，但是也曾经向君子学过做人的道理。像司马休之这样的德行好的人，怎么可以没有以性命相托的臣下呢？我一定不能去自投虎口，这种迹象，郗僧施这些人的遭遇已经表现得很明确了的。假如上天注定丧乱的局面还要延长，各派的纷争还要继续污浊不堪，那么我自然要与臧洪那样的人一起到九泉之下去游荡了，不再多言。"刘裕看到他的信，不禁叹息。他把信拿给手下的将领和官员们看，说："做别人的属下，应当这样呵！"韩延之因为刘裕的父亲名叫刘翘，字显宗，于是，把自己的字改成显宗，并给他的儿子取名叫韩翘，用这表示不做刘氏的臣下。

东晋太尉刘裕派遣参军檀道济、朱超石带领步兵骑兵进攻襄阳。朱超石是朱龄石的弟弟。江夏太守刘虔之带领部队屯驻在三连，修筑桥梁，积聚粮草，等待他们的到来，但是檀道济的军队却过了许多天也没有到来。鲁轨袭击刘虔之，并把他杀了。刘裕派他的女婿、振威将军、东海人徐逵之统领参军蒯恩、王允之、沈渊子等为前锋，出击江夏口。徐逵之等人在破冢与鲁轨交战，大军失败，徐逵之、王允之、沈渊子等都被杀，只有蒯恩的部队压住了阵脚，没有败退下去。鲁轨乘胜对他发动了猛攻，却不能攻克他的防守，于是退了下去。沈渊子是沈林子的哥哥。

　　刘裕在马头集结军队，听说徐逵之战死，愤怒异常。三月，壬午（二十九日），率领各位将领渡过长江。鲁轨、司马文思统领着司马休之的军队四万人，依傍着陡峭的江岸排下战阵，刘裕的军队士卒，没有人能攀登上去。刘裕披挂起铠甲，打算亲自攀登，各位将领纷纷劝阻，他却坚决不听，越发怒不可遏。太尉主簿谢晦上前抱住刘裕，刘裕拔着佩剑指着谢晦说："我杀了你！"谢晦说："天下可以没有我谢晦，但是却不可以没有您！"建武将军胡藩率领游击部队，此时正在江津，刘裕派人去叫胡藩，让他登岸，胡藩有些疑虑。刘裕命令身边的侍从去把他抓来，打算杀了他。胡藩看着来人说："我正打算去进攻贼兵，没时间前去受教！"于是，用刀尖在江岸上掘出小洞，仅能容下脚趾，他便踩着飞身跃上江岸，后边跟着他向上爬的人渐渐多了。登上江岸之后，便直奔上前，拼力死战。司马休之的军队无法抵挡，渐渐向后撤退。刘裕军队因此趁机猛攻，司马休之的部队完全溃败，刘裕于是攻克江陵。司马休之、鲁宗之一齐向北逃走，鲁轨留守在石城。刘裕命令阆中侯下邳人赵伦之、太尉参军沈林子进攻鲁轨；派遣武陵内史王镇恶带领水军船队追击司马休之等人。

【原文】

　　十二年（丙辰，416年）

　　秦王兴如华阴，使太子泓监国，入居西宫。兴疾笃，还长安。黄门侍郎尹冲谋因泓出迎而杀之。兴至，泓将出迎，宫臣谏曰："主上疾笃，奸臣在侧，殿下今出，进不得见主上，退有不测之祸。"泓曰："臣子闻君父疾笃而端居不出，何以自安！"对曰："全身以安社稷，孝之大者也。"泓乃止。尚书姚沙弥谓尹冲曰："太子不出迎，宜奉乘舆幸广平公第；宿卫将士闻乘舆所在，自当来集，太子谁与守乎！且吾属以广平公之故，已陷名逆节，将何所自容！今奉乘舆以举事，乃杖大顺，不惟救广平之祸，吾属前罪亦尽雪矣。"冲以兴死生未可知，欲随兴入宫作乱，不用沙弥之言。

兴入宫，命太子泓录尚书事，东平公绍及右卫将军胡翼度典兵禁中，防制内外。遣殿中上将军敛曼嵬收弼第中甲仗，内之武库。

兴疾转笃，其妹南安长公主问疾，不应。幼子耕儿出，告其兄南阳公愔曰："上已崩矣，宜速决计。"愔即与尹冲帅甲士攻端门，敛曼嵬、胡翼度等勒兵闭门拒战。愔等遣壮士登门，缘屋而入，及于马道。泓侍疾在咨议堂，太子右卫率姚和都率东宫兵入屯马道南。愔等不得进，遂烧端门，兴力疾临前殿，赐弼死。禁兵见兴，喜跃，争进赴贼，贼众惊扰；和都以东宫兵自后击之，愔等大败。愔逃于骊山，其党建康公吕隆奔雍，尹冲及弟泓来奔。兴引东平公绍及姚赞、梁喜、尹昭、敛曼嵬入内寝，受遗诏辅政。明日，兴卒。泓秘不发丧，捕南阳公愔及吕隆、大将军尹元等，皆诛之，乃发丧，即皇帝位，大赦，改元永和。泓命齐公恢杀安定太守吕超。恢犹豫久之，乃杀之。泓疑恢有贰心，恢由是惧，阴聚兵谋作乱。泓葬兴于偶陵，谥曰文桓皇帝，庙号高祖。

二月，加太尉裕中外大都督。裕戒严将伐秦，诏加裕领司、豫二州刺史，以其世子义符为徐、兖二州刺史。琅邪王德文请启行戎路，修敬山陵；诏许之。

宁州献琥珀枕于太尉裕。裕以虎珀治金创，得之大喜，命碎捣分赐北征将士。

裕以世子义符为中军将军，监太尉留府事。刘穆之为左仆射，领监军、中军二府军司，入居东府，总摄内外；以太尉左司马东海徐羡之为穆之之副；左将军朱龄石守卫殿省，徐州刺史刘怀慎守卫京师，扬州别驾从事史张裕任留州事。怀慎，怀敬之弟也。

刘穆之内总朝政，外供军旅，决断如流，事无拥滞。宾客辐凑，求诉百端，内外咨禀，盈阶满室；目览辞讼，手答笺书，耳行听受，口并酬应，不相参涉，悉皆赡举。又喜宾客，言谈赏笑，弥日无倦。裁有闲暇，手自写书，寻览校定。性奢豪，食必方丈，旦辄为十人馔，未尝独餐。尝白裕曰："穆之家本贫贱，赡生多阙。自叨忝以来，虽每存约损，而朝夕所须，微为过丰，自此外一毫不以负公。"中军咨议参军张邵言于裕曰："人生危脆，必当远虑。穆之若邂逅不幸，谁可代之？尊业如此,苟有不讳,处分云何?"裕曰:"此自委穆之及卿耳。"

丁巳,裕发建康,遣龙骧将军王镇恶、冠军将军檀道济将步军自淮、泗向许、洛,新野太守朱超石、宁朔将军胡藩趋阳城,振武将军沈田子、建威将军傅弘之趋武关,建武将军沈林子、彭城内史刘遵考将水军出石门,自汴入河,以冀州刺史王仲德督前锋诸军,开钜野入河。遵考,裕之族弟也。刘穆之谓王镇恶曰:"公今委卿以伐秦之任,卿其勉之!"镇恶曰:"吾不克关中,誓不复济江!"

王镇恶、檀道济入秦境,所向皆捷。秦将王苟生以漆丘降镇恶,徐州刺史姚掌以项城降道济,诸屯守皆望风款附。惟新蔡太守董遵不下,道济攻拔其城,执遵,杀之。进克许昌,获秦颍川太守姚垣及大将杨业。沈林子自汴入河,襄邑人董神虎聚众千余人来降,太尉裕版为参军。林子与神虎共攻仓垣,克之,秦兖州刺史韦华降。神虎擅还襄邑,林子杀之。

秦阳城、荥阳二城皆降,晋兵进至成皋。秦征南将军陈留公洸镇洛阳,遣使求救于长安。秦主泓遣越骑校尉阎生帅骑三千救之,武卫将军姚益男将步卒一万助守洛阳,又遣并州牧姚懿南屯陕津,为之声援。宁朔将军赵玄言於洸曰:"今晋寇益深,人情骇动;众寡不敌,若出战不捷,则大事去矣。宜摄诸戍之兵,固守金塘,以待西师之救。

王镇恶攻后秦

金墉不下,晋必不敢越我而西,是我不战而坐收其弊也。"司马姚禹阴与檀道济通,主簿阎恢、杨虔,皆禹之党也,共嫉玄,言于洸曰:"殿下以英武之略,受任方面;今婴城示弱,得无为朝廷所责乎!"洸以为然,乃遣赵玄将兵千余南守柏谷坞,广武将军石无讳东戍巩城。玄泣谓洸曰:"玄受三帝重恩,所守正有死耳。但明公不用忠臣之言,为奸人所误,后必悔之。"既而成皋、虎牢皆来降,檀道济等长驱而进,无讳至石关,奔还。龙骧司马荥阳毛德祖与玄战於柏谷,玄兵败,被十余创,据地大呼。玄司马骞鉴冒刃抱玄而泣,玄曰:"吾创已重,君宜速去!"鉴曰:"将军不济，鉴去安之！"与之皆死。姚禹逾城奔道济。甲子，道济进逼洛阳，丙寅，洸出降。道济获秦人四千余人，议者欲尽坑之以为京观。道济曰："伐罪吊民，正在今日！"皆释而遣之。于是夷、夏感悦，归之者甚众。阎生、姚益男未至，闻洛阳已没，不敢进。

太尉裕遣左长史王弘还建康，讽朝廷求九锡。时刘穆之掌留任，而旨从北来，穆之由是愧惧发病。弘，珣之子也。十二月，壬申，诏以裕为相国、总百揆、扬州牧，封十郡为宋公，备九锡之礼，位在诸侯王上，领征西将军、司·豫·北徐·雍四州刺史如故。裕辞不受。

【译文】

十二年（丙辰，公元416年）

后秦王姚兴前往华阴，让太子姚泓主持朝廷政务，进入西宫居住。姚兴病重，回长安。黄门侍郎尹冲谋划，要趁姚泓出去迎接的机会杀掉他。姚兴驾到，姚泓准备出去迎接，宫中官员劝阻道："主上病危，奸臣就在身旁，殿下现在如果出去，向前也看不见主上，后退则一定有难以预料的灾祸。"姚泓说："作为臣下和儿子听说君王和父亲病重，却稳稳当当地坐在那里不出去迎候，心里哪能平安呢？"下属们回答说："保全自己目的是为了使国家稳定，这是最大的孝心了。"姚泓这才没有出去。尚书姚沙弥对尹冲说："太子不出来迎接，我们应该把皇帝的车轿抬到广平公的府第去。禁卫军的将士听说皇上在这里，自然应当集中过来，谁去保护太子呢？况且我们因为广平公的缘故，名字已经被注定是叛逆了，将来到哪里安身？现在趁机挟持皇帝发动事变，是名正言顺的，不但是把广平公从祸患中解救出来，而且我们这些人以前的罪名也可以全部洗雪了。"尹冲因为姚兴的死活还不知道，打算跟随姚兴进宫，然后再寻找机会叛乱，便不采纳姚沙弥的建议。

姚兴进入内宫，命令太子姚泓录尚书事，命令东平公姚绍及右卫将军胡翼度带兵驻防王宫，对内外情势，严加防御。派遣殿中上将军敛曼嵬搜查收缴姚弼府第中的武器装备，存入国家的武器仓库。

姚兴的病越来越重，他的妹妹南安长公主前来探病，问候他，他没有回答。他的小儿子姚耕儿出宫，告诉他的哥哥南阳公姚愔说："皇上已经驾崩了，应该快点决定对策。"姚愔便与尹冲率领全副武装的战士进攻端门，敛曼嵬、胡翼度等人指挥军队紧闭宫门拒守力战。姚愔等人派遣精壮的士兵登上门楼，沿着屋檐前进，到了马道的地方。姚泓在咨议堂侍奉父亲的病，太子右卫率姚和都率领太子宫的军队进驻马道以南。姚愔等没有办法前进，于是，便放火烧了端门。姚兴勉强支撑起来，来到前殿，命令姚弼自杀。禁卫部队看到姚兴，欢呼跳跃，争先恐后地发动冲锋攻击敌兵，敌兵惊慌失措。姚和都又带领太子宫卫队从后面夹击敌人，姚愔等人大败。姚愔逃奔骊山，他的同党建康公吕隆逃奔雍城，尹冲和他的弟弟尹泓逃奔东晋。姚兴把东平公姚绍以及姚赞、梁喜、尹昭、敛曼嵬召进内宫他的床边，交给他们遗诏，让他们辅佐朝政。第二天，姚兴去世。姚泓封锁姚兴的死讯，不发布消息，下令逮捕南阳公姚愔和吕隆、大将军尹元等人，全部杀掉，然后才公布父亲去世的消息，登上帝位，下令大赦，改年号为永和。姚泓命令齐公姚恢杀掉安定太守吕超。姚恢犹豫很久，才把吕超杀了。姚泓怀疑姚恢对他有二心，姚恢因此非常害怕，暗地里聚集军队阴谋叛乱。姚泓把姚兴安葬在偶陵，追谥为文桓皇帝，庙号高祖。

三月，东晋朝廷加授太尉刘裕为中外大都督。刘裕动员军队严加戒备，准备讨伐后秦，安帝下诏加授刘裕兼任司、豫二州刺史，任命他的世子刘义符为徐、兖二州刺史。琅邪王司马德文请求率领部队在前开路，到洛阳去整修祖先的陵墓。安帝下诏允许。

东晋宁州把一个琥珀做的枕头进献给太尉刘裕。刘裕因为琥珀可以治疗外伤，所以得到这个枕头非常高兴，命令把它捣碎，分别赐给即将要去北方征战的将士。

刘裕任命自己的世子刘义符为中军将军，监太尉留府事。任命刘穆之为左仆射，兼任监军、中军二府军司，并让他进入东府居住，总管朝廷内外的一切事务。任命太尉左司马东海人徐羡之为刘穆之的副手，命左将军朱龄石守卫宫廷及国家办事机构，命徐州刺史刘怀慎守卫京师，命扬州别驾从事史张裕任留州事。刘怀慎是刘怀敬的弟弟。

刘穆之在内总管朝廷政务，在外供应军旅的给养，遇事当机立断，快如流水，因此一切事情，没有堆积迟滞的。各方宾客从四面八方集中到这里，各种请求诉讼千头万绪，内内外外，咨询禀报，堆满台阶屋子。他竟然能够眼睛看辞作讼书，手写答复信件，耳朵同时听属下的汇报，嘴里也应酬自如，而且同时进行的这四种工作互相之间又不混淆错乱，全都处置得当。他又喜欢宾客来往，说笑谈天，从早到晚，毫无倦意。偶尔有闲暇时间，他便亲自抄书，参阅古籍，校订错误。他的性格奢放豪迈，吃饭一定要宽大的饭桌，一大早便经常要准备十个人左右的饭食，从来没有一个人单独进餐。他曾经告诉刘裕说："我刘穆之的家庭出身本来贫穷微贱，维持生计都很艰难。自从得到您的信任忝任高位以来，虽然心中常常想着节俭，但从早到晚所需要的花销，仍然稍微显得过于丰厚了一点，除此而外，没有一点儿是对不起您的了。"中军咨议参军张邵对刘裕说："人生危机脆弱，必须有一个长远的打算。刘穆之如果遇到什么不幸，谁可以代替他呢？而你所开创的功业已经到了这种程度，如果一旦发生不幸，你说该如何处理后事？"刘裕说："这自然要完全交给刘穆之和你了。"

丁巳（八月十二日），刘裕从建康出发。他派遣龙骧将军王镇恶、冠军将军檀道济带领步兵从淮河、淝水向许昌、洛阳进发；派遣新野太守朱超石、宁朔将军胡藩进军阳城；派遣振武将军沈田子、建威将军傅弘之进军武关；派遣建武将军沈林子、彭城内史刘遵考带领水师从石门出发，自汴水入黄河；派遣冀州刺史王仲德督领前锋的几支部队，开通巨野被淤塞的旧河道，进入黄河。刘遵考是刘裕的本家弟弟。刘穆之对王镇恶说："刘公这次交给你讨伐秦国的重任，你可要努力呀！"王镇恶说："我如果不攻克收复关中地区，发誓不再过长江！"

王镇恶、檀道济进入了后秦的境界，所过之处，全部告捷。后秦将领王苟生献出漆丘，向王镇恶投降；后秦徐州刺史姚掌献出项城，投降了檀道济。其他的那些保卫地方的守军也都听见东晋军消息便前来归顺，只有新蔡太守董遵不肯屈服。檀道济攻克了他所坚守的城池，抓住了董遵，把他杀了。他们进军攻克了许昌，抓获了后秦颍川太守姚垣，以及大将军杨业。沈林子从汴水进入黄河，襄邑人董神虎聚集了一千多部众赶来投降，太尉刘裕任命他为参军。沈林子与董神虎一起进攻仓垣，并把那里攻破，后秦兖州刺史韦华投降，董神虎擅自回到家乡襄邑，沈林子把他杀了。

后秦阳城、荥阳两座城全部投降，东晋部队进发到成皋。后秦征南将军陈留公姚洸镇守洛阳，派遣信使向长安请求救援。后秦王姚泓派遣越骑校尉阎生率领三千骑兵赶来救助，派遣武卫将军姚益男带领一万步兵去协助镇守洛阳，又派并州牧姚懿向南去屯扎在陕津，作为他们的声援。宁朔将军赵玄对姚洸进言道："现在晋寇越来越深入我们国土，人心震骇动摇。他们人多我们人少无法抵挡他们，如果出去迎战，反而不能取胜，那么我们的宏伟事业便会一去不复返了。所以，我们应该按几处镇守的大军不动，坚守金塘，以等待西部的军队前来救援。金塘不被攻克，晋军一定不敢越过我们向西进发，这样，我们便可以不去迎战，坐在这里等待他们出现漏洞。"司马姚禹暗地里与东晋的檀道济勾结、通谋，主簿阎恢、杨虔都是姚禹的党羽，他们都非常嫉妒、厌恶赵玄，所以便对姚洸进言道："殿下因为有英明勇武的谋略和能力，接受独当一面的国家重任。现在只是环城坚守，向敌人显示自己的懦弱，怎么能不受到朝廷的责备呢？"姚洸也认为是这样，于是派遣赵玄带领部众一千多人，向南驻守柏谷坞，派广武将军石无讳向东戍卫巩城。赵玄流着泪对姚洸说："我赵玄接受三代皇帝的重恩，所一直坚守的志向正是以死相报而已。但是您不采纳忠臣的良言，被奸臣耽误，以后一定后悔。"不久，成皋、虎牢都投降东晋，檀道济等人带领大部队长驱直入。石无讳抵达石关，逃了回来。东晋龙骧司马荥阳人毛德祖，在柏谷与赵玄展开战斗，赵玄的军队失败，他身受十几处伤，跌倒在地，大声呼喊。赵玄的司马骞鉴，冒着被杀的危险，抱住赵玄而哭。赵玄说："我的伤太重了，你应该快点逃走！"骞鉴说："将军不脱离危险，我骞鉴到哪里去？"最后与他一起死了。姚禹跳出城来投奔檀道济。甲子（十月二十日），檀道济进军逼近洛阳，丙寅（十月二十二日），姚洸出城投降。檀道济俘获后秦国人四千多，有提建议的人打算把他们全部活埋，筑起一座土丘。檀道济说："讨伐罪人，安抚平民，今天正是时候！"于是，把他们全部释放，遣送回家。从此，不管是夷族还是汉族，都非常感激高兴，前来归附的人非常多。阎生、姚益男还没有赶到，听说洛阳已经沦陷，没有敢继续前进。

太尉刘裕派遣左长史王弘返回建康，委婉地向安帝请求，加授自己九锡。这时刘穆之执掌留守的大权，但是这旨意却是刘裕自己在北方提出，又通过别人传来，刘穆之从此既惭愧又害怕，得了疾病。王弘是王珣的儿子。十二月，壬申（二十九日），安帝下诏任命刘裕为相国、总百揆、扬州牧，加封为食邑十郡的宋公，备办九锡的礼仪，尊位在各诸侯王之上，并仍像原来那样兼任征西将军，司、豫、北徐、雍四州刺史。刘裕推辞，不接受任命。

晋纪四十

【原文】

安皇帝癸义熙十三年（丁巳，417年）

秦主泓朝会百官于前殿，以内外危迫，君臣相泣。

太尉裕引水军发彭城，留其子彭城公义隆镇彭城。诏以义隆为监徐·兖·青·冀四州诸军事、徐州刺史。

凉公暠寝疾，遗命长史宋繇曰："吾死之后，世子犹卿子也，善训导之。"二月，暠卒。官属奉世子歆为大都督、大将军、凉公、领凉州牧。大赦，改元嘉兴。

王镇恶进军渑池，遣毛德祖袭尹雅于蠡吾城，禽之；雅杀守者而逃。镇恶引兵径前，抵潼关。

辛酉，荥阳守将傅洪以虎牢降魏。

三月，道济、林子至潼关。秦鲁公绍引兵出战，道济、林子奋击，大破之，斩获以千数。绍退屯定城，据险拒守，谓诸将曰："道济等兵力不多，悬军深入，不过坚壁以待继援。吾分军绝其粮道，可坐禽也。"乃遣姚鸾屯大路以绝道济粮道。

太尉裕将水军自淮、泗入清河，将溯河西上，先遣使假道于魏；秦主泓亦遣使请救于魏。魏主嗣使群臣议之，皆曰："潼关天险，刘裕以水军攻之甚难；若登岸北侵，其势便易。裕声言伐秦，其志难测。且秦，婚姻之国。不可不救也。宜发兵断河上流，勿使得西。"博士祭酒崔浩曰："裕图秦久矣。今姚兴死，子泓懦劣，国多内难。裕乘其危而伐之，其志必取。若遏其上流，裕心忿戾，必上岸北侵，是我代秦受敌也。今柔然寇边，民食又乏，若复与裕为敌，发兵南赴则北寇愈深，救北则南州复危，非良计也。不若假之水道，听裕西上，然后屯兵以塞其东。使裕克捷，必德我之假道；不捷，吾不失救秦之名；此策之得者也。且南北异俗，借使国家弃恒山以南，裕必不能以吴、越之兵与吾争守河北之地，安能为吾患乎！夫为国计者，惟社稷是利，岂顾一女子乎！"议者犹曰："裕西入关，则恐吾断其后，腹背受敌；北上，则姚氏必不出关助我，其势必声西而实北也。"嗣乃以司徒长孙嵩督山东诸军事，又遣振威将军娥清、冀州刺史阿薄干将步骑十万屯河北岸。

庚辰，裕引军入河，以左将军向弥为北青州刺史，留戍碻磝。

初，裕命王镇恶等："若克洛阳，须大军到俱进。"镇恶等乘利径趋潼关，为秦兵所拒，不得前。久之，乏食，众心疑惧，或欲弃辎重还赴大军。沈林子按剑怒曰："相公志清六合，今许、洛已定，关右将平，事之济否，系于前锋。奈何沮乘胜之气，弃垂成之功乎！且大军尚远，贼众方盛，虽欲求还，岂可得乎！下官授命不顾，今日之事，当自为将军办之，未知二三君子将何面以见相公之旗鼓邪！"镇恶等遣使驰告裕，求遣粮援。裕呼使者，开舫北户，指河上魏军以示之曰："我语令勿进，今轻佻深入。岸上如此，何由得遣军！"镇恶乃亲至弘农，说谕百姓，百姓竞送义租，军食复振。

五月，乙未，齐郡太守王懿降于魏，上书言："刘裕在洛，宜发兵绝其归路，可不战而克。"魏主嗣善之。

【译文】

晋安帝义熙十三年（丁巳，公元417年）

后秦国主姚泓，在王宫前殿接受文武百官的朝贺，因国家内忧外患交迫，君臣们相对哭泣。

东晋太尉刘裕从彭城率水军出发西上，留下他的儿子、彭城公刘义隆镇守彭城。晋安帝司马德宗下诏，任命刘义隆为监徐、兖、青、冀四州诸军事，兼徐州刺史。

西凉公李暠患病卧床，临终前，他嘱咐长史宋繇说："我死以后，世子李歆就像你的儿子，你要好好训导他。"二月，李暠去世。朝廷文武百官拥立世子李歆为大都督、大将军、凉公、领凉州牧。下令大赦，改年号为嘉兴。

东晋龙骧将军王镇恶，进军渑池，又派毛德祖袭击后秦弘农太守尹雅据守的蠡吾城，生擒尹雅。尹雅杀死了看守他的兵卒逃走。王镇恶一直向前进攻，抵达潼关。

辛酉（二月十九日），东晋荥阳守将傅洪，献出虎牢城，投降北魏。

三月，檀道济、沈林子抵达潼关。后秦鲁公姚绍率兵出城迎战，檀道济、沈林子奋勇进攻，大破后秦军，斩杀和俘虏敌人数以千计。姚绍率领后秦军撤退，屯驻定城，凭依险要的地势固守城池。姚绍对他手下的将领们说："檀道济他们的兵力不多，而且孤军深入，所以他只能加强营垒固守，等待后继援军。我现在分兵几路，切断他的粮饷供给之路，就可以稳坐这里生擒他。"于是，姚绍派姚鸾把守大路要道，断绝檀道济的送粮道路。

东晋太尉刘裕率领水军从淮河、泗水进入清河，准备再逆流西上，开进黄河，他先派使节向北魏借路。后秦国主姚泓也派人出使北魏，请求救援。北魏国主拓跋嗣命令文武百官共同商讨这件事，群臣们都说："潼关是天险，刘裕用水军攻克恐怕难以达到。但是，如果从黄河北岸登陆向北方侵入，那就容易得多。刘裕声称讨伐秦，他的真实目的难以猜测；而且秦是与我们有婚姻关系的国家，不可以不出兵相助。我们应派兵切断黄河上游，阻止晋军西上。"博士祭酒崔浩说："刘裕吞并秦国的野心由来已久。如今，姚兴去世，他的儿子姚泓愚劣懦弱，国内灾难一再发生。刘裕乘他国内危机而兴兵讨伐，他的决心是一定要夺取。我们如果切断黄河上游，阻截晋军，刘裕一怒之下，必然登陆向我们进攻，这样一来，我们等于代替秦国挨打。如今柔然进攻我们边境，百姓又缺少粮食，如果再与刘裕为敌，发兵南下进攻晋，那么北边敌军柔然就会更加深入。那时，大军救援北方，南方的州县又将告急，这不是好计策。不如借给刘裕水道，听任刘裕西上，然后我们出兵驻防东部，阻塞他的退路。如果刘裕得胜告捷，一定会感激我们借路的恩德；如果失败，我们也会有援救秦国的美名，这是很多办法中比较好的一个。况且，南方与北方风俗不同，即使朝廷放弃恒山以南的领土，刘裕也决不会用来自吴、越的军队与我们争夺据守黄河以北的土地，怎么会成为我们的威胁呢？为国家制定方略的人，应该只为国家的利益考虑，怎么可以顾念一个嫁过来的女子呢！"大臣们还说："刘裕向西进入潼关，便害怕我们切断他的退路，腹背同时遭到攻击；而刘裕如果北上进攻我们，那么秦国姚氏一定不会从潼关出兵救援，所以看刘裕的样子虽然是声称向西，但实际一定是北上。"拓跋嗣于是命令司徒长孙嵩为督山东诸军事。又派振威将军娥清、冀州刺史阿薄干，率领步、骑兵十万人屯军黄河北岸。

庚辰（三月初八），刘裕率领水军开进黄河，任命左将军向弥为北青州刺史，留下戍守碻磝。

当初，刘裕命令王镇恶等人："如果攻克洛阳，一定要等主力大军到达后共同前进。"王镇恶等人却乘胜直接进攻潼关，被后秦兵牵制，不能前进，时间一长，军中粮饷接济不上，士卒中发生恐慌和疑虑，有人打算放弃笨重的军用品回去投奔大军。沈林子手按佩剑怒斥道："相公大志是统一天下，而今许昌、洛阳均已平定，关右也将要收复，大事成功与否，就在前锋部队的行动。为什么要挫伤胜利后的士气，放弃就要得到的功业？况且现在主力大军距我们还远，敌人的力量正强盛，即使我们打算撤退，又怎么能够走脱，我接受了命令就不做回头的打算。今天的事，我自己率军完成任务，不知你们这些君子，将来有什么面目去见宋公的旗鼓！"王镇恶等人派人飞马报告刘裕，要求支援粮草和兵力。刘裕把王镇恶的使节叫到面前，打开战船的北窗，指着黄河岸边的北魏大军给他看，说："我告诉他们不能单独前进，如今却轻率地深入敌境，岸上的形势如此严重，我怎么派得出军队！"王镇恶于是亲自回到弘农，向百姓说明情况，晓以大义，百姓争相捐献粮草，军队的粮饷重新得到补充。

五月，乙未（二十四日），东晋齐郡太守王懿投降了北魏，他上书北魏朝廷说："刘裕现在洛阳，应该迅速发兵切断他的归路，可以不战而胜。"北魏国主拓跋嗣表示赞许。

【原文】

十四年（戊午，418年）

夏赫连瓌至渭阳，关中民降之者属路。龙骧将军沈田子将兵拒之，畏其众盛，退屯刘回堡，遣使还报王镇恶。镇恶谓王脩曰："公以十岁儿付吾属，当共思竭力；

而拥兵不进，虏何由得平！"使者还，以告田子。田子与镇恶素有相图之志，由是益忿惧。未几，镇恶与田子俱出北地以拒夏兵，军中讹言："镇恶欲尽杀南人，以数十人送义真南还，因据关中反。"辛亥，田子请镇恶至傅弘之营计事；田子求屏人语，使其宗人沈敬仁斩之幕下，矫称受太尉令诛之。弘之奔告刘义真，义真与王脩被甲登横门以察其变。俄而田子帅数十人来，言镇恶反，脩执田子，数以专戮，斩之；以冠军将军毛脩之代镇恶为安西司马。傅弘之大破赫连璝于池阳，又破之于寡妇渡，斩获甚众，夏兵乃退。

六月，太尉裕始受相国、宋公、九锡之命。

刘义真年少，赐与左右无节，王脩每裁抑之。左右皆怨，谮脩于义真曰："王镇恶欲反，故沈田子杀之。脩杀田子，是亦欲反也。"义真信之，使左右刘乞等杀脩。

脩既死，人情离骇，莫相统壹。义真悉召外军入长安，闭门拒守。关中郡县悉降于夏。赫连璝夜袭长安，不克。夏王勃勃进据咸阳，长安樵采路绝。

宋公裕闻之，使辅国将军蒯恩如长安，召义真东归；以相国右司马朱龄石为都督关中诸军事、右将军、雍州刺史，代镇长安。裕谓龄石曰："卿至，可敕义真轻装速发，既出关，然可徐行。若关右必不可守，可与义真俱归。"又命中书侍郎朱超石慰劳河、洛。

十一月，龄石至长安。义真将士贪纵，大掠而东，多载宝货、子女，方轨徐行。雍州别驾韦华奔夏。赫连璝帅众三万追义真；建威将军傅弘之曰："公处分亟进；今多将辎重，一日行不过十里，虏追骑且至，何以待之！宜弃车轻行，乃可以免。"义真不从。俄而夏兵大至，傅弘之、蒯恩断后，力战连日。至青泥，晋兵大败，弘之、恩皆为王买德所禽；司马毛脩之与义真相失，亦为夏兵所禽。义真行在前，会日暮，夏兵不穷追，故得免；左右尽散，独逃草中。中兵参军段宏单骑追寻，缘道呼之，义真识其声，出就之，曰："君非段中兵邪？身在此，行矣！必不两全，可刎身头以南，使家公望绝。"宏泣曰："死生共之，下官不忍。"乃束义真于背，单马而归。义真谓宏曰："今日之事，诚无算略；然丈夫不经此，何以知艰难！"

夏王勃勃欲降傅弘之，弘之不屈，勃勃裸之，弘之叫骂而死。勃勃积人头为京观,号曰髑髅台。长安百姓逐朱龄石,龄石焚其宫殿,奔潼关。勃勃入长安,大飨将士,举觞谓王买德曰:"卿往日之言,一期而验,可谓算无遗策。此觞所集,非卿而谁!"以买德为都官尚书,封河阳侯。

夏王勃勃筑坛于灞上,即皇帝位,改元昌武。

宋公裕以谶云"昌明之后尚有二帝",乃使中书侍郎王韶之与帝左右密谋鸩帝而立琅邪王德文。德文常在帝左右,饮食寝处,未尝暂离;韶之伺之经时,不得间。会德文有疾,出居于外。戊寅,韶之以散衣缢帝于东堂。韶之,廙之曾孙也。裕因称遗诏,奉德文即皇帝位,大赦。

【译文】

十四年(戊午,公元418年)

夏国抚军大将军赫连璝率军开到渭阳,关中前来投降的百姓,在道上前后相连。东晋龙骧将军沈田子,率军迎战,害怕夏军人多势众,退守刘回堡。然后派人立即回去向王镇恶报告。王镇恶对王脩说:"刘公把十岁小儿托付给我们,我们应该同心协力。沈田子拥兵众多,却迟迟不进攻,敌人怎么会击退!"使节回去,把这些话报告给沈田子。沈田子与王镇恶平时就有互不相容心思,现在更是又愤又惧。不久,沈田子和王镇恶同时出军北地,抵抗夏兵的进攻。东晋军中传言:"王镇恶打算全部杀掉南方人,然后派几十人把刘义真送回江南,自己占据关中,背叛朝廷。"辛亥(十五日),沈田子请王镇恶来到傅弘之的大营商讨战事。沈田子请求屏退左右侍从密谈,然后命他的族人沈敬仁,在虎帐下将王镇恶斩杀,声称是奉太尉刘裕的旨意行事。傅弘之急忙跑去报告刘义真,刘义真和王脩全副武装登上横门,观察局势的变化。不久,沈田子率领几十人赶来,声称王镇恶谋反。王脩逮捕沈田子,历数他擅自杀戮的罪行,将他斩首。然后命令冠军将军毛脩之代替王镇恶为安西司马。傅弘之在池阳大破赫连璝,在寡妇渡再一次大败夏军,斩杀和俘虏夏军士卒很多,夏军撤退。

六月,东晋太尉刘裕接受了相国、宋公、九锡之命。

东晋雍州、东秦州二州刺史刘义真,年纪还小,随意赏赐左右侍从,没有节制。长史王脩常常限制他。于是,刘义真左右都怨恨王脩,在刘义真面前陷害王脩,说:"王镇恶打算叛变,所以沈田子杀了他。王脩杀死沈田子,这样也是打算造反呀。"刘义真信以为真,派亲信刘乞等杀死了王脩。

王脩一死,人心惧怕离散,各自为政,无法统一。刘义真把驻防在外地的军队全部调入长安,关闭城门自守。关中的各个郡县全都投降了夏国。赫连璝在夜间突袭长安,不能攻克。夏王赫连勃勃进兵占据了咸阳,长安的砍柴的路被切断。

东晋宋公刘裕听说这种情况后,派辅国将军蒯恩前往长安,征召刘义真回到江南;任命相国右司马朱龄石为都督关中诸军事、右将军、雍州刺史,代替刘义真镇守长安。刘裕对朱龄石说:"你到了那里,可以命令刘义真轻装疾速前进。等出了潼关,才可以放慢脚步。如果关右确实难以驻守,你可以与刘义真一道回来。"随后,刘裕又命中书侍郎朱超石慰劳黄河、洛水一带的军民,安定人心。

十一月,朱龄石抵达长安。刘义真手下的将士贪婪放纵,在长安周围大肆掠夺以后才准备返回江南。刘义真的车辆上,都装满了金银财宝、子女,然后两车并进,缓慢向东撤退。东晋雍州别驾韦华逃奔夏国。夏国大将赫连璝率领三万人追击刘义真。东晋建威将军傅弘之对刘义真说:"宋公让你疾速前进,而现在你带这么多辎重,一日走不出十里,敌人的骑兵马上就要追到,你该怎么办?应该放弃车辆,轻装前进,才有可能幸免。"刘义真没有听从。不久,夏国的大军追到,傅弘之、蒯恩在后面掩护,奋力拼战,连续几天不能休息。在青泥,东晋军大败,傅弘之、蒯恩都被王买德生擒。司马毛脩之与刘义真走散,也被夏军擒获。刘义真在最前面奔逃,正巧夜色降临,夏兵没有继续追赶,所以才幸免于难。刘义真的左右亲兵都被夏兵冲散,他一个人藏在草丛中。东晋中兵参军段宏,单枪匹马追踪找寻,一道呼叫刘义真。刘义真听出是他的声音,才跑出来,说:"你是不是段中兵?我在这儿呢,咱们走吧!你保护我上路一定不能两全,如果情势危急,可以割下我的头,带回南方,叫我的父亲不再想念我。"段宏哭着说:"我们要生死与共,下官不忍心那样做。"于是,段宏把刘义真绑在自己的背上,两人乘一匹马逃回。刘义真对段宏说:"今天发生的事情,实在由于少谋失算,然而大丈夫不经这次大难,怎么知道事情的艰难!"

夏王赫连勃勃打算让傅弘之归降,傅弘之宁死不屈。赫连勃勃脱光了他的衣服，傅弘之叫骂不停而死。赫连勃勃把死人的头骨堆积成山，建为大坟，号称髑髅台。长安城的百姓驱逐朱龄石，朱龄石纵火焚烧了长安的宫殿，逃回潼关。赫连勃勃进入长安，大举犒赏将士。在庆功宴上，赫连勃勃举杯对王买德说："你往日的预言，仅一年就应验了，可以说是预谋没有丝毫的失算。这一杯酒，不敬你敬谁？"然后，他任命王买德为都官尚书，封爵为河阳侯。

夏王赫连勃勃，在灞上建筑高台，正式登上皇帝宝座，改年号为昌武。

东晋宋公刘裕，因为谶书上有句话："昌明之后，还有两个皇帝，"于是，派中书侍郎王韶之，与晋安帝左右亲信密谋毒死安帝司马德宗，另立琅邪王司马德文。司马德文常在司马德宗身边，饮食睡眠，都不曾暂时离开。王韶之窥伺多时，没有机会下手。正巧，司马德文患病，出宫休养。戊寅（十二月十七日），王韶之用衣裳拧成绳索，在东堂勒死司马德宗。王韶之是王廙的曾孙。刘裕于是声称奉司马德宗的遗诏，拥立司马德文即皇帝位，大赦天下。

【原文】

恭皇帝元熙元年（己未，419年）

夏主勃勃征隐士京兆韦祖思。祖思既至，恭惧过甚，勃勃怒曰："我以国士征汝，汝乃以非类遇我！汝昔不拜姚兴，今何独拜我？我在，汝犹不以我为帝王；我死，汝曹弄笔，当置我于何地邪！"遂杀之。

群臣请都长安。勃勃曰："朕岂不知长安历世帝王之都，沃饶险固！然晋人僻远，终不能为吾患。魏与我风俗略同，土壤邻接，自统万距魏境裁百余里，朕在长安，统万必危；若在统万，魏必不敢济河而西。诸卿适未见此耳。"皆曰："非所及也。"乃于长安置南台，以赫连璝领大将军、雍州牧、录南台尚书事；勃勃还统万，大赦，改元真兴。

勃勃性骄虐，视民如草芥。常居城上，置弓箭于侧，有所嫌忿，手自杀之。群臣迕视者凿其目，笑者决其唇，谏者先截其舌而后斩之。

秋，七月，宋公裕始受晋爵之命。八月，移镇寿阳，以度支尚书刘怀慎为督淮北诸军事、徐州刺史，镇彭城。

辛卯，宋王裕加殊礼，进王太妃为太后，世子为太子。

【译文】

晋恭帝元熙元年（己未，公元419年）

夏主赫连勃勃征召隐士、京兆人韦祖思。韦祖思来到长安，过于谦卑恐惧，赫连勃勃大怒道："我把你当成国家的高士，征召来京，你却把我当作异族来对待。你当年不向姚兴叩头，今天为什么偏偏来拜见我？我活着的时候，你就不把我当作帝王；我死后，你们这些人舞文弄墨，还不知把我作践到何种地步！"于是，杀掉了韦祖思。

夏国朝廷中的文武百官，都请求把都城迁到长安。赫连勃勃说："我怎会不知道长安是历代帝王之都，土地肥沃，地势险固！然而，晋人鞭长莫及，终究不会与我们为敌。魏国的风俗人情与我们大略相同，疆域相连，从统万到魏国边境只有一百余里，我在长安，统万一定危险。我留在统万，魏军绝不敢渡过黄河西上。你们各位没有考虑到这一点。"文武百官都说："我们是望尘莫及的。"于是，在长安设置南台，任命赫连璝为领大将军、雍州牧、录南台尚书事。赫连勃勃回到统万，大赦天下，改年号为"真兴"。

赫连勃勃生性骄躁暴虐，视百姓如草芥。常常登上城楼，旁边放置弓箭，每每心中不快，就亲自杀人泄愤。群臣中如有斜眼看他的，就会被挖去眼睛。如有胆敢随便发笑的，用刀豁开他的嘴唇；有进言劝阻的，先割掉舌头，再斩下头颅。

秋季，七月，东晋宋公刘裕接受了晋封为宋王的诏命。八月，从彭城移驻寿阳，任命度支尚书刘怀慎为督淮北诸军事、徐州刺史，镇守彭城。

辛卯（十二月，干支疑误），东晋宋王刘裕被朝廷加授特殊礼仪，进封王太妃为太后，称世子刘义符为太子。